한국고대사 자료집

고조선·부여 편 Ⅳ – 문집(상)

동북아역사재단
NORTHEAST ASIAN HISTORY FOUNDATION

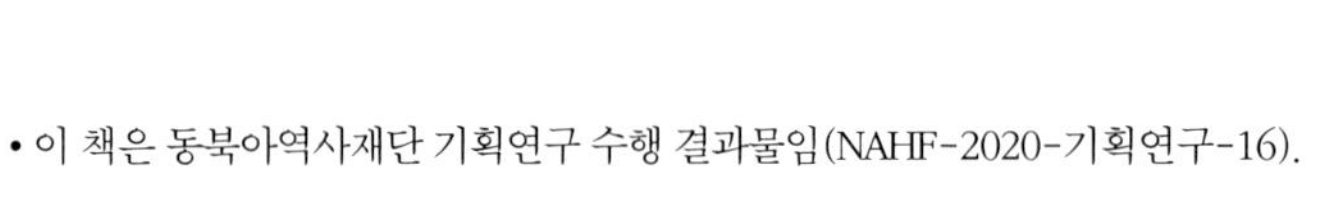
• 이 책은 동북아역사재단 기획연구 수행 결과물임(NAHF-2020-기획연구-16).

책머리에

이 책은 고려와 조선시대에 편찬 및 간행된 문집 가운데 고조선과 부여 관련 기사를 모아 번역한 것이다. 재단이 2018년부터 간행하고 있는 『한국고대사 자료집: 고조선·부여 편』 시리즈의 네 번째 결과물이다.

자료집에 번역해 수록한 사료는 한자 원문을 집성한 『고조선·단군·부여 자료집』(고구려연구재단, 2005년)을 바탕으로 하였다. 사료가 작성된 시대적 배경과 저자들의 성향을 이해하기 위해 조선시대 전공자를 중심으로 팀을 구성해 번역했다. 번역을 완료한 후에는 상호 교차 윤독을 하여 번역의 정확성을 높였다. 출판을 위해 전문가의 교열과 감수를 거쳤다. 이미 번역된 사료는 관계기관과 번역자 및 출판사의 협조를 받아 게재했다. 자료는 편찬 연도순으로 수록하여 상·하 두권으로 엮었다. 일반인의 이해를 돕고자 문헌에 대한 해제를 번역문 앞에 실었고 사료의 원문 일부를 부록으로 편집해 넣었다. 그럼에도 불구하고 방대한 자료를 정리하는 과정에서 여러 가지 오류가 있을 것이다. 이 점 양해를 구한다.

수록된 사료는 200여 편이 넘는 문집이다. 시간적으로 보면 고려시대에 작성된 문집부터 대한제국기에 작성된 문집까지 망라되어 있다. 저술은 이른 시기에 이루어졌으나 늦게 편찬되거나 간행된 것들도 있다. 이 경우는 편찬 혹은 간행 시기를 기준으로 편집해 넣었다. 작성 시기나 편찬 시기가 명확하지 않은 것들은 뒤에 배치했다.

문집은 이를 저술한 당대 지식인들의 고조선과 부여 관련 인식을 엿볼 수 있는 사료다. 오늘날 역사학자들이 고조선과 부여를 연구하는 것처럼 전통시대에도 고조선과 부여를 조사하고 연구했다. 그 결과물 일부가 문집에 남아 있는 것이다.

고조선과 관련해 가장 많이 등장하는 용어는 기자(箕子)다. '기자가 조선에 봉해졌다'는 표현이 상투적으로 나타나며 '홍범 8조', '기자 교화' 등의 표현이 시가(詩歌)

에 자주 등장한다. 그다음으로 단군 관련 전승 기록이 많다. 단군 관련해서는 평양 일대에서 그 자취와 유적을 찾고자 하는 움직임이 눈에 띈다.

고려와 조선은 스스로가 기자를 계승한 나라라는 자부심을 갖고 있었고, 이를 대내외적으로 천명하고 과시했다. 그 이웃 나라들도 모두 고려와 조선이 기자의 나라라는 인식을 가졌다. 후당, 거란, 금, 송 등은 고려를 기자와 고구려의 뒤를 이은 국가로 보았다. 고려 전기의 사정은 명확하지 않지만 고려 후기의 기록을 보면 고려가 외교적으로 기자를 강조하기도 했음을 알 수 있다. 고려 태조에 대한 후당(後唐)의 책봉 조서, 광종에 대한 송 태조의 책봉 제서 등에 기자가 거론되고 있다.

또한 숙종은 문묘의 종사제를 확대하고 정비하여 유교에 절대적인 권위를 부여했으며 기자에 대한 제사를 실행했다. 기자와 관련한 유적지를 적극적으로 발굴하거나 개발하기도 했다. 공민왕 15년(1366) 몽골 하남왕(河南王)의 사신 곽영석(郭永錫)은 관반사(館伴使, 외국 사신의 영접·접대를 맡는 임시 관직) 임박(林樸, 1327~1376)에게 '고려에 아직 기자의 풍속이 남아 있다'는 소문을 들었다며 고려의 예악과 관제에 대해 알기를 원하였다고 하며, 본국으로 돌아가는 길에 기자묘(箕子廟)에 들러 시를 남기기도 했다.

이러한 분위기는 조선으로 이어졌다. 명과 청의 사신들은 조선에 올 때 기자 관련 사적지를 방문하고자 했다. 조선 지식인들도 기자 사적을 답사하면서 시와 문장을 남겼다. 이행(李荇, 1478~1534)의 『용재집(容齋集)』, 나세찬(羅世纘, 1498~1551)의 『송재유고(松齋遺稿)』, 황경원(黃景源, 1709~1787)의 『강한집(江漢集)』 등 다수의 문집에 기자 정전, 기자 사당 등에 대해 언급한 시문이 실려 있다.

조선에서 유교정치가 강화되면서 기자는 더욱 확고하게 자리를 잡았다. 고려 말 성리학자들은 기자조선의 문화를 계승했다는 의식부터 기자 문명의 흔적이 사라져 가는 것을 아쉬워하는 등 강한 기자 계승 의식을 나타냈다. 조선 중기의 문신인 김안국(金安國, 1478~1543)이 『모재집(慕齋集)』에 기록한 〈기자의 도읍에서 양류지곡(楊柳枝曲)을 이어 노래하다〉라는 시나 〈여주목사(驪州牧使) 김극회(金克恢)의 부인 만사(挽

詞)〉에서 '기자의 가르침과 복을 보전한 사람이 고금에 아직 몇 사람 남아 있다'고 노래한 것은 이를 잘 보여 준다. 기자묘와 사당도 증가하고 기자묘는 기자릉으로 승격됐다.

명나라가 쇠약해지고 청이 들어서면서 기자의 조선 분봉(分封)에 회의적인 견해를 술회한 저작이 나타난다. 정사신(鄭士信, 1558~1619)의 『매창문집(梅窓文集)』 권4 「잡저(雜著)」에는 1610년(광해군 2) 명에 사신을 떠날 때 지었다는 〈기자가 주나라에 조회하고 조선을 봉토로 수여받았다는 설에 대한 변(辨)〉이라는 글이 수록되어 있다. 여기에는 '진(秦)나라 이후의 야인(野人)이 만들어 낸 이야기를 사마천(司馬遷)의 『사기』가 답습한 오류'라며 '이러한 실수가 익숙해져 마침내 믿을 만한 역사로 여겨졌다'고 한 저자의 견해가 피력되어 있다. 정사신은 기자가 주 무왕에게 봉작을 받지 않았으며, 단군의 시대가 쇠퇴한 후 백성들이 스스로 기자를 군사(君師)로 추대하고 교조(教條)를 세웠다고 주장한 것이다.

김춘택(金春澤, 1670~1717)의 『북헌집(北軒集)』은 기자의 조선 봉국설을 전면적으로 반박하고 있다. 〈기자가 무왕에게 홍범을 진술하다〉라는 글에서 '사서에 주나라가 기자를 조선에 봉하였다고 했지만 이는 사실이 아니다. 생각건대, 기자는 홍범을 진술하였으니 끝내 주나라의 영토에 거처하고 싶지 않았을 것이다. 이에 스스로 조선 땅에 숨었던 것이니 조선 사람들이 그의 인(仁)을 즐거워하였다. 주나라의 명을 받들어 군주가 되었다면 기자는 가려 하지 않았을 것이다. 주나라에 조회하러 갔던 일이나 맥수가(麥秀歌) 등은 제나라 동쪽 야인들에게서 나온 것이다'라고 술회하고 있다.

이와 같이 기자 분봉에 대한 회의적인 경향은 자신을 청과 구별하고자 한 데서 나온 것이었다. 권구(權榘, 1672~1749)의 『병곡집(屛谷集)』 권6 「잡저」에 실린 〈『여사휘찬(麗史彙纂)』에 대한 의의(疑義)〉에서는 '우리나라는 비록 바다 모퉁이 구석진 곳에 위치해 있지만, 지형(地形)은 중국의 형세와 유사하다. (중략) 또 기자가 중하(中夏)의 성인으로 동방에 임하시어 문치를 열어 예양(禮讓)의 풍속과 충순(忠順)의 풍도(風度)가 천하에 드러났으니, 또한 저 외국과는 스스로 구별되는 것이다'라고 하였다. 즉 권구는 조선을 저들[彼] 혹은 외국(外國)과는 구별되는 존재로 강조하고 있는데 여기서 '저들'과 '외국'은 청을 가리킨다. 조선의 지식인들은 이같이 기자를 통해 조선의 차별성을 주장하고자 했다. 이로부터 '기자가 주 무왕의 책봉에 의해 조선 땅에 봉해졌는가, 아니면 주 무왕을 피해 자발적으로 조선 땅에 자리 잡았는가' 하는 '기자조주(箕子朝周)'의 문제도 대두됐다. 조선 전기에도 '기자조주'에 의문을 품었던 지식인이 없었던 것은 아니나 그리 심각하게 여기지는 않았다. 그러나 조선 후기에 이르면 보다 진지한 논의가 이루어지기 시작한다.

왜냐하면 청의 건국과 병자호란에 의한 국제질서의 재편은 조선에게 기자를 다시 한번 강조하게 만들었기 때문이다. 조선은 명과의 교섭을 위해 중화와의 친연성을 드러내는 매개체로서 기자를 강조했다. 그러나 청과의 교섭에서는 조선의 정통성을 보여 주는 존재로서 기자를 부각시켰다. 이 때문에 기자가 주 무왕의 책봉에 의해 조선 땅에 봉해졌는가, 혹은 주 무왕을 피해 자발적으로 조선에 자리 잡았는가가 논쟁거리가 되었다고 보인다. 여하튼 이 문제는 현대 역사학자들이 기자의 봉작과 이를 근거로 한 기자조선의 허구를 주장하는 것과 연결된다는 점에서 흥미롭다.

다른 한편으로 기자는 고려와 조선이 다른 지역의 오랑캐와는 다르다고 주장하기 위한 외교적 수사물로 활용되기도 했다. 이에 대해서는 여러 문집에 수록된 시문, 『조선왕조실록』이나 『승정원일기』의 기록, 학계에 보고된 조선시대의 각종 외교문서를 통해 확인할 수 있다. 몇 가지 예를 들자면 장유(張維, 1587~1638)의 『계곡집(谿谷集)』에 실린 〈황제 등극 축하사절 한지추(韓知樞)를 전송한 시〉에서 '우리 삼한은 기자의 나라, 팔조법금(八條法禁) 얼마나 훌륭했던가'라고 언급한 것과 차천로(車天輅, 1556~1615)의 『오산집(五山集)』에 실린 〈명나라 장수 진유격(陳遊擊)에게 올린 글〉에서 '우리 조선은 기자의 어진 유풍(遺風)을 입었다'고 한 언급은 외교적 수사를 잘 보여준다. 기자를 한껏 활용하여 명과 실리외교를 전개하였음을 알 수 있다.

단군 관련 내용도 주목해 읽을 만하다. 마니산과 단군을 연결시킨 기록이 많아 단군전승을 연구하는 데 도움이 된다. 예를 들면 이색(李穡, 1328~1396)은 『목은고(牧

隱藁)』에 「마니산기행(摩尼山紀行)」을 남겼는데, 참성단에 제사 지낸 일을 전해 주고 있다. 또한 〈군자(君子)〉라는 시에서는 단군이 무진년에 조선을 세운 일, 기자가 이를 이었고 조선이 기자의 나라가 된 일 등을 언급하였다. 권근(權近, 1352~1409)도 『양촌집(陽村集)』에서 단군이 나라를 열었다고 하였다. 그는 기자의 홍범8조에 대응해 단군을 신인(神人)과 단목(檀木)으로 표현하여 단군조선의 건국이 오래되었음을 기록하고 있다. 이준경(李浚慶, 1499~1572)의 『동고유고(東皐遺稿)』나 이황(李滉, 1501~1570)의 『퇴계집(退溪集)』에서와 같이 평양을 단군의 도읍지로 인식하거나 김시습(金時習, 1435~1493)의 『매월당집(梅月堂集)』에 실린 「유관서록(遊關西錄)」의 기록처럼 단군이 묘향산에 강림했다는 인식이 확산되어 있었다.

이와 같은 서술 경향은 조선 전기부터 중기에 작성된 문집에서 공통적으로 나타난다. 유교적 교화로서의 기자를 기록했다면, 단군은 개국 군주로서 표상되고 있다. 즉, 단군이 신단수에 내려와서 당요(唐堯) 갑진(甲辰)년에 나라를 세웠다는 인식이다. 그리고 평양에서 그 자취를 찾고자 했다.

조선 후기가 되면 기존과는 다른 단군 인식이 나타난다. 기자를 강조하는 분위기는 여전하지만 한편에서는 단군보다 기자를 중시하거나 혹은 동등하게 표현하는 대신 우월한 조상으로 묘사하기도 한다. 국가적으로도 단군묘는 단군릉으로 승격되고 단군을 모신 사당은 숭령전으로 개칭하여 참봉 두 사람을 두어 관리하게 하였다. 한국사에서는 처음으로 역사 서술에서 단군본기(檀君本紀)가 등장한다.

이종휘(李種徽, 1731~1797)의 『수산집(修山集)』에 수록된 「동사(東史)」가 대표적이다. 『수산집』의 「사론(史論)」과 「동사」, 「동국여지잡기(東國輿地雜記)」 등에 단군, 기자, 위만, 부여 관련 내용이 다수 나오는데, 이 가운데 「동사」에 단군본기가 설정되어 있다. 단군본기의 내용은 환인으로부터 시작해 단군의 건국으로 이어진다. 여기에서 단군은 백성들을 교화시키는 국조로 묘사된다. 기자는 단군의 후손을 대신해 나라를 다스린 것으로 표현된다. 또한 단군은 동방에 처음 나온 성인으로 중국의 복희(伏羲: 점에 쓰이는 8괘를 만들었다고 전해짐)와 염제신농(炎帝神農: 소를 길들이고 불을 사용해 농사 짓는 법을 가르쳤다고 전해짐) 같은 군주로 묘사되고 있다. 「동사」는 서문이 없고 연표의 표가 없는 등 몇 가지 점에서 미완성본으로 보이지만 고조선, 부여 등을 비롯한 고대사의 방대한 자료 수집과 독특한 사관을 확인할 수 있다는 점에서도 학술적 의미가 크다.

이덕무(李德懋, 1741~1793)의 『청장관전서(青莊館全書)』도 단군에 대한 다른 인식을 보여 준다. 책의 앞부분은 기자묘를 배알하거나 맥수가를 서술하는 등 기자 관련 내용이 주를 이루지만, 권22의 〈송사전고려열전(宋史筌高麗列傳)〉에서는 부루(夫婁)가 도산(塗山)에서 회합한 것과 기자가 주나라에 조회한 것 등을 언급하여 부여의 부루를 조선과 연결시키고 있다. 특히 권26의 「기년아람(紀年兒覽) 하」에서는 단군조선, 기자조선, 위만조선, 한사군, 마한, 예국, 북부여국, 동부여국, 갈사국(曷思國) 등에 대해 상세히 서술하고 있다. 권53의 〈이목구심서(耳目口心書)〉에서는 단군, 팽오(彭吳), 우수주(牛首州), 예맥, 조선, 창해군 등을 언급하면서, 팽오를 한나라 무제가 아닌 단군의 신하로 기록했다. 팽오는 본래 『사기』 「평준서」와 『한서』 「식화지」에 조선과 교역을 튼 인물로 나온다. 그를 단군의 신하로 묘사하고 있는 것이다. 권58의 「앙엽기(盎葉記)」에서는 탕왕(湯王)을 기자의 선조로, 기씨(箕氏)를 기씨(奇氏)와 한씨(韓氏)의 선조로 기록하고 있다. 또한 단군은 곰의 아들이고 그 후손이 고주몽이며, 서씨(徐氏)는 백제 부여씨의 후손이자 단군의 후손으로 서술하고 있다. 아란불(阿蘭佛), 단군, 부루, 금와, 가섭원(迦葉原), 동부여, 기자, 왕수긍(王受兢), 삼랑산(三郎山) 등에 대해서도 서술하고 있어 주목해서 읽어볼 만하다. 특히 당대 전승되고 있었던 고조선 관련 여러 이야기들이 수두룩하다.

부여에 관한 내용은 많지 않다. 대부분 백제나 고구려의 연원, 대외관계 등을 기록할 때 간단히 언급되는 정도다. 『양촌집』 권34 「동국사략론(東國史略論)」에서는 부여가 고구려에 뿔이 셋 달린 사슴과 꼬리가 긴 토끼를 보낸 일, 백제 시조의 계통은 부여에서 나왔다는 것을 기록하고 있다.

이만부(李萬敷, 1664~1732)의 『식산집(息山集)』에도 부여 관련 기록이 나온다. 주로 「지행록(地行錄)」에 수록되어 있는데, 「지행록」은 각처의 명산과 도읍을 유람하고 기록한 기행 시문이다. 『식산집』 별집 권4 「지행부록(地行附錄)」의 〈삼각 도봉(三角道峰)〉에서는 '온조는 고구려와 함께 부여 계통에서 나왔는데 백제의 시조가 되었다'라는 표현이 나온다. 「지행부록」은 황해도, 평안도, 강화도 등의 지역 전승이나 고적 등에 관한 내용을 담고 있고, 상고사와 관련된 지역 고증을 시도하고 있어서 당대에도 잘 쓰이지 않은 옛 지명들을 많이 남겨 놓고 있다.

지명을 고증한 저술도 주목할 만하다. 조선 후기의 문신 성해응(成海應, 1760~1839)의 『연경재전집(研經齋全集)』은 고조선의 지명을 고증하고 있다. 여기서는 고조선과 단군, 부여 등 고대사에 관한 성해응의 인식과 그가 정리한 여러 문헌 기록을 살펴볼 수 있다. 원집 권15 「변(辨)」에서는 패수(浿水)에 대해 고증하였다. 여기에서 패수를 한나라 시기의 패수와 당나라 시기의 패수로 구분하고 있는데, 한나라 시기의 패수를 소요수(小遼水: 중국 요령성 요하 서쪽의 혼하(渾河))로, 당나라 시기의 패수를 대동강으로 정의하였다. 특히 고조선과 연결되는 패수는 소요수, 즉 혼하가 변경된 이름이며, 지금의 대동강을 가리키는 패수와는 다르다는 주장도 하였다. 패수에 이어 삼한과 조선에 대해서도 변증하는 글을 남겼다. 또한 외집 권47에는 '기자조선', '부여', '예', '조선', '패수'가 언급되어 있는데, '기자조선'과 달리 '조선'에서는 단군과 기자, 위만의 구분 없이 조선의 내력과 풍습을 자세히 서술하고 있다. 속집 책11에는 기전(箕田)에 관한 내용이 있으며, 책16에는 창해군(滄海郡)에 관한 내용이 나온다.

단군, 기자, 부여 관련 기록 외에 삼조선(三朝鮮), 위만조선, 삼한, 변한, 진한, 한군현 등에 대한 저자의 생각을 기술해 놓은 문집도 있어서 참고할 만하다.

한백겸(韓百謙, 1552~1615)은 오운(吳澐)이 지은 『동사(東史)』 한 질을 얻어 그 내용을 소개하면서 자신의 생각을 『구암유고(久菴遺稿)』 〈동사찬요후서(東史纂要後敍)〉에 기록해 놓았다. 그는 『동사』가 우리나라에 없어서는 안 되는 책이라고 극찬하였지만 한편으로는 '삼한과 한사군에 대한 내용에서 여러 학자들의 좁은 견해를 그대로 따랐으므로 절충된 논의를 볼 수 없다'고 평가하고, 이것이 우리나라 역사서의 큰 오류라고 하며 자신의 견해를 밝히고 있다. 단군조선의 건국 연대, 기자조선을 거쳐 위만조선으로 이어지는 계통, 삼한과 마한의 관계, 백제, 신라의 연원에 이르기까지 여러 주제를 다루고 있다. 내용을 보면 '최치원(崔致遠, 857~?)은 마한이 고구려이고, 변한이 백제라고 하였는데 이는 잘못'이라고 하거나 '권근(權近)은 비록 마한이 백제인 것은 알긴 했지만 고구려가 변한이 아니라는 것 역시 알지 못하고 혼동해서 말했다'고 평가했다. 또한 '그 후로 역사서를 쓰는 사람들이 이 잘못을 그대로 답습하여 서로 전할 뿐 더 이상 그 지역에 직접 가서 사실을 조사해 밝히지 못하였다'고 하며 안타까워하였다. 이를 보면 한백겸은 역사 연구를 현장에 직접 가서 조사해 밝히는 방법으로 접근하고 있음을 알 수 있다. 그는 기준(箕準)의 마한을 삼한으로 인식하는 독특한 관점을 보이는데 이 역시 주목해서 읽어볼 만하다.

김성일(金誠一, 1538~1593)의 『학봉집(鶴峯集)』에도 왜승(倭僧) 종진(宗陳)이 조선의 연혁과 풍습에 관해 질문한 것에 대해 단군으로부터 기자, 위만, 고구려, 백제, 신라에 이르기까지의 내력을 소상히 설명한 부분이 나온다. 허목(許穆, 1595~1682)의 『기언(記言)』, 김육(金堉, 1580~1658)의 『잠곡유고(潛谷遺稿)』, 송시열(宋時烈, 1607~1689)의 『송자대전(宋子大全)』, 남구만(南九萬, 1629~1711)의 『약천집(藥泉集)』, 박세채(朴世采, 1631~1695)의 『남계집(南溪集)』, 홍여하(洪汝河, 1620~1674)의 『목재집(木齋集)』 등에도 고조선 관련 기록이 비교적 상세하게 나온다. 이이명(李頤命, 1658~1722)의 『소재집(疎齋集)』에 수록된 〈강역관방도설(疆域關防圖說)〉은 삼한 이래의 역사 지명에 대해 전거를 들어가며 고증한 것이다. 삼한의 경계부터 한사군의 위치, 삼국의 형성 과정과 그 강역, 고려와 조선 강역의 변천 과정, 주요 산성(山城)과 진(津) 등을 설명하고 있다.

문집의 고조선·부여 관련 내용은 저자 자신의 견해를 덧붙이거나 혹은 고증한 것이다. 전통시대에 작성된 일종의 연구서인 셈이다. 현대 역사학자들이 역사학 연구 방법을 이용해 연구하는 과정과 유사한 방식으로 자신의 견해를 피력해 놓은 부분도 있다. 일부는 전거(典據)로 제시한 중국 측 사료가 오늘날 역사학자들이 제시하는 것과 동일한 사례도 발견된다. 오늘날 우리가 이 자료들을 참고해 한국고대사를 연구할 때 이를 고려할 필요가 있다.

재단은 고조선과 부여에 관한 자료의 부족을 해소하고 연구자와 일반인들이 보다 쉽게 활용할 수 있도록 여기저기 흩어져 있는 방대한 자료를 모으고 번역했다. 이 자료집이 고조선과 부여에 관한 전통시대의 인식을 이해하는 데 도움이 되기를 기대한다.

사료 번역에 참여한 연구자들, 번역이 되어 있는 자료를 활용할 수 있도록 기꺼이 수락해 준 관련 기관과 출판사 및 개인 번역자들께 감사의 마음을 전한다.

2021년 12월

편찬책임자 박 선 미 연구위원

일러두기

1. 이 책은 2005년 펴낸 『고조선·단군·부여 자료집(상·중·하)』에 수록된 사료를 번역하여 저술 및 편찬·간행 순으로 나누어 편집한 것이다. 단군, 기자 등이 단순히 언급된 부분은 번역에서 제외하였다.
2. 저술 및 편찬 연대가 불명확한 경우는 사료의 내용이나 저자의 생몰 연대를 고려하여 추정해 편집하였다. 문집의 경우는 여러 시기에 걸쳐 저술된 다양한 시·문을 엮은 것을 감안해 간행년을 기준으로 하였다.
3. 중국 사료는 선진문헌, 이십오사 및 기타로 나누어 저술 및 편찬 연대로 정리하되 이십오사는 왕조순으로 배열하였다.
4. 부여와 관련된 사료는 주몽이 부여를 탈출하여 고구려를 건국하는 부분까지 선별하여 편집하였다.
5. 중국 측 사료 가운데 기자 관련 사료는 고조선과 관련되는 내용만을 선별하여 번역, 편집하였다.
6. 서지 해제 및 번역의 연도는 서기년을 기준으로 작성하고 필요한 경우 괄호 안에 왕과 재위년을 기재하였으며 문헌에 '을미년' 등과 같은 표현이 나올 경우 '을미년(1895, 고종 32)'으로 기재하였다.
7. 인명, 서명 등 고유명사는 처음 나올 때 한자를 병기하였으며 지명의 경우는 현대에 널리 알려진 것을 제외한 경우에만 한자를 병기하였다.
8. 보충역 및 간주는 부연할 내용이 적을 경우에는 -○○○○○○-의 형태로 표기하고 설명할 내용이 많을 경우에는 각주를 사용하였다.
9. 사료 원문의 고유명사는 파악이 가능한 경우에는 모두 완칭(完稱)으로 표기하였다.
10. 사료 원문의 일부를 번역하지 않고 중략할 경우는 …로 표기하였다.
11. 원문의 세주 부분은 글씨를 작게 하여 [ ] 안에 넣어 표기하였다.
12. 기존에 번역된 자료는 관련 기관의 협조를 받아 맨 뒤에 출처를 달아놓았다. 출처가 명시되어 있지 않은 경우는 재단에서 새로 번역한 것이다.
13. 부록에 사료 원문 일부를 선별하여 제시하였다. 이 경우 본문의 번역문이 끝나는 부분에 부록의 원문 번호를 ( ) 안에 명기하여 찾아보기 쉽도록 하였다.
14. 맞춤법은 국립국어원의 표준국어대사전을 기준으로 작성하였다. 띄어쓰기, 두음법칙, 문장부호(중간점 등)는 모두 표준국어대사전을 기준으로 삼았다.

차 례

책머리에 3

일러두기 12

고운집(최치원) : 신라 후기 18

동국이상국집(이규보) : 1241년 22

졸고천백(최해) : 1354년 43

동안거사집(이승휴) : 1360년경 45

가정집(이곡) : 1364년 47

급암시집(민사평) : 1370년 50

삼봉집(정도전) : 1397년 51

척약재학음집(김구용) : 1401년 58

목은고(이색) : 1404년 60

도은집(이숭인) : 1406년 73

둔촌잡영(이집) : 1410년 77

원재고(정추) : 1418년 79

양촌집(권근) : 세종 초기 80

익재집(이제현) : 1432년 99

포은집(정몽주) : 1439년 103

춘정집(변계량) : 1442년 107

복재집(정총) : 1446년 121

용헌집(이원) : 1476년 123

격재집(손조서) : 1479년 …… 125
사숙재집(강희맹) : 1483년 …… 127
태허정집(최항) : 1486년 …… 128
보한재집(신숙주) : 1487년 …… 131
사가집(서거정) : 1488년 …… 133
점필재집(김종직) : 1497년 …… 152
추강집(남효온) : 1510년경 …… 157
뇌계집(유호인) : 1530년경 …… 171
호음잡고(정사룡) : 1551년 …… 173
충암집(김정) : 1552년 …… 174
묵재집(홍언필) : 1561년 …… 176
무릉잡고(주세붕) : 1564년 …… 177
하서전집(김인후) : 1568년 …… 184
양곡집(소세양) : 1571년 …… 191
금남집(최부) : 1571년 …… 192
기재집(신광한) : 1573년 이전 …… 197
모재집(김안국) : 1574년 …… 205
매월당집(김시습) : 1583년 …… 208
송재집(이우) : 1584년 …… 220
용재집(이행) : 1586년 …… 221
동고유고(이준경) : 1588년 …… 229
퇴계집(이황) : 1600년 …… 232
소고집(박승임) : 1600년 …… 239
남명집(조식) : 1604년 …… 241
화담집(서경덕) : 1605년 …… 242
덕양유고(기준) : 1606년 …… 246

치재유고(홍인우) : 1607년경 ········ 249
입암집(민제인) : 1610년 ········ 250
허백정집(홍귀달) : 1611년 ········ 253
율곡전서(이이) : 1611년 ········ 256
식우집(김수온) : 1613년 ········ 281
제봉집(고경명) : 1617년 ········ 285
우계집(성혼) : 1621년 ········ 287
고봉집(기대승) : 1629년 ········ 289
간이집(최립) : 1631년 ········ 293
옥계집(노진) : 1632년 ········ 300
한음문고(이덕형) : 1634년 ········ 301
지봉집(이수광) : 1634년 ········ 303
오음유고(윤두수) : 1635년 ········ 309
소암집(임숙영) : 1635년 ········ 315
오봉집(이호민) : 1636년 ········ 317
휴옹집(심광세) : 1636년 ········ 318
월사집(이정구) : 1636년 ········ 321
동악집(이안눌) : 1639년 ········ 339
구암유고(한백겸) : 1640년경 ········ 345
여헌집(장현광) : 1642년 ········ 360
계곡집(장유) : 1643년 ········ 369
제호집(양경우) : 1647년 ········ 384
백주집(이명한) : 1647년 ········ 386
월정집(윤근수) : 1648년 ········ 389
체소집(이춘영) : 1648년 ········ 397
학봉집(김성일) : 1649년 ········ 402

사암집(박순) : 1652년 ···· 406
우복집(정경세) : 1657년 ···· 409
현곡집(조위한) : 1658년 ···· 413
박선생유고(박팽년) : 1658년 ···· 415
아계유고(이산해) : 1659년 ···· 416
동계집(정온) : 1660년 ···· 418
수색집(허적) : 1661년 ···· 424
서경집(유근) : 1662년 ···· 427
만취집(오억령) : 1662년 ···· 435
경정집(이민성) : 1664년 ···· 436
만랑집(황호) : 1668년 ···· 438
청음집(김상헌) : 1671년 ···· 441
동강유집(신익전) : 1673년 ···· 445
택당집(이식) : 1674년 ···· 446
한강집(정구) : 1680년 ···· 455
정암집(조광조) : 1681년 ···· 458
돈암전서(선우협) : 1681년 ···· 467
분서집(박미) : 1682년 ···· 472
동춘당집(송준길) : 1682년 ···· 473
사계유고(김장생) : 1687년 ···· 475
기언(허목) : 1689년 ···· 478
식암유고(김석주) : 1680년대 후반 ···· 521
시남집(유계) : 1690년 ···· 525
오리집(이원익) : 1691년 ···· 528
우재집(조지겸) : 1692년 ···· 529
포저집(조익) : 1692년경 ···· 530

눌재집(박상) : 1694년 532
호곡집(남용익) : 1695년경 533
존재집(이휘일) : 1696년경 543
문곡집(김수항) : 1699년 544
설봉유고(강백년) : 1690년대 후반 546
백헌집(이경석) : 1700년 547
용주유고(조경) : 1703년 552
하곡집(허봉) : 1707년 555
창주유고(김익희) : 1708년 558
현주집(조찬한) : 1710년 559
농암집(김창협) : 1710년 561
퇴우당집(김수흥) : 1710년 563
매계집(조위) : 1718년 564
명곡집(최석정) : 1721년 566

• **부록: 사료 원문** 571

『孤雲集』(신라 후기)

崔致遠(857~?)

『고운집』은 신라 후기의 학자 최치원의 시문집으로, 1926년 최치원의 후손인 최국술(崔國述)이 금석문과 여러 책에 남아 있는 최치원의 문장을 한데 모은 것이다.

최치원의 자는 고운(孤雲) 또는 해운(海雲)이다. 신라시대의 골품제에서 6두품(六頭品)으로 신라의 유교를 대표할 만한 학자이다. 최치원은 868년(경문왕 8) 12세의 어린 나이로 중국 당나라에 유학을 떠났고, 당나라에 유학한 지 7년 만인 874년에 18세의 나이로 예부시랑(禮部侍郞) 배찬(裵瓚)이 주관한 빈공과(賓貢科)에 합격하였다. 17년 동안 당나라에 머물다가, 885년 29세 때 신라에 귀국하였다. 진골귀족 중심의 독점적인 신분 체제의 한계와 국정의 문란함을 깨닫고, 894년에 시무책(時務策) 10여 조를 진성여왕에게 올려서 문란한 정치를 바로잡으려고 노력하기도 하였다. 뜻대로 되지 않자 40여 세의 장년의 나이로 관직을 버리고 은거하였다. 주요 저서로는 시문집으로 『계원필경(桂苑筆耕)』 20권, 『금체시(今體詩)』 5수 1권, 『오언칠언금체시(五言七言今體詩)』 100수 1권, 『잡시부(雜詩賦)』 30수 1권, 『중산복궤집(中山覆簣集)』 1부 5권, 『사륙집(四六集)』 1권, 문집 30권 등이 있다. 사서(史書)로는 『제왕연대력(帝王年代曆)』이 있다. 불교에 관계된 저술로는 『부석존자전(浮石尊者傳)』 1권, 『법장화상전(法藏和尙傳)』 1권과 『석이정전(釋利貞傳)』·『석순응전(釋順應傳)』·『사산비명(四山碑銘)』 등이 있었으나 대부분 전하지 않는다.

『고운집』은 고려시대 이후 역대로 누차 간행되어 고려 초기까지는 30권, 조선 세조 때는 12권이 나왔다고 하나, 현재는 전하지 않는다. 1926년 최치원의 후손 최국술 등이 3권 1책으로 간행한 것이 널리 이용되고 있다. 오늘날 전하는 『고운집』은 모두 1926년 이후에 나온 것들이며, 실린 글들 역시 『계원필경집』과 『동문선(東文選)』, 불교 관계 자료집, 금석문 등에 산재(散在)한 것을 한데 모아 엮은 것이다.

『고운집』은 최치원의 저술 중에서 『계원필경집』과 『사산비명』을 제외한 시문 모두를 모은 것으로, 사실상 습유(拾遺)의 성격을 띤다. 최치원은 평생 엄청난 분량의 시문을 이룩했지만 오늘에 전하는 것은 초라한 형색을 면치 못하고 있다. 시는 현재 『계원필경집』에 60수, 그 밖의 여러 문헌에 56수가 전한다.

고조선 관련 기술은 「사적(事蹟)」, 권1, 「고운집발(孤雲集跋)」에 나온다. 「고운선생사적」 〈단전요의(檀典要義)〉에서는 최치원이 단군(檀君) 전비(篆碑)의 비문을 해독했다고 하였다. 또한 계림사를 옮겨 세울 때 최치원이 축문을 썼는데, 그 글에서 단군과 기자(箕子)를 언급하였다. 권1의 〈양위표(讓位表)〉에서는 기자의 팔조(八條)의 교훈, 예군(濊君) 남려(南閭)를 언급하였고, 〈『고운선생문집』 발(跋)〉에서도 단군과 기자를 언급하였다.

『고운집』 고운선생사적 사적(事蹟) – 단전요의(檀典要義)

태백산(太白山)에 있는 단군(檀君)의 전비(篆碑)는 난삽해서 읽기 어려웠는데, 고운이 이 비문을 해독하였다. (573쪽 1)

『고운집』 고운선생사적 사적(事蹟) – 계림사(桂林祠)를 옮겨 세울 때 고유(告由)한 축문(祝文) [후손 최종석(崔鍾奭)]

생각건대 우리 동방은
바다 밖에 치우쳐 있는 데다
단군 기자의 시대와 멀어
인문이 무지몽매했는데
이때 선생이 태어나서
맨 먼저 혼돈을 개벽했다네.
문장은 북두성과 같았고
명성은 중국을 진동시켰는데

기미를 환히 알고 은거했나니
마음은 한가하고 의리는 정밀했네.
선생의 칠분의 유상이
고결하고 또 청수해서
보는 이마다 경외하였도다. (573쪽 2~574쪽 3)

『고운집』 고운선생사적 사적(事蹟) – 계림사를 옮겨 세운 뒤의 상량문(上樑文) [후손 최국술(崔國述)]

삼가 생각건대, 우리 문창(文昌) 선생은 순일(純一)한 기운을 품부 받고, 만인의 재주를 겸한 자질을 지니고 태어났다. 단군과 기자의 인례(仁禮)의 나라에서 생장하여 공자와 맹자의 성현의 영역에서 학문하였다. (574쪽 4)

『고운집』 고운선생문집 권1 표(表) – 양위표(讓位表)

이제(夷齊)의 고죽(孤竹)과 강역을 연하여 본시 염퇴(廉退)의 바탕을 지녀 왔습니다. 더군다나 구주(九疇)의 남은 법도에 의지하고 일찌감치 팔조(八條)의 교훈을 받았는데야 더 말해 무엇 하겠습니까. 말할 때에는 반드시 하늘을 두려워하고, 걸어갈 때에는 모두 길을 양보하였으니, 이는 대개 인현(仁賢)의 교화를 받아서 군자의 나라라는 이름에 실제로 부합되었기 때문입니다. 그렇기 때문에 들에 새참을 내갈 때에도 변두(籩豆)를 갖추었으며, 장팔사모(丈八鍦矛)를 지게문에 기대어 놓았던 것이었습니다.

풍속이 비록 허리에 칼을 차는 것을 숭상하긴 하면서도 지과(止戈)의 뜻이 담긴 무(武)의 정신을 참으로 귀하게 여겼습니다. 그래서 나라를 세운 이래로 지금까지 성을 적에게 내주는 경우는 있지 않았습니다. 하지만 천자의 교화를 따르는 것으로 말하면 남려(南閭)도 따라오지 못한다고 해야 할 것입니다. 그리하여 인덕(仁德)에 의지하여 안정된 생활을 누리게 되었으니 동호(東戶)의 시대에 비교한다 해도 무슨 부끄러움이 있겠습니까. 그렇기 때문에 신의 형인 증(贈) 태부(太傅) 신(臣) 정(晸, 헌강왕(憲康王))의 시대에 내려올 때까지 내내 황상의 은택을 멀리 적시면서 경건하게 조칙을 받들어 선

포하고 시종일관 직분을 성실히 수행하며 만 리의 변방을 편안히 해 왔던 것이었습니다. (575쪽 5)

『고운집』 고운선생문집 권1 장(狀) – 숙위(宿衛)하는 학생을 번국으로 방환해 주기를 주청한 장문

신라국 당국(當國)은 아룁니다. 앞서 표문(表文)을 갖추어 아뢴 숙위(宿衛)하는 습업(習業) 학생(學生) 4인은 지금 기록된 연한이 이미 찼으니 방환해 주기를 엎드려 청하면서, 삼가 성명을 기록하여 다음과 같이 주문(奏聞)합니다. [김무선(金茂先), 양영(楊穎), 최환(崔渙), 최광유(崔匡裕)이다.]

신이 삼가 생각건대, 소방(小邦)의 땅은 진한(秦韓)이라고 칭해지고 도(道)는 추로(鄒魯)를 흠모합니다. 그렇지만 은(殷)나라 부사(父師)가 처음 가르침을 베풀 적에 직접 나서서 일을 행한 것을 잠시 본 것에 불과하고, 공사구(孔司寇)가 와서 살고 싶다고는 했어도 입으로 은혜를 베푼 것만 들었을 뿐이요, 담자(郯子)는 한갓 먼 조상만 자랑하였고, 서생(徐生)은 완선(頑仙)이라서 부끄러울 따름입니다. (575쪽 6~576쪽 7)

『고운집』 고운집발 발(跋) – 『고운선생문집(孤雲先生文集)』 발(跋) [최재교(崔在敎)]

아, 단군(檀君)과 기자(箕子)의 세상이 멀어짐에 따라 도의(道義)의 설이 아득해졌는데, 선생이 일어나서 비로소 경학(經學)에 힘을 기울였다. 처음 성묘(聖廟)에 종향(從享)하려고 할 적에 동방의 사람들이 모두 처음 보는 것이었던 까닭에 그 설을 모르고서 그 일을 따지기에 이르렀으며, 심지어는 당시의 임금까지도 경설(經說)에 따라 종향의 일을 거행할 줄은 알지 못한 채 조업(祖業)을 은밀하게 찬조(贊助)한 공이 있다고만 말하였으니, 다른 사람에 대해서야 또 무슨 말을 할 수 있겠는가. (576쪽 8)

(출처: 한국고전번역원)

『東國李相國集』(1241년)

李奎報(1168~1241)

『동국이상국집』은 고려 후기의 문인이자 문신 관료였던 이규보의 시문집이다.

이규보의 초명은 인저(仁氐), 자는 춘경(春卿), 호는 백운거사(白雲居士)이다. 1189년(명종 19) 사마시에 수석으로 합격하였고, 이듬해에 예부시(禮部試)에서 동진사(同進士)로 급제하였으나, 관직을 제수받지 못하였다. 1237년(고종 24) 수태보 문하시랑평장사(守太保門下侍郎平章事)·수문전대학사 감수국사 판예부사 한림원사 태자대보(修文殿大學士監修國史判禮部事翰林院事太子大保)로서 치사(致仕)하였다. 주요 저서로 『동명왕편(東明王篇)』, 『개원천보영사시(開元天寶詠史詩)』 등이 있고, 문집으로 『동국이상국집』이 있다.

『동국이상국집』은 이규보의 아들 이함(李涵)이 1241년(고종 28) 8월에 전집 41권을, 그해 12월에 후집 12권을 편집, 간행하였다. 1251년에 칙명으로 손자 이익배(李益培)가 교정, 증보하여 다시 간행하였다. 조선시대에도 몇 차례 간행된 듯하나 명확하지 않다. 오늘날 완전하게 전해지는 판본은 영조 시기의 복각본으로 추정되고 있다.

고조선을 비롯한 한국고대사에 관한 기록이 권3, 권28, 부록에 나온다. 권3의 〈동명왕편(東明王篇)〉은 동명왕 탄생 이전의 계보를 밝힌 서장(序章)과 출생에서 건국에 이르는 본장(本章), 후계자인 유리왕의 경력과 작가의 느낌을 붙인 종장(終章)으로 구성되어 있다. 권28의 〈몽고 황제에게 사은하는 표(謝蒙古皇帝表)〉에는 우리나라는 대대로 기자(箕子)의 봉토를 이어받은 나라라고 기술하였다. 부록의 〈백운소설(白雲小說)〉에는 우리나라는 은(殷)나라 태사(太師)가 동쪽에 봉해지면서부터 문헌(文獻)에 기록되었다고 기술하였다.

『동국이상국집』 권3 고율시(古律詩) - 동명왕편 [병서(幷序)]

세상에서 동명왕(東明王)의 신통하고 이상한 일을 많이 말한다. 비록 어리석은 남녀들까지도 흔히 그 일을 말한다. 내가 일찍이 그 얘기를 듣고 웃으며 말하기를, "선사(先師) 중니(仲尼)께서는 괴력난신(怪力亂神)을 말씀하지 않았다. 동명왕의 일은 실로 황당하고 기괴하여 우리들이 얘기할 것이 못 된다" 하였다. 뒤에 『위서(魏書)』와 『통전(通典)』을 읽어 보니 역시 그 일을 실었으나 간략하고 자세하지 못하였으니, 국내의 것은 자세히 하고 외국의 것은 소략히 하려는 뜻인지도 모른다. 지난 계축년(1193, 명종 23) 4월에 『구삼국사(舊三國史)』를 얻어 「동명왕본기(東明王本紀)」를 보니 그 신이(神異)한 사적이 세상에서 얘기하는 것보다 더했다. 그러나 처음에는 믿지 못하고 귀(鬼)나 환(幻)으로만 생각하였는데, 세 번 반복하여 읽어서 점점 그 근원에 들어가니, 환(幻)이 아니고 성(聖)이며, 귀(鬼)가 아니고 신(神)이었다. 하물며 국사(國史)는 사실 그대로 쓴 글이니 어찌 허탄한 것을 전하였으랴. 김부식(金富軾) 공이 국사를 중찬(重撰)할 때에 자못 그 일을 생략하였으니, 공은 국사는 세상을 바로잡는 글이니 크게 이상한 일은 후세에 보일 것이 아니라고 생각하여 생략한 것이 아닌가?

「당현종본기(唐玄宗本紀)」와 「양귀비전(楊貴妃傳)」에는 방사(方士)가 하늘에 오르고 땅에 들어갔다는 일이 없는데, 오직 시인(詩人) 백낙천(白樂天)이 그 일이 인멸될 것을 두려워하여 노래를 지어 기록하였다. 저것은 실로 황당하고 음란하고 기괴하고 허탄한 일인데도 오히려 읊어서 후세에 보였거늘, 더구나 동명왕의 일은 변화의 신이(神異)한 것으로 여러 사람의 눈을 현혹한 것이 아니고 실로 나라를 창시(創始)한 신기한 사적이니 이것을 기술하지 않으면 후인들이 장차 어떻게 볼 것인가? 그러므로 시를 지어 기록하여 우리나라가 본래 성인(聖人)의 나라라는 것을 천하에 알리고자 하는 것이다.

한 덩어리로 뭉친 원기 갈라져서
천황씨 지황씨가 되었다.
머리가 열셋 혹은 열하나

그 모습 기이함이 많았다.
그 나머지 성스러운 제왕들도
경서와 사기에 실려 있다.
여절은 큰 별에 감응되어
소호금천씨(少昊金天氏) 지를 낳았고
여추는 전욱을 낳았는데
역시 북두성(北斗星)의 광채에 감응되었다.
복희씨는 희생 제도를 마련하였고
수인씨는 나무를 비벼 불을 만들어 냈다.
명협(蓂莢)이 난 것은 요(堯)임금의 상서요
서속을 내린 것은 신농씨의 상서다.
푸른 하늘은 여와씨가 기웠고
큰물은 우(禹)임금이 다스렸다.
황제 헌원씨(黃帝軒轅氏)가 하늘에 오르려 할 제
턱에 수염 난 용이 스스로 이르렀다.
태곳적 순박할 때는
신령하고 성스러운 것 이루 다 기록할 수 없었는데
후세에 인정이 점점 경박해져서
풍속이 지나치게 사치해졌다.
성인이 간혹 나기는 하였으나
신령한 자취 보인 것이 적다.

[본기(本記)에 이렇게 적혀 있다. 부여왕(夫餘王) 해부루(解負婁)가 늙도록 아들이 없어 산천(山川)에 제사하여 아들 낳기를 빌러 가는데, 탄 말이 곤연(鯤淵)에 이르자 큰 돌을 보고 눈물을 흘렸다. 왕이 괴이하게 여기어 사람을 시켜 그 돌을 굴리니 금빛 나는 개구리 형상의 작은 아이가 있었다. 왕이, "이것은 하늘이 내게 아들을 준 것이다" 하며, 길러서 금와(金蛙)라 하고 태자(太子)로 삼았다.

정승 아란불(阿蘭弗)이, "일전에 천제(天帝)가 내게 내려와서 '장차 내 자손으로 하여금 이곳에 나라를 세우려 하니 너는 피하라.' 하였는데, 동해(東海) 가에 가섭원(迦葉原)이란 땅이 있어 오곡(五穀)이 잘되니 도읍할 만합니다" 하고, 아란불은 왕을 권하여 옮겨 도읍하고 동부여(東夫餘)라 이름하였다. 예전 도읍터에는 해모수(解慕漱)가 천제의 아들이 되어 와서 도읍하였다.]

한나라 신작 삼 년
첫여름 북두가 사방(巳方)을 가리킬 때
해동의 해모수는
참으로 하느님의 아들
처음 공중에서 내려오는데
자신은 다섯 용의 수레를 타고
따르는 사람 백여 인은
고니를 타고 털깃 옷을 화려하게 입었다.
맑은 풍악 소리 쟁쟁하게 울리고
채색 구름은 뭉게뭉게 떴다.

[한(漢)나라 신작 3년(B.C59)인 임술년에 천제(天帝)가 태자를 보내어 부여 왕의 옛 도읍에 내려와 놀았는데 이름이 해모수(解慕漱)였다. 하늘에서 내려오는데 오룡거(五龍車)를 타고 따르는 사람 1백여 인은 모두 흰 고니를 탔다. 채색 구름은 위에 뜨고 음악 소리는 구름 속에서 울렸다. 웅심산(熊心山)에 머물렀다가 10여 일이 지나서 내려오는데 머리에는 오우관(烏羽冠)을 쓰고 허리에는 용광검(龍光劍)을 찼다.]

옛날부터 천명을 받은 임금은
어느 것이 하늘에서 준 것이 아닌가.
대낮 푸른 하늘에서 내려온 것은
옛적부터 보지 못한 일이다.

아침에는 인간 세상에서 살고
저녁에는 천궁으로 돌아간다.
내 옛사람에게 들으니
하늘에서 땅까지의 거리가
이억만 팔천
칠백 팔십 리란다.
사다리로도 오르기 어렵고
날개로 날아도 쉽게 지친다.
아침저녁 임의로 오르내리니
이 이치 어째서 그러한가.

[아침에는 정사를 듣고 저물면 곧 하늘로 올라가니 세상에서 천왕랑(天王郎)이라 일컬었다.]

성 북쪽에 청하(靑河)가 있으니
하백의 세 딸이 아름다웠다.
압록강 물결 헤치고 나와
웅심 물가에서 놀았다.
쟁그랑 딸랑 패옥이 울리고
부드럽고 가냘픈 모습 아름다웠다.

[청하는 지금의 압록강(鴨綠江)이다. 맏이는 유화(柳花)요, 다음은 훤화(萱花)요, 끝은 위화(葦花)이다. 청하에서 나와서 웅심연(熊心淵)가에서 놀았다. 자태가 곱고 아리따웠는데 여러 가지 패옥이 쟁그랑거리어 한고(漢皐)와 다름없었다.]

처음에는 한고 물가인가 의심하고
다시 낙수의 모래톱을 연상하였다.

왕이 나가서 사냥하다 보고
눈짓을 보내며 마음에 두었다.
곱고 아름다운 것을 좋아함이 아니라
참으로 뒤 이을 아들 낳기에 급함이었다.

[왕이 좌우에게, "얻어서 왕비를 삼으면 후사를 둘 수 있다" 하였다.]

세 여자가 왕이 오는 것을 보고
물에 들어가 한참 동안 서로 피하였다.
장차 궁전을 지어
함께 와서 노는 것 엿보려 하여
말채찍으로 한번 땅을 그으니
구리로 된 집이 홀연히 세워졌다.
비단 자리를 눈부시게 깔아 놓고
금 술잔에 맛있는 술 차려 놓았다.
과연 스스로 돌아 들어와서
서로 마시고 이내 곧 취하였다.

[그 여자들이 왕을 보자 곧 물로 들어갔다. 좌우에서, "대왕은 왜 궁전을 지어서 여자들이 방에 들어가기를 기다렸다가 못 나가게 문을 가로막지 않으십니까?" 하였다. 왕이 그렇게 여겨 말채찍으로 땅을 긋자 구리로 된 집이 갑자기 이루어졌는데 장려(壯麗)하였다. 방 안에 세 자리를 베풀고 술상을 차려 놓았다. 그 여자들이 각각 그 자리에 앉아 서로 권하며 술을 마셔 크게 취하였다.]

왕이 그때 나가 가로막으니
놀라 달아나다 미끄러져 자빠졌다.
맏딸이 유화인데

이 여자가 왕에게 붙잡혔다.

[왕이 세 여자가 크게 취할 것을 기다려 급히 나가 막으니 여자들이 놀라 달아나다가 맏딸 유화가 왕에게 붙잡혔다.]

하백이 크게 노하여
사자를 시켜 급히 달려가서
고하기를 너는 어떤 사람이기에
감히 경솔하고 방자한 짓을 하는가 하니
회보하기를 나는 천제의 아들입니다
높은 문족과 서로 혼인하기를 청합니다 하고
하늘을 가리키자 용수레가 내려오니
그대로 깊은 해궁에 이르렀다.

[하백(河伯)이 크게 노하여 사자를 보내어 고하기를, "너는 어떠한 사람이기에 내 딸을 잡아 두는가?" 하였다. 왕이 회보하기를, "나는 천제(天帝)의 아들인데 지금 하백에게 구혼하고자 합니다" 하였다. 하백이 또 사자를 보내어 고하기를, "네가 만일 천제의 아들이고 내게 구혼할 생각이 있으면 마땅히 중매를 시켜 말할 것이지 지금 문득 내 딸을 잡아 두니 어찌 그리 실례가 심한가?" 하였다. 왕이 부끄러워하며 하백을 뵈려 하였으나 궁실에 들어갈 수 없었다. 그래서 그 여자를 놓아 보내고자 하니 그 여자가 이미 왕과 정이 들어서 떠나려 하지 않으며 왕에게 권하기를, "만일 용거(龍車)가 있으면 하백의 나라에 이를 수 있다" 하였다. 왕이 하늘을 가리켜 고하니, 조금 뒤에 오룡거(五龍車)가 공중에서 내려왔다. 왕이 여자와 함께 수레를 타니 풍운이 홀연히 일어나며 하백의 궁에 이르렀다.]

하백이 왕에게 이르기를
혼인은 큰일이라

중매와 폐백의 법이 있거늘
어째서 방자한 짓을 하는가.

[하백이 예를 갖추어 맞아 좌정한 뒤에 이르기를, "혼인의 도는 천하의 공통된 법규인데 어찌하여 실례되는 일을 해서 내 가문을 욕되게 하는가?" 하였다.]

그대가 상제의 아들이라면
신통한 변화를 시험하여 보자 하니
넘실거리는 푸른 물결 속에
하백이 변화하여 잉어가 되니
왕이 변화하여 수달이 되어
몇 걸음 못 가서 곧 잡았다.
또다시 두 날개가 돋아
꿩이 되어 훌쩍 날아가니
왕이 또 신령한 매가 되어
쫓아가 치는 것이 어찌 그리 날쌘가.
저편이 사슴이 되어 달아나면
이편은 승냥이가 되어 쫓았다.
하백은 신통한 재주 있음 알고
술자리 벌이고 서로 기뻐하였다.
만취한 틈을 타서 가죽 수레에 싣고
딸도 수레에 함께 태웠다.
그 뜻은 딸과 함께
천상에 오르게 하려 함이었다.
그 수레가 물 밖에 나오기 전에
술이 깨어 홀연히 놀라 일어나

여자의 황금비녀로
가죽을 뚫고 구멍으로 나와서
홀로 적소를 타고 올라서
소식 없이 다시 돌아오지 않았다.

[하백의 술은 이레가 되어야 깬다. 하백이, "왕이 천제(天帝)의 아들이라면 무슨 신통하고 이상한 재주가 있는가?" 하니, 왕이, "무엇이든지 시험하여 보소서" 하였다. 이에 하백이 뜰 앞의 물에서 잉어로 화하여 물결을 따라 노니니 왕이 수달로 화하여 잡았고, 하백이 또 사슴으로 화하여 달아나니 왕이 승냥이로 화하여 쫓았고, 하백이 꿩으로 화하니 왕이 매로 화하였다. 하백은 참으로 천제의 아들이라고 생각하여 예로 혼인을 이루고 왕이 딸을 데려갈 마음이 없어질까 두려워하여 풍악을 베풀고 술을 내어 왕에게 권하여 크게 취하자 딸과 함께 작은 가죽 수레에 넣어 용거(龍車)에 실으니 이는 하늘에 오르게 하려 함이었다. 그 수레가 미처 물에서 나오기 전에 왕이 술이 깨어 여자의 황금비녀로 가죽 수레를 뚫고 구멍으로 홀로 나와서 하늘로 올라갔다.]

하백이 그 딸을 책망하여
입술을 잡아당겨 석 자나 늘여 놓고
우발수 속으로 추방하고는
오직 비복 두 사람만 주었다.

[하백이 그 딸에게 크게 노하여, "네가 내 훈계를 따르지 않아서 마침내 우리 가문을 욕되게 하였다" 하고, 좌우를 시켜 딸의 입을 옭아 잡아당기어 입술의 길이가 석 자나 되게 하고 노비 두 사람만을 주어 우발수 가운데로 추방하였다. 우발은 연못 이름인데 지금 태백산(太白山) 남쪽에 있다.]

어부가 물속을 보니
이상한 짐승이 돌아다녔다.
이에 금와왕에게 고하여

쇠 그물을 깊숙이 던졌다.
돌에 앉은 여자를 끌어당겨 얻었는데
얼굴 모양이 심히 무서웠다.
입술이 길어 말을 못 하므로
세 번 자른 뒤에야 입을 열었다.

[어사(漁師) 강력부추(强力扶鄒)가 고하기를, "근자에 어량(魚梁, 물을 막아 고기를 잡는 장치) 속의 고기를 도둑질해 가는 것이 있는데 무슨 짐승인지 알 수 없습니다" 하였다. 왕이 어사를 시켜 그물로 끌어내니 그물이 찢어졌다. 다시 쇠 그물을 만들어 당겨서 돌에 앉아 있는 여자를 얻었다. 그 여자는 입술이 길어 말을 못 하므로 그 입술을 세 번 잘라내게 한 뒤에야 말을 하였다.]

왕이 해모수의 왕비인 것을 알고
이내 별궁에 두었다.
해를 품고 주몽을 낳았으니
이해가 계해년이었다.
골상이 참으로 기이하고
우는 소리가 또한 심히 컸다.
처음에 되만 한 알을 낳으니
보는 사람들이 깜짝 놀랐다.
왕이 상서롭지 못하다
이것이 어찌 사람의 종류인가 하고
마구간 속에 두었더니
여러 말들이 모두 밟지 않았고
깊은 산속에 버렸더니
온갖 짐승이 모두 옹위하였다.

[왕이 천제 아들의 비(妃)인 것을 알고 별궁(別宮)에 두었더니 그 여자의 품 안에 해가 비치자 이어 임신하여 신작(神雀) 4년 계해년 여름 4월에 주몽(朱蒙)을 낳았는데, 우는 소리가 매우 크고 골상이 영특하고 기이하였다. 처음 낳을 때에 좌편 겨드랑이로 알 하나를 낳았는데 크기가 닷 되(五升)들이만 하였다. 왕이 괴이하게 여겨 말하기를, "사람이 새알을 낳았으니 상서롭지 못하다" 하고, 사람을 시켜 마구간에 두었더니 여러 말들이 밟지 않았고, 깊은 산에 버렸더니 모든 짐승이 호위하고 구름 끼고 음침한 날에도 알 위에 항상 햇빛이 있었다. 왕이 알을 도로 가져다가 어미에게 보내어 기르게 하였더니, 알이 마침내 갈라져서 한 사내아이를 얻었는데 낳은 지 한 달이 지나지 않아서 언어가 모두 정확하였다.]

어미가 우선 받아서 기르니
한 달이 되면서 말하기 시작하였다.
스스로 말하되 파리가 눈을 빨아서
누워도 편안히 잘 수 없다 하였다.
어머니가 활과 화살을 만들어 주니
그 활이 빗나가는 법이 없었다.

[어머니에게, "파리들이 눈을 빨아서 잘 수가 없으니 어머니는 나를 위하여 활과 화살을 만들어 주오" 하였다. 그 어머니가 댓가지로 활과 화살을 만들어 주니 스스로 물레 위의 파리를 쏘는데, 화살을 쏘는 족족 맞혔다. 부여(扶餘)에서 활 잘 쏘는 것을 주몽(朱蒙)이라고들 한다.]

나이가 점점 많아지매
재능도 날로 갖추어졌다.
부여 왕의 태자가
그 마음에 투기가 생겼다.
말하기를 주몽이란 자는
반드시 범상한 사람이 아니니

만일 일찍 도모하지 않으면
후환이 끝없으리라 하였다.

[나이가 많아지자 재능이 다 갖추어졌다. 금와왕은 아들 일곱이 있는데 항상 주몽과 함께 놀며 사냥하였다. 왕의 아들과 따르는 사람 40여 인이 겨우 사슴 한 마리를 잡았는데 주몽은 사슴을 퍽 많이 쏘아 잡았다. 왕자들이 시기하여 주몽을 붙잡아 나무에 묶어 매고 사슴을 빼앗았는데, 주몽이 나무를 뽑아 버리고 갔다. 태자(太子) 대소(帶素)가 왕에게, "주몽이란 자는 신통하고 용맹한 장사여서 눈초리가 비상하니 만일 일찍 도모하지 않으면 반드시 후환이 있을 것입니다" 하였다.]

왕이 가서 말을 기르게 하니
그 뜻을 시험하고자 함이었다.
스스로 생각하니 천제의 손자가
천하게 말 기르는 것 참으로 부끄러워
가슴을 어루만지며 항상 혼자 탄식하기를
사는 것이 죽는 것만 못하다
마음 같아서는 장차 남쪽 땅에 가서
나라도 세우고 성시도 세우고자 하나
사랑하는 어머니가 계시기 때문에
이별이 참으로 쉽지 않구나.

[왕이 주몽에게 말을 기르게 하여 그 뜻을 시험하였다. 주몽이 마음으로 한을 품고 어머니에게, "나는 천제의 손자인데 남을 위하여 말을 기르니 사는 것이 죽는 것만 못합니다. 남쪽 땅에 가서 나라를 세우려 하나 어머니가 계셔서 마음대로 못 합니다" 하였다.]

그 어머니 이 말 듣고
흐르는 눈물 씻으며

너는 내 생각 하지 말라
나도 항상 마음 아프다
장사가 먼 길을 가려면
반드시 준마가 있어야 한다며
아들을 데리고 마구간에 가서
곧 긴 채찍으로 말을 때리니
여러 말은 모두 달아나는데
붉은 빛이 얼룩진 한 말이 있어
두 길 되는 난간을 뛰어넘으니
이것이 준마인 줄 비로소 깨달았다.
남모르게 바늘을 혀에 꽂으니
시고 아파 먹지 못하네.
며칠 못 되어 형상이 심히 야위어
나쁜 말과 다름없었다.
그 뒤에 왕이 돌아보고
바로 이 말을 주었다.
얻고 나서 비로소 바늘을 뽑고
밤낮으로 도로 먹였다.

[그 어머니가, "이것은 내가 밤낮으로 고심하던 일이다. 내가 들으니 장사가 먼 길을 가려면 반드시 준마가 있어야 한다. 내가 말을 고를 수 있다" 하고, 드디어 목마장으로 가서 긴 채찍으로 어지럽게 때리니 여러 말이 모두 놀라 달아나는데 한 마리 붉은 말이 두 길이나 되는 난간을 뛰어넘었다. 주몽은 이 말이 준마임을 알고 가만히 바늘을 혀 밑에 꽂아 놓았다. 그 말은 혀가 아파서 물과 풀을 먹지 못하여 심히 야위었다. 왕이 목마장을 순시하며 여러 말이 모두 살찐 것을 보고 크게 기뻐서 인하여 야윈 말을 주몽에게 주었다. 주몽이 이 말을 얻고 나서 그 바늘을 뽑고 도로 먹였다 한다.]

가만히 세 어진 벗을 맺으니
그 사람들 모두 지혜가 많았다.

[오이(烏伊)·마리(摩離)·협보(陜父) 등 세 사람이었다.]

남쪽으로 행하여 엄체수에 이르러
건너려 하여도 배가 없었다.

[일명 개사수(蓋斯水)인데 지금의 압록강 동북쪽에 있다.]

채찍을 잡고 저 하늘을 가리키며
개연히 긴 탄식을 발한다.
천제의 손자 하백의 외손이
난을 피하여 이곳에 이르렀소
불쌍한 고자의 마음을
황천후토가 차마 버리시리까.
활을 잡아 하수를 치니
고기와 자라가 머리와 꼬리를 나란히 하여
높직이 다리를 이루어
비로소 건널 수 있었다.
조금 뒤에 쫓는 군사 이르러
다리에 오르니 다리가 곧 무너졌다.

[건너려 하나 배는 없고 쫓는 군사가 곧 이를 것을 두려워하여 채찍으로 하늘을 가리키며 개연히 탄식하기를, "나는 천제의 손자요, 하백의 외손인데 지금 난을 피하여 여기에 이르렀으니 황천과 후토(后土)는 나 고자(孤子)를 불쌍히 여기시어 속히 배와 다리를 주소서" 하고, 말을 마치고 활로 물

을 치니 고기와 자라가 나와 다리를 이루어 주몽이 건넜는데 한참 뒤에 쫓는 군사가 이르렀다. 쫓아온 군사가 하수에 이르니 고기와 자라가 이룬 다리가 곧 허물어져 이미 다리에 오른 자는 모두 빠져 죽었다.]

한 쌍 비둘기 보리 물고 날아
신모의 사자가 되어 왔다.

[주몽이 이별할 때 차마 떠나지 못하니 어머니가 말하기를, "너는 어미 때문에 걱정하지 말라" 하고 오곡 종자를 싸 주어 보내었다. 주몽이 살아서 이별하는 마음이 애절하여 보리 종자를 잊어버리고 왔다. 주몽이 큰 나무 밑에서 쉬는데 비둘기 한 쌍이 날아왔다. 주몽이, "아마도 신모(神母)께서 보리 종자를 보내신 것이리라" 하고, 활을 쏘아 한 화살에 모두 떨어뜨려 목구멍을 벌려 보리 종자를 얻고 나서 물을 뿜으니 비둘기가 다시 소생하여 날아갔다.]

형세 좋은 땅에 왕도를 개설하니
산천이 울창하고 높고 컸다.
스스로 띠자리 위에 앉아서
대강 군신의 위차를 정하였다.

[왕이 스스로 띠자리 위에 앉아서 대강 임금과 신하의 위차를 정하였다.]

애달프다 비류왕이여
어째서 스스로 헤아리지 못하고
선인의 후예인 것만 굳이 자긍하고
천제의 손자 존귀함을 알지 못하였나.
한갓 부용국으로 삼으려 하여
말하는 데 삼가거나 겁내지 않네.

그림 사슴의 배꼽도 맞히지 못하고
옥가락지 깨는 것에 놀랐다.

[비류왕 송양(松讓)이 나와 사냥하다가 왕의 용모가 비상함을 보고 이끌어 함께 앉아서, "바다 한 쪽에 치우쳐 있어 일찍이 군자(君子)를 만나 보지 못하였는데, 오늘 우연히 만났으니 얼마나 다행한 일인가. 그대는 어떠한 사람이며 어느 곳에서 왔는가?" 하니, 왕이, "과인은 천제의 손자요, 서국(西國)의 왕이다. 감히 묻노니 군왕은 누구의 후손인가?" 하니, 송양이, "나는 선인(仙人)의 후손인데 여러 대 왕 노릇을 하였다. 지금 지방이 대단히 작아서 나누어 두 왕이 될 수 없고 그대는 나라를 만든 지가 얼마 되지 않았으니, 나의 부속국이 되는 것이 좋을 것이다" 하였다. 왕이, "과인은 천제의 뒤를 이었지마는 지금 왕은 신(神)의 자손도 아니면서 억지로 왕이라 칭호하니, 만일 내게 복종하지 않으면 하늘이 반드시 죽일 것이다" 하였다. 송양은 왕이 여러 번 천제의 손자라 자칭하는 것을 듣고 마음에 의심을 품어 그 재주를 시험하고자 하여, "왕과 활쏘기를 원하노라" 하고, 그린 사슴을 1백 보 안에 놓고 쏘았는데 그 화살이 사슴 배꼽에 들어가지 않았는데도 힘에 겨워하였다. 왕이 사람을 시켜 옥가락지[玉指環]를 가져다가 1백 보 밖에 달아매고 쏘았는데 기왓장 부서지듯 깨지니 송양이 크게 놀랐다.]

와서 고각이 변색한 것을 보고
감히 내 기물이라 말하지 못하였다.

[왕이, "국가의 기업이 새로 창조되었기 때문에 고각(鼓角)의 위의(威儀)가 없어서 비류(沸流)의 사자가 왕래함에 내가 왕의 예로 맞고 보내지 못하니 그 까닭으로 나를 가볍게 여기는 것이다" 하였다. 시종하는 신하 부분노(扶芬奴)가 앞에 나와, "신이 대왕을 위하여 비류의 북을 가져오겠습니다" 하였다. 왕이, "다른 나라의 감추어 둔 물건을 네가 어떻게 가져오려느냐?" 하니, 대답하기를, "이것은 하늘이 준 물건이니 왜 가져오지 못하겠습니까? 대왕이 부여(扶餘)에서 곤욕을 당할 때에 누가 대왕이 여기에 이르리라고 생각하였겠습니까? 지금 대왕이 만 번 죽음을 당할 위태한 땅에서 몸을 빼쳐 나와 요좌(遼左)에 이름을 날리니 이것은 천제가 명령하여 하는 것이라 무슨 일인들 이루

지 못하겠습니까?" 하였다. 이에 부분노 등 세 사람이 비류에 가서 북을 가져오니 비류왕이 사자를 보내어 고하였다. 왕이 비류에서 와서 고각을 볼까 두려워하여 빛깔을 오래된 것처럼 검게 만들어 놓으니 송양이 감히 다투지 못하고 돌아갔다.]

집 기둥이 묵은 것을 와서 보고
말 못 하고 도리어 부끄러워했다.

[송양이 도읍을 세운 선후(先後)를 따져 부용국(附庸國)을 삼고자 하니, 왕이 궁실을 지을 때 썩은 나무로 기둥을 세워 천 년 묵은 것같이 했다. 송양이 와서 보고 마침내 감히 도읍을 세운 선후를 따지지 못하였다.]

동명왕이 서쪽으로 순수할 때
우연히 눈빛 사슴을 얻었다.
해원 위에 거꾸로 달아매고
감히 스스로 저주하기를
하늘이 비류에 비를 내려
그 도성과 변방을 표몰시키지 않으면
내가 너를 놓아주지 않을 것이니
너는 내 분함을 풀어다오 하니
사슴의 우는 소리 심히 슬퍼
위로 천제의 귀에 사무쳤다.
장맛비가 이레를 퍼부어
주룩주룩 회수 사수를 넘쳐나듯
송양이 근심하고 두려워하여
흐름을 따라 부질없이 갈대 밧줄을 가로 뻗쳤다.
백성들이 다투어 와서 밧줄을 잡아당겨

서로 쳐다보며 땀을 흘리었다.
동명왕이 곧 채찍을 들어
물을 그으니 곧 멈추었다.
송양이 나라를 들어 항복하고
이 뒤로는 우리를 헐뜯지 못하였다.

[서쪽을 순행하다가 사슴 한 마리를 얻었는데 해원에 거꾸로 달아매고 저주하기를, "하늘이 만일 비를 내려 비류왕의 도읍을 표몰시키지 않는다면 내가 너를 놓아주지 않을 것이니, 이 곤란을 면하려거든 네가 하늘에 호소하라" 하였다. 그 사슴이 슬피 울어 소리가 하늘에 사무치니 장맛비가 이레를 퍼부어 송양의 도읍을 표몰시켰다. 송양왕이 갈대 밧줄로 흐르는 물을 횡단하고 오리 말을 타고 백성들은 모두 그 밧줄을 잡아당겼다. 주몽이 채찍으로 물을 긋자 물이 곧 줄어들었다. 6월에 송양이 나라를 들어 항복하였다 한다.]

검은 구름이 골령을 덮어
산이 뻗쳐 연한 것이 보이지 않고
수천 명 사람의 소리가 들려
나무 베는 소리와 방불하였다.
왕이 말하기를 하늘이 나를 위하여
그 터에 성을 쌓는 것이라 하였다.
홀연히 운무가 흩어지니
궁궐이 우뚝 솟았다.

[7월에 검은 구름이 골령에 일어나서 사람들이 그 산은 보지 못하고 오직 수천 명 사람의 소리가 토목(土木) 공사를 하는 것같이 들렸다. 왕이, "하늘이 나를 위하여 성을 쌓는 것이다" 하였다. 7일 만에 운무가 걷히니 성곽과 궁실 누대가 저절로 이루어졌다. 왕이 황천께 절하여 감사하고 나아가 살았다.]

왕위에 있은 지 십구 년 만에
하늘에 오르고 내려오지 않았다.

[가을 9월에 왕이 하늘에 오르고 내려오지 않으니 이때 나이 40이었다. 태자(太子)가 왕이 남긴 옥 채찍을 대신 용산(龍山)에 장사하였다 한다.]

뜻이 크고 기이한 절개 있으니
원자의 이름은 유리이다.
칼을 얻어 부왕의 위를 이었고
물동이 구멍 막아 남의 꾸지람을 그쳤다.

[유리가 어려서부터 기이한 기절이 있었다 한다. 소년 때에 참새 쏘는 것을 업으로 삼았는데 한 부인이 물동이를 이고 가는 것을 보고 쏘아서 뚫었다. 그 여자가 노하여 욕하기를, "아비도 없는 자식이 내 물동이를 쏘아 뚫었다" 하였다. 유리가 크게 부끄러워하여 진흙 탄환으로 쏘아서 동이 구멍을 막아 전과 같이 만들고 집에 돌아와서 어머니에게, "내 아버지가 누구입니까?" 하고 물었다. 어머니는 유리가 나이 어리기 때문에 희롱 삼아 말하기를, "너는 일정한 아버지가 없다" 하였다. 유리가 울며, "사람이 일정한 아버지가 없으면 장차 무슨 면목으로 남을 보겠습니까?" 하고 드디어 스스로 목을 찌르려 하였다. 어머니가 깜짝 놀라 말리며, "아까 한 말은 희롱 삼아 한 말이다. 너의 아버지는 천제의 손자이고 하백의 외손인데 부여의 신하 되는 것을 원망하다가 도망하여 남쪽 땅에 가서 국가를 창건하였단다. 네가 가 보겠느냐?" 하였다. 대답하기를, "아버지는 임금이 되었는데 아들은 남의 신하가 되었으니 내가 비록 재주 없으나 어찌 부끄럽지 않겠습니까?" 하였다. 어머니가, "너의 아버지가 갈 때 말을 남기기를 '내가 일곱 고개 일곱 골짜기 돌 위 소나무에 물건을 감추어 둔 것이 있으니 이것을 찾아 얻는 자는 내 자식이다' 하였다" 했다. 유리가 산골짜기에 가서 찾다가 얻지 못하고 지쳐 돌아왔다. 유리가 당(堂) 기둥에서 슬픈 소리가 나는 것을 들었는데 그 기둥은 돌 위의 소나무이고 나무 모양이 일곱 모서리였다. 유리가 스스로 해득하기를, "일곱 고개 일곱 골짜기라는 것은 일곱 모서리이고, 돌 위 소나무라는 것은 기둥이다" 하고 일어나 가 보니 기둥 위에 구멍이 있었다. 그

구멍에서 부러진 칼 한 조각을 얻고 크게 기뻐하였다. 전한(前漢) 홍가(鴻嘉) 4년 여름 4월에 고구려(高句麗)로 달아나서 칼 한 조각을 왕께 받들어 올렸다. 왕이 가지고 있는 부러진 칼 한 조각을 내어 합하니 피가 나면서 이어져 한 칼이 되었다. 왕이 유리에게, "네가 실로 내 자식이라면 무슨 신성(神聖)함이 있느냐?" 하니, 유리가 즉시 몸을 날리어 공중에 솟구쳐 창구멍으로 새어 드는 햇빛을 막아 기이한 신성을 보이니 왕이 크게 기뻐하여 태자로 삼았다.]

내 성품 본래 질박하여
기이하고 괴상한 것 좋아하지 않는다.
처음에 동명왕의 일을 보고
요술인가 귀신인가 의심하였다.
서서히 서로 간섭하여 보니
변화가 추측하여 의논하기 어렵다.
하물며 이것은 직필로 쓴 글이라
한 글자도 헛된 글자가 없다.
신이하고도 신이하여
만세에 아름다운 일이다.
생각건대 창업하는 임금이
성신이 아니면 어찌 이루랴.
유온이 큰 못에서 쉬다가
꿈꾸는 사이에 신을 만났다.
우뢰 번개에 천지가 캄캄하고
괴이하고 위대한 교룡이 서려 있었다.
인하여 곧 임신이 되어
성신한 유계를 낳았다.
이것이 적제의 아들인데
일어남에 특이한 복조가 많았다.

세조 광무황제가 처음 태어날 때
광명한 빛이 집 안에 가득하였다.
절로 적복부에 응하여
황건적을 소탕하였다.
자고로 제왕이 일어남에
많은 징조와 상서가 있으나
끝 자손은 게으르고 거칠음이 많아
모두 선왕의 제사를 끊어뜨렸다.
이제야 알겠다 수성하는 임금은
신고한 땅에서 작게 삼갈 것을 경계하여
너그럽고 어짊으로 왕위를 지키고
예와 의로 백성을 교화하여
길이길이 자손에게 전하여
오래도록 나라를 통치하였다. (577쪽 1~ 581쪽 9)

『동국이상국집』 권28 서장표(書狀表) – 몽고 황제(蒙古皇帝)에게 사은하는 표(表) [보내지 않았다]

운운. 소국이 죄 없이 오랫동안 강한 도적의 침략에 빠졌더니, 성스러운 대국이 적시에 신병(神兵)을 보내어 소탕하사, 신령한 은혜가 미치는 곳에 병들었던 것이 모두 깨어났나이다. 엎드려 생각하건대, 대대로 기자(箕子)의 봉토를 이어받았고 땅은 거란(契丹)의 지역을 인접하여, 일찍이 우리와 유감을 가질 까닭이 없었으니 어찌 이 같은 명색 없는 군사를 일으켜, 우리 국경에 함부로 들어와 크게 인물을 유린할 줄 뜻하였겠습니까. (581쪽 10)

『동국이상국집』 부록 – 백운소설(白雲小說)

우리나라는 은(殷)나라 태사(太師)가 동쪽에 봉해지면서부터 문헌(文獻)이 비로소

생겼는데, 그동안에 있었던 작자(作者)들은 세대가 멀어서 들을 수가 없다. (582쪽 11)

(출처: 한국고전번역원)

『拙藁千百』(1354년) 崔瀣(1287~1340)

『졸고천백』은 고려 후기 문신 관리 최해의 서(序)·기(記)·후제(後題)·행장 등을 수록한 문집으로, 1354년에 2권으로 간행하였다.

최해의 자는 언명보(彦明父)·수옹(壽翁), 호는 졸옹(拙翁)·예산농은(猊山農隱) 등이다. 최치원의 후손이며, 민부의랑(民部議郎)을 지낸 백윤(伯倫)의 아들이다. 17세에 과거에 급제하여 성균학관을 거쳐 예문춘추검열, 예문응교, 검교, 성균관대사성 등을 역임하였다. 현전하는 문집으로는 고려 명현들의 시문을 가려 뽑은 『동인지문(東人之文)』(25권) 일부가 있다. 그 밖에도 『예산농은졸고(猊山農隱拙藁)』, 『귀감(龜鑑)』, 『예산선집(猊山選集)』 등이 있다고 하나 전하지 않는다. 『동문선(東文選)』에 그의 시 34수가 전한다.

문집의 간행은 1354년(공민왕 3) 진주목에서 이루어졌다. 현재 우리나라에는 없고, 일본의 존경각문고(尊經閣文庫)에 수장되어 있는 고려판이 유일본이다. 1930년 일본의 육덕재단에서 존경각의 판본을 영인하여 현재 규장각 도서로 소장되어 있다. 1973년 성균관대학교 대동문화연구원에서 영인·간행한 『고려명현집』에 수록되어 있다. 문집은 2권으로 되어 있다. 모두 45편의 산문이 시대 순으로 수록되어 있다.

기자 관련 내용이 권2의 〈동인지문 서문(東人之文序)〉에 나온다. 여기에서 최해는 먼 옛날 기자(箕子)가 주(周)에 의해 처음으로 조선 땅에 봉해졌다고 언급하였다.

『졸고천백』 권2 문(文) – 동인지문(東人之文) 서문

우리나라는 먼 옛날 기자(箕子)가 주(周)나라에 의해 처음으로 조선(朝鮮) 땅에 봉해진 뒤부터 사람들이 중국(中國)이라는 존귀한 나라가 있음을 알았다. 예전 신라(新羅)의 전성기에는 항상 당(唐)나라에 젊은이들을 유학 보내고, 숙위원(宿衛院)을 두어 그곳에서 학업을 익히게 하였다. 그러므로 당나라 진사시(進士試)의 빈공과(賓貢科) 방문(榜文)에 그 이름이 빠진 적이 없었다. 신성왕(神聖王, 태조(太祖))이 나라를 건국하여 삼한(三韓)이 통일되고 나서도 의관(衣冠)과 전례(典禮)는 신라의 옛 제도를 답습하였으며, 16~17대(代)의 왕에 전해지도록 대대로 인의(仁義)의 정치를 닦고 중국의 문화를 더욱더 사모하였다. 서쪽으로 송(宋)나라에 조회하고 북쪽으로 요(遼)나라와 금(金)나라를 따라 그 문화에 흠뻑 젖어들었고 인재가 날로 번성하여 그들이 지은 찬란한 문장(文章)이 모두 볼만하였다.

그러나 풍속이 순후(純厚)하여 집안에 소장된 문집(文集) 가운데 손으로 필사(筆寫)한 것이 대부분이고 판본(板本)으로 간행한 것이 적었다. 그런 까닭에 세월이 지나면서 유실되어 널리 전해지기가 어렵게 되었다. 게다가 중엽에 무인(武人)들을 제어하지 못하여 소홀한 틈을 타고 변란이 일어나 곤륜산(昆侖山)의 옥석(玉石)이 갑자기 함께 다 타버리는 화를 겪고 말았다. 그 후 3~4대를 지나 비록 중흥(中興)을 이룩했다고 말은 하지만 예법과 문물이 인습(因襲)하기에 부족했고, 이어 권신(權臣)이 국정을 휘어잡아 임금을 협박하고 백성을 속이다가 도성을 버리고 섬으로 도망쳐 숨느라 다른 일을 돌아볼 겨를이 없어 국가의 서적들이 진흙탕 속에 내팽개쳐진 채로 수습되지 못하고 말았다. 이 이후로 학자들은 사우(師友)의 연원(淵源)을 잃게 되었고 또 중국과도 전혀 통하지 않았으므로 모두가 보고 듣는 것이 부족하여 경망한 풍조로 흐르게 되었다. 당시에 어찌 문필가가 없었다고 하리오마는 태평 시대의 작자(作者)들과 비교하면 그 규모가 같지 않다. (583쪽 1)

(출처: 한국고전번역원)

『動安居士集』(1360년경)

李承休(1224~1300)

『동안거사집』은 고려시대의 문인 관리였던 이승휴의 문집이다.

이승휴의 자는 휴휴(休休), 자호(自號)는 동안거사(動安居士)이다. 이승휴는 29세 때 문과에 급제하였으나 벼슬에 뜻을 두지 않고 귀성하여 용안당(容安堂)을 짓고 은거하였다. 주요 저서로는 『제왕운기(帝王韻紀)』, 『내전록(內典錄)』, 『동안거사집』이 있다.

문집은 이승휴의 아들인 이연종(李衍宗)이 수집·편차하고, 질서(姪壻)인 안극인(安克仁)이 경주부에서 『제왕운기』와 함께 1360년(공민왕 9)에 간행한 것으로 추정된다. 권두에 이색(李穡)의 서문이 있다. 목판으로 간행하였다. 이후로는 중간되지 못한 듯하며, 1939년에 유일하게 전해 오던 황의돈 씨 소장 초간본을 조선고전간행회에서 영인한 바 있으나, 그 원본은 전하지 않는다. 현재 국립중앙도서관, 고려대학교 중앙도서관, 국민대학교 도서관, 성균관대학교 중앙도서관에 소장되어 있다.

문집은 「잡저(雜著)」와 「행록(行錄)」 4권으로 구성되어 있다. 「잡저」에는 기(記)·계(啓)·서(書)·법어(法語) 등 10편의 산문이 실려 있다. 이 중 권4는 〈빈왕록(賓王錄)〉이라는 제목의 글인데, 이승휴가 서장관(書狀官)으로 원나라 수도 대도(大都)에 다녀온 후 남긴 사신록(使臣錄)이라 할 수 있다.

고조선 관련 내용은 「잡저」에 나와 있다. 여기서 요동(遼東), 전조선기(前朝鮮紀), 홍범구주(洪範九疇), 이륜(彝倫)을 언급하였다. 이승휴는 종실과 재상으로 중국에 조알하고 왕래한 자가 조선으로부터 오늘에 이르기까지 이어졌다고 기술하였다. 또한 조선은 주(周)나라 초기에 기자(箕子)의 교화를 입었으므로 역대로 문인이 많았다고 하였다.

『동안거사집』 잡저(雜著) – 진양(晉陽)의 서기(書記) 정소(鄭玿)에게 보낸 서(書)

모월(某月), 모일(某日), 두타산(頭陁山) 동안거사(動安居士)가 진양(晉陽, 진주) 기실(記室, 서기(書記)) 각하에게 편지를 보냅니다. … '요동(遼東)에 또 하나의 세상이 있다[遼東別有一乾坤]'에서 '지리기(地理紀)'의 세 글자가 빠져 있습니다. 그리고 '처음에 누가 나라를 세우고 풍운을 열었나[初誰開國啓風雲]'에서 '전조선기(前朝鮮紀)'의 네 글자가 빠져 있습니다. 그리고 '홍범구주(洪範九疇)로 이륜(彜倫)을 물었다[洪範九疇問彜倫]'에서 '홍(洪)' 자가 잘못되었습니다. 이들 잘못된 곳이 혹시 바로잡힐 수 있다면, 마침내 큰 은혜이겠습니다. (584쪽 1~2)

『동안거사집』 잡저(雜著) – 단모부(旦暮賦) [병서(并序)]

이해(1294) 11월 12일에 안집사(安集使)가 전한 바, 영공(令公, 김방경)이 보낸 편지를 받아 보니, "나이가 84세가 되어 앞으로 더 바랄 것이 없는데 세자 전하께서 스스로 생각하시기를, '나라에 공이 있는 노인에게 특별한 상이 없으면 어떻게 후인들을 권장할 수 있겠느냐'고 여기시고 그 사실을 임금께 아뢰니, 비답을 내려서 상락군(上洛郡)·개국공(開國公)으로 삼았는데, 실로 분수에 맞지 않는다"고 했다. 내가 공경히 꿇어 엎드려 편지를 받들어 읽고, 거듭 그 사실을 밝혀서 평하여 말하였다. 종실과 재상으로 중국에 조알하고 왕래한 자가 조선(朝鮮)으로부터 오늘에 이르기까지 발자취가 서로 이어졌다. (585쪽 3)

『동안거사집』 잡저(雜著) – 대원(大元) 구양(歐陽) 승지(承旨)가 지음

조선은 중국 동쪽에 위치해 있어서 나라 사람이 인후한 성품을 타고났고, 또 주초(周初)에 기자(箕子)의 교화를 입었으므로 역대로 문인이 많았다. … 지정(至正) 17년(1357) 정유(丁酉), 6월 계유(癸酉)에 한림학사(翰林學士)·승지(承旨)·광록대부(光祿大夫)·지제고(知制誥)·겸수국사(兼修國史) 여릉(廬陵) 구양현(歐陽玄)이 쓰다. (585쪽 4~586쪽 5)

(출처: 고려대학교 한국사연구소)

『稼亭集』(1364년)

李穀(1298~1351)

『가정집』은 고려 후기의 학자였던 이곡이 지은 시가와 산문을 엮어 1364년에 간행한 시문집이다.

이곡의 자는 중부(仲父), 호는 가정(稼亭)이다. 1317년(충숙왕 4) 거자과(擧子科)에 합격한 뒤 예문관검열이 되었다. 이제현(李齊賢) 등과 함께 『편년강목(編年綱目)』을 증수했고, 충렬왕·충선왕·충숙왕 3조의 실록 편찬에 참여했다. 주요 작품으로는 「죽부인전(竹夫人傳)」과 100여 편의 시가 『동문선(東文選)』에 전한다.

아들 이색(李穡)이 1364년(공민왕 13)에 유고를 편집하고, 사위 박상충(朴尙衷)이 이를 간행하였다. 조선이 건국되는 과정에서 화재로 소실되었는데, 1422년(세종 4)에 그의 후손인 이종선(李種善)이 중간하였다. 그 뒤 임진왜란 이후에 책이 희귀하게 되자, 후손 이기조(李基祚)가 구본(舊本)을 얻고 산질된 시편을 보결하여 1635년(인조 13)에 중간하였는데(삼간본), 현재 규장각에 있다. 이 세 번째 간본은 전질이 아니고 빠진 것이 많아, 후손인 이태연(李泰淵)이 완본(完本)을 얻어서 1662년(현종 3)에 4책 20권으로 된 『가정집』을 간행하였다(사간본). 1973년에 사간본을 대본으로 하여 성균관대학교 대동문화연구원에서 『목은집(牧隱集)』·『인재집(麟齋集)』을 합본하여 『고려명현집』으로 영인하여 간행하였다. 문집은 20권 4책으로 구성되어 있다.

고조선 관련 기록이 권9와 「가정잡록」에 나온다. 모두 기자에 관한 내용이다. 권9의 〈입조하는 정 부령을 전송한 글(送鄭副令入朝序)〉에서는 주(周)나라의 무왕(武王)이 기자(箕子)를 조선(朝鮮) 땅에 봉한 다음부터 통교하기 시작했다고 기술하였다. 「가정잡록」의 〈이중보가 정동행성에 사신으로 나가는 것을 전송하며 지은 서(送李中父使征東行省序)〉에서는 기자에 관한 시 두 편을 수록하고 있다. 두 시는 모두 기자를 찬양하는 시로서 기자로 인해 조선의 땅에 문화가 일어났다고 평하고 있다.

『가정집』 가정선생문집 권9 서(序) – 입조(入朝)하는 정 부령(鄭副令)을 전송한 글

우공(禹貢)을 보면, 중국의 구주(九州)를 다 설명하고 나서 "그의 풍성(風聲)과 교화가 온 천하에 다 미친 가운데, 동쪽으로는 바다에까지 번져 갔다"라고 하였는데, 삼한(三韓)의 이름은 아직 드러나지 않고 있다. 그러다가 주(周)나라가 상나라 태사(太師, 기자(箕子))를 조선(朝鮮)에 봉한 뒤로부터 중국과 조금 통하기 시작하였다. 그 뒤 수(隋)나라와 당(唐)나라 때는 삼한을 공격하였으나 승리하지 못하였다. 그리고 우리 왕씨(王氏)가 나라를 세움에 미쳐서는 송(宋) · 요(遼) · 금(金)의 시대를 거치는 동안 통교(通交)하기도 하고 절교하기도 하였으나, 그들 역시 우리 고려를 어떻게 해 볼 수가 없었다.

그러고 보면 아마도 좋은 때가 올 때까지 기다린 것 같은 느낌이 들기도 한다. 성스러운 원(元)나라가 일어나 하늘의 밝은 명을 받음에, 우리 고려가 맨 먼저 진접(晉接)의 영광을 안았고, 이어서 우빈(虞嬪)의 총애를 입게 되었다. 그리하여 3세(世)에 걸쳐서 고려의 국왕이 천자의 외생(外甥)에서 나왔으니, 제회(際會)의 기회를 맞게 된 것도 실로 이유가 있었던 것이다. 국왕이 혹시라도 직접 조근(朝覲)하지 못할 경우에는, 삼가 배신(陪臣)을 대신 파견하여 제때에 직공(職貢)의 예를 닦곤 하였다. 그럴 때면 반드시 문사 중에 유능한 자를 선발하여 사신을 보좌하게 하였는데, 천자의 아름다운 명을 선양하며 은사(恩賜)에 감사하는 뜻을 전하는 일이 모두 그의 손에서 이루어졌다. 이는 대개 옛날 서기(書記, 학사(學士))의 직임이라고 할 것이다. 그래서 여기에 적합한 사람을 구하기가 항상 어려웠다. (587쪽 1)

『가정집』 잡록(雜錄) – 이중보(李中父)가 정동행성(征東行省)에 사신으로 나가는 것을 전송하며 지은 서(序)

고려는 아조(我朝)에서 옛날 봉건제도가 행해지던 때의 제후국과 같은 특별한 대우를 받고 직접 사람을 뽑아 관원으로 임명할 수 있었다. 그래서 자질이 우수한 인재들 모두가 그 나라에서 설행하는 과거 시험을 통해 그 나라에서 벼슬할 수가 있었다. 그러다가 황경(皇慶) 연간에 천하의 인재를 대상으로 과거 시험을 보이라는 조칙이 내려졌다. 이로부터는 고려에서도 예부에서 실시하는 과거에 응시하는 자들이 나오기 시작하였다. 그러나 대부분 말단으로 급제하는 대열에 끼이곤 하였으므로 동성(東省)의 재속(宰屬)에 임명되거나 가까운 주군(州郡)에서 벼슬하거나 하였는데, 일단 귀국하고 나면 곧바로 그 나라의 현관(顯官)이 되었을 뿐 다시 서쪽으로 압록강을 건너오는 경우는 보기 드물었다.

봉건제도가 없어진 뒤로 천하의 벼슬하려는 자들이 천자의 조정에 이름을 올리고 싶어 하지 않는 자가 없게 된 것은 형세로 볼 때 당연한 일이라고 할 것이다. 그렇긴 하지만 지금 고려의 경우는 그 나라에서 직접 사람을 뽑아 관원으로 임명할 수가 있기 때문에, 자질이 우수한 인재들이 왕왕 그 나라에서 설행하는 과거 시험을 통해 그 나라에서 벼슬할 수가 있는데도, 다시 수천 리 길을 멀다 하지 않고 경사(京師)에 와서 응시하고 있으니, 그 이유는 아마도 그 나라에서 인정을 받는 것보다는 조정에서 인정을 받는 것이 훨씬 영광스러운 일이라고 여기기 때문일 것이다. 그런 까닭에 비록 말단으로 급제하여 시시한 관직을 얻는다고 할지라도 그 나라에서는 매우 영광스럽게 여기는 터인데, 더군다나 우수한 성적으로 급제하여 화려한 근시(近侍)의 직책을 차지함으로써 천하 사람들이 모두 영예로 여기는 경우야 더 말해 무엇 하겠는가. …

송시(送詩) – 송경(宋褧)
기자(箕子)가 끼친 풍교(風敎) 어언 2천 년,
책구루(幘溝漊) 아래에 글 읽는 소리 이어졌네.
공사(貢士)의 신분으로 압록강(鴨綠江) 멀리 건너와서
등과(登科)하여 아비(牙緋)의 영광을 안고 가는구나.
중조(中朝)가 명(命)을 나눠 보내는 새 조사요
동인(東人)이 다투어 영접할 옛 서생이라.
덕음(德音)을 선포하여 성교(聲敎)를 넓힌 뒤에는
아들을 데리고 와 태학(太學)에 들여보내시기를.
[한림수찬(翰林修撰) 송경(宋褧) 지음]

송시(送詩) - 곽가(郭嘉)

아름다운 풍속이 기자(箕子) 덕분이라면
문교(文教)가 일어남은 황상(皇上)의 은덕이라.
이역(異域)에서 그 누가 배우지 않았으랴만
우리 그대가 홀로 이름을 이루었도다.
성은(聖恩)이 우악해서 빛나는 붉은 조복이요
바람이 맑게 개어 잠잠한 푸른 바다로다.
조서 받들고서 비단옷 입고 돌아가면
환영하는 소리가 도성(都城)을 진동하리라.
[대명(大名) 곽가(郭嘉) 지음] (587쪽 2~588쪽 3)

(출처: 한국고전번역원)

『及菴詩集』(1370년)

閔思平(1295~1359)

『급암시집』은 고려 후기의 문신이자 학자였던 민사평의 고시(古詩)·율시(律詩)·사소(詞疏) 등을 수록하여 1370년에 간행한 시집이다.

민사평의 자는 탄부(坦夫), 호는 급암(及庵)이다. 고려 충숙왕 때 문과에 급제하여 예문춘추관수찬, 성균관대사성 등을 역임하였다.

민사평의 외손자인 김구용(金九容)이 문집을 편집하였고, 이이(李珥)가 1370년(공민왕 19)에 간행하였다. 모두 5권으로 구성되어 있다. 인쇄된 후 워낙 오랜 세월이 지나 서문 제1·2장과 권1~4까지의 16장이 결락되어 보사(補寫)가 이루어졌다. 이 책은 희귀한 도서의 유일본으로서 서지학 연구 및 저자의 시학 연구에 귀중한 자료가 된다.

부여 관련 기록이 권3에 나온다. 〈부여에서 회고함(扶餘懷古)〉이라는 시에 부여 금와왕에 대한 시구가 있다.

『급암시집』 권3 시(詩) – 부여에서 회고함(扶餘懷古)

저 기장이 축 늘어져 길게 탄식하노니
금와왕(金蛙王)의 옛 자취는 허황한 듯하구나.
대왕포(大王浦)의 달은 가을밤에 부질없이 떠 있노니
정사암(政事岩)의 꽃은 몇 번이나 아름답게 빛났던가.
오늘 두세 집 남아 황량하거니와
당시엔 십만 호가 기뻐하고 즐거워하였다네.
흥망이 순환하며 움직인다는 것을 알면서도
무엇 때문에 수레를 멈추고 부질없이 애태우는가.

(출처: 한국고전번역원)

『三峰集』(1397년)

鄭道傳(?~1398)

『삼봉집』은 조선 전기의 문인 관리였던 정도전이 지은 시문집으로, 그의 증손 정문형(鄭文炯)이 간행한 이후 몇 차례 더 중간되었다.

정도전의 자는 종지(宗之), 호는 삼봉(三峰)이다. 고려 말 향리 집안 출신으로 고조할아버지는 봉화호장 공미(公美)이고, 아버지는 중앙에서 벼슬하여 형부상서를 지낸 운경(云敬)이다. 이성계를 도와 조선을 건국하였다. 주요 저서로는 『삼봉집』 외에 『경제의론(經濟議論)』, 『감사요약(監司要約)』, 『팔진36변도보(八陣三十六變圖譜)』, 『오행진출기도(五行陣出奇圖)』, 『강무도(講武圖)』, 『진법(陣法)』, 『진맥도결(診脈圖訣)』, 『태을72국도(太乙七十二局圖)』, 『상명태을제산법(詳明太乙諸算法)』 등이 있으나 전하는 것은 거의 없고, 문집인 『삼봉집』에 일부 내용이 남아 있다.

고려 말에 권근(權近)이 쓴 『삼봉집』의 서문이 전하는 것으로 보아, 『삼봉집』은 우왕 11년(1385)에서 13년 사이에 처음 출간된 것으로 보인다. 조선 개국 후

1397년(태조 6)에 정도전의 아들 정진(鄭津)이 2권의 『삼봉집』을 개간하였다(홍무초본(洪武初本)). 그 후 1465년(세조 11)에 정도전의 증손 정문형(鄭文炯)이 홍무초본에다 새로이 몇 편을 추가하여 간행하였다(중간본). 정문형은 그 뒤 누락된 시문과 서책을 다시 수집하여 1486년(성종 17)에 속간하였다. 그다음 해인 1487년에는 8책으로 다시 간행하였다. 8책 중 2책(「경제문감(經濟文鑑)」 및 「경제문감별집(經濟文鑑別集)」)은 지금 서울대학교에 소장되어 있다. 그 후 300년이 지난 1791년(정조 15)에 정조의 명령으로 『삼봉집』을 다시 간행하였고(대구본), 이를 오대산(五臺山)·정족산(鼎足山)·태백산(太白山)·홍문관(弘文館) 등에 수장하였다. 이 중에서 정족산 소장본과 태백산 소장본은 현재 서울대학교에 소장되어 있다.

문집은 14권 7책으로 구성되어 있다. 권1~4에는 시(詩)·부(賦)·사(詞)·악장·소(疏)·전(箋)·서(序)·기(記)·잡문이 수록되어 있다. 권5·6에는 「경제문감」이, 권7·8에는 「조선경국전(朝鮮經國典)」이, 권9·10에는 「불씨잡변(佛氏雜辨)」과 「심기리편(心氣理篇)」·「심문천답(心問天答)」이, 권11·12에는 「경제문감별집」(상·하)이 실려 있다. 권13에는 진법(陣法)과 습유(拾遺)가 들어 있다. 권14 「부록」에는 정도전의 일생 경력에 관계되는 자료를 널리 모은 〈사실(事實)〉과 정도전에 대한 후세인들의 평을 모은 〈제현서술(諸賢敍述)〉이 실려 있다.

고조선 관련 기술은 서(序), 권7, 권8, 권11, 권14에 나온다. 서(序)에서는 기자(箕子) 팔조교(八條敎)를 언급하였다. 권7·8의 「조선경국전」에서는 조선(朝鮮), 단군(檀君), 기자, 위만(衛滿), 조선후(朝鮮侯), 홍범(洪範), 팔조교를 언급하였다. 권11의 〈군도(君道)〉에서는 서주(西周)의 무왕(武王)이 은(殷)나라의 주왕(紂王)에 의해 감옥에 갇혀 있던 기자를 풀어주었다는 것과 홍범을 언급하였다. 권14 「부록」의 〈제현서술〉에서는 삼한, 기자, 홍범구주(洪範九疇)를 언급하였다.

『삼봉집』 삼봉집서 서(序) – 『삼봉집』 서문 [권근(權近)]

문자가 천지의 사이에 있어, 사도(斯道)와 서로 운명을 함께하므로 도가 위에서 시행되면 문장이 예악(禮樂)과 정교(政敎)의 사이에 나타나고, 도가 아래에서 밝아지면 문장이 서적(書籍)과 필삭(筆削)에 의탁하는 것이다. 그러므로 전모(典謨)·서명(誓命)의 문(文)에나 산정(刪定)·찬수(贊修)한 서(書)에나 도가 실려 있는 것은 마찬가지이다. 주(周)나라가 쇠약해짐에 따라 도마저 감추어버리니, 백가(百家)가 한꺼번에 일어나 각기 자기의 학술로 세상을 울리게 되어 문(文)이 비로소 병들기 시작했다. 한(漢)나라 사마천(司馬遷)·양웅(揚雄)의 무리마저도 그 말이 오히려 순아(淳雅)하지 못했던 것이다. 급기야 불씨(佛氏)가 중국에 들어오자 사문(斯文)은 더욱 병들었으며, 위(魏)·진(晉) 이후로는 더욱 황폐하여 들을 수도 없게 되었다.

당(唐)나라에 와서야 한유(韓愈)가 인의를 숭상하고 이단을 물리쳐 팔대(八代)의 쇠퇴를 일으켰고, 송(宋)나라가 흥기하여 정자(程子)·주자(朱子)의 글이 나온 뒤에야 도학이 다시 밝아져서 사람들이 모두 우리 도의 큰 점과 이단의 그른 점을 알게 되었으니, 후학에게 개시(開示)하고 만세에 밝혀 놓은 그 공은 진실로 거룩하다 하겠다. 우리나라가 비록 바다 밖에 있으나, 기자(箕子) 팔조(八條)의 가르침으로부터 풍속은 염치를 숭상하고, 문물의 아름다움과 인재의 작흥(作興)이 저 중국과 견줄 만하였다. 이로부터 대대로 문치(文治)를 숭상하여 과거(科擧) 제도를 만들어 선비를 뽑되 한결같이 중국의 제도를 따라 훈도(薰陶) 성취하여 수백 년을 내려왔다. 그래서 경(卿)·사(士)·대부(大夫)의 사이에 학문하는 무리가 아주 성했던 것이다. (589쪽 1)

『삼봉집』 권7 조선경국전 상(上) – 국호(國號)

해동(海東)은 그 국호가 일정하지 않았다. 조선(朝鮮)이라고 일컬은 이가 셋이 있었으니, 단군(檀君)·기자(箕子)·위만(衛滿)이 바로 그들이다. 박씨(朴氏)·석씨(昔氏)·김씨(金氏)가 서로 이어 신라(新羅)라고 일컬었으며, 온조(溫祚)는 앞서 백제(百濟)라고 일컫고, 견훤(甄萱)은 뒤에 후백제(後百濟)라고 일컬었다. 또 고주몽(高朱蒙)은 고구려(高句麗)라고 일컫고, 궁예(弓裔)는 후고구려(後高句麗)라고 일컬었으며, 왕씨(王氏)는 궁예를 대신하여 고려(高麗)라는 국호를 그대로 사용하였다. 이들은 모두 한 지역을 몰래 차지하여 중국의 명령을 받지 않고서 스스로 명호를 세우고 서로를 침탈하였으니 비록 호칭한 것이 있다손 치더라도 무슨 취할 게 있겠는가? 단 기자만은 주 무왕(周武王)의 명령을 받아 조선후(朝鮮侯)에 봉해졌다.

지금 천자(天子, 명 태조(明太祖)를 가리킴)가, "오직 조선이란 칭호가 아름다울 뿐 아니라 그 유래가 구원하다. 이 이름을 그대로 사용하고 하늘을 체 받아 백성을 다스리면 후손이 길이 창성하리라" 하고 명하였는데, 아마 주 무왕이 기자에게 명하던 것으로 전하에게 명한 것이리니, 이름이 이미 바르고 말이 이미 순조롭게 된 것이다.

기자는 무왕에게 홍범(洪範)을 설명하고 홍범의 뜻을 부연하여 8조(條)의 교(教)를 지어서 국중에 실시하니, 정치와 교화가 성하게 행해지고 풍속이 지극히 아름다웠다. 그러므로 조선이란 이름이 천하 후세에 이처럼 알려지게 된 것이다. 이제 조선이라는 아름다운 국호를 그대로 사용하게 되었으니, 기자의 선정(善政) 또한 당연히 강구해야 할 것이다. 아! 명천자의 덕도 주 무왕에게 부끄러울 게 없거니와, 전하의 덕 또한 어찌 기자에게 부끄러울 게 있겠는가? 장차 홍범의 학과 8조의 교가 금일에 다시 시행되는 것을 보게 되리라. 공자가, "나는 동주(東周)를 만들겠다"라고 하였으니, 공자가 어찌 나를 속이겠는가? (589쪽 2)

『삼봉집』 권8 조선경국전 하(下) – 헌전(憲典)

의제(儀制)

의제(儀制)는 등위(等威)를 밝히고 상하를 구별하기 위한 것이니, 예 중에서 가장 큰 것이다. 그러나 인혁(因革)과 손익할 경우는 또한 반드시 시대에 따라서 변하게 된다. 그러므로 한 시대가 흥하면 반드시 그 시대에 알맞은 제도가 만들어지게 되는 것이다. 우리나라 예의의 풍속은 기자(箕子)로부터 시작되었다. 왕씨(王氏)의 세대에는 문장·제도를 중화(中華)에서 본받았으나 토속(土俗)에는 오히려 아직 다 변하지 않은 게 있었다. 원나라를 섬긴 뒤로는 호례(胡禮)를 혼용하여 복식 제도가 법도를 잃고, 서인(庶人)들이 분수에 넘치게 윗사람과 견주게 되었다. 황명(皇明, 명나라를 높이는 말)이 천하를 차지한 뒤에 조칙을 내리기를, "의제는 본속(本俗)을 따르고, 법은 옛날의 전장(典章)을 준수하라" 하였다. 그러므로 그 폐습이 역시 갑자기 제거되지 못하였던 것이다.

우리 전하는 모든 정사를 역시(歷試, 평일에 배운 것을 시험해 보는 것)하던 시절에 일찍이 진신(搢紳, 사대부)으로서 정치의 본체를 잘 아는 자들과 더불어 꾀를 합치고 의견을 세워서 명나라에 표문(表文)을 올려 의관을 요청한 다음, 토속의 구습과 호복(胡服)의 폐단을 남김없이 혁파하였고, 보위(寶位)에 오른 뒤에는 정성을 다하여 정치에 힘써서 제도를 개혁함이 모두 중도에 맞으니, 찬란한 문물이 중화에 비교하여 부끄러움이 없게 되었다. 일대(一代)의 제도를 갖추어서 만세에 길이 지킬 것을 삼았다. 그에 대한 자세한 것은 예전(禮典) 노부(鹵簿) 등에 나타났거니와 자손과 후세를 위한 배려가 매우 원대하였다. 만약에 제작이 법에 어긋나고 일을 처리하는 것이 방법에 어그러져서 법도를 잃어 상전(常典)을 어지럽히는 자가 있으면 대헌(臺憲, 간관(諫官))이 이를 규탄한다. 그러므로 성헌(成憲)을 준수하고 왕도(王度)를 근신하기 위하여 의제편(儀制篇)을 짓는다. (590쪽 3)

『삼봉집』 권11 경제문감별집 상(上) – 군도(君道)

제을(帝乙) [태정(太丁)의 아들로서 재위 37년. 무을로부터 제을에 이르기까지 3대이다.]

은나라의 도가 더욱 쇠퇴했다. 서자(庶子) 중에 맏이인 미자(微子) 계(啓)가 어질므로, 기자(箕子)가 왕에게 권하여 후사(後嗣)로 삼게 했는데, 왕이 그 어머니가 천하다고 하여 세우지 않고 적자(嫡子) 수신(受辛)을 세우니, 이가 주(紂)다.

주(紂) [제을의 아들. 재위 34년 만에 무왕(武王)이 정벌하자 왕이 불에 뛰어들어 죽었다.]

말재주가 민첩하고 빠르며 재주가 월등하며 손으로 맹수(猛獸)를 잡았고 지혜는 족히 간하는 말을 막아 내며, 말은 족히 잘못을 꾸며 댔다. 늙은 사람을 유기하고, 죄인들과 친압하여 가까이하므로 천하의 죄짓고 도망하는 자들의 주인과 소굴이 되어 체모 없이 지내며, 상제(上帝) · 신기(神祇) · 종묘(宗廟)에 제사하지 않고, 전쟁을 숭상하여 백 번 싸우면 백 번 다 이겼다. 유소씨(有蘇氏)를 정벌하여 그의 딸 달기(妲己)를 사로잡아다가 이를 총애하되 오직 말하는 대로 들어주어, 교묘한 기예와 방탕한 기교를 부려 기쁘게 하여 주고, 사연(師涓)으로 하여금 새로 음탕한 소리와 북리(北里)의 춤과 퇴폐한 음악을 짓게 하였다. 부세(賦稅)를 많이 받아 녹대(鹿臺)의 재물과 거교(鉅橋)의 곡식을 채우고, 사구(沙口)의 원대(苑臺)를 넓히고 술로 못을 만들고, 고기를 숲처럼 매달아 그 속에서 남녀가 발가벗고 뛰놀게 하고 밤을 새워 가며 술을 마시었다. 포락(炮烙, 불로 지지는 형벌)의 형벌을 시행하여 달기가 웃고 즐거워하는 것을 보았고, 아이 밴 여자의 배를 째고, 추운 아침에 물 건너는 사람의 정강이를 쪼개고 보았으며, 구후(九侯)를 젓 담고, 악후(鄂侯)를 포 떴다.

주후(周侯, 곧 주나라 문왕(文王)을 말함)를 유리(羑里) 옥에 가두자, 주후의 신하들이 아름다운 계집과 기이한 물건과 좋은 말을 바치므로 놓아주고, 다시 궁시(弓矢)와 부월(斧鉞, 처형하는 형구로, 정벌하는 대장에게 주어서 처형을 전단하게 하는 신표)을 주어 정벌(征伐)을 전담하게 하고 서백(西伯)을 삼았다. 서백이 죽고 아들 발(發, 무왕(武王)의 이름)이 섰는데, 이때까지 주(紂)의 악이 고쳐지지 않자, 미자(微子)는 버리고 떠나서 종사(宗祀)를 보존하고, 비간(比干)은 간하다가 심장이 해부되었으며, 기자(箕子)는 거짓으로 미친 척하고 노예가 되었다. 서백(西伯) 발(發)이 제후들을 거느리고 주를 치자, 주가 녹대(鹿臺)로 달아나 보옥(寶玉)으로 꾸민 옷을 입고 분신(焚身)하여 죽었다.

주(周)

무왕(武王) [성은 희(姬), 이름은 발(發)이니 문왕(文王)의 아들이다. 호(鎬)에 도읍하여 목덕(木德)으로 임금 노릇을 했다.]

태공(太公)은 스승이 되고 주공(周公)은 보필이 되었으며, 소공(召公)·필공(畢公) 등은 좌우에서 왕의 스승이 되었다. 9년에 여(黎)를 평정하고, 13년에는 주(紂)를 정벌하여 천자(天子)의 자리에 나아가되, 상(商)나라의 학정을 번복하고 선왕의 옛날 정치대로 하였다. 갇혀 있는 기자(箕子)를 풀어 주고 비간(比干)의 묘(墓)를 봉(封)하고, 상용(商容)의 여리(閭里)를 정표(旌表)하고, 녹대(鹿臺)의 재물을 흩어 주고, 거교(鉅橋)의 곡식을 풀어 널리 사해(四海)에 나누어 주니, 만백성이 기뻐하며 감복했다.

홍범(洪範)을 펴니 만세의 이륜(彝倫)의 도가 밝아지고, 〈단서(丹書)〉(경계하는 글)를 훈계 삼으니 공경하고 태만한 것과 의리 있고 욕심스러운 분별이 나타났으며, 보본반시(報本反始, 조상의 은혜에 보답함)하는 데에는 왕을 추존(追尊)하여 제사 드리는 예를 숭상하고, 후손들을 유족하게 하는 데에는 세자(世子) 가르치는 법을 세웠다. 관원을 임용함에는 어진 이로 하고, 일을 맡기는 데는 유능한 사람으로 하며, 백성에게는 오교(五教, 오륜(五倫))를 중히 여기되 먹는 것과 상사·제사를 더욱 신중히 여겼고, 신의를 두터이 하고, 의리를 밝히며 덕을 높이고 공을 보답하는 것을 겸하여 다하였다. 이래서 공수(拱手)하고 있으면서도 천하가 다스려졌으니 무슨 어려운 일이 있었겠는가? (590쪽 4~591쪽 5)

『삼봉집』 권14 부록(附錄) – 제현서술(諸賢敍述)

정종지 문고 끝에 발함(跋鄭宗之文藁後) – 고손지(高遜志) [무진(戊辰)]

삼한의 정종지 씨는 진사(進士)로 출신하여 그 나라에 벼슬하고, 성균관의 사성이 되어서 문학을 직업으로 하는 사람이다. 그의 친구 이공 자안(李公子安, 자안은 이숭인(李崇仁)의 자)이 하정사(賀正使)로 오는 길에 그가 지은 글 약간 편을 가지고 와서 나에게 발문을 부탁하였다. 나는 들으니, 오방(五方)의 백성들이 언어도 통하지 않고, 기욕(嗜欲)도 같지 않으나, 타고난 호덕(好德)의 천성(天性)은 같지 않은 사람이 없다고 한다. 그러나 옛날부터 성현의 도통(道統)은 몇 천 년을 지금까지 전해 오면서 수사(洙泗, 공자의 학을 뜻함)에 근원을 두고, 염락[濂洛, 주돈이(周敦頤)와 정호(程顥)·정이(程頤)를 가리킴]에서 밝아졌으니, 그 경전의 여러 책들이 남아 있는 것은 중국의 선비들이 대대로 지켜 오면서 오륜(五倫)의 도(道)를 가르치고 사람의 기강(紀綱)을 세운 것이다. 그리하여 오방에서 배워 가는 것도 그 경전에 근본을 두지 않은 것이 없고, 학설을 세워서 명가(名家)가 된 사람들도 중국에서 나지 않은 사람은 없다.

그러나 기상(寄象)과 위역(鞮譯)의 글을 사용하는 나라로서 진실로 차츰차츰 문화의 영향을 받아서 중국을 사모하고 그 문화를 본받을 줄 모르는 사람에게 그 문학(問學)에 험절이 없고, 문장이 법에 맞기를 바란다면 아마 별로 없을 것이다. 오직 삼한은 기자(箕子)의 유교(遺敎)가 있어서, 홍범구주[洪範九疇, 『서경(書經)』의 편명(篇名)]의 학설이 유경(遺經)에 실려 있는 것을 대대로 전해 오지 않은 적이 없었다. 그러므로 문학과 문장의 흘러 내려오는 계통이 중국과 거의 다름이 없어서 자못 다른 나라로서는 비교가 되지 않는다. 종지의 문고를 보건대 한결같이 이학(理學)에 근본을 두어서 조금도 어긋남이 없으니, 어찌 쉬운 일이겠는가? 다음에 종지가 중국에 구경 와서 우연한 기회에 서로 만나게 되면 속속들이 많은 토론을 해 보고 싶다.

사신이 오는 편에 이 변변치 못한 사람에게 안부를 물어 주시니 감사한 말씀 어찌 다 하겠습니까? 따라서 두 분 대감의 기체 후 안녕하심을 알았사오니 얼마나 위로가 되는지 모르겠습니다. 불초(不肖)는 아직 그대로 지내옵고, 다른 일은 별로 말할 것이 없습니다. 부탁하신 종지의 문고 발어(跋語)는 명령대로 지어 보내긴 하나, 아무튼 글 임자에게 웃음거리가 되지 않을까 두렵습니다. 우선 이렇게 받들어 올리오니 그리 알아주소서. 삼가 예를 다하지 못합니다.

(출처: 한국고전번역원)

『惕若齋學吟集』(1401년)

金九容(1338~1384)

『척약재학음집』은 고려 후기의 문신 김구용의 시를 사후에 모아 1401년에 간행한 시집이다.

김구용의 자는 경지(敬之), 호는 척약재(惕若齋) 또는 육우당(六友堂)이다. 공민왕 때 16세의 나이로 진사에 합격하여 주요 관직을 역임하던 중 1384년 명나라에 사신으로 갔다가, 체포되어 유배되는 도중 병사하였다. 그의 시 8편이 『동문선(東文選)』에 수록되어 있으며 문집으로는 『척약재집(惕若齋集)』이 전하고 있다.

문집은 김구용의 아들 김명리(金明理)가 편차하여 1401년(태종 1)에 간행하였다. 이 초간본은 현재 상주 조성목(趙誠穆) 씨 소장본(보물 제1004호)이 전하고 있다. 그 후 17세손 김상원(金相元)이 1884년(고종 21) 그의 종숙 김병식(金秉湜) 등과 함께 개간하였다. 이 중간본은 현재 국립중앙도서관, 연세대학교 중앙도서관, 규장각 등에 소장되어 있다. 1964년에는 영천 약은정(藥隱亭)에서 중간본을 저본으로 하여 문집을 개간하였다. 이 삼간본은 3권 1책으로 현재 성균관대학교 중앙도서관에 소장되어 있다. 문집은 본집 상·하 2권과 외집 합 2책으로 구성되어 있다.

기자국에 관한 간단한 언급이 권상(卷上)의 〈예부 도상서에게 올림(上禮部陶尙書)〉이라는 시에 나온다. 권하(卷下)의 〈강물(江水)〉이라는 시에서도 기자국(箕子國)을 언급하였다.

『척약재학음집』 척약재선생학음집 권상(上) 시(詩) – 예부(禮部) 도상서(陶尙書)에게 올림

성주(聖主)께서 즉위하고 다섯 번째 봄날
홀로 유술(儒術)로써 문장을 담당하였다네.
예악이 은은하니 맑은 풍채 성하고
즐겨 시서(詩書)를 지으니 총명(寵命)이 날로 새롭네.
전차(氈車)에 취복(毳服) 싣고 다투어 입공하고
훼의(卉衣)에 상투 틀고 모두 빈객 되건만
우리나라는 기자(箕子)의 유풍이 남아 있으니
그 반열이 절역(絶域) 사람들보다 높다네. (592쪽 1)

『척약재학음집』 척약재선생학음집 권하(下) 시(詩) – 강물(江水)

강물은 동쪽으로 흘러 돌아오지 않는데
배 돛은 만 리 서쪽 향해 펼쳐졌네.
부들 자란 강 언덕에 바람은 살랑 일고
버들 숲 긴 둑에는 부슬부슬 비 내리네.

기자국(箕子國)이 멀어지매 꿈속에서 놀라고

나그네의 시름 속에 초왕대(楚王臺)에 오르네.

가고 또 가 무산(巫山)이 가까웠단 말 들으나

원숭이의 울음 듣고 되레 슬픔 깨닫는구나. (592쪽 2)

(출처: 고려대학교 한국사연구소)

『牧隱藁』(1404년)

李穡(1328~1396)

『목은고』는 고려 후기의 학자였던 이색의 시가와 산문을 엮어 1404년에 간행한 시문집이다.

이색의 자는 영숙(穎叔), 호는 목은(牧隱)이다. 이제현(李齊賢)을 좌주(座主)로 하여 주자성리학을 익혔고, 원나라의 국립학교인 국자감에서 수학하여 주자성리학의 요체를 파악하였다. 1353년(공민왕 2) 고려의 과거에 합격했으며, 이듬해 정동행성(征東行省) 향시(鄕試)에 1등으로 합격하였다. 이후 전리정랑(典理正郎), 이부시랑, 병부시랑 등을 지내면서 공민왕의 개혁 정치에 동참하였다. 이색은 조선왕조가 개창되면서 고려 말에 이성계 일파에 의하여 직첩을 빼앗기고 서인(庶人)이 되어 해도(海島)에 유배되었다. 이후 원나라에서의 유학과 이제현을 통하여 주자성리학을 수용했고, 이를 바탕으로 고려 말기의 사회 혼란에 대처하면서 정치사상을 전개했다. 주요 저서로 『목은유고』와 『목은시고』 등이 있다.

문집은 1404년(태종 4)에 아들 이종선(李種善)에 의하여 처음으로 간행되었다. 이 초간본은 현재 후쇄본(後刷本)으로 여겨지는 잔본이 고려대학교에 소장되어 있다. 이후로 시집 중에 일부를 정선한 시선이나 글들을 분리하여 간행되기도 하였다. 이색의 손자 이계전(李季甸)은 문집 중에서 오·칠언 고율시를 6권으로 정선(精選)하였고, 그의 아들 이봉(李封)은 『목은시정선(牧隱詩精

選)』을 목판으로 간행하였다. 이 정선본은 현재 서울대학교 규장각 등에 소장되어 있다. 또 1583년(선조 16)에는 7대손 충청도관찰사 이증(李增)이 시를 제외한 글만을 재편하여 『목은문고(牧隱文藁)』 18권을 간행하였다. 이 문고본은 현재 고려대학교 만송문고, 성암고서박물관에 잔본이 소장되어 있다. 그 후 임진왜란을 거치며 전해진 판본이 희귀해지자, 1626년(인조 4) 10대손 이덕수(李德洙)가 시고와 문고의 여러 산본을 수습하여 목판으로 간행하였다. 이 중간본은 현재 국립중앙도서관, 규장각, 간송미술관, 고려대 만송문고, 성균관대 중앙도서관, 연세대 중앙도서관에 전질 또는 일부 잔권(殘卷)으로 소장되어 있다. 문집은 목록 3권 · 시고(詩藁) 35권 · 문고(文藁) 20권 합 25책으로 이루어져 있다.

고조선 관련 기술은 시고의 권2 · 권3 · 권4 · 권17 · 권23 · 권28 · 권33에, 그리고 문고의 권1 · 권8 · 권9 · 권11에 나온다. 시고 권2의 〈정관 연간을 읊다(貞觀吟)〉라는 시에서는 삼한이 기자가 신하 노릇 안 한 땅이라 하였고, 〈종장(終場)〉이라는 시에서는 기자가 우리나라에서 홍범 등을 가르쳤다고 하였다. 권3의 〈서경(西京)〉이라는 시에서는 단군을 언급하였고, 〈파사부(婆娑府)〉라는 시에서는 참성단에 제사 지내는 것을 언급하였다. 권4의 「마니산기행(摩尼山紀行)」에서는 기자를 언급하였다. 권17의 〈군자(君子)〉라는 시에서는 단군이 무진년에 조선을 세운 일과 기자가 팔조의 가르침을 남겼다고 언급하였다. 권23의 〈잡흥(雜興)〉이라는 시에서는 우리나라는 예부터 군자가 사는 땅이고, 무진년에 단군이 처음 임금이 되었던 것, 이후에 기자의 나라가 되었다는 것을 언급하였다. 권28의 〈해동(海東)〉이라는 시에서는 우리나라는 옛 기자의 나라라고 하였다. 권33의 〈외출하려 하면서(欲出)〉라는 시에서는 기자가 구한에 와서 백성을 교화시켰다고 언급하였다. 문고 권1의 〈서경 풍월루의 기문(西京風月樓記)〉에서는 서경이 기자의 유풍(遺風)을 간직하고 있다고 언급하였다. 권8의 〈죽계 안씨 삼형제의 등과를 축하한 시의 서문(賀竹溪安氏三子登科詩序)〉에서는 주(周)나라가 은(殷)나라 태사(太師)인 기자를 우리 동방에 봉했다는 것과 주나라 무왕(武王)이 기자로부터 홍범구주(洪範九疇)를 배웠다고 언급하였다. 권9의 〈『주관육익』 서문(周官六翼序)〉이라는 글에서는 우리나라는 당요(唐堯) 무진년에 세워졌다고 언급하였다. 권9의 〈김경숙 비서에게 써 준 시서(贈金敬叔秘書詩序)〉라는 글에서는 당요(唐堯) 무진년에 조선이 세워졌다는 것과 기자가 이 땅에 봉해진 때로부터 우리나라에 교화가 펼쳐지게 되었다는 것, 그리고 주나라 무왕이 은나라 태사 기자를 조선에 봉할 적에도 신하로 삼지 않았던 것을 언급하였다. 권11의 〈자제의 입학을 청한 표문(請子弟入學表)〉이라는 글에서는 기자의 봉역(封域)을 지키는 것에 대해 언급하였다.

『목은고』 목은시고 권2 시(詩) – 정관(貞觀) 연간을 읊다. 유림관(榆林關)에서 짓다

진양의 공자가 호객들과 교의를 맺어
풍운의 장한 회포가 팔방에 가득 찰 제
혁연히 한번 일어나 천과를 휘두르니
수나라 제방의 버들이 곧 무색해졌네.
이미 은주를 이어서 무공을 이루었으면
의당 우하를 본받아 문덕을 펴야 하리.
이룬 걸 지키는 덴 안정이 가장 중한데
큰 일 큰 공 좋아하여 반측을 자행했네.
삼한은 기자가 신하 노릇 안 한 땅이니
도외로 치지하여도 또한 될 법했는데
어찌하여 금옥 같은 무력을 동원해서
재갈 물려 친히 거느리고 동토엘 나왔나.
용맹한 군대는 요동의 달밤에 행군하고
깃발들은 신라의 새벽 비에 젖었어라.
삼한을 주머니 속의 물건으로 여겼으니

눈이 백우전(白羽箭)에 빠질 줄을 어찌 알았으랴.
정공이 죽고 나자 언로가 막히었으니
풍비를 무너뜨렸다 또 세운 게 가소롭네.
머리 돌려 정관 연간을 세 번 외치니
하늘 끝서 슬픈 바람이 쓸쓸히 불어오네.

『목은고』 목은시고 권2 시(詩) – 종장(終場)

동방의 세상 교화는 참으로 유구하여라
기자가 봉해진 지는 또 그 몇 해이던고
홍범의 구주가 태양같이 밝아 있기에
창생들이 영원토록 큰 행복을 누리누나.

『목은고』 목은시고 권3 시(詩) – 서경(西京)

창공처럼 맑은 물에 두 배 나란히 띄우고
역마에 먼지 날리며 일순간에 당도하였네.
두 가지 탕국을 마련하기는 아주 쉬우나
일곱 자 시구 읊는 덴 잘 짓기 어려워라.
성 머리 늙은 나무는 아직 해를 가려 주고
산 위의 높은 누각은 멀리 바람 끌어 오네.
듣자 하니 옛날 여기엔 조천석이 있었고
단군의 영걸함은 군웅의 으뜸이었다 하네.

『목은고』 목은시고 권3 시(詩) – 파사부(婆娑府)

내 지금 길이 읊으며 요동 벌을 지나노니
구불구불 산길이 그 몇 리나 될런고.
갑자기 두어 집에선 계견 소리 들려오고

길에서 검문한 자는 다 늙은 병사들일세.
압록강(鴨綠江) 동쪽 언덕부턴 바로 우리 땅으로
푸른 산 흰 물결이 서로 교태를 부리는데
동한(東韓)은 인수(仁壽)의 지경인 군자의 나라로서
당뇨(唐堯)의 무진(戊辰)년에 처음 시조가 탄생하였네.
하상(夏商)시대엔 중국에 신복하지 않았다가
기자(箕子)가 봉작된 이후로 사도가 새로워져서
홍범구주(洪範九疇)가 정연하게 천하를 비추었으니
당시에 친히 배운 사람은 그 누구였던고.
파사부(婆娑府)의 거민들은 말소리도 유별하여
지척 간의 풍기가 호월처럼 멀기만 하고
아 세상 변천은 나날이 말세로 치달아서
버들꽃 바람 따라 어지러이 눈 날리듯 하네.

『목은고』 목은시고 권4 마니산기행(摩尼山紀行) – 재궁에 차운하다(次韻齋宮) [2수(二首)]

향 피우고 조용히 앉아 머리 기울여 읊으니
텅 비고 밝은 한 방은 작기가 거룻배 같구나.
가을빛을 가장 좋아해 문 열어 받아들이고
다시 산 그림자 맞이해 뜰 가득 머물게 하네.
때 없어 몸 가뿐하니 봉황 타기를 생각하고
기심 없어 맘 고요하니 갈매기를 친하고파라.
단약 만들어 신선되기를 구할 필요 없다오.
육착만 제거하면 그게 바로 유유자적인 걸.

무릉은 무슨 일로 애써 신선을 구했었나.
다만 이 봉래산 때문에 혹 그러했던가.

산은 구름과 함께 뜨니 절로 끝이 없고
바람은 배를 몰아 가니 앞설 자가 없도다.
금인의 한 방울 이슬은 소반에 떨어지고
청조는 바다 위의 하늘을 외로이 날았네.
어찌 같으랴. 참성단에 제사 지내어
앉아서 사람마다 태평세월을 누리게 하였도다.

『목은고』 목은시고 권4 마니산기행(摩尼山紀行) - 차운하여 산 위에서 짓다(次韻山上作)

산하가 이와 같이 험고하니
장하기도 해라 우리나라여.
꼭대기엔 오색 운기가 흐르고
절벽에선 높은 고목을 굽어보네.
바람 앞에서 길이 휘파람 부니
울리는 소리가 암곡(巖谷)을 진동하네.
소문의 놀이를 잇고자 하노니
석수는 지금 한창 푸르렀으리.
해와 달은 두 수레바퀴와 같고
우주는 한 칸의 집이 되었도다.
이 단이 천연으로 된 게 아니라면
정히 누가 쌓았는지 모르겠구려.
향 연기 오르매 별은 나직해지고
녹장이 들 제 기운 막 엄숙해지네.
다만 신명의 보우에 보답함일 뿐
어찌 스스로 복을 구해서이랴.

『목은고』 목은시고 권4 마니산기행(摩尼山紀行) – 차운하다(次韻)

긴 바람이 나에게 불어 요대에 올라가니
넓은 바다 먼 하늘이 만 리나 트이었네.
옷 털고 또 발 깨끗이 씻을 필요도 없이
신선의 생학(笙鶴)이 구름 타고 오는 듯하구나.

『목은고』 목은시고 권4 마니산기행(摩尼山紀行) – 새벽에 재궁을 출발하다(曉發齋宮)

만 길의 높은 제단에 밤기운 하도 맑아
녹장(綠章) 아뢰자마자 희로애락을 다 잊었네.
돌아가는 안장엔 장생복(長生福)을 가득 실어서
우리 님께 바치어 태평성대 이룩케 하리.

『목은고』 목은시고 권17 시(詩) – 스스로 읊다(自詠)

바다와 산 깊은 곳에 전장이 있어
벼슬 버리고 돌아오니 흥미는 진진하나
비가 오거나 개려면 병든 몸이 쑤셔 대고
겨울 여름 할 것 없이 쇠한 창자 괴로워라.
거센 바람 불 땐 모옥 노래에 비기지만
달빛 아래 옥당 꿈꾸는 건 누가 알리오.
목은이 일생 동안 자랑으로 삼은 것은
기자의 사당 향 연기를 흠뻑 쏘임일세.

한때에 풍류 넘치던 장상의 야운장(野雲莊)에는
푸른 못물 출렁이고 벼이삭도 쑥쑥 자랐지.
연구 시는 소리를 맞춰 자주 입에서 나오고
술잔 들어 마시면은 바로 창자를 적시었네.

옛 놀이는 적막해라 누가 젓대 소릴 듣는고.
유업은 쓸쓸해라 내가 어이 잇는단 말인가.
천고라 화산엔 밝은 달이 두둥실 뜨거니와
용연의 춤추는 소매엔 아직 향내가 나는 듯.

『목은고』 목은시고 권17 시(詩) – 군자(君子)

군자가 살거니 무슨 누추함이 있으랴.
중원에서 구이(九夷)를 기대하였거니와
무진에 나라 세운 지는 하 오래고
기자는 팔조의 교법을 남기었네.
세가 훈신들은 자리에 많이 있고
문장은 시 읊기를 중히 여기도다.
점친 햇수를 응당 초과하리니
성조께서 남긴 계책 있으니 말일세.

『목은고』 목은시고 권23 시(詩) – 잡흥(雜興) [3수(三首)]

고요하니 뜻은 더욱 원대해지고
한적하여라 거처는 절로 깊숙해
흥이 나면 외로이 휘파람을 불고
근심 풀려면 짧은 시를 이루노니
빈아(豳雅)는 이미 아득해졌거니와
노송(魯頌)은 어찌 그리 침침해졌나.
작자를 다시 볼 수는 없지만
태양은 제잠에 떠오르누나.

동방의 풍속은 인수한 고장이라

고래로 군자가 사는 곳이거니와
중고엔 기자의 나라가 되었는데
질서 정연한 저 홍범의 글을
맨 처음 주 무왕에게 전해 주어
도가 중국에 성대히 행해진 다음
품고 와서 우리 백성에게 펴니
예양이 어쩌면 그리 의젓했던고.
우리 동방은 절로 안정하건만
주진(周秦)은 이미 폐허가 되어버렸네.
요임금이 즉위하던 무진년에
동방에 처음 임금이 있었으니
그때에는 하늘과 서로 통하여
괴이한 일들이 삼분(三墳)을 이뤘는데
천재에 이르도록 장수를 누리며
동해 가의 땅을 다 점유했으니
질박하여 예는 간략하게 행하고
거칠어서 말은 꾸미지를 않았네.
어찌하여 내가 태어난 지금은
세상 변천이 뜬구름 같단 말인가.

『목은고』 목은시고 권28 시(詩) - 해동(海東)

바다의 동쪽 옛 기자의 나라에
늙은 목은은 귀밑이 허옇게 세어
병은 나이와 함께 커져만 가고
시름은 날이 갈수록 많아만 지네.
포용해 준 천지엔 사례하거니와

분열된 산하엔 위문을 해야겠네.
조물주는 참으로 헤아리기 어려워
유연히 홀로 소리 높여 노래하노라.

『목은고』 목은시고 권28 시(詩) – 즉사(卽事)

가지에 잣 열매 다닥다닥 별처럼 반짝거리는데
털모자에 비칠 때가 가장 그럴듯해 보이는군.
머리칼은 희끗희끗 예전의 모습 아니지만
풍속은 옛 시대인 양 변한 것이 전혀 없네.
거울에 비친 병든 얼굴 내가 보아도 안쓰러워
잣 먹겠다고 조르는 아이 꾸지람만 당하누나.
삼한의 제도가 아직 땅에 떨어지지는 않았나니
은 태사의 조선시대 다시금 돌아보게 되네.

『목은고』 목은시고 권28 시(詩) – 대장경(大藏經)을 인출(印出)하러 해인사(海印寺)로 떠나는 나옹(懶翁)의 제자를 보내면서

스승의 사리 영롱하게 온 누리를 비치는데
일 맡은 제자 역시 신기 감도는 풍채로세.
가야산 해인사로 대장경 찍으러 떠나면서
스스로 할 일 없는 한가한 도인을 말하누나.
하늘 멀리 뻗친 봄빛 끝도 없이 펼쳐지고
구름 걷힌 산의 자태 더욱 우뚝 솟았으리.
돌아오면 분명한 효과 어찌 보기 어렵겠소.
기주의 구오를 듬뿍 대궐에 바쳐 올리리니.

『목은고』 목은시고 권33 시(詩) – 외출하려 하면서(欲出)

외출하려고 동복 불러 길 말랐나 보게 하고
쑥대머리 또 빗질하며 의관을 가다듬노매라.
하늘과 땅도 깨끗해라 가을 모습 조촐하고
바람과 해도 청랑해라 새벽 기운 썰렁하네.
높은 하늘만 봉황이 뛰어노는 줄 아시는가.
푸른 대에도 난곡이 서 있는 줄을 알아야지.
거하루에 몸 부친 것이 나에게 얼마나 다행인고.
기자가 당년에 구한에 와서 백성을 교화시켰느니.

『목은고』 목은시고 권34 시(詩) – 종학(種學)이 학질에 걸렸는데 이날 출발해야 했기 때문에 급히 돌아오다

시골집에서 하룻밤 잘 묵고 돌아왔다마는
아이의 몸 상태가 안 좋은 것이 애달파라.
애정은 단지 천금의 비유만 차용했을 뿐
늘그막에야 만사가 잘못된 것을 알았도다.
입에 풀칠하는 여생 그 누가 명을 믿으라만
고인의 자취 이으면 언젠가 기회가 올는지도.
하늘의 마음은 인일에 있는 것이 분명하니
기주의 첫 번째 수를 부디 길이 누렸으면.

『목은고』 목은문고 권1 기(記) – 서경(西京) 풍월루(風月樓)의 기문

지금은 중원(中原)이 바야흐로 안정을 되찾아 사방에 걱정할 일이 없게 되었으니, 이른바 치세라고 일컬을 만하다. 따라서 우리 국가가 한가한 틈을 타서 정형(政刑)을 제대로 닦아 나간다면, 백성이 편안해지고 물산이 풍부해질 것이니, 맑고 아름다운 이 강산 어느 곳에 가더라도 음풍농월(吟風弄月)할 만한 곳 아닌 데가 없게 될 것이다.

더군다나 서경(西京)으로 말하면, 국가의 터전이 되어 서북쪽을 제압하고 있고, 인사(人士)들 모두가 자신의 생업(生業)을 즐겨 하면서 기자(箕子)의 유풍(遺風)을 간직하고 있으니, 더 말해서 무엇 하겠는가. 그런데 이 누대로 말하면 또 서경의 승지(勝地)를 차지하고 있으니, 빈객이 찾아와서 일헌백배(一獻百拜)를 하고 아가투호(雅歌投壺)를 하면서 서로 어울릴 것이 분명하다고 하겠다. 바로 그럴 즈음에 바람이 불어와서 육신을 상쾌하게 씻어 주고 달이 떠서 정신을 맑게 해 줄 것인데, 여기에 또 연꽃 향기가 좌우에서 풍겨 와 정경(情境)이 더욱 유연(悠然)해질 것이니, 이 어찌 즐겁지 않겠는가. 이 모두가 태평 시대의 사람이기 때문에 가능한 일이라고 하겠다.

『목은고』 목은문고 권8 서(序) - 죽계 안씨(竹溪安氏) 삼형제의 등과(登科)를 축하한 시의 서문

우리 동방이 중국의 유우씨(有虞氏)나 하(夏)나라 때에는 어떠하였는지 역사에 전해지지 않아서 상고할 수가 없지만, 주(周)나라가 은(殷)나라 태사(太師)인 기자(箕子)를 우리 동방에 봉했고 보면, 우리 동방이 중국과 통하고 있었던 것을 대개는 짐작할 수 있는 일이다. 그리고 기자를 비록 봉하기는 했지만 또 신하로 낮춰서 대우하지는 않았으니, 이는 주 무왕(周武王)이 기자로부터 홍범구주(洪範九疇)를 받은 것을 중히 여겨서 도(道)가 그 속에 들어 있다고 생각했기 때문일 것이다. 태사의 사당이 아직도 평양부(平壤府)에 있는데, 국가에서 날이 갈수록 더욱 정성스럽게 제사를 올리고 있고 보면, 이를 통해서도 태사가 우리 동방 사람들을 얼마나 깊이 교화시켰는지를 알 수 있다 하겠다.

『목은고』 목은문고 권9 서(序) - 『주관육익(周官六翼)』 서문

우리 동방이 당요(唐堯) 무진년에 나라를 세워 세상이 편안하기도 하고 어지럽기도 했다. 그래서 세 나라로 갈라졌다가 고려 태조에 이르러 하늘의 밝은 명령을 받아서 비로소 통일하여 지금 400여 년을 내려왔다.

『목은고』 목은문고 권9 서(序) – 김경숙(金敬叔) 비서(祕書)에게 써 준 시서(詩序)

나는 말한다. 우리 동방에 교화가 펼쳐지게 된 근원을 찾아보려면, 기자(箕子)가 이 땅에 봉해진 때로 거슬러 올라가야 하리라고 여겨진다. 그런데 그 당시에 백성들을 가르친 조목을 보면 알기 쉽고 간단하기만 하였을 뿐 번거로운 형식이나 지엽적인 일을 복잡하게 설정해 놓지 않았는데, 뒷세상에서도 계속 이를 이어받아 온 결과 지금까지도 순박한 풍속이 여전히 남아 있게 되었다고 하겠다. 그리고 삼국(三國)의 경우는 우선 차치하더라도, 우리 태조(太祖)가 나라를 세운 이후의 일을 살펴보면, 광묘(光廟, 광종(光宗)의 묘호(廟號)) 때에 과거 제도를 시행하여 인재를 뽑기 시작하였으므로 중국에서도 그 문학의 성대함을 일컬을 정도가 되었다. 하지만 글을 정리하여 책으로 만들어 내는 작업은 그렇게 많이 이루어지지 않았는데, 바로 이 점에 대해서 경숙이 분발하여 이런 작업을 수행하게 된 것이라고 하겠다. 경숙이 추구하는 바가 이와 같은 것을 살펴보면 그의 속마음이 어떠할지는 대개 짐작할 수가 있는 일이다.

『목은고』 목은문고 권9 서(序) – 설 부보사(偰符寶使)가 돌아갈 때 전송한 시의 서문

내가 살펴보건대, 조선씨(朝鮮氏)가 나라를 세운 것은 실로 당요(唐堯) 무진년의 일이었는데, 대대로 중국과 교류를 하긴 했지만 중국에서 일찍이 신하로 대한 일이 없었다. 그래서 주 무왕(周武王)이 은(殷)나라 태사(太師) 기자(箕子)를 조선에 봉할 적에도 신하로 삼지 않았던 것이었다. 그 뒤에 신라와 백제와 고구려 세 나라가 솥발처럼 대치하여 자웅을 다투게 된 가운데, 진(秦)나라와 한(漢)나라 이후로는 중국과의 교류가 통하기도 하고 끊어지기도 하는 때가 지속되었다.

『목은고』 목은문고 권11 사대표전(事大表牋) – 자제(子弟)의 입학(入學)을 청한 표문

삼가 바라옵건대 운운. 황제 폐하께서는 왕화(王化)를 따르려는 신의 정성을 가련하게 여기시고, 인재를 제대로 양성해 보려는 신의 갸륵한 뜻을 양찰해 주소서. 그리하여 특별히 밝은 조서(詔書)를 내리고 성대한 윤음(綸音)을 발하시어, 호향(互鄕)의 아

동이 우상(虞庠)의 학생들 틈에 끼일 수 있도록 허용해 주소서. 그러면 신도 삼가 폐하의 성교(聲教)를 받들어 드날리며 길이 기자(箕子)의 봉역(封域)을 지킬 수 있을 것이요, 충근(忠勤)한 정성을 있는 대로 다 바치면서 화봉인(華封人)의 축원(祝願)을 더욱 바칠 수 있게 될 것입니다.

(출처: 한국고전번역원)

『陶隱集』(1406년)

李崇仁(1347~1392)

『도은집』은 고려 말기의 학자였던 이숭인의 시문집으로, 1406년에 변계량(卞季良), 권근(權近)이 왕명을 받아 편집하여 간행하였다.

이숭인의 본관은 성주(星州), 자는 자안(子安), 호는 도은(陶隱)이다. 목은(牧隱) 이색(李穡), 포은(圃隱) 정몽주(鄭夢周)와 함께 고려의 삼은(三隱)으로 일컬어진다. 1360년(공민왕 9) 14세에 국자감시(國子監試)에 합격하였다. 숙옹부승(肅雍府丞), 장흥고사 겸 진덕박사(長興庫使 兼 進德博士), 예의산랑(禮儀散郎), 예문응교(藝文應教), 문하사인(門下舍人)을 역임하였다.

문집이 처음 간행된 시기는 알 수 없다. 이숭인 사후 1406년(태종 6)에 태종이 『도은집』을 편찬하게 하여 2책으로 간행하게 하였다. 이후 최립(崔岦)이 『도은시집』을 활자본으로 간행하였다. 1959년 근각(近刻)의 『도은집』이 성균관대학교 대동문화연구원에서 『여계명현집(麗季名賢集)』으로, 1973년에는 『고려명현집(高麗名賢集)』으로 하여 시집 3권, 문집 2권 등 목판본 5권을 영인하였다.

문집은 시집 3권과 문집 2권, 도합 5권 2책으로 구성되어 있다. 권수(卷首)에는 이색 · 장부(張溥) · 고손지(高巽志)의 발문과 주탁(周倬) · 정도전 · 권근의 서문이 붙어 있다.

고조선 관련 내용은 권2의 시(詩) 3편, 권3의 시 1편, 그리고 권5의 문(文) 1편에 나온다. 권2의 〈장 중현이 가는 편에 전재 이 선생에게 부치다(張中顯之行寄全

齋李先生)〉라는 시에서는 고조선과 기자의 홍범(洪範)의 학을 언급하였다. 다음 〈임 주사가 사명을 마치고 경사로 돌아가는 것을 전송하며(送林主事使還京師)〉에서는 평양에서 기자의 사당에서 제사한다는 것을 시로 표현하였다. 그다음 〈기자의 사당을 참배하고(謁箕子祠)〉에서는 기자의 사당과 기자가 홍범구주(洪範九疇)를 베푼 것을 시로 표현하였다. 권3의 시와 권5의 〈승습을 청하는 표(請承襲表)〉에서는 기자의 홍범구주를 언급하였다.

『도은집』 권2 시(詩) – 장 중현(張中顯)이 가는 편에 전재 이 선생(全齋李先生)에게 부치다

전재 선생은 벼슬도 사양하고
고조선에 높이 드러누워서
반악(潘岳)처럼 한거하는 홍치를 읊고
끊어진 기자의 홍범구주의 학문을 전하고 계시는데
공연히 밤에 달을 보며 그리워하다 보니
요락의 계절 가을철이 어느새 돌아왔기에
서쪽으로 돌아가는 사신을 만난 기회에
한 편의 시를 지어 선생에게 부칩니다.

『도은집』 권2 시(詩) – 임 주사(林主事)가 사명을 마치고 경사(京師)로 돌아가는 것을 전송하며 [실주는 예부주사(禮部主事)이다. 이름은 밀(密)이다.]

제왕의 도는 경륜이 치밀하고
천자의 마음은 돌봄이 융숭하도다.
정부(貞符)가 정통으로 돌아가매
큰 도량으로 군웅을 어거하도다.
우로(雨露)의 은혜가 두루 흠뻑 적시어
산하의 기세가 드높게 되었도다.

문교(文敎)의 정치를 펼치자 이에 화락한 기운이 감돌고
무력(武力)의 성과를 올리자 이에 무기를 거두어들였도다.
만국(萬國)의 수레와 문자가 통일된 오늘날
삼한(三韓)도 공부(貢賦)를 똑같이 올리게 되었도다.
여정(輿情)은 오직 북극성(北極星)을 옹위하는 것이요
직분은 대대로 동방을 다스리는 것이로다.
매번 사람을 보내어 급히 아뢰곤 하였으나
길이 막히고 통할 줄을 어찌 기약하였으랴.
낭관(郎官)이 이번에 사명을 받들고 왕림하자
부로(父老)가 기뻐하며 풍채를 우러러보았도다.
평양(平壤)에서는 기자(箕子)에게 제사를 올리고
반궁(泮宮)에서는 선니(宣尼)를 참배하였도다.
주자(周咨)를 제대로 못 할까 항상 걱정하면서
여사(餘事)로 지은 시구 오히려 멋이 있도다.
멀리서 풍겨 오는 이궐(二闕)의 방향이여.
끝없이 적셔 주는 서호(西湖)의 은택이여.
교외에서 손님 맞는 예법도 성대하였고
관소에서 대접하는 의식도 풍성하였도다.
술동이에선 푸른 물결 일렁거리고
등잔대는 붉은 불꽃 토해 내었도다.

『도은집』 권2 시(詩) – 기자(箕子)의 사당을 참배하고

대산(臺山)의 산 밑에 푸른 솔 그늘
고요하고 깊숙한 기자의 사당
홍범구주로 상제의 가르침 펼치신 분
그 유풍 만고토록 민심을 감동시키도다.

귀신이 보우하며 삼엄히 임재한 듯
초려 향기로우니 흠향(歆饗)해 주시기를
많은 중국 사람들이 자주 찾아와서
추연히 동쪽 바라보며 읊조리곤 한다오.

『도은집』 권3 시(詩) - 안남과 유구에 대한 시를 읊고 나서 주군(周君) 사창(嗣昌)에게 그 시를 보여 줬더니, 사창이 우리나라에 대해서 읊은 시를 듣고 싶다고 하기에 바로 입으로 읊어 주었다[사창은 광동(廣東) 귀계(貴溪) 사람인데, 지금 회동관(會同館)의 대사(大使)로 있다.]

안팎으로 산과 강에 순후한 습속이요
중국과 이어진 땅 반드시 인(仁)과 친하노라.
천추(千秋)토록 하늘이 내려 준 기자의 홍범구주가 있으니
심신으로 융회한 사람이 어찌 없다 하리오.

『도은집』 권5 문(文) - 승습(承襲)을 청하는 표(表)

나라를 세워 울타리 역할을 하게 함은 제명(帝命)을 현양(顯揚)하는 일이요, 세대를 이어 봉지를 계승하게 함은 신린(臣隣)이 경사로 여기는 바입니다. 이번에 재차 번거롭게 청하는 때를 당하여 한 번 더 고려해 주셨으면 하는 바람이 더욱 간절합니다.

삼가 생각건대, 신은 외람되게 유충(幼沖)한 몸으로 마침 국상을 당하였으므로, 선고(先考, 공민왕)의 뒤를 이어 몇 년 동안이나 국사를 대행하였습니다. 그래서 황상의 은혜가 내려 천자의 위엄을 지척에서 대할 수 있게 되기를 옹망(顒望)하며 몸 둘 바를 모르고 있는데, 이런 사실에 대해서는 폐하께서 모두 마음속으로 살펴보고 계시리라 믿습니다.

삼가 바라건대, 소방(小邦)을 돌보아주는 인덕(仁德)을 베풀어 선고의 뒤를 잇는 명을 내려주심으로써 용렬한 자질의 신으로 하여금 경광(耿光)의 은혜를 입게 해 주셨으면 합니다. 그러면 신이 삼가 자손 후대가 존속됨을 길이 보며 중국의 울타리가 되

기를 소원하면서 항상 기주(箕疇)를 본받아 강녕(康寧)을 향유하시기를 축원하겠습니다.

(출처: 한국고전번역원)

『遁村雜詠』(1410년)

李集(1327~1387)

『둔촌잡영』은 고려 후기의 문인 이집의 시집이다.

이집의 본관은 광주(廣州), 초명은 원령(元齡), 자는 호연(浩然), 호는 둔촌(遁村)이다. 1347년(충목왕 3) 진사시에 합격하였고, 1355년(공민왕 4) 문과에 급제하였다. 1368년(공민왕 17) 신돈(辛旽)의 전횡을 논죄하였다가 화를 입어 경상도 영천(永川)에서 은둔 생활을 하였다. 1371년(공민왕 20) 신돈이 처단되자 개경으로 돌아왔으며, 이때 이름도 집(集)으로 고쳤다. 1374년(공민왕 23)부터 다시 관직을 역임하였으며 판전교시사(判典校寺事)까지 올랐다.

문집은 이집의 아들 이지직(李之直)이 1410년(태종 10) 공주(公州)에서 처음으로 간행하였다. 이후 1451년(문종 1) 손자 이인손(李仁孫)이 경상도관찰사로 부임하였을 당시 상주(尙州)에서 개간하였다. 1686년(숙종 12) 10대손 이후원(李厚遠)이 산양(山陽) 봉갑사(鳳岬寺)에서 종인들과 함께 문집을 개간하였다. 이후원은 작품들을 시체별로 나누고 교유한 이들의 문집에서 이집과 창수한 시를 찾아 부록으로 편차하였다. 1846년(헌종 12)에는 이후 원본에 보편(補編)을 추가하여 목활자로 간행하였다.

기자를 언급한 시가 「부록」의 〈둔촌 선생에게 바치는 시(遁村卷子)〉에 나와 있다. 이 시는 포은(圃隱) 정몽주가 이집에게 증여한 시이다. 부록에 위치한 것으로 보아 1686년(숙종 12) 이후원의 개간본에 실린 작품으로 보인다. 정몽주의 『포은집(圃隱集)』에도 동일한 작품이 실려 있다.

이 시에는 기자에 대해 짧게 언급되어 있지만 기자에 대한 고려 말 지식인의 인식을 살펴볼 수 있다. 고려 말 성리학이 수용되면서 도덕적 관념 아래 역사를 인식하는 경향이 강해졌고, 이는 기자에 대한 강조로 이어졌다. 이후 기자에 대한 언급이 성리학자들의 문집에 등장하기 시작하며, 본 자료 역시 그러한 역사 인식의 연장선에 있다고 볼 수 있다. 그러나 기자를 '(후)조선의 시조'보다는 주나라에 벼슬하지 않은 은자라는 측면에서 더욱 주목하고 있다. 이는 상(商)나라 말기 기자의 상황과 신돈에게 핍박받은 이집의 처지가 비슷했기 때문이다. 하지만 그 일면에는 기자(조선)에 대한 명확한 사유 체계가 존재하지 않았다는 점이 숨어 있다.

『둔촌잡영』 부록 – 둔촌(遁村) 선생에게 바치는 시 [포은(圃隱) 정몽주(鄭夢周)]

기자(箕子)는 자신의 명철함을 감추었지만
만세에 황극(皇極)을 가르치고
중이(重耳)[1]는 온갖 고난을 겪었지만
제후들이 진(晉)나라를 패자로 섬겼으니
옛사람들이 겪은 곤란이
마침내는 유익한 일이 되었음을 알 수 있네.
선생[2]이 옛적에 원수를 피해
험한 길 돌아 가시덤불에 숨자
보는 사람들마다 안타까워하였지만
오직 선생만이 태연자약하였도다.
상황이 난처할수록 기운을 더욱 엄숙하게 하였으니

---

1 중이(重耳): 춘추전국시대 진(晉)나라의 왕족이자 정치가이다. 진나라 헌공(獻公)의 둘째 아들이었지만 헌공의 후처 여희(驪姬)에게 핍박을 받아 19년간 망명 생활을 하였다. 하지만 진(秦)나라의 도움으로 후일 왕위에 올랐다.

2 이집(李集)을 가리킨다.

맹렬한 불이 좋은 옥을 가려내는 것 같구나.
하늘이 간사한 무리들을
하루아침에 싹 쓸어버렸지만
선생은 도리어 둔촌(遁村)에서 유유자적하며
송국(松菊)을 가꾸는구나.[국(菊)은 다른 판본에 죽(竹)이라 되어 있다.]

『圓齋稿』(1418년)

鄭樞(1333~1382)

『원재고』는 고려 후기의 문신 정추의 문집으로, 1418년(태종 18)에 간행하였다.

정추의 자는 공권(公權), 호는 원재(圓齋)이다. 1353년(공민왕 2) 문과에 급제하였고, 예문관검열, 좌사의대부, 좌간의대부(左諫議大夫), 성균관대사성, 좌대언, 첨서밀직사사(僉書密直司事), 정당문학(政堂文學) 등을 역임하였다.

아들 정탁(鄭琢)이 1418년에 정추의 시문을 정리하여 간행하였다. 모두 3권 1책으로 되어 있으며, 현재 고려대학교 도서관에 소장되어 있다.

기자 관련 언급이 상권의 〈달세첩목아 평장에게 부쳐 올림(寄呈達世帖木兒平章)〉이라는 시에 나온다. 여기서 정추는 기자성(箕子城)을 언급하였다.

『원재고』 원재선생문고 권상 시(詩) – 달세첩목아(達世帖木兒) 평장(平章)에게 부쳐 올림

일찍이 유곤(劉琨)과 같이 잠을 청하고
지금에 이르러
…
짙은 안개로 4천 리 길 어둑어둑
기자성(箕子城) 치는 파도 위로 해 뜨고

연왕대(燕王臺) 밑에는 풀이 연기와 같네.
내가 태어나 어찌 지기(知已)가 없다 하겠는가.
지금 흥겹게 벌목편(伐木篇)을 읊는다네.

(출처: 고려대학교 한국사연구소)

『陽村集』(세종 초기) 權近(1352~1409)

『양촌집』은 고려 말 조선 초의 문신 관리이자 학자였던 권근의 시문집으로, 세종 초기에 간행된 것으로 알려져 있다.

권근의 자는 가원(可遠)·사숙(思叔), 호는 양촌(陽村)·소오자(小烏子)이다. 고려에서 춘추관검열, 성균관직강, 예문관응교 등을 역임하였고, 조선 건국 후에는 예문관대학사, 중추원사, 정당문학, 대사헌 등을 역임하였다.

권근의 둘째 아들인 권도(權蹈)가 세종 초기에 편찬하였으나, 정확한 간행 연대는 불분명하다. 이 초간본의 완본은 전하지 않고 고려대학교 중앙도서관, 성암고서박물관, 규장각에 일부가 소장되어 있다. 그 후 1674년(현종 15) 10세손 권주(權儔)가 권근의 외손인 남몽뢰(南夢賚)의 도움을 받아 진주에서 40권 10책으로 중간하였다. 이 중간본은 현재 고려대학교 중앙도서관, 규장각 등에 소장되어 있다. 그 후 판본 대부분이 수재에 유실되었다. 이에 권근의 12대손 권업(權業)이 1718년(숙종 44) 거창에서 40권 10책으로 간행하였다. 이 삼간본은 고려대학교 중앙도서관, 국립중앙도서관, 규장각에 소장되어 있다. 1937년에는 조선사편수회에서 「조선사료총간13」으로 영인하였다. 1957년에 후손 권용집(權瑢集) 등이 『양촌선생문집요촬(陽村先生文集要撮)』이라는 이름으로 2권 1책을 간행하였다. 문집은 40권 10책으로 구성되어 있다.

고조선 관련 기록은 서(序), 연보(年譜), 권1, 권5, 권6, 권9, 권10, 권12, 권16, 권19, 권24에 나온다. 기자 팔조, 맥(貊), 패수, 단군조선의 개국 등을 기술하였다. 또한 단군조선 시기에는 민속이 순박했고, 기자조선 시기에는 팔조교를 행하면서 문물이 시작되었으나, 위만조선이 한(漢)나라 무제에 의해 멸망하면서 문적(文籍)이 전해지지 못했다고 애석해하였다. 그리고 평양은 기자의 봉국이라고도 하였다. 단군 제사를 위한 마리산(摩利山)과 기주(箕疇)에 관한 기록도 나온다.

부여에 관한 기록도 있어 참고가 된다. 부여가 고구려에 뿔이 셋 달린 사슴과 꼬리가 긴 토끼를 보낸 일, 그리고 백제 시조의 계통은 부여에서 나왔다는 것을 언급하였다.

『양촌집』 양촌문집서 서(序) – 양촌(陽村) 권 문충공(權文忠公) 유문(遺文) 중간(重刊) 서(序)

우리 동방의 문헌(文獻)이 상고의 초기에는 고거(考據) 삼을 만한 것이 없고, 은(殷)나라가 망하여 기자(箕子)가 조선에 이르매 시서예악(詩書禮樂)의 가르침이 이에 비롯되었다. 경계(經界)를 바르게 하고 팔조(八條)를 시행하니, 그 치화(治化)가 마침내 밤에도 바깥문을 잠그지 않고 행려(行旅)들이 꺼림 없이 들에서 자기도 하며 아낙네들은 정신(貞信)하고 음탕하지 않아 예의의 융성함이 이때보다 더한 적은 없었다.

그 후 위만(衛滿)이 간사한 꾀와 폭력으로써 갑자기 강성해지고 백제 · 고구려가 강한 싸움을 위주로 하여 나라를 세웠었다. 그러나 진한(辰韓)의 풍속은 시집가고 장가드는 것이 예가 있으며 남녀가 유별하고 길 가는 자가 길을 양보하며, 맥(貊)의 풍속은 염치(廉恥)와 효제를 숭상하였다. 그중에도 신라는 가장 순후하여 국학(國學)을 세우고 사전(祀典, 제사에 대한 전례(典禮))을 닦았다.

『양촌집』 양촌선생연보 대명태조고황제어제시(大明太祖高皇帝御製詩) [3수(三首)] – 조선국 수재(秀才) 권근(權近)에게 주다

압록강(鴨綠江)

맑고 맑은 압록강 봉한 나라 한계인데

힘과 속임수 종식되고 평화를 즐기누나.
천년의 운조(運祚) 포도를 받지 않았고
백세의 공업(功業) 예의를 닦았어라.
한나라 정벌 분명히 역사에 실려 있고
요동(遼東) 전쟁 남은 자취 비추어 알겠노라.
정회(情懷) 천심(天心)의 곳에 이르러 가니
물은 흘러 파란 없고 수졸(戍卒)도 공격 몰라.

고려(高麗)의 고경(古京)

옮기다 남은 마을 저자마저 황량하고
푸른 풀만 눈에 가득 길손이 상심하네.
동산에 꽃 피니 벌들이 꿀 빚고
궁전에 주인 없으니 토끼가 고향 삼네.
행상은 길을 돌아 새 터로 굽어들고
매점은 터 바꾸니 옛 골목이 그립나 봐.
이는 바로 지난날 왕씨의 기업이라
단군이 가고 나서 얼마나 고쳐졌나.

『양촌집』 양촌선생문집 권1 응제시(應製詩) – 명제(命題)

서경(西京)을 지나다

일천 년 기자 나라 바다를 베고 있어
팔조라 끼친 풍속 이제껏 남았구려.
먼 메는 높고 높아 한 들을 에워싸고
긴 강은 흘러 흘러 옛 마을 들렀구나.
만 리 밖에 조공 바쳐 산 넘고 배 타라
삼한의 강역은 영원한 울이로세.

주민에게 다정스레 말을 전하노니
살림 이뤄 잘 사는 건 성주의 은혜로세.

상고 시대 개벽(開闢)한 동이왕(東夷王)

[옛날에 신인(神人)이 단목(檀木) 아래 하강하자, 나라 사람들이 그를 임금으로 세우고 따라서 단군(檀君)이라 호하였다. 때는 당요(唐堯) 원년(무진)이었다.]

전설을 듣자니 아득한 옛날
단군님이 나무 밑에 내리었다네.
임금 되어 동쪽 나라 다스렸는데
저 중국 요임금과 때가 같다오.
전한 세대 얼마인지 모르지만
해로 따져 천 년이 넘었답니다.
그 뒷날 기자의 대에 와서도
똑같은 조선이라 이름하였네.

대동강(大同江)

기자의 옛터라서 땅이 절로 평탄한데
큰 강물 서쪽으로 틔어 외로운 성 감쌌구려.
물결은 아득아득 하늘 닿아 아스라하고
모래는 맑고 맑아 바닥까지 보이누나.
온갖 내 받아들여 언제고 넘실넘실
만상이 잠기어라 빈 속에 가득 찼네.
바다로 들어가는 조종(朝宗)의 뜻을 보소
대국을 섬기는 우리 님의 정성일레.

[10월 27일 6수를 명제(命題)하다.]

『양촌집』 양촌선생문집 권1 응제시(應製詩) – 제진(製進)한 천감(天監) · 화산(華山) · 신묘시(神廟試)

하늘이 아래 내려보시어
덕 있는 이에게 사랑을 모아
그를 군장으로 삼아
백성들의 안정을 기원했도다.
…
이 조선의 땅은
바다 동쪽 위치했네.
단군이 일으키고 기자 다스려
풍속 좋다 이름났네.
세 곳에서 할거터니
왕씨가 통일하고
우리 임금 일어나니
기업 더욱 높았도다.

『양촌집』 양촌선생문집 권5 시(詩) – 정 총랑(鄭摠郎)이 서도(西都)에서 읊은 시 두 수가 있어 거기에 차운하다

천 년이라 기자(箕子)의 묵은 봉지는
구경놀이 근심을 풀 만도 하네
임금님은 지방 순시 오신 적 있고
천한 몸은 누에 올라 부를 지었네
지난 일 하마 아슬도 하다
웅지는 거의 다 헛되고 말아
중류에 뱃전 칠 이 누구라더냐
서글피 강 건너는 배를 바라보네

이 나라 다행히도 일이 없어서
때맞춘 순수놀이 한창이로세
강성에선 화각 소리 들려주는데
무전엔 미인이 갇혀 있네
장부가 공업을 세워 보자니
일러무삼 하찮은 이별 따위야
평생에 어려운 고비 당해 봐야만
날랜 연장 제 값을 나타내는 걸

『양촌집』 양촌선생문집 권5 시(詩) – 서도잡영(西都雜詠) [이 대제(李待制)와 함께 그 운에 차하다.]

기자묘(箕子廟)
오솔길 거쳐 거쳐 외로운 봉 올라가니
황량한 무덤자리 푸른 솔 마주 섰네
봉황새는 멀리 저 고강(高岡)으로 떠났어라
옹달샘에 전어가 용납이 되단말가
명이의 바른 뜻은 도를 능히 보전커늘
홍범의 슬기론 말 어느 뉘 뒤를 잇지
절개를 굽히어 종사가 길었으니
거룩한 마음은 봉후를 원치 않아

『양촌집』 양촌선생문집 권6 봉사록(奉使錄) – 패현(沛縣) 사정역(泗亭驛)을 지나면서
[자주: 하의 지류가 남으로 쏟고 사수(泗水)는 서쪽에서 와 패성(沛城)의 동쪽에 모인다.]
외떨어진 기자의 나라라지만
일찍이 우공의 글을 보았지.
이번에 패수 사수를 지나가면서

다시금 청주 서주 찾게 되었네.
구혁은 현규를 내린 뒤라면
풍운은 적치(赤幟)가 휘날린 처음
하나라 망하니 물만 흐르고
유씨는 패망하여 고궁만 남아
저자 터는 연기에 잠겨 있고
선창에는 성긴 비 지나가누나.
유유한 지난 일들 생각하면서
노를 멎고 한참 동안 주저하노라.

『양촌집』 양촌선생문집 권9 시(詩) – 시를 대인(代人)하여 보내서 사신 왔다 가는 백첨을 전송한다 [2수(二首)]

부신 들고 황제에게 하직을 하고
재갈을 날리며 말안장에 걸터앉아
멀리 기자의 나라에 와서
비로소 숙손(叔孫)의 시를 짓게 되었죠.
재주는 기 · 운(機雲)같이 묘하고
명망은 가 · 지(賈贄)와 함께 전하리.
…
바다 너머 동쪽에 나라가 있어
기자 때부터 풍교가 시행되었다.
중국을 높이려는 의기가 있어
대마다 공물 바쳐 편할 겨를 없었다.
우리 임금 어질고 영특하시어
반란을 제거하여 공을 이룩하였다.
고황제 매우 고맙게 여겨

왕으로 봉작하고 국호도 고쳤다.

『양촌집』 양촌선생문집 권9 시(詩) – 단목 천사(端木天使)를 전송한다

천 년이 넘은 기자의 나라이고
사해에 이름난 단공(端公)이로다.
사신이 되어 와서
도학으로 가성(家聲)을 떨치었네.
처음 서로 사귄 것이 낙이었는데
이별의 한스러움 어찌 견디랴.
서로 기대함이 진실로 얕지 않으니
좌우로 도와서 태평성대 이룩하세.

『양촌집』 양촌선생문집 권10 시(詩) – 연성군(延城君) 김공 노(金公輅)의 평양 출진시(平壤出鎭詩)의 운을 차하여 그 시권에 쓴다

옛날 반수(泮水)에서 뭇 선비 기를 때
훌륭한 선비들 서로 빛을 다투었는데
그 가운데 젊은 김씨 더욱 뛰어나
깨끗한 풍채는 모든 사람에 으뜸이었네.
장성하여 공 이뤄 장상에 올랐는데
책상머리엔 경서와 사기 언제나 비껴 있네.
서도(西都)에 나아가서 웅략을 펼치니
나라가 의지함이 장성과도 같네.
다사로운 봄빛이 혜택을 펴니
울창한 대수(大樹)처럼 위세도 당당하다.
기만한 관리는 여우 아첨을 끊고
백성들 안도하여 까치의 놀람도 없더라.

기자의 나라에 팔교 다시 밝았으니
아부의 진영처럼 엄숙한 삼군일세.
뛰어난 인품 공의만 맞출 뿐이랴
사랑하고 보살핌 임금 뜻에 들었더라.
과기가 끝나지 않은 채 문득 병들어
돌아오는 깃발이 길을 재촉하네.
썩은 선비 노쇠하고 병까지 겹쳐서
달려가 맞지 못함 부끄럽구려.

『양촌집』 양촌선생문집 권10 시(詩) – 호정(浩亭)의 시를 아울러 기록한다

아득한 옛날 단군님께서
홍황 깨뜨리고 천명 받으셨네.
기자가 봉 받아 교화 베풀었거니
연나라 오랑캐 함부로 침범했도다.
그로부터 몇 번이나 나뉘고 합쳤던가
부질없이 서로들 폐하고 흥하였네.
오는 세상 거울을 삼고자 하나
징거할 문헌이 없구려.
아래로 신라에 이르러서야
비로소 태소 봄 되었었네.
노끈 맺어 세월을 알았고
한계를 정하여 임금 신하 분변하였네.
거칠부 처음으로 어둔 역사 열었고
문창후 참된 길 찾으려고 했네.
다행히 왕씨 일어나서
학교 교육 점차 폈구려.

선왕께서 중국을 사모하여
쌍기 말 받아들여 과거 제도 베풀었네.
연원의 학술 누가 연구했던가
아름다운 문장에만 다투어 나갔구려.
지름길 어지럽게 만들어 놓고
저마다 명가인 양 꽃을 피웠네.
진중한 한산 노인 있어서
은근히 그릇됨 바로잡으려 했네.
지난 조정에서 문사 좋아했으니
번거로울 뿐 참을 아는 이 적었네.
우리 도 진실로 튼튼치 못한데
이단 따라서 성하였네.
삼봉은 담론으로 물리치려 하였고
포은은 뜻 펴지 못하고 말았네.
아깝다 도은이 있었으나
부질없이 두어 권 시만 남겼네.
내 노쇠함 이제 심하고
도는 일찍부터 들은 적 없네.
성경에 의해서 성인의 도 바랐고
벼슬하여서는 훌륭한 임금 만들려 했는데
재주 모자라 부질없이 비방만 받으니
뜻 괴로워 글도 이루지 못하네.
바라건대 양촌께서는
공 거둠 만전을 다하시라.

『양촌집』 양촌선생문집 권12 기류(記類) – 평양성(平壤城) 대동문루기(大同門樓記)

평양은 국가의 거진(巨鎭)으로서, 사신이 다니는 길이요 많은 사람이 모이는 곳인데, 그 무너진 성을 오래도록 수축하지 않았으며, 그 동문인 대동문(大同門)과 남문인 함구문(含毬門)도 모두 신축년 난리에 불타 강토의 방비가 든든하지 못했으니, 진실로 염려되는 일이었다.

홍무 임신년(1392, 태조 1) 가을 전하(殿下)께서 즉위하신 첫머리에 곧 중추원(中樞院) 조온(趙溫)을 평양부윤(平壤府尹)으로 임명했는데, 그 이듬해에 정사가 닦여지고 송사가 공평하여 백성의 생업이 안정되므로, 그해 가을에 왕명을 받아 비로소 옛 성을 수축하고, 그 이듬해 봄에 새로 두 성문을 시작하여 가을에 공사를 끝내고, 편지를 보내어 나에게 기(記)를 청하기를,

"특히 평양은 군사와 백성들의 일이 많고 풍속이 사납고 험악하여, 전부터 다스리기 어렵다는 곳인데, 내가 재주 없는 사람으로 다행히 개국(開國)한 초기를 만나 그릇 중한 소임을 맡고 여기에 오게 되었기에, 낮이나 밤이나 한결같은 마음으로 경내(境內)의 수비(守備)를 튼튼히 하려고 하여, 성은 농사 틈에 쌓고 성문은 중들을 시키니, 모두들 나와서 조력하여 세 철 만에 끝이 났다. 초루(譙樓, 문루)가 장엄하게 되고 성이 완전하게 되어, 비로소 나라의 울타리가 되는 곳이라 할 만하나, 내가 잘한 것이 아니고 오직 왕의 덕이니, 그대는 이 사실을 써서 성문 위에 걸어서 뒷사람들로 하여금 없어졌다 일으킨 유래를 알게 하라"

하기에, 나는 말하기를,

"평양은 곧 고조선(古朝鮮) 때에 기자(箕子)가 도읍하였던 곳이므로, 구주(九疇)는 천인(天人)의 학이고 팔조(八條)는 아름다운 풍속이니, 진실로 우리 동방(東方)이 수천 년 동안 예의를 지켜 온 교화의 터전이다. 아. 아름다운 일인데, 위만(衛滿) 때부터 고구려에 이르는 동안에 오로지 무강(武强)만 숭상하여 그때 풍속이 크게 변하였고, 고려 때에 이르러서는 요(遼)·금(金) 및 원(元)과 국경이 서로 이웃이 되어 오랑캐 풍속에 물들어서 더욱 교만하고 사나워졌으니, 이는 마치 기(岐)·풍(豊)의 땅을 주(周)나라는 사용하여 인후(仁厚)한 덕화를 일으켰으나, 진(秦)나라는 사용하여 용맹스럽고 사나

운 기질을 이룬 것과 같은 일이다. 대개 그 민중들의 성질이 후중(厚重)하고 솔직하여, 선(善)으로 인도하면 교화에 따르기 쉽고, 맹렬로 구사(驅使)하면 또한 족히 부강한 업적을 이루게 되는 것이다.

삼가 생각하건대, 명나라 황제가 천하를 차지하여 지극한 정치를 천명하매, 우리 전하(殿下)께서 명나라 섬기기를 성심으로 하고 아랫사람에게 임하기를 너그럽게 하시며, 황제의 명을 받들어 '조선'이란 이름을 회복하셨는데, 공(公)은 인명(仁明)하고 개제(愷悌)한 자질로 첫머리에 막중한 선발을 입어 이 도읍지에 부윤(府尹)으로 왔으니, 그가 반드시 덕화를 선양하여 백성들을 선으로 인도하여, 옛날의 교만하고 사나운 풍습을 크게 변화시켜 예의의 교화를 일으켜 그 풍속이 다시 순박하여져, 훌륭한 세상의 유신(維新) 정사에 찬조하게 됨이 실지 이로부터 비롯할 것이니, 어찌 다만 성곽(城郭)이 튼튼하고 문루(門樓)가 장엄하여 옛적보다 나은 것뿐이겠는가.

내가 생각건대, 이 문루가 긴 강을 내려다보고 멀리 큰 들판에 임하여 아침 햇살과 저녁 달빛의 천태만상(千態萬象)인 경치가 모두 난간 아래 가까운 곳에 모이므로, 멀리 수레나 말을 타고 가 부벽루(浮碧樓)에 올라 온 지역의 경치를 보려 할 필요가 없을 것이다. 후일에 내가 혹시라도 올라가 구경하게 된다면, 마땅히 먼저 백성들을 위하여 황극(皇極)의 훈계를 강론(講論)하여, 백성들로 하여금 기자의 혜택이 동방(東方)에 젖어든 것이 매우 깊어서 비록 만세가 되더라도 없어지지 아니할 것과, 이번에 천자께서 국호(國號)를 내린 은혜와 전하께서 옛적대로 복구한 덕이 실로 무왕(武王)이 기자를 조선에 봉하고 기자가 조선을 다스린 것과 동일한 법도임을 알게 할 것이다. 또 백성들로 하여금 타고난 천성(天性)은 당초부터 화이(華夷, 중국과 오랑캐)와 고금(古今)의 다름이 없는 것이니, 진실로 능히 노력하여 황극(皇極)의 교훈을 준행하면, 신명과 사람이 조화되고 자손들이 길조(吉兆)를 만나 대동의 뜻에 맞게 될 것임을 알도록 할 것이다. 그런 뒤에 몇몇 친구와 술잔을 들고 바람에 임하여, 강산(江山)의 아름다운 풍경을 둘러보며 정서(情緖)의 흥취를 펼 때에, 또한 공(公)을 위해 시 한 편을 지어 칭송(稱頌)하며 읊겠다"

하였다.

홍무 27년 갑술 9월 어느 날.

『양촌집』 양촌선생문집 권16 서류(序類) – 삼봉(三峯) 정도전(鄭道傳) 문집의 서

우리 동방(東方)이 비록 바다 밖에 있으나, 기자(箕子)가 팔조(八條)를 가르침으로부터 풍속이 염치를 숭상하게 되어, 문물의 아름다움과 인재의 배출이 중국과 견주게 되었었다. 이로부터 대대로 문치(文治)를 숭상하고 과거(科擧)를 보여 선비를 뽑되, 한결같이 중국 제도대로 수백 년 동안 훈도(薰陶)하여 육성하니, 경·사대부(卿士大夫)가 모두 출중한 문학도(文學徒)였다.

『양촌집』 양촌선생문집 권18 서류(序類) – 사명을 받들고 경사(京師)에 조회하러 가는 삼사우사(三司右使) 이우정 직(李虞廷稷, 우정은 자(字))을 전송하는 시의 서

우리나라가 해외에 있어 궁벽하고 험조하다. 그러나 기자(箕子)가 봉(封) 받은 곳이요 공자(孔子)가 살고 싶어 한 곳으로, 예속과 문물이 중화에 비견되며 두려워하여 큰 나라를 섬기며 대대로 신하로 순종함을 힘써 왔으므로, 삼가 성명(聖明, 명 태조(明太祖))이 처음 일어남을 만나 제일 먼저 귀부(歸附)하였고, 우리 노왕(老王, 이 태조(李太祖))이 군사를 일으켜 반적을 토벌하여 더욱 충성으로 복종하니, 황제가 이를 가상히 여겨 왕이 됨을 허락하고 국호를 고쳐 조선(朝鮮)이라 하게 하였다.

『양촌집』 양촌선생문집 권19 서류(序類) – 삼국사략(三國史略)의 서

우리 해동(海東)에 나라가 생긴 것이 맨 처음에 단군조선(檀君朝鮮)으로부터 시작하였는데, 그때는 까마득한 옛날이라 민속이 순박하였으며, 기자(箕子)가 봉(奉)함을 받아 팔조지교(八條之教)를 행하였으니, 문물과 예의의 아름다움이 실제 이로부터 시작된 것이다. 위만(衛滿)이 탈취해 점거하고 한 무제(漢武帝)가 군사를 일으켜 무력을 남용한 이후부터는, 혹 사군(四郡)도 되었다가 혹 이부(二府)도 되어 여러 번 병선(兵燹)을 겪어서 문적(文籍)이 전해지지 못하니, 참으로 애석한 일이다. 신라 때 고구려와 백제가 함께 정립(鼎立)하는 데 이르러 각각 국사(國史)를 두어 그때의 일을 맡아 기록하게 했으나, 전문(傳聞)이 실제와 틀려 황당하고 괴이한 것이 많으며, 그때 일을 기록한 것이 자세하지도 못한 데다 방언(方言)을 섞어 써서 말이 단아하지 못한 데가 많다. 전조(前朝, 고려)의 문신 김부식(金富軾)이 이것을 모아 정리하여 『삼국사(三國史)』를 만들었는데, 사마천(司馬遷)의 『사기(史記)』를 모방하여 나라를 따로따로 나누어 썼다. 본기(本紀) · 열전(列傳) · 지(志) · 표(表)가 있고, 합하여 모두 50권이다. 같은 해의 기년(紀年)을 따로 쓰기도 하고 같은 일을 두 번 쓰기도 하였으며, 방언과 저속한 말을 다 없애지 못했는가 하면 넣고 뺀 것과 범례(凡例)가 적당하게 되지 못하여 책 질이 번다하고 중복된 말이 많은지라, 보는 사람들이, 기록한 것도 있고 빠뜨린 것도 있어서 참고하기 어려움을 병 되게 여겼다.

삼가 생각한다. 우리 주상 전하(主上殿下)는 하늘이 낸 총명한 분으로, 경사(經史)에 정신을 두고 좌정승 하륜(河崙)과 예문관 대제학 이첨(李詹)과 신등을 명하여, 『삼국사』를 가지고 잘못된 곳을 고치되 편년법(編年法)을 모방하여 모두 한 책으로 만들게 하였다. 그래서 신라가 먼저 일어나 나중에 망하였기 때문에 그 연기(年紀)를 써서 맨 위에 표시하고, 중국 기원(中國紀元)을 기록하여 그 통서(統緖)를 밝혔다. 또 고구려 · 백제의 원년을 그 아래에 각각 기록하였으며, 다음에 시월(時月)을 표시하여 그때 일을 기록하였는데, 신라를 먼저 쓰고 나라별로 하지 않은 것은 신라가 주장이 되기 때문이요, 다음에 고구려와 백제를 쓴 것은 나라를 일으킨 해의 선후를 따진 것이다. 본기를 근본하고 열전을 참고하여 강(綱)으로 그 요점을 들고 목(目)으로 그 자세함을 갖추고 저속한 말은 고치고 번잡한 것은 없애며, 참란(僭亂)함을 치고 절의를 높였으며, 또 나의 좁은 소견으로 그 득실(得失)을 논하여 그 끝에 붙이고 한 책으로 정돈해 만들어서 이름을 『동국사략(東國史略)』이라 하였으니, 비록 문장이 변변치 못하여 보잘것없긴 하지만 그러나 정치의 잘잘못과 국운의 장단은 본받고 경계할 만한 것이 있고 선악이 모두 갖추어졌으므로, 만기(萬機)를 돌보는 여가에 보신다면 정치하는 방법에 조금은 도움이 될까 한다.

『양촌집』 양촌선생문집 권19 서류(序類) – 평양부윤(平壤府尹) 이공 원(李公原)을 전송하는 시의 서

평양(平壤)은 옛날 기자(箕子)의 봉국(封國)이다. 팔조(八條)의 가르침으로 백성이 예의를 알더니, 주몽씨(朱蒙氏, 고구려) 이후로 기사(騎射)를 익혀 그 풍속이 드디어 변해졌는지라, 수(隋)·당(唐)의 강성한 병력으로 능히 굴복시키지 못하였으니, 그 용맹하고 웅강(雄强)함을 상상할 수 있다. 왕씨(王氏, 고려)가 통일한 후에 대부(大府)로 만들어, 반드시 장상 대신(將相大臣) 중에 위망(威望)이 있는 이를 택하여 부윤(府尹)으로 보내어 도내의 군민(軍民)을 겸해 다스리게 하였는데, 국가(國家, 조선)가 그대로 인습하여 고치지 않고 그 부윤을 선임함에 더욱 신중하였다. 또한 '윤(尹)이 한 부(府)에만 있으면서 모든 고을 순무(巡撫)하기를 좋아하지 아니하면, 치화(治化)가 고루 미치지 못할 것이니 따로 사(使)를 보내 그 임무를 나누어야 한다.' 하여, 이에, 윤은 한 부를 다스리고 사는 한 도를 다스리게 하였으나, 서로 권리를 다투며 맞서서 융합하지 않으므로 얼마 안 되어 다시 병합하였는데, 두 번이나 이와 같이 하였다.

『양촌집』 양촌선생문집 권24 본조전문류(本朝箋文類) – 탄일(誕日)의 전

백성을 보살피는 책임이 중하여 여러 인재들이 모인 반열에 참여하지 못하오나, 임금을 받드는 성심이 깊어 항상 신하로서의 그리는 마음이 간절합니다. 현명(玄冥)의 절후가 닥쳐 우주에는 10월의 좋은 때가 돌아왔고, 자전(紫電)의 서광이 엉켜 대궐에는 백관의 예절이 성대하니, 보고 듣는 바에 모두 다 기뻐 날뛰며 춤춥니다. 엎드려 생각하건대, … 보록(寶籙)을 받고 천명에 부합되어 그 뛰어난 무덕(武德)이 제때에 적응되었고, 금척(金尺)을 받들어 나라를 바루사 그 상서는 꿈에 현몽한지라, 만세(萬世)의 큰 통서를 세웠고 백왕(百王)의 좋은 법도를 여셨습니다. 받드는 제사는 증(蒸)·상(嘗)에 더욱 독실하시고, 책봉하는 예는 적자에게 행하여졌거니, 탄생하신 이때를 당하여 더욱 철명(哲命)의 유구함을 받으리다. 엎드려 생각하건대, 용렬한 자질을 무릅쓰고 욕되이 중임을 이어받으사, 모려(謀慮)와 도량은 주아(周雅, 『시경』의 대아(大雅)와 소아(小雅))의 말에 미치지 못함이 부끄러우나, 수복강녕(壽福康寧)을 드림에는 기주(箕疇)

의 복을 받으시기를 기원합니다.

『양촌집』 양촌선생문집 권24 본조전문류(本朝箋文類) – 『삼국사략(三國史略)』을 올리는 전

『당서(唐書)』가 송(宋)나라 선비의 손에서 이루어졌으니 대개 편집은 뒷사람을 기다리는 것이고, 은감(殷鑑)이 하후(夏后) 시대에 있었으니 오직 치란(治亂)은 전대에 찾아볼 만하기로, 이에 『사략(史略)』을 편수하여 성총(聖聰)을 번거롭힙니다. 바다 모퉁이에 있는 우리나라는 실로 하늘이 마련한 땅이라, 단군(檀君)이 개국함으로부터 천 년을 서로 계승하였고, 기자(箕子)가 봉(封)을 받게 되어서는 팔조(八條)로 정치를 하였으나, 연대가 이미 멀고 문적도 전해지지 않았으며, 사군(四郡)은 오이쪽[瓜分]처럼 되어 형세는 오래 제어(制御)하기 어려웠고, 삼국(三國)은 솥발같이 대치하여 힘으로는 능히 합병할 수 없었으며, 날마다 전쟁이 계속되어, 당시에는 겨우 『국사(國史)』가 있었을 뿐이었습니다. 그러나 전설을 기록하는 것은 흔히 황당 괴이한 데 흘렀고, 본 것을 적는 데도 자세하고 명백함을 못다 하였습니다.

고려에 와서 김부식(金富軾)이, 범례는 마사(馬史)의 법을 취했으나 대의는 간혹 인경(麟經, 춘추(春秋))과 틀리는 점이 있었으며, 또 한 가지 사실의 시종이 거의 여기저기에 중첩되었고, 방언(方言)과 이어(俚語)가 서로 섞이어, 착한 정사와 아름다운 정책은 전한 것이 드물고, 나라별로 책을 만들어 참고하기 어렵게 되었습니다. 삼가 생각하건대, 성상께서는 오직 천종(天縱)이시고 학문은 일신(日新)에 나아가사, 주공(周公)의 뜻과 공자(孔子)의 생각인 정미(精微)로 육경(六經)의 심오한 이치를 지극히 연구하시고, 한(漢)의 강(綱)과 당(唐)의 목(目)을 구비하여 백대의 규모를 널리 관찰하신 나머지, 신 등의 소루한 식견을 비루하게 여기지 않으시고 사가(史家)의 찬술을 맡기시므로, 마침내 구사(舊史)를 요약하여 신서(新書)를 편성한 바, 한갓 그 번잡한 것을 버리자는 것만 아니라, 대체로 열람하는 데 편리하게 하려는 것이었습니다. 신 등은 돌이켜 보건대 삼장(三長)의 학은 없으나 일득(一得)의 우(愚)를 본받기로 하였거니, 아침에 적은 것을 저녁에 삭제하여 비록 은괄(檃栝)을 힘쓰고자 하였으나, 곤월(袞鉞)의 포폄을 어찌 족히 드러냈다 하리까. 그러나 선과 악을 모두 써 두었기 때문에 권장하고 징계하는 것이 드러났으니, 정사를 들으시는 겨를에 잠깐이라도 관람하시면, 지치(至治)를 이룩하시는 데 반드시 조금이나마 도움 됨이 없지 않을 것입니다.

『양촌집』 양촌선생문집 권29 청사류(靑詞類) – 태일(太一)에게 비를 비는 초례(醮禮)의 청사문(靑詞文)

감로(甘露)로 두루 적셔 주사, 사시가 유행하고 만물이 생생함에 천도가 순하여 어김이 없고, 육부(六府)가 다스려지고 삼사(三事)가 다스려지매 민생이 잘 살고 더욱 융창하며, 기주(箕疇)의 복을 받고 주정(周鼎)의 역대를 누리게 하여 주시기 바랍니다.

『양촌집』 양촌선생문집 권29 청사류(靑詞類) – 참성(塹成)에 대한 초례의 청사

초헌(初獻) 바다 위에 산이 높아 멀리 인간의 번요함을 막았고, 단(壇) 가운데 하늘이 가까워 신령의 하강을 맞이할 만하기에, 약소한 제물을 드리오니 밝은 신령이 계시는 듯합니다. 이헌(二獻) 약소한 술을 따르며 두 번 베풀어 정성껏 드리오니, 가벼운 바람을 타고 먼저 이르러 밝게 감응하사, 쾌히 흠향하고 많은 도움을 주시기 바랍니다. 삼헌(三獻) 신령의 들음이 어둡지 않아 인간을 덮어 주고, 하늘의 양육이 사가 없어 하토에 조림하니, 섬기기를 예로써 하오매 드디어 감응하소서. 가만히 생각하건대 마리산(摩利山)은 단군을 제사하는 곳이라, 성조(聖祖)로부터 백성을 위하여 법을 세우사 옛 예절을 이어 아름다움을 드리우게 하였고, 후왕(後王)에 미쳐서는 오랑캐를 피하여 도읍을 옮기사 또한 이를 힘입어 나라를 보전하였습니다. 그러므로 우리 국가에서는 그 예절을 지켜서 떨어뜨리지 않았고, 소자는 그를 받들어 더욱 정성을 다하였습니다. 그런데 어찌하여 왜적이 침입하여 우리 백성을 어육이 되게 하였습니까? 아무리 먼 지경에서 침해를 받아도 오히려 표문(表文)으로 알리는데, 황차 그 도움이 침해를 입음에 태연히 보고만 있으리까. 이것이 어찌 밝은 위엄의 영험이 없어서 그렇겠습니까. 실로 소자가 어질지 못해서입니다. 다른 데 허물을 돌릴 수 없고 오직 자신을 책망할 뿐입니다. 그러나 백성이 만약 그 생업에 안정하지 못하면

신은 의지할 곳이 없을 것입니다. 이에 옛 법도를 따라 감히 당시의 환란을 고하오니, 미미한 정성이지만 밝게 하감하시어 바다에는 파도가 일지 않아 제항(梯航)의 모여듦을 자유롭게 하고, 하늘은 그 명을 도와 사직(社稷)의 안전한 기반을 만들게 하소서.

『양촌집』 양촌선생문집 권34 동국사략론(東國史略論)

석탈해왕 20년 [정축(77)] 부여에서 고구려에 사신을 보내어 뿔이 셋 달린 사슴과 꼬리가 긴 토끼를 바쳤는데, 고구려의 왕이 이를 상서롭게 여기어 전국에 사면을 내렸다.

【안】 기후가 순조로워 풍년이 드는 것이 제일의 상서요, 그렇지 않으면 비록 하늘에서 감로(甘露)가 내리고 땅에서 단샘[醴泉]이 솟는다 해도 상서가 될 수 없는 것이다. 하물며 정상이 아닌 짐승이 나타났음에랴. 사슴이나 토끼로 말하면 사슴은 못가에 살면서 뛰어다니는 것이고, 토끼는 구멍 속에 살면서 엎드려 있는 놈으로 음성(陰性)의 부류이다. 이제 그 뿔이 세 개가 되고 그 꼬리가 길게 되어 있으니, 음도(陰道)가 극에 달하여 정상을 벗어난 것으로서 이는 요괴한 일이요 상서가 아니다. 태종[太宗, 제6대 태조대왕(太祖大王)을 말하는 것으로 보임]이 나라를 다스린 지 오래되어 수성(遂成)이 그의 두 아들을 죽이는 화를 불렀으니, 이것이 아마 그 조짐일 것이다. 그 후에 잡은 붉은 노루와 붉은 표범이 정치에 무슨 보탬이 있었던가. 태종이 이로써 두려워하고 반성하여 그 재앙을 그치게 하지 않고 오히려 상서라고 여겨 전국에 사면을 내렸으니 별로 칭찬할 일은 아니다.

문무왕(文武王) 4년 [을축(665)] 백제가 망하였다.

【안】 백제 시조의 계통은 부여에서 나와서 고구려 땅을 피해 남쪽으로 와서 나라를 세워 왕이라 칭하고, 그 자손이 서로 계승하여 거의 7백 년을 이어 왔으니, 자손을 위한 계책이 훌륭하지 않았다고 할 수 없다. 그러나 말세에 이르러서 사치와 탐욕을 극도로 심하게 하여 함부로 역사를 일으키고, 방종하여 법도를 잃어 충성스럽고 훌륭한

자를 해쳤으며, 또한 대대로 이웃나라와 원수를 맺어 군대를 함부로 움직여 침략함으로써 백성들로 하여금 거의 편안한 해가 없게 하였다. 그리고 또한 예로써 중국을 섬기지 못하여 중국 군사가 와서 죄를 묻도록 하여, 그들의 포로가 되어 마침내 국가를 망하게 하였으니, 이는 영원토록 경계가 될 만한 것이다.

『양촌집』 양촌선생문집 권36 비명류(碑銘類) – 유명(有明) 시(諡) 강헌 조선국 태조 지인계운 성문신무대왕(康獻朝鮮國太祖至仁啓運聖文神武大王) 건원릉(健元陵) 신도비명(神道碑銘) [병서(并序)]

무진년(1388, 우왕 14) 최영(崔瑩)의 핍박으로 요동(遼東)을 공격할 때 밖으로는 감히 상국의 지경을 침범할 수 없고, 안으로는 감히 폭군의 명령을 어기지 못하여 나아가지도 물러가지도 못하고 위화도(威化島)에서 군사를 머물고 있는데, 여러 날 동안 장마가 져도 물이 불지 않더니, 의리의 깃발을 돌려 군사들이 이미 언덕에 오르자 큰물이 밀려와 온 섬이 침몰되었다. 이는 참으로 한 광무(漢光武) 때 있었던 호타(滹沱)의 얼음과 원 세조(元世祖) 때 있었던 전당(錢塘) 조수의 일만이 좋은 것이 아니었다. 구변도 십팔자(九變圖十八子)의 전설이 단군 때부터 있어 수천 년을 지났는데, 지금에 와서 징험할 수 있다. 또 이승(異僧)이 지리산(智異山) 석굴로부터 이상한 책을 얻어 가지고 와 드렸는데, 거기에 쓰여 있는 말이 위에서 말한바 단군 시대에 나왔다는 것과 서로 부합되니, 이 또한 광무(光武) 때 있었던 적복부(赤伏符)의 유와 참위(讖緯)의 설로서 믿을 만한 것이 못 된다 하겠으나, 역시 간혹 이수(理數)가 있어 옛날부터 여러 번 징험되었다. 하늘이 덕 있는 이를 돌봄은 진실로 징험이 있는 것이다.

(출처: 한국고전번역원)

『益齋集』(1432년) 李齊賢(1287~1367)

『익재집』은 고려 후기의 문신 관료이자 학자였던 이제현의 시문집으로, 『익재난고(益齋亂藁)』·『역옹패설(櫟翁稗說)』 등을 수록하고 있다.

이제현의 자는 중사(仲思), 호는 익재(益齋)·역옹(櫟翁) 등이다. 고려 건국 초의 삼한공신(三韓功臣)인 이금서(李金書)의 후예이다. 1301년(충렬왕 27) 성균시(成均試, 일명 국자감시로 진사를 뽑던 시험)에 1등으로 합격하고 5월 과거에 합격한 후, 전교시승(典校寺丞), 삼사판관(三司判官), 서해도안렴사(西海道按廉使), 밀직사사, 첨의평리(僉議評理), 정당문학(政堂文學), 판삼사사(判三司事), 도첨의정승(都僉議政丞) 등을 역임하였다. 주요 저서로는 『익재난고』 10권과 『역옹패설』 2권이 있다. 흔히 이것을 합해 『익재집』이라 한다.

고려 때 간행된 『익재집』 초간본은 전하지 않고, 조선조에 들어와 여러 차례 중간되었다. 1432년(세종 14)에 왕명에 따라 원주에서 중간하였다. 다시 1600년(선조 33)에 이제현의 11대손인 경주부윤 시발(時發)이 간행하였다. 그러나 판목이 낡아 알아볼 수가 없었다. 1693년(숙종 19)에 역시 경주부윤으로 있던 허경(許熲)이 연보, 묘지명, 시문을 추가하여 다시 중간하였다. 그러나 이 판본도 판목이 낡아 1814년(순조 14) 경주에 거주하던 후손들이 연보 일부를 덧붙이고 습유를 첨가하여 간행하였다. 이 간본에는 김노응(金魯應)의 지(識)를 붙였다. 『익재집』은 1911년 조선고서간행회에서 『파한집(破閑集)』·『보한집(補閑集)』·『아언각비(雅言覺非)』·『동인시화(東人詩話)』와 합책하여 간행하였다. 1973년에 다시 성균관대학교 대동문화연구원(大東文化研究院)에서 순조 14년 간행본을 대본으로 하여 간행하였고, 1979년 민족문화추진회에서 대동문화연구원 영인본을 대본으로 하여 원문을 영인하여 수록하고 번역문과 함께 합본하여 국역총서로 간행하였다.

문집은 2책으로, 제1책에는 『익재난고』 권1~8이 실렸다. 제2책에는 『익재난고』 권9·10, 그리고 『역옹패설』 전집과 후집, 습유가 수록되었으며, 부록으로 연보 등이 실려 있다.

고조선 관련 기술은 권2와 권8에 있다. 권2의 〈장안의 여관에 쓰다(題長安逆旅)〉라는 시에서는 우리나라를 두고 기자가 봉해진 예의의 나라라고 언급하였다. 권8의 〈진정표(陳情表)〉라는 글에서는 기자의 팔조(八條)의 교화를 언급하였고, 〈발올아찰연을 끝낸 뒤의 사표(孛兀兒扎宴後謝表)〉에서는 기자가 봉해진 땅(箕封)이라고 언급하였다.

『익재집』 익재난고 권2 시(詩) – 장안(長安)의 여관에 쓰다

함곡관(函關關)에 수레와 말 달려 온
풍진 가득한 계자(季子)의 갖옷
천하를 반 바퀴나 돌아다니니
마음은 물 따라 동으로 흘러가네.
만사 귀찮아 오직 술만 부르고
천산(千山) 속에서 홀로 누대에 오르네.
청운은 나를 알아주리니
길이 탄식할 필요 없네.

떠도는 나그네 다시 오니 나무는 벌써 늙었고
미인은 어디 갔는지 구름만 남아 있네.
두수(杜叟)의 3년 적(笛) 시름겹게 들으며
장후(張侯)의 만리사(萬里槎)도 창연히 바라보네.
꿈에 보이는 고향에는 혜장(蕙帳)이 텅 비었고
술에 취했는데 처마 비에 등불 꺼지네.
벼슬할 마음이야 가을 구름처럼 엷지만
임 향한 일편단심만은 남았네.

바닷가 기자(箕子)가 봉해진 예의의 나라에서
진작 직공을 바쳐 황제님 은혜를 입었네.
황하(黃河)와 태산(泰山)을 두고 만세토록 동맹의 나라,
세 조정째 내려오면서 뛰어난 은총 받았네.
참소배를 누가 잡아 늑대에게 줄까[3]

간과(干戈)는 어쩔 수 없이 삼상에 이르렀네.
조상의 도움 있으니
송도(松都)에 우리 왕업 또다시 창성하리.

지극한 정성이면 하늘도 감동시킬 수 있다고 믿었는데
천자가 간신의 모함 용납할 줄 알았으랴.
계간(雞竿)의 새벽빛 양곡(暘谷)에 나오고
봉궐의 봄빛은 설산에 이르리라.
날 궂으려고 못 개구린 떠들며 싸우려는데[4]
하늘 높이 우는 학은 지쳐서 돌아가려네.[5]
구구한 오설(吳薛)은 어떤 자들이기에
스스로 외쳐 황제의 대궐에 호소했던가. (593쪽 1~2)

---

3 선운두고(仙韻豆古)를 이름.

4 공(功)을 요행히 세우려는 간당(奸黨)들을 말함.

5 민지(閔漬)·허유전(許有全) 두 노신(老臣)이 충선왕(忠宣王)의 일로 상서(上書)하여 진걸(陳乞)하려다가 방해하는 자가 있어 두 분이 오래 머무르지 못하고 귀국하려 함을 이름.

『익재집』 익재난고 권8 표(表) – 진정표(陳情表)

기거(起居)

봉강(封疆)을 동방(東方)에 하사함을 받드니, 기자의 팔조(八條)의 교화를 따랐고, 수의(垂衣)의 태평을 북궐(北闕)에 바라면서 삼가 봉인 삼축(封人三祝)의 정성을 바칩니다. 운운(云云). 진술해야 할 일을 스스로 함묵(含默)하는 것이 어찌 인신(人臣)의 곧고 진실한 마음이라 하겠습니까? 채택할 만한 말은 반드시 따르는 것이 성주(聖主)의 포용(包容)하는 도량입니다. 감히 어리석은 회포를 아뢰어 총청(聰聽)을 더럽히려 합니다. 운운(云云). 우(禹)임금의 검박하고 부지런함을 본받으며 탕왕(湯王)의 용맹스럽고 슬기로움을 힘썼으며, 간략함으로 임하며 관대함으로 다스리어 큰 왕업을 죽포(竹苞)같이 열었고, 후하게 하여 보내고 별 부담 없이 오게 하여 여러 나라의 규향(葵向, 충성을 바치는 것을 말한다)을 이르게 하였습니다. 삼가 생각하건대, 우리나라는 조종(祖宗)의 세대로부터 외람되이 생구(甥舅)의 영행(榮幸)을 얻었습니다. 토풍(土風)은 비록 중원(中原)에 부끄러움이 있으나 천행(天幸)은 상국(上國)에서 많이 받았습니다. (594쪽 3)

『익재집』 익재난고 권8 표(表) – 발올아찰연(孛兀兒扎宴)을 끝낸 뒤의 사표(謝表)

건곤(乾坤)이 아득하니 감히 호유(呼籲, 천자에게 아뢰는 것)가 들림을 기약했으리까마는, 미약한 초목(草木)이 문득 은영에 목욕(沐浴)하였습니다. 감사와 놀라움으로 절로 춤이 나오는 것을 깨닫지 못하겠습니다. 운운(云云). 우(禹)임금의 검근(儉勤)을 본받았고, 탕왕(湯王)의 성경(聖敬)을 힘쓰셨으며, 조종(祖宗)의 전례(典禮)를 준행하여 구장(舊章)을 새롭게 하니 묘사(廟社)에 드리운 아름다운 상서가 이에 성하였습니다. 낮음을 듣는 총명을 굴하여 작음을 사랑하는 인(仁)을 도타이 하였으며, 해 뜨는 나라를 돌아보매 선녀와 같은 여인을 낳았습니다. 아름다움이 곤순(坤順, 여자의 덕)에 뭉쳤으니 모의(母儀)를 육궁(六宮)에 따랐으며, 이명(离明, 태자를 가리킨다)의 경사가 났으니 나라의 근본을 만세에 굳혔습니다. 이에 선원(璿源)의 귀척(貴戚)을 내리고 옥절(玉節)의 중신(重臣)을 보내어, 음식을 베풀어 즐거움을 하사하고 금증(金繒)을 꾸미어 뜻을 표하였습니다. 이미 덕에 취하였으니 길이 구생(舅甥)의 친의를 위한 것이라 그 빛이 드러나지 않을 수 있겠습니까? 이하(夷夏)가 흠관(歆觀)할 것입니다. 신이 감히 길러 주는 은혜를 생각하여 이 몸이 가루가 되도록 노력하여 그 공을 갚지 않을 수 있겠습니까? 오로지 기자(箕子)의 강토(우리나라)에서 술직(述職)을 다하여 매양 화축(華祝)의 정성을 바치고자 합니다.(594쪽 4)

(출처: 한국고전번역원)

『圃隱集』(1439년)

鄭夢周(1337~1392)

『포은집』은 고려 공양왕 때의 문신이자 학자인 정몽주의 문집으로, 1439년(세종 21)에 아들 정종성(鄭宗誠)이 수집하고 편차하여 목판으로 간행하였다.

정몽주의 자는 달가(達可), 호는 포은(圃隱)이다. 1367년(공민왕 16)에 성균관이 중영(重營)되면서 성균박사에 임명됐다. 고려왕조를 부정하고 새로운 왕조를 개척하는 데 반대해 뜻을 같이하던 이성계를 찾아가 정세를 엿보고 돌아오던 중 이방원의 문객 조영규 등의 습격을 받아 사망했다.

『포은집』은 정몽주 사후인 1439년에 처음 간행되었고, 이후 여러 차례 개간되었다. 현재 구본(舊本), 신계본(新溪本), 개성 구각본(開城舊刻本), 교서관본(校書館本), 영천 초각본(永川初刻本), 봉화 각본(奉化刻本), 개성 재각본(開城再刻本), 개성 신본(開城新本) 등 아홉 종류의 간행본이 전한다. 구본은 1439년에 아들 정종성과 정종본(鄭宗本)이 간행하였다. 신계본은 1533년(중종 28)에 현손 정세신(鄭世臣)이 구본에 연보를 더하여 개간한 것이다. 개성 구각본은 선조 초년에 개간한 것으로 구본에 시 3수가 첨가되었다. 교서관본은 선조 초·중년에 활자로 간행한 주자본(鑄字本)이다. 영천 초각본은 1584년(선조 17)에 유성룡(柳成龍)이 왕명으로 편찬하다가, 황여일(黃汝一)이 영천 초각본을 대본으로 다시 개간한 것이다. 봉화 각본은 1659년(효종 10)에 후손 유성(維城)이 봉화에서 조판(彫板)한 것이다. 영천 재각본은 1677년(숙종 3) 영천에서 재각한 것으로, 영천 구각본에 봉화 각본의 보속조(補續條)를 더하고, 제가(諸家)의 기술(記述)을 신증 부록(新增附錄)으로 첨부하였다. 개성 재각본은 1719년(숙종 45)에 후손 찬휘(纘輝)가 봉화 각본 4권에 다시 속록(續錄) 3권을 더하여 편찬하였다. 개성 신본은 1900년에 후손 환익(煥翼)이 숭양서원에서 영조 기축본을 주로 하고, 영천본을 보(補)로 한 위에, 속록의 각 부분에는 '신증(新增)'이라 하여 그 뒤의 자료를 첨가, 간행하였다.

문집은 원집 4권, 속집(續集) 3권으로 구성되어 있다. 원집에는 시 · 잡저(雜著) · 습유(拾遺) · 유묵 · 연보고이(年譜攷異) · 부록 등을 수록했으며, 연보고이는 택(宅) · 묘비(墓碑) · 화상 · 서원(書院) · 본전 · 행장 · 갈음(碣陰) 등이고, 부록에는 문(文) · 시 · 부(賦) · 「용비어천가(龍飛御天歌)」 · 서(書) · 소(疏) · 계(啓) · 묘지명(墓地銘) · 연보(年譜) · 유사 · 상론(尙論) · 사묘(祠墓) · 포전(褒典) · 진정찬술(陳情讚述) · 기(記) · 제(題) 등을 실었다.

기자 관련 내용이 권1 · 2와 부록에 나온다. 권1의 시에서는 기자가 조선에 남긴 좋은 풍속이 천년토록 전해 온다고 한 구절이 있다. 권2의 시에서는 기자는 명이의 이치를 본받아서 만세에 황극의 가르침을 남겼고, 원수를 피하여 기구하게 험지로 몸을 숨겼다는 구절이 있다. 부록에는 우리나라가 기자가 임했던 곳이라는 구절이 있다.

『포은집』 포은선생집 권1 시(詩) – 홍무 정사년(1377, 우왕 3)에 사명을 받들고 일본에 갔을 때 지은 시

산천과 촌락이야 고금에 다름이 없건만
부상과 땅이 가까워서 새벽 해가 붉구나.
신선이 바다 섬에 산다고 얘기할 뿐이더니
하늘 동쪽에 민가 있을 줄 누가 알았으랴.

얼룩 옷은 진나라 동자로부터 변했을 것이고
물들인 치아는 월나라 풍속과 교류한 것이라.
고개 돌려 보면 삼한은 먼 곳에 있지 않으니
기자가 남긴 좋은 풍속이 천년토록 전해 오네. (595쪽 1)

『포은집』 포은선생집 권2 시(詩) – 절동(浙東)으로 돌아가는 조마(照磨) 호해(胡海)를 전송하다

십 년의 풍진 속에 나 홀로 그리웠더니
오늘에야 그대와 함께 술잔을 기울이네.
삼동(三冬)의 공부만으로 문장이 풍부해지고
오세(五世)가 함께 살아 길한 경사 찾아오네.
사절이 되어 멀리 기자국 유람하더니
돌아가는 배 문득 월왕대로 향하누나.
어느 때에 천하가 거울처럼 맑아져서
천태산에 함께 올라 한번 웃어 볼런가. (595쪽 2)

『포은집』 포은선생집 권2 시(詩) – 둔촌의 권축에 적은 시(遁村卷子詩)

기자는 명이의 이치 본받아서
만세에 황극의 가르침 남겼고
중이는 온갖 고초 겪고 난 뒤에
제후가 진국을 종주로 삼았으니
이에 알겠노라 옛날 사람들이
역경에 처한 것이 유익했음을
선생도 예전에 원수를 피하여
기구하게 험지로 몸을 숨겼으니
보는 이들은 괴롭게 여겼으나

오직 선생만은 자득한 듯했네.
꺾일수록 의기가 더욱 굳세니
센 불이라야 양옥임을 안다네.
하늘이 여러 사특한 이들을
일조에 종적 감추게 했으나
와서는 도리어 둔촌을 찾아가
서성이며 송국을 어루만지네. (596쪽 3)

『포은집』 포은선생집부록 부록 – 임고서원(臨皐書院) 제문(祭文) [퇴계(退溪)]

오호라, 우리 동방 한 모퉁이는
기자가 임했던 곳이지만
세상이 쇠퇴하고부터는
대도가 사라져 버렸으니
만약 선각이 있지 않다면
누가 인심을 착하게 할까.
혁명하여 문물이 바뀜은
천지간의 큰 변화인지라
오직 성인이 천명과 합치하여
이미 하늘의 뜻에 부응했으니
만약 큰 충절이 있지 않았다면
떳떳한 의리를 그 누가 알리오. (596쪽 4)

『포은집』 포은선생집부록 부록 – 포은 선생 화상을 배알하고 지은 사(謁圃隱先生畫像詞) [장현광(張顯光)]

아아 도덕과 절의가 우리 동방에 제일가는 분이 아니라면
사람이 유상을 보고 이처럼 지극히 감격하고 기뻐하게 하겠는가.

하늘이 선생을 말세에 태어나게 한 것은 아마 뜻이 있어서일 것이니
옛날 단군과 기자 이후로 일찍이 펼쳐지지 못한 문교가
선생이 태어남으로 인하여 떨쳐 일어났고
뒷날 동방의 억만년토록 바뀔 수 없는 강상이
선생이 죽음으로 인하여 수립될 수 있었네. (597쪽 5)

(출처: 한국고전번역원)

『春亭集』(1442년)

卞季良(1369~1430)

『춘정집』은 고려 후기부터 조선 전기까지 생존한 문신 변계량의 시가와 산문을 엮은 시문집이다.

변계량의 본관은 밀양(密陽), 자는 거경(巨卿), 호는 춘정(春亭)이다. 1385년(우왕 11) 문과에 급제하였고, 전교주부(典校注簿)가 되었다. 조선 건국 후에는 의학교수관(醫學敎授官), 교서감승(校書監丞), 성균관학정(成均館學正), 예조우참의(禮曹右參議), 수문전제학, 좌부빈객, 성균관대사성, 예조판서, 대제학 등을 역임하였다. 고려 말 조선 초 정도전(鄭道傳)·권근으로 이어지는 관인문학가의 대표적 인물로서 「화산별곡(華山別曲)」·「태행태상왕시책문(太行太上王諡册文)」을 지어 조선 건국을 찬양하였다.

변계량은 고려 후기 인물이지만 문집의 간행은 늦게 이루어졌다. 변계량의 문인 정척(鄭陟)이 유고를 수습하여 엮었으나(초고본) 공식 간행되지 않았다. 이후 세종은 집현전(集賢殿) 학자들로 하여금 교정을 명하였고, 1442년(세종 24) 11월에 개판하였다(초간본). 이 초간본은 권1 낙장본이 성암문고(誠庵文庫)에, 권4~8과 권11~13 2책이 동국대학교 중앙도서관에, 권5~7 1책이 장서각에, 권10~13 1책이 고려대학교 만송문고(晩松文庫)에, 권11~13 1책이 산기문고(山氣文庫)와 아단문고(雅丹文庫)에 각각 소장되어 있다. 1825년(순조 25)에 변계량을

배향한 거창의 병암서원(屛巖書院)에서 김시찬(金是瓚)이 초간본을 바탕으로 그 내용을 수정하여 다시 간행하였다.

본문은 12권 5책으로 구성되어 있다. 이 가운데 고조선 관련 내용은 권3, 권5, 권7, 권9, 권10, 권12, 추보, 부록 등에 나온다. 권3에서는 기자가 조선에 온 것과 팔조(八條)의 가르침을 언급하였다. 권5에서는 기자의 팔조교를 언급하였다. 권7에서는 우리나라의 시조는 단군으로, 하늘에서 내려왔다는 것, 주나라 무왕이 기자를 조선에 봉하였다는 것을 언급하였다. 권9에서는 기주(箕疇), 기범(箕範)을 언급하였다. 권10의 〈북두성 초례의 청사(北斗醮禮靑詞)〉에서는 홍범(洪範)을 언급하였다. 권12의 〈기자묘 비명(箕子廟碑銘)〉에서는 주나라 무왕이 기자를 우리나라에 봉하고, 기자는 주나라의 신하 노릇을 하지 않았던 것, 기자의 교화, 기자가 무왕에게 홍범을 진술한 것, 정전(井田)의 제도, 팔조의 법금(法禁) 등을 언급하였다. 〈유명 조선 국학 신묘 비명(有明朝鮮國學新廟碑銘)〉에서는 기자의 팔조교를 언급하였다. 추보(追補)의 〈마리산(摩利山)의 참성(塹城)에 초례(醮禮)를 지낼 때 삼헌(三獻)의 청사〉에서는 홍범을, 〈우(又)〉에서는 기자의 홍범구주(洪範九疇)를 언급하였다. 부록의 행장(行狀)에서는 기자사(箕子祠)의 비문을 지었다고 하였다.

『춘정집』 춘정선생문집 권3 시(詩) – 서도(西都)로 순시 나가는 우정 상국(雨亭相國)을 전송하며

우주에 봄바람이 한 차례 스쳐 가자
성북과 성남에 온갖 꽃이 만발하네.
내 마음은 어인 일로 울적하단 말인가
수레 타고 어려운 길 나선 걸 보아서지.
우정은 뛰어난 국중의 인걸이라
희귀한 영웅으로 견줄 이가 없다네.

만계의 주머니엔 천지가 들어 있고
천 편의 필치는 풍우처럼 질주하네.
소년에 고관되니 얼마나 큰 출세인가
청사에 찬란하게 공적을 남길 걸세.
임금님 하신 말씀 서도는 관문이니
경이 가서 진무하라 부월을 주시었지.
명을 받고 더디게 대궐을 출발하니
여정 여는 깃발이 모절을 옹위했네.
전송 나온 빈객들이 거리에 가득하고
구름 같은 거마가 앞다투어 치달리네.
장부는 출처 때 좋은 말을 선물하지
이별의 수심 따위는 말하지 않는다네.
백성들이 처음에는 안정되지 않았는데
위대한 하늘이 묵묵히 도우셨지.
찬란한 구주는 하늘의 등급이니
펼치면 천지 충만 거두면 은밀하지.
아아아 기자가 훼손 없이 전했으니
황제의 가르침이 찬란히 밝혀졌네.
조선에 부임하여 사물 진상 개시하니
지금까지 팔조가 달처럼 뚜렷하지.
공께서 가시거든 향불을 피워 놓고
쓸쓸한 표정으로 영령을 대하겠지.
백성의 진무는 기자 숭배 달렸으니
남기신 가르침을 실추 없게 힘쓰소서.
여가에 누에 올라 바다를 굽어보면
물고기 훤히 보여 주울 것 같을 걸세.

새하얀 모래톱에 물결이 맑디맑고
연 향기 버들 그늘 어우러져 분분하리.
수많은 호리병 술 맛있고도 시원하고
안주로 잉어회에 구운 자라 차려 놨지.
노래하고 춤춘 여인 옥처럼 아름답고
대퉁소 쟁에다가 비파까지 겸하였지.
연회하다 방탕에 빠진 적이 있었던가
돌아가는 미인을 위로한 것뿐이지.
살기 좋은 저곳은 정말로 신기하니
고금을 훑어보면 모두가 재미있지.
병든 나 가고파도 마음이 안 편하니
티끌 속에 파묻히면 어찌한단 말인가.
옛날에 젊었을 땐 굴레를 벗었는데
구구하게 글 지을 줄 예상이나 하였겠나.
바다 누빈 고래 이빨 뽑잘 것도 없고
중천에 북두 자루 돌리려고 생각했지.
희망 없어 개미처럼 은신처나 찾다가
무릎이나 펼 만한 띠집에 서식했지.
만 권의 서적을 펼쳐 보고 싶었으나
정신만 소모하고 소갈까지 앓았다네.
흐르는 세월이 별안간에 떠나가니
심사가 좋지 않아 머리털이 희어지네.
붓 잡은들 창해를 번복할 수 있겠는가
지은 시도 벌레의 울음소리 비슷하네.
부끄럽게 전별의 시가가 옹졸해서
꽃나무 밑에서 일배로 송별했지. (598쪽 1~2)

『춘정집』 춘정선생문집 권3 시(詩) – 서경(西京)으로 가는 황 상국(黃相國)의 시축(詩軸)에 쓰다

나라에 위대한 재상의 그릇이라
정사를 처리할 때 조리가 찬란했소.
문장은 펼쳐 놓은 비단처럼 화려하고
덕망은 우뚝 선 산처럼 높으셨지.
옛날에 과거를 관장하고 계실 때
수많은 선비들이 재능을 뽐냈었지.
이 몸이 백락의 인정을 받았으나
부끄럽게 나라 빛낼 문장이 아니었네.
맹약에 동참하여 그 의리 두텁지만
또다시 빈번하게 초청을 받았었지.
어찌하여 이렇게 이별을 한단 말인가
막하의 관료가 되었으면 한다네.
술 한 동이 놓고서 성서에서 전별하니
마음이 왜 그리도 울렁울렁거리는지.
그곳은 예악 있는 낙랑의 땅이라
백성도 번성하고 재원도 풍부하지.
더군다나 그곳은 나라의 관문이니
위엄과 은혜를 분명히 해야 하오.
주상의 마음은 딴 데 가 있는데
우리네 부질없이 떠들고 있구나.
사업은 주공과 소공을 목표하니
조참과 소하는 내려다보신다네.
가시어 태사의 사당을 알현하고
쓸쓸히 여지와 천초를 올리겠지.

앞으로 팔조의 가르침을 펼칠 테니
간사한 무리를 다스릴 게 뭐 있겠소.
서쪽의 백성들은 행복하기 짝 없으나
국사는 그 누가 보필한단 말인가.
돌아와서 의정부에 진압하고 계실 적에
병든 몸 이끌고 조정에 나가리다. (599-쪽 3~4)

『춘정집』 춘정선생문집 권5 서(序) – 사신의 임무를 마치고 중국으로 돌아가는 예부주사(禮部主事) 육공(陸公) [옹(顒)]백첨(伯瞻)을 송별하는 시에 대한 서

우리나라 사대부(士大夫)들이 처음에는 그가 온 것을 영광스럽게 여기고 지금에는 그가 떠나는 것을 섭섭하게 여겨, 서로 부탁하여 시를 지어 서둘러 떠나는 선생의 아쉬움을 위로하고 나에게 서문을 써 달라고 요청하였다. 내가 생각건대, 우리 동방은 기자(箕子)가 와서 팔조(八條)의 교화를 펼친 뒤로 풍속이 염치(廉恥)를 숭상하고 중국을 사모할 줄 알아 대대로 사대(事大)의 예를 강론하였는데, 우리 조선에 이르러 더욱더 경건해졌다. 이에 천자께서 가상히 여겨 조서를 내려 간곡히 말씀하고 자주 물품을 하사하여 그 은혜가 매우 융성하였으니, 감사한 마음이 깊음과 동시에 제후의 예절도 더욱더 신중히 지킨 것이다. (600쪽 5)

『춘정집』 춘정선생문집 권5 서(序) – 연경(燕京)으로 돌아가는 행인(行人) 이공(易公) 절(節)을 송별하는 서

조선이 비록 해외에 있으나 기자(箕子)의 교화를 받아 사람마다 충효(忠孝)를 알고 풍속이 예의를 숭상하므로 대대로 끊임없이 중국을 존중하고 제후의 도리를 지켜 왔었다. 더구나 우리 국왕께서는 타고난 성품이 충성스러워 지성으로 명(明)나라를 섬겨 세시(歲時)에 올리는 예물이 충분하지 않았는지 항상 염려하였고, 후하게 어루만져 준 은혜를 입어 제후의 임무를 더욱 신중히 수행하여 천자께서 우리 국왕의 지극한 심정을 꿰뚫어보고 더욱더 보살펴 주었다.

『춘정집』 춘정선생문집 권7 봉사(封事) – 영락 14년 병신 6월 1일에 올린 봉사

우리 동방의 시조는 단군(檀君)인데, 하늘에서 내려오셨지 천자께서 지역을 나누어 봉한 것이 아닙니다. 단군은 요(堯)임금 무진년에 하늘에서 탄강하셨는데, 지금 3천여 년이 되었습니다. 하늘에 제사를 지내는 예가 어느 시대에 비롯되었는지는 모르겠으나, 그 또한 천여 년 이상이나 개정하지 않았고, 우리 태조 강헌대왕(太祖康獻大王)께서도 그대로 인습(因襲)하여 더욱더 부지런히 하였습니다. 그러므로 신이 우리 동방에는 하늘에 제사를 지내는 이유가 있어 폐지할 수 없다고 한 것입니다.

어떤 사람이 말하기를, "단군은 해외(海外)에 나라를 세워서 질박하고 문명이 부족하여 중국과 왕래하지 않아 군신(君臣)의 예를 나눈 적이 없었다. 주(周)나라 무왕(武王) 때에 이르러 신하로 굴복하지 않은 은(殷)나라 태사(太師) 기자(箕子)를 조선에 봉하였으니, 그 뜻을 볼 수 있다. 그러므로 하늘에 제사를 지내는 예를 행할 수 있었지만, 그 뒤로는 중국과 왕래하여 군신의 분수가 뚜렷하므로 하늘에 제사를 지낼 수 없다"고 하기에, 신이 대답하기를, "천자는 천지에 제사를 지내고 제후는 산천에 제사를 지내는 것은 예절의 대체상 그런 것이다. 그러나 제후로서 하늘에 제사를 지내는 일도 있었다. 노(魯)나라에서 하늘에 제사를 지낸 것은 주공(周公)에게 큰 공이 있기 때문에 성왕(成王)이 허용한 것이며, 기(杞)나라와 송(宋)나라에서 하늘에 제사를 지낸 것은 그의 선대 조상의 기운이 하늘과 통하였기 때문이었다. 기나라는 작은 나라 중에서도 아주 작은 나라였으나 선대의 조상 때문에 하늘에 제사를 지냈고, 노나라는 제후였으나 천자가 허용하여 하늘에 제사를 지냈으니, 이는 예절의 곡절상 그런 것이다"라고 하였습니다.

『춘정집』 춘정선생문집 권9 표전(表箋) – 황태자의 취임을 하례하는 전

황제께서 마루에 나오시자 책문(冊文)을 내리는 예가 한창 거행되었고, 동궁이 정해지니 종사를 계승하는 것보다 더 큰 경사가 없었습니다. 종사에 경사가 잇따르고 온 천하에 환호성이 진동하였습니다. 삼가 생각건대, 하늘에서 타고난 예지(叡智)와 광명에 다다른 학문을 지닌 태자께서 칭송이 널리 퍼져 구가(謳歌)의 여망에 부합되고, 영명(英明)이 일찍 드러나 대리청정(代理聽政)의 권한을 가지기도 하였습니다. 이에 동궁의 상서를 성대히 열고 황실(皇室)의 복을 더욱 넓혔습니다. 삼가 생각건대, 신이 분수 넘게 제후의 위치에 있으면서 다행히 태평성대를 만났습니다. 본손(本孫)과 지손(支孫)의 번창을 노래하는 「주아(周雅)」에 화답하고, 기주(箕疇)처럼 장수하고 부유하시기를 항상 축원하겠습니다.

『춘정집』 춘정선생문집 권9 표전(表箋) – 임금이 친히 태묘(太廟)에 제사를 지내는 것에 대해 의정부에서 하례를 드리는 전

천지의 원기(元氣)를 본받아 왕위에 계시자 천명(天命)이 새로워졌고, 조상과 종통을 숭배하여 제사를 거행하셨습니다. 이에 일이 청사에 빛나고 기쁨이 신하들에게 넘쳤습니다. 삼가 생각건대, 제성광연(齊聖廣淵)하고 강건독실(剛健篤實)하신 전하께서 정성을 극진히 드리고 예절을 극진히 행하니 매우 유순하고 적절하며, 자리에 계신 것 같고 음성을 들은 것 같으니 정성이 있으면 나타나는 것이었습니다. 때마침 성대한 예를 끝마쳤다고 고하자 조정에서 하례를 드렸습니다. 문물의 화려함을 밝히니 나라에 경사가 넘쳐흘렀습니다. 삼가 생각건대, 신이 외람되게 의정부에 있으므로 사당의 뜰에 엄숙히 모시고 있었습니다. 제사를 경건히 거행하니 정말 주인(周人)의 칭송에 합치되었고, 강녕하고 장수하시기를 기범(箕範)처럼 축원합니다.

『춘정집』 춘정선생문집 권9 표전(表箋) – 동지(冬至)에 하례하는 전

일양(一陽)이 회복하자 역서(曆書)의 시작을 열었고, 군왕이 남쪽으로 향해 앉으니 대궐에 경사가 넘쳤습니다. 조정과 초야에서 일제히 환호하고 천지에 상서가 넘실거렸습니다. 삼가 생각건대, 강건(剛健)이 날로 새로워지고 총명이 때때로 진취되신 전하께서 우사(虞史)의 제도를 숭상하여 사시를 정하고 백관(百官)을 다스렸으며, 기주(箕疇)의 가르침을 상고하여 다섯 가지 기율을 조화롭게 하고 여덟 가지 정사를 펼치셨습니다. 만물을 육성하는 자애가 돈독하고 수성(守成)의 법을 신중히 지켰으니, 군자(君子)의 도리가 살아나는 때를 만나 하늘의 상서를 많이 맞으실 것입니다. 삼가 생각건대, 신이 다행히 태평성대를 만나 관찰사의 임무를 맡았습니다. 몸이 영남(嶺南)에 있어서 경축의 반열에 참여하지 못하였으나, 꿈에 천상(天上)을 바라보고 숭산(嵩山)처럼 장수하시기를 축원하였습니다.

『춘정집』 춘정선생문집 권10 청사(靑詞) – 북두성(北斗星) 초례의 청사

저 푸른 하늘이 비록 소리도 없고 냄새도 없지만, 북쪽에 북두성이 있어 상서도 내리고 재앙도 내립니다. 생각건대, 미약한 제가 매우 어려운 임무를 위임받아 깊은 연못에 떨어질까 봐 전전긍긍하듯이 경건한 마음을 간직하였고, 다른 마음 없이 일관되게 고명(高明)이 도와주기를 소원하였습니다. 이에 생일을 맞아 법단(法壇)을 설치하였으니, 이 미약한 정성이 위로 통하여 중단 없이 큰 감응이 있도록 해 주소서. 홍범에서 말한 나쁜 조짐이 얼음 녹듯이 없어지고, 『주시(周詩)』에서 말한 것처럼 복록이 구름같이 이르게 해 주소서. 만년토록 미수(眉壽)를 누려 영원히 편안하게 하고, 본손(本孫)과 지손(支孫)이 백세토록 끝없는 복을 받게 해 주소서. 풍년이 들고 시대가 태평하여 백성이 번창하고 만물이 풍부하게 해 주소서.

『춘정집』 춘정선생문집 권12 비명(碑銘) – 기자묘(箕子廟) 비명(碑銘) [병서(幷序)]

선덕(宣德) 3년 무신년(1428, 세종 10) 여름 4월 갑자에, 국왕 전하께서 전지(傳旨)를 내려 이르시기를, "옛날 주(周)나라 무왕(武王)이 은(殷)나라를 이기고, 은나라 태사(太師) 기자(箕子)를 우리나라에 봉하여 주나라의 신하 노릇을 하지 않겠다는 그의 뜻을 이루게 했다. 우리 동방의 문물과 예악이 중국에 비견되어 지금까지 2천여 년에 이른 것은 오직 기자의 가르침에 힘입은 것이다. 돌아보건대, 그의 사당이 좁고 누추하여 우러러 공경을 표하기에 맞지 않으므로 우리 부왕(父王)께서 일찍이 중수(重修)를 명하시고 내가 그 뜻을 받들어 독려했다. 이제 낙성을 고하게 되었으니, 마땅히 돌에 새겨서 오래도록 후세에 보여야 할 것이다. 사신(史臣)은 글을 짓도록 하라" 하셨다. 신 계량(季良)은 명을 받고 나서 조심스럽고 두려워 감히 사양하지 못하였다.

신은 삼가 생각건대, 공자(孔子)는 문왕(文王)과 기자를 『주역(周易)』 명이괘(明夷卦)

의 단사(彖辭)에서 아울러 열거했으며, 또 『논어(論語)』「미자(微子)」편에서 미자(微子)·기자(箕子)·비간(比干)을 은나라의 '삼인(三仁)'이라 일컬었으니, 기자의 덕은 너무 커서 찬양할 수 없다. 생각건대, 옛날 하우씨(夏禹氏)가 수토(水土)를 평정하여 다스리니, 하늘이 홍범(洪範)을 내려 주어 인륜(人倫)이 펴졌다. 그러나 그 말이 일찍이 「우서(虞書)」나 「하서(夏書)」에는 한 번도 보이지 않았고, 1천여 년이 지나 기자에 이르러서야 비로소 나오게 되었으니, 그때에 기자가 무왕을 위하여 진술하지 않았다면 낙서(洛書)에 담긴 하늘과 사람에 관계된 학문을 후인들이 어디에서 알게 되었겠는가. 기자가 사도(斯道)에 공이 있음이 어찌 우연한 일이겠는가.

기자는 무왕의 스승이다. 무왕이 그를 다른 곳에 봉하지 않고 우리 조선에 봉했으므로, 조선 사람들이 아침저녁으로 친히 그 가르침을 받아, 군자는 대도(大道)의 요체를 얻어듣고 백성은 지치(至治)의 은택을 입을 수 있어서, 그 교화가 길에 떨어진 물건을 줍지 않는 데까지 이르렀다. 이것이 어찌 하늘이 우리 동방을 후하게 하여 어질고 착한 사람을 내려 주어 이 백성들에게 은혜를 베푼 것으로서, 사람의 힘이 미칠 수 없는 것이 아니겠는가. 정전(井田)의 제도와 팔조(八條)의 법금(法禁)이 해와 별처럼 밝아 우리나라 사람들이 대대로 그 가르침에 따랐으니, 1천 년 뒤에도 그 당시에 사는 것과 같아서 공경스러운 마음으로 우러러보지 않을 수 없는 점이 있다.

우리 공정대왕(恭定大王, 태종(太宗))께서는 총명하게 고사를 살피시고 경서(經書)와 『사기(史記)』를 즐겨 보았으며, 우리 전하께서는 하늘이 낸 지혜롭고 현철한 자질로 성인의 학문에 밝아서 홍범구주(洪範九疇)의 도(道)에 있어서 정신으로 회통(會通)하고 마음으로 융합(融合)함이 있었다. 그런 까닭에 공정대왕은 처음 시작하시고 우리 전하는 이어 닦아서 그 덕을 높이고 공을 보답하는 전례(典禮)를 이룬 것이 지극한 정성에서 나왔으니, 실로 전대의 군왕들이 짝할 수 없는 바이다. 경사(卿士)와 서민(庶民)들이 서로 이끌고 일어나서 기자의 가르침을 행함으로써 천자의 밝은 덕에 가까워져 베풀어 주시는 복을 받게 되리라는 것은 의심할 게 없다. 아, 성대하도다.

무릇 몇 칸의 집을 짓고 거기에 소속된 전지(田地)를 두어서 제사에 이바지하게 하고, 요역(徭役)을 면제시켜서 이곳의 청소에 응하게 하고, 부윤(府尹)에게 명하여 향사를 삼가 받들게 했으니, 묘궁(廟宮)의 일이 대체로 유감스러울 것이 없게 되었다. 신 계량은 감격을 이기지 못하여, 삼가 머리를 조아려 명(銘)을 바친다. 명은 다음과 같다.

아, 기자는
문왕을 무리로 하고
참으로 홍범은
상제의 훈계를 펼쳤네.
은나라 스승만이 아니라
진실로 무왕의 스승이었으니
은나라는 그를 버려 멸망하고
주나라는 그를 찾아 창성했네.
크나큰 천하에
안위가 그 몸에 달렸는데
거두어 동쪽으로 오셨음은
하늘이 우리를 편애함일세.
가르치고 다스림에
팔조가 밝았으니
우매한들 뉘 아니 밝아지며
유약한들 뉘 아니 강해지랴.
한서(漢書)에 칭찬하길
길에 흘린 물건 줍지 않는다 하고
동이를 중화로 변화시켰다고
당나라 비석에 쓰여 있네.
부지런히 힘쓰시는 우리 임금
끊어진 학문을 밝게 이으니

마음은 그 이치에 합치하고
몸으로는 그 법을 실천하네.
전왕이 시작하고 주상이 이으시니
사당집 의젓하여 날아갈 듯 솟았네.
높다란 그 당에
신이 이르시어 편안하리니
세시(歲時)로 향사를 드림에
능히 공경과 정성을 다하리라.
아아, 소신은
성인께서 남기신 글에 잠심했더니
이제 왕명을 받들고
머리 조아려 명을 짓노니
성대한 덕의 광채
억만년토록 길이 빛나리다.

『춘정집』 춘정선생문집 권12 비지(碑銘) – 유명 조선(有明朝鮮) 국학 신묘(國學新廟) 비명 [병서(并序)]

신은 삼가 생각건대, 성인의 도는 너무도 커서 찬양할 수조차 없으니, 비록 억지로 말한다 하더라도 하늘과 땅, 해와 달을 그리는 일과 비슷하게 되지 않을 자가 거의 없을 것이다. 우리 공 부자(孔夫子)는 주(周)나라 말년에 태어나 여러 성인들이 이미 이룬 것을 집대성하여 절충해서 백왕(百王)의 큰 법을 만들어 가르침을 남겼으니, 공은 교화의 처음에 지극하였고 은택은 다함이 없이 흘러 전한다. 인간이 생긴 이래로 그보다 더 훌륭한 이는 없으니, 재여(宰予)가 이른바 '공자는 요순(堯舜)보다 더 낫다.'고 한 것은 까닭이 있는 것이다. 당(唐)나라 이래로 천지간에 문묘의 모습이 서로 바라보이고 높여서 받드는 제사가 어긋남이 없었다. 하물며 우리 동방은 옛날부터 풍속이 예의(禮義)를 숭상하여 기자(箕子)의 팔조(八條)의 가르침을 따라 행하여 떳떳한 인륜

(人倫)이 펴져서 전장(典章)과 문물(文物)의 갖춤이 중국에 비견되었다. 우리 부자(夫子)께서 일찍이 여기에 살고 싶어 한 뜻이 있었으니, 문묘와 학궁을 세우고 문교(文教)를 일으켜 숭상하는 것은 실로 다른 나라에 비길 바가 아니다.

『춘정집』 춘정집 추보(追補) 청사(青詞) – 마리산(麻利山)의 참성(塹城)에 초례(醮禮)를 지낼 때 삼헌(三獻)의 청사

삼헌(三獻)

산이 바다 위에 떠 있으니 멀리 속세와 떠나고, 단(壇)은 구름 사이에 놓였으니 신선의 행차를 맞이함에 적합하나이다. 이제 제사 지냄을 부지런히 하여서 이끌어 주심을 비옵나이다. 생각하건대 이 자질도 미미한 자가 황송하게도 중하고 어려운 일을 부탁받았습니다. 상제께서는 밝고 또 밝으시고 빛나고 또 빛나오니, 참으로 천명이 항상 한 사람에게 있지 아니함을 알겠나이다. 조심스럽고 두려워 감히 임금 됨이 쉽지 아니함을 소홀히 하겠나이까. 이에 매우 깊이 공경하고 두려워하여 항상 상제의 고명하심을 우러러 기대하옵나이다. 이제 작으나마 깨끗한 법식을 벌리옵고 그윽이 도우심을 받을까 하오니, 속마음으로부터 나오는 진실을 양찰하시어 곡진히 아래를 돕는 어짊을 드리우시기를 바라나이다. 기자 홍범의 모든 허물된 조짐을 깨끗이 없애어 앞으로 편안하고 즐겁게 하시고, 『주역』의 큰 복을 성하게 보호하시어 오래 살고 건강하며, 전쟁이 그리고 시대가 화평하며, 풍년 들어 물자가 풍부하게 하시기를 바라나이다.

『춘정집』 춘정집 추보(追補) 소(疏) – 우(又)

엎드려 원하나이다. 모든 천신(天神)이 옹호하고 삼보께서 알아 주셔서, 더 성하게 하고 번창하게 하기를 노후의 송[魯頌]과 맞게 하시고, 수하고 부하기를 기자의 구주[箕子九疇]와 맞게 하소서. 해 쬐고 비 옴이 때를 맞추어 백성과 만물이 모두 자라게 하여지이다.

『춘정집』 춘정집 부록 행장(行狀) – 행장(行狀) [정척(鄭陟)]

무신년(1428, 세종 10)에 상이 세자의 관복에 일정한 제도가 없음을 염려하여 대신들과 회의를 했는데, 공이 아뢰기를, "중국에 주청하는 것 만한 방법이 없습니다" 했다. 이에 사신을 보내어 갖추어 아뢰니, 칙명으로 육량관(六梁冠)을 내려 주었다. 공은 또 하교를 받들어 기자사(箕子祠)의 비문을 지어 바쳤는데, 그 글이 기절(奇絶)하여 신을 감동시키기에 충분했다.

『춘정집』 춘정선생속집 권2 부록 – 연보(年譜)

○ 10년 무신(1428, 세종 10) [선생 60세]

…

기자묘(箕子廟)의 비문을 지었다.[원집에 보인다.]

『춘정집』 춘정선생속집 권2 부록 – 병암서원(屛巖書院) 상량문(上梁文) [생원 변혁조(卞赫祚)]

정종(定宗)과 태종(太宗)의 능묘 지문(誌文)을 찬술하여 우리 열조(列朝)의 왕정을 아름답게 빛내고, 기자(箕子)와 공자(孔子)의 묘정에 비명(碑銘)을 지어 우리 소대(昭代)의 문헌을 문채 나게 드러내었도다.

『춘정집』 춘정선생속집 권2 부록 – 병암서원(屛巖書院) 증수기(增修記) [진사 박지흥(朴智興)]

춘정(春亭) 선생은 국초에 문형(文衡)의 직임을 맡아 20여 년 동안 우리 성조(聖朝)의 문명(文明)한 치교를 아름답게 빛냈으며, 공자와 기자 사당의 비명(碑銘)과 『정종실록(定宗實錄)』과 『태종실록(太宗實錄)』을 편찬한 것이 모두 선생의 손에서 나왔으며, 관각(館閣)에서 짓는 표전(表箋)의 체제가 중국 사람을 감탄하게 할 정도였으니, 곧 이른바 국가를 빛낸 문장이었다.

『춘정집』 춘정선생속집 권4 부록 – 세종실록

○ 10년 4월 29일(신사(辛巳))

판우군부사(判右軍府事) 변계량(卞季良)이 기자묘(箕子廟)의 비문을 지어 올렸는데, 그 비문에 운운하였다.[원집에 보인다.]

(출처: 한국고전번역원)

『復齋集』(1446년)

鄭摠(1358~1397)

『복재집』은 고려 후기, 조선 초기의 문신 관료이자 학자였던 정총의 시가와 산문을 엮어 1446년에 간행한 시문집이다.

정총의 자는 만석(曼碩), 호는 복재(復齋)이다. 1376년(우왕 2) 문과에 장원급제하여 춘추관검열이 되었고, 이후 대호군, 병조판서, 이조판서, 정당문학이 되었다. 조선 개국 후 개국공신 1등에 책록되었고, 첨서중추원사로 서원군에 봉해졌다.

아들 정효충(鄭孝忠)이 1446년(세종 28)에 유고를 편집하여 목판으로 간행하였다. 이 초간본은 현재 간송(澗松)미술관에 소장되어 있다. 이후 정총의 동생인 정탁(鄭擢) 등이 정총의 글을 추가하여 1585년(선조 18) 원주에서 목판으로 간행하였다. 이 중간본은 현재 국내에 전하지 않으며, 일본 내각문고(內閣文庫)에 소장되어 있다. 한편 1607년(선조 40)에 8대손 정구(鄭逑)가 정포(鄭誧)의 『설곡집(雪谷集)』, 정추(鄭樞)의 『원재집(圓齋集)』과 합집하여 『서원세고(西原世稿)』로 간행하였다(서원세고본). 이 판본은 현재 계명대학교 중앙도서관에 소장되어 있다.

문집은 상하 2권 2책으로 되어 있다. 상권에는 시가, 하권에는 문이 실려 있다. 상권에는 150제 172수의 시가 실려 있다.

기자 관련 기술이 상권의 시 3편에 나온다. 〈18일에 대동강에 도착하다(十八

日到大同江)〉라는 시에서는 기자(箕子)가 실행했다는 8조의 법, 기자의 유풍, 단군(檀君) 등을 언급하였다. 〈평양 교수관 민 선생에게 보내다(送平壤教授官閔先生)〉라는 시에서는 기자가 남긴 순후한 풍속을 기술하였다. 〈기자묘(箕子墓)〉라는 시에서는 은(殷)나라 주왕(紂王)이 상아 젓가락을 사용한 것에 대해 기자가 탄식한 일을 언급하였다.

『복재집』 복재선생집 상(上) 시(詩) – 18일에 대동강에 도착하다 [2수(二首)]

강 언덕에서 내 말을 먹이며 풀을 깔고 앉아 시간을 보내는데
저 먼 들판은 손바닥처럼 평평하고, 낮은 산봉우리 멀어 눈썹과 같네.
성을 두른 강물은 출렁출렁 흐르고, 강 건너 언덕에는 나무만 무성한데
아득하도다! 8조의 교법이여, 누가 능히 다시 베풀 것인가.

낙랑(樂浪)의 이름을 들은 지 오래이니, 이제 와서 나의 근심을 떨쳐 보는구나.
산에 의지하여 성벽 늘어놓고, 강에 임하여 붉은 누각 세웠도다.
기자(箕子)의 유풍 남아 있고, 단군(檀君)은 아득한 지난 일이구나.
짹짹 새 우는 소리 울려 퍼지는데, 멀리서 오는 것이 용주(龍舟)임을 알겠네.

『복재집』 복재선생집 상(上) 시(詩) – 평양 교수관(教授官) 민 선생(閔先生)에게 보내다 [안인(安仁)의 자(字)는 자복(子復)이다.]

조정에서 유술(儒術)을 중히 여겨 상숙(庠塾, 학교)이 온 고을에 가득하고
거진(巨鎭)과 견성(絹城) 으뜸이니, 그 순후한 풍속은 기자(箕子)가 남긴 것이라네.
백성은 오히려 예양(禮讓)을 알고, 선비는 또한 시서(詩書)를 읽으니
마땅히 교수(教授)를 가려 뽑아야 함에 선생(先生)이 마침내 제수되었도다.

『복재집』 복재선생집 상(上) 시(詩) – 기자묘

견성(絹城) 서쪽 물가 최고봉에 무너진 옛 무덤 푸른 소나무만 어지럽네.

진심 어렸던 상저(象箸)의 충간(忠諫), 귀주(龜疇)는 그 음용(音容)을 만세에 떠올리게 하네.

예부터 세 어진이의 높은 자취 흠모하였건만, 지금 벼슬하는 그 누가 옛 자취 이을 것인가.

슬프구나! 제사 지낼 이 아무도 없고, 뫼 곁 좁은 길로 자줏빛 이끼만 돋아 있네.

(출처: 고려대학교 한국사연구소)

『容軒集』(1476년) 李原(1368~1429)

『용헌집』은 고려 말, 조선 전기의 문신 관리였던 이원이 쓴 시문집이다. 1476년에 4권 2책으로 편찬되었으며 1925년에 연보(年譜) 등이 추가되어 4권 2책으로 간행되었다.

이원의 자는 차산(次山), 호는 용헌(容軒)이다. 1382년(우왕 8) 성균진사과, 1385년(우왕 11) 문과에 급제했다. 이어 사복시승, 예조좌랑, 병조정랑 등을 역임했다.

문집은 이원의 사후에 손자 육(陸)과 외손 유윤겸(柳允謙)이 편집하고, 외손 윤호(尹壕)가 1476년(성종 7)에 편찬하였다. 이후 1925년 안동의 의병 권상규(權相圭)가 이원의 관자(官資)·제배(除拜) 기록 및 소(疏)·계(啓)·헌의(獻議) 등의 글을 뽑았고, 여기에 후손 이종박(李鍾博)이 실록 및 가승(家乘)을 바탕으로 연보(年譜)를 만들었으며, 이원의 시문 및 제가(諸家)가 지은 글을 합하여 4권 2책으로 만들어 간행하였다. 현재 국립중앙도서관, 연세대학교 중앙도서관에 소장되어 있다.

문집은 4권 2책으로 구성되어 있다. 권1~2는 시, 권3은 문장, 권4는 증유(贈

遺)·척록(摭錄)·부록(附錄)이다. 권4의 〈작별할 때 지어 준 시에 대한 서문(贈行詩序)〉에 기자조선에 관한 언급이 있다. 평양(平壤)은 기자(箕子)가 예전에 봉해진 곳이고, 기자는 팔조(八條)의 규범을 조선의 백성들에게 알려 주었다고 하였다.

『용헌집』 용헌선생문집 권4 증유(贈遺) – 작별할 때 지어 준 시에 대한 서문 [평양부윤으로 부임할 때이다.] [양촌(陽村) 선생]

평양(平壤)은 기자(箕子)가 예전에 봉해진 곳이다. 팔조(八條)의 가르침으로 백성이 예의를 알았고, 주몽씨(朱蒙氏, 고구려) 이후로 말을 타고 활 쏘는 것에 익숙해져 그 풍속이 드디어 변하였다. 비록 수(隋)나라와 당(唐)나라의 강성한 군대로도 항복시키지 못하였으니, 그 날래고 용맹하며 씩씩함은 짐작할 만하다. 왕씨(王氏)가 통일한 후에 대부(大府)로 삼아서 반드시 장상대신(將相大臣) 가운데 위망(威望)이 있는 사람을 선택하여 부윤(府尹)을 삼고 온 도의 군민(軍民)의 업무를 겸해 총괄하게 하였다. 국가(國家, 조선)에서 그대로 따라서 고치지 않아 그 부윤을 선택할 때에 더욱 신중하였다. 또한 "윤(尹)이 한 부(府)에만 있으면서 모든 고을을 순무(巡撫)하기를 좋아하지 아니하면, 어진 정치를 폄에 치우쳐서 모두에게 미치지 못할 것이니 따로 사(使)를 보내서 그 임무를 나누어야 한다"라는 의견이 있었다. 이에 윤은 한 부를 다스리고 사는 한 도를 다스리게 하였으나 세력을 다투고 예를 대등하게 하여 대체로 서로 사이가 좋지 못하였으므로 오래지 않아 다시 병합하였는데, 두 번이나 이와 같이 하였다.

영락(永樂) 2년(1404, 태종 4) 봄에 조정의 논의에서 또 나누어 맡기는 것이 좋겠다고 하여 임금에게 계문(啓聞)하기를, 조정의 신하 가운데서 신중하게 선택하여 먼저 남양(南陽) 홍공 서(洪公恕)를 도순문찰리사(都巡問察理使)로 삼고, 이어 철성(鐵城) 이공(李公)을 평양부윤(平壤府尹)으로 삼으라고 하였다. 두 공(公)은 모두 대대로 내려오면서 국가에 봉사한 신하의 후예로서 전하를 도와서 마음으로 협력하여 왕명을 보좌하였고, 함께 훈맹(勳盟)에 참여하였으니, 그 정의가 형제와 같다. 이들은 반드시 공경과 사랑이 서로 지극하고 가부(可否)를 서로 참작하며 힘을 합하고 마음을 같이하여 다 같이 그 다스림을 이룰 것이다. 부사의 어진 정치는 반드시 모든 고을에 미쳐서 치우치지 않고, 부윤의 정치는 한 부를 전담할 수 있어서 뒤섞이지 않을 것이며, 또 서로 예로써 대접하고 맞서지 않아서 아름다움이 있을 뿐 염려는 없는 것이 오늘부터 시작될 것이다. 이것이 국가가 나누어 맡기는 본의이니 두 공께서도 스스로 기약해야 할 것이다.

(출처: 한국고전번역원)

『格齋集』(1479년)

孫肇瑞(?~?)

『격재집』은 조선 전기의 문인 관리였던 손조서의 시문집으로, 1479년에 아들 손윤한(孫胤漢) 등이 간행하였다.

손조서의 자는 인보(引甫), 호는 면재(勉齋)·격재(格齋)이다. 1432년(세종 14) 사마시에 합격하여 생원이 되었고, 1435년(세종 17) 식년문과에 동진사(同進士)로 급제하였다. 그해 예문관검열, 병조정랑을 지냈다. 1456년(세조 2)에 단종의 복위를 꾀하던 성삼문(成三問) 등이 살해되자 벼슬을 버리고 고향에 은둔하였다.

문집은 1479년(성종 10)에 손조서의 아들인 손윤한이 손조서의 시문을 합하여 4책으로 간행하였다. 그러나 이 초간본은 병란을 겪으며 유실되었다. 그 뒤 후손 손상용(孫相龍) 등이 유실되고 남은 갱시 1권과 집에 보관하고 있던 시문을 수집하여 총 4권 1책으로 편집하여 1831년(순조 31)에 간행하였다. 이 중간본은 현재 장서각, 간송미술관, 규장각, 성균관대학교 중앙도서관 등에 소장되어 있다. 그 후 1936년 후손 손기채(孫基綵)가 중간 이후에 발견된 여러 글들을 모아 간행하였다. 이 삼간본은 현재 국립중앙도서관, 연세대학교 중앙도서관에 소장되어 있다.

중간본의 문집은 2권, 부록 2권으로, 도합 4권 1책으로 구성되어 있다. 본집 권1에는 시 25수가, 권2에는 시 260제와 〈무원녹발(無寃錄跋)〉 1편이 수록되어 있다. 부록 권1·2에는 증시(贈詩), 증서(贈序) 등의 글들이 수록되어 있다.

기자 관련 내용이 「격재선생문집서(格齋先生文集序)」에 나온다. 여기에서 은(殷)나라 시기에 주왕(紂王)이 망하였을 때 기자는 거짓으로 미친 척하며 노비가 되었다고 하면서 세 사람의 행동이 모두 달랐다고 하였다.

『격재집』 격재선생문집서 – 격재선생문집후서(格齋先生文集後序) [김굉(金㙆)]

선비와 군자가 불행하게도 근심과 어려움을 당하였을 때 의로움에 처하는 방식에는 같지 않음이 있다. 먼저 그 뜻이 어찌하는가를 봄에 미치어 그 자취를 잡아서도 결국은 그것에 대한 평가를 내릴 수 없다. 옛날 옛적에 은(殷)나라의 주왕(紂王)이 망하였다. 비간(比干)은 간하다가 죽었고, 미자는 제기를 끌어안고서는 떠나버렸으며, 기자는 거짓으로 미친 척하며 노비가 되었다. 공자께서 말씀하시기를, "은나라 안에는 인애로운 사람이 세 분이 있었다"라고 하였다. 대저 세 위인의 행동은 각각이 같지 않았다. 공자께서 아울러 그 인애로움을 허여함이 어찌 비록 그 하는 일이 다름에 처하였다고 말할 수 있겠는가! 모두가 지극히 가엾게 여겨 슬퍼하는 마음에서 나온 것이니, 각기 하늘의 이치이고 인간 정리의 지극함에 해당한다. … 혹 그 사이에 높고 낮음을 품평하자면, 미자와 기자는 비간에 미칠 바가 못 된다. 공자께서 아울러 그 인애로움을 허여하신 것 또한 공정함을 면할 수가 없으니, 어찌 가하겠는가!

(출처: 한국고전번역원)

『私淑齋集』(1483년)

姜希孟(1424~1483)

『사숙재집』은 조선 전기의 문신 관료이자 학자였던 강희맹의 시가와 산문을 엮은 시문집이다.

강희맹의 자는 경순(景醇), 호는 사숙재(私淑齋)·운송거사(雲松居士)·국오(菊塢)·만송강(萬松岡) 등이다. 1447년(세종 29)에 24세로 친시문과에 장원급제한 뒤, 예조좌랑, 돈녕판관, 예조정랑, 예조·형조·병조·이조의 판서, 우찬성, 좌찬성 등을 역임하였다. 주요 저서로는 『사숙재집』 외에 『금양잡록(衿陽雜錄)』과 『촌담해이(村談解頤)』 등이 전하고 있다.

문집은 성종의 명으로 1483년(성종 14)에 아들 강구손(姜龜孫)이 수집·편차하여 간행하였다. 이 초간본은 현재 17권 4책의 완본이 일본에 소장되어 있다고 한다. 1805년(순조 5)에 10대손 강주선(姜柱善) 등이 문중에 보관된 원고본을 모아서 12권 5책으로 편차하여 간행하였다. 이 중간본은 현재 국립중앙도서관, 연세대학교 중앙도서관, 장서각, 규장각 등에 소장되어 있다. 1938년에는 강대철(姜大喆)이 3권 2책으로 편차하여 신활자로 간행하였다. 모두 12권 5책으로 되어 있다.

기자의 홍범구주를 언급한 부분이 권2의 〈의주 판상에 차운하다(次義州板上韻)〉에 나온다. 특기할 내용은 없으나 당대 지식인의 기자 인식을 엿볼 수 있다.

『사숙재집』 권2 7언율시(七言律詩) – 의주(義州) 판상(板上)에 차운하다 [2수(二首)]

묻기를, 하늘이 웅관(雄關)을 베푼 지가 몇 해이더냐.
땅은 문호(門戶)를 담당하니, 익숙하게 손님을 맞이하네.
용맹스러운 백대(百隊)에는 구름같이 주둔한 군사요,
연기가 나는 천가(千家)엔 모여 먹고 사는 백성일세.
강(江)의 형세는 성(城)의 북쪽 기슭에 사랑스레 들어왔고,

산(山)의 형세는 바다 동쪽 물가에 치우쳐 모여 있네.
등림(登臨)하니, 화이(華夷)의 경계를 가리지 못하겠고,
만고(萬古)의 기자(箕子)의 홍범구주(洪範九疇)에는 스스로 신(神)이 있네.

[『동국여지승람(東國輿地勝覽)』에 수록되어 있다.]

(출처: 한국고전번역원)

『太虛亭集』(1486년)

崔恒(1409~1474)

『태허정집』은 조선 전기 문신 관리이자 학자였던 최항의 시가와 산문을 엮어 1486년에 간행한 시문집이다.

최항의 자는 정보(貞父), 호는 태허정(太虛亭) · 동량(幢梁)이다. 최항은 1434년(세종 16) 알성문과에 장원으로 급제하여 집현전부수찬이 되었다. 이후 부제학, 도승지, 대사헌, 형조판서, 공조판서, 우의정, 좌의정, 영의정을 역임하였다. 그는 유교적인 의례와 제도를 마련하기 위한 고제 연구와 각종 편찬 사업에서 주도적인 역할을 하였다. 주요 저서로 『태허정집』, 『관음현상기(觀音現相記)』가 있다.

아들 최영린(崔永潾)과 최영호(崔永灝) 형제가 유고를 수집하였으며, 처남 서거정(徐居正)이 그중 정수만을 모아 편집하여 1486년(성종 17)에 간행하였다. 이 초간본은 현재 전하지 않고, 다만 성현(成俔)의 『용재총화(慵齋叢話)』에 2책으로 기록되어 있다. 그 뒤 증손 최흥원(崔興源)이 서봉(徐封)에게 부탁하여 1569년(선조 2)에 3권 2책으로 간행하였다. 이 중간본도 현존하지 않으며, 김휴(金烋)의 『해동문헌총록(海東文獻總錄)』에 시 1권, 서(序)와 기(記) 1권, 발(跋) · 서(書) · 표(表) · 전(箋) · 소(疏) · 제문(祭文) · 찬(贊) · 비명(碑銘) 1권으로 기록되어 있다. 7대손 최온(崔蘊)이 다른 본과 비교하여 1625년(인조 3)에 다시 간행하였다(삼간본). 양난 이후 인본(印本) 1질을 구하여 최항의 8대손 최정현(崔鼎鉉)이 또 다른 최항의 글 2편을 찾아 '보유'라 이름하고, 1707년(숙종 33)에 3권 2책으로 중간하였다(사간

본). 사간본은 현재 서울대학교 규장각에 소장되어 있다. 그 뒤 16대손 최병하(崔炳夏)가 구본(舊印) 1질을 얻어 족보와 함께 간행하였다(오간본). 이 오간본은 4권 2책의 목활자본으로 현재 연세대학교 중앙도서관, 규장각 등에 소장되어 있다. 문집은 3권 2책으로 구성되어 있다.

기자를 언급한 부분이 권1과 권2에 나온다. 권1의 〈장녕황화집서(張寧皇華集序)〉에서 우리나라는 은(殷)나라의 태사(太師)가 봉함을 받은 이후로 예의를 돈독하게 숭상하여 습속과 문물이 감화되었다는 것과 기자묘(箕子墓)를 방문한다는 것을 기록하였다. 〈이 도를 받들고 이단을 배척하다(扶斯道闢異端)〉에서는 우리나라는 은(殷)나라의 태사(太師) 기자가 무왕(武王)에게 홍범(洪範)을 진술하여 이륜(彝倫)의 도와 황극(皇極)의 도가 1천 년 뒤에도 성대하게 유풍이 있게 되었다고 언급하였다. 권2의 〈황태자에게 사례하는 전(謝皇太子箋)〉에서는 기범(箕範)을 언급하였다.

『태허정집』 태허정문집 권1 서류(序類) – 장녕황화집서(張寧皇華集序)

우리나라가 비록 해표(海表)에 치우쳐 있으나, 은(殷)나라의 태사(太師)가 봉함을 받은 이후로 예의를 돈독하게 숭상하여 습속과 문물이 감화되어 중화를 사모하였다. 이 때문에 천자의 보살핌이 대대로 융성하여 일찍이 비소(鄙素)하게 여기지 아니하고 매양 밝은 조서를 반포할 때면 반드시 조정 안에서 어질고 재주 있는 자를 가려 보냈었다. 이번에 공이 온 것도 또한 반드시 이때에 제간(帝簡)을 받아서 공경히 덕의(德意)를 받든 것이니, 유거(乘輶, 칙사가 타는 수레)를 타고 옥책(玉策)을 잡으매, 사성(使星)의 광채가 석목(析木)에 높이 번쩍이어 윤음(綸音)을 만 리에 전파하고 여정(輿情)을 구중에 상달하였다. 그리하여 위와 아래가 교태(交泰)하고 먼 곳과 가까운 곳이 협화(叶和)하며, 바다 모퉁이에 해가 솟아 대대로 태평하고 영원히 우리 황조(皇朝)의 감싸 준 큰 은택을 끝이 없이 받도록 하였다.

진실로 호걸의 재주가 아니었다면 좋은 때에 융성한 대우를 받아서 출입의 명을 받아 분주하게 현로(賢勞)하겠으며, 한 사람을 이끌어 사방에 사신으로 보냄에 있어 만약 복서(卜筮)를 믿는 자라면 어찌 능히 그리하겠는가? 공이 이 나라에 왔을 때 스스로 왕사(王事)에는 한정이 있다고 하여 늘 생각하기를 미치지 못할까 여기면서도 오히려 또 도통을 중하게 여겨 기자묘(箕子墓)를 방문하고 덕화의 근원을 존중하여 공자묘를 배알하며 모든 동작을 오직 예에 맞게 행하였으므로 사람들 가운데 그를 접견한 자는 비단 그 문아(文雅)를 사모할 뿐만 아니라, 또한 그 개조(介操)를 시로 썼으니, 그의 덕행과 사업의 아름다움은 진실로 하나를 들어서 셋을 알 수가 있겠다. 특히 그의 문장은 고상하다고 할 만하다. 비록 그러하나 이 또한 근본이 있는 것이다.

『태허정집』 태허정문집 권1 책(策) – 이 도(道)를 받들고 이단(異端)을 배척하다

우리 동방은 주(周)나라가 봉한 은(殷)나라의 태사(太師) 이후로 불법(佛法)이 없었는데도 역년이 오래 지속된 것은 무슨 연유인가? … 우리 동방은 기자(箕子)로부터 그 뒤에 불법(佛法)이 있지 않았으나, 역년이 길었던 것은 어찌 다름이 있겠는가? 대개 기자가 무왕(武王)에게 홍범(洪範)을 진술하여 이륜(彝倫)의 도와 황극(皇極)의 도가 1천 년 뒤에도 성대하게 유풍이 있으니, 우리 동방의 다스림을 진실로 알 수가 있을 것이다.

『태허정집』 태허정문집 권2 표류(表類) – 황태자에게 사례하는 전(箋) [앞과 같다]

덕망이 높으신 황태자께서는 은밀히 황제의 계책을 도우시어 은혜가 구소(九霄)에 통달하여 바닷가의 변경까지 널리 미치게 하시니, 감명(感銘)을 어찌 그만두겠습니까? 몸이 가루가 되어도 갚기 어렵습니다. 삼가 생각하건대, 외람되게 잔약한 자질로서 멀리 떨어진 변방에 살면서 천 년에 한 번 있는 희운(熙運)을 다행스럽게 만나 두세 번씩 아름다운 상서를 보게 되었습니다. 하늘같은 휴명(休命)을 받들어 다만 사신을 보내 공물을 부지런히 바쳤을 뿐이니, 어찌 황제께서 하사하신 것이 특별히 상자에 있던 진귀한 것이리라 기대했겠습니까? 또 대단한 위험에 빠졌다 살아남은 생명을 돌려보내시어 제잠(鯷岑)에서 구업(舊業)을 보게 하시니, 어찌 미천한 신자(臣子) 자신의 경사스러움뿐이겠습니까? 또한 온 나라가 함께 기뻐하는 바이니, 은총을 베풀어 안무하심이 이와 같음은 옛날에도 드물었던 일입니다. 이것은 대개 성품이 영위(英偉)하시고, 원량(元良)의 덕이 드러나시어 소방(小邦)을 사랑하여 자손에게 편안함을 끼치는 계책을 본받으시고 먼 곳의 사람을 화목하게 순종하도록 하여 황제를 도와 잘 다스리기를 힘써서, 드디어 폐방(敝服)으로 하여금 특별히 큰 사람을 입게 한 때문입니다. 삼가 마땅히 중국의 테두리에서 노래를 다시 이어 부를 것이며, 항상 기범(箕範, 홍범구주(洪範九疇)의 오복(五福))의 축수를 펴겠습니다.

(출처: 세종대왕기념사업회)

『保閑齋集』(1487년)

申叔舟(1417~1475)

『보한재집』은 조선 전기의 문신 신숙주의 시문집이다.

신숙주의 본관은 고령(高靈), 자는 범옹(泛翁), 호는 희현당(希賢堂)·보한재(保閑齋)이다. 1439년(세종 21) 문과에 급제하였다. 1443년(세종 25) 일본에 통신사(通信使) 서장관(書狀官)으로 다녀오고, 같은 해 훈민정음(訓民正音) 선정(選定)에 참여하였다. 1446년(세종 28) 훈민정음을 완성하고 정인지(鄭麟趾)·박팽년(朴彭年) 등과 함께 『훈민정음』 해례본을 간행하였다. 1451년(문종 1) 명나라 사신 예겸(倪謙)과 사마순(司馬恂)이 당도하자 왕명으로 성삼문과 함께 시를 지어 보이니 동방거벽(東方巨擘)이라는 찬사를 받았다. 1452년(문종 2) 수양대군이 사은사(謝恩使)로 명나라에 갈 때 서장관으로 동행하였다. 이때 수양대군과 친분을 쌓았고, 같은 해 발생한 계유정난에 협력하여 공신에 책봉되었다. 이후 성종 대까지 관직 생활을 계속하였으며 영의정까지 올랐다. 국초의 각종 사서(史書), 의례서(儀禮書), 역서(譯書) 등의 편찬을 주도하였으며, 일본에 관한 인문지리서 『해동제국기(海東諸國記)』를 저술하기도 하였다.

신숙주의 아들 신정(申瀞)이 유고를 수습한 것을 성종의 명에 따라 손자 신종호(申從濩)가 교열하여 진상하였다. 이에 1487년(성종 18) 교서관에서 인행되었다. 하지만 초간본은 병란을 거치는 동안 산일(散逸)되어 현재 전하지 않는다. 이에 1645년(인조 23) 7대손 신속(申洬)이 초간본 완질을 구하고, 신숙주와 관련된 자료를 추가하여 목판으로 복각(覆刻), 17권 4책으로 간행하였다. 이후 1922년까지 총 네 차례 간행되었다. 총 17권 4책으로, 권1~12는 시(詩), 권13~17은 문(文)이다. 서거정(徐居正), 김종직(金宗直) 등의 서문(序文)과 이식(李植)의 발문(跋文)이 실려 있다.

문집에 기자가 몇 차례 언급되어 있다. 모두 기자를 노래한 것으로 특이한 점은 없다.

『보한재집』 제12 요해편(遼海編) – 판서(判書) 정인지(鄭麟趾)의 운자(韻字)를 차운하여 조사(詔使) 예겸(倪謙)과 사마순(司馬恂)에 바치다

바다 밖 석양 지는 외로운 성에
사신의 수레 잠시 멈추니 단비도 막 걷히는구나.
헤어질 날 손꼽아 보지만 며칠 되지 않으니
여관(旅館)에서 가슴속 번민만 가득 차네.
하릴없이 이별 후의 일을 상의하다가
잠시나마 객이 머무는 누각을 향해 기대어 보네.
아름다운 정원에 봄날은 지고 시간은 남지만
천 리 밖 구름이 눈에 들어오지 않는구나.(601쪽 1)

『보한재집』 제12 요해편(遼海編) – 범옹(泛翁) 신숙주(申叔舟)가 공조판서 정인지의 운자를 사용하여 시를 지어 보여 주자 즉석에서 화답하다 [예겸(倪謙)]

이름난 성을 수없이 지나다니다
안흥관(安興館)에 잠시 머무르니 저녁노을 지네.
봄바람 애석하게도 꽃 소식 전해 주진 않았지만
살수(薩水)가 흔쾌히 객의 근심 풀어 주는구나.
벽수(碧樹)에서 기자묘(箕子廟)를 돌아보니
청산(青山)에서 중선루(仲宣樓)를 마주하는 듯하네.
내일이면 압록강에서 이별할 것이니
술잔 내밀어 아픔을 달래지 않겠는가?(601쪽 1)

『보한재집』 제12 요해편(遼海編) – 시강(侍講) 예겸(倪謙) 선생의 귀국을 송별하는 시집의 서문(序文)

우리 동방은 기자(箕子)가 봉토를 수여받은 뒤로 예악(禮樂)과 문물(文物)에 대해 일찍부터 중하(中夏)를 숭모하였다. 태조(太祖) 고황제(高皇帝)가 등극하심에 우리 강헌왕(康獻王, 태조 이성계)이 명을 받들어 번신(藩臣)이 되어 대대로 충성을 다하고 여러 임금들이 이어 갔으니 더한 은총을 내려 주었다.(601쪽 2)

『四佳集』(1488년)

徐居正(1420~1488)

『사가집』은 조선 전기의 문신 관료이자 학자였던 서거정의 시가와 산문을 엮어 1488년에 간행한 시문집이다.

서거정의 자는 강중(剛中), 호(號)는 사가정(四佳亭)이다. 권근(權近)의 외손자이다. 19세 때인 1438년(세종 20) 생원시(生員試)와 진사시(進士試)에 모두 합격했으며, 1444년(세종 26)에는 식년(式年)문과에서 을과(乙科) 3등으로 급제하면서

관직 생활을 시작하였다. 1457년(세조 3) 문신정시에 장원급제한 이후로 45년간 세종, 문종, 단종, 세조, 예종, 성종의 여섯 임금 동안 조정을 떠나지 않았다. 문장과 글씨에 능해 수많은 편찬 사업에 참여했다. 주요 저술로는 『역대연표(歷代年表)』, 『동인시화(東人詩話)』, 『필원잡기(筆苑雜記)』, 『태평한화골계전(太平閑話滑稽傳)』, 『사가집』 등이 있다.

현재 전하는 『사가집』은 네 종류가 있다. 첫째는 갑진자본으로, 서거정이 죽기 몇 개월 전인 1488년(성종 19)에 예각(藝閣)에서 펴냈다. 현재는 40~42권의 1책만 남아 있지만, 기록에 따르면 70여 권이었던 것으로 추정된다. 둘째는 1705년(숙종 31) 후손 서문유(徐文裕)가 목판본으로 간행한 것이다. 현재 국립도서관 소장본 60권 26책과 규장각 소장본 63권 15책이 있다. 셋째는 목활자본으로 1929년 서광전(徐光前)이 발행했다. 이전의 목판본이 간행된 이래 서거정의 글을 다시 모아 15권 7책으로 만들었다. 국립도서관 소장본과 동국대학교 도서관 퇴경문고본이 있다. 넷째는 1980년 오성사에서 펴낸 영인본 『서사가전집』이다. 숙종 때의 목판본을 저본(底本)으로, 갑진자본과 목활자본을 보충본으로 삼았다.

『사가집』은 63권 26책으로 구성되어 있다. 시집은 원래 52권이었으나, 권6·11, 권15~19, 권23~27, 권32~43, 권47~49 등 27권이 없어졌고, 나머지 25권만 수록하였다.

고조선 관련 기록은 여러 권에 걸쳐 산견(散見)된다. 사가시집 권1에서는 기자가 주나라에 신하 노릇을 하지 않은 것, 기자가 홍범(洪範)을 진술한 것, 팔조교(八條敎)와 기자사(箕子祠)를 언급하였다. 권7에서는 기자가 홍범을 진술한 것과 기자사(箕子祠)를 언급하였다. 권21에서는 기자조선의 풍속에 대해 언급하였다. 권50에서는 평양에 대해 언급하였다. 사가시집보유 권2에서는 단군, 기자의 봉함, 홍범, 팔조교, 정전제(井田制), 기자묘 등을 언급하였다. 사가문집의 권4에서는 단군과 기자조선의 개국, 홍범구주(洪範九疇), 팔조법금, 위만(衛滿), 기준(箕準), 한사군(漢四郡), 이부(二府) 등을 언급하였다. 사가문집 권5에서는 단군, 기자의 봉지(封地)를 언급하였다. 〈『역대연표(歷代年表)』 서〉에서는 우리나라는 단군(檀君) 무진년(B.C 2333)부터 1478년까지 다루어 모두 3,800몇 년이라고 언급하였다. 사가문집보유 권2에서는 단군조선과 기자조선의 개국, 홍범구주, 팔조교, 위만조선의 개국, 한사군의 설치 등을 언급하였다.

『사가집』 사가시집 권1 부류(賦類) – 기 호부(祁戸部)의 태평관등루부(太平館登樓賦)에 차운(次韻)하다

옛날에는 시(詩)에 화(和)만 있고 차운(次韻)은 없었으니, 차운은 후세(後世)에 생긴 것이다. 그러나 사부(詞賦)의 경우는 전배(前輩) 중에 일찍이 차운한 이가 없었다. 그것은 대체로 사부는 운(韻)을 반드시 많이 달게 되는데, 운이 많다 보면 강운(强韻)이 나오게 되고, 강운이 나오면 재주가 막히게 되며, 재주가 막히면 문장력을 제대로 발휘하지 못하여 억지로 끌어대거나 얽매이고 막히는 병통이 있게 되기 때문이니, 그래서 옛 작자(作者)들이 이것을 피하여 하지 않았던 것이다. 지금 선생(先生)께서 알기자사부(謁箕子祠賦), 강지수사(江之水辭), 등태평관루부(登太平館樓賦)를 지었는데, 거정(居正)은 자기 문장의 비졸(鄙拙)함을 헤아리지 않고 매양 그 운을 차하였으니, 이는 실로 전배의 죄인(罪人)이요 선생이 취하지 않는 바이다. (602쪽 1)

『사가집』 사가시집 권1 부류(賦類) – 기 호부(祁戸部)의 알기자사부(謁箕子祠賦)에 차운하다

주나라가 바야흐로 일어남이여
은나라는 멸망하기에 이르렀도다.
어여쁜 아내에게 미혹됨이여
거교(鉅橋)의 곡식이 케케묵었도다.
아 부자께서는 때를 잘못 만났음이여
주의 악이 그 재앙이 되었도다.
어찌 그리 애써 충성을 다했던가만

임금은 전혀 귀담아듣지를 않았네.
비간은 간하다가 죽었음이여
어찌 그리도 시운이 불행했던고.
미자는 나라를 떠났음이여
유독 부사와 소사에게 자세히 고하였도다.
아 숨어서 스스로 보존했음이여
부자가 어찌 여기에 더 선처하질 못했던가.
아 큰 집이 이미 기울었음이여
어찌 약한 재목으로 떠받칠 수 있으리오.
고질병이 이미 깊어졌음이여
훌륭한 의원이 있은들 또 어디에 쓰랴.
나라가 무너지는 게 눈앞에 닥쳤음이여
짐독(鴆毒)을 사탕처럼 달게 여길 수밖에.
종묘 제사 잇지 못함을 걱정했음이여
내가 다시 여기를 버리고 어디로 가랴.
이에 주나라에 신하 노릇을 하지 않고
홀로 그 임금을 우리 임금이라 했지만
홍범을 진술해 군민에게 은택 입혔음이여
어찌 자기 일신만 착하려고 하였던가.
의리가 종사의 보존을 도모할 만했거니
어찌 차마 그 종이 안 될 수 있었으랴.
비록 토지를 나누어 봉해 주긴 했지만
어찌 조국을 위해 한번 탄식하지 않으리오.
말끔히 정제된 평양 고을이
엄연한 그 도읍이었으니
내가 나의 봉지를 받아서

내 동녘으로 돌아와서는
팔조로 백성을 가르쳤음이여
나라를 다스림에 무슨 어려움이 있었으랴.
백성들이 지금까지 그 은택을 입음이여
남긴 풍도가 완연히 엊그제와 같도다.
집집마다 예양하여 풍속이 화락했으니
농사지어 밥 먹고 우물 파서 물 마셨네.
저 세 어진 이의 거취를 상고할진대
어느 게 무겁고 가벼우며 후하고 박하랴.
사람마다 스스로 편안하여 뜻을 바쳤어라
경우에 따라 편안함이 이와 같았도다.
부자의 남긴 사당을 바라보노라니
천재의 원대한 생각을 일으키누나.
행여 부자가 우리 동방에 계시지 않았던들
공자가 어찌 구이에서 산다고 하셨으랴.
그 뜻을 순히 하고 인에 함께 돌아갔음이여
나는 이태백의 비문을 굳게 믿노라.
아 선생께서 부를 지었음이여
내 장차 황견유부의 말을 구하련다. (602쪽 2, 603쪽 3)

『사가집』 사가시집 권3 시류(詩類) – 기자사(箕子祠)

한탄스러워라 은왕의 아드님이
쓸쓸히 홀로 이 사당에 계시다니.
서주에 홍범을 진술한 이후요
동국의 백성을 교화하던 때로다.
여자는 춘추로 삼가 봉행하는데

비문은 해와 달처럼 드리웠도다.
내 본디 강개한 생각이 많았기에
정성껏 향기로운 술잔을 올리노라. (603쪽 4~5)

『사가집』 사가시집 권21 시류(詩類) – 문화(文化) 이 사군(李使君)[문흥(文興)]을 보내다

해치관(獬豸冠)을 우뚝하게 쓰는 날이요
소 잡는 칼날을 시험하는 때로다.
현가(絃歌)는 응당 효험이 있으려니와
금학(琴鶴)은 절로 함께 몸을 따르겠지.
구월산 앞길에서
육 년 전 이별이 생각나네.
공무 보고 틈나는 날이 많으리니
날 위해 단사(檀祠)에 술잔도 올려 주소.

『사가집』 사가시집 권45 시류(詩類) – 평안도(平安道) 이 관찰사(李觀察使)를 보내다 [3수(三首)]

부속(部屬) 순시 땐 절로 절월이 응당 빛날 게고
봄날 순행엔 또한 수레 휘장이 드러나겠지.
기주(箕疇)의 옛 풍속은 그대로 남아 있겠지만
소백(召伯)이 남긴 풍도는 이번 길에 입혀지겠네.
퍽도 좋아라 저리도 번화한 고도에 가면
두 직함 두 인장이 이목을 놀라게 할 걸세.

『사가집』 사가시집 권50 시류(詩類) – 관서 선위(關西宣慰)로 나가는 권 참판(權參判)[건(健)]을 보내면서 장난삼아 주다 [2수(二首)]

지세 뛰어난 서도는 옛 기자의 나라인데

그대가 지금 가서 대동강을 건너겠네그려.
오늘의 사신 중에는 그 누가 제일이랴만
소년 시절의 풍채 또한 본래 둘도 없었지.
이팔청춘 미인 낭자엔 금비녀가 반짝이고
십천(十千)의 아름다운 술은 옥항아리 가득한데.
재주 높은 두로는 응당 한껏 호방하여
반쯤 취해 시 쓰거든 붓이 장대 같으리.

『사가집』 사가시집보유 권2 시류(詩類) – 〈알기자묘(謁箕子廟)〉에 차운하다

백어(白魚)가 나오던 날 주왕에겐 상서였거니와
은나라는 아득히 사직이 이미 망해 버렸네.
홍범의 떳떳한 법을 일월처럼 밝혀 놓으니
조선의 모토(茅土)에 금성탕지가 있게 되었구려.
팔조(八條)의 훌륭한 풍속은 단군 이후 처음이요
구 척의 남긴 분묘는 대동강의 남쪽이로다.
붉은 여지 노란 바나나로 천년 향사 이어라
공연히 지나는 길손의 마음을 슬프게 하네.

『사가집』 사가시집보유 권2 시류(詩類) – 『황화집(皇華集)』에 실려 있는 시

어제 〈봉산부(鳳山賦)〉를 지어서 보여 주었다. 옛날에 좌사(左思)는 부(賦)를 지을 때 문정(門庭)과 담장과 울타리와 뒷간에 모두 지필(紙筆)을 두고 10년 만에야 이루었다는데, 지금 선생은 잠깐 말안장에 기대어 100운(韻)을 다 이루었으니, 좌사의 솜씨보다 훨씬 뛰어난 것이다. 생각하건대, 내가 그 어떤 사람이기에 억지로 서시(西施)의 찡그린 표정을 흉내 낸단 말인가. 그러나 후하신 정의를 저버릴 수 없어 다시 〈봉산환취루시(鳳山環翠樓詩)〉에 차운하여 요체(拗體)를 사용해서 기록하여 받들어 올려서 한 번 웃어 주기를 바라는 바이다.

기자사(箕子祠)의 비석은 거친 이끼로 뒤덮였는데
대동성(大東城) 위엔 봄 구름이 짙게 피어올랐네.
황주의 대 열매는 봉황의 깃듦을 보겠고
환취루 솔바람은 노룡의 울음소리 같아라.
창해는 서쪽으로 그 몇 천 리나 광활한지
자비령은 북으로 삼만 겹이나 되고말고.
용천관 검수참이 이게 바로 그 어드메뇨
반 장대쯤 석양이 수많은 산을 시름케 하네.

『사가집』 사가시집보유 권2 시류(詩類) - 정사(正使)의 〈조선잡영(朝鮮雜詠) 10수〉에 차운하다

단군은 서거한 지 이미 오래거니와
기자가 남긴 풍속은 맑기도 해라.
민속이 순박해 다 봉해 줄 만했고
정전제 사용해 조세도 가벼웠네.
동명왕은 천제의 후손으로
능히 부국강병을 이루었건만
잔약한 후손이 도리를 잃어
전쟁을 수없이 벌이더니
끝내는 당당한 이 장군이
승첩하여 큰 명성을 이루었네.
왕씨는 서경에 도읍을 정하여
성첩이 중천에 가로질러 있고
우리 조선은 동쪽 번방이 되어
금성탕지가 웅장하기도 하여라.

『사가집』 사가시집보유 권2 시류(詩類) – 황주 근체시(黃州近體詩) 10율. 가르침을 받고 받들어 수답하다

단군은 원래 주나라와 통하지 않았지만
기자가 처음 봉해져서 동방에 들어왔으니
오묘(五畝)의 땅과 뽕은 주나라 제도를 행했고
팔조의 치화는 우왕의 구주를 시행하였네.
영걸들이 일찍이 삼국으로 나뉘어 싸우다
계압(鷄鴨)의 신공으로 또 한 영웅이 탄생했었지.
다행으로 여기는 건 조선이 성대를 만나
백 년 동안의 문물이 태평 중에 있음일세.

『사가집』 사가시집보유 권2 시류(詩類) – 정사의 〈중과대동강(重過大同江)〉에 차운하다

대동강을 내가 지금 몇 번이나 지나는고
고도의 흥망성쇠에 눈물이 줄줄 흐르네.
하 오랜 세월이 지나 강산도 변했거니와
경물과 별자리 바뀌어라 많은 세월 흘렀네.
지나는 나그네는 매양 기자묘를 바라보고
길 가는 사람은 멀리 발로하(發盧河)를 가리키네.
수당의 일은 아득히 다 묵은 자취이거니
누각에 올라 강개히 노래할 것 없고말고.

천상(天上)의 성관(星官)이 멀리 바닷가에 이르러
우로 같은 은택을 다시 흠뻑 입게 되었네.
햇빛은 주렴에 올라 꽃 그림자 옮겨 가고
봄은 누대를 에워싸 버들 빛이 파랗구려.
꽃향기 가득해라 계절 경치는 놀랍고

송별에 상심되어라 관하는 서로 막히었네.
술이 거나하자 옆 사람이 웃거나 말거나
다시 일어나서 칼춤을 추며 노래하노라.

『사가집』 사가시집보유 권2 시류(詩類) – 정사의 〈기제기자묘(寄題箕子廟)〉에 차운하다

나라의 흥망성쇠가 한 몸에 달렸는지라
옥배가 끝내 상나라를 망쳤음을 어찌할꼬.
가련하여라 고하는 말로 마음 피력한 곳에
역력히 참다운 충성을 이미 드러내었네.

큰 집은 원래 약목으로 지탱키 어렵나니
삼인의 심사가 참으로 슬퍼할 만하였네.
동한에서 초려 갖춰 천추에 제사 올려라
적적한 은나라 옛터엔 풀만 무성하구나.

충성된 말 한마디로 일부에게 거슬렀으니
거문고 타던 깊은 분노가 그 어떠했겠는가.
홍범구주를 한번 주왕에게 줌으로 인하여
성왕들이 서로 전할 글이 절로 있게 되었네.

단군조선 이후로 우리 동토에 봉해져서
예악과 시서를 닦아 문채가 찬란하여라.
만고에 조선 백성이 큰 은덕 입었으니
외로운 분묘에 한 잔 술 다시 드리노라.

『사가집』 사가문집 권4 서(序) – 『삼국사절요(三國史節要)』 서문

우리나라는, 단군(檀君)이 나라를 세운 일은 아득하여 알 수가 없고, 기자(箕子)가 주나라로부터 책봉을 받아서는 팔조법금(八條法禁)으로 교화하여 존신(存神)의 오묘함이 있었습니다. 당시에 필시 역사를 담당하는 관리가 있어서 언행을 기록했을 터인데 지금 남아 있는 것이 없으니, 참으로 한탄스러울 뿐입니다. 위만(衛滿)이 나라를 탈취하고 기준(箕準)이 망명하자, 한(漢)나라가 사군(四郡)과 이부(二府)를 설치하니, 나라의 형세가 중간에 단절되었습니다. 삼한(三韓)이 중간에 일어나기는 하였으나, 군신상하의 분별이 없었으니 어찌 전할 만한 역사서가 있었겠습니까.

신라의 시조 혁거세(赫居世)가 맨 처음 일어났고 그 20년 뒤에 고구려의 시조 주몽(朱蒙)이 나라를 세웠으며 또 20년이 지나서 백제의 시조 온조(溫祚)가 나라를 세워 각각 백성과 사직을 두니, 솥발 같은 형세가 이루어졌습니다. 비록 그 세 나라가 선린(善隣)의 도리에 어두워 전쟁이 날마다 계속되고 백성이 도탄에 빠졌으나, 신라는 세 성씨가 서로 왕위를 전하면서 인후(仁厚)한 정치를 하여 누린 햇수가 거의 1천 년이 되었으며, 고구려는 요동(遼東)에 웅거했는데 나라가 부유하고 군대가 강성하여 모용(慕容)에 대적하고 제(齊)나라와 양(梁)나라를 막았으며 수(隨)나라와 당(唐)나라의 백만 대군에 대항하여 천하가 그 강성함을 일컬었고 누린 역사 또한 600년이 넘었습니다. 백제는 오로지 속임수와 무력을 숭상하여 전쟁을 좋아하고 재앙을 즐겼으므로 비록 앞의 두 나라에 미치지는 못하지만 그래도 500년이 넘도록 왕대를 누렸습니다.

『사가집』 사가문집 권4 서(序) – 일본국(日本國) 경극전(京極殿)의 강남 장주(江南藏主)를 전송할 때 지은 시의 서문

우리 조선은 요임금과 같은 시기에 나라를 세웠다. 대대로 중국과 통하였으나 중국이 우리나라를 신하로 삼지 못했으며, 주(周)나라 무왕(武王)이 은 태사(殷太師)를 조선에 봉하고도 또한 신하로 삼지 못했다. 인후한 풍속과 예악과 문물이 백대토록 그대로 남아 있었다. 그 뒤 신라, 백제, 고구려 세 나라가 정립하여 서로 자웅을 겨루었는데, 일본과는 교제를 통할 때도 있었고 단절할 때도 있었다. 고려 말에 문무의 기강이 해이해지자 섬나라 오랑캐가 침략하기도 했으나, 우리 두 나라의 우호는 폐기된 적이 없었다. 삼가 생각건대 우리 태조께서 위엄과 덕화를 멀리까지 펴시어 변경이 오래도록 평온하였고, 열성이 서로 계승하여 내려와 우리 전하에 이르러서는 더욱 돈독하게 품어 주시어 만 리 먼 변경까지 한집안처럼 되었다.

『사가집』 사가문집 권4 서(序) - 『황화집(皇華集)』 서문

그 시는 바로 〈사모〉와 〈황황자화〉의 유풍이 있으니, 이것이 어찌 명나라 예악의 반열에 들지 않을 수 있겠는가. 두 분 선생이 귀국하여 이 시들을 천자에게 바쳐 가락을 붙여 연주하고 노래하여 저 주나라 아의 정통을 잇는다면, 우리나라가 비록 작지만 옛 기자(箕子)의 존신(存神)의 오묘함이 남아 있으니, 그 채록한 시들이 또한 필시 회풍(檜風)이나 조풍(曹風)에 뒤지지 않을 것이다. 또한 이것을 인하여, 먼 지역의 사람을 비천하게 여기지 않는 성천자의 큰 도량과 하늘을 경외하고 대국을 잘 섬기는 우리 전하의 지극한 정성, 그리고 두 분 선생께서 사신으로서의 체통을 잘 지킨 것과 우리 동한(東韓)이 풍화(風化)에 깊이 젖어 든 것들이 또한 모두 음악에 올려져서 쟁쟁하게 무궁토록 발양될 것이다. 그리하여 대아(大雅)가 오늘날에 복구된 것을 볼 수 있을 것이니, 이 얼마나 큰 행운인가.

병신년(1476, 성종 7).

『사가집』 사가문집 권4 서(序) - 『동문선(東文選)』 서문

하늘과 땅이 처음 나누어지자 문장이 이에 생겨났으니, 해와 달과 별들이 위에 총총하게 늘어서 하늘의 문장이 되었고, 산악과 바다와 강이 아래에서 흐르고 솟아 땅의 문장이 되었다. 성인이 괘(卦)를 긋고 글자를 만드니 사람의 문장[人文]이 차츰 펴지게 되었다. 정일중극(精一中極)은 문장의 체(體)이고, 시서예악은 문장의 용(用)이다. 그러므로 시대마다 서로 다른 문장이 있고 문장마다 서로 다른 문체가 있다. 전모(典謨)를 읽으면 당우(唐虞)시대의 문장을 알고, 훈고(訓誥)와 서명(誓命)을 읽으면 삼대(三

代)의 문장을 안다. 진(秦)나라에서 한(漢)나라로, 한나라에서 위진(魏晉)시대로, 위진시대에서 수당(隋唐)시대로, 수당시대에서 송원(宋元)시대로 내려오면서 그 시대를 논하고 그 문장을 상고해 보면, 『문선(文選)』, 『문수(文粹)』, 『문감(文鑑)』, 『문류(文類)』 등의 책으로써 또한 후세 문운(文運)의 높낮이를 대략 논할 수 있다.

근세에 문장을 논하는 자가, 송나라의 문장은 당나라의 문장이 아니고 당나라의 문장은 한나라의 문장이 아니고 한나라의 문장은 춘추전국시대의 문장이 아니고 춘추전국시대의 문장은 삼대와 당우시대의 문장이 아니라고 하였는데, 이는 참으로 식견이 있는 말이다. 우리 동방은 단군이 건국한 시대의 일은 아득하여 알 수가 없고, 기자(箕子)는 홍범구주(洪範九疇)를 천양하고 팔조법금(八條法禁)을 펼쳤으니 그 당시에는 필시 숭상할 만한 문치(文治)가 있었을 것인데, 문적이 남아 있지 않다.

『사가집』 사가문집 권4 서(序) – 『역어지남(譯語指南)』 서문

사람이 천지 사이에 태어나면 형기(形氣) 안에 들어 있게 된다. 이미 형기가 있으면 곧 성음(聲音)이 있다. 그러나 사해(四海)와 팔황(八荒)의 아득히 먼 곳은 풍기(風氣)가 같지 않기 때문에 어음(語音) 또한 다르다. 우리 동방은 은 태사(殷太師)가 봉해진 이래로 예악과 문헌이 중국에 비길 만하였다. 다만 어음이 풍기에 국한되지 않을 수 없었으니, 이것이 한탄스러울 따름이다.

『사가집』 사가문집 권5 서(序) – 상주(尙州) 박 판관(朴判官)을 전송하는 시의 서

영남의 여러 고을 중에 경주(慶州)가 크고 상주가 그다음인데, 상주는 한 도(道)의 요충지에 위치하여 일이 가장 많고 중하다. 이곳의 관원으로는 목사(牧使)가 있고 판관이 있는데, 판관은 목사의 부관(副官)으로 업무가 더욱 번거롭고 잡다하다. 따라서 얽히고설킨 일을 능란하게 처리하는 재능을 지닌 자가 아니면 직분에 걸맞기가 쉽지 않다. … 박후는 일찍부터 큰 뜻을 품은 데다 경사(經史)에 통달하고, 시무(時務)를 잘 알아 크게 재능을 펼치고자 하였으나 연달아 과장(科場)에서 뜻을 얻지 못하고, 다른 길로 벼슬을 시작하여 이직(吏職)에 제수되었다. 가는 곳마다 명성이 자자하여 비록 같은 반열의 동료들이 그의 능력을 인정하고 집정관(執政官)이 그의 현능함을 아끼기는 하였으나 또한 스스로 몸을 빼서 나오지 않고 그럭저럭 낮은 관직에 머문 세월이 몇 년이었다.

그러나 문서나 처리하는 구실아치의 일에는 마음을 두지 않고 날마다 문묵(文墨)을 일삼았다. 일찍이 〈세기도(世紀圖)〉를 지었는데, 중국은 복희(伏羲)부터 명(明)나라까지를 다루었고, 동국(東國)은 단군부터 우리 성조(聖朝)까지를 아울렀다. 그 사이의 규모와 조치가 지극히 상세하고 치밀하여 사가(史家)들이 미처 생각하지 못한 훌륭한 법도가 있었다. 예종대왕(睿宗大王)이 친히 열람하고 특출하게 여겨 크게 기용하고자 하였으나 또다시 성사되지 못하고 말았으니, 이 어찌 천운이 아니겠는가.

『사가집』 사가문집 권5 서(序) – 하정사(賀正使)로 떠나는 권 화천(權花川)을 보내는 시의 서

우리 동방은 은 태사(殷太師)가 조선을 봉지(封地)로 받은 이래 예속(禮俗)의 아름다움이 중국에 알려졌으나 신라, 고구려, 백제의 삼국이 솥발처럼 서로 대치하고 있었던 8, 9백 년 동안은 천하가 분열되고 남조(南朝)와 북조(北朝)가 정권을 달리하였으므로 도로는 통했다 막혔다 하였고 조공은 바치다 말다 하였다. 그러다가 고려조에 이르러 송(宋)나라를 섬겼으나 요금(遼金)과 원호(元胡)가 번갈아 흥성하였으므로 역시나 순수하게 송나라만을 섬기지는 못하였다.

공경히 생각건대, 태조 고황제(高皇帝)가 천하를 평정하니, 우리 강헌대왕(康獻大王)이 고려를 대신하여 나라를 세우고 가장 먼저 귀순하였다. 이에 특별히 조선(朝鮮)이라는 국호를 하사하였다.

『사가집』 사가문집 권5 서(序) – 『역대연표(歷代年表)』 서

내가 일찍이 역사를 읽다가 서적이 너무 많아 섭렵하기 어려운 점을 병통으로 여겼다. 이에 육십갑자(六十甲子)를 써서 연도마다 사적을 기록하였는데, 육십갑자가 순환하여 끝이 없는 것이고 보면 사적을 기록하는 것도 이와 더불어 끝이 없을 것이다. 이에 중국과 동국(東國)을 상하로 나누어 중국은 제곡(帝嚳) 41년 갑자년부터 명나라 성화(成化) 14년 무술년(1478)까지 다루어 모두 3,800몇 년이고, 동국은 단군(檀君) 무진년(B.C 2333)부터 우리 전하 9년 무술년(1478)까지 다루어 모두 3,800몇 년이다. 간간이 정치의 요체에 관계된 것은 그 대요(大要)를 뽑아 육십갑자 아래에 기재한 다음 정리하여 5권으로 만들고 이름을 『역대연표』라고 하였다.

어떤 나그네가 들렀다가 이것을 보고 말하기를,

"지금 그대의 『연표』는 무엇을 본으로 삼았는가?"

하기에, 말하기를,

"사마천(司馬遷)의 『연표』를 본으로 삼았다"

하니, 객이 말하기를,

"사마천은 세표(世表)를 두고 월표(月表)를 두었는데, 지금 이 『연표』에는 유독 세표와 월표가 없으니, 어째서인가?"

하므로, 말하기를,

"세표는 삼대(三代)에 그치고, 월표는 진(秦)나라와 초(楚)나라에 그쳤다. 지금 이 책은 수천백 년의 사적을 포괄하고 있으니, 어찌 세(世)와 월(月)까지 모두 기록할 수 있겠는가. 하물며 제왕의 역년(歷年)을 기재하면 세(世)는 그 가운데에 있고, 해[年]를 거론하면 달[月]은 그 가운데에 있는 데이겠는가"

하였다. 객이 말하기를,

"육십갑자를 써서 사적을 기록한 것은 또한 본으로 삼은 바가 있는가?"

하기에, 말하기를,

"『춘추(春秋)』와 『통감(通鑑)』이 임금이 즉위한 해를 원년으로 기록하였고 보면 육십갑자는 그 가운데에 포함되고, 지금 이 『연표』가 육십갑자를 써서 사적을 기록하였고 보면 연월(年月)은 그 아래에 매여 있는 꼴이니, 비록 서로 빈주(賓主)의 차이는 있으나 사실은 같은 것이다"

하였다. 객이 말하기를,

"기사체(紀事體)의 시작은 『서경』이고, 『서경』은 당요(唐堯)에서 시작되는데, 지금 제곡(帝嚳)에서 시작한 것은 어째서인가?"

하기에, 말하기를,

"연표는 육십갑자를 위주로 한다. 제곡 41년이 마침 상원갑자(上元甲子)의 갑자년인데, 갑자년은 육십갑자의 첫머리이다. 게다가 제곡 64년에 요(堯)임금이 태어나고 제지(帝摯) 8년에 요임금이 당(唐)에 봉해졌는데, 요임금의 사적을 기록하자면 태어난 해와 봉해진 해를 기록하지 않을 수 없으니, 사실은 요임금에서 시작한 것이다"

하였다. 객이 말하기를,

"『고기(古紀)』에 이르기를, '단군과 요임금이 나란히 무진년에 즉위하였다' 하였는데, 지금 요임금은 갑진년에 즉위하고 단군은 무진년에 즉위한 것으로 기재한 것은 어째서인가?"

하기에, 말하기를,

"요임금의 즉위를 무진년이라고 하는 것은 위서(緯書)의 주장이다. 이 때문에 취하지 않았을 뿐이다"

하였다. 객이 말하기를,

"무릇 역사를 편수하는 것은 한 번 기록하고 한 번 삭제하는 것을 모두 구차하게 해서는 안 된다. 그런데 지금 이 『연표』는 역대의 사적을 기록한 것이 대다수 그대의 손에서 나왔다. 어째서인가?"

하기에, 나는 불안한 마음으로 깜짝 놀라 말하기를,

"아, 이 무슨 말인가? 불초한 내가 어찌 감히 성인이 하는 필삭(筆削)의 권능을 전단하여 참람하게 하겠는가"

하니, 객이 말하기를,

"그렇다면 어째서인가?"

하므로, 말하기를,

"삼대(三代) 이상에 대해서는 『서경』과 『춘추』를 사용하고, 주(周)나라가 삼진(三晉)을 제후로 봉한 이후에 대해서는 주자(朱子)의 『자치통감강목(資治通鑑綱目)』을 사용하고, 송(宋)나라 이하에 대해서는 진경(陳桱)의 『통감속편(通鑑續編)』을 사용하였으며, 우리 동방의 경우 삼국 이전에 대해서는 여러 사책(史册)에서 골고루 채택하되 간략하게 기록하였다. 삼국에 대해서는 『삼국사(三國史)』를 사용하고, 고려에 대해서는 『고려사(高麗史)』를 사용하였으니, 모두 전술(傳述)한 것이고 창작하지는 않았다"

하였다. 객이 말하기를,

"『춘추』는 성인의 경전이다. 후세의 사람이 능히 증감할 수 있는 것이 아닌데, 지금 다 기록하지 않은 것은 어째서인가?"

하기에, 말하기를,

"열국의 제후들이 회맹(會盟)하고 붕장(崩葬)한 기록은 그 횟수가 너무 많고 자잘해서 다 기록할 수가 없었고, 게다가 정치의 요체에 절실하지도 않다. 그렇기 때문에 생략하고, 주(周)나라와 노(魯)나라의 사적만 기록하였으니, 대개 왕실을 높이고 명망 있는 나라를 중하게 여긴 까닭이다"

하였다. 객이 말하기를,

"『춘추』는 기사(紀事)를 연대순으로 편찬하여 연월(年月)을 고찰할 수 있는 방식이고, 『서경』은 연대순으로 편찬하지 않아 연월을 고찰할 수 없는 방식이다. 그런데 지금 그대가 연월을 일일이 기사 아래에 단 것은 근거가 없는 방식인 듯하다"

하기에, 말하기를,

"이것은 김이상(金履祥) 선생의 『통감전편(通鑑前編)』과 진경(陳桱) 선생의 『회요(會要)』의 설(說)에서 취한 것이다. 어찌 억견으로 할 수 있겠는가. 다만 명나라 고황제(高皇帝)께서 천하를 소유하시고 우리 태조(太祖)께서 개국한 이후는 고증할 사책이 없기 때문에 어쩔 수 없이 억견을 붙였다"

하였다. 객이 말하기를,

"그대가 변론을 하기는 참 잘하였으나 옛사람이 이르기를, '역사를 보는 법은, 사기(事機)를 만나 마땅히 직접 그 일에 처한 것처럼 하여 책을 덮고 스스로 생각해야만 비로소 유익할 수가 있다' 하였다. 그런데 지금 이 『연표』는 지나치게 소략하고 또 시종(始終)이 없으니, 장차 무엇을 거울삼아 지혜를 유익하게 한단 말인가?"

하기에, 말하기를,

"그대는 박학하면서도 잘 요약한다는 말을 듣지 못했는가? 당우(唐虞)로부터 오늘날에 이르기까지 시대마다 각각 사책이 있어서 짐으로 실으면 소가 땀을 흘리고 쌓아 놓으면 들보에까지 찰 정도로 많다. 그러니 뜻있는 선비가 아무리 문을 닫아걸고 휘장을 내리고서 꼬박 10년을 힘들여 읽는다 하더라도 다 읽을 수 없을 것이다. 그러나 지금 이 『연표』는 위아래로 수천 년의 사적이 모두 한 질(帙)에 들어 있어 밥 한 끼 다 먹는 시간도 채 안 되어 책을 열어 한눈에 열람할 수 있으니, 어찌 역사를 읽는 지름길이 아니겠는가. 『서경』, 『춘추』, 『통감속편』의 여러 사서 가운데에서 널리 배워 구하고, 이 『연표』에서는 요약하여 환히 안다면 무슨 불가할 것이 있겠는가"

하였다. 객이 말하기를,

"지금 이 책 또한 계속 이어서 지을 수 있는가?"

하기에, 말하기를,

"내가 처음에 육십갑자로 시작을 삼은 것은, 육십갑자가 순환하여 끝이 없는 만큼 사적을 기록하는 것 역시 그와 더불어 순환하여 끝이 없을 것이기 때문이었다. 천지 사이에 만일 육십갑자가 다함이 있다면 그만이거니와 만일 다하지 않는다면 비록 천지가 다하고 만고에 뻗치더라도 충분히 이룰 수 있을 것이다"

하였다. 객이 웃으면서 떠나갔다.

무술년(1478, 성종 9) 중구절(重九節)에 쓰다.

『사가집』 사가문집보유 권2 잡저류(雜著類) - 『삼국사절요(三國史節要)』를 올리는 전(箋)

나라는 사라질 수 있어도 역사는 사라질 수 없습니다. 다스림과 어지러움이 모두 책 속에 들어 있어 기리는 것도 지극히 공정하고 폄하는 것도 지극히 공정하니, 훌륭함과 악함이 붓끝에서 달아나기는 어렵습니다. 그러니 마땅히 과거의 사적을 편수하여 후세를 권면해야 합니다. 가만히 생각해 보면, 기사(紀事)는 우모(虞謨)에서 시작되었고, 편년(編年)은 노사(魯史)에서 비롯되었으며, 자장(子長)이 『사기(史記)』를 찬술하자 반고(班固)가 그대로 따라 하여 역대에 전서(全書)가 있게 되었고, 온공(溫公)이 『장편(長編)』을 만들자 자양(紫陽)이 계승하여 『통감(通鑑)』에 『강목(綱目)』이 있게 되었으니, 전사(前史)의 체제를 상고해 보면 자장과 온공 두 가(家)의 범주를 벗어나지 않습니다.

해 뜨는 동방의 우리나라는 실로 천작(天作)의 땅으로 단군이 요임금과 나란히 즉위하여 처음 천 년의 기반을 세웠고, 기자가 주나라의 봉국으로 받아 팔조(八條)의 교화를 크게 천명하였으며, 위만(衛滿)이 일어나 망명(亡命)해 와서 북쪽을 점거하자 기준(箕準)이 보전하지 못하고 남쪽으로 달아났습니다. 사군(四郡)이 이를 이어 오이를 쪼개듯 땅을 나눠 가졌고, 삼한(三韓)이 마침내 솥발처럼 대치하였습니다. 그러나 돌아보건대 연대가 너무 멀리 떨어져 있어서 알려진 전적(典籍)이 없는 것이 한입니다.

『사가집』 사가문집보유 권2 잡저류(雜著類) - 『동문선(東文選)』을 올리는 전(箋)

바다 모퉁이의 우리나라는 예부터 문헌의 나라로 일컬어졌습니다. 기자(箕子)가 홍범구주(洪範九疇)를 풀어낸 뒤로 동쪽 백성이 비로소 그 은사(恩賜)를 받았고, 신라 사람이 당(唐)나라의 국학에 입학한 뒤로 북방의 어느 나라도 앞서지 못하였으며, 문풍(文風)이 고려에서 크게 떨쳤고, 덕교(德敎)가 치세(治世)를 이룬 아조(我朝)에서 지극히 융성하였습니다.

『사가집』 사가문집보유 권2 잡저류(雜著類) - 『동국통감(東國通鑑)』을 올리는 전(箋)

나라가 다스려지면 흥하고 어지러우면 망하니, 흥하고 망하는 것을 지나간 역사에서 거울삼을 수 있습니다. 그러므로 역사는 선(善)을 부풀리지 않고 악(惡)을 숨기지 않아서 마땅히 선과 악을 후세에 사실대로 보여 주어야 합니다. 역사를 편수한 규례를 두루 살펴보니, 모두 편년(編年)을 근본으로 삼았습니다. 『자치통감(資治通鑑)』은 속수(涑水)의 사마광(司馬光)이 지은 것으로 사마천(司馬遷)이 지은 『사기(史記)』의 쓸데없이 많은 기전(紀傳)의 형식을 떨쳐버렸고, 『자치통감강목(資治通鑑綱目)』은 회암(晦庵) 주희(朱熹)가 발휘한 것으로 『춘추(春秋)』에서 행한 포폄(褒貶)의 오묘한 뜻을 얻었으며, 소미(少微) 강지(江贄)는 이를 인하여 『통감절요(通鑑節要)』를 만들고, 유염(劉剡)은 기술하여 속편을 지었으니, 비록 기재(紀載)한 것이 자세하고 소략한 차이는 있으나 그 체재와 범례는 같습니다.

생각건대, 우리 조선은 예로부터 문헌의 나라로 일컬어졌습니다. 단군(檀君)이 당요(唐堯)와 나란히 즉위하니, 백성은 저절로 순후하고 풍속은 저절로 질박하였으며, 기자(箕子)가 주 무왕(周武王)의 봉함을 받아 오니, 지나는 곳마다 감화되고 계신 곳마다 신령스러웠습니다. 그러나 증빙할 고적(古籍)이 없으니, 어찌 빈말을 실을 수 있겠습니까. 오이를 쪼개듯 사군(四郡)으로 나뉘고 베의 폭을 찢듯 이부(二府)로 갈라진 끝에 여러 한(韓)이 벌 떼처럼 일어났다가 점점 쇠퇴하고 삼국이 솥발처럼 대치하여 할거(割據)하였는데, 신라는 동토(東土)에서 기업(基業)을 시작하여 세 성씨가 바뀌 가며 왕위에 올라 역년이 가장 길었고, 고구려와 백제는 모두 북방에서 나와 둘이 다 나라를 세워 국경이 서로 인접해 있었으나 각자 강대함을 뽐내고 자랑하여 일찍이 전쟁 없이 좋은 이웃으로 지낸 적이 없으니, 해마다 전쟁이 끊이지 않아 날마다 강역(疆埸)이 저절로 줄어들었습니다.

(출처: 한국고전번역원)

『佔畢齋集』(1497년)

金宗直(1431~1492)

『점필재집』은 조선 전기의 문신 관리였던 김종직의 시, 서(序), 기(記), 발(跋) 등을 수록한 시문집으로 1497년에 간행되었다.

김종직의 자는 계온(季昷)·효관(孝盥), 호는 점필재(佔畢齋)이다. 1459년(세조 5) 식년문과에 급제하여 승문원권지부정자(承文院權知副正字)가 되었다. 그 후 이조좌랑, 도승지, 이조참판, 병조참판, 공조참판, 형조판서 등을 역임하였다. 주요 저서로 『점필재집』·『유두류록(遊頭流錄)』·『청구풍아(青丘風雅)』·『당후일기(堂後日記)』가 있고, 편서에 『동문수(東文粹)』·『일선지(一善誌)』·『이존록(彝尊錄)』 등이 있다. 총재관으로서 『동국여지승람(東國輿地勝覽)』 편찬에도 참여했다.

김종직의 사후인 1497년(연산군 3)에 정석견(鄭錫堅)이 문집 1권을 간행하였다. 1498년 『점필재시집』 1권을 주자로 인쇄하였으나, 이 초간본은 무오사화로 인하여 현재 전해지지 않는다. 김종직이 성리학의 종장으로 회복되면서 1520년(중종 15)에 그의 문집을 중간하였다. 이 중간본은 현재 완질(完帙)은 없고, 고려대학교 만송문고와 이원주(李源周), 김두순(金斗淳)이 각각 결본(缺本)을 소장하고 있다. 임진왜란 등으로 이 본이 전해지지 않자, 1649년(인조 27)에 이만(李曼)이 다시 간행하였다(기축본). 이 기축본은 현재 성균관대학교, 고려대학교, 규장각 등에 소장되어 있다. 그 후 1869년(고종 6)에 김종직의 13대손 김식(金埴)이 밀양의 예림서원에서 9책으로 간행하였다(기사본). 문집은 「시집」 23권, 「문집」 2권, 「이준록(彝尊錄)」 2권, 「연보」 합 9책으로 되어 있다.

고조선과 부여 관련 내용이 「점필재집 시집」 권1과 권23, 그리고 「점필재집 문집」 권1과 권2에 나온다. 시집 권1의 〈평양에 부임하는 예 소윤을 보내다(送芮少尹赴平壤)〉라는 시에서는 기자조선의 풍속은 깨끗했고, 팔조(八條)의 가르침을 백성들이 잘 따랐다고 하였다. 권23의 〈평양에 부임하는 성 도사를 보내다(送成都事赴平壤)〉에서는 동명왕과 기자의 사당을 언급하였다. 문집 권1의 〈경사에 가는 이국이를 보내는 서(送李國耳赴京師序)〉에서는 우리나라는 기자 이후로 시서(詩書)의 풍속이 융성했다고 하였다. 권2의 〈일본국의 거사 중준에 대한 자설(日本國居士重俊字說)〉에서는 기자의 봉역(封域)을 언급하였고, 〈밀양의 향사 의재에 대한 기(密陽鄕社義財記)〉에서는 기자의 나라를 언급하였다.

『점필재집』 시집 권1 시(詩) – 평양(平壤)에 부임하는 예 소윤(芮少尹)을 보내다 [공(公)이 무진년에 교서랑(校書郎)으로 있었는데, 그때 선군(先君)은 교리(校理)였다.]

그 옛날 운향각(芸香閣)으로 아버님 뵈러 갔었는데

공은 그때 남상(南床)의 장관이 되었었지.

천 두둑의 물결도 그를 흔들 수 없어라.

풍채와 인망이 꿈에도 자주 생각하게 하네.
노산(魯山)의 백성들은 원자지(元紫芝)를 사모하여
완악(頑嚚)한 풍속 저절로 깨끗이 씻어질게고
돌아와 간원(諫員)에서 곧은 의논 진술하며는
임금님이 밝게 살펴 흥왕(興王)의 상(賞)을 받게 되리라.
문득 여럿의 천거로 평양부 소윤 되어
말 탄 군대 붉은 깃발이 평양(平壤)을 향해 가네.
평양은 그 옛날 바로 부사(父師)의 도읍으로
팔조(八條)의 교전(敎典)을 백성들이 다 우러른다오.
지금 공의 정사는 도끼 자루 법칙 머지않은데
교화를 따름은 본시 영향처럼 신속한 거라
가만히 앉아 예의를 예전으로 되돌리니
장조(張趙)는 진정 공의 졸개나 되기에 알맞겠네.
감당의 그늘이 기다리니 공은 지체를 마소.
대동강(大同江) 푸른 물에 봄기운이 넘실거리네.
역사의 좋은 평론은 손꼽아 기다리려니와
왕명으로 운대(雲臺)의 초상에도 참예하리라.

『점필재집』 시집 권23 시(詩)－평양(平壤)에 부임하는 성 도사(成都事)[희증(希曾)]를 보내다

청요한 관직 예조의 낭관을 그만두고
관서(關西)라 천 리 길에 감사를 보좌하러 가누나.
동명왕(東明王)이 개척한 도읍지는 산하가 웅장하고
기자(箕子)를 받드는 사당엔 초목이 황량하리라.
빈관의 미인들은 쓸쓸한 데에 제공될 게고
감영의 사무 처리는 한가하거나 바쁜 대로

시강하던 옛 동료 중에 내가 가장 쇠했으니
아끼지 말고 서신을 멀리 부쳐 보내 주게나.

『점필재집』 문집 권1 서(序) – 경사(京師)에 가는 이국이(李國耳)를 보내는 서(序)

우리 동방(東方)은 멀리 바다 밖에 있으나, 기자(箕子) 이후로 시서(詩書)의 풍속이 융성하여졌다. 그리하여 신라 때는 당 태종(唐太宗)이 김유신(金庾信), 김인문(金仁問)의 풍도를 듣고서 '군자의 나라[君子之國]'라 하였고, 고려 때는 김부식(金富軾), 박인량(朴寅亮), 김근(金覲), 이자량(李資諒) 등이 송(宋)나라에 들어가서 문아(文雅, 문장과 풍류)로써 번갈아 울리어, 송나라 사람들이 우리를 소중화(小中華)라 일컬었다. 그리고 민지(閔漬), 정가신(鄭可臣)은 또한 원 세조(元世祖)에게 칭찬을 받았고, 익재(益齋, 이제현(李齊賢)의 호) 선정(先正)은 중국의 사대부(士大夫)들에게 크게 추중(推重)을 받았으니, 누가 해외(海外)의 후미진 구석이라서 그런 사람이 없다고 말하였던가. 증청(曾靑), 유리(琉璃)가 유독 남월(南越)에서만 생산되지 않고, 도도(騊駼), 숙상(驌驦)이 유독 중국에서만 길러지지 않은 지가 이미 오래되었다. 성화(成化) 22년 가을 8월에 나의 친구 이국이(李國耳) 씨가 천자의 경절(慶節)을 축하할 사신이 되어 연경(燕京)으로 향하자, 조정에서 같이 종유하던 어진 이들이 모두 모화관(慕華館) 북쪽에 자리를 함께하여 술잔을 받들어서 작별의 정을 나누었다. 나 또한 그 말석(末席)에 끼어서 술잔을 잡아 권하면서 다음과 같이 말하였다.

『점필재집』 문집 권2 설(說) – 일본국(日本國)의 거사(居士) 중준(重俊)에 대한 자설(字說)

일본의 사자(使者) 사천(師川)이 일을 마치고 돌아가면서 거사(居士) 중준(重俊)의 요청에 의하여 나에게 자(字)를 지어 주기를 요구하고 아울러 그에 대한 설(說)을 요청하였다. 나는 생각건대, 붕우(朋友)에게 자를 지어 주는 것은 옛 풍습이라고 여긴다. 그러나 나는 기자(箕子)의 봉역(封域)에 살고, 거사는 일역(日域, 일본을 이름)에 살고 있으니, 풍마우(風馬牛)가 서로 미치지 못하는 것과 같은데, 어떻게 그 위인(爲人)을 알아서 감히 붕우의 열에 처할 수 있겠는가. 비록 그러나 지금 천하가 수레의 제도(制度)를 같이하고, 글에는 문자(文字)를 같이하며, 행동에는 윤서(倫序)를 같이하고 있는데, 내가 다행히 거사와 함께 이 천지 사이에 살고 있으니, 비록 붕우라고 하더라도 될 것이다. 그리하여 청컨대 세영(世英)을 자(字)로 삼아서 그 뜻을 거듭 밝히는 바이다. 대체로 재주가 천인(千人)을 능가하는 것을 준(俊)이라 하고, 지혜가 만인(萬人)을 능가하는 것을 영(英)이라 하는데, 준덕(俊德)이 있는 사람은 반드시 영재(英才)가 있는 것이니, 진실로 재덕(才德)이 서로 같지 않다면 어찌 호걸(豪傑)이라 이를 수 있겠는가. 한(漢)나라의 팔준(八俊)과 진(晉)나라의 오준(五俊)과 수(隋)나라의 양준(兩俊)과 당(唐)나라의 사준(四俊)은 대체로 다 그 실상이 있었기 때문에 그 명예를 누릴 수 있었던 것이다.

『점필재집』 문집 권2 기(記) – 밀양(密陽)의 향사(鄕社) 의재(義財)에 대한 기(記)

"우리 동방(東方)으로 말하더라도 삼국(三國)의 풍속은 기자(箕子)의 나라에 미치지 못하고, 고려의 풍속은 삼국에 미치지 못하였으니, 지금의 풍속 또한 어떻게 감히 고려를 기대할 수 있겠습니까. 한 가지 일을 들어 보이면 그 나머지 세 가지 일을 알 수 있는 것이니, 박후가 우리 고을의 일을 가지고 본다면 다른 고을을 유추(類推)하여 알 수 있을 것입니다" 하니, 박후가 말하기를, "아, 그렇습니다. 비록 그러나 인간의 타고난 본성은 천 년이 하루와 같은 것이요, 그 변역(變易)시키는 방도는 다만 사람에게 달려 있을 뿐이니, 우리 고을에서부터 옛 풍속을 회복시키는 것이 어떻겠습니까?" 하였다. 그래서 내가 말하기를, "박후의 말이 여기에 미쳤으니, 이것이 어찌 일향(一鄕)의 복일 뿐이겠습니까. 그 성명(聖明)의 풍화(風化)를 돕는 데에 매우 큰 역할이 될 것입니다. 그러나 다만 극도로 투박해진 인정을 하루아침에 순박한 데로 돌리기는 어려울 것입니다"라고 하였다.

(출처: 한국고전번역원)

『秋江集』(1510년경)

南孝溫(1454~1492)

『추강집』은 조선 전기 학자 남효온의 시문집으로 간행 시기는 명확하지 않다.

남효온의 본관은 의령(宜寧), 자는 백공(伯恭), 호는 추강(秋江)·행우(杏雨)·최락당(最樂堂)·벽사(碧沙) 등이다. 김종직(金宗直)의 문인이며, 김굉필(金宏弼)·정여창(鄭汝昌) 등과 함께 수학하였다. 생육신(生六臣)의 한 사람이다. 1480년(성종 11) 생원시에 응시하여 합격했다. 당시 금기에 속한 박팽년(朴彭年)·성삼문(成三問)·하위지(河緯地)·이개(李塏)·유성원(柳誠源)·유응부(兪應孚) 등 6인이 단종을 위하여 사절(死節)한 사실을 『육신전(六臣傳)』이라는 이름으로 저술하였다. 1504년(연산군 10) 갑자사화 때는 소릉 복위를 상소한 것을 난신(亂臣)의 예로 규정하여 부관참시(剖棺斬屍)를 당하였다. 주요 저서로는 『추강집』·『추강냉화(秋江冷話)』·『사우명행록(師友名行錄)』·『귀신론(鬼神論)』 등이 있다.

『추강집』은 간행 시기에 따라 다음의 네 종류로 구분된다. 1510년(중종 5)경에 간행된 것으로 추정되는 1510년본, 1577년(선조 10) 남효온의 외증손 유홍(兪泓)이 간행한 영영본(嶺營本), 1677년(숙종 3) 유홍의 증손자 유방(兪枋)이 간행한 호남본(湖南本), 1921년 방손(傍孫) 남상규(南相圭)가 발간한 신안본(新安本) 등이다. 1510년본은 망실되어 현재 전하지 않는다.

『추강집』은 8권 5책으로 구성되어 있다. 권1에는 시 40수와 부 6편, 권2에는 시 143수, 권3에는 시 120수, 권4에는 상서(上書)·서(書)·서(序) 각 1편 및 기 6편과 잡저, 권5에는 기 1편과 논 4편, 권6에는 잡저 3편, 권7에는 잡저·제문 각 2편, 권8에는 속록(續錄)으로 시 5수와 전(傳) 2편, 부록에는 시장(諡狀)·묘갈명·봉안문·축문·척유(摭遺) 등이 수록되어 있다.

고조선과 부여 관련 기록이 권1~3, 권5, 권8에 나온다. 단군, 위만조선, 동명왕, 기자와 홍범구주 등에 관한 내용과 〈기준성(箕準城)에서〉라는 시가 실려 있다. 권5의 〈유금강산기(遊金剛山記)〉에서는 단군이 무진년 이전에 나라를 세웠다는 것, 기자조선(箕子朝鮮), 기왕이 마한의 왕이 된 것 등을 언급하였다.

『추강집』 권1 시(詩)○오언고시(五言古詩)-8월 20일, 선친의 공문우(空門友) 일암(一庵) 스님을 구월산(九月山) 패엽사(貝葉寺)에서 찾아뵈었다. 이날은 바로 선친의 기일(忌日)이라, 대사께 청하여 열반당(涅槃堂)에서 제사를 올리고 이어 옛 이야기를 나누었다. 대사의 연세는 여든셋이다.

가을빛이 천지에 찾아와서
온 숲에 비단 낙엽 마르고
해와 달이 쉬지 않고 흘러
머리는 반백이 되었구나.
이곳으로 대사를 찾아온 날
마침 우리 선친의 기일이라
주인께서 내 정성 허락하여
동자승 불러 제사를 올리네.
밥을 지어 금불상 공양하고
차를 달여 선령께 올리나니
소자는 두 줄기 눈물 흘리고
독경 소리는 아득히 울려 퍼지네.
제사 지낸 뒤 막걸리 병 여니
황혼에 바람이 비를 몰아오네.
무릎 맞대어 새벽 종소리 들으며
등불 밝혀 옛일 자세히 얘기하네.
가을 법당엔 이미 더위 물러났고
나뭇가지는 제법 가을을 알리네.
이십 년 전의 그 옛날 일들이
마음 끝에 뭉게뭉게 일어나네.
대사께서 제 얘기 들어보겠소
소자가 청컨대 모두 아뢰리다.

그 옛날 천순 연간 말년에
홍천사에서 후인을 가르칠 때
저도 제생의 말석에 참석하여
문묵의 마당에 놀 수 있었더니
수십 년 세월 흘러간 지금
동렬들 모두 조정에 올랐다오.
유독 저는 품성이 게으른 데다
부친의 가르침을 받지 못했고
불행히도 젊을 때 배우지 못해
세상과 함께 취하고 깨었소.
백이면 백 일이 모두 어긋나니
돌아가 은거할 곳 그 어디일까
광야에서 비시를 노래 부르고
언덕의 보리수를 부러워했네.
연전엔 지리산을 찾아갔고
거년에는 풍악산에 올랐으며
올해 봄에 관서 땅 들어가니
보이는 풍경 모두 삭막했다오.
묘향산을 두루 돌아보고
비류천에 배를 띄웠으며
단군 성전에 시를 올리고
기자 왕의 어진 덕을 찬술하였소.
패강 가를 돌아다니다 쉬면서
위만조선 흔적을 자세히 살폈고
구제궁을 두루 구경하면서
동명왕의 덕을 상상하였소.

살수는 수나라의 싸움터요
현도는 한사군의 하나라오.
홍건적이 극성에서 죽었고
칠불이 고구려 국운 부지했소.
박천은 어별교 놓았던 강
흘골산은 송양을 봉한 곳
수양산은 지금의 해주 땅
용강은 옛날의 황룡국이라
아득하고 아득한 천고의 일들
역력히 눈앞에서 헤아려보았소.
근심을 펼칠수록 마음 더욱 어지럽고
억지로 노래할수록 소리 더욱 괴롭소.
정녕 이내 몸 둥지 잃은 새 같아
긴 밤 내내 슬프게 부르짖는다오.
바람만 닿아도 일곱 슬픔 생겨나니
세상 일 자연히 즐거울 게 없구려.
친척도 얼굴 돌리고 비웃을 뿐이니
그 누가 내 잘못 바로잡으려 할까.
대사께서 삼자를 가르쳐 주시니
오늘부터 곧바로 허물을 고치겠소.

『추강집』 권1 시(詩)○오언고시(五言古詩) – 기자(箕子) 묘정(廟廷)을 배알하고

무왕이 수를 미워하지 않았으니
성탕이 어찌 주를 노여워했으랴.
상나라 주나라 혁명할 즈음에
성인은 원망도 탓함도 없었다네.

교활한 아이 교만하고 음란하여
나의 좋은 계책 듣지 않았었네.
나라는 망해도 도는 망하지 않아
주나라 위해 홍범구주 진언하니
낙서의 도가 이로 인해 전승되어
떳떳한 인륜이 천하에 밝아졌구나.
이에 알겠노니 도는 공공의 기물이라
전수함에 있어 친함과 원수가 없음을.
소인 장근이라는 자가
평지에 의심하는 주장을 내어
기자가 무왕의 스승이 된 것을
황천의 수치라고 손가락질하니
왕개미가 큰 나무를 뒤흔들 듯
혜고가 봄가을을 모르는 꼴이네.
옛 도읍에는 보리 이삭 패었건만
천고의 패강은 유유히 흐르누나.
밭에는 아직 정전 구획 남았고
벌판에는 삼과 뽕나무 빽빽하니
백성들도 많고 인심도 순박하여
지금까지 예악의 고장이 되었네.
관서를 유람하다 사우를 배알하니
신령이 엄연히 머무시는 듯하네.

『추강집』 권1 시(詩)○오언고시(五言古詩) – 임인년(1482, 성종 13) 2월 일에 경 징군(慶徵君)의 부음을 듣고

징군은 휘(諱)가 연(延)이고, 자가 대유(大有)로, 청주(淸州) 남계(南溪) 사람이다. 은

거하여 부모를 모시며 그 효성을 다하였다. 세조가 불렀으나 나아가지 않다가 주상 즉위 9년(1478, 성종 9)에 벼슬길에 올라 사재감주부(司宰監主簿)가 되었다. 특별히 부르자 징군이 부름에 나아가니 내전에서 인견(引見)하였고, 이듬해 이산현감(尼山縣監)에 제수되었다. 이산에 있은 지 5년 만에 세상을 떠났다.

아름답게도 인걸이 태어나니
천연으로 순효의 자품이었소.
군의 마음은 천하의 독보이고
군의 행실은 만세의 사표라오.
군의 정성은 천지를 감동시켜
그 덕화 미물에까지 미쳤으니
굳은 얼음에 두 잉어 길었고
['脩'는 오자인 듯하다.]
섣달에 푸른 채소 살쪘다오.
[겨울철에 부친이 병이 들어 승검초를 먹고 싶어 했다. 징군이 울자 승검초가 돋아났다.]
초목 또한 군의 이름 알았고
대신들도 알고서 탄복하더니
[한명회(韓明澮) 같은 사람들 또한 그의 어짊을 추천하였다.]
행실을 닦은 지 육십 년 세월
만년에 군왕의 지우를 만났소.
논설은 임금의 마음 감동시켜
군왕께서 장자라 추중했으니

[당시 상이 징군을 내전에서 인견하여 친히 묻기를, "경이 고향에 있을 때 얼음을 두드리자 물고기가 뛰어나왔다고 하니 참으로 그러한가?" 하니, 징군이 대답하기를, "신이 집에 있을 때 신의 아비가 병이 나서 물고기를 먹고 싶어 했습니다. 신이 그물을 잡고 물가로 가서 얼음을 뚫고 그물을 쳤으나 날이 다하도록 한 마리도 잡지 못했습니다. 신이 밤새도록 떠나지 않고 하늘을 부르며 곡하기를,

'옛사람은 얼음을 두드리자 물고기가 뛰어나왔거늘, 지금 나는 그물을 잡고도 얻지 못하니 정성이 부족하여 이러한 것이다' 하였습니다. 이날 밤 우연히 큰 물고기 한 마리가 그물에 들어와서 신이 가지고 돌아왔더니, 신의 아비가 기뻐하며 말하기를, '너의 효성의 소치이다.' 하였고, 마을 사람 또한 '너의 효성의 소치이다' 하였습니다. 신은 실로 얼음을 두드려 물고기를 얻은 일이 없거늘, 떠도는 말이 어찌 성상의 귀를 번거롭게 했단 말입니까" 하였다. 상이 얼굴빛을 고치며 말하기를, "경은 무엇 때문에 벼슬하지 않는가?" 하니, 군이 아뢰기를, "윗사람은 아랫사람에게 요구함이 있지만 아랫사람은 윗사람에게 요구함이 없는 법입니다. 또 신은 노모 때문에 부름에 나아가지 못했으나 이제 노모가 죽었습니다. 이는 신이 전하를 위하여 충절을 다할 때이니, 신은 죽은 뒤라야 그만둘 것입니다" 하였다. 상이 말하기를, "경은 몇 가지 책을 읽었는가?" 하니, 군이 말하기를, "사서이경(四書二經)을 읽었습니다" 하였다. 상이 말하기를, "사서이경 중에 어떤 일이 첫 번째 의리이던가?" 하니, 군이 아뢰기를, "사서이경 중에 신은 대순(大舜)이 부모를 섬긴 것으로 효를 삼기를 기약하고 대순이 임금을 섬긴 것으로 충(忠)을 삼기를 기약합니다" 하였다. 상이 위연(喟然)히 탄식하기를, "참으로 현인(賢人) 장자(長者)로다" 하였다.]

높고 빼어난 대현의 그 명성
하루아침에 조야에 알려졌소.
단군께서 우리나라 개국하여
삼천칠백 년이 지나는 동안
지자와 우자 분분히 많았지만
그 누가 군과 어깨를 견주겠소.
이로써 알겠노라 군의 그릇은
한 고을 다스릴 재주가 아님을.
밝은 시대에 재상이 되었다면
순후한 풍속을 앉아서 회복하리.
무엇 때문에 묘당의 의논이
하찮은 자에만 미쳤단 말인가.
우물 안 개구리 하늘을 모르니

참으로 평지의 의심이 있으리라.
한 고을 현감으로 제수되어
허리의 인끈 검게 드리우니
진령 높은 곳은 구름이 비꼈고
장사 낮은 지역 땅이 후미지네.
천리마의 기량 펼치기도 전에
오호라 무덤으로 돌아가시니
남쪽 백성은 두모(杜母)를 노래하고
친구들은 옛일을 슬퍼한다오.
[친구는 중화재(中和齋) 강응정(姜應貞), 산인(山人) 김시습(金時習) 같은 사람이다.]
오늘 아침 슬픈 소식 이르러
내 마음 몹시 괴롭게 하건만
남쪽 시내엔 봄풀이 돋아나
끊임없이 세월은 늙어 가오.
사람의 한평생 백 년 사이에
누군들 생의 끝이 없겠는가.
다만 사직을 위해 통곡할 뿐
사사로운 정을 곡함이 아닐세.

『추강집』 권2 시(詩)○칠언고시(七言古詩)－금오산(金烏山)을 찾아

가을 깊어 온갖 시내 유리처럼 밝고
서리에 꺾여 모든 나무 비단처럼 붉네.
신조에서 주서 벼슬한 길야은(吉冶隱) 공이여
된서리보다 빼어나고 물보다 맑으시네.
크나큰 절개는 백성 입에 새겨져 있으나
금오산은 공이 떠나 백 년 동안 텅 비었네.

무왕의 혁명은 하늘이 크게 돌봤거늘
백이는 어찌하여 홀로 부끄러워했던가.
홍모(鴻毛)보다 목숨 가볍고 태산보다 의리 중하니
야은 공과 달가(達可)만이 이 이치 알았다오.
달가는 몸소 두 성의 임금을 섬겼으니
재목의 한 치 상처요 거울 속의 흠이라.
공의 몸 맡긴 바는 오직 한 임금뿐이니
참된 앎 홀로 행함은 누가 함께 견주랴.
한나라 왕가는 더욱 녹리선생(甪里先生) 추앙했고
주왕은 의리상 기자를 신하 삼지 않았네.
이 산 아래 살도록 퇴직을 허락하시니
구원의 전원에 난초와 혜초를 심으셨네.
서하의 풍속이 선생의 교화로 방정하니
지금까지 영남에는 이름난 선비 많다네.
생각건대 우리 집안 비조 구정(龜亭) 공께서
선생의 아름다운 덕을 언제나 얘기했네.
경상감사로 부임하여 가묘를 세웠으니
전해지는 이야기 장로들 귀에 남아 있네.
일찍이 집안 가르침에서 실컷 들었더니
필마에 아이종 데리고 옛 마을 방문했네.
마침 술 끊은 처지라 어찌 술잔 올리랴
시를 지어 혼백 불러 종이돈 자른다오.

『추강집』 권2 시(詩)○칠언고시(七言古詩)－선사를 배알한 이튿날 패엽사(貝葉寺) 스님 도석(道釋)·윤중(允中)·성명(性明)·의호(義浩)를 따라 남명봉(南明峰)에 올라 회고시 한 편을 짓고, 돌아와서 일암(一庵)께 보이다

단군께서 신선 되어 아사달에 들어가니
삼천 년 이래로 신기한 이야기 전해 오네.
필마에 아이종 데리고 옛 은거지 찾으니
천 봉우리 만 골짜기 모두가 그곳인 듯.
오르고 오르는 돌길 밟아도 끝이 없어
병든 이 몸 오로지 지팡이에 의지하네.
한평생 다하도록 신인은 뵙지 못한 채
그윽한 땅 찾느라 귀밑머리 다 세었네.
새 한 마리 울지 않고 바람만 눈을 쏘니
소매 훔치며 전조의 슬픔 견디지 못하네.
주 무왕이 혁명한 뒤 어진 이를 급히 찾아
맨 먼저 기자에게 백성의 도리를 물었네.
하늘이 성현을 낼 때 화이 구별 없거늘
어찌하여 단군은 도리어 알지 못했던가.
단군께서는 스스로 겸손한 덕을 지켜서
광채를 감추시고 이 산속에 은둔했네.
단약 달이며 보내는 세월 선궁과 같으니
신선의 구중궁궐에 신묘한 바람 불도다.
기자 왕이 대신 일어나 팔조법금 펼치니
청구의 인물들이 거듭 화락하게 되었네.
천년의 산하를 연의 유민에게 넘겨주니
위만이 패수를 건너매 왕위가 옮겨졌네.
동명왕의 역사가 끝나고 보장왕이 죽으니

이 산은 신라를 거쳐서 고려에 속하였네.
구월산이라 부르는 것 지금의 이름이니
험준하고 신성한 산 사방 변경 진압하네.
산 앞 밥 짓는 연기에 여러 군이 열리고
바닷물은 하루 두 번 강물을 받아들이네.
남명봉 위에는 붉은 단풍잎 무성하고
평평한 온갖 강은 유리알처럼 맑구나.
같이 올라온 네 사람 패엽사 스님들
나와 함께 모두 다 일암대사 섬기네.
동문 간의 은혜로 기쁘게 따라나서더니
굳이 내 시심 일으켜 시 짓도록 권하네.

『추강집』 권2 시(詩)○오언율시(五言律詩) – 기준성(箕準城)에서

천 년 전 은왕의 후손이 세운 나라
이제는 기준성만 쓸쓸히 남았구나.
당시의 일이야 바삐 내달렸겠지만
지금의 정경은 밥 짓는 연기뿐이라
옛일 슬퍼하매 머리카락 먼저 세고
회포 펼치면서 술잔 한번 기울이네.
혼백을 부르자 혼백이 내려오려는지
산속의 비가 숲을 지나가며 울리네.

『추강집』 권3 시(詩)○칠언절구(七言絕句) – 기자진홍범도(箕子陳洪範圖)에 적다 [2수(二首)]

육백 년 세월이 별안간에 지나가니
상왕의 원자가 망한 왕가를 슬퍼했네.
홍범을 올린 것이 본의가 아님을 알려면

보리 이삭을 슬퍼한 〈맥수가〉를 볼지어다.

둘
선대의 공이 쇠퇴하여 왕업이 무너지니
백발노인은 가문을 회복할 계책이 없었네.
역대로 쌓아 온 성탕의 법을 모두 가져다가
태후의 먼 자손인 무왕에게 말해 주었네.

『추강집』 권3 시(詩)○칠언절구(七言絕句) – 단군의 묘정(廟庭)을 배알하고

단군께서 우리들 청구 백성을 낳으시고
패수 가에서 우리에게 인륜을 가르쳤네.
아사달서 산신이 된 지 만세가 지났으나
이제까지도 사람들은 무진년을 기억하네.

『추강집』 권5 기(記) – 유금강산기(遊金剛山記)

백두산이 여진(女眞)의 경계로부터 일어나서 남으로 조선국 해변 수천 리에 뻗어 있다. 그 산 가운데 큰 것으로는 영안도(永安道)에 있는 것이 오도산(五道山)이고, 강원도에 있는 것이 금강산이고, 경상도에 있는 것이 지리산인데, 천석(泉石)이 가장 빼어나고도 기이하기는 금강산이 으뜸이다. 산 이름이 여섯 개이다. 개골(皆骨)이라 하고 풍악(楓岳)이라 하고 열반(涅槃)이라 하는 것은 방언(方言)이다. 지달(枳怛)이라 하고 금강이라 하는 것은 『화엄경(華嚴經)』에서 나왔고, 중향성(衆香城)이라는 것은 『마하반야경(摩訶般若經)』에서 나왔으니, 신라 법흥왕(法興王) 이후의 명칭이다.

내가 삼가 살펴보건대, 부처는 본래 서융(西戎)의 태자이다. 그 나라는 중국 함양(咸陽)과의 거리가 9천여 리나 되고 유사(流沙)·흑수(黑水)의 오지와 용퇴(龍堆)·총령(蔥嶺)의 험지(險地)로 막혀 있어 중국과도 통하지 않거늘 어찌 중국을 넘어 동국(東國)에 이 산이 있음을 알았겠는가. 이 산이 있음을 몰랐을 뿐 아니라 또한 조선국이 있다는 것도 몰랐을 것이다. 역사로써 상고해 보건대, 주(周)나라 소왕(昭王)의 시대는 우리나라 기자조선(箕子朝鮮) 중엽에 해당하며, 실제로 부처는 서방(西方)의 사위국(舍衛國)에서 태어났다. …

운산(雲山)이 말하기를 "매년 8월이면 여러 산에는 아직 서리가 내리지 않아도 이 산에는 먼저 눈이 내리기 때문에 설악이라 하오" 하였다. 고개 위의 바위 사이에 팔분체(八分體)로 쓴 절구 한 수가 있었다.

단군이 나라 세운 무진년보다 먼저 나서
기왕이 마한이라 일컬음을 직접 보았네.
영랑과 함께 머물며 바다에 노닐다가
또 춘주에 이끌려서 인간에 체류하네.

묵적이 아직도 새로우니, 글씨를 적은 것이 필시 오래지 않다. 세상에 신선이란 것은 없으니, 어찌 일 좋아하는 자가 우연히 적은 것이 아니겠는가.

『추강집』 권7 잡저(雜著) – 냉화(冷話)

내가 일찍이 관서(關西)의 상원군(祥原郡)에서 나그네로 묵을 때에 침소 병풍의 삼소도(三笑圖)에 적은 시가 있었으니,

혜원 공은 세밀하고 영리하여
계율 깨뜨린 줄 모를 리 없네.
잠시 호계의 흥취에 기탁하여
어리석은 서생을 속인 것이라.

하였다.

내가 크게 놀라고 또 기뻐하니, 군수가 말하기를 "손님이 놀라는 것은 무슨 까닭입

니까?" 하였다. 내가 말하기를 "관서 200일 동안의 여행에서 처음으로 좋은 시를 보았으니 어찌 놀라지 않겠소. 또 유생(儒生)이 좋은 시구를 보는 것은 백금(百金)을 얻은 것보다 나으니 어찌 뛸 듯이 기쁘지 않겠소" 하였다. 곧 그 시를 번안(飜案)하여 차운하기를,

소년은 대년을 알아보지 못하고
소지는 대지를 분간하지 못하는 법.
시를 지은 사람 또한 서생일 뿐이니
어찌 도연명 육수정의 어리석음을 알랴.

하였다.

이어서 군수에게 이르기를 "이 시를 지은 사람은 반드시 나의 친구일 것이오" 하였다. 서울에 도착하여 널리 물어보았더니, 바로 중균(仲鈞)의 솜씨였다.

『추강집』 권8 부록(附錄) – 묘갈명(墓碣銘) [족후손(族後孫) 남공철(南公轍)]

공은 진실로 천명이 돌아가는 것을 알아 오히려 한 몸으로 강상(綱常)을 지탱하느라 처음에는 기자(箕子)의 미친 척과 예양(豫讓)의 행동을 하다가 끝내는 무덤이 파헤쳐져서 부관참시를 당하고 그 재앙이 뻗어서 친구와 일족에게까지 미쳤으나 스스로 후회할 줄 몰랐으니, 공은 마음을 다했다고 할 만하다.

(출처: 한국고전번역원)

『濡谿集』(1530년경)

兪好仁(1445~1494)

『뇌계집』은 조선 초기의 문신 유호인의 시문집으로 간행 연도는 명확하지 않다.

유호인의 본관은 고령(高靈), 자는 극기(克己), 호는 임계(林溪)·뇌계(濡溪)이다. 유음(兪蔭)의 아들이며, 김종직(金宗直)의 문인이다. 1462년(세조 8) 생원시에 합격했고, 1474년(성종 5) 문과에 병과로 급제하였다. 1486년(성종 17) 『동국여지승람(東國輿地勝覽)』 편찬에 참여하였다. 1494년(성종 25) 합천군수(陜川郡守)로 재직 중 병사하였다.

유호인은 생전에 시고를 편집하여 성종에게 진헌하였다는 기록이 있고 사후 2년 뒤에 성현(成俔)이 쓴 「뇌계시집서(濡溪詩集序)」가 존재하는 것으로 보아 비교적 이른 시기에 시문집의 편집이 완료되었던 것으로 보인다. 하지만 『뇌계집』이 정식으로 간행된 시기는 현재 알려져 있지 않으며, 1530년(중종 25)을 전후로 간행되었을 것이라 추측하고 있다. 현재 연세대학교 중앙도서관에 소장되어 있다. 『뇌계집』은 7권 2책으로, 권1~6은 시(詩), 권7은 문(文)과 운문(韻文)이다.

단군과 기자 관련 기록이 2건 확인된다. 그중에서도 권4의 〈중습 김공이 모사한 본국 여지도에 제하다(題金仲習所摹本國輿地圖)〉는 조선 전기 여지도(輿地圖)의 존재를 알려 주는 것으로 주목된다. 하지만 현재 중습(仲習)으로 기재되어 있는 인물과 그가 모사하였다는 여지도 실물에 대해서는 알려진 바가 없다.

『뇌계집』 권4 칠언고풍(七言古風) – 중습(仲習) 김공(金公)이 모사한 본국 여지도(輿地圖)에 제하다

석목(析木)의 분야(分野)가 압록강에 해당하니
한 조각 푸른 산이 천만 리에 걸쳐 뻗어 있네.

천지가 개벽한 지 몇 억 년이던가?
아달산(阿達山)에 성인이 나시어
의관(衣冠)과 예악(禮樂)이 대동강변으로부터 시작되었네.
동인(東人)은 다시 은(殷)나라 태사(太師)를 모시게 되었으니
낙랑(樂浪) · 현도(玄菟)와는 얼마나 아득한가?
진한(辰韓)의 좌측 편에서 해가 떠오르네.

『뇌계집』 권6 칠언율시(七言律詩) – 〈알기자(謁箕子)〉에 차운하다

선성(宣聖, 공자)의 시대에 훌륭한 논의가 나왔으니
종으로 모욕을 입었지만 삼인(三仁)이 되었다네.[6]
천명은 이때부터 주(周)나라 무왕(武王)에게 돌아갔고
대도(大道)는 마침내 우리나라 사람들에게 베풀어져
천 리 산하가 예의를 갖추었고
몇 칸 사당은 왕의 신하를 받든다네.
병이호덕(秉彝好德)은 예나 지금이나 같은데[7]
황폐한 비석을 다 읽으니 슬픔이 크게 이는구나.

---

6 선성의 ~ 되었다네: 기자(箕子)가 주왕(紂王)에게 간언하다가 종이 되고 모욕을 받았지만 공자에 의해 재평가되어 삼인(三仁)의 평가를 받은 일을 가리킨다. 『논어(論語)』 「미자(微子)」편에 해당 내용이 보인다.

7 사람은 호덕(好德)을 천성적으로 좋아한다는 뜻이다. 『시경(詩經)』 「증민(蒸民)」편에 "사람은 떳떳한 본성을 가진지라 이 아름다운 덕을 좋아한다[民之秉彝好是懿德]"라는 구절이 있다.

『湖陰雜稿』(1551년)

鄭士龍(1491~1570)

『호음잡고』는 조선 전기 문신 정사룡의 시문집이다.

정사룡의 자는 운경(雲卿), 호는 호음(湖陰)이다. 1509년(중종 4) 별시문과에 합격하고 이듬해 봄에 홍문관정자가 되었다. 홍문관직제학, 승정원동부승지, 부제학 등을 역임하였다. 1534년(중종 29)에 동지사(冬至使)가 되어 명나라에 다녀왔다. 1544년(중종 39) 9월에 공조판서로 동지사가 되어 다시 중국에 다녀왔다. 1554년(명종 9) 대제학이 되었으나 1558년(명종 13) 9월, 전시(殿試) 책문(策問)의 제목을 응시자에게 누설하여 파직되었다. 다시 복직하여 판중추부사, 공조판서 등을 역임하였으나, 1563년(명종 18) 이량(李樑)이 실각할 때 당여로 지목되어 관직이 삭탈되었다.

1551년(명종 6)에 정사룡이 자신의 시문을 정리하여 서문을 썼다. 이 자편(自編) 정고본(定稿本)을 증편(增編)하여 1573년(선조 6) 무렵에 초간본을 8권 8책의 목활자로 간행하였다. 초간본은 현재 서울대학교 규장각과 일본 궁내성(宮內省)에 소장되어 있다. 1962년에는 후손 정승모(鄭升謨)·정운홍(鄭雲弘) 등이 석인(石印)으로 중간본을 간행하였다. 중간본은 8권 4책이다. 중간본은 현재 연세대학교 중앙도서관에 소장되어 있다.

고조선과 단군 및 기자에 대한 내용이 시문에 나온다. 정사룡은 기자동래설(箕子東來說)을 인정하여 당시 풍습이 거칠고 궁벽한 우리나라로 현인인 기자가 건너와서 팔조목(八條目)으로 교화하였다고 보았다.

『호음잡고』 권6 황화화고(皇華和稿) – 〈기자 사당을 지나며(過箕子廟)〉를 차운하다

주(周)나라에 천명(天命)이 새롭게 내려오니 상(商)나라의 운명이 끝났구나.

포승에 묶여 감옥에 갇혔다가 풀려나니 곧 분봉(分封)되었도다.

팔조(八條)로 거칠고 궁벽한 땅을 개도(開導)하였고

구류(九類)[8]로 얼마나 일찍이 변화하고 화합하게 되었던가.

고국(故國)은 폐허가 되어 보리 이삭에 비통하네.

비석은 끊어지고 풀을 가로로 누워 차가운 귀뚜라미만 조문하는구나.

노둔한 선비는 마음속 일을 드러내지 않으니

누가 있어 삼인(三仁)과 함께 옛 자취를 찾을까.

『호음잡고』 권7 비지(碑誌)-유명조선국 자헌대부 호조판서 겸 동지성균관사 안윤덕 공 신도비명(有明朝鮮國資憲大夫戶曹判書兼同知成均館事安公神道碑銘) [병서(并序)]

안윤덕은 을해년(1515, 중종 10)에 평안도관찰사에 제수되어 단군(檀君)과 기자(箕子)의 사당을 크게 수리하였고, 문묘(文廟)에 작성고(作成庫)를 만들었다.

『冲庵集』(1552년)

金淨(1486~1521)

『충암집』은 조선시대 중기의 문신 관리이자 학자였던 김정의 시문을 1552년에 간행한 것이다.

김정의 자는 원충(元冲)이며, 호는 충암(冲菴)·고봉(孤峯)이다. 그는 1507년(중종 2) 문과에 장원급제하여 여러 관직을 두루 역임하였다.

문집은 김정의 사후 1552년(명종 7)에 공주에서 목판으로 간행하였다. 초간본은 그 후 속리산으로 옮겨 보관하고 있던 판목이 임진왜란으로 일부 상실되자, 1600년(선조 33)에 완결된 부분을 보충하여 후쇄한 바 있다. 현재 규장각에 외집 1책이 소장되어 있다. 그 후 증손 김성발(金聲發)이 초간본 외집의 편차가

8 구류(九類): 하늘이 우(禹)에게 내려준 홍범주구(洪範九疇)를 말함. 『서경(書經)』「주서(周書)」 홍범(洪範)의 오행(五行), 오사(五事), 팔정(八政), 오기(五紀), 황극(皇極), 삼덕(三德), 계의(稽疑), 서징(庶徵), 오복(五福), 육극(六極)을 말함.

일정하지 못한 점을 바로잡아 5권 5책으로 간행하였다. 이 중간본은 현재 장서각, 국립중앙도서관, 성균관대학교, 연세대학교, 규장각 등에 소장되어 있다. 1947년에는 후손 김병희(金秉熙)와 김기홍(金基興)이 문집 5권과 연보 2권 합 7책을 간행하였다. 이 삼간본은 현재 고려대학교 중앙도서관에 소장되어 있다. 1972년에는 15세손 김홍만(金洪萬)이 문집 5권 1책과 연보 2권 1책을 간행하였다.

『충암집』은 본집 5권, 연보 2권, 도합 7책으로 구성되어 있다. 권1~3은 시를 연대순에 따라 수록하였다. 권4에는 문(文) 37편이 수록되어 있다. 권5에는 소차(疏箚)와 서찰추록(書札追錄) 등이 수록되어 있다. 연보는 상·하 2권으로 구성되어 있다.

고조선 관련 기록은 홍범구주(洪範九疇)에 관한 것이다. 본집 권2의 〈판서(判書) 정광세(鄭光世)를 애도하며〉라는 시에서 홍범구주가 짧게 언급되어 있다.

『충암집』 충암선생집 권2 시(詩) – 판서(判書) 정광세(鄭光世)를 애도하며

세상에 혁혁했던 오랜 벼슬하던 집안인데
이를 이어받아 다시 공이 있구나.
홍범구주(洪範九疇)에서의 천명을 아는 나이요
『주례(周禮)』에서의 높은 육경(六卿)의 지위라네.
일대(一代)의 훌륭한 분이 가시니
천년의 속세의 꿈이 하릴없구나.
집안에 전해지는 재목이 병들었으나
흐르는 경사 본디 다하기 어렵나니.

(출처: 향지문화사(鄉志文化社))

『默齋集』(1561년)

洪彦弼(1476~1549)

『묵재집』은 조선 중기의 문신 홍언필의 시문집이다. 1561년(명종 16) 아들 홍섬(洪暹)이 원고를 수합해 처음 간행했다.

홍언필의 본관은 남양(南陽), 자는 자미(子美), 호는 묵재(默齋)이다. 1504년(연산군 10) 문과에 급제하였으나 곧바로 갑자사화에 연루되어 진도(珍島)로 유배되었다. 중종반정 이후 방환되어 1507년(중종 2) 재차 증광문과에 을과로 급제하였다. 1519년(중종 14) 기묘사화 등에 연루되어 투옥되기도 하였으나 영의정까지 올랐다. 1545년(명종 즉위) 윤원형(尹元衡)이 을사사화를 일으켰을 때는 함께 가담하여 공신으로 책봉되었다.

『묵재집』은 초간본을 많이 찍지 않은 데다 임진왜란이 일어나면서 거의 유실되었다. 이후 후손 홍경소(洪敬紹)가 행인에게 초간본을 구매하여 집에 보관해 두었다. 1935년 후손 홍사철(洪思哲)이 석인(石印)으로 중간본을 간행하였는데, 위의 보관해 둔 초간본과 저자의 관련 기록을 부록(附錄)으로 구성하여 간행하였다.

원집(原集) 권1~4는 시(詩), 권5는 잡저(雜著)이고, 부록에 홍언필의 신도비명(神道碑銘), 제문(祭文)과 행적을 발췌 수록하였다. 고려대학교 중앙도서관, 국립중앙도서관 등에 소장되어 있다.

『묵재집』에는 기자묘(箕子廟)를 참배하고 나서 기자의 행적을 노래한 시가 1수 실려 있는데, 조선시대의 전형적인 기자 인식을 보여 준다. 다만 무왕(武王)이 기자를 조선에 봉하였다는 사실을 부정적으로 인식하였다.

『묵재집』 묵재선생문집 권1 칠언율시(七言律詩) – 기자묘(箕子廟)를 지나며 차운하다

『주역(周易)』 단사(彖辭) 가운데 하늘과 함께 끝난다 하였으니
어찌 구차하게 얽매여 무왕(武王)에게 봉토를 받으려 하였겠는가.

서산(西山)의 고절(苦節)[9]이 함께 섬기기 어렵다 하였지만
동토(東土)에 제후가 되어 태평한 정치를 펼친 것에 비하겠는가.
거문고를 키던 악보가 남아 슬픈 노래 가락을 전하지만
무성한 풀과 무너진 섬돌 사이엔 귀뚜라미 울음소리만 들리네.
만고(萬古)의 문명(文明)이 사라지지 않을 줄 알지만
높은 하늘 갈 곳 없음에 그저 어진 이의 발자취만 뒤쫓는구나.

『武陵雜稿』(1564년)

周世鵬(1495~1554)

『무릉잡고』는 조선 중기의 문신이자 학자인 주세붕의 시문집이다. 아들 주박(周博)이 유고를 수습하고 이황(李滉)에게 질정(質正)을 구하여 1564년(명종 19) 목판본으로 간행하였다.

주세붕의 본관은 상주(尙州), 자는 경유(景游), 호는 신재(愼齋)·남고(南皐)·무릉도인(武陵道人)·손옹(巽翁)이다. 1522년(중종 17) 문과에 급제하였다. 1541년(중종 36) 풍기군수(豐基郡守)가 되었으며 사림의 교육기관으로 백운동서원(白雲洞書院)을 건립하였다. 백운동서원은 주자의 백록동서원(白鹿洞書院)을 모방한 것으로, 안향을 배향하였으며 우리나라 서원의 시초를 이룬다.

『무릉잡고』의 초간본은 현재 전하지 않는다. 초간본을 원집(原集)으로 하고, 원집에서 제외된 시문을 별집(別集)으로 편집하여 1581년(선조 14) 중간본을 간행하였다. 그러나 임진왜란으로 판본이 전해지지 않게 되자 기존의 인본(印本)과 새로운 원고들을 모아 18권 9책의 목판본으로 삼간본을 간행하였다. 이 책은 현재 규장각한국학연구원, 연세대학교 중앙도서관 등에 소장되어 있다.

---

9 서산(西山)의 고절(苦節): 백이와 숙제를 가리킨다. 백이와 숙제는 주(周)나라 무왕(武王)이 은나라를 정벌하려 하자 정벌의 부당함을 간했으나 들어주지 않자 수양산으로 들어가 고사리만 뜯어 먹다 죽었다.

1904년 속집(續集)이, 1907년 부록(附錄)이 추가로 간행되어 총 11책이 되었다. 원집의 권1~4는 시(詩), 권5~8은 문(文)이다. 별집의 권1~5는 시, 권6~7은 문, 권8은 습유(拾遺)이다. 부록의 권1은 세계도(世系圖), 권2는 연보(年譜), 권3에는 사제문(賜祭文), 행장(行狀) 등, 권4에는 시장(諡狀) 등이 실려 있다.

본 자료에는 3편의 시와 5편의 산문이 있다. 기자(箕子)의 문명이 고려를 거쳐 조선으로 계승되었음에 자부심을 드러내고 있는 것이 특징이다. 특히 한림(翰林) 김미(金亹)에게 보내는 송별문에서는 조선에서 기자의 교화가 베풀어지고 있는 모습이 이전에 볼 수 없었던 모습이라고 극찬하였다.

『무릉잡고』 권1 ○ 원집(原集) 시(詩) – 누암(樓巖)에서 아침에 출발하여 노재(魯齋) 홍선(洪仙)에게 적어 주고, 중원목사(中原牧使) 종주(從周) 정욱(鄭郁)에게도 보여 주었다

내 몸은 구차한 곳에 머무르고 있지만
내 생각은 구주(九州)에 머물러 있다네.
어제 홍선을 만나
중원루(中原樓)에 대한 감상을 일으켰네.
정겨운 벗을 닮은 청량한 바람
5월의 더운 기운을 걷어내는구나.
원중(原仲)이 막사에 들어와 누워 있고
효선(孝善) 김진종(金振宗)은 기자(箕子)의 가르침에 밝은데
중거(仲擧) 황준량(黃俊良)이 또 자리에 함께하니
일찍이 이런 모임이 없었다네.
월악산(月岳山)은 만 길 높이요
달천(獺川)은 천지 사이를 흐른다네.
천지의 마음이 돌고 돌아
한잔 술에 온갖 근심이 사라지고

취해 와서 강 위에 몸을 뉘이니
뱃머리만이 이리저리 고개를 돌리는구나.

『무릉잡고』 권4 ○ 원집(原集) 시(詩) – 참의(參議) 명중(明仲) 홍춘경(洪春卿)의 사행을 송별하며 [5월 5일 헌릉(獻陵)에서 제사를 올리고 써서 보내다.]

그대가 사신의 명을 받아 궁궐을 나서니
서쪽 사행길 며칠에야 천자의 궁궐에 들어가려나?
기자(箕子)의 옛 정전(井田)은 공허하게 흔적만 남아 있는데
요동의 학은 몇 번이나 돌아왔을까?
백옥경(白玉京)[10]에 소악(韶樂)[11]이 울려 퍼지니
황금대(黃金臺)[12] 위에는 상서로운 구름이 떠다니네.
누가 삼대(三代)를 마음에 새기는 객이 있을지 알리오?
홀로 사문(斯文)의 영수가 되었구나.

『무릉잡고』 권6 ○ 원집(原集) 잡저(雜著) – 책문(策問)

묻노라.

민(民)이 생긴 이래로 정치를 잘하는 사람은 요(堯)임금과 순(舜)임금만 한 이가 없으며, 정치를 잘 말하는 사람은 공자(孔子)와 맹자(孟子)만 한 이가 없다. 요임금과 순임금의 정치는 "효제(孝悌)일 뿐이다"[13]라고 하였으니, 효(孝)라는 것은 놓아두어도 준거로 삼지 않음이 없는 것이고, 제(弟)라는 것은 미루어서 통달하지 않음이 없는 것

---

10 백옥경(白玉京): 신선이 사는 거처를 의미한다.

11 소악(韶樂): 순(舜)임금의 음악으로, 공자가 듣고 석 달 동안 고기 맛을 잊을 정도로 정순한 음악을 의미한다.

12 황금대(黃金臺): 연(燕)나라 소왕(昭王)이 황금대를 만들고 현사들을 초빙했다는 고사가 있다. 여기서는 중국의 수도인 북경을 의미한다.

13 『맹자(孟子)』「고자(告子)」 하(下)에 나온다.

이다. 당우(唐虞) 삼대(三代)의 융성한 시기에는 효제의 정치를 행하는 것에 대해 상세하게 얻어들을 수 있었다. 진(秦)과 한(漢)나라 이후로는 비록 효제의 정치를 행할 만한 군주가 있더라도 맞춰 줄 만한 신하가 없거나 혹은 행할 만한 신하가 있더라도 맞춰 줄 만한 군주가 없는 채로 하릴없이 백대가 흘러가 다시 잘하는 정치를 보지 못하였으니 안타까울 뿐이다. 우리 동방이 하늘에 응해 개국하여 다른 구역이 되었지만 은(殷)나라의 태사(太師) 기자(箕子)가 가르침을 펴서 예전부터 물든 더러움을 다 씻어버렸으니 오랑캐를 변화시켜 화하(華夏)를 이룩한 것이다. 향기 나는 덕치(德治)의 성대함을 상상할 수는 있지만 문헌이 남아 있지 않아 이미 살펴볼 수 없게 되었다. 삼국 시대를 거쳐 왕씨 고려에 이르기까지의 정치도 효제라고 불릴 만한 것이 없지 않은가?

『무릉잡고』 권7 ○ 원집(原集) 서(序) – 질정관(質正官)이 되어 사행을 떠나는 한림(翰林) 김미(金亹)를 송별하며

김미가 마주 앉아 나에게 말하기를, "내가 만 리 길을 떠나는데 그대가 한마디 글 하나 써주면 안 되겠는가?" 하였다. 내가 말하기를, "그대의 말이 옳다. 옛날의 제왕 가운데 당우(唐虞) 삼대(三代)보다 성대한 정치를 베푼 이가 누가 있는가? 그 은택이 구주(九州)의 바깥까지는 도달하지 않았다. 세상을 하나로 합친 것이 한(漢)·당(唐)·송(宋)·원(元)나라보다 큰 시대가 있었던가? 그들의 정치도 볼 만한 것이 없었다. 그렇다면 하늘 아래 덮여 있고 땅 위에 서 있는 만물 가운데 하나라도 그 은택을 입지 않음이 없었던 적이 중국이 있은 이래로 명(明)나라와 같았던 적이 있었던가? 없었다. 우리나라는 바다 모퉁이에 위치하여 '예의의 나라'라고 불렸는데, 단군(檀君)의 신령스러운 교화와 기자(箕子)의 떳떳한 가르침이 진실로 성대하였다. 그러나 그 풍속이 오히려 완전히 변화하지 못하였던 것이 삼국 시대부터 고려까지 30대에 이르렀으나, 그 예문(禮文)에 여전히 부끄러운 점이 많다. 그렇다면 인(仁)에 젖어들고 의(義)를 연마하며 한쪽 구역을 다스려 하나의 물건이라도 예양(禮讓)에서 벗어나지 않게 한 적이 동방에 국가가 세워진 이래 우리 조선만 한 시대가 정녕 있었던가? 없었다. 아! 이 두 가지(명나라와 조선에서 교화를 베푸는 상황)가 예전에도 전혀 없었을 뿐만 아니라 후대에도 다시 기약하기 어려우니 지금을 살고 있는 선비의 입장에서 어찌 다행이 아니겠는가? 하물며 그대처럼 조선에서 사행의 명을 받고 중국으로 멀리 떠나게 된 상황은 어떻겠는가?"

『무릉잡고』 권1○별집(別集) 시(詩) – 자문점마(咨文點馬)[14]로 사신을 떠나는 허자(許磁)를 송별하며

넘실넘실하는 패수(浿水) 물결
오랜 세월 동안 물빛이 맑도다.
무진년 왕검성(王儉城)에 내려왔건만[15]
문헌은 이미 남아 있지 않구나.
가련한 은(殷)나라의 태사(太師)는[16]
쓸쓸하게 무덤만 남아 있지만
당시 팔조(八條)의 가르침이
습속에 남아 지금까지도 회자되는구나.
40대를 거쳤지만
자손이 끝내 아무것도 할 수 없었네.[17]
연(燕)나라의 말이 밤을 틈타 강을 건너니[18]
옛 왕조의 업적이 깨어져버린 질그릇이 되었네.

---

14 자문점마(咨文點馬): 자문(咨文) 내용을 검사하고 말[馬]을 점검하는 일이다.

15 무진년 왕검성에 내려왔건만: 단군이 무진년(B.C 2333) 태백산에 내려와 고조선(古朝鮮)을 건국하였던 사실을 가리킨다.

16 가련한 은나라의 태사: 기자(箕子)를 가리킨다.

17 40대 ~ 없었네: 기자의 40대손 기부(箕否)와 그의 아들 기준(箕準)이 나라를 잃은 일을 가리킨다.

18 연나라의 ~ 건너니: 연나라 사람 위만(衛滿)이 기준을 축출한 사건을 가리킨다.

조조는 또 어떠한 일을 하였던가?[19]
거듭 화를 불러일으켰다네.
듣자하니 조천석(朝天石)에서
동명왕(東明王)이 하늘로 승천하였다네.[20]

『무릉잡고』 권6 ○ 별집(別集) 잡저(雜著) – 책문(策問)

묻노라.

당우(唐虞) 삼대(三代) 시기에 유학의 도가 크게 밝아져 다스림이 융성하고 풍속이 아름다움이 이보다 더할 수가 없었다. 그런데 어찌하여 삼대 이후로는 성인이 세상에 나오지 않고, 천백 년에 한 번 난다 하더라도 삶이 소인에게 가로막히는 신세를 면치 못하는가? 공자(孔子)가 제(齊)나라 경종(景宗)에게 갔을 때에 안영(晏嬰)이 가로막았고, 맹자가 노(魯)나라 평공(平公)에게 갔을 때에 장창(臧倉)이 가로막았고, 이천(伊川) 정이(程頤)가 송(宋)나라 철종에게 갔을 때에 소식(蘇軾)이 가로막았고, 고정(考亭) 주희(朱熹)가 남송(南宋)의 영종(寧宗)에게 갔을 때에 한탁주(韓侂胄)가 가로막아서 천하가 적막해져 다시는 뛰어난 정치를 볼 수 없게 되었으니 오랫동안 탄식할 뿐이다. 예전에 공자와 맹자, 정자와 주자 같은 성현 앞에 안영과 장창, 소식과 한탁주 같이 어질지 못한 인물들이 없었다면, 제나라와 노나라, 북송과 남송의 정치는 변하여 도(道)에 이르지 않았겠는가. 우리 동방에서도 기자(箕子) 이후로 훌륭한 정치를 들을 수 없거니와 도가 있으면서도 때를 만나지 못한 인물은 누구인가? 그리고 가로막은 자는 누구인가? 삼가 생각건대, 우리 조선에서는 열성조(列聖朝)가 대를 이어서 빛나는 덕치가 계속 이어져 지금 성군(聖君)과 현신(賢臣)이 서로 만났으니 정치를 위한 기반은 모두 갖추어졌다. 그러나 조야(朝野)에서 천리(天理)가 혹 어두워지고, 인욕(人欲)이 혹 강성해져서 풍속이 당우 삼대의 치세에 비해 부끄러운 점이 있

---

19 아만(阿瞞): 아만은 조조의 아명(兒名)이다. 다만 이 시에서 조조가 왜 등장하는지는 알 수 없다.

20 조천석에서~승천하였다네: 동명왕이 일찍이 기린을 타고 하늘로 올라갈 때 밟고 갔다는 바위이다.

는 것은 어째서인가? 여러 군자들이 성인의 도를 배우고 세상을 경영하는 책략을 쌓아서 평소에 강구하여 왔을 것이니 숨김없이 다 진술하여 임금께 전해 올릴 수 있도록 하라.

『무릉잡고』 권6○별집(別集) 발(跋) – 사성(司成) 계진(季珍) 김언거(金彦琚)가 호남의 감영으로 들어가고, 금산군수(錦山郡守)로 부임했던 두 차례의 행차 때 주었던 시권(詩卷)에 대한 발문(跋文)

우리 동방의 문치(文治)가 은(殷)나라 태사(太師)의 가르침으로부터 시작되었다. 삼한(三韓) 시기에는 신라가 가장 문명을 숭상해서 중화(中華)에 입학해 칭송받은 이가 많았다. 그러나 『삼국사기(三國史記)』에서는 유독 문장(文章)으로 강수(强首)만을 칭찬하였는데 강수의 문장에는 사책(史册)에 실려 있는 것을 많이 볼 수 없다. 오직 홍유(弘儒) 설총(薛聰)과 백두옹(白頭翁)에 대한 이야기[21]만이 비유를 인용함과 이치에 합당함이 맹자(孟子)에 비할 만했다. 그 출생이 궁벽하면서도 너무 늦어서 공맹(孔孟)의 문하에서 수업할 수 없었던 것이 아쉬울 뿐이고, 출생이 너무 빨라서 정주(程朱)의 설을 들을 수 없었던 것이 아쉬울 뿐이다. 문창(文昌) 최치원(崔致遠)과 같은 경우 중국에서 크게 이름이 났는데, 화려한 변려문(騈儷文)은 만당(晩唐)[22]을 내려다볼 만하다.

『무릉잡고』 부록 권2 연보(年譜) – 신재선생연보(愼齋先生年譜)

정덕(正德) 28년(1549, 명종 4) 기유년 [선생 55세]

7월 문헌공(文憲公) 최충(崔沖)을 배향하는 문헌서원(文憲書院)을 해주(海州)의 서쪽에 세웠다.

---

21 설총과 백두옹에 대한 이야기: 『삼국사기(三國史記)』 권46, 「열전(列傳)」 제6, 설총(薛聰) 편에 보인다.

22 만당(晩唐): 당시(唐詩)를 시대별로 나누던 분기법 중 하나이다. 3시기로 구분할 때는 초(初), 성(盛), 만(晩)으로 나누고, 4시기로 구분할 때는 초(初), 성(盛), 중(中), 만(晩)으로 구분한다.

선생이 말씀하였다. "우리 동방은 단군(檀君)과 기자(箕子) 이후로 삼국에 이르기까지 진유(眞儒)가 나타나지 않아서 [문명이] 투박하고 무지하였다. 홍유(弘儒) 설총(薛聰)의 박학함과 문창(文昌) 최치원(崔致遠)의 문장이 비록 사람들에게 칭송받았지만 주공(周公)과 공자(孔子)의 도에 있어서는 여태껏 듣지 못하였다. 오직 최공(최충)만이 염락(濂洛)의 근원[23]을 탐구하고 학교를 세워서 성인의 도를 지키고 불교를 비판하였으며, 패도(覇道)를 축출하고 왕도(王道)를 존숭하였다. 탁한 세상을 정화시켜 나라를 위해 춤추는 봉황[24]이 되었고, 뭇사람들의 의심을 해결하여 세상을 위한 거북점과 시초점[25]이 되었으니 실로 세상을 교화시킨 데 공이 있다.

『河西全集』(1568년)

金麟厚(1510~1560)

『하서전집』은 조선 전기의 학자인 김인후의 시가와 산문을 엮어 그의 사후에 편찬한 시문집이다.

김인후의 본관은 울산(蔚山), 자는 후지(厚之), 호는 하서(河西)·담재(湛齋)이다. 1531년(중종 26)에 사마시에 합격, 성균관에 입학하였으며 9년 연상인 이황과 동문수학하였다. 1543년(중종 38)에는 홍문관박사 겸 세자시강원설서, 홍문관부수찬에 임명되었다. 성균관전적, 공조정랑, 홍문관교리 등의 관직이 제수되었으나

23 염락(濂洛)의 근원: 염계(濂溪) 주돈이(周敦頤)와 낙양(洛陽)의 정호(程顥)·정이(程頤) 형제를 가리킨다. 이들은 횡거(橫渠) 장재(張載), 강절(康節) 소옹(邵雍) 등과 함께 북송(北宋) 5현으로 꼽히며, 남송(南宋)대 주희(朱熹)의 성리학 집대성에 영향을 준다.

24 춤추는 봉황[儀鳳]: 『서경(書經)』「익직(益稷)」편에 나온 고사로 "소소를 아홉 번 연주하니 봉황이 와서 춤을 추었다"고 하였으니 태평성대를 가리키는 말이다.

25 거북점과 시초점[蓍龜]: 시귀는 거북점과 시초점을 가리키는 것으로, 일의 시비와 길흉을 점치던 것이다. 여기서는 모든 의문을 해결해 주고 나라의 중대사를 결정하는 국사(國士)나 재상(宰相)을 뜻한다.

모두 사양하였다.

『하서전집』은 세 번에 걸쳐 간행되었다. 초간은 1568년(선조 1) 김인후의 문인인 조희문(趙希文) 등에 의해서 진행되었다. 그 뒤 1686년(숙종 12)에 박세채에 의해 초간본에 부록을 첨부하고 별집 9권을 추가하여 중간하였고, 1796년(정조 20)에 김인후가 문묘에 배향되고 이듬해에 정조가 문집 중간을 명하여, 후학들이 재편집하여 '전집'이라 이름하고 1802년(순조 2)에 삼간하였다. 1980년 하서선생기념사업회에서 김인후의 시문학 저술로는 가장 유명한 「백련초해(百聯抄解)」, 「하서초천자(河西草千字)」, 「하서유묵(河西遺墨)」 등을 추가로 수록하여 『하서전집』이라는 이름으로 간행하였다. 문집은 원집 12권, 부록 4권 총 16권 8책으로 구성되어 있다. 권수(卷首)에는 어제사제문(御製賜祭文) 2편, 사제문(賜祭文) · 문묘종사교서(文廟從祀敎書) 및 반교문(頒敎文) · 문묘승배축문(文廟陞配祝文)이 있다. 권1에 부(賦) 13편, 사(辭) 5편이 있다. 권2~10에는 오언고시 170여 수, 칠언고시 68수, 오언절구 260여 수, 칠언절구 460여 수, 오언율시 250여 수, 칠언율시 200여 수, 오언배율 25수, 칠언배율 6수가 실려 있다. 권11에는 차(箚) 1편, 서(書) 6편, 서(序) 2편, 기(記) 1편, 발 2편이 있고, 권12에는 찬(贊) 1편, 명(銘) 1편, 송(頌) 1편, 전(箋) 3편, 계(啓) 1편, 상량문 1편, 제문 4편, 묘지명 5편, 잡저 8편이 수록되어 있다.

부록 권1에는 가장, 행장, 신도비명, 묘표, 묘지명이 실려 있고 권2에는 서술(敍述) 65조, 제문 3편, 시 39수, 상량문, 발이 수록되어 있다. 권3~4에는 시조로부터 9세인 저자와 그이후 20세까지 수록된 세계도와 편년체로 기술한 연보가 실려 있다.

고조선과 관련해서는 주로 조선을 문명화한 기자에 대해 서술하고 있다. 평양에 대한 오언율시에서 단군과 기자, 주몽을 언급한 내용이 나온다.

『하서전집』 하서선생전집 권수(卷首) – 하서선생전집(河西先生全集) 서(序)

혹자는 선생이 만년에 몸을 술에 의탁한 것은 성현의 규범이 아니라고 의심하기도 하지만, 나는 이르기를 태백이 나체로써 문식을 한 것이 지덕(至德)에 해가 되지 않았으며 기자가 양광(佯狂)하여 종노릇을 한 것도 역시 측달(惻怛)의 인(仁)이 되었으니 선생이 어찌 받은 바 없이 그러했겠는가. (605쪽 1~2)

『하서전집』 하서선생전집 권1 사(辭) – 조비간사(弔比干辭)

슬프도다. 왕자(王子)의 충직함이여. 마침내 난리 세상 만났네그려. 상저(象箸) 뒤엔 반드시 제 한 몸 없어져도 걱정 않는지. 강개하게 곧은 말만 늘 들이대니 모두들 우자(愚者)로만 여길 수밖에. 그대의 마음속을 내 알다마다. 어찌 뒤를 염려하며 몸 보전하리. 종묘사직 눈앞에 망해 가는데 차마 보고 앉아서 구원 않으리. 기자는 노(奴)가 되고 미자도 가고 서백이 일어나니 조기(祖己)는 공구하네. 흰 해를 지적하며 옥배 따르니 지탱 못 해 하늘이 버린 거로세. 그대는 왜 그 사이서 방황만 하며 분을 토하되 임금은 살피기는커녕 도리어 성내네. 나아가 외치자도 얻지 못하니 숨 다하는 그날로 한정했나니. 심장이 짜개진들 변할 리 있나. 아홉 번을 죽어도 더욱 굳는 걸. 정기가 엉겨 붙고 한이 맺히어 천년인 오늘에도 닦이질 않아. 뉜들 할 말 다하고자 않겠는가만 대개 제 몸 이해를 중히 여기네. 역린에 항거하여 고간함이여. 그대 같은 사람은 몇이 있으리. 묵은 역사 뒤적이며 생각하자니 만고를 우러러라 한숨 더 하네. (606쪽 3)

『하서전집』 하서선생전집 권2 오언고시(五言古詩) – 황상사의 환향을 전송하면서(送黃上舍(世文)還鄕)

내 들으니 패강의 서쪽 지역은 실제로 기자의 도읍터라고. 산천은 기이한 경치가 많아 빼어나고 고와서 그림 같거든. 오늘에 이르러라 천만년인데 그어 놓은 우물 정(井) 자 모양 남았네. 평화로운 문물이 태평을 만나 벼와 뽕은 넓은 들을 연대었다오. 길고 짧은 유류나무 길섶을 안아 십 리라 네거리에 그늘 덮이고. 여기저기 단청의 누각이 솟아 천 이랑의 호수를 내리눌렀네. 언제라도 한번 가서 구경하는 날 형해의 얽매임을 훨훨 벗어나 이름 높은 기린굴을 더듬어 보고 경치 좋은 금수봉을 올라도 보고. 옛일 묻는 정공의 학이 되어라 몸을 날린 왕자의 오리가 되면. 서성이라 한 조각 땅이 모두 다 시낭 속에 들어와 실릴 터인데. 생각만 노상 하고 이루지 못해 십 년이라 홍진 속에 해매는 신세. 조정에서 많은 선비 선발을 하여 뭇 어진이 줄지어 오고 있는데. 오직 나와 그대는 축에 못 끼어 낙제하니 제우(齊竽)가 부끄러우이. 눌러 태학관 안에 머무르면서 밤낮으로 당우를 강론하였네. 가을 가고 찬 겨울로 접어드는데 의기가 서로 맞아 외롭지 않아. 어긋나기 쉬운 것은 인생인지라 어찌 늘 즐거움만을 얻을 수 있나. 소맷자락 떨치고 문을 나가니 흰 망아지를 엮어 맬 길이 없구려. 한말 들어 강산에 부탁하련다. 강산이 이내 몸을 받아줄는지. 종당에 찾아갈 날 있고 말리니 번거롭다 말고 부디 기다려다오. (606쪽 4~607쪽 5)

『하서전집』 하서선생전집 권8 오언율시(五言律詩) – 관서로 가는 사수를 전송하다(送士遂關西之行)

네 선랑이 바다에 노닌 땅이요, 백이와 숙제 고사리를 캐던 터로세. 가는 길은 왕공의 성곽 거치고 나라는 기자 살던 곳과 연댔네. 가을이 깊어 가니 사저(沙渚)는 멀고, 성예로워 나무그늘 성글하다오. 만 리라 그대 행차 늦게 떠나니 서릿바람 이별의 옷깃 날리네.(607쪽 6)

『하서전집』 하서선생전집 권9 오언율시(五言律詩) – 금양군 부인 안씨의 만사(挽錦陽君夫人安氏)

부덕은 한가지로 모자람 없어 사십 년을 빈(賓)처럼 공경했다오. 규내에는 위아래가 다 화락하고 당 앞에선 형제들이 잘 어울렸네. 유공작은 가정이 아름답고 선원이라 배우가 어질었거든. 기주에 복 하나가 차지 못하니 사명(司命)이 제 위치를 잃었군 그래.

『하서전집』 하서선생전집 권10 오언배율(五言排律) – 서도(西都)

단군은 날 때부터 남과 달랐고 기자의 가르침은 무궁하도다. 정전 그어 끼친 제도 보존해 오고 팔조로 옛 풍속을 개혁했다네. 도망하여 들어온 자 위만이라면, 굴기한 건 주몽이라 이야기하네. 주도는 처음으로 예를 따르고 창과 활의 무(武) 숭상 뒤로 했다오. 한 무제는 낙랑을 개척하였고 당 태종은 안동을 설치했느니 금수(錦繡)처럼 뭇 봉우리 수려도 한데 능라도라 그림 같은 웅장한 섬들, 토산(兎山)은 풀과 나무 묵어 얽히고 기린굴은 쑥풀에 가려 어둡네. 돌은 조천(朝天)의 자취 묻혀 버리고 덕암(德巖)은 물 막은 공 독차지했네. 패강은 어느 누가 진 만들었나. 용언(龍堰)은 부질없이 궁을 이뤄라. 장락궁의 군림은 다시 못 보고 산과 물은 영숭전을 감돌아 있네.

『하서전집』 하서선생전집 권11 서(序) – 학전상인(學專上人) 시축서(詩軸序)

우리 조선은 비록 예부터 검은 사마귀만 한 땅이라 이르지만 그 강계는 중국과 연접하여 혼동강 일대로써 안과 밖이 되었으며, 기자는 주나라에 신하 노릇을 아니하고 이 나라에 봉을 받았고, 공자님은 천하를 철환하고서 여기에 살고자 하는 뜻을 지녔었다. 이 밖의 연제진한(燕·齊·秦·漢)의 임금들도 또한 스스로 굴강하고 과대하여 중국을 다스리며 우내(宇內)를 좁게 여기는 자가 있었지만 모두 목을 늘여 쳐다보며 소위 삼신산에 한번 가 보기를 원했는데 대방의 방장산이 그중의 하나였으니 그 또한 특이하였다.

『하서전집』 하서선생전집 권12 잡저(雜著) – 양광위노론(佯狂爲奴論)

논을 아래와 같이 한다. 사람의 싫어하는 것은 자기 몸을 욕되게 사는 것보다 더함이 없지만 도가 존재하는 곳에는 군자가 이것을 욕으로 여기지 않았으며, 내 몸을 욕되게 하는 것은 노예가 되는 것보다 천함이 없지만 의가 들어 있는 곳에는 군자가 그것을 천하게 여기지 아니하였다. 욕되고 천한 것은 내 몸의 밖에 있고 도와 의는 내 몸의 안에 있는 것이니, 나는 그 안에 있는 것을 세울 뿐이요, 그 밖에 있는 것은 마땅히 순히 받아야 할 줄을 안다면 어디에 들어가도 스스로 얻지 못할 것이 없다. 독부(獨

夫) 수(受)는 교만하고 사치하고, 음탕하고 안일하여 하늘도 싫어하고 사람도 지쳤으니, 성탕(成湯)의 수백 년 종묘사직이 장차 이성(異姓)에게 옮겨 가게 되었은즉 할 말을 다 하고 과감히 간하여 죽음이 있을 따름이며, 선조를 받들고 제사를 보존하여 떠나감이 있을 따름이거니와, 이미 죽지도 못했고 또 떠나갈 수도 없는 처지라면 진실로 마땅히 그 몸을 보전해야 하며 꼭 그 무익한 죽음을 취할 필요는 없는 것이요, 도를 지키고 의를 행하여 명분 없는 떠나감에만 급급할 필요도 없는 것이다. 내 몸이 천하고 욕되는 것도 피하지 아니할 수가 있으며, 그 도의 존재한 바와 의의 편안한 바도 당초 또한 밖에 기다릴 것이 없는 이상 자취는 비록 예의를 버린 것이 혐의스럽지만 도는 진실로 그대로 있으며, 일은 비록 그 몸을 가볍게 여기는 데 들어가지만 의는 일찍이 망하지 아니한 것이다. 왜냐하면 가하지 않으면 그치는 것은 대신(大臣)의 도요, 나라와 더불어 휴척(休戚)을 같이하는 것은 귀척(貴戚)의 의인데 하물며 간하다가 갇히고 보면 말을 올릴 길이 없고, 나라에 사람이 없으니 떠나가야 할 의가 없음에랴. 이때를 당하여 천하의 민심이 은나라에 돌아간 지가 오래이라. 고가(故家) 유속(遺俗)의 승습과 유풍(流風) 선정(善政)의 남음과 선왕의 덕택이 백성에게 젖어든 것이 대개는 민멸되지 않았으니, 사람의 일이란 변천이 있고 기회란 무상한 것인즉, 혹 난세가 변해서 치세가 되고 화가 돌아가서 복이 되는 경우라면 나는 모르괘라 천하의 책임을 맡을 자가 누구이랴. 어찌 그 차라리 죽어서 은나라 망하는 꼴을 보지 아니하고, 차라리 떠나가서 화가 몸에 미치지 아니할 것을 헤아리지 아니했으리오만, 죽어도 무익한 죽음이라면 죽는 것만이 제일은 아닐 것이요, 떠나가도 명분이 없다면 떠나가는 것을 조촐하다고만 아니할 것이다. 길이 생각하고 돌아보곤 하여 그 권(權)을 얻어 그 중(中)을 씀에 있어서는 마땅히 도로써 몸에 따르게 하고 의로써 명(命)에 처하게 하며, 방광(放曠)으로 형(形)을 잊고 시천(厮賤)으로 일을 하되 오직 처하기를 편안히 하고 욕되지 않은 바가 있게 하는 것만 같지 못하다. 이렇게 하는 것은 몸을 욕되게 하는 것이 아니라 바로 몸을 보전하는 것이요, 그 몸을 보전하는 것은 바로 그 도와 의를 보전하는 것인 동시에 끝내는 그 국가를 보전하고자 한 것이며, 일이 반드시 이루어지지 못하고 때가 회복될 수 없다는 점에 이르러서는 미리 염려할 바가 아닌 것이니, 일이란 혹 그렇게 되는 수도 있고 때란 마침 이르러 오는 수도 있는 것인즉 죽지 않고 떠나지 않고 천하고 욕되는 데에 감심(甘心)한 것은 어찌 다른 일이 있어서랴. 세상 사람들이 혹은 다만 몸 보전하는 것만으로 지극하다 하며, 도와 의가 존재하고 편안한 것은 살피지 못한다면 어찌 족히 성현을 논할 수 있으랴. 역(易)에 이르기를, "안은 어려우되 능히 그 뜻을 바로 한다" 또는 "기자의 명이이니 정고함이 이롭다"라 했으니, 이로써 지극하다 하겠다. 근론.

『하서전집』 하서선생전집부록 권1 – 행장(行狀) [박세채(朴世采)]

기유년에 또 문정(文靖)이라 시호를 내렸다. 우리나라는 은나라 태사[기자를 가리킴-역자주]의 교화가 멀어짐으로부터 성현의 학문이 밝지 못하다가 우리 중종 명종 때에 이르러 정치와 교육이 융성하여 군현(羣賢)들이 배출되었는데 모두 정주의 학으로 준칙을 삼았다. 그러나 도기(道器), 위미(危微)의 학설에 대하여 아직도 분명히 알지 못한 청형(聽瑩)이 많았는데 선생은 스스로 혼자 대의를 보아 바름을 잃지 아니하였다. 출처의 의리에 대해서는 더욱 어두워서 고려 말기로부터 본조에 이르기까지 종유와 명현들도 왕왕 위태롭고 혼란한 조정에 나아가 주선하고 협력하여 뜻은 사직을 붙들고 사림을 구제하려고 하였으나 자신도 화를 면치 못했는데 선생은 스스로 기미를 알고 의를 지켜 은둔하여 고민함이 없고 독립하여 두려워하지 않았다.

『하서전집』 하서선생전집부록 권1 – 신도비명(神道碑銘) [병서(并序)○후학 송시열 찬(後學宋時烈撰)]

대개 해동이 기자로부터 세대가 멀어져 성학이 밝지 못했는데 우리 중종 명종의 세상에 이르러 정치 교화가 융성하여 낙민(洛閩)으로 준칙을 삼지 않은 바 없었다. 그러나 도기(道器) 위미(危微)의 설에는 오히려 의심을 갖는 자가 많았는데 선생은 스스로 능히 대의를 통찰함과 동시에 학문과 사변으로 곧장 정맥을 찾았으며, 우리나라의 종유 명현들이 왕왕 어지러운 세상에 몸을 바쳐 주선하고 배화하며 뜻이 사직을 붙잡고 사림을 구제하려 했으나 자신조차 면하지 못했는데 선생은 스스로 능히 지미지창(知

微知彰)하여 세상을 도피하되 답답함이 없이 일생을 마치셨다.

(출처: 『하서전집』, 하서선생기념사업회, 필암서원, 1993)

『陽谷集』(1571년)

蘇世讓(1486~1562)

『양곡집』은 조선 전기의 문신 소세양의 시문집으로 1571년(선조 4)에 간행되었다.

소세양의 본관은 진주(晋州), 자는 언겸(彦謙), 호는 양곡(陽谷)·퇴재(退齋)·퇴휴당(退休堂)이다. 1504년(연산군 10) 진사시, 1509년(중종 4) 식년문과에 급제하였다. 1514년(중종 9) 사가독서(賜暇讀書)를 했고, 직제학을 거쳐 사성이 되었다. 1533년(중종 28) 진하사(進賀使)로 명나라에 다녀왔다. 1545년(인종 1) 윤임(尹任) 일파의 탄핵으로 사직하였다가 명종 즉위 후 을사사화로 윤임 일파가 몰락하자 재기용되었다.

아들 소수(蘇遂)가 편집하여 곡산(谷山)에서 간행하였다. 1935년 후손 소학규(蘇學奎) 등이 저자의 작품을 추가하여 중간하였다. 초간본은 현재 연세대학교 중앙도서관(결본), 일본의 동양문고에 소장되어 있다.

본문은 모두 14권 7책으로 구성되어 있다. 권1~10은 시(詩), 권11~14는 문(文)이다.

『양곡집』에서는 기자 관련 기록이 1건 확인된다. 평안도가 곧 기자의 옛 도읍지였다는 내용이다.

『양곡집』 권11, 비(碑)○갈(碣) – 좌찬성 김극핍(金克愊) 공 신도비명(神道碑銘) [병서(并序)]

신해년(1551, 명종 6) 참찬(參贊) 김명윤(金明胤)이 평안도관찰사가 되고, 동지(同知) 김홍윤(金弘胤)도 황해도관찰사가 되었는데, 두 도(道)는 서로 붙어 있다. 관서(關西)는 기자의 옛 도읍지로 강산이 수려하고 인물이 번성하며, 누각과 정대(亭臺)의 풍경이 동방에서 제일이다. 형제가 모두 고관이 되어 판여(板輿)로 어머니를 봉양하며 명승지를 유람하니 곁에서 모시는 바가 이보다 훌륭할 수는 없을 것이다.

『錦南集』(1571년) 崔溥(1454~1504)

『금남집』은 조선 전기의 문신 최부의 시문집이다. 저자의 외손자 유희춘(柳希春)이 수집, 편차하여 1571년(선조 4) 처음 간행하였다.

최부의 본관은 탐진(耽津), 자는 연연(淵淵), 호는 금남(錦南)이며, 전라도 나주 출신이다. 김종직(金宗直)의 문인으로, 1482년(성종 13) 친시문과에 을과로 급제한 뒤 교서관저작, 박사, 군자감주부 등을 역임하였다. 『동국통감』과 『동국여지승람』 편찬에도 참여했다. 1487년(성종 18) 제주의 추쇄경차관(推刷敬差官)으로 임명되어 제주로 건너갔다가 부친상을 당해 돌아오는 길에 풍랑을 만나 표류하게 되어 명나라 태주부 임해현(台州府臨海縣)에 도착하였다. 많은 어려움을 겪은 끝에 조선으로 돌아왔으며, 당시 겪은 일을 『금남표해록(錦南漂海錄)』 3권에 기록하였다. 그 후 지평 등을 역임하고 질정관(質正官)으로서 명나라에 다녀오기도 하였다. 1498년(연산군 4) 무오사화로 인해 유배되었고, 유배지에서 지내다가 1504년(연산군 10) 갑자사화 때 처형되었다.

문집은 본집 권1~2에는 소(疏), 기(記)와 「동국통감론(東國通鑑論)」이 실려 있다. 권3~5의 3권은 「표해록(漂海錄)」인데 저자가 표류하여 13일 만에 중국에 도착하고 그 후로 귀국하기까지의 일기(日記)가 상세하게 기록되어 있다.

『금남집』의 「동국통감론」에 고조선, 고구려, 마한, 백제 등에 관한 최부의 견해가 실려 있다. 또한 「표해록」에도 단군과 기자에 대한 설명이 나오는데, 저자가 표류하여 중국에 갔을 때 중국 관리에게 자신을 소개하면서 진술한 내용이다.

『금남집』 권1 기(記) – 모화관기(慕華館記)

우리 대동(大東)은 예의(禮義)의 나라이다. 삼한과 고려를 거치는 동안 기자(箕子)의 구주(九疇)와 황극(皇極)의 가르침을 따랐고 사대의 예를 닦은 지 천 년이 지나 지금에 이르렀다. 국초에 한양(漢陽)에 도읍을 정하고 예제(禮制)를 더욱 치밀하게 하여 도성 안에 태평관(太平館)을 짓고 국경 밖에 망화루(望華樓)를 세웠지만, 유독 맞이하고 보내는 거리에는 건물을 세우지 않았다.

『금남집』 권1 동국통감론(東國通鑑論) – 단군조선(檀君朝鮮)

옛 기록에 이르기를, "단군(檀君)이 요(堯)와 같은 때에 즉위하여 우(虞)나라와 하(夏)나라를 지나 상(商)나라 무정(武丁) 8년 을미년에 이르러 아사달산(阿斯達山)에 들어가서 신(神)이 되었는데, 향년 1,048세이다" 하였는데, 이 설은 의심할 만하다. 지금 살펴보건대, 요가 즉위한 것은 상원(上元) 갑자(甲子)와 갑진(甲辰)의 해인데 단군이 즉위한 것은 25년 후인 무진(戊辰)이다. 그러하니 요와 같은 때에 즉위했다고 얘기하는 것은 잘못되었다. 요순(堯舜) 때부터 하나라와 은나라에 이르는 동안 세상이 점점 각박해져서 인군(人君) 중 길게 국가를 다스린 사람이 불과 50~60년밖에 되지 않는데 어찌 단군만이 홀로 1,048년을 장수하면서 한 나라를 다스렸다는 말인가. 그 설이 허황된 것임을 알겠다. 선배들이 이를 두고 말하기를 "1,048년이라고 말하는 것은 단씨(檀氏)가 대를 전해 내려온 햇수이지 단군의 수명이 아니다"라고 하였는데, 이 이야기가 일리가 있다. 근세에 권근(權近)이 천자를 알현하는데 태조 고황제(太祖高皇帝)가 권근에게 단군을 시제(詩題)로 시를 짓도록 명하였다. 권근이 시를 지어 말하기를 "몇 대를 전해 내려왔는지 모르겠으나, 지낸 햇수는 천 년이 넘었네" 하였다. 당시의 논의 역시 권근의 말이 옳다고 하였다. 이에 대해서는 그대로 두고 훗날 상고하도록 한다.

『금남집』 권1 동국통감론(東國通鑑論) – 기자조선(箕子朝鮮)

범엽(范曄)이 이르기를, "기자(箕子)가 쇠망하는 은(殷)나라의 운수에서 벗어나 궁벽한 조선(朝鮮)에 피신하였다. 팔조(八條)의 규약을 시행하여 사람들에게 금해야 할 것을 알게 하였더니, 마을에 음란한 자와 도둑이 없게 되었고 밤에도 문을 잠그지 않아도 되었다. 순하고 공손한 풍속이 생기고 도덕과 의리가 있게 되었다. 가르치는 조문을 간략하게 하면서 신의(信義)를 이용한 것은 성현이 법을 만든 근본 취지를 얻은 것이라고 하겠다"라고 하였다. 함허자(涵虛子)는 이르기를, "기자가 중국인 5천 명을 거느리고 조선으로 들어감에 시서예악(詩書禮樂), 의무(醫巫), 음양(陰陽), 복서(卜筮)의 무리와 온갖 공인, 기술자들이 모두 따라갔다. 조선에 도착하고 나서 언어가 통하지 않자 통역하여 이해시켰는데, 시서(詩書)를 가르쳐서 중국의 예악(禮樂) 제도와 부자군친(父子君親)의 도리, 오상(五常)의 예법을 알게 하였다. 팔조를 가르쳐서 신의를 숭상하게 하고 유학(儒學)을 충실히 따르게 하였으며 중국의 풍속을 이루게 하였다. 싸움을 벌여 전쟁을 숭상하지 않도록 가르치고, 힘세고 포악한 자들을 덕으로 복종시키니, 이웃 나라들이 모두 그 의리를 사모하고 서로 친하게 되었다. 의관(衣冠)과 제도(制度)가 모두 중국과 같아졌다. 그래서 '시서예악의 나라', '인의(仁義)의 나라'라고 하였는데, 이는 기자가 처음 시작한 것이다. 어찌 믿지 않겠는가"라고 하였다.

『금남집』 권1 동국통감론(東國通鑑論) – 마한(馬韓)의 멸망

주(周)나라 무왕(武王) 기묘년 은(殷)나라 태사(太師) 기자(箕子)를 조선에 봉하였는데, 평양(平壤)에 도읍하고 서로 이어 9백여 년을 전해 내려왔다. 40대손 기부(孫否)에 이르러 진시황(秦始皇) 26년 경진년(B.C 221)에 진나라를 두려워하여 복속하였는데 부(否)는 죽고 그 아들 준(準)이 즉위하였다. 29년 뒤인 한(漢)나라 혜제(惠帝) 무신년(B.C 193)에 연(燕)나라 사람 위만(衛滿)이 망명하여 무리들을 모아 공격하니 준은 바닷길로 남쪽으로 가서 금마군(金馬郡)에 이르러 도읍을 정하고 마한(馬韓)이라 칭하였다. 50여 나라를 통솔하였는데, 사군(四郡)과 이부(二府)의 시기를 거쳐 대대로 전하여 200년 만에 백제(百濟)에 멸망당하였다. 기씨(箕氏)가 서로 전한 것이 그동안 대략 1천여 년이다. 그토록 오랫동안 세대를 전하여 여기까지 이른 것은 어찌 그렇게 될 만한 까닭이 없겠는가. 대개 우리 기자가 구주(九疇)를 밝히는 학문과 신하가 되지 않겠다는 높은 뜻으로 백성들을 모아 동쪽으로 와서 팔조(八條)의 가르침을 펴고 정전(井田)의 제도를 시행하여 그 깊은 인자함과 두터운 은택이 민심을 굳게 결속하기에 충분하였으므로 길게 국맥(國脈)이 면면히 이어진 것이다. 우리 동방의 예속(禮俗)의 아름다움은 천하에 소문이 나서 공자는 살고 싶다는 뜻을 가지고 있었고, 한사(漢史)에서는 인현(仁賢)으로 교화된 곳이라고 하였으며, 당서(唐書)에서는 아름다운 군자의 나라라고 하였고, 송나라 조정에서는 예악과 문물의 나라라고 하였다. 함허자(涵虛子)도 말하기를, "시서인의(詩書仁義)의 나라이다"라고 하였다. 우리 기자가 지나는 곳을 교화시키고 신령스러운 오묘함을 우리 동방에 베풀어 천만년을 누렸어도 하루와 같은데 전적에 실려 전하는 데가 없어 문헌으로 증명할 수 없는 것이 애석하다. 지금 마한이 멸망한 것에 대해 김부식(金富軾)과 권근(權近)이 모두 기군(箕君)의 시종(始終)을 말하지 않은 것은 무엇 때문이겠는가. 기자와 같은 성덕으로도 자손이 미약하여 파천(播遷)된 하루아침에 제사를 지내지 않고 멸절되었으니, 또한 슬픈 일 아니겠는가.

『금남집』 권1 동국통감론(東國通鑑論) – 백제(百濟)의 멸망

시조(始祖)는 동명왕(東明王)의 맏아들이었는데 태자(太子)의 미움을 받아 용납되지 못할까 두려워서 환난을 피해 달아났다. 험준한 길을 지나 하남(河南)에 이르러 나라를 세우고 도읍을 정했다. … 황제의 명을 어겨 어지러운 마음도 없었고 고구려와 결탁하여 조공하는 길을 끊고서도 오히려 무절제하게 음주를 하고 향락을 탐닉하여 충성스러운 간언도 끊어서 막아버렸다. 위에서 하늘이 노하여 여러 차례 재이가 생겨 정녕코 경고하는데도 오히려 깨닫지 못하고 안이하게 스스로 방자하여 탄현(炭峴)과 백마강(白馬江)의 험준함을 보존할 수 없었다. 당(唐)나라 병사들이 한번 이르자 사직은 폐허가 되고 부여씨는 제사를 받들지 못하게 되었다. 아! 슬프도다!

『금남집』 권1 동국통감론(東國通鑑論) – 고구려(高句麗)의 멸망

시조(始祖)는 영웅의 자질을 지녀서 금와(金蛙)의 여러 아들에게 미움을 받아 졸본(卒本)으로 피난하여 풀숲을 헤치고 나라를 세웠다. 제도를 만들 겨를이 없었으나 위엄과 덕망이 날로 번성하였고 귀부하는 사람들도 많았다. 송양국(松讓國)을 항복시키고 말갈(靺鞨)을 물리쳤으며 행인(荇人)[26]을 병합하고 옥저(沃沮)를 멸망시켰다. 한 지역에 우뚝 자리를 잡고서 호시탐탐 삼한을 노리었으나 어찌 성공이 쉬웠겠는가. 유리(琉璃)는 유복자로 다른 나라에 있었기에 왕위를 계승하기 어려웠으나, 다행히 후계자가 되어 선비(鮮卑)를 항복시키고 양맥(梁貊)을 멸망시키며 국토를 점점 넓혔다. 그러나 작은 죄에 분개하여 두 신하를 주살하고 용맹함을 미워하여 태자를 죽였으니 이것이 안타까울 따름이다. 대무(大武)는 총명하고 용맹스러웠다. 미천한 자들 중에서 괴유(怪由)[27]를 발탁하였고 두지(豆智)에게 위임하여 군사의 일을 맡도록 하였다. 구도(仇都)는 욕심이 많고 야비하였기에 물리쳤고, 발소(勃素)는 지혜롭고 능력이 있었기에 포상을 받았다. 개마(蓋馬)를 정벌하고 낙랑을 멸망시켰다. 부여는 달아나서 스스로 숨었고, 구다(句茶)는 두려워서 항복해 왔다. 그래서 국토는 넓어졌으며 국세는 더욱 번창하게 되었다.

『금남집』 권2 동국통감론(東國通鑑論) – 고려 숙종(肅宗) 때 예부(禮部)에서 아뢰기를, "우리나라가 예의에 교화된 것은 기자(箕子)로부터 시작되었는데, 아직도 사당(祠堂)이 없고 사전(祀典)에도 빠져 있습니다. 비옵건대 분묘를 찾게 하고 사당을 세워서 제사 지내기를 청합니다" 하니, 왕이 그 말을 따랐다.

『예기(禮記)』「제법(祭法)」에 이르기를, "성왕(聖王)이 제사(祭祀)의 제도를 마련하면서, 백성들에게 덕을 베풀었다면 제사를 지낸다"라고 하였다. 은(殷)나라 태사(太師, 기

---

26 태백산 동남쪽에 있는 나라 이름이다.

27 고구려 대무신왕이 발탁한 장수로 키가 아홉 자나 되었다고 한다. 대무신왕 5년(22)에 부여를 칠 때 부여 왕의 머리를 베었다.

자)는 천인(天人)의 학문을 얻어 어려움에 처했을 때 주(周)나라 무왕(武王)을 위해서 홍범(洪範)을 아뢰고 조선 땅에 봉해졌다. 팔조(八條)로 교화하여 오랑캐가 중화(中華)가 되도록 하여 군자예의지국(君子禮義之國)을 이루었다. 당(唐)나라 유종원(柳宗元)이 찬술한 묘비(廟碑)에 이르기를, "성인을 본받아 백성들의 말을 교화하는 데까지 미쳤도다"라고 하였는데, 이는 실제 기록이다. 우리 동방의 역대 군신 가운데 사전(祀典)을 거행할 수 있는 사람이 없었는데, 다행히 지금 예부(禮部)에서 건백(建白)하고 숙종(肅宗)이 이를 따랐다. 무덤[墳塋]은 비록 오래되었지만 묘(廟)의 모습은 새롭게 되고 여초(荔蕉, 제수)를 바쳐 영원토록 신령이 흠양하게 되었다. 수천 수백 년 동안 무너졌던 사전(祀典)이 하루아침에 갖추어졌으니 가상하다.

『企齋集』(1573년 이전)

申光漢(1484~1555)

『기재집』은 조선 전기의 문신 신광한의 시문집이다.

신광한의 본관은 고령(高靈), 자는 한지(漢之)·시회(時晦), 호는 낙봉(駱峰)·기재(企齋)·석선재(石仙齋)·청성동주(靑城洞主)이다. 조부는 영의정 신숙주(申叔舟)이며, 아버지는 내자시정(內資寺正) 신형(申泂)이다. 어머니는 사포(司圃) 정보(鄭溥)의 딸이다. 1510년(중종 5) 문과에 급제하였고, 사가독서를 하였다. 1519년(중종 14) 기묘사화에서 조광조 일파로 탄핵되어 좌천되었다가 이듬해 파직되고, 이후 18년간 칩거하였다. 1538년(중종 33) 복직되었고 명종 시기 을사사화 당시에는 소윤(小尹)에 가담하여 공신에 책봉되었다. 이조판서, 대제학 등을 역임하였다.

문집의 간행 경위는 알 수 없다. 다만 「미암일기초(眉岩日記草)」에 1573년(선조 6) 무렵 해주(海州)에서 간행한 사실이 기록되어 있다. 자형(字形)이나 판각(板刻) 형태로 미루어 볼 때 원집(原集) 12권과 별집(別集) 7권이 먼저 간행된 뒤에 부록(附錄) 2권과 문집(文集) 3권이 추가되어 합쳐진 것으로 보인다.

단군과 기자 관련 내용이 권8의 「동사록(東槎錄)」과 권12의 「황화집(皇華集)」에 집중되어 나온다. 모두 중국 사신과 수창한 기록들이다. 그중에서도 특히 기자 관련 기록이 많다. 내용은 모두 단군과 기자의 행적을 찬송하는 것이다.

『기재집』 권8 동사록(東槎錄) – 단군사(檀君祠)

향을 살라 보답하는 제사를 올리는데
옛 사당 등나무가 덮어버렸네.
요임금과 한때 세상에 나와
덕은 문조(文祖)에 비견할 만하네.[28] (608쪽 1)

『기재집』 권8 동사록(東槎錄) – 기자묘(箕子廟)

기자의 밝은 덕은 땅속으로 들어갔고
홍범(洪範) 역시 저승 속으로 사라졌네.
그때와 같은 덕을 지닌 이 없으니
지금 누가 사당에 제수를 올릴 것인가? (608쪽 1~2)

『기재집』 권8 동사록(東槎錄) – 기자사(箕子祠)

신(神)은 옛 사당에 깊이 잠겨 있고
혼령은 바람에 실려 늘 이곳을 꽉 채우네.
팔조(八條)의 가르침 대대로 흠모를 받고
구가(九歌)가 울리는 가운데 집집마다 술잔을 올린다네. (608쪽 2)

---

28 덕은 ~ 만하네: 문조는 요(堯)임금의 시조를 가리킨다. 여기서는 단군이 우리나라의 시조임을 강조하기 위해 문조에 빗댄 것이다.

『기재집』 권8 동사록(東槎錄) – 〈기자사(箕子祠)〉에 차운하다

덩굴이 옛 사당의 지붕을 가득 덮었지만
여지 열매와 초주(椒酒)를 올리니 제사가 어찌 지나치겠는가?
주나라 무왕이 홍범의 법도를 전수받았으니
노나라의 공자가 이 마음을 이해하였네.
팔조(八條)의 남은 가르침 공연히 사랑을 남겨 놓았지만
천 년 동안 그 뜻을 알아주는 이 없었으니
서글퍼라! 제왕의 법도 쓰이지 못함이여.
구준(衢罇)의 술잔 어떻게 다시 올릴 것인가.[29] (609쪽 3)

『기재집』 권8 동사록(東槎錄) – 중국 사신의 〈평양에서 높은 곳에 올라 바라보며〉라는 시에 차운하다

기자의 봉토 진실로 웅장하면서도 고아하니
구석진 곳의 작은 영토는 아니라네.
대대로 이어 내려온 덕은 대적할 이 없다지만
제례의 음악만 부질없이 울려 퍼지네.
정전(井田)의 구획 뚜렷하게 남아 있으니
시인은 감상에 젖어들고,
강산은 깊은 풍미가 있으니
즐기는 자들은 감상할 줄 안다네.
누군들 경치 좋은 곳에서 만나고자 한다면

---

29 구준의 ~ 것인가: 구준(衢樽)은 대로에 두고 사람들이 실컷 마시도록 놓아둔 술동이라는 뜻으로, 성인(聖人)의 도를 가리킨다. 『회남자(淮南子)』「무칭훈(繆稱訓)」에 “성인의 도는 마치 대로에 술동이를 놔두고서 지나는 사람마다 크고 작은 양에 따라 각자 적당히 마시게 하는 것과 같다[聖人之道 猶中衢而置尊邪 過者斟酌 多少不同 各得所宜]”라는 말에서 나온 것이다. 여기서는 기자의 도를 다시 재현하기 힘든 것을 한탄한 것이다.

이곳에 가지 않겠는가?
아득한 고금의 세월 동안
사물의 이치 원래 어긋나지 않고
천지는 스스로 제어하는데
세월은 다투듯 흘러가는구나.
흥망은 한 마리 새가 날아가듯 지나가버리니
지나간 일은 유람하며 즐길 일이로다.[30]
기린마(麒麟馬)의 흔적은 이미 희미해지고
하늘로 조회하러 가던 길도 굽어졌다네.[31]
아직까지 남아 있는 것은 모란봉(牡丹峯)이니
누가 구름 속에 탁 트인 누각을 옮겨다 놓았는가?[32]
모란봉 아래 능라도(綾羅島) 있으니
아득하고 망망한 풍경이라네.
당나라 시인 눈으로는 만 리 밖을 바라보고[33]
가슴엔 넓디넓은 운몽(雲夢)을 품었네.[34]

---

30 지나간 ~ 일이로다: 원문의 어방(漁舫)은 고기잡이배를 가리키는데 북송(北宋)의 서화가 미불(米芾)이 배 위에다 작품들을 잔뜩 싣고서 강호를 유람했다는 '미가서화선(米家書畫船)'의 이야기에서 빌려온 말이다. 여기에서는 지나간 과거의 일은 유람의 대상이라는 의미이다.

31 기린마의 ~ 굽어졌다네: 기린마(麒麟馬)는 고구려 동명왕(東明王)이 기르던 말이고, 조천석(朝天石)은 동명왕이 하늘에 조회하기 위해 올라간 장소였다고 하는 전설이 있다. 하지만 두 곳의 유적지가 세월이 많이 흘러 그 흔적을 제대로 감상하기 힘들다는 의미이다.

32 누가 ~ 놓았는가: 누각은 모란봉 밑 절벽에 세워진 부벽루(浮碧樓)를 가리킨다. 험한 봉우리 밑에 누가 부벽루를 세웠을까 하고 감탄하는 장면이다.

33 당나라 ~ 바라보고: 당공(唐公)은 당나라 시인 두보(杜甫)를 가리킨다. 두보는 그의 시 〈춘일강촌(春日江村)〉에서 "천지는 만 리를 바라보는 눈이요, 사시의 변천은 일생 백 년의 마음이로다[乾坤萬里眼 時序百年心]"라 하였다. 여기서는 천지의 아름다움을 눈에 담는다는 의미이다.

34 가슴엔 ~ 품었네: 운몽(雲夢)은 초(楚)나라의 7개 큰 연못 중 하나이다. 일찍이 초 회왕(楚懷王)이 여기에서 사냥하는 광경을 사마상여(司馬相如)가 「자허부(子虛賦)」에서 읊은 일이 있는데 '제나라의 광대

낡은 비단 주머니에 시구를 모으니[35]

문채가 만길 높이까지 뻗어나간다네.

오직 화씨(華氏)와 장씨(張氏) 선인(仙人)만이

중황(重晃)의 광채를 이어받을 만하니[36]

높은 곳에 올라 만물을 바라보며 시를 지음에

풍경을 한 번에 담아내고

도리어 흥취가 끊이지 않으니

천년의 풍경 상상하누나.

초주(椒酒) 바쳐 옛 사당에 예를 올리니

홍범구주(洪範九疇)를 위해 다시 찾아온 듯하도다.[37]

사신의 여정도 정해진 기한이 있으니

흐르는 물결마냥 봄도 흘러가는구나.

돌아갈 배편을 보니 고향 생각 일어나고

선선한 바람 붓을 꺾어버리네.

산수 속에 붓을 놀려 우열을 가리려 하여도

함은 운몽과 같은 사냥터를 7~8개 삼켜도 가슴속에 걸릴 것이 없지만' '제후의 지위에 있으면서 자신의 영토를 자랑하는 것은 잘못된 행위'라고 비판하였다. 이후로 조선의 문인 서거정(徐居正)이나 김종직(金宗直)과 같은 이도 운몽을 소재로 시를 지었다. 여기서는 운몽과 같은 큰 포부를 지녔다는 의미이다.

35 낡은 ~ 모으니: 낡은 비단 주머니[古錦囊]는 당나라 시인 이하(李賀)의 고사를 인용한 것이다. 이하는 길을 나설 때마다 다 해어진 비단 자루를 아이종에게 메게 하고, 마음에 드는 경치를 만날 때마다 시를 지어 자루 속에 집어넣었다. 여기서는 평양의 훌륭한 경치를 만나 시상이 많이 솟아난다는 의미이다.

36 오직 ~ 만하니: 원문의 화(華)와 장(張)은 명나라 사신 화찰(華察)과 장승헌(張承憲)을 가리키는 듯하다. 신광한(申光漢)은 1539년과 1545년, 각각 영위사(迎慰使)와 원접사(遠接使)로 두 사람을 수행한 일이 있다. 중황(重晃)에 대해서는 알 수 없다.

37 홍범구주를 ~ 듯하도다: 주 무왕(周武王)이 기자(箕子)를 방문하여 홍범구주(洪範九疇)의 도를 들었는데, 명나라의 사신이 기자의 사당을 찾은 것이 마치 그때의 일을 연상하게 한다는 의미이다.

누구도 감히 뛰어남을 뽐내지 않네.
누군가! 그림을 잘 그리는 이여
이곳을 그려 본받을지어다.
돌아가 이 시축을 꺼내어
한번 읊음에 감개가 일어나는도다.
백붕(百朋)을 받은 것과 같으니[38]
어찌 천만금에 비하겠는가!
교제하며 영원히 우호를 다지길 바라지만
아름답게 마무리 짓기를 원하네.[39]
내 말이 어찌 아첨이겠는가?
군자는 본디 무리를 만들지 않는다네.[40] (609쪽 4~610쪽 5)

『기재집』 권12 황화집(皇華集)–〈알기자묘(謁箕子廟)〉에 차운하다

명이(明夷)는 『역경(易經)』이 되고, 홍범(洪範)은 『서경(書經)』이 되니[41]
누가 삼인(三仁)을 지목하여 자신이 따라갈 수 있다 하겠는가?
하늘의 명은 일정하지 않으니 이미 주나라는 끝나버렸지만

---

38 백붕을 ~ 같으니: 백붕(百朋)은 많은 재화를 가리킨다. 여기서는 명나라 사신들의 시를 선물 받은 것이 많은 보화를 받은 것과 같다는 의미이다.

39 아름답게 ~ 원하네: 원문의 고랑(高郎)은 『시경(詩經)』「기취(旣醉)」편에 "소명함이 매우 밝으니, 고명하여 마침을 잘하리라[昭明有融 高朗令終]"라고 한 것에서 인용한 것이다. 여기서는 영원히 명나라 사신들과 교제하며 우호를 다지고 싶지만 여기서 인연을 마무리하는 것이 아름답다는 의미이다.

40 군자는 ~ 않는다네: 원문의 불당(不黨)은 『논어(論語)』「위령공(衛靈公)」의 "군자는 엄격하되 다투지 않고, 많은 사람과 어울리되 무리를 만들지 않는다[君子矜而不爭 群而不黨]"라고 한 것에서 인용한 것이다. 여기서는 명나라 사신들과 어울려 시를 지었지만 그들에게 아첨하며 무리를 만들려 한 것은 아니라는 것을 해명한 것이다.

41 명이는 ~ 되니: 명이(明夷)는 『주역(周易)』 64괘 중 하나로, 기자가 주나라에서 벼슬하지 않고 은거한 것에 대해 표현한 것이라 한다. 홍범(洪範)은 『서경(書經)』「홍범」편을 가리키는 것으로, 기자가 무왕에게 알려준 아홉 가지 큰 법칙을 말한다.

하늘의 도는 서로 전하여 간직할 수 있었네.
지금 옛 사당을 찾아 사모의 감정을 품으니
경치를 노래한 케케묵은 책들은 모두 덮어 두었네.
동토는 아직도 제사를 올려드리니
유선(儒仙)은 천 년이나 이 땅에 머물러 있다오.[42] (610쪽 6)

『기재집』 권12 황화집(皇華集)－〈알기자묘(謁箕子廟)〉에 차운하다

천명(天命)은 내가 어찌할 수 없고
은(殷)나라 종실은 본손(本孫)과 지손(支孫)을 잃었다네.
성인에게 홍범(洪範)을 전수하려 하였던 것도 아니었고
일부러 동이(東夷)에 거처하려 한 것도 아니었다네.
스스로 편안히 여기며 충성된 말씀을 올렸건만
선왕(先王)은 받아들이지 않았도다.
여뀌풀 먹는 듯이 난처하게 되었으니
누군들 이런 상황에 번민하지 않으리오.
옛 묘가 이제 황폐해졌으니
누가 다시 이 덕을 취할 것인가?
돌로 만든 기린 상은 이끼 끼고 바스러졌으며
산새는 어지러이 울어대지만
홀로 깊은 덕을 간직하고 있으니
우리나라 사람들은 영원토록 그의 은택을 사모하리. (610쪽 6)

42 유선은 ~ 있다오: 유선(儒仙)은 신선의 풍치가 있는 사람을 뜻하는 것으로 여기서는 기자(箕子)를 가리킨다. 조선에서 기자를 숭상하여 아직도 기자의 혼백이 이 땅에 머물러 있다는 의미이다.

『기재집』 권12 황화집(皇華集) – 평양승적(平壤勝蹟) 16영(詠)에 차운하다

정전(井田)의 유제(遺制)

진(秦)나라가 정전의 제도를 폐지하여

백성들을 기름불 속으로 밀어 넣었네.

누가 알리요? 바다 건너 모퉁이 땅에

아직도 옛 유풍(遺風)이 남아 있음을. (610쪽 6~611쪽 8)

『기재집』 별집 권1 시(詩) – 역사를 노래하다(詠史)

기자(箕子)

자신의 도리를 다하여 선왕(先王)에게 뜻을 전달하고자 하였다네.[43]

거문고를 켜며 비통한 마음을 달래 보지만 알아주는 이 없네.[44]

노래는 완성되었지만 고국에는 보리가 무성하니[45]

동방의 오랑캐들을 문명으로 교화시켰네.[46] (612쪽 9)

---

43 자신의 ~ 하였다네: 『서경(書經)』「미자(微子)」편에 나온 고사를 인용한 것이다. 서경의 내용은 주(紂) 임금의 폭정으로 은나라가 망하려 하자 미자가 어찌해야 하느냐고 물었는데, 기자(箕子)가 "스스로 분수에 편안하여, 각자 스스로 그 뜻을 선왕에게 전달하면 됩니다. 저는 도망가 은둔하는 것을 고려하지 않습니다[自靖 人自獻于先王 我不顧行遯]"라 한 것이다.

44 거문고를 ~ 없네: 『사기(史記)』 권38「송미자세가(宋微子世家)」에 나온 고사로, 기자(箕子)가 주(紂)왕에게 간언하였지만 들어주지 않자 미친 척하다 노비가 되었는데 뒤에 풀려나자 은둔하여 거문고를 연주하며 슬퍼하였다고 한 것에서 인용한 내용이다.

45 노래는 ~ 무성하니: 『사기(史記)』 권38「송미자세가(宋微子世家)」에서 기자가 주나라에 조회하러 가는 길에 은나라의 옛 도읍을 지났는데 궁실은 무너지고 보리 이삭이 팬 것을 보고 상심하여 맥수가(麥秀歌)를 지었다고 한다.

46 동방의 ~ 교화시켰네: 은나라가 망하자 조선으로 와서 중화의 문물을 전수하고 백성들을 교화시켰다는 의미이다.

『慕齋集』(1574년)

金安國(1478~1543)

『모재집』은 조선 중기의 문신이자 학자인 김안국의 시문집이다.

김안국의 본관은 의성(義城), 자는 국경(國卿), 호는 모재(慕齋)이다. 조광조(趙光祖), 기준(奇遵) 등과 함께 김굉필(金宏弼)의 문하에서 수학하였고 기묘사림(己卯士林)으로 활동하였다. 1507년(중종 2) 문과에 급제한 후에 삼사직을 두루 역임하였다. 1519년(중종 14) 기묘사화로 인해 파직되어 후진들을 양성하다 1532년(중종 27) 다시 등용되었다.

유희춘(柳希春)은 김안국의 아들 김재부(金在孚)에게 유고를 얻어 『모재집』을 간행하려 하였으나 이루지 못하였다. 김안국의 문인 허충길(許忠吉)이 노진(盧禛)과 김계휘(金繼輝) 등의 도움을 받아 1574년(선조 7)에 판각하였다. 이것을 의성현령(義城縣令) 노종원(盧從元)이 개간하고 보관하였다. 그 후 박세채(朴世采)가 증보·재편하고, 1687년(숙종 13) 김구(金構)가 15권 7책의 목판본으로 간행하였다. 현재 초간본의 완본(完本)은 전하지 않고, 그 일부가 고려대학교 만송문고에 소장되어 있다. 중간본은 규장각한국학연구원, 연세대학교 중앙도서관 등에 소장되어 있다. 권1~8은 시(詩), 권9~14는 문(文), 권15는 부록이고, 유희춘과 박세채의 서문, 허엽(許曄)의 발문이 실려 있다.

이 책에 실린 시 가운데 기자(箕子)에 관한 것이 있다. 고려 말 성리학자들이 기자조선의 문화를 계승했다는 의식을 보여 주고 있으며 기자 문명의 흔적이 사라져 가는 것을 아쉬워하는 내용이다. 2편의 산문에서도 단군에 관한 김안국의 인식을 엿볼 수 있다. 문화현(文化縣)에 대한 기록과 윤개(尹漑)의 사행을 송별하는 글에 나온다. 문화현에 대한 기록에서는 개국(開國) 군주 단군에 대해 언급하고 있지만 사실관계를 전달하는 데 그치고 있다. 윤개를 송별하는 글에서는 우리나라가 기자 이래로 중국의 영향을 받아 문명국으로 발전했다는 의식을 드러내고 있다.

『모재집』 모재선생집중간서 – 중간서(重刊序) [박세채(朴世采)]

우리 동방이 궁벽한 곳에 위치하여 은(殷)나라의 태사(太師, 기자를 말함) 이후로 성인의 도가 다시 어두워졌다. 그러나 고려에 이르러 포은(圃隱) 정몽주(鄭夢周), 목은(牧隱) 이색(李穡) 등의 현인들이 비로소 나오기 시작하였다.

『모재집』 모재선생집 권2 시(詩) – 기자(箕子)의 도읍(都邑)에서 양류지곡(楊柳枝曲)[47]을 이어 노래하다

보통원(普通院)[48] 바깥 천 그루의 버드나무
오가며 매달리는 꾀꼬리 무게 견디기엔 가지가 짧구나.
해마다 이별의 심정 살피느라
심란한 마음과 가슴에 품은 한이 쉬이 떨어지누나.

『모재집』 모재선생집 권3 시(詩) – 증참판(贈參判) 채공(蔡公) 자연(自淵) 만사(挽詞)

기자(箕子)의 가르침으로 내려온 행복, 홀로 누려 왔으니
하늘의 보답을 우리 채공에게서 알 수 있다네.
기나긴 시간 생명을 연장하여 오래토록 장수를 누리고
자손들의 행복은 계수나무가 떨기를 이룬 듯하구나.
청빈한 벼슬 생활과 넉넉한 봉록(俸祿), 늘그막에 한가함도 누리더니
은혜로운 명과 영예로운 봉작 받아 마지막까지 찬란히 빛난다네.
준수한 자제들이 다투듯 빼어남을 뽐내니
좋은 향기가 끝없이 이어지는구나.

---

47 양류지곡(楊柳枝曲): 당(唐)나라의 시인 백거이(白居易)가 만년에 병이 들어 애첩(愛妾)과 애마(愛馬)를 팔고서 불렀다는 노래로, 이별의 마음을 노래하는 시이다. 김안국이 평양에서 느낀 이별의 감정을 표현한 것이다.

48 보통원(普通院): 고려시대에 구제 및 자선사업을 위해 설립되었던 절로 『동국여지승람(東國輿地勝覽)』에 따르면 각 지역의 요충지마다 보통원이 있었다고 전해진다. 여기서는 평양의 보통원을 뜻한다.

『모재집』 모재선생집 권7 시(詩) – 여주목사(驪州牧使) 김극회(金克恢)의 부인(夫人) 만사(挽詞) [부인은 양녕대군(讓寧大君)의 손녀이다.]

금지옥엽 귀한 딸 이씨 문중[전주 이씨]에 나타나니
모두 덕 있는 가문의 후손이라 공경하였네.
참으로 정숙한 자질 길러 내었으니
마땅히 명문가에 배필을 구하였네.
지아비를 따라 귀함과 장수를 누리고
복 받은 후손들 번창할 것이니
기자(箕子)의 가르침과 복을 보전한 사람
고금에 아직 몇 사람 남아 있구나.

『모재집』 모재선생집 권8 시(詩) – 가는 길에 시 10수를 차운하다

은(殷)나라 왕실을 가슴 아파하며 폭정을 멈추라 간언하다가
동쪽으로 와서 그나마 교화를 이루었다고 들려왔다네.
천년 고국에 가르침의 흔적 남아 있지 않더니
당시에 구획된 정자(井字) 모양의 흔적만 남아 있구나.
[이상은 기자묘(箕子廟)에 관한 시이다.]

『모재집』 모재선생집 권11 기(記) – 문화현(文化縣) 치소(治所)를 옮긴 것에 대한 기문(記文)

문화현은 황해도 서쪽 변방에 끼어 있다. 땅은 비록 편벽된 곳에 있지만 우리나라의 개국(開國) 군주 단군(檀君)의 옛 도읍지이다. 백성들의 풍속에 성현이 끼친 공렬(功烈)이 보존되어 있으니 진실로 다른 고을에 비할 바가 아니다.

『모재집』 모재선생집 권11 서(序) – 명나라에 사행을 떠나는 예조참의 윤개(尹漑)를 송별하는 글

삼가 생각건대, 명나라가 천하를 통일하고 모든 나라들을 거느리자 문자와 수레바

퀴의 폭이 같아지고 성교(聲敎)가 두루 미치게 되었다. 황제의 크나큰 은덕이 인간 세상에 미치지 않는 곳이 없어서 변방의 구석까지도 진동하고 찬란한 빛이 두텁게 비춰졌다. 대대로 열성조(列聖朝)의 보살핌과 우례(優禮)의 은전, 상전의 하사를 입었으니 다른 제후국들이 바랄 수 있는 바가 아니다. 천자께서 우리나라를 외국으로 바라보지 않으시어 실로 중국 내 제후들과 함께할 수 있는 것은 어째서인가? 어찌 기자의 남겨진 교화를 지켜서 도의(道義)를 준수하고 예교(禮敎)를 닦으며, 문헌(文獻)을 수리하고 이륜(彝倫)을 독실하게 하며, 제후의 도리를 삼가고 정통을 따라서 한결같이 중하(中夏)의 풍속을 따른 것이 오래도록 변치 않았기 때문이 아니겠는가?

『**梅月堂集**』(1583년)

金時習(1435~1493)

『매월당집』은 조선 전기의 문인이었던 김시습의 시가와 산문을 엮어 1583년에 간행한 시문집이다.

김시습의 본관은 강릉, 자는 열경(悅卿), 호는 매월당(梅月堂)·청한자(淸寒子)·동봉(東峰)·벽산청은(碧山淸隱)·췌세옹(贅世翁) 등이고, 법호는 설잠(雪岑)이다. 21세 때인 1455년(세조 1)에 수양대군(首陽大君, 세조)의 왕위 찬탈(계유정난(癸酉靖難)) 소식을 듣고, 3일간 통곡하고 보던 책들을 모두 모아 불사른 뒤 스스로 머리를 깎고 승려가 되어 산사를 떠나 전국 각지를 유랑하였다.

김시습의 저작은 매우 많이 알려져 있다. 주요 저작으로는 『매월당집』·『금오신화(金鰲新話)』·『만복사저포기(萬福寺樗蒲記)』·『탕유관서록(宕遊關西錄)』·『탕유관동록(宕遊關東錄)』·『탕유호남록(宕遊湖南錄)』·『신귀설(神鬼說)』·『태극설(太極說)』·『천형(天形)』·『애민의(愛民義)』·『산행즉사(山行卽事)』·『위천어조도(渭川魚釣圖)』 등이 있다.

『매월당집』은 산실된 김시습의 시문을 박상(朴祥)·윤춘년(尹春年)이 수집하여 간행한 것이나 구본(舊本)은 전하지 않는다. 1583년(선조 16)에 선조가 운각(芸閣)

에 명하여 간행하게 하였다(갑인자본(甲寅字本)). 갑인자본은 구본을 증보한 것으로 추정된다. 현재 국내에는 완본이 없고 일본 봉좌문고(蓬左文庫)에 완본이 소장되어 있다. 전사본(傳寫本)이 규장각에 소장되어 있으며 고려대학교 중앙도서관 만송문고에도 영본(零本) 2책(권8~9, 권12~13)이 소장되어 있다. 1927년에 후손 김봉기(金鳳基)가 부록을 부편하여 신활자로 간행하였다(신활자본). 신활자본은 시집 15권, 문집 6권, 부록 2권 합 23권 6책으로 되어 있다. 현재 간송미술관, 고려대학교 만송문고, 국립중앙도서관, 성균관대학교 중앙도서관, 규장각 등에 소장되어 있다.

문집은 시집 15권, 문집 8권 합 9책으로 되어 있다. 이 가운데 권9에 고조선, 단군, 기자 관련 기사가 수록되어 있다. 권9의 「유관서록(遊關西錄)」에서는 단군(檀君)이 묘향산에 강림했다는 것, 웅녀, 단군왕검, 아사달, 주왕(紂王)의 음란함에 기자가 근심하던 일, 기자가 옥에 갇힌 일, 기자의 도읍지인 평양, 기자성(箕子城), 홍범구주(洪範九疇), 팔조교(八條敎), 기자묘(箕子廟), 정전(井田), 기자조(箕子操) 등을 언급하였다.

『매월당집』 매월당시집 권9 시(詩)○유관서록(遊關西錄)－『초사(楚辭)』의 구가(九歌)에 비기다 [4수(四首)]

민속이 음사(淫祀)를 좋아하는데, 그중에서 공덕이 있는 것을 취하여 노래한다.

천제(天帝)의 아들이 묘향산에 강림함이여!
곰과 범이 부르짖어 털 더부룩하였더니
영험한 양제 주어 사람이 되게 함에
어려우나 계속하여 서로 전하여 왔네.
단군(檀君)이 아사달(阿斯達)로 내려오시니
신첩(臣妾)이 달려가서 수레채를 끼누나.

신령이 계속 바쁘게 와서 놀음이여!
참으로 읍양(揖讓)함에 정성이 지극했네.
맑은 술은 희준(犧尊)에 따름이여!
기장 찌고 돼지는 갈라놓았도다.
부고(缶鼓)를 침이여! 권로(卷蘆)를 불며
드리는 음식은 박하지만 마음은 기쁘오.
공의 시동 기뻐하여 얼굴이 벌게지고
아! 자주 춤춤이여, 몸이 흐트러지네.
신령이 복을 내리심이여! 많고도 많으니
참으로 즐거움이여! 한이 없도다.

[위의 시는 단군(檀君)을 읊은 것이다.]

하늘이 현조(玄鳥)에게 명함이여!
용맹과 기지를 내려 주니 곧 시작이 되었도다.
마침내 연수(淵藪)가 무너지고 불탐이여!
어려워도 희씨(姬氏)의 성하(城下)에 굽히지 않았도다.
방문하여 홍범(洪範)을 펴심이여! 바람과 불길을 도왔으며
모토(茅土)를 우리 땅으로 나눔이여! 천연적인 참호이네.
긴 강이 띠와 같음이여!
들과 진펄에 풀잎이 우거졌구나!
드디어 와서 붓도랑을 팜이여!
깨와 콩도 무성하였도다.
우완한 백성들을 팔조교(八條敎)로 깨우쳐 줌이여!
신령은 어찌하여 몰래 와서 만나지 않는가?
큰 거문고 타며 퉁소를 붊이여!
호(濩)로써 하며 소(韶)로써 하노니

신령이 오심이 매우 밝음이여!
울창주(鬱鬯酒)를 부어 잔을 드리노라!
예 드리는 모습은 조용하고 넓습니다.
진실로 연수(靈脩)께서 오셔서 즐거워하소서.
성한 덕을 노래함이 아직 극진하지 못하나이다.
[위의 시는 기자(箕子)를 읊은 것이다.]

구고(九皐)을 이심이 높고 높아서
검은 머리 백성들을 만국에서 기르시네.
머리는 풀어 헤쳐 더부룩하시지만
신령께선 종종걸음으로 하늘을 솟구치네.
훈(塤)을 불고 부고(缶鼓)를 침이여!
늦은 음절은 손을 들어 바르게 하네.
우리 공전(公田)과 사전(私田) 고랑에 비를 주심이여!
이슬이 널리 내려 벼 이삭이 다닥다닥하네.
서민의 풍년이 고름이여! 감주가 향기로우니
신이여! 길이 의지하시어 영혼이 빛나소서.
[위의 시는 후토(后土)를 읊은 것이다.]

궁전이 엄연한 건 인물인데도
신령께서 깃드심은 동혈(洞穴)이도다.
물결이 크게 흘러 서로 부딪치니
참으로 장하고 센 물줄기 방아를 찧네.
백성들의 비웃는 껄껄 웃음 어지럽게 떠들음이여!
천신(天神)과 지기(地祇)가 노하여 큰비를 내리니
격랑이 바위 치고 둑을 무너뜨림에

숨 쉬는 순간에 끝장이 나네.
계주(桂酒)를 드림이여! 맑은 우상(羽觴)에 하고
용적(龍笛)을 불며 타고(鼉鼓)를 치노니
시내와 골짜기 물은 편안히 흐르게 하며
패수(浿水) 물을 유유히 흐르게 하신다면
백성들이 안도해 하고 둘러 살면서
신의 힘을 입어서 숨을 쉬게 될 것이네.
[위의 시는 분연(墳衍)을 읊은 것이다.]

『매월당집』 매월당시집 권9 시(詩)○유관서록(遊關西錄) – 기자묘(箕子廟)에서

옛 사당에 단청이 떨어졌으니
존숭한 지 세월이 오래되었구나.
슬프도다! 사직(社稷)이 뒤엎이던 날
섬기지 않을 마음이야 차마 했으랴?
신위를 설치하여 향화(香火)를 꾸미고
옥돌에 새겨서 덕음(德音)을 썼네.
지금까지 백성들이 앙모하면서
초려(蕉荔) 놓고 제사하며 정성 드리네.

『매월당집』 매월당시집 권9 시(詩)○유관서록(遊關西錄) – 단군묘(檀君廟)에서

단군왕검이 백성의 첫 조상으로
태백산(太白山)에 신령한 발자취 있다네.
하늘이 보살펴서 원수(元首)로 세우시니
신인(神人)이 편안하게 대동(大東) 다스리네.
천년 뒤에 아사달(阿斯達)로 들어갔으니
만대의 홍몽(鴻濛)을 분변하셨네.

옛일을 좋아하여 오래 머뭇거리니
서산에 지는 해가 붉기만 하다.

『매월당집』 매월당시집 권9 시(詩)○유관서록(遊關西錄) – 기자릉(箕子陵)에서

우뚝하니 능묘는 웅장하지만
쓸쓸하게 뒷자리 나무만이 서 있구나.
팔조교(八條敎)의 가르침은 천년에 드리우고
삼인(三仁)은 마침내 한 언덕 같네.
자란 풀에 옹중(翁仲)은 묻혀버리고
꽃이 피니 엽봉(鬣封)은 그윽하구나.
지난 일은 누구에게 물을 길이 없는데
외로운 성(城)에는 저녁노을이 걸히는구나.

『매월당집』 매월당시집 권9 시(詩)○유관서록(遊關西錄) – 영숭전(永崇殿)에서

비궁(閟宮)을 넓게 여니 더욱 맑고 그윽한데
아! 전왕의 크고도 아름다움을 우러르네.
준조(尊俎)와 변두(豆籩)로 사당집에 예를 올리며
성문(聖文)과 신무(神武)가 백성 구가에 넘치네.
어찌 알랴? 기자(箕子) 천 년의 도읍지가
밝은 조정 만세의 웅대함에 다 속할 줄을.
창업하신 풍성한 공(功)은 주(周)나라 왕실과도 비슷하니
또한 응당 지하에서 홍범구주(洪範九疇)를 물으리라.

『매월당집』 매월당시집 권9 시(詩)○유관서록(遊關西錄) – 고성(故城)에서 회고하며

기자(箕子)가 천 년 동안 도읍했던 땅에는
공연히 옛 성만이 남아 있구나.

구불구불한 푸른 물은 돌며 흐르고
높다란 푸른 산은 가로놓였네.
애애하게 구름 속에 묻힌 곳에서
도도하게 물결치는 소리 들리는구나.
왕공(王公)이 생각하건대 설험(設險)[49] 한 것은
끝내는 융병(戎兵)[50]하기 위함은 아니었다오.

『매월당집』 매월당시집 권9 시(詩)○유관서록(遊關西錄) – 장경문(長慶門) 밖에서 차를 달이면서

아침에 장경문(長慶門)을 나아갔다가
늦게야 영명사(永明寺)에 돌아왔구나.
천천히 봄날 강가를 걸어서 가니
붉은 비단 같은 땅을 밟아 해쳤네.
부질없이 시 읊느라 살피지 못해
원근(遠近)도 제대로 기억 못 하네.
흥이 깊자 돌아옴을 즉시 아니
유람도 역시나 차례가 없네.
대동강의 강물은 깊고 깊은데
오리 떼는 서로 화답해 울고 있구나.
날 저물자 바람이 모래에 이니
물결이 기자성(箕子城)을 때리는구나.
내 행차가 바로 늦은 봄철이라서
꽃은 지고 짙은 숲을 이루었구나.

49 설험(設險): 성지(城池)와 요새(要塞)를 쌓아서 험하게 방어 진지를 구축하는 것을 말한다.
50 융병(戎兵): 군사를 동원하여 전쟁하는 것을 말한다.

내일 아침 명산으로 향하여 갔다가
다시 또 경승지를 향해 가리라.
진실로 아름다움, 내 땅은 아니니
계수나무 꽃잎으로 차나 달이리라.

『매월당집』 매월당시집 권9 시(詩)○유관서록(遊關西錄) – 군수(郡守) 임공(任公)이 학교를 일신하고 나에게 낙성기(落成記) 제를 지어 달라 하기에 뒤에 사실을 적어 주다

태수가 학교를 새로 닦으니
여러 학생 학업이 날로 빛나네.
기와와 벽돌은 걸어서 날랐고
목석(木石)이 쌓이니 언덕 같아라.
덕택은 삼이(三異)[51]에 이르렀고
시서(詩書)는 한 고을을 변화시켰네.
백성들은 공자(孔子)의 교화를 알게 되었고
사람들은 탁공(卓公)의 상서로움을 맞이하였네.[52]
행달(杏壇)의 은행꽃은 열매를 맺고
시내의 미나리는 푸르고도 향기 나네.
관서(關西)는 기자(箕子)의 도읍지이니
교육은 쉬워 문장을 이룰 만하오.

『매월당집』 매월당시집 권9 시(詩)○유관서록(遊關西錄) – 8만 4천 봉을 바라보며

팔만 하고 사천 봉이 겹겹이 싸였는데

---

51 삼이(三異): 세 가지의 기이한 일을 말한다. 해충이 국경을 범하지 않고, 덕화(德化)가 조수(鳥獸)에까지 미치고, 아이들까지도 인심(仁心)이 있다는 것을 말한다.

52 탁공(卓公)은 동(漢)나라 시기의 탁무(卓茂)를 말한다. 탁무는 왕망(王莽)의 조정에 참여하지 않고, 후한(後漢) 광무제(光武帝)가 즉위하자, 이에 조정에 나아갔다는 고사를 말한다.

봉우리마다 백석(白石)이요, 사이마다 청송(青松)이라.
북쪽으로 삭막(朔漠)인 야인 지방과 잇대었고
남쪽으로 창명(滄溟)인 기자(箕子)의 봉토와 접하였네.
석서(鼫鼠)[53]는 가지에서 놀라 한번 부르짖고
영양(羚羊)[54]은 바윗가에 외로운 자취를 남겼네.
세상의 인연 티끌 같은 생각 모두 다 사라지고
높은 곳에 홀로 서서 단장으로 고이네.

『매월당집』 매월당문집 권17 잡저(雜著)-북신 제2(北辰第二)

복희씨(伏羲氏)가 죽고 신농씨(神農氏)가 나와서는 바람과 비와 서리와 이슬의 분별을 보고 높고 낮고 건조하고 습함의 알맞은 것을 살피어 백성으로 하여금 낟알을 먹게 하였다. 황제씨(黃帝氏)가 나와서는 하도(河圖)를 받고 해와 달과 별들의 형상을 보고 처음으로 성관(星官)의 서(書)를 두고 대요(大撓)에게 명하여 오행(五行)의 실정을 탐색하고, 두성(斗星)의 강(綱)을 세우는 바를 점쳐서 처음으로 갑자(甲子)를 만들었으며, 제곡씨(帝嚳氏)는 일월(日月)의 역(曆)을 만들어 맞이하고 보내는 거동이 천시(天時)에 응하게 하였으며, 제요씨(帝堯氏)는 사중(四仲)에게 명을 내려 해와 달과 별들의 운행을 살피어 공경히 인시(人時)를 주었으며, 제순씨(帝舜氏)는 선기옥형(璇璣玉衡)을 만들어 칠정(七政)을 고르게 하였으며, 대우씨(大禹氏)는 여덟 해를 밖에 있으면서 구주(九州)의 홍수를 다스리고 낙서(洛書)의 글을 얻어 구주(九疇)를 제정하여 법도를 남겨 주었으며, 이계씨(履癸氏)는 정월[正朔]을 고쳐서 왕월(王月)로 높였는데, 그 뒤에 상(商)나라의 덕이 차차로 쇠퇴해져서 필부(匹夫) 수(受)에 이르러서는 하늘을 업신여기고 백성에게 포학하게 하므로, 하늘은 이에 문왕(文王), 무왕(武王)에게 명하여 그를 목베게 하니, 마침내 상나라를 정복하고 상나라의 옛 정치를 뒤집고 나서는 기자(箕子)

---

53 석서(石鼠): 다람쥐과의 동물.

54 영양(羚羊): 소목 솟과에 속한 동물.

를 찾아가 물으니, 기자는 대우(大禹)의 구주(九疇)의 법을 진술하여 무왕에게 주니, 이는 삼황오제(三皇五帝)가 하늘을 계승하여 극(極)을 세운 소이(所以)의 대략이었다.

그가 말하기를, "제왕(帝王)이 하늘을 공경한 데에 대해서는 이미 가르침을 들었으나, 서민(庶民)들도 하늘을 공경할 수 있는지, 감히 하늘을 공경하는 데 대해 상세히 듣고자 합니다"라고 하므로, 청한자(淸寒子)가 말하였다.

"홍범(洪範)에서 이르기를, '곡식이 풍부하여야 축적한다' 하였고, 또 '하늘을 공경하는 데는 근본을 다스리는 것 만한 것이 없다'라고 하였으며, 빈풍(豳風) 칠월편의 시는 주공(周公)이 성왕(成王)을 경계한 것인데, 후세의 임금과 백성으로서 하늘을 공경하는 자가 자세하게 알아야 할 것이다. 내가 다시 그대를 위하여 이를 진술할 것이니, 그대는 마땅히 생각을 가다듬어 들으라"

『매월당집』 매월당문집 권19 찬(贊) – 기자찬(箕子贊)

주왕(紂王)이 옥배(玉杯)를 사용하자, 기자(箕子)는 이를 심히 근심하였다. 주왕이 아무 거리낌 없이 음란하고 방탕하게 놀자, 기자는 지극한 심정으로 간하였다. 주왕이 기자의 말을 듣지 않고 그를 감옥에 가두어버렸다. … 남이 한 나쁜 행동을 밝혀 드러내어 스스로 칭찬한다. 기자는 머리를 풀어 흩트리고 미친 사람처럼 하여 종이 되어 숨어 지냈다. 기자는 7현금을 연주하며 스스로 슬퍼하였다.

당(唐)나라 유종원(柳宗元)의 비(碑)에서 "주(周)나라가 아직 이루지 않았고, 은(殷)나라의 제사는 아직 다하지 않았다. 비간(比干)은 이미 죽었고, 미자(微子)는 이미 가버렸다"라고 하였다. …

『상서(尙書)』의 「주서(周書)」를 살펴보면, 주(周)나라 무왕(武王)이 상(商)나라를 이기자, 드디어 감옥에 갇혀 있던 기자(箕子)를 풀어주었다. 기자는 홍범구주(洪範九疇)를 진술하여 황극(皇極)에 중심을 두었다. 홍범에서 이르기를, "그 정인(正人)을 이미 부하게 해야만 좋다"라고 하였다. 또 말하기를, "그 덕을 좋아하지 않으면, 네가 비록 그에게 복을 주더라도 네가 허물 있는 사람을 쓴 것이 될 것이다"라고 하였다. 무왕은 결국 기자를 조선(朝鮮)에 봉하였으나, 기자는 무왕에게 신속(臣屬)하지 않았다. 기자가 동쪽 조선으로 와서는 팔조(八條)로 백성들을 가르치니, 지금에 이르러서는 동방의 예의와 풍속이 성하게 되었는데, 이는 기자에게서 비롯된 것이다.

지금 평양은 옛날 조선의 경읍(京邑)이다. 옛 성의 유지(遺址)가 강의 언덕을 따라 구불구불 연달아 있다. 지금 남쪽 교외에 정전(井田)이 있어서 길을 경계하여 여덟 집이 정전을 같이하고 있다. 허물어진 담과 집터가 아직도 남아 있는 듯하다. 사람으로 하여금 조선이 융성할 때 의관과 문물의 화려한 아름다움을 잠시 생각하게 하는 것이다. 그 사람이 비록 세상을 떠나더라도 여운(餘韻)이 남아 있는 것처럼, 반드시 상(商)나라의 종친과 외척 중에 걸출한 인물이 나오기 마련이니, 주(周)나라의 희(姬)씨와 한(漢)나라의 동평왕(東平王) 창(蒼)이 그런 인물들이다. 그러므로 미자는 이미 가버렸고, 비간은 이미 죽어서 배회하며 차마 가지 못하였다. 유종원(柳宗元)의 비문(碑文)은 진실로 기자의 마음을 얻은 것인가. 단지 한(漢)나의 칠국왕(七國王)이나 진(晉)나라의 제왕(齊王) 사마경 같은 이들은 어떠한 마음이겠는가? 이를 통해 보면, 천년 사직을 세우니 동성의 친척들이 항상 못내 잊지 않고, 종국(宗國)의 아름다운 뜻을 붙잡고 있는 것이다. 제왕(帝王)의 종친 중에 천하를 법으로 삼아 후세에 전할 수 있는 것은 오직 기자의 홍범과 주공(周公)의 『주례(周禮)』 외에 다시 더 무엇이 있겠는가.

『매월당집』 매월당문집 권22 금조(琴操) – 기자조(箕子操)를 슬퍼하다 [3수(三首)]

상(商)나라 운수가 창성할 적엔 함께 창성하더니, 상나라 운수가 망할 적엔 함께 망하니, 내 멀지 아니한 거울이 바로 하후(夏后)의 세대에 있었음을 슬퍼함이여! 홀로 우리 탕조(湯祖)의 전장(典章)을 잊으리? 물을 건너는 데 나루와 언덕이 없음과 같아 너르고 양양하여 당할 수 없으며, 너르고 아득하여 한이 없음이여! 내 홀로 어찌하여 방황하는가? 하늘이 빠지게 하기를 술로 하지 않았더라면, 내 어찌하여 술에 빠져 미친 짓을 하였겠는가? 밤낮없이 음탕하게 구니, 아득하여 시름 생각이 오래가지 못하네. 흰 날[白日]이 문득 캄캄해짐이여! 솔개와 부엉이 울며 높이 날아가고, 봉황과 기린이 저 가시밭을 의지함이여! 원숭이들이 뛰어다니네. 금조(琴操)를 어루만지며 스스로 슬퍼져 우러러봄이여! 하늘은 어찌 그리 창창도 한 것인지?

우리 황조(皇祖)께서 저 하(夏)나라의 미친 듯 요란한 것을 싫어하는 백성들을 위로할 적에 이날을 가리켜, "언제나 망할 것인가? 내 너와 함께 망하리라" 하더니, 하늘이 벌써 죄를 다스리기를 명(命)하고, 또 우리 조상께 명하여 꾀를 내려 길이 창성하게 하였는데, 어찌하여 후왕(後王)들은 그 길을 밟지 아니하고 고의로 이 재앙에 걸렸는가? 앞뒤를 다 돌아보아도 도망할 수 없고, 위아래를 살펴보아도 날아갈 수 없어 저 마른 못의 물고기처럼 결국 익어 없어진다 한들 누가 아프다 말이나 하랴? 백성들이 서로 원망하고 함께 원망하니, 시끄럽기 매미 같고 쓰르라미 같다네. 크고 작고 할 것 없이 끝내는 다 없어짐이여! 내 어쩌다가 이런 재앙을 만나도 물리치질 못하고 있는가?

임금의 마음을 조금이라도 개전(改悛)하길 바람이여! 긴 문을 바라보며 심정을 펴옵네. 왕은 무엇 때문에 반성하지 아니하여 내게 근심을 끼치기를 술병같이 하는지. 종묘(宗廟)와 사직(社稷)이 장차 엎어지려는 걸 슬퍼하며, 국운[國祚]이 장차 기울어 감을 근심하네. 때는 벌써 지나갔어도 오히려 즐거움에 빠져 음황(淫荒)을 자행하여 끝이 없으니, 장차 저 멀리 가서 유망(流亡)하려 함이여! 성궐(城闕)을 바라보며 매우 근심하네. 머물러 있고자 해도 머물 곳이 없음이여! 형체와 그림자가 돌아보며 스스로 놀라네. 내 그 누구와 함께 다스려 가며, 나는 어떻게 하여 살아갈 것인가? 비분(悲憤)한 마음 안고 거문고를 어루만짐이여! 소리가 끊어지려다 다시 울리네. 광경을 관람하며 홀로 슬퍼함이여! 흘러가는 세월을 다시 고치지 못하여라.

(출처: 세종대왕기념사업회)

『松齋集』(1584년) 李堣(1469~1517)

『송재집』은 조선전기의 학자 이우의 시문집으로, 1584년(선조 17)에 간행되었다.

이우의 본관은 진보(眞寶), 자는 명중(明仲), 호는 송재(松齋)이다. 퇴계(退溪) 이황(李滉)의 숙부이다. 1492년(성종 23) 생원시에 합격하고, 1498년(연산군 4) 식년문과에 병과로 급제하였다. 1506년(연산군 12) 중종반정이 일어나자 입직승지로서 반정군에 가담하였다는 이유로 공신에 책봉되었다. 그러나 1514년(중종 9) 김은(金銀) 등이 반정 참여 사실을 가장하였다고 상소함으로써 삭훈되었다.

저자의 유고는 유실되었는데, 퇴계 이황이 수서(手書)해 둔 시집(詩集) 1권에 묘지(墓誌)·연보(年譜) 등을 수습하여 보관해 두었다. 이후 퇴계의 문인 정탁(鄭琢)이 충주목사 오운(吳澐)에게 간행을 권유하여 1584년(선조 17) 목판본으로 간행하였다. 1910년 12대손 이원로(李元魯)가 후손 가에 보관되어 있던 저자의 글과 다른 문인 기록 중에 저자와 관련된 기사를 수집하여 속집(續集) 2권, 부록(附錄) 1책을 간행하였다. 1937년 사손(祀孫) 이종수(李鍾洙)가 별집(別集)을 추가로 간행하였다.

원집(原集) 권1은 「관동행록(關東行錄)」으로 1510년(중종 5)부터 1511년(중종 6)까지 강원도관찰사를 역임하는 동안 관동 지방을 유람하며 지은 시가 수록되어 있다. 권2는 「귀전록(歸田錄)」으로 1512년(중종 7) 사직하고 고향 예안(禮安)에 머물면서 지은 시가 수록되어 있다.

기자 관련 기록이 『송재집』에 나오는데, 예안에 칩거하고 있었을 때 쓴 것이다. 우리나라 역사서에 등장하는 기자 관련 기록을 읽고 나서 기자의 조선 교화를 찬미하는 내용이다.

『송재집』 권2 귀전록(歸田錄) – 우리나라 역사서의 기자(箕子)에 대한 기록을 읽고

은(殷)나라가 주(周)나라를 섬겨 이미 객이 되었지만
무성한 보리 이삭 노래하며 홀로 마음 아파했다네.
삼한은 주나라의 천하에 예속되어 있지 않았으니
머리를 풀어 헤치고 동쪽으로 와서 주나라의 신하가 되지 않았다네.
낙수(洛水)에서 나온 그림[55] 무왕(武王)에게 진술하여 도를 전하였고
다시 팔조(八條)의 가르침으로써 조선을 교화하였다.
동인(東人)들은 화답하여 변치 말아야 할 도리라는 것을 알았으니
남겨진 사당 천년토록 위엄이 넘친다네.

『容齋集』(1586년)

李荇(1478~1534)

『용재집』은 조선 전기의 문신 관리였던 이행의 시, 서(書), 설, 기 등을 수록한 시문집으로 1586년에 간행되었다.

이행의 자는 택지(擇之), 호는 용재(容齋)·창택어수(滄澤漁水)·청학도인(青鶴道人) 등이다. 1495년(연산군 1) 증광문과에 급제한 이후 홍문관교리, 성균관사예, 대사헌, 이조판서, 우의정 등을 역임하였다.

『용재집』이 완간되기 전에 일부 집록이 용재 생전에 먼저 간행되었다. 이것이 1522년(중종 17)에 간행된 『황화집(皇華集)』이다. 1528년(중종 23)에 다시 『동사록(東槎錄)』이 간행되었다. 이후 남곤(南袞)의 외손 송인(宋寅)이 정리한 것을 개성유수(開城留守) 한두(韓蚪)가 정사룡(鄭士龍)의 발(跋)을 붙여 1554년(명종 9)에 『화주문공남악창수집(和朱文公南岳唱酬集)』이라는 이름으로 간행하였다. 이후 『용재

55 낙수에서 나온 그림: 하(夏)나라의 우왕(禹王)이 홍수를 다스릴 때 낙수(洛水)에서 나온 거북이의 등에 새겨진 그림으로, 홍범구주(洪範九疇)의 근원이 되었다.

집』은 이행의 종손인 이필(李泌)이 수습하여 성질(成帙)한 것을, 이행의 손자 이광(李洸)이 1586년(선조 19)에 활자로 간행하였다(초간본). 그리고 1589년(선조 22)에 이광이 호남관찰사로 있으면서 목판으로 인간(印刊)하였다(중간본). 초간본과 중간본은 널리 유포되지 못하였고, 임진왜란을 겪으면서 거의 유실되었다. 그 후 이행의 종증손(從曾孫) 이안눌이 금산군수(錦山郡守)로 있으면서 1612년(광해군 4)에 『화주문공남악창수집』을 간행하였다. 1634년(인조 12)에 청주 보살사(菩薩寺)에서 전고를 목판으로 간행하였다(삼간본). 현재 이 삼간본은 국립중앙도서관, 연세대학교 중앙도서관, 규장각 등에 소장되어 있다. 문집은 행장(行狀), 본집(本集) 10권, 외집(外集)으로 엮어져 있다.

고조선 관련 내용은 권3, 권4, 권8, 권9에 나온다. 권3의 〈왕명을 받들고 왜적 포로와 수급을 바치러 중국 조정으로 가는 성번중에게 증별하다(贈別成蕃仲奉命赴朝廷獻賊倭俘級之什)〉라는 시에서는 우리나라는 기자로부터 비롯하여 예의를 지켜 왔다고 언급하였다. 권4의 〈기순의 대동강 시에 차운하다(次祈順大同江韻)〉라는 시에서는 기자조선 백성의 예약에 대해 언급하였고, 〈무료하던 나머지 그간 도로에서의 고생을 대략 기술하여 후일의 볼거리로 삼노니, 시를 짓기 위한 것은 아니다(無聊之餘略敍道路之勤以備後日之覽非所以爲詩也)〉라는 시에서는 우리나라는 기자의 후손이라고 하였다. 권8의 〈기자묘에 절하며(拜箕子墓)〉라는 시에서는 기자의 팔조목(八條目)과 정전법(井田法), 홍범(洪範) 등에 대해 언급하였고, 〈정사의 '평양의 명승고적' 시에 차운하다(次韻正使平壤勝蹟)〉라는 시에서는 조천석(朝天石), 정전(井田), 기자묘(箕子廟), 단군(檀君)의 사당, 기자의 사당, 동명왕(東明王)의 사당 등에 대해 언급하였으며, 〈부사의 '평양의 명승고적' 시에 차운하다(次韻副使平壤勝蹟)〉라는 시에서는 단군의 사당, 기자의 사당, 정전(井田) 등에 대해 언급하였다. 권9의 〈『속동문선』을 올리는 전(進續東文選箋)〉에서는 우리나라는 기자가 제후로 봉해진 이후 성교(聲教)가 있었다고 언급하였다.

『용재집』 권3 오언시(五言詩) – 왕명을 받들고 왜적 포로와 수급을 바치러 중국 조정으로 가는 성번중(成蕃仲)에게 증별하다

동방은 기자로부터 비롯하여
예의를 평소 스스로 지켜 왔지.
우리 국조 지성한 마음 지녔고
대명은 이에 공평하게 비추었네.
조공의 행렬 길에 서로 이어져
감히 세시로 어김이 없었어라.
대대로 황상의 융숭한 사랑으로
내리신 포장 은총 자주 받았지만
그저 직분에 충실하면 그만이니
이 또한 기대한 바는 아니었지.
섬 오랑캐가 천자의 형벌 범하고
살 길 찾아서 동해 가로 도망오자
우리 국왕께서 하늘의 노여움 본받아
내리신 그 호령 성화보다 다급했어라.
이에 변방의 신하가 다투어 힘 바쳐
적도의 수급을 남김없이 다 베었지.
아 저 상국에 살던 백성들이
이 흉악한 무리에게 기만을 당했으니
삶을 의탁할 곳이 결정코 어디이랴.
추위와 굶주림에 시달리지는 않는지
섬들을 샅샅이 뒤지라고 명하니
바다 가득 메우고 돛배가 떠가서
남해라 전역을 죄다 물색한 끝에
상국 백성들 모두 죽음을 면하니

만조백관들 모두 이 일 칭찬하고
주상의 마음 또한 자못 흡족하시어
말씀하시길 이 어찌 소방의 힘이랴.
본래 황상의 위엄 펼쳐진 덕분이라
상국에 부주를 늦춰서는 안 될 것이요
형벌에 오직 공정을 기하라 하셨지.
우리 그대는 재능을 몸에 지녔기에
중론이 그야말로 이미 추중하였고
주상께서 낙점해 직접 선임하셨으니
그 은총과 권우를 뉘라서 짝하리오.
담비 갖옷을 내탕고에서 내오고
게다가 표리 한 벌까지 하사했으니
단지 그대 일신의 영광일 뿐 아니라
그대 갈 길을 늦추지 말라 일렀네.
대궐 하직하고 중국으로 향하자니
서쪽으로 뻗은 길 얼마나 길고 긴지
가을바람은 쓸쓸하고 차갑게 불어
처량히 낙엽은 가지 떠나려 할 제
친구들은 저마다 먼 이별이 아쉬워
서로 보면서 눈물만 줄줄 흘린다.
내 말하노니 대장부 남자 뜻이란
천하에 훌륭한 사업을 이루어야지
왼손엔 적의 수급이 든 상자를 들고
오른손으론 포로 묶은 오라를 잡고
명광전으로 나아가서 이를 바침에
진퇴가 씩씩하여 주저하지 않으리.

만약 이 일의 시발을 물으시거든
그저 내가 알 바 아니라고 말하소. (613쪽 1)

『용재집』 권4 조천록(朝天錄) – 기순(祈順)의 대동강 시에 차운하다

대동강 서쪽 기슭에 우뚝 선 옛 성
그 아래엔 맑은 강 한줄기 비꼈어라.
기자의 백성 그 예악 아직 남았고
한산의 시는 재명을 홀로 차지하도다.
풍월로 아름다운 경치에 답하면 그만
풍악 울려 사행을 위로할 필요 없어라.
술 취해 봉창에 기대매 호기가 이노니
망망한 요해 바닷새처럼 가벼이 날고자. (613쪽 2)

『용재집』 권4 조천록(朝天錄) – 무료하던 나머지 그간 도로에서의 고생을 대략 기술하여 후일의 볼거리로 삼노니, 시를 짓기 위한 것은 아니다

북극은 제왕의 도읍이라
대명이 만방의 조공을 받누나.
동방 한민족은 기자의 후손으로
융성한 예악에 백성 많고 태평해
옥백으로 제후의 직분 수행하여
그 행렬 도로에 길게 이어졌어라.
경신년이라 현 천자 즉위 십삼 년
오월 맥추라 매실이 익을 적에
나는 사신의 직위에 임명됐나니
그 행차가 얼마나 당당하던지. (614쪽 3)

『용재집』 권8 차황화시(次皇華詩) – 기자묘(箕子墓)에 절하며 [2수(二首)]

충간과 사직 보존은 둘 다 어려운 일
삼인의 마음 다 같음을 뉘라서 알리요
가르침의 조목이며 정전법을 남겼으니
동국 사람 지금까지 그 은택 받았도다.

홍범의 이륜을 이미 스스로 떠맡은 터
거짓 미친 척하던 당시 마음 어떠했더뇨
동방은 원래 신하 노릇 아니한 나라
충의의 그 유풍이 지금껏 남아 있도다. (614쪽 4)

『용재집』 권8 차황화시(次皇華詩) – 정사의 〈평양의 명승고적(平壤勝蹟)〉 시에 차운하다 [20수(二十首)]

밝은 왕 이제 볼 수가 없으니
틀림없이 조천하러 가셨을 테지.
속절없이 남아 있는 한 조각 바위
상기도 조천한 곳이라 기록되어 있네.
[위는 조천석(朝天石)이다.]

정전의 전적이 없어진 지 오래니
뉘라서 그 제도 다시 알 수 있으랴.
분명하여라 성의 남쪽에 있는 터
아직도 없어지지 않고 남아 있느니.
[위는 정전(井田)이다.]
…
상저 못 쓰게 간할 수 없거늘

하물며 옥으로 그 누대 꾸밈에랴.
삼한이라 이 땅에 낙토 있기에
우리 도를 지키어 여기 오셨느니.
[위는 기자묘(箕子廟)이다.]
…
요임금과 같은 시대에 살아
이 나라 동방의 시조 되시었지.
우리 백성들을 보우하시고
만세토록 이 땅의 제사 받으소서.
[위는 단군(檀君)의 사당이다.]

봄가을로 늘 올리는 제사에
어이 양과 돼지가 없을쏘냐.
영세토록 변함없이 사모하리라
홍범구주는 지극한 이치 밝혔느니.
[위는 기자(箕子)의 사당이다.] (615쪽 5~6)

기린 말은 다시 돌아오지 않아
그동안 유구한 세월이 흘렀어라.
행여 돌아오시는 넋이 있으리라
두 번 절하고 초주를 올립니다.
[위는 동명왕(東明王)의 사당이다.] (615쪽 5~6)

『용재집』 권8 차황화시(次皇華詩) – 부사의 〈평양의 명승고적〉 시에 차운하다 [19수(十九首)]

알지 못하겠어라 죽어서 신이 되었는지
요임금과 한 시대에 살았단 말만 들었지

사당의 모습은 예전 그대로 있어
지금도 세시로 제사를 모시도다.
[위는 단군(檀君)의 사당이다.]

성인께서 예의로 인도하신 덕에
그 유민들 지금도 예법을 숭상하지
향사를 지금껏 모셔 오는 것은
옛날의 일을 잊지 않아서이지.
[위는 기자(箕子)의 사당이다.]
…
기자의 도읍지 폐허가 된 지 오래
만사는 허망해라 그저 탄식할 뿐
오직 남았느니 정전의 그 터가
성문 밖에 아직도 완연하여라.
[위는 정전(井田)이다.] (616쪽 7)

『용재집』 권9 산문(散文) –『속동문선(續東文選)』을 올리는 전(箋)

우리가 시문(詩文)을 취사(取捨)하는 것이 정밀하지 못할까 걱정입니다. 그러므로 역대에 각각 편찬 사업이 있었고, 후세에 와서는 이에 대해 상세하다느니 소략하다느니 하는 의론들이 없지 않습니다.

우리 조선이란 나라는 예로부터 문헌(文獻)의 구역으로 일컬어져 왔습니다. 기자(箕子)가 제후로 봉(封)해져 처음 나라를 열고부터 성교(聲敎)가 점차 동토(東土)로 미쳤습니다. 신라는 선비를 당(唐)나라로 유학시켜서 그 예악(禮樂)이 중화에 비견되었는데, 그 시대에 두드러진 인재로는 최치원(崔致遠)이 가장 으뜸으로 일컬어집니다. 이렇게 이미 팔뚝을 휘두르며 앞에서 창도(唱導)하는 이가 있는데 어찌 옷자락을 걷고서 뒤를 따르는 이가 없었겠습니까. 그 여풍(餘風)이 고려에까지 미쳐서 사문(斯文)이 크게 진작되었습니다. 그리하여 저술이 엄청나게 많아서 일가(一家)에 그칠 뿐만이 아닌데, 곱고 아름다운 문사(文思)와 사조(詞藻)로 저마다 자기 장점을 다 발휘하였습니다. 게다가 우리 조선은 신라와 고려, 두 시대를 보고 참작하여 문물을 정비하여 동정(東井)에 속하고 오성(五星)이 모였기에, 빛나는 그 문장(文章)이 찬연하여 모두 기록할 만합니다. (616쪽 8~617쪽 9)

(출처: 한국고전번역원)

『東皐遺稿』(1588년)

李浚慶(1499~1572)

『동고유고』는 조선 전기의 문신 관리이자 학자였던 이준경의 시가와 산문을 엮어 1588년에 간행한 시문집이다.

이준경의 자는 원길(原吉), 호는 동고(東皐) · 남당(南堂) · 홍련거사(紅蓮居士) · 연방노인(蓮坊老人) 등이다. 1522년(중종 17) 사마시에 합격해 생원이 되고, 1531년(중종 26) 식년문과에 급제해 한림을 거쳐 1533년(중종 28) 홍문관부수찬이 되었다. 이후 부제학, 성균관대사성, 평안도관찰사, 대사헌, 병조판서, 우의정, 영의정 등을 역임하였다. 주요 저서로는 『동고유고』와 『조선풍속(朝鮮風俗)』 등이 있다.

『동고유고』의 초간본은 1588년(선조 21)에 이준경의 아들 이덕열(李德悅)이 청주에서 간행하였으나 임진왜란 때 소실되었다. 이후 여러 번 자료를 추가하며 복간을 시도했으나 간행되지 못하다가 1706년(숙종 32)에 함흥에서 8권 4책으로 간행되었다. 여기에 다시 자료를 첨부하여 1913년 후손들이 남원에서 14권 7책으로 중간했다. 이 2개의 판본은 현재 규장각에 소장되어 있다. 이후 1939년에는 후손 병순(秉巡)이 실록에서 소차(疏箚) 등을 뽑아 속고(續稿) 3편을 만들었고, 1965년에는 문중에서 이를 합쳐 영인본으로 간행했다.

본문은 14권 7책으로 구성되어 있다. 권1에 부 1편과 시 52수, 권2에 소 4편과 봉사(封事) 2편 및 등대(登對) 1편, 권3~4에 차(箚) 20편, 권5~6에 계사(啓辭) 19편이 수록되어 있다. 권7~8에 헌의(獻議) 13편, 서(書) 10편, 잡저 3편, 제문 6편이 수록되어 있다. 권9에 시 2수, 계사 1편, 헌의 3편, 서 18편, 행장 1편, 비명 1편, 묘갈명 2편, 묘표 1편이 수록되어 있다. 권10에 계사 11편, 헌의 11편, 서 1편, 유묵이 수록되어 있다. 권11~12는 연보이고, 권13~14는 부록이다.

고조선, 단군, 기자에 관한 기록은 권3, 권5, 연보와 행장에 나온다. 권3의 「계사(啓辭)」에서는 단군(檀君)을 언급하였다. 권5의 〈녹견허태사조선풍속(錄遣許太史朝鮮風俗)〉에는 단군이 우리나라를 열고, 기자(箕子)가 봉지로 받았다는 것, 조선의 도읍지는 평양(平壤)이라는 것과 사군(四郡)과 이부(二府), 삼한(三韓), 마한, 진한(辰韓), 변한(弁韓), 신라, 고구려, 백제 등에 대한 간략한 서술이 있다. 「연보」와 「행장」에서는 단군 등을 언급하였다.

『동고유고』 동고선생유고 권3 계사(啓辭) – 정사(呈辭)를 더하다

삼가 아뢰옵니다.

[이 사면(辭免)으로 인하여 예전에, 특별히 명령을 내려 본 직책을 바꿔 주는 것을 허락하여 옥당(玉堂)에서 상소하여 말하길…, "단군(檀君)이 내려오셔서 우리나라의 예제(禮制)와 풍속(風俗)에 미쳐서 지금은 세상에서 행해지고 있습니다"라고 하였습니다.] (618쪽 1)

『동고유고』 동고선생유고 권5 잡저(雜著) – 녹견허태사조선풍속(錄遺許太史朝鮮風俗)

조선(朝鮮)은 구역이니, 단군(檀君)이 나라를 열었고, 기자(箕子)는 봉지로 받았으니, 모두 평양(平壤)을 도읍으로 하였다. 한(漢)나라가 사군(四郡)과 이부(二府)를 설치하였다. 이로부터 삼한(三韓)이 나누어졌다. 마한은 54개국을 통솔하였고, 진한(辰韓)과 변한(弁韓)은 각기 12개국을 통솔하였다. 그 후 신라와 고구려 및 백제의 세 나라가 솥의 세 발처럼 서로 대립하였다. … 서북은 평안이다. 서쪽은 압록강에 닿아 있고, 북쪽으로는 말갈(靺鞨)과 접해 있다. 본디 조선(朝鮮)의 옛 땅이었으나, 나중에 고구려가 차지한 바가 되었다. 신라의 문무왕(文武王)과 당(唐)나라의 장수 이적(李勣)이 함께 공격하여 멸하였다. (618쪽 2~619쪽 3)

『동고유고』 동고선생유고연보 연보(年譜) – 동고선생 연보

정묘(丁卯) … 7월 융경(隆慶) 신황제(新皇帝)가 등극하여 조서(詔書)를 반포하였다.

[태사(太史), 즉 허(許)사신이 객사에서 묵고 있었을 때 우리나라의 예제(禮制)와 풍속(風俗)을 알고 싶어 하여서는 선생의 기록을 보여 줄 것을 청하였다. 선생은 곧 앉아서 붓을 잡고, 기록하여 남겼다. 태사는 선생의 기록이 단군(檀君)에서부터 본조(本朝)까지의 도읍지, 연혁(沿革), 산천과 경계, 예제(禮制)와 풍속(風俗)이 극히 자세한 것까지 갖추어 기록한 것에 대해 탄복하였다. 오늘날까지 그 책이 세상에 전하고 있다.] (620쪽 4)

『동고유고』 동고선생유고부록 행장(行狀) – 영의정 증시충정동고선생리공행장(領議政贈諡忠正東皐先生李公行狀)

이 땅에 온 태사(太史)는 공(公)을 예절에 맞는 태도로 대하였고, 지극한 존경을 보여 주었는데, 호칭할 때 반드시 이상국(李相國)이라고 하면서 두 사람은 여유 있게 담론을 나누었다. 태사는 우리나라의 예제(禮制)와 풍속(風俗)에 이르기까지 상세하게 묻지 않는 것이 없었는데, 공(公)에게 기록을 보여 줄 것을 청하였다. 태사(太史)는 선생의 기록이 단군(檀君)에서부터 본조(本朝)까지의 도읍지, 연혁(沿革), 산천과 경계, 예제와 풍속이 극히 자세한 것까지 갖추어 기록한 것에 대해 탄복하였다. 오늘날까지 그 책이 세상에 전하고 있다. (620쪽 5)

(출처: 한국고전번역원)

『退溪集』(1600년)

李滉(1501~1570)

『퇴계집』은 조선 중기의 문신 관리이자 학자였던 이황의 시가와 산문을 엮어 1600년(선조 33)에 간행한 시문집이다.

이황의 자는 경호(景浩), 호는 퇴계(退溪)·퇴도(退陶)·도수(陶叟)이다. 1534년(중종 29) 문과에 급제하고 승문원부정자(承文院副正字)가 되었다. 이후 홍문관수찬, 성균관사성 등을 역임하였다. 을사사화 후 병약함을 구실로 모든 관직을 사퇴하고, 1546년(명종 원년)에 고향인 낙동강 상류 토계(兎溪)의 동암(東巖)에 양진암(養眞庵)을 얽어서 산운야학(山雲野鶴)을 벗 삼아 독서에 전념하였다. 주요 저서로 『심경후론』·『역학계몽전의』·『성학십도』·『주자서절요』·『자성록』·『송원이학통록』 등이 있다.

『퇴계집』은 선조 대에 유희춘(柳希春)의 건의에 따라 정부에서 간행하려고 했으나 임진왜란으로 인해 중단되었다. 이후 여러 차례에 걸쳐 간행되어 여러 종류의 중간본이 남아 있으며, 판본도 목판본과 필사본이 있다. 조목(趙穆) 등이 1599년(선조 32)에 간행하기 시작해 이황이 죽은 지 30년이 되는 이듬해 1600년에 원집(原集) 49권, 별집(別集) 1권, 외집(外集) 1권 등 모두 51권 31책으로 간행하였다(경자본(庚子本)). 이후 1869년(고종 6)에 후손 이휘부(李彙溥) 등이 기존의 간본들을 수정하여 모두 97권 75책으로 간행해 번남가숙(樊南家塾)에 수장하였다(번남본). 그 뒤 1910년 이후에 후손이 번남본을 대본으로 재정리하여 『도산전서』를 편찬해 도산서원에 보관했다(상계본(上溪本)). 그런데 1950년 6·25전쟁 때 몇 권이 없어졌다.

문집은 원집 66권 27책, 속집 8권 3책, 별집 1권 1책, 외집 1권 1책, 유집 20권 7책 등 모두 96권 39책으로 되어 있다.

고조선 관련 기록은 비교적 많은 편이다. 원집의 권3, 권5, 권6, 권7, 권41, 권42, 권45, 권47, 별집의 권1, 고증(攷證)의 권1, 권2, 권7에 고조선과 기자 관련 언급이 있다. 기자와 관련해서는 대부분 홍범구주와 기자전(箕子殿)을 언급하였다.

단군과 고구려의 도읍지에 관한 고증 기록도 나온다. 고증의 권1에서는 평양은 단군과 기자 그리고 고구려의 옛 도읍지였다는 것과 기성(箕城) 및 낙랑(樂浪) 그리고 위만(衛滿)이 조선에 망명하여 준왕(準王)을 내쫓고 왕검성(王儉城)에 웅거한 것, 단군이 무진(戊辰)년에 즉위한 것을 언급하였다. 고증 권2의 〈서서처사(書徐處士)〉에서는 기자가 조선에 봉함을 받고서는 백성들을 예절과 의로움으로 가르쳤다고 언급하였다. 고증 권7의 〈묘갈지명(墓碣誌銘)〉에서는 기자전(箕子殿)을 언급하였다.

『퇴계집』 퇴계선생문집 권3 시(詩) – 이강이(李剛而)가 서악정사(西岳精舍)를 새로 설치하고 시를 지어 부쳐 왔기에 차운하다 [2수(二首)]

기자(箕子)의 홍범구주(洪範九疇)로 우리나라는 일찍이 훌륭한 나라가 되었구나.

『퇴계집』 퇴계선생문집 권5 속내집(續內集) 시(詩) – 구암정사(龜巖精舍)

기자(箕子)의 홍범구주(洪範九疇)로 나라를 다스린 지 천 년이 흐르니, 이륜(彝倫)을 빛냈도다.

『퇴계집』 퇴계선생문집 권6 소(疏) – 무진년(1568, 선조 1)에 올린 육조소(六條疏)

하물며 우리 동방은 동해에 치우쳐 있는 데다 기자(箕子)의 홍범(洪範)이 전해지지 않은 뒤로 여러 대를 아득하게 지냈습니다. 고려 말에 정주(程朱)의 글이 비로소 들어와 도학(道學)을 알게 되었고, 본조(本朝)에 들어와 성왕이 잇달아 계승하여 창업수통(創業垂統)하셨는데 그 규모와 전장(典章)이 대체로 모두 이 도를 발현하여 쓴 것이었습니다. 그러나 개국 이래로 오늘에 이르기까지 거의 200년이 되어 가는데 정치의 공효를 더듬어 보고 선왕의 도로 헤아려 보면 여전히 열성(列聖)의 마음에 부족한 바가 있음을 면치 못하고 있습니다.

『퇴계집』 퇴계선생문집 권7 차(箚) – 무진년(1568, 선조 1)의 경연(經筵) 계차(啓箚) 2

공자는 정성(鄭聲)을 내쫓고 간사한 사람을 멀리할 것을 경계하였습니다. 기자(箕子)는 무왕(武王)을 위해서 홍범(洪範)을 진술하여, 먼저 오사(五事)를 받들어 쓸 것을 말한 뒤에 황극(皇極)의 도를 극히 칭찬하였으니, 여기에 또한 사사롭고 사악한 것이 일어날 근심이 없을 것 같습니다.

『퇴계집』 퇴계선생문집 권7 차(箚) – 성학십도(聖學十圖)를 올리는 차자 [도(圖)를 아울러 올리다]

기자(箕子)가 무왕(武王)을 위하여 홍범(洪範)을 진술할 적에 또, "생각함은 지혜롭다. 지혜로움은 성스러움을 만든다" 하였습니다.

『퇴계집』 퇴계선생문집 권29 서(書) – 김이정(金而精)에게 답하다

공자는 '학문에 뜻을 두라[志學]', '도에 뜻을 두라[志道]', '인에 뜻을 두라[志仁]'는 등의 교훈이 있었으며, 맹자는 '뜻을 고상히 하라[尙志]', '뜻을 견지하라[持志]'는 가르침을 두었습니다. 의(意)는 선과 악의 기미[幾]가 되어 털끝만큼이라도 어긋나면 벌써 악의 구렁 속으로 빠져 들어가기 때문에 증자(曾子)는, "반드시 혼자만 아는 곳을 삼가라" 하고, 주자는 "의(意)를 방위하기를 성(城)같이 하라" 하였습니다. 생각[思]하면 얻고 생각하지 않으면 얻지 못하므로, 기자(箕子)는 말하기를 "사(思)는 슬기로움이니 슬기로움은 성스러움을 만든다" 하고, 공자는 말하기를, "군자에게는 아홉 가지 생각[九思]이 있다" 하며, "생각하지 않을지언정 생각하면 어찌 먼 것이 있겠는가" 하였습니다.

『퇴계집』 퇴계선생문집 권41 잡저(雜著) – 책문(策問)

아, 우리 동방은 기자(箕子)의 홍범구주(洪範九疇)의 유교(遺敎)를 입어 예의가 있는 훌륭한 나라이다. 게다가 열성조(列聖朝)가 뒤이어 선비를 높이고 도를 중하게 여기는 아름다움이 이같이 지극한데도 오히려 도학을 강명하는 것이 무슨 일인지를 모르고 있다. 비단 모를 뿐만 아니라 또한 이를 꺼리고, 꺼릴 뿐만 아니라 또한 이를 싫어하여 성현의 글 보기를 과거를 보아 녹을 취하는 도구로 여기는 데 지나지 않으니, 이는 위에 문왕 같은 성군(聖君)이 있는데도 아래에 흥기(興起)하는 자가 없는 것이다. 이 어찌 사대부의 큰 수치가 아니겠는가.

『퇴계집』 퇴계선생문집 권42 서(序) – 성왕황화집(成王皇華集) 서(序) [成憲王璽]

신이 혼자 가만히 생각해 보았는데, 우리나라는 하늘이 구획해 놓으신 나라의 땅으로, 멀리 해외(海外)에 있습니다. 그렇지만 기자(箕子)가 무왕(武王)으로부터 봉함을 받았고, 공자(孔子)가 살고자 했던 땅으로 예절과 의리가 있는 나라라고 문헌에서 칭하는 것은 오래되어 왔습니다.

『퇴계집』 퇴계선생문집 권45 축문(祝文) · 제문(祭文) – 임고서원성(臨皐書院成) 제정문충공문(祭鄭文忠公文)

오호라 우리 동방 한 모퉁이는
기자가 임했던 곳이지만
세상이 쇠퇴하고부터는
대도가 사라져 버렸으니
만약 선각이 있지 않다면
누가 인심을 착하게 할까.
혁명하여 문물이 바뀜은
천지간의 큰 변화인지라
오직 성인이 천명과 합치하여
이미 하늘의 뜻에 부응했으니
만약 큰 충절이 있지 않았다면
떳떳한 의리를 그 누가 알리오.
아아 우리 포은 선생은

하늘이 내리신 인걸이니
성인을 바라는 학문이었고
하늘을 떠받칠 역량이셨네.
집에 들어가서는 효도하고
밖에 나와서는 충성하더니
매우 급박한 시대를 만나서
몸을 돌보지 않고 힘을 다하셨네.
일본을 빙문하여 왜인을 감복시키고
중국에 조회하여 황제를 감동시키며
온 힘을 다하여 난국을 경륜하여
쇠잔한 나라를 일으키려 했으니
무너지는 큰 집을 막대기로 지탱하고
…

『퇴계집』 퇴계선생문집 권47 묘갈지명(墓碣誌銘) – 영월(寧越) 신공(辛公)의 묘갈명 [병서(幷序)]

공의 비조(鼻祖) 휘 비(毗)는 고려의 태중대부사영윤(太中大夫司營尹)이다. 윤은 지문하찬성사 거(裾)를 낳고, 찬성사 거는 전법판서(典法判書) 시문정공(諡文貞公) 당계(唐系)를 낳고, 문정공 당계는 판서 원좌(元佐)를 낳고, 판서 원좌는 장령(掌令) 한(僩)을 낳고, 장령 한은 사온직장(司醞直長) 대서(帶犀)를 낳고, 직장 대서는 장성현감(長城縣監) 보중을 낳고, 장성현감 보중은 기자전(箕子殿) 참봉(參奉) 수(守)를 낳았다.

『퇴계집』 퇴계선생문집별집 권1 시(詩) – 29일

복과 아울러 기자(箕子)의 홍범(洪範) 다섯을 다 갖추었으니
쌍성(雙城)에 함께 홍교연(虹橋宴)을 설치하도다.

『퇴계집』 퇴계선생속집 권8 잡저(雜著) – 회시(回示) 조사서(詔使書)

우리 동방은 기자(箕子)가 무왕(武王)으로부터 봉함을 받아 온 이래로 홍범구주(洪範九疇)의 가르침을 베풀고, 팔조(八條)로 다스림을 하여 인애롭고 현명한 교화가 있어서 절로 신명(應神明)과 호응하였습니다. 심학(心學)을 터득하고 주수(疇數)에 밝아 세상에 이름난 선비가 반드시 있었을 것입니다. 그러나 사군(四郡)과 이부(二府)의 시대 이후로 삼국이 분쟁을 벌여 전쟁이 끊이지 않아 문헌이 산일되어 비단 도를 전하는 사람이 없었을 뿐만 아니라, 지난날 세상에 이름났던 사람들의 성명도 들을 수 없게 되었습니다. 신라가 삼국을 통일하고, 고려 500여 년 동안 세도가 융성해지고, 문풍이 점차 열리자 많은 선비들이 중국에 유학하고 경서가 성행하였으며, 난세가 바뀌어 치세(治世)가 되었고, 중화를 사모하여 오랑캐의 풍습을 변화시켰으며, 시서(詩書)의 영향과 예의의 기풍으로 점차 기자의 옛 풍속을 회복하였습니다. 그러므로 우리 동방을 보고서 '문헌의 나라'라거나, '군자의 나라'라고 일컬어졌던 것도 그럴 만한 이유가 있었던 것입니다.

『퇴계집』 퇴계선생문집고증 권1 – 제1권 시(詩)

평양의 연광정(練光亭)[56] 운운(云云).

[평양은 평안서도(平安西道)에 속한다. 본디 단군(檀君)과 기자(箕子) 그리고 고구려(高句麗)의 옛 도읍지였다. 군(郡)의 이름이다. 기성(箕城) · 낙랑(樂浪) · 장안(長安) · 서경(西京) · 호경(鎬京) · 유경(柳京) ○ 연광정(練光亭)은 대동문(大同門)의 오른쪽 덕암(德巖) 바위 위에 있다. 감사(監司) 허굉건(許硡建), 중국 사신 당고(唐皐)가 기(記)를 썼다.]

---

56 연광정(練光亭): 평양의 대동강(大同江) 가에 있는 누각. 관서 팔경의 하나로 대동강을 내려다볼 수 있는 덕암(德巖)이라는 바위 위에 있다. 조선 중종 때 허굉(許硡)이 건립하였다.

『퇴계집』 퇴계선생문집고증 권2 - 제2권 시(詩) - 우리 동쪽 나라 역사책을 읽고서, 김주(金澍, 김응림(金應霖))가 지은 시의 운(韻)을 써서 시를 짓다

만촉(蠻觸)[57] [有國於 달팽이의 오른쪽 뿔에 있는 나라를 만씨(蠻氏)라 하고, 달팽이의 왼쪽 뿔에 있는 나라를 촉씨(觸氏)라 한다. 땅을 다투어 싸우니, 엎어진 시체가 수만이다.]

누가 맹수가 되고, 누가 양떼가 되겠는가(史)[양떼를 몰아 맹수를 공격한다.]

조선과 중국은 땅을 다투어 싸웠는데, 아무리 거슬러 올라가 보더라도 이는 다만 중국 한(漢)나라 이후부터의 일일 뿐인 것을

[한(漢)나라 혜제(惠帝) 시기에 연(燕)나라 사람 위만(衛滿)이 나라를 떠나서 무리를 모은 후 동쪽으로 패수(浿水)를 건너 기준왕(箕準王)을 쫓아내고서는 왕검성(王儉城)에 웅거하였다. 이로부터 삼국이 정립하여 전쟁은 쉬지 않고 일어났다.]

나라를 연 것은 실로 당요(唐堯) 때부터이다.

[살펴보건대, 동방에 처음에는 군장이 없었다. 신인(神人)이 있어서 하늘에서 내려와서는 태백산(太白山)의 단목(檀木) 아래에 오셨다. 그를 이름하여 단군(檀君)이라 불렀다. 당요(唐堯) 25년 무진(戊辰)년에 즉위하였다.]

냄새와 향기[『공자가어(孔子家語)』, 지초(芝草)와 난초(蘭草)의 향기, 절인 어물포와 생선의 냄새; 『진사(晉史)』, 향기가 나는 풀과 악취가 나는 풀[58]]는 10년이 지나도 변하지 않는다.

『퇴계집』 퇴계선생문집고증 권2 - 제2권 시(詩) - 서서처사(書徐處士) 운운(云云)

우리 동방은 성인이 거주하고 싶어 했던 곳이다.[(『속몽구(續蒙求)』, 기자(箕子)가 무왕(武王)으로부터 조선(朝鮮)에 봉함을 받고서는 백성들을 예절과 의로움으로 가르쳤다. 우리 동방은 예의와 풍속의 아름다움이 있는 나라라고 세상에 전해지게 되었다. 그리하여 공자가 우리나라에 거주하고자 하는 뜻이 있었다. ○살펴보건대, 화담(花潭)은 송도(松都)의 성거산(聖居山) 아래에 있었다.]

---

57 만촉(蠻觸): 달팽이의 오른쪽 뿔에 있는 만씨(蠻氏)와 왼쪽 뿔에 있는 촉씨(觸氏)의 다툼이라는 뜻으로, 사소한 일로 서로 싸우는 일을 이르는 말이다.

58 착한 사람과 못된 사람을 비유적으로 이르는 말이다.

『퇴계집』 퇴계선생문집고증 권7 – 제47권 묘갈지명(墓碣誌銘) – 영월(寧越) 신공(辛公) 묘갈명(墓碣銘)

장성(長城)[전라좌도에 속한다. 군(郡)의 이름이다. 오산(鰲山)·이성(伊城)]

기자전(箕子殿)[평양 내부에 있다.]

은풍(殷豐)[풍기군(豐基郡)의 서남쪽에 있다.]

(출처: 한국고전번역원)

『嘯皐集』(1600년)

朴承任(1517~1586)

『소고집』은 조선 전기의 문신 관료이자 학자였던 박승임의 시·서(書)·제문·만사 등을 수록한 시문집이다.

박승임의 자는 중보(重甫), 호는 소고(嘯皐)이다. 1540년(중종 35) 식년문과에 병과로 급제하여 청환직(淸宦職)을 역임하고, 춘천부사, 동부승지, 진주목사, 황해도관찰사, 도승지, 대사간 등을 역임하였다. 주요 저서는 『성리유선(性理類選)』·『공문심법유취(孔門心法類聚)』·『강목심법(綱目心法)』·『소고문집(嘯皐文集)』 등이 있다.

1600년(선조 33) 그의 제자 김륵(金玏)·오운(吳澐)·배응경(裵應褧) 등이 편집, 간행하였다. 속집과 부록은 그의 6대손 희천(希天)이 수집하고 이상정(李象靖)의 교정을 거쳐 1782년(정조 6)에 이미 간행된 원집과 함께 간행하였다. 속집 앞머리에 이상정의 속집서(續集序), 부록 끝에 희천의 지(識)가 있다. 원집 4권 2책, 속집 4권 2책, 부록 2권 1책, 합 10권 5책으로 목판본으로 간행되었다. 현재 장서각, 규장각, 성균관대학교 도서관 등에 소장되어 있다.

이 책의 원집 권1·2는 부 4편, 시 239수, 권3·4는 서(序) 2편, 발 1편, 기 2편, 서(書) 4편, 잡저 8편, 제문 6편, 비명·묘지 13편으로 구성되어 있다. 속집 권1·2에는 부 2편과 시 162수, 권3·4에는 각종 문장이 수록되어 있다. 부록에는 행장, 묘갈명, 만사, 제문, 서간 등이 수록되어 있다.

기자에 관한 기록이 속집 권1과 권4에 나온다. 권1의 〈평양(平壤)〉이라는 시에서는 기자의 나라와 대동강을 언급하였다. 〈예조청찬동국통감강목전(禮曹請撰東國通鑑綱目箋)〉에서는 단군이 신단수(神檀樹)에 내려와서 당요(唐堯) 갑진(甲辰)년에 나라를 세웠고, 기자가 주(周)나라 무왕(武王)으로부터 봉함을 받고 홍범구주(洪範九疇)의 도리를 펼쳤다고 언급하였다.

『소고집』 소고선생문집 권1 속집 시(詩) – 평양(平壤)

기자국엔 자욱한 안개가 10리 간 펼쳐 있고,

대동강엔 소담스레 흩날리던 눈발도 그쳤네. (621쪽 1)

『소고집』 소고선생문집 권4 속집 전(箋) – 예조청찬동국통감강목전(禮曹請撰東國通鑑綱目箋)

세상이 생겨난 지 이미 오래되어 난리와 잘 다스려짐을 한 차례씩 겪었다. 사마천(司馬遷)이 지은 『사기(史記)』에 모두 갖추어 실려 있기를 법을 세우고 규율을 세웠다. 기왕의 잘잘못은 바야흐로 착한 일을 권장하고 악한 일을 징계하였으나 통요(統要)에 합해지지는 않는다. … 나랏일에 힘씀에 있어 이것보다 먼저인 것은 없다. 예로부터 이와 같이 하는 것은 지금 뺄 수가 없다. 혼자 가만히 우리나라를 생각해 보건대, 단군(檀君)께서 신단수(神檀樹)에 내려오셨고, 기자(箕子)가 주나라 무왕으로부터 봉함을 받았다. 이는 매우 먼 옛날에 일어난 일로 단군의 일은 당요(唐堯) 갑진(甲辰)년에 해당하고, 기자가 가르침을 진열하여 『상서』 「대우모(大禹謨)」의 홍범구주(洪範九疇)의 떳떳한 도리를 펼치셨다. 진한(辰韓), 마한(馬韓), 변한(弁韓)의 세 나라가 나뉘어 섰다.(621쪽 2)

『南冥集』(1604년)

曺植(1501~1572)

『남명집』은 조선 중기의 학자였던 조식의 시문집이다. 1604년 처음 간행된 이후 여러 차례 판각과 간행이 이루어졌다.

조식의 자는 건중(楗仲), 호는 남명(南冥)이다. 여러 번의 천거에도 벼슬길에 나아가지 않고, 학문에 열중하는 한편 제자 교육에 힘썼다. 61세 되던 1561년(명종 16) 지리산 기슭 진주 덕천동(지금의 산청)에 산천재(山天齋)를 짓고 그곳에 머물며 강학에 힘썼다. 주요 저서로는 문집인 『남명집』과 독서하다가 차기(箚記) 형식으로 남긴 『학기유편(學記類編)』이 있다.

『남명집』은 문인(門人) 정인홍(鄭仁弘)이 수집하여 시문 2권, 부록 1권 합 3권으로 편차한 후 1604년(선조 37) 해인사에서 간행하였다(갑진본). 이후 여러 차례 중간해서 1606년(선조 39)의 병오본, 1609년(광해군 원년)의 기유추각본, 1613년(광해군 5)의 임술본, 1651년(효종 2)의 신묘본, 1707년(숙종 33)의 삼간본, 1764년(영조 40)의 갑신본, 1798년(정조 22)의 무오본 등이 있으며, 이후에도 여러 차례 판각과 간행이 이루어졌다.

본집은 원집 4권, 행장(行狀), 묘비문(墓碑文) 도합 3책으로 구성되어 있다. 권1은 시, 부(賦), 명(銘)이 수록되어 있고 권2는 여러 가지 문장의 모음이고, 권3은 부록, 권4는 보유(補遺)이다.

기자에 관한 기록이 권4의 〈행록(行錄) – 김우옹(金宇顒)〉에서 짧게 언급돼 있다. 은(殷)나라 시기에 기자가 거짓으로 미친 척한 내용이 나온다.

『남명집』 남명선생집 권4 보유(補遺) – 행록(行錄) [김우옹(金宇顒)]

또 문인(門人) 정인홍(鄭仁弘)에게 답하여 말하기를, "지금이 어떤 때이며, 어떠한 지경인가? 허위를 일삼는 무리들은 모두 겉만 그럴듯하고 속은 별것이 아닌 자들이다. 이런데도 엄연히 현자(賢子)의 자리에 있는 것을 탐하여 종장(宗匠)인 것처럼 행동하는 것이 과연 옳겠는가? 기자(箕子)가 거짓으로 미친 척한 것은 상(商)나라 왕실의 흥망에 관계된 것이 아니고, 자신이 곤란한 경우에 처하여 밝음을 숨겨 스스로 성현(聖賢)이라고 자처하려고 하지 않은 것이다"

(출처: 경상대학교 남명학연구소)

『花潭集』(1605년)

徐敬德(1489~1546)

『화담집』은 조선 전기의 학자인 서경덕의 시가와 산문을 엮어 그의 사후인 1605년(선조 38)에 간행한 시문집이다.

서경덕의 본관은 당성(唐城), 자는 가구(可久), 호는 복재(復齋)·화담(花潭)이다. 1519년(중종 14) 조광조에 의해 채택된 현량과에 수석으로 천거를 받았지만 사양하였고 개성 화담에 은거하며 학문에 힘쓰고 교육 활동에 전념하였다. 40여 세가 넘어 어머니의 강권으로 생원시에 응시하여 급제하였으나 사양하고 물러나 학문에 전념하였다.

서경덕의 시문은 그의 문인들인 박민헌(朴民獻), 허엽(許曄)이 수집, 편차하여 명종·선조 연간에 초간본으로 간행하였는데 임진왜란을 겪으며 유실되었다가 1605년 은산현감 홍방이 유고를 다시 수집하여 중간본으로 간행하였다.

본문은 본집 2권, 부록 2권으로 구성되어 있다. 본집 권1에는 부(賦) 1편과 시(詩) 100여 수가 실려 있고, 주로 오언율시, 칠언율시 등이 섞여 배열되어 있다. 권2에는 소(疏)·서(書)·잡저(雜著)·서(序)·명(銘)이 수록되어 있고 잡저에는 서경덕의 이기철학(理氣哲學)과 역사상(易思想) 그리고 수학(數學) 등 사상과 학문 이론이 담긴 일련의 논술이 실려 있다. 부록 1인 권3에는 연보와 신도비명, 「해동명신록(海東名臣錄)」·「기묘명현록(己卯名賢錄)」 등의 문헌과 문인·후배들의 문집에서 채록한 유사(遺事)가 실려 있고, 부록 2인 권4에는 사제문(賜祭文) 및 상량문, 후인들의 상론(尙論) 그리고 후학들의 시장(詩章)이 수록되어 있다. 이어 문인록(門人錄)이 실려 있는데, 민순(閔純)·박순(朴淳)·허엽(許曄) 등 24인의 문인들이 기록되어 있다.

고조선과 관련된 내용은 서경덕 자신의 글은 아니고, 부록으로 편제된 문인들의 글에서 간취한 것이다. 대부분 기자의 교화와 홍범에 관한 내용이다.

『화담집』 화담선생문집 권3 부록1 – 연보(年譜)

21년 병인[1566년]

월정 윤근수가 사신으로 경사에 갔다. 그때 육광조 공이 국자학정(國子學正)이 되어 "그대의 나라에 공맹의 심법(心法)과 기자의 주수(疇數)를 잘 아는 이가 있는가?"라고 물었다. 윤공이 이에, 선생 및 한훤(寒暄), 정암(靜菴) 등의 선생이 있다고 대답하며, "여기서 말하는 선생은 서모(徐某)로 개성부 사람이며, 화담(花潭)에 숨어 살면서 성리의 학문을 밝게 강론하였고 수학(數學)에 더욱 정통했습니다. 임금님께서 여러 차례 불렀으나 나가지 않았고 끝내 집에서 임종하였습니다"라고 말하였다.

『화담집』 화담선생문집 권3 부록1 – 신도비명(神道碑銘) [병서(并序)·瑟僴朴民獻撰]

선생이 태어난 나라는 바로 기자의 나라다. 그러나 세상에서 서로 뒤로 미루어 이미 멀어져 그 도가 모두 사라져서 전하는 것이 없다. 선생이 품부 받은 바의 성은 바로 요순의 성(性)이다. 따라서 그 실마리를 보는 것에 인하여 그것을 스승으로 삼으며 마침내 우리는 도를 얻어들을 수 있다. 선생의 성은 서씨이고 휘는 경덕, 자는 가구이며 자호는 복재이다. 또 화담이라고도 부른다. 당성 사람이다. … 선생이 돌아가신 지 30년 후, 지금의 선조 임금이 등극한 지 8년째 되던 해의 일이다. 앞 임금 명종조에 이미 선생을 6품의 관직으로 추증했는데 이때에 이르러 대간들이 높은 관직으로 추증할 것을 건의하였고 대간들은 또 시호를 내려 줄 것을 건의하였다. 임금은 대신들에게 논의할 것을 명령하여 우의정으로 추증하였고 시호를 내려 문강(文康)이라 하였으니 '도덕을 널리 구하였기에' 문(文)이라 하고 '근원에 통달했기에' 강(康)이라 한다 하였다. 아아! 사도가 전하지 않은 지 오래되었다. 도에 뜻이 있는 사람이 비록 좋은 재주와 아름다운 바탕이 있어도 모두 '어진 스승을 구하기 어렵다' 하고는 끝내 취생몽사(醉生夢死)에 빠지는 것이 모두 이것이다. 선생은 스스로 분발하여 성(性) 위에서 얻어 탁월하게 홀로 우뚝 섰으니, 배우는 사람들로 하여금 모두 비록 스승의 전함이 없어도 배움 속에 이를 수 있음을 알게 했다. 이는 맹자의 말을 천 년 뒤에 징험한 것이니 선생이 후학에게 끼친 공이 크다 하겠다. 위로는 기자의 전통을 이었고 아래로는 도학의 전통을 이끌었다고 할 수 있다.

『화담집』 화담선생문집 권3 부록1 – 유사(遺事)

이이가 "이 공부는 진실로 학자가 마땅히 본받을 바가 아닙니다. 경덕의 학문은 횡거에게서 나왔습니다. 그 저서를 만약 성현의 뜻과 꼭 들어맞는다고 말한다면 신(臣)은 알지 못하겠습니다. 다만 세간의 이른바 학자들은 단지 성현의 설을 모방하여 [자신의] 말로 여기면서도 마음에는 얻는 바가 많이 없습니다. 경덕은 깊이 생각하고 멀리 구하여 자득의 묘가 많이 있어 문자언어의 학문이 아닙니다"라고 했다. [이에] 임금이 우의정으로 추증하는 것을 허락했다. 허엽은 언제나 경덕을 높여서 기자의 법통을 이었다고 여겼다. 이이가 경덕의 학문이 횡거에게서 나왔다고 한 말을 듣고 이이를 꾸짖으며, "그대의 말이 이와 같으니 깊이 근심이 됩니다. 만약 화담의 학문이 소장정주(邵張程朱)를 겸했다고 말한다면 옳을 것입니다. 그대가 정밀하게 10여 년을 독서한 후에나 화담의 경지를 논할 수 있을 것입니다"라고 했다. 이이는 "제가 독서를 오래하면 할수록 더욱 공의 견해와 배치될까 걱정됩니다"라고 말했다.[출전 율곡 이이 『경연일기』]

『화담집』 화담선생문집 권4 부록2 – 수문집시고문(修文集時告文) [기천(沂川) 윤효선(尹孝先)]

우리나라의 문교는 기자의 구주에서 비롯되었습니다만, 천수백 년간 아득하여 잘 닦이지 않았습니다. 고려 말에 이르러 포은(圃隱) 선생이 나오셔 정주(程朱)의 실마리를 찾고 공맹의 가르침을 찬술하였습니다. 당당한 우리 성조(聖朝) 정암(靜菴)이 다시 일어나니 사람들이 도를 굳게 지킴을 알게 하니 선비들이 이에 입각함이 있었습니다. 아아, 우리 선생은 숭산의 꽃이니 그 앎을 이루고자 하여 내면의 밝음으로 진실되게 하였습니다.

『화담집』 화담선생문집발 – 화담선생문집중간발(花潭先生文集重刊跋) [윤득관(尹得觀)]

우리 기자의 『홍범』 한 책은 천인의 도를 서술하고 성인의 법을 드러내 보인 것이니 그 돌아갈 요점은 '사(思)' 자 하나에 있다. 유래를 거슬러 올라가면 요가 순에게 준 집중(執中)이고, 그 뒤로 가면 공자가 안자에게 깨우쳐 말해 준 극기(克己)이다. 모두 '사' 자의 공부와 관계된 것이며 기자의 『홍범』과 표리이다. 주자의 『대학혹문』과 경전의 전주(傳注)에 이르러 계승한 공이 있다. 이렇게 된 까닭을 궁구한다면 역시 다만 '사'에 근원하고 있다. 한밤중 산속에서 두견의 괴로운 소리를 들으며 사색하여 그 도를 구하는 처음이었음을 생각한다면 마음을 쓰는 힘이 어떠했겠는가. 공자가 말한 바, "밤새도록 생각만 한다면 배우는 것 만 못하다"고 한 것은 생각만 하고 배우지는 않는 것을 말한 것이다.

… 우리 조부 월정[윤근수] 공이 일찍이 중국에 사신으로 갔을 때, 중국 학자가 '기자의 주수(疇數)와 …

… 선생의 유집(遺集) 판본이 있었는데 지금 모두 손상되고 빠져 있다. 송도의 많은 선비들이 중간(重刊)을 기획함에 진사 한명상이 그 일을 주관하고 한군(韓君)이 여러 선비들의 뜻을 모아 내게, 평소에 선생을 존경하고 있음을 알고 있으니 발(跋)을 써 달라고 하니 이미 사양하였지만 또 그럴 수 없어 문득 이것을 써서 권말에 붙이게 되었다. 선생의 학문이 바로 기자의 학문임을 알게 되어 학자들이 선생의 학문을 구하여 공부하게 된다면 거의 성인의 입구로 들어가는 문을 얻을 수 있게 될 것임을 말할 뿐이다.

경인 7월 그믐 을사 해평 윤득관 삼가 씀.

(출처: 『역주 화담집』, 황광욱 역주, 심산문화, 2004)

『德陽遺稿』(1606년)

奇遵(1492~1521)

『덕양유고』는 조선 전기의 학자이자 문신 관료였던 기준의 시가와 산문을 엮어 1606년에 간행한 시문집이다.

기준의 자는 자경(子敬), 호는 복재(服齋)·덕양(德陽)이다. 조광조(趙光祖) 문하에서 수학했다. 1513년(중종 8)에 사마시에 합격하고, 이듬해 별시문과에 급제했다. 그 후 사관, 홍문관정자, 박사, 검토관(檢討官), 수찬(修撰), 시강관 등을 두루 역임했다. 1519년(중종 14) 기묘사화로 조광조 등과 함께 하옥되었고, 1521년(중종 16) 송사련의 무고로 신사무옥(辛巳誣獄)이 일어나자, 다시 유배지로 끌려가서 죽임을 당했다. 주요 저서로는 『복재집(服齋集)』, 『덕양유고』, 『무인기문(戊寅記聞)』, 『덕양일기(德陽日記)』 등이 있다.

1544년(중종 39)에 기준의 아들 기대항(奇大恒)이 집안에 보관해 오던 초고에 기준의 문생 박충원(朴忠元)이 서문을 지었으나, 현존본이 남아 있지 않다. 그 후 1606년(선조 39) 기준의 증손 기자헌(奇自獻)이 3권 2책으로 간행하였다. 이는 기대항이 수집·편차한 것에 보유(補遺)와 부록을 추가하여 간행한 것이다. 이 초간본은 현재 연세대학교 중앙도서관에 소장되어 있다. 그 후 1899년 방손 기우만(奇宇萬)이 초간본의 권차를 재편하고, 『복재선생문집(服齋先生文集)』으로 제목을 바꾸어 6권 2책의 목활자로 간행하였다. 이 중간본에는 정포(鄭宲)가 지은 행장과 후손 기석후(奇錫厚)가 지은 연보를 바탕으로 조준(趙埈)이 지은 시상(諡狀)이 첨부되어 있다. 이 본은 현재 국립중앙도서관, 규장각 등에 소장되어 있다.

본문은 본집 3권, 보유, 부록 합 2책으로 구성되어 있다. 권1에는 시 77제가 실려 있다. 권2에는 시 115제가 실려 있다. 보유는 책 1편, 제문 1편, 소 1편, 계 2편, 시 1제, 서 3편이다. 부록에는 홍인우(洪仁祐), 이황(李滉), 김정국(金正國) 등 10여 명의 글 중에 저자와 관련되는 시문을 초록한 글이 실려 있다.

고조선 관련 기록은 기자와 단군에 관한 내용이다. 권1, 권3, 보유 등에 나온다. 권1에서는 〈박이민이 사신이 되어 관북으로 돌아가는 것을 전송하며(送朴而晦奉使歸關北)〉라는 시에서 기자를 언급하였다. 권3의 〈술에 취하여 시나 노래를 읊음(醉吟)〉이라는 시에서는 기자가 스스로 거짓 미친 척한 구절을 읊었다. 보유(補遺)의 〈스승의 도리를 세우다(立師道)〉라는 글에서는 단군을 언급하였다. 현자로서의 기자와, 유구한 역사의 상징으로서 단군을 짧게 기록해 놓고 있다.

『덕양유고』 권1 시(詩) – 박이민(朴而晦)[세희(世熹)]이 사신이 되어 관북(關北)으로 돌아가는 것을 전송하며

쓸쓸히 세상에 출사하지 않은 선비
세상을 경영하고 백성들을 구휼할 재능을 가슴속에 깊이 품었는데
때마침 명나라 시대를 만나서
충직하게 나라의 은혜에 보답하고자
임금의 말씀은 구천(九天) 하늘을 내려오니
총총히 멀리 사신으로 행차했다.
즐겁게 노니는 것이 모름지기 한창 때이고
삼가는 마음 흔쾌히 성취함을 얻었으니
높고 높이 성곽을 훠게 쌓아올려서
동쪽 바다를 유구하게 하였구나!
가을바람 손님의 마음을 흔들고
하늘 끝에 흰 구름이 일어나니
인생 천리(天裏)가 스스로 서서 타고난 천성을 그대로 지킨다.
신하는 임금에게 충성하고 자식은 부모에게 효도하는 것
이 외의 것은 나는 알지 못한다.
기술과 재주가 능하지 않은 것이 아니라서

족히 일시의 이름으로서
대의를 밝히지 못한다면
가는 곳마다 길을 잃는 것이다.
옛사람의 귀한 재주가 아니고서
덕으로써 자신의 토대를 만들어
근본은 이미 다스림을 얻었으니
힘을 들이지 않고도 쉽게 할 수 있다.
군후(君侯, 제후를 높여 이르는 말)는 옛것을 배우고
사사로이 함께할 때 미리 이치를 분별하며
이번 방문은 왕의 일을 하는 것이니
어서 가서 지체하지 마시게.
북당(北堂)의 어머님을 생각하면
백발이 어지러이 나부끼고
어머님을 봉양하는 형제 있으니
어찌 임금이 여기 있는 것과 다르겠느냐!
몸을 아끼지 않고 임금에게 충성하는 것은 백성을 윤택하게 하는 것이니
이에 이 남자의 일이니라.
사업이 이미 어렵다고 하였고
또한 바꾸지 못하는 경우를 당했으니
동쪽 나라에 기자가 온 이후에
분분하게 이치가 어지러워져서
도학이 오래도록 막혔다.

『덕양유고』 권3 시(詩) – 술에 취하여 시나 노래를 읊음(醉吟)

기자는 스스로 거짓 미친 체하였고, 장자는 장홍(萇弘)의 피를 논할 필요가 없다.

『덕양유고』 덕양유고보유 책(策) – 스승의 도리를 세우다(立師道)

이때 이후로 위로는 임금 된 자가 있어서 스승의 도를 행할 수 없고, 아래로는 신하 된 자가 있어서 스승의 도를 밝힐 수 없었으며, 교화(敎化)가 침체되고 풍속이 무너졌으니, 참으로 슬프도다. 비록 송나라의 여러 군자들이 공자와 맹자의 학문으로써 전해지지 않은 학의 실마리를 이어 보려고 했지만, 단지 그 스승과 제자의 도리를 함장지간(函丈之間)에서만 행할 뿐이고, 조정 위에서는 베풀 수가 없었으니, 어찌 탄식을 금할 수가 있겠는가. 단군이 있은 이래로 지금까지 위로는 임금 된 자 중 그 누가 그 군사지도(君師之道)를 다할 수 있었으며, 아래로 신하 된 자 중 그 누가 스승의 도리를 다할 수 있었겠는가!

『恥齋遺稿』(1607년경)

洪仁祐(1515~1554)

『치재유고』는 조선 전기의 학자 홍인우의 시문집이다.

홍인우의 본관은 남양(南陽), 자는 응길(應吉), 호는 치재(恥齋)이다. 서경덕(徐敬德)과 이황(李滉)의 문인이다. 1537년(중종 32) 사마시에 합격하였으며, 『심경(心經)』, 『근사록(近思錄)』, 『중용(中庸)』, 『대학(大學)』에 전심하였다.

『치재유고』는 아들 홍진(洪進)이 홍인우의 수록(手錄)을 바탕으로 수집, 편차하여 간행하였다. 홍진은 이이(李珥), 한준겸(韓浚謙), 심희수(沈喜壽), 허성(許筬) 등에게 글을 받고 자신이 직접 행장(行狀)을 지어 1607년(선조 40)경에 목판으로 완성하였다(초간본). 이후 1639년(인조 17)경 증손 홍유형(洪有炯)이 안동판관(安東判官)으로 있으면서 문집을 중간하였다.

중간본 기준으로 본문은 부록(附錄), 원집(原集) 3권 도합 2책으로 구성되어 있다. 부록은 홍인우에 대한 타인의 글, 권1은 시(詩), 잠(箴), 전(箋), 서(書), 행장(行狀), 권2는 「일록초(日錄鈔)」, 권3은 「관동록(關東錄)」 등이다.

기자 관련 내용이 권2 「일록초」에 나온다. 그러나 고려시대 최충(崔冲)과 안향

(安珦)을 칭송하는 언급에서 잠깐 등장하는 것으로 관련성이 적은 편이다.

『치재유고』 권2 일록초(日錄鈔) – 임자년(1552, 명종 7)

8월 14일, 화숙(和叔) 박순(朴淳)이 와서 만났다. 장자(張子)[59]의 「태화편(太和篇)」을 조용히 토론하였는데, 화담(花潭) 서경덕(徐敬德)이 터득한 바가 모두 여기에서 나온 것이다.[60] 박순에게 다음과 같이 말하였다. "기자 이후로 문헌이 전해지지 않다가 고려 말에 이르러 최충(崔沖)과 안향(安珦)이 있었으니, 단지 이들만이 문장을 지을 줄 아는 인물이다"

『立巖集』(1610년)

閔齊仁(1493~1549)

『입암집』은 조선 전기의 문신 민제인의 시문집이다. 그의 사후 1610년(광해군 2)에 손자 민여경(閔汝慶)에 의해 편집되고 간행되었다.

민제인의 본관은 여흥(驪興), 자는 희중(希仲), 호는 입암(立巖)이다. 할아버지는 사간(司諫) 민수(閔粹)이며, 아버지는 전적(典籍) 민구손(閔龜孫)이다. 1520년(중종 15) 문과에 급제하였고, 승정원주서(注書)로 관직을 시작하였다. 이후 사간원정언과 이조정랑, 성균관사성 등 청요직(淸要職)을 두루 거쳤고, 1536년(중종 31)에는 호조참의로 임용되어 당상관에 올랐다. 명종이 즉위한 직후 대사헌과 호조판서를 역임하면서 소윤이던 윤임의 처단에 관여하여 위사공신(衛社功臣) 2등에 책록되었다. 민제인은 을사사화를 일으킨 윤원형과 같은 세력으로 평가되기도 하지만, 그는 윤임 처벌에 소극적인 태도로 일관했다. 결국 윤원형에 의

---

59 장자(張子): 북송(北宋)의 학자 장재(張載) 또는 그의 문집 『장자전서(張子全書)』를 가리킨다.

60 화담 ~ 나온 것이다: 박순(朴淳)이 화담(花潭) 서경덕(徐敬德)의 제자이므로 이와 같이 말한 것이다.

해 파직되었다. 1549년(명종 4)에 사망하였다.

본문은 전체 6권 3책으로 구성되어 있다. 권1~5는 주로 시(詩)를 수록하였고, 권6에 부(賦)와 사(辭), 잠(箴), 명(銘), 문(文) 등을 수록하였다.

고조선, 단군, 부여 관련 내용은 문집이 추보(追補)되면서 추가되었다. 〈기자가 무왕에게 홍범을 진술한 것에 대한 논의(箕子爲武王陳洪範論)〉가 나온다. 민제인은 기자가 무왕을 위해 홍범을 알려 준 것이 아니라 천하 백성을 위해 홍범을 알려 주었다고 강변하면서 기자의 충(忠)과 인(仁)을 대변하였다.

『입암집』 입암집추보(立巖集追補) 논(論) – 기자(箕子)가 무왕(武王)에게 홍범(洪範)을 진술한 것에 대한 논의

논하여 이르기를, "무왕(武王)이 은(殷)나라를 토벌하여 주(紂) 임금을 주살하고 이내 기자(箕子)를 석방하였다. 따라가서 도(道)를 물으니, 기자가 홍범(洪範)으로 답변해 주었다. 무릇 홍범이란 것을, 나는 기자의 도라고 여기지 않는다. 하늘의 도이다. 그가 답변해 주었다는 것을, 나는 무왕을 위해서라고 여기지 않는다. 천하를 위한 것이다. 왜냐하면 기자가 낙서(洛書)[61]의 법을 얻고서 확장하여 설명하고 더하여 증가시켜서 편(篇)을 완성하였으므로, 이것을 가히 기자의 도라고 이를 수 있다. 생각건대 그것을 처음에 하사한 것은 하늘이다. 천인(天人)의 만대에 이를 대법(大法)을 무왕에게 답변해 주었으니, 이것을 가히 무왕을 위했다고 이를 수 있다. 생각건대 도(道)를 전하고 극(極)을 세웠기 때문에 천하를 위한 것이다. 무릇 우(禹)임금이 있게 된 이후에 하늘이 하사했던 것이고, 탕왕과 기자가 있게 된 이후에 우임금이 그것을 전하였던 것이다. 나에게 전하였다고 내가 구차스럽게 사사로이 한다면, 이는 하늘을 업신여기는 것이다. 그 적당한 사람이 있는데 내가 전하지 않는다면, 이는 하늘을 버리

61 낙서: 하나라 우왕이 홍수를 다스렸을 때 낙수(洛水)에서 나온 거북이의 등에 쓰여 있던 글씨인데, 서경의 홍범구주의 원본이 되었다고 한다.

는 것이다. 하늘을 업신여기지 않고 도를 사사로이 하지 않는데도 내가 어찌 답변하지 않을 수 있겠는가! 하늘을 진실로 버릴 수 없고, 천하가 또한 무왕만 못한다고 하더라도 내가 어찌 공으로서 전하지 않을 수 있겠는가! 그렇지 않더라도 이르길, '내가 은나라에 있어서는 친족이면서 신하이다. 어찌 무왕을 위해 답변하는가?'라고 한즉, 이는 그 도를 사사롭게 여기고, 하늘을 업신여기며 그 하늘을 버리고서는 돌아보지 않는 것에 가깝지 않겠는가? 따라서 사사로운 뜻으로는 내가 은나라의 신하이나, 도는 하늘의 도인데, 다른 사람에게 신하 된 몸으로서 도를 천하에 전하지 않는 것이 옳겠는가? 무릇 은나라의 종실을 멸망시킨 자는 무왕이다. 즉, 나에게 있어서는 신하로 섬기지 않을 의가 있다. 무왕에게 가르치는 것은 이것이다. 즉, 하늘에 있어서는 전하지 않을 의는 없다. 내가 어찌 사사로움으로 한 몸에 의를 없앨 수 있겠는가? 또한 어찌 공으로써 천하에 도를 전하겠는가? 또한 하늘이 천하를 무왕에게 준 것은 장차 이 도를 천하에 베풀기 위함이다. 기자가 어찌 감히 그 도를 사사롭게 하겠는가. 그러한즉, 묻는 것을 어찌 하늘이 수여한 도가 저기에 있는데 내가 이에 묻지 않은즉, 하늘이 부여한 천하의 뜻을 거스르는 것이겠는가? 답하는 것은 또한 어찌 하늘이 부여한 명이 거기에 있는데 내가 답하지 않은즉, 하늘이 전한 천도의 의를 어긋나게 하는 것이겠는가? 이러한 까닭에 무왕이 묻는 것에는 의심할 것이 없고, 기자가 대답한 것도 사양할 것이 없다. 천하에 지극히 공대한 것으로 천하의 계책으로 삼았으니 혹 한 터럭이라도 사심이 있었겠는가! 아! 앞서서는 만세의 도를 내가 전하는 것이며, 뒤로서는 백왕(百王)의 법을 내가 밝히는 것이다. 그렇지 않으면, 군신과 부자의 도리가 섞이게 되어서 천하가 장차 다스려질 수 없을 것이다. 이는 기자가 답변하면서 그치지 않은 까닭이다. 내가 이에 따라 이르길, '홍범이란 것은 기자의 도가 아니고 하늘의 도이며, 그 대답한 것은 무왕을 위해서가 아니라 천하를 위한 것이다'라고 한 것이다. 혹자가 '천하에 진실로 성현이 있다면 모두 그 도를 전할 수 있으니, 미자(微子)나 백이(伯夷) 역시 그 사람들이다'라고 하였으니, 어찌 홀로 무왕 이후를 기다리는 것이 가하겠는가? 이르기를, 하늘이 이 도를 나에게 준 것이 어찌 홀로 우연이겠는가? 대개 장차 그 성인의 덕이 있는 자를 택하여 천인의 명을 수여한 것이다. 천하의 주인이 된 자에게 전하니, 그로 하여금 천하 만세에 베풀게 하는 것이다. 저 미자와 백이 같은 현명함은 진실로 무왕의 성스러움에 미치지 못하며, 또한 무왕의 천명과 위상도 없는 것인즉, 비록 그것을 전해 받아도 역시 장차 어찌 베풀겠는가! 하물며 천명이 귀부하는 곳이 도가 존재하는 곳이다. 하늘이 천명을 미자와 백이에게 주지 않았고, 무왕에게 수여한즉, 기자가 이 도를 무왕에게 전한 것이니, 또한 어찌 하늘의 뜻이 아니겠는가? 오호! 기자와 같은 자가 진실로 신하가 되어서 충(忠)을 다했고, 도를 전함에 있어 지극히 공정했다고 이를 수 있다. 충을 다하고, 공(公)을 지극히 한즉, 이것이 인(仁)인 것이니, 그렇다면 공자가 말한 인이 그 또한 이것이다!"

『虛白亭集』(1611년)

洪貴達(1438~1504)

『허백정집』은 조선 전기의 문신이었던 홍귀달의 시가와 산문을 엮어 그의 사후인 1611년에 간행한 문집이다.

홍귀달의 본관은 부림(缶林), 자는 겸선(兼善), 호는 허백당(虛白堂)·함허정(涵虛亭)이다. 1438년(세종 20)에 출생하여 1460년(세조 7) 별시문과에 급제하였다. 1469년(예종 원년)에 교리가 되었다가 장령이 되어 조정의 글을 모두 관할하였다. 홍문관전한, 예문관전한을 역임하고 이어 춘추관편수관이 되어 『세조실록』을 편찬하였다. 1481년(성종 12) 천추사로 명에 다녀왔으며 2년 뒤 『국조오례의주(國朝五禮儀註)』를 개정하고 충청도관찰사가 되었다. 이후 형조와 이조참판을 거쳐, 경주부윤·대사성·지중추부사·대제학·대사헌·우참찬·이조판서·호조판서 겸 동지경연춘추관사 등을 역임한 뒤 좌참찬이 되었는데, 1498년(연산군 4) 왕에게 간언하는 글을 올렸다가 무오사화가 일어나면서 좌천되었다. 1504년(연산군 10) 손녀(언국(彦國)의 딸)를 궁중에 들이라는 왕명을 거역해 장형(杖刑)을 받고 경원으로 유배되던 도중 교살(絞殺)되었고, 중종반정 이후 신원되었다.

본문은 원집 3권, 속집 6권, 총 9권 6책으로 구성되어 있다. 홍귀달이 갑자사화로 사망했기 때문에 그의 글은 산실되었지만, 후손들이 유문을 수합하여 고본(藁本)으로 가장(家藏)하고 있던 것을 1611년(광해군 3)에 홍귀달의 외현손인 최정호(崔挺豪)가 가장초고(家藏草稿)를 얻어 원집을 간행하였다. 이후 1843년(헌종 9) 후손 종구(宗九)·종표(宗標)·기찬(箕瓚) 등이 원집에 빠졌던 시문을 수집, 간행하여 속집으로 편찬하였다.

원집 권1에는 시 419수가 실려 있고, 권2에는 기(記) 30편, 서(序) 34편, 소(疏) 6편이 수록되어 있다. 권3에는 비지(碑誌) 31편, 제문 19편, 잡저 34편이 실려 있다. 그리고 속집 권1~4에는 시 636수가 실려 있고, 권5에는 서(序) 8편, 기 5편, 묘비명 6편, 연보가 있으며, 권6에 행장, 임호서원봉안문(臨湖書院奉安文), 상향축문(常享祝文) 2편, 양산서원봉안문(陽山書院奉安文) 등이 수록되어 있다. 고조선 관련 기록은 기자를 찬미하는 내용이 주이다. 이 외에 평양에 관찰사로 떠나는 동료를 위해 지은 시에서 평양이 단군과 기자의 땅이라고 언급한 표현이 확인된다.

『허백정집』 허백정문집 권2 서(序) - 황화집서(皇華集序)

이윽고 여러 사람들이 황망히 바라보다 보이지 않게 되자 말하였다. "우리나라가 비록 누추하기는 하나 공자가 살고자 했던 곳이고, 기자가 봉해진 곳이며, 또한 황조(皇朝)에서 늘 마음을 써 오던 곳이다. 그래서 이전에는 조선에 왔던 중국 사신이 모두 비루하게 여기지 않고 조선 사람들과 얼굴을 맞대었던 것이다. 청하면 머무르고, 권하면 마셨으며 누대에 올라 부를 짓고 누대 벽에 시를 남겼으니, 이는 그들 스스로 먼 타향에 있는 줄을 느끼지 못했기 때문이다". (622쪽 1~2)

『허백정집』 허백정문집 권3 잡저(雜著) – 제손판부사소장(題孫判府事所藏) 어서축(御書軸)

금상 24년 홍치 임자년(1492, 성종 23) 12월에 숭정대부 판중추부사 겸 세자빈객 손순효가 노병으로 물러가고자 하였다. 상께서 윤허하지 않으시고 도승지 고위에게 명하여 비답을 만들게 하시고 예문검열 정광국을 보내 그 집에 가서 전달하게 하셨다. 또 내시 김처선을 보내 법주 한 병과 수라간의 진귀한 음식을 하사하시고 어서를 하나 주어 위무하셨는데 그 글이 위와 같다. 옛날 증자가 성인의 도에 대해 "충서일 따름이다" 하였고 기자는 삼덕을 말하면서 정직을 첫 번째에 두었다. 지금 우리 임금과 우리 정승 사이에 격의 없이 말씀이 오가면서 아뢰고 위로하는 것이 이와 같은 데 불과하니 당시의 치도를 대개 알 만하다. 하루는 공이 나에게 "내가 오늘 입은 은혜를 우리 자손들이 몰라서는 안 된다. 더구나 성상의 문장이 환하게 빛나니 영원토록 보배로 여겨야 한다. 내가 잘 꾸며 축으로 만들어 후대에 전하고자 하니 그대는 한 말씀을 하시라" 하였다. 아아, 내가 공과 함께 나란히 승명려에서 일을 보았으니 공을 안다고 할 만하며 또한 함께 성대를 만났다고 할 만하다. 이에 절을 하고 아래에 쓴다. (623쪽 3)

『허백정집』 허백정선생속집 권1 시(詩) – 예조판서에서 관서(關西)관찰사로 나가는 박 상공(朴相公)[안성(安性)]을 전송하며

관찰사의 풍채, 부친과 비슷하거니
부친 연성군의 훈업은 제공의 으뜸이었지.
삼 년 동안 능묘에서 슬피 부르짖더니
한 줄기 길 산천에 기쁜 기운이 있네.
언제나 붉은 마음 북궐을 향하거니
어찌 예조에 이르는 맑은 꿈 없으랴.
뒷날 공 돌아올 때 알맞은 자리 어찌 없을까
삼정승 가운데 한 자리 비어 있으리라.

예전에 대동강 지나던 일 생각하노니
신선의 언덕엔 풍류스러운 인물들 있었지.
단군 신선 떠나자 남은 터도 사라졌지만
기자의 팔조목 남아 있고 옛 우물터도 있네.
사람들 생가를 안고 별관으로 돌아가고
하늘은 바람과 달을 높은 누대에 이어 놓았지.
지금까지도 길이 영명사를 기억하노니
저물녘 산 빛은 강물 위에 떠 있으리. (623쪽 4)

(출처: 『허백정집』, 부산대학교 점필재연구소 편, 2014(초기사림파문집 역주총서))

『栗谷全書』(1611년)

李珥(1536~1584)

『율곡전서』는 조선 전기의 문신 관리이자 학자였던 이이의 시가와 산문을 엮어 1611년에 간행한 시문집이다.

이이의 본관은 덕수(德水), 자는 숙헌(叔獻), 호는 율곡(栗谷)이다. 1564년(명종 19) 식년문과에 급제한 후 호조좌랑, 예조좌랑, 이조좌랑, 이조판서 등을 역임하였다. 이이는 의리와 실리, 이념과 현실을 통합적으로 구상하여 이후 한국의 의리학과 실학으로 전개될 수 있는 발판을 마련하였다. 주요 저술로는 「동호문답」, 「만언봉사」, 『성학집요』 등이 있다.

『율곡전서』는 이이가 직접 수록한 시문과 문인 이사선(李師善)이 기록한 「시집일편(詩集逸編)」 등을 바탕으로 하여 이이의 사후 27년 만인 1611년(광해군 3) 해주 소현서원(紹賢書院)에서 박여룡(朴汝龍) 등에 의해 11권이 목판으로 간행되었다. 이 원집 초간본은 현재 성균관대학교 중앙도서관, 규장각 등에 소장되어 있다. 이후 활자본으로 원집 11권의 중간이 행해졌으나 그 시기와 간행의 주체는 불분명하다. 이 원집 중간본은 현재 장서각, 규장각 등에 소장되어 있다. 속집

8권, 외집 8권 및 별집 6권은 이후 박세채(朴世采)가 1672~1681년에 편찬하여, 1682년(숙종 8) 신익상(申翼相)이 속집과 외집을 전주에서 판각하였으며, 별집은 좀 더 뒤인 1686년경 평양에서 완성된 것으로 보인다. 이 밖에도 3권 1책의 별집이 규장각에 전하는데, 이 본은 위의 박세채 별집본과는 무관한 것으로 보인다. 한편 원집을 간행할 때에는 아들 이경림(李景臨)이 찬한 연보가 실렸는데, 후에 송시열(宋時烈)이 다시 정리하여 성혼의 연보와 묶어서 별도로 간행하였다. 이후 박세채는 송시열이 찬한 연보를 교정하여 〈연보고증(年譜考證)〉을 쓰고 그것을 반영하여 새로운 연보를 편찬하였다.

전서(全書)의 편찬은 이재(李縡)에 의하여 이루어졌다. 1742년(영조 18)에 시작하여 1744년 발문을 쓰던 때쯤 완성된 것으로 보인다. 이 전서는 시집, 문집, 속집, 외집과 별도로 간행된 『섭합집요(聖學輯要)』, 『격몽요결(擊蒙要訣)』, 「연보」, 「어록」 등 모든 저작과 관련 기술을 하나로 묶어 38권으로 구성하였다(전서정고본). 이 전서정고본을 1749년(영조 25) 홍계희(洪啓禧)가 활자로 인행하면서 전서본에서 누락된 시문을 다시 습유(拾遺) 6권으로 편차하여 전서의 뒤에 붙였다. 따라서 전서초간본은 모두 44권으로 인행되었다(전서활자본). 전서활자본은 현재 장서각, 연세대학교 중앙도서관, 규장각 등에 소장되어 있다.

이후 1814년(순조 14)에 해주에서 전서활자본을 그대로 목판에 번각(飜刻)한 것이 전서중간본이다. 이 본은 현재 성균관대학교 도서관, 연세대학교 도서관, 고려대학교 도서관, 규장각 등에 소장되어 있다. 1814년의 전서활자본은 44권 38책으로 구성되어 있다. 이 중 권1~2, 권4~5, 권13~15, 권18, 권24~25, 권29, 권34~35, 권37~38, 발(跋), 습유(拾遺) 권1, 권4, 권6 등에 고조선, 단군, 기자 관련 언급이 있다.

고조선 관련 기록은 상당히 많다. 권1의 〈기자전(箕子殿)〉에서는 맥수가(麥秀歌), 이륜(彛倫), 정전(井田) 등을 언급하였다. 권2의 〈황 천사가 길 가는 중에 지은 여러 시에 차운하다(次黃天使洪憲沿途諸作)〉에서는 기자묘(箕子廟), 정전, 홍범구주(洪範九疇) 등을 수록하였다. 〈왕 천사가 길 가는 중에 지은 여러 시에 차운하다(次王天使沿途諸作)〉에서는 기자묘, 정전, 팔조교, 기성(箕城), 요수(遼水), 기자의 유풍 등을 논하였다. 권4의 〈백 참찬을 대신하여 시사를 논하는 소(代白參贊論時事疏)〉에서는 기자를 언급하였다. 권5의 〈만언봉사(萬言封事)〉에서는 기자와 팔조교를 언급하였다. 권14의 〈기자실기(箕子實記)〉에서는 기자에 대해 상세히 기술하였고, 〈책문(策問)〉에서는 단군을 언급하였으며, 〈역수책(易數策)〉에서는 기자가 홍범을 무왕에게 진술한 것을 언급하였다. 권15의 〈동호문답(東湖問答)〉에서는 기자, 정전제(井田制), 팔조교 등을 언급하였다. 권18의 〈정암조 선생 묘지명(靜菴趙先生墓誌銘)〉에서는 기자를 언급하였다. 권24~25의 〈성학집요(聖學輯要)〉에서는 기자가 "임금[皇]은 극(極)을 세워야[建] 할 것이다"라고 말한 것을 언급하였다.

권29의 〈경연일기(經筵日記)〉에서는 허엽(許)이 서경덕을 기자의 도통을 이을 만한 사람이라고 했다는 서술이 있다. 권34의 〈연보(年譜)〉에서는 이율곡이 『기자실기(箕子實記)』를 편찬한 사항에 대해 서술하였다. 권35의 〈행장(行狀)〉에서는 우리나라가 기자 때부터 인의(仁義)·충신(忠信)·예악(禮樂)·의관(衣冠)들로 중국으로부터 군자(君子)의 나라라는 칭찬을 받았다고 서술하였다. 권37의 〈자운서원 묘정비명(紫雲書院廟庭碑銘)〉에서는 은사(殷師)를 언급하였고, 권38의 〈제가기술잡록(諸家記述雜錄)〉에서는 알기자묘부(謁箕子廟賦)를 언급하였다. 발문(跋文)에서는 은(殷)나라의 태사(太師)를 언급하였고, 습유 권1의 〈사가의 '알기자묘'에 차운하다(次思可謁箕子墓韻)〉에서는 정전, 구주(九疇)를 언급하였다. 습유 권4의 〈공로책(貢路策)〉에서는 구주와 기자가 주나라에 조현(朝見)하러 간 것, 맥수가(麥秀歌)를 언급하였다. 습유 권6의 〈도적책(盜賊策)〉에서는 단군을 언급하였다.

『율곡전서』 율곡선생전서 권1 부(賦) – 왕 천사(王天使)[경민(敬民)]가 지은 〈기자묘부(箕子廟賦)〉의 운(韻)에 차운하다 [병서(幷序)○임오년(1582)]

평양은 기자(箕子)의 옛 도읍이다. 사당을 세워 혼령을 봉안하고, 춘추로 제사를 받들고 있다. 서화(西華)는 기자가 처음 봉해진 땅이다. 역시 사당을 두어 치성(致誠)을 하고 있으나, 해내(海內)와 해외(海外)의 간격이 없는 것이다. 명(明)나라 만력(萬曆) 10년(1582) 겨울에 급사중(給事中) 왕경오(王儆五) 왕(王) 선생이 황제의 명을 받들고, 우리나라에 와서 조서(詔書)를 선포하였다. 선생은 바로 서화(西華) 사람으로, 소시(少時)에 홍범당(洪範堂)에서 학문을 닦아 그 홍범구주(洪範九疇)의 뜻을 탐구하고, 인성(仁聖)의 은택에 젖어 온 지 오래이다. 이제 마침 만 리 바깥 기자의 나라에 이르러서 사당을 우러러보고서는, 주위를 배회하면서 감흥에 겨운 나머지 드디어 그 사실을 일필로 진술하되, 마치 구슬을 돌리는 듯하여 조금도 수식함이 없다.

그러나 말은 풍부하고 의미는 심원하며 성현을 높이고 옛 도를 추모하는 뜻이 말 밖에 넘친다. 하물며 우리 동방 사람은 성사(聖師)의 망극한 은혜를 받았고, 그 남긴 기풍과 오래된 습속이 어제 일처럼 방불한데, 그 아름다운 공렬을 찬양하는 말이 없을 수 있겠는가. 이에 감히 황졸함을 헤아리지 않고 차운하여 올리는 바이다.

저 명궁(明宮, 기자의 사당)은 어찌 그리도 높은가. 아침 별에 비추어 선명하기도 하다. 엄숙히 예물을 갖추어 옷깃을 여미고서 인문(人文)이 비로소 베풀어지던 때를 소급해 본다. 옛날 현조(玄鳥)가 상(商)나라를 탄생시켰더니, 제을(帝乙)에 이르기까지 그 국운이 뻗치었다. 모두 덕을 밝히고 형벌을 삼갔으니, 6~7명의 임금이 성현이었다. 어찌 예측하였으랴. 독부(獨夫)가 천명을 믿자, 정직한 군자의 말길이 막힐 줄을. 원독(怨毒)을 맺는 것을 예사로 여기고 하늘에 죄 얻음을 생각하지 않았다. 아! 태사(太師)가 이런 명이(明夷) 시대를 만나 어려운 때에 바른 도리를 더욱 굳게 지켰다. 어찌 되풀이하여 익히 간할 줄 몰랐으랴마는, 자기 임금의 허물을 드러낼까 염려하였다. 어찌 훨훨 떠나가 숨을 줄 몰랐으랴마는, 영수(靈修)를 가엾게 여겼던 것이다.

그러므로 안으로는 밝은 마음을 가지고 밖으로는 어두운 모습을 하고서 달갑게 꾹

참고 종노릇을 하였다. 빛나는 일편단심은 선왕(先王)에게 바치었고, 스스로 지키는 깨끗한 절개는 죽어도 변할 수 없었다. 숲처럼 많은 군중이 한번 목야(牧野)에서 흩어지자, 아! 이제는 그만이로다. 슬퍼한들 무엇 하랴. 무왕(武王)의 공렬이 탕왕(湯王)보다 더 빛남을 보았으니, 법을 전수하지 않고 무엇을 도모하랴. 순순히 홍범(洪範)을 진술하니, 전후의 성인이 하나로 부합되었다. 그 누가 알랴! 800년의 희업(姬業)이 이 아름다운 모유(謨猷)에서 굳게 기반이 된 줄을. 생각건대 주(周)나라의 덕은 하늘이 도운 바요, 백성은 서로 내소(來蘇)에 대해 경하(慶賀)하지만, 자신의 심정을 돌아보면 신복(臣僕)이 될 수 없으니, 구천(九天)을 가리켜 맹세했다.

한 척의 일엽편주 띄워 바다를 건너니, 황지(荒地)에 떨어져 고독한 자취됨을 감히 사양하랴. 무왕(武王)은 이에 어진 이를 존경하고 충성을 표창하여 기자의 추향한 바를 저지하지 않았다. 조선을 그어서 나라를 세워 주었으니, 오직 신하로 여기지 않기 위함이었다. 군자가 살면 무엇이 누추하랴. 다른 지역에 임하였으니, 차마 버릴 수 없었다. 개린(介鱗, 미개하여 동물의 껍질이나 비늘로 옷을 만들어 입는 것을 뜻한다)을 의상(衣裳)으로 바꿔 입히고 어리석은 백성들은 법도로 다스렸다. 덕으로 정치를 하니 그 교화가 멀리 미쳐 바다 구석까지 돌아와 귀속되었다.

단군(檀君)의 강역을 어루만져서 팔조(八條)를 가르쳐 부지런히 깨우쳤다. 예약을 빛내어 중국을 앞질렀으니, 백성들이 지금까지 그 혜택을 받는다. 촉룡(燭龍)이 어두움을 비춤보다 더 밝으니, 깊이 잠든 자들이 깨어나게 된 격이었다. 세대의 흐름이 천년이 넘었으니, 두터운 덕 남긴 빛을 그 누가 짝할 수 있으랴. 황화(皇華) 사람이 사우(祠宇)에 공경심을 일으키니, 패옥(珮玉) 소리 쟁그랑거린다. 그는 바로 기성(箕城)의 수사(秀士)로서 일찍이 은택의 흐름에 젖었었다. 서화(西華)와 평양 사이, 몇 천 리나 되는지 모르겠으나, 생각건대 피차의 사모하는 마음은 끝이 없으리라.

신(神)의 강림함은 마치 물이 땅에 있는 것 같은데 어찌 꼭 이 도읍에만 머무르겠는가. 유민(遺民)들이 옥절(玉節)을 쳐다보고, 더욱 슬퍼하며 서로 길 주변에서 배웅을 한다. 좋은 물을 떠서 아름다운 술을 만들고, 흰쑥 나물을 캐서 반찬을 만들었다. 신선한 바람 시원히 불어와 우리 성혼(聖魂)을 맞이하는 것 같도다. 혼이 오르고 내림에 신비로운 향내 물씬 풍기니, 어찌 없어지지 않은 영혼이 아직도 남아 있지 않다 하랴. 아! 중국 사신이 지극한 정성을 표하여 동방 사람을 더욱 경건하도록 인도한다. 영세(永世)토록 서로 전하여 잊지 않으리니, 흉금을 털어 바란 말을 하는데, 더욱 느낀다.

『율곡전서』 율곡선생전서 권1 시(詩) 상(上) – 기자전(箕子殿) [무진(戊辰)]

맥수가(麥秀歌)로 은(殷)나라의 운명 슬허였고
이륜(彝倫)을 우리 동방에 펼치셨네.
미우(微禹)의 감탄 더욱 깊었고
또 변이(變夷)의 공로도 있어라.
닫힌 궁전에는 이끼만 짙게 끼었고
넓은 정원에는 버들가지만 하늘대네.
정전(井田)의 옛터 지금도 남아 있으니
어찌하면 그 유풍 만회할 수 있으려나.

『율곡전서』 율곡선생전서 권2 시(詩) 하(下) – 황 천사(黃天使)[홍헌(洪憲)]가 길 가는 중에 지은 여러 시에 차운하다 [병서(并序)]

기자묘(箕子廟) [2수(二首)]
동녘 땅을 그 당시 건국한 손님이어라
도읍 터는 그대로인데 정전(井田)은 간 곳 없네.
일찍이 홍범구주(洪範九疇) 중국에 전해 주고
다시 의상으로 개린 풍속 바꾸었네.
삼인(三仁) 중 한 분으로 남긴 훈계 빛나고
은택은 천년에 흘러 그 빛이 새로워라.
천사(天使)가 공격하며 처연한 느낌 자아내는데
저문 날 스산한 바람 물가 수초에 가득하네.

옥마(玉馬)로 동쪽에 와서 우리 조상 가르쳤으니
미우(微禹)의 감탄 깊은 인현(仁賢)이셔라.
감히 자취 감춰 자신의 처지만 위하랴
어려움 속을 바르게 살아 하늘에 부끄럽지 않았다.
옛 무덤은 차가운 수목 속에 처량하고
명궁(明宮)은 새벽 구름 가에 솟아 비친다.
유풍(遺風)과 옛 풍속은 지금도 남았건만
안타깝다, 그분 다시 환생할 수 없으니.

『율곡전서』 율곡선생전서 권2 시(詩) 하(下) – 왕 천사(王天使)가 길 가는 중에 지은 여러 시에 차운하다 [병서(幷序)]

기자묘(箕子墓)를 참배하고서
세대(世代)는 멀고, 사람은 없어도 은택은 남아서
정전(井田)의 터는 아직도 동서의 이랑으로 구별된다.
처량하게 남은 부로(父老)들 팔조교(八條敎)를 외우는데
둘러 있는 황량한 성(城)은 몇 년이나 지났을까?
높다란 사당에 향화(香火)를 받들고서
묘소엔 소슬하게 오동나무와 가래나무는 울고 있는데
하늘이 천사를 보내 엄숙히 예를 올리고
성스러운 덕화(德化) 다시 받들어 동방에 편다.
…

강 위에 배를 띄우고 [2수(二首)]
흑두공(黑頭公, 왕천사(王天使))이 예장(豫章) 황(黃, 황천사(黃天使))과 아울러
해외의 강산에 맘대로 놀아 본다.
아스라한 신선의 배 사람들이 가리키니

한 쌍의 화벽(和璧, 왕천사와 황천사를 가리킴)에 맑은 빛 찬란하다.
기성(箕城)을 돌아보니 얇은 구름 노랗고
남포(南浦)로 떠나는 배 손님을 전송하는 데에 익숙하다.
사공아, 천천히 노를 저어라.
찬 물결 환환 밑에 하늘빛이 잠겼구나.

대동강(大同江)을 건너며
위엄 있는 봉황이 쌍으로 날아 요수(遼水)를 건너니
성스러운 천자 윤음(綸音) 면대(面對)하여 받았다.
천자의 궁궐은 연하(煙霞)의 1만 겹 저쪽
조선의 3천 리에는 비와 이슬이 내리었다.
달리는 수레 험한 길 왕양(王陽)을 비웃고
외로운 배 바로 건너니 강 빛 창망하다.
외지에서 채집한 시 새 작품 많아
하나하나가 금석이라 소리 쟁쟁하구나.
취한 김에 물귀신 불러 교룡(蛟龍)을 사마(駟馬) 삼으니
신선 소매 펄럭이며 하늘가에 난다.
소리 높이 읊으려 뱃머리에 기대서니
하늘과 땅이 저절로 오르락내리락한다.
손수 금니(金泥, 천자의 인장이 찍힌 조서) 받들어 동쪽 나라에 내리니
햇빛이 부상(扶桑)에 비춰 광채가 번쩍인다.
이 나라에도 기자(箕子)의 유풍이 있으니
산천에 하우씨(夏禹氏)의 유적이 없다 말하지 마오.

『율곡전서』 율곡선생전서 권4 소차(疏箚) 2 - 백 참찬(白參贊)[인걸(仁傑)]을 대신하여 시사(時事)를 논하는 소(疏)

불행히도 엉뚱한 참소와 모함에 걸리어 비록 고이 죽지는 못하였으나, 그의 유풍(遺風)과 남긴 은택은 영원토록 더욱 현저해지고 있습니다. 지금 사람들이 도학(道學)을 숭상하며, 왕도(王道)를 존중하고, 패도(覇道)를 천시하는 것도 모두가 조광조(趙光祖)의 공로입니다. 우리나라는 멀리 바다 모서리에 위치하여 증험할 만한 문헌이 없으나, 기자(箕子) 이후로 기나긴 천년 동안 유자(儒者)가 나왔다는 말을 듣지 못했습니다. 고려 말엽에 정몽주(鄭夢周)가 이학(理學)을 처음으로 주창하였으나, 아직 크게 현저하지는 못했습니다.

『율곡전서』 율곡선생전서 권5 소차(疏箚) 3 - 만언봉사(萬言封事) [갑술(甲戌)]

또한 우리 조선으로 말씀드릴 것 같으면, 기자(箕子)의 팔조(八條)에 대하여는 문헌상 고증할 수가 없으며, 삼국이 정립 대치하여 어지러웠을 적에는 정교(政教)에 관하여 알려진 것이 없고, 전 왕조 500년은 비바람치고 갑갑한 날씨 같은 시대였습니다. 우리 왕조에 이르러 태조(太祖)께서 국운을 여셨고, 세종(世宗)께서는 조종의 이루어 놓으신 공적을 지키시며 처음으로 『경제육전(經濟六典)』을 사용하셨으며, 성종(成宗)조에 이르러 『대전(大典)』을 간행하셨고, 그 뒤로도 때때로 입법(立法)을 하여 『속록(續錄)』이라고 불렀습니다. 대체로 성군(聖君)께서 성군을 계승하셨으니, 의당히 같지 않은 것이 없어야만 할 것인데도, 『경제육전』을 사용하기도 하고, 혹은 『대전』을 사용하기도 하였고, 거기에 더 보태어 『속록』이 나왔던 것은 다만 때로 말미암아 그렇게 하였을 따름입니다. 그러한 시대에 있어서는 올바른 생각을 건의하여 새 제도를 만들어도 사람들이 괴이하게 여기지 아니하였고, 법령의 시행에 지체됨이 없어 백성들은 편히 쉬면서 살아갈 수가 있었습니다.

『율곡전서』 율곡선생전서 권13 응제문(應製文) – 본국(本國)이 [중국에서] 종계(宗系)의 개정(改正)을 준허한 데 대해 사례하는 표문(表文)

참소하는 말이 어지럽게 나와 계보(系譜)를 혼란시키니, 일찍이 선세를 욕되게 함을 걱정하옵던 차에 엎어 놓은 항아리까지 조광하여 억울한 무함(誣冤)을 씻어 주시니, 이제야 광명한 천일(天日)을 보게 되었습니다. 은혜가 접역(鰈域, 조선)에 흡족하옵고, 감격함이 용지(結龍墀, 궁중 섬돌 위의 땅)에 굳게 맺히옵니다. 엎드려 생각하옵건대, 먼 황복(荒服, 먼 지역)의 의로운 신(臣)이요, 바다에 접해 있는 조그마한 나라이옵니다. 제후로서의 법도를 삼가 행하오니, 감히 조종(朝宗)의 정성을 태만히 하겠습니까. 문자(文子, 명(明)나라의 신종(神宗))의 어지신 명성이 멀고 가까움에 간격이 없사온데, 간악한 자의 유언비어가 오랫동안 태양을 가리는 뜬구름이 될 줄을 어찌 생각이나 하였겠습니까. 사사로운 원한을 품고, 허탄함을 엮어내어 천조(天朝)의 기강을 범하고 성상(聖上)을 기망하겠습니까. 뭇 사람이 타기(唾棄)하는 권신의 자손이라 무함(誣陷)하여 어지럽히고자 하며, 반드시 죽어야 하는 역적의 이름을 가하여 왕사(王師, 왕도를 행하여 백성을 구제하려는 군사)의 노여움을 일으키고자 하였으니, 비록 혈통의 근원과 분파가 크게 달라서 본관과 계통을 고증할 수가 있으니, 황제에게 진실이 분명하게 상달되지 않고, 문득 회전(會典)에 등재되었음을 어찌하겠습니까.

『율곡전서』 율곡선생전서 권14 잡저(雜著) 1 – 기자실기(箕子實記)

기자(箕子)는 상나라의 종실이다. 혹은 이름은 서여(胥餘)라고 한다. 홍범구주(洪範九疇)를 배워 밝히고, 성인의 도를 몸소 전했으니 기내(畿內)의 제후로 태사(太師)가 되었다. 제을(帝乙)의 적자인 수(受)는 언변이 좋아서 이기길 좋아하고 충간을 거부하여 잘못된 일을 뉘우치지 않았다. 그의 서형(庶兄)인 계(啓)는 조심성이 있으며 효가 지극했다. 기자는 수가 좋은 왕재가 되지 못하지만 계는 장자이며 현명하다고 생각했다. 그를 태자로 봉하도록 제을에게 권하였으나 제을은 적자를 버릴 수 없다 하여 마침내 수를 태자로 봉하고 계를 미자(微子)로 삼았다.

제을이 붕어하고 수(受)가 즉위하니 주(紂)라 부른다. 주가 처음에 상아로 젓가락을 만드니 기자가 탄식하여 말하길 "저 사람이 상아 젓가락을 만들었으니 반드시 옥으로 된 잔도 만들 것이요, 옥으로 된 잔을 만들면 반드시 먼 지방에서 나오는 귀하고 이상스러운 물건에 마음을 두어 쓰려고 할 것이다. 수레와 말과 궁실도 점점 심해질 것이니 여기에서 시작된 것을 가히 떨치지 못할 것이다"라고 했다. 주왕(紂王)의 음탕하고 포악함이 날로 심해지자 미자는 은나라가 장차 망할까 애통해하며 기자와 소사(少師) 비간(比干)과 함께 모의하여 말하길 "지금 은나라가 망하여 가는 모습이 마치 큰물을 건너는데 배 댈 언덕과 나루터가 없는 상황 같다. 지금 그대들은 나에게 멸망을 막을 대비책을 알려 주지 않으니, 어떻게 하면 좋겠는가" 하니 기자가 말하길 "상나라는 지금 재앙이 있을 것이니 우리는 모두 패망하게 될 것입니다. 상나라가 패망해도 당연히 나는 타인의 신하가 되는 일은 없을 것입니다. 나는 왕자에게 떠나야 된다는 사실을 알리니, 내가 전에 [사람들이] 왕자를 해치려 한다고 말하였습니다. 왕자가 떠나지 않으면 우리는 다 몰락할 것이니 각자 자정(自靖)하여 충의를 선왕에게 바쳐야 합니다. 나는 은둔할 생각이 없습니다"라고 하였다. 이에 미자는 떠났다.

기자가 주왕에게 간언하였으나, 주왕은 듣지 않고 기자를 가두어 노예로 삼았다. 어떤 사람이 떠나는 것이 옳다고 하자 기자가 말하길 "남의 신하가 되어 간언을 받아들이지 않는다고 떠나면 이는 임금의 악을 드러내고 스스로 백성의 환심을 사는 것이다. 나는 그런 짓을 하지 못한다"라고 하였다. 이에 머리를 풀어 헤쳐 미친 척을 하며 갖은 곤욕을 당했다. 거문고를 타며 스스로 슬퍼했는데 이 곡조가 전해져 기자조(箕子操)라 한다. 비간은 끝내 간언하고 물러나지 않아, 주왕이 그를 죽였다.

주(周)나라 무왕이 상나라를 정벌하고 소공석에게 명하여 갇혀 있는 기자를 풀어주게 했다. 그리고 왕이 나아가 그를 만나 마음을 비우고 은나라가 멸망한 이유를 물었는데, "내가 주왕을 죽인 것이 옳은가? 그른가?"라고 하였다. 기자는 차마 대답하지 못했다. 왕은 이에 천도(天道)를 물었다. "오호라! 기자여. 하늘이 은연중에 아래 백성들을 안정되게 하셔서 그들의 삶을 보살피고 평화롭게 하셨는데 나는 사람이 지켜야 할 떳떳한 윤리를 어떻게 펼쳐야 할지 모르겠다"라고 하였다. 기자는 이에 말하길 "내가 들으니 옛날 곤은 홍수의 흐름을 막고 오행의 차례를 어지럽혔습니다. 상제가 이에 진노하여 홍범구주를 내려 주지 않자 사람이 지켜야 할 떳떳한 윤리가 무너졌습니다. 곤이 곧 극형에 처해져 죽고 우가 계승하여 일으켰습니다. 하늘이 우에게 홍범구주를 내려 주어 사람이 지켜야 할 떳떳한 윤리를 펼칠 수 있게 하였습니다"라고 하였다. 이윽고 홍범을 설명하였다. 그 큰 항목은 다음과 같다.

첫 번째는 5행(五行), 두 번째는 공경함에 5사(五事)를 쓰는 것, 세 번째는 농사에 8정(八政)을 쓰는 것, 네 번째는 화합하는 데 5기(五紀)를 쓰는 것, 다섯 번째는 세우는 데 황극(皇極)을 쓰는 것, 여섯 번째는 다스림에 3덕(三德)을 쓰는 것, 일곱 번째는 밝힘에 계의(稽疑)를 쓰는 것, 여덟 번째는 생각함에 서징(庶徵)을 쓰는 것, 아홉 번째는 누리는 데 5복(五福)을 쓰고 위엄을 보이는 데 6극(六極)을 쓰는 것이다. 그중에서 황극을 논한 것을 보면 "치우침이나 그릇됨 없이 왕의 의를 따르고 사사롭게 좋아하는 것을 만들지 않고 왕의 도리를 따르며, 사사로이 악한 것을 만들지 않고 왕의 길을 따라야 한다. 치우침이 없고 사사로움도 없어야 왕도가 넓고 아득해지며, 치우침이 없고 사사로움도 없어야 왕도가 평평해진다. 어김이 없고 그르침이 없어야 왕도가 정직해져 그 극에 모아서 그 극으로 돌아가게 된다"라고 하였다.

기자는 이미 무왕을 위해 도를 전해 주었으나 벼슬을 하려고 하지는 않았다. 무왕도 또한 감히 억지로 강요하지 않았다. 기자는 이에 중국을 피하여 동쪽 조선으로 들어왔다. 따라온 중국인이 5천 명이었다. 시·서, 예·악, 의(醫)·무(巫), 음양·복서의 무리와 백공(百工)의 기예들이 모두 따라왔다. 무왕이 이 소식을 듣고 이로 인하여 기자를 조선(朝鮮)에 봉하였다. 평양에 도읍하였다. 처음 와서는 말이 통하지 않아 통역을 통해 알게 하였다. 백성에게 예의, 농사, 양잠, 직조 제작, 정전(井田)을 구획하는 제도를 가르쳤다. 법령 여덟 조목을 베푸니 그 대략은 다음과 같다. 살인한 자는 목숨으로 대신하도록 처리하고, 상하게 한 자는 곡식으로 배상하도록 처리하고, 남의 것을 도둑질한 자는 남자는 잡아 그 집의 남종으로 삼고 여자도 여종으로 삼았다. 스스로 속죄하려면 50만을 바쳐야 하는데 비록 죄를 면해서 일반 백성이 되어도 백성들의 풍속에는 이를 오히려 수치스럽게 여겨 결혼하려 해도 배필을 구할 수 없었다. 따라서 백성은 도둑질을 하지 않아 대문과 사립문을 닫지 않게 되었고, 부인은 마음이 곧고 신의가 있어 음란하거나 사특하지 않았다. 시골이든 도시든 음식을 먹을 때 변두(籩豆)를 사용하였다. 신의를 숭상하고 유술(儒術)을 돈독히 하여 중국의 풍습을 점차 이루게 되었다. 가르쳐 전쟁을 숭상하지 않게 하고 덕으로 강포한 것을 복종하게 하니 이웃 나라들이 모두 그 의를 사모하여 찾아와 귀부했다. 의관과 제도는 모두 중국과 똑같게 하였다.

그 후 기자가 주나라로 조근하여 옛 은나라의 빈터를 지나게 되었는데 궁궐은 허물어지고 기장이 자라는 것을 보았다. 기자가 마음이 상하여 맥수(麥秀)의 노래를 불렀다. "보리 이삭은 들쑥날쑥하고 벼와 기장이 기름졌구나. 교활한 저 아이는 나를 좋아하지 않는구나"라고 하였다. 은나라 백성은 이 노래를 듣고 모두 눈물을 흘렸다. 조선이 인현(仁賢)의 교화를 입어 시·서, 예·악의 나라가 되어 조정과 민간에 변고가 없어 백성이 기뻐하였다. 이에 대동강을 황하에 견주어 노래를 지어 그 덕을 찬양했다. 기자가 죽고 기씨(箕氏)가 대대로 우리나라에서 임금을 하였다. 주나라 말기에 연(燕)나라의 제후가 왕을 칭하고 동쪽 땅을 침략하려 하자 조선후(朝鮮侯)도 역시 연나라를 정벌하여 주나라를 받들려 했다. 대부(大夫) 예(禮)가 간하여 공격을 중지하고 예를 사신으로 연나라에 보내 설득하니 연도 역시 공격을 중지하였다.

후에 자손이 점점 교만하고 사나워지자 연나라는 이에 장수를 보내 공격하게 하고 서방 1천여 리를[62] 취하여 만반한(滿潘汗)을 경계로 하니 조선이 비로소 약해졌다. 진(秦)나라가 천하를 통일하고 장성(長城)을 쌓아 요동(遼東)에 이르자 조선 왕 부(否)가 두려워하여 진나라에 복속하였다. 부왕(否王)이 죽고 아들 준(準)이 왕위에 올라 십여 년이 지나 진나라가 망했다. 연(燕)·제(齊)·조(趙)나라 지역 백성들이 많이 도망하여 조선에 들어왔다. 이에 연왕(燕王) 노관(盧綰)이 조선과 연의 경계를 패수(浿水)로 삼았다. 노관이 흉노로 들어가자 연 지역 사람 위만도 본적지를 이탈하여 무리 수천 명을 데리고 동쪽으로 패수를 건너 서쪽 변방에 거하며 울타리가 될 것을 구하였다. 왕

62 『위략』에는 2천여 리로 되어 있다.

이 신임하여 박사(博士)로 삼고 홀을 하사하여 백 리 땅을 봉해 주어 서쪽 경계를 지키게 하였다.

위만은 꾀어 받아들인 망명인이 많아지자 이에 사람을 보내어 준왕에게 고하여 한(漢)나라 군대가 열 길로 쳐들어오니 들어가서 숙위하겠다고 하고 준왕을 공격하였다. 준왕은 적수가 되지 못하여 바다를 통해 남쪽으로 달아났다. 조선은 마침내 위만이 차지하게 되었다. 기자로부터 41대가 전해져 모두 928년 만에 나라를 잃었다. 기준(箕準)은 좌우의 궁인(宮人)을 거느리고 도망하여 한(韓) 지역 금마군에 거주하며 마한 왕(馬韓王)이라 불렀다. 소국 50여 국을 거느리며 역시 여러 세대를 전하였다. 그 후 신라, 고구려, 백제의 삼국이 점점 커지고 마한은 쇠하여졌다. 백제 시조 온조왕(溫祚王)이 26년에 마한을 기습하여 병합했다. 기씨가 마한의 주인이 된 지 또 200년 만에 망했다. 왕업을 전한 것이 전후 모두 1,120여 년이다.

삼가 생각하면, 하늘이 백성을 내고 반드시 성현을 내리셔서 이를 다스리게 하고 화육(化育)을 돕고 인문을 밝게 베풀어 삶을 완수케 하시고 가르침을 세우니 복희(伏羲)로부터 아래로 3왕(三王, 3황)에 이르기까지 하늘을 대신하여 만물을 지도해 주셨으니, 그러므로 명하여 임금으로 삼으신 것이다. 그런데 우리 동방에 백성이 있었던 것은 중국에 뒤지지 않을 것으로 생각되는데 아직 예지를 갖춘 군주가 나와 군사(君師)의 책임을 다하였다는 말은 듣지 못했다. 물론 단군(檀君)이 처음 나왔으나 문헌으로 상고할 수 없다.

삼가 생각해 보면, 기자께서 우리 조선에 들어오셔서 그 백성을 비루한 오랑캐로 여기지 않고 후한 양육과 가르침을 힘써 주셔서 머리를 틀어 얹는 오랑캐 풍속을 변화시켜 제(齊) · 노(魯)와 같은 나라로 만들었다. 그리하여 백성이 지금에 이르러 그 은혜를 받아 예악의 습속이 왕성하게 계속되어 쇠하지 않았으니, 공자(孔子)께서 바다를 건너 살려는 뜻을 가지게 되었다. 그런즉 우(禹)임금이 아니었으면, 우리가 어떻게 되었을까 하는 탄식이 세월이 갈수록 깊어진다.

크도다! 기자여. 이미 무왕에게 홍범을 베풀어 그 도가 중국에 밝았고, 남은 교화를 동쪽 땅에서 이루었다. 자손들이 왕위를 전하여 천여 년을 내려오니 후대 임금들이 우러러 해와 달과 같이 하며, 그 덕을 존숭하고 은공을 갚으려 대대로 그 도를 행하니, 진실로 원성(元聖)이 아니면 어찌 이와 같은 성대함을 이루겠는가. 오호라! 성대하도다. 제나라 사람이 단지 관중(B.C 725~645)과 안자(?~B.C 500)가 있는 줄만 알지만 이는 진실로 우물 안에 앉아서 하늘을 보는 편협한 견해를 면치 못한 것이다. 저 수수(洙水)와 사수(泗水)의 선비들이 공자의 뜻이 깊은 말을 깊이 풀어내고 낙양(洛陽)과 민중(閩中)의 선비들이 정자와 주자의 가르침만을 치우치게 전하는 것은 또한 일리가 있다.

그런데 우리 동방은 기자의 망극한 은혜를 받았으니 그 실제로 이루어진 자취를 마땅히 집집마다 읽고 사람마다 익혀야 한다. 그러나 요즘 선비가 남의 질문을 받으면 분명히 답할 수 있는 사람이 적으니, 그것은 여러 서책이 없어져서 이것을 널리 배울 수 없는 데서 비롯된 것이다. 윤두수(尹斗壽)가 일찍이 명을 받들어 사신이 되어 명나라 황제를 배알하였는데, 중국의 선비들이 기자가 한 일에 대해 많이 질문하였다. 윤두수가 능히 대답하지 못한 것을 괴로워하여 돌아와서 경·사·자서(經史子書)를 넓게 살펴보고 사실 및 성현이 서술한 것에서 중요한 것을 뽑고 후대에 이르러 떠들썩하게 사람들이 읊조린 것을 모아 책을 만들었으니, 이름은 『기자지(箕子志)』이다.

그 공로는 아름다우며 깊고 그윽하여 그 후학에게 베푼 은혜 역시 지극하였다고 일컬어진다. 다만 생각하기에 경전(經傳)에 있는 것을 뒤섞어 편집하여 계통을 따져 보기가 어렵다. 이이는 이에 주제넘음을 헤아리지 않고 살짝 지(志) 가운데 수록되어 있는 기록을 모아 한 편의 책으로 만들었다. 대략 나라를 세운 시작과 끝, 세계와 역년(歷年)의 수를 간략히 서술하고 이름을 『기자실기(箕子實紀)』라 하였다. 편하게 살피기 바란다.

만력(萬曆) 8년 경진년(庚辰年, 1580) 5월 후학 덕수(德水)의 이이(李珥)가 삼가 쓰다.

『율곡전서』 율곡선생전서 권14 잡저(雜著) 1 – 책문(策問) 4

물었다. 맹자는 이르기를, "500년에 반드시 왕도(王道)를 실현할 왕자가 나오고, 그 사이에 반드시 세상에 이름 높은 명신(名臣)이 있다"라고 하였다. 천지가 이미 무리 중에서 재주와 덕이 뛰어난 사람을 낳으시면, 억조(億兆)의 무리를 그에게 주어 그로 하여금 다스리고 가르치게 하시니, 이것은 이치의 떳떳한 것이다. 예로부터 지금까지 수천 년 사이에 왕도를 실현한 자는 모두 몇이나 나왔고, 세상에 이름 높은 신하가 모두 몇 사람이나 될까. 역력(歷歷)히 세어 밝힐 수 있겠는가. … 우리 동방은 비록 바다 밖에 위치하고 있으나, 실은 중국과 더불어 성쇠(盛衰)를 서로 같이하고 있다. 단군(檀君) 이래로 임금이 있고, 신하가 있으되, 능히 잘 다스리고 가르친 자를 모두 지적하여 말할 수 있겠는가. 그 다스리고 가르친 방법이 또한 천지가 부여하신 책무를 극진히 다하였는가. 지금에 당해서는 선조(宣祖) 임금께서 즉위하시고 군현(群賢)이 발모(拔茅)하듯이 무리 지어 나와 왕성한 기운은 태평성대를 기망함이 있다. 그런데도 다스리고 가르친 효험이 나타나지 않으니, 생각하건대 도를 행하는 것이 점진적이어서 알지 못하는 속에 이면에서 운행되고 있고, 묵묵히 변화되어 가고 있는데도 사람들이 그 형적을 보지 못하여서인가.

『율곡전서』 율곡선생전서 권14 잡저(雜著) 1 – 역수책(易數策)

아아, 복희씨의 역학은 괘(卦) · 효(爻)만 있고, 애초에 문자(文字)는 없었으나 천지의 이치와 음 · 양의 변화가 다 여기에서 갖추어져 있습니다. 중고(中古)에 내려오면서 백성들의 하는 일이 날로 불어나니, 문왕(文王)이 이를 근심하여 괘의 뜻에 기본해서 단사(彖辭)를 붙였고, 주공(周公)에 이르러서는 사물로 인하여 교화를 베풀어서 깊은 뜻을 궁구하고 미묘한 뜻을 천명하여 천하에 밝게 보였습니다.

그러나 주(周)의 덕이 이미 쇠하자 이 도는 다시 어두워졌습니다. 우리 공자께서 이에 계사(繫辭)를 지어 경의 뜻을 밝혔는데, 세 성인이 한마음으로 복희씨의 역학을 부연하여 상(象)을 천고(千古)에 드리우니, 해가 중천에 있는 것과 같이 밝았습니다. 기자(箕子)가 홍범을 무왕(武王)에게 진술한 것도 대우의 뜻을 서술한 것입니다. 대개 성인의 덕은 천지와 합하고, 밝은 것은 일월과 같으며, 사시(四時)와 더불어 그 질서를 합하고, 귀신과 더불어 그 길흉(吉凶)을 합하여, 마음의 움직이는 데서 구하고, 정신의 운용하는 데서 얻는 것이니, 성인이 아니면 어찌 능히 역학의 미묘한 뜻을 알겠습니까. 주역[大易]의 뜻은 진실한 이(理)일 따름입니다.

『율곡전서』 율곡선생전서 권15 잡저(雜著) 2 - 동호문답(東湖問答) [기사(己巳) ○ 월과(月課)]

손님이, "우리 동방에도 왕도로서 세상을 다스린 분이 있었던가?" 하니, 주인이 말하기를, "문헌이 부족하여 고증하기 어렵다. 다만 상상해 보면 기자(箕子)가 우리 동방의 임금이 되었을 때에 정전(井田)의 제도와 팔조(八條)의 가르침 등이 틀림없이 순수하게 왕도에서 나왔을 것이다. 그 후부터 삼국(三國)이 솥발처럼 세 개로 나뉘었다가 고려가 통일하였는데, 그 사업을 고찰해 보면, 오로지 꾀와 힘으로만 하였을 뿐이니 어찌 도학을 숭상해야 한다는 것을 알았겠는가. 임금만 그런 것이 아니라 밑에 있는 자들도 진지(眞知)와 실천으로써 선왕(先王)의 전통을 계승한 이가 있었다는 말을 듣지 못하였다. 불학(佛學)에 잘못 빠져 화(禍)와 복(福)에 급급하여 도도한 천 년 동안에 특출한 이가 없었던 것이다. 고려 말엽의 정몽주(鄭夢周)가 유자(儒者)의 기상이 조금 있었으나 그 역시 학문을 성취하지 못하였고 그가 행한 일을 살펴보면 충신에 지나지 않는다" 하였다.

손님이 화를 내어 말하기를, "우리 동방 수천 년 동안에 한 사람의 진유도 없었다고 하니 너무 지나친 말이 아닌가?" 하니, 주인이 웃으면서, "그대가 나에게 물어서 내가 감히 바른대로 대답하지 않을 수 없었던 것이지, 지나치게 이론을 즐기려 한 것이 아니다. 이른바 진유란 벼슬자리에 나아가면 한 시대에 도를 행하여 이 백성으로 하여금 태평을 누리게 하고, 관직에서 물러나면 온 세상에 교화를 베풀어 학자로 하여금 큰 잠에서 깨어나게 하는 것이다. 관직에 나아가 도를 행함이 없고 관직에서 물러나 전할 만한 가르침을 베푼 것이 없다면, 다른 사람들이 비록 진유라 할지라도 나는 믿지 않는다. 기자가 오랑캐의 풍속을 바꾼 뒤 더 이상 본받을 만한 선치(善治)가 없었으니 이것은 나아가 도를 행한 자가 없었던 것이고, 우리나라 사람의 저술에서 의리(義理)에 밝은 자를 볼 수 없으니 이것은 은퇴한 사람 중에 교화를 베푼 자가 없었던 것이다. 내가 어찌 망령된 말을 하여 백대(百代)의 사람들을 속이겠는가" 하였다.

[위는 우리나라의 옛 도는 회복되지 않는다는 것을 논한 것이다.]

『율곡전서』 율곡선생전서 권15 잡저(雜著) 2 – 동호문답(東湖問答) [己巳○月課]

손님이, "오늘날에도 삼대(三代)의 치화(治化)를 회복할 수 있을까?" 하니, 주인이, "할 수 있다" 하였다. 손님이 맥없이 웃으며 말하기를, "어찌 그리 지나친 말을 하는가. 왕도가 실행되지 않은 것은 한(漢)나라 때부터인데 하물며 지금 사람은 한나라 사람보다도 훨씬 못하지 않은가. 우리나라는 기자(箕子) 이후로는 다시 선정(善政)이 없었고, 요즈음의 세속(世俗)을 말하자면, 반드시 전조(前朝, 고려)도 따라가지 못하니 만일에 형세가 조금 좋아지는 것을 바란다면 몰라도 왕도를 행하고자 한다면, 한갓 선비의 헛된 큰소리만 되지 않겠는가?" 하니, 주인이 안타까워하며 말하기를, "그대의 말이 안타깝다. 네 마리의 말이 끄는 마차도 말하는 혀를 따르지 못한다 하니, 그대의 말대로 한다면 반드시 온 천하(天下)가 도깨비의 세상이 될 것이다. 대체로 왕도가 실행되지 못한 것은 다만 임금과 재상이 적격인 사람이 아닌 데 원인이 있는 것이지 시대가 내려왔다고 해서 회복하고 싶어도 안 되는 것이겠는가"

[위는 작금의 시세를 논한 것이다.]

『율곡전서』 율곡선생전서 권18 묘지명(墓誌銘) – 정암조 선생 묘지명(靜菴趙先生墓誌銘)

진실로 영욕에 견주어 논할 것이 못 되나, 오직 후세 사람들은 경계하고 권면할 줄 알아야 할 것이다. 아, 하늘이 어진 사람을 내는 것은 반드시 무언가 시키려고 함이 있어서이니, 나아가서는 이 백성을 구제하게 하고, 물러나서는 그 교훈을 세우고자 한 것이거늘, 지금 선생은 나아가서 마침내 그 도(道)를 능히 실행하지 못하였고, 물러나서도 그 교훈을 후세에 드리우지 못하였으니, 날마다 밝힌 학문이 크게 이룩되지 못하였고, 은미한 말의 실마리를 찾아서 상고할 수도 없게 되었다. 하물며 우리나라는 기자(箕子) 이후로는 인의(仁義)로써 나라를 다스렸다는 것을 듣지 못하였으니, 주공(周公)의 법도와 공자의 가르침은 다만 빈말의 밑천으로만 쓰였을 뿐이었는데, 선생이 한번 외침에 거의 옛 법도를 회복할 법하더니, 선생이 도리어 패하게 되고 사림(士林)도 무너져 분열되어, 왕도(王道)의 설이 세상에서 크게 꺼리는 바가 되어, 모두들 그때가 아니라 하여 번거롭게 여겼으니, 이렇다면 옛 도는 끝내 회복할 수가 없단 말인가. 하늘이 어진 이를 내고도 중도에서 끊이게 하였으니, 그 천명이란 것도 믿을 수 없단 말인가. 그렇다고 해서 어찌 그럴 수 있겠는가.

『율곡전서』 율곡선생전서 권24 성학집요(聖學輯要) 6-제4 위정(爲政) 상(上)

기자(箕子)가 말하기를, "임금[皇]은 극(極)을 세워야[建] 할 것이다" 하였다(『서경(書經)』「주서(周書) 홍범(洪範)」).

채씨가 말하기를, "황(皇)은 임금이요, 건(建)은 세움이요, 극(極)은 북극의 극과 같으니, 지극하다는 뜻이며 표준이라는 말로, 중립(中立)해서 사방에서 바른 것을 취하는 것이다. 임금은 마땅히 지극한 인륜을 다해야 할 것이니, 부자(父子)간에는 극진히 친(親)하여 천하의 부자(父子)가 여기에서 그 준칙을 취하고, 부부간에는 극진히 분별하여 천하의 부부(夫婦)가 여기에서 그 준칙을 취하게 한다. 그리하여 한 가지 사물(事物)을 접촉하고, 한 가지 언동(言動)을 발할 때도 그 의리의 당연한 것을 극진히 하여 조금이라도 지나치거나 미치지 못하는 차이가 없게 한다면 극이 서게 될 것이다" 하였다.

『율곡전서』 율곡선생전서 권25 성학집요(聖學輯要) 7-제4 위정(爲政) 하(下) 제3장 취선(取善)

기자(箕子)가 무왕(武王)에게 아뢰기를, "무릇 그 백성들 중에서 계책을 가지고 있거나 시행하거나 준수하는 이가 있다면, 임금께서는 그것을 생각하여 극(極)에 합하지 않더라도 허물에 걸리지 않는다면 받아들이옵소서. 그리고 부드러운 얼굴빛으로 내가 좋아하는 바는 덕(德)이라고 하거든 임금께서는 복을 내려 주시옵소서" 하였다(『서경(書經)』「주서(周書) 홍범(洪範)」).

채씨가 말하기를, "계책을 가졌다는 것은 모책(謀策)이 있는 자이고, 시행한다는 것은 시행하여 베풂이 있는 자이며, 준수한다는 것은 자기가 지켜야 할 도를 지키는 자인데, 이 세 가지는 임금이 마땅히 생각해야 할 것이다. 극(極)에 합하지 않는다는 것은 선에 합하지 않는다는 것이요, 허물에 걸리지 않는다는 것은 악(惡)에 빠지지 않는다는 것이니, 이것은 중간 수준의 사람이다. 받아들이라는 것은 거절하지 말라는 것이다. 밖에 드러나게 편안하고 화한 빛이 있거나 진심에서 우러나오는 덕을 좋아하는 말이 있으면 복을 내려 줄 것이니, 복이란 작록(爵祿)을 말한다" 하였다.

『율곡전서』 율곡선생전서 권29 경연일기(經筵日記) – 만력(萬曆) 3년 을해(乙亥)○금(今) 상(上) 8년

이이가 아뢰기를, "그 공부는 진실로 학자가 본받을 것은 아닙니다. 서경덕(徐敬德)의 학문은 횡거(橫渠)에게서 나왔으니, 그 저서가 성현의 뜻에 꼭 맞는다고 말하는 것은 신이 알 수 없습니다. 그러나 세상의 이른바 학자들은 단지 성현의 설을 모방하여 말하지만, 중심에는 자득한 묘리가 많이 없습니다. 서경덕은 깊이 생각하고 멀리 파고들어 자득의 묘리가 많은 사람이라 문자나 언어의 학문은 아닙니다"라고 하였다. 상이 의정(議政)으로 추증할 것을 허락하였다. 허엽(許曄)이 매양 서경덕을 추존하여 기자(箕子)의 도통을 이을 만한 사람이라 하였다가, 이이가 서경덕의 학문이 횡거에게서 나왔다고 논의함을 듣고 이이를 책망하여 말하기를, "그대의 말이 이와 같으니, 내가 깊이 근심하는 바이다. 서화담의 학문이 소옹(邵雍), 장재(張載), 정이(程頤), 주희(朱熹)를 겸하였다고 한다면 가할 것이다. 그대는 한 10여 년간을 독서에 전심한 뒤에라야 화담의 지위를 논할 수 있을 것이다"라고 하였다.

『율곡전서』 율곡선생전서 권34 부록 2 – 연보(年譜) 하(下)

경진(庚辰) 8년 [선생 45세]

5월 『기자실기(箕子實記)』를 편찬하며. [원편(原編)에 보인다.]

앞서 윤두수(尹斗壽)가 명(明)나라에 들어갔을 때 중국 사람이 기자(箕子)의 사적을 묻자, 윤공(尹公)이 능히 대답하지 못하였다. 윤공이 귀국하여 한 책자를 만들어 그것을 『기자지(箕子志)』라고 이름하였다. 그러나 그 내용이 몹시 정미하지 못하였다. 이에 선생은 "우리나라에 민족이 있게 된 것은 중국에 뒤떨어지지 않으나, 슬기로운 지혜를 가진 분이 탄생하여 군사(君師)의 책임을 다한 적이 있었다는 말을 듣지 못하였다. 단군(檀君)이 처음으로 나왔으나 그 문헌을 상고할 수 없고, 오직 기자가 이 땅에 와서 백성을 천시하지 않고, 잘 기르고 부지런히 가르쳐 퇴결(魋結)의 풍속을 변화시켜 제(齊)나라와 노(魯)나라로 만들었다. 대개 기자는 이미 무왕(武王)에게 그 대법(大法)을 말해 주어서 도(道)가 중국에 밝았었고, 그 나머지를 미루어 교화가 삼한(三韓)에 적시었으니, 진실로 큰 성인(聖人)이 아니고서야 어찌 능히 이와 같이 할 수 있단 말인가. 그러나 지금 사람들이 이를 능히 아는 사람이 적어 남으로부터 갑자기 물음을 당하면 능히 대답하는 사람이 없다. 이는 모든 글이 산만하고 배우기를 널리 못한 때문인 것이다"라고 하였다. 그러고서는 드디어 한 책자를 만들어 대략 그 시작과 끝을 서술하여 학자들의 고증에 편의를 제공한 것이다.

임오(壬午) 10년 [선생 47세]

11월 중국의 사신을 국경까지 전송하며.

부사(副使)가 안주(安州)에 돌아와서 〈알기자묘(謁箕子廟)〉를 기술한 부(賦)를 보여주며 말하기를, "내가 살고 있는 곳이 기자(箕子)의 옛 고을에서 가깝기 때문에 항상 홍범당(洪範堂) 안에서 홍범의 뜻을 풀어 보기도 합니다. 그런데 늘 기자가 동쪽으로 온 사적(事迹)에 대해 알 수 없는 것이 한스럽습니다. 지금 다행히 이곳에 왔으니, 원컨대 가르쳐 주십시오"라고 하였다. 선생은 다시 차운해서 답하면서 『기자실기(箕子實記)』를 주었다. 두 사신이 그것을 보고서는 경탄하기를 그치지 않았다.

[부사(副使)는 『기자실기』를 보고서는 몹시 놀라고 기뻐하며 말하기를, "중국에는 본래 이와 같은 글이 없습니다. 지금 원접사(遠接使)께서 기록한 글을 보니, 앞이 훤히 밝게 빛이 납니다. 삼가, 마땅히 이 책을 가지고 가서 간행하여서는 후세에 전하겠습니다"라고 하였다.]

『율곡전서』 율곡선생전서 권35 부록 3 – 행장(行狀) [문인(門人) 김장생(金長生)이 찬(撰)하다]

선생이 졸(卒)한 뒤에 사대부(士大夫)들은 조정(朝廷)에서 조상하고 처사(處士)들은 집에서 조상하여 깊은 촌구석에 있는 늙은이들까지도 또한 모두 슬퍼 눈물을 흘리면서 "백성들이 복(福)이 없다"고 말하였다. 태학생(太學生) · 삼의사(三醫司)와 각사(各司)의 서리(胥吏)들까지도 모두 와서 울면서 제사 지냈으며, 발인(發引)할 때에는 금군(禁軍)과 장사꾼들까지도 길 좌우(左右)에서 횃불을 들고 통곡하면서 장송(葬送)하였다.

아, 우리나라는 기자(箕子) 때부터 인의(仁義) · 충신(忠信) · 예악(禮樂) · 의관(衣冠)들로 중국으로부터 군자(君子)의 나라라는 칭찬을 받아 왔는데, 성리(性理)를 연구한 선비는 잠잠하여 드러난 사람이 없다가, 고려 말엽(末葉)에 포은(圃隱) 정몽주(鄭夢周)가 처음으로 도학(道學)을 부르짖어 이름난 선비가 계속해 나와서, 조선조에 많은 인물이 배출되었으나 학문의 조예가 고명(高明)하고 재주가 세상을 다스리고 백성을 구제하는 것을 감당할 수 있으며, 나아가고 물러가는 데 의리(義理)에 맞게 한 분으로는 문정공 조광조(趙光祖) 선생이 있다. 기묘년(1519, 중종 14)의 일에 있어서는 기가 막히는 일이니 어찌 차마 말하겠는가.

선생은 도(道)를 밝히는 것을 당신의 책임이라 여기고 시국을 바로잡는 것을 당신의 근심이라 여겨, 시골에 가 있더라도 한 번도 임금을 잊어버린 적이 없었고, 여러 차례 임금의 명령을 받들어 나와서 훌륭한 능력을 감춰 두지 않았으나, 모두 시행하지 못한 공허한 말이 되고 말았다. 아무리 절실한 말인들 무슨 도움이 있었겠는가. 비록 그러하나 선생의 학문을 논의한 취지가 저술해 놓은 여러 책에 뚜렷하게 실려 있고, 전후(前後) 상소에 건의하여 아뢴 정책(政策)이 모두 문집(文集) 가운데 있으니, 뜻있는 선비가 진실로 그 말을 통해 그 마음을 찾아보고 그 정책을 실행하여, 자기 몸에 체득하여 국정에 실행한다면 선생의 도(道)가 당세에는 시행되지 못하였다 하더라도 만세(萬世)를 위하여 태평(太平) 시대를 열어 줄 것이니, 그 공이 원대하다 하겠다. 하늘이 세상에 대현(大賢)을 내는 것이 어찌 우연한 일이라 할 수 있겠는가.

『율곡전서』 율곡선생전서 권37 부록 5 - 자운서원(紫雲書院) 묘정비명(廟庭碑銘)[우암(尤菴) 송시열(宋時烈)이 찬하다]

생각건대, 우리나라는 은사(殷師)가 온 뒤로부터 이미 이속(夷俗)의 구습이 변화되었고, 본조(本朝)에 와서는 도학(道學)이 빛나 낙건(洛建)의 성대한 데 젖어들었다. 그러나 도의 체용(體用) 전체가 다 나타나지 못하고 이(理)의 정미(精微)의 온축(蘊蓄)이 다 밝지 못하였다가 우리 율곡 선생이 나신 뒤에야 체용의 전체와 정미의 온축이 모두 뚜렷해져서 사문(斯文)이 여기에 있게 되었다.

『율곡전서』 율곡선생전서 권38 부록 6 – 제가기술잡록(諸家記述雜錄)

중국의 두 사신이 순안(順安)에 이르러서 〈알기자묘부(謁箕子廟賦)〉를 내보이자, 이율곡은 여러 종사관(從事官)으로 하여금 화답하게 하였다. 이때 날이 이미 어두워서 세 종사관은 최성천입지(崔成川立之)와 막 술을 많이 마시는 중이었으므로 서로 마주 보며 혀를 빼물고 능히 붓을 잡지 못하였고, 최입지가 단지 첫머리 글귀의 두 운(韻)만을 차운했을 뿐이었다. 이율곡은 새벽에 일어나 단번에 내려써서 곧 한호(韓濩)로 하여금 먼저 백상루(百祥樓)에 가서 깨끗하게 써 가지고 두 사신이 가마에서 내리는 즉시 주게 하였다. 두 사신은 두 손을 맞잡고 인사하며 말하기를, "우리가 오랜 동안 대인(大人)의 도덕(道德)을 흠모하였지만, 문장이 이처럼 훌륭한 줄은 어찌 알았겠습니까"라고 하였다.[『남곽수록(南郭手錄)』에서 나왔다.]

『율곡전서』 율곡전서발 발(跋) – 발(跋) [이재(李縡)]

율곡 선생(栗谷先生)의 전서(全書) 몇 권을 내가 다시 산정(刪定)한 것은 스스로 외람되고 망령된 일인 줄 안다. 그런데 언젠가 조용히 생각해 보니, 동방의 학문이 은(殷)나라의 태사(太師)로부터 시작되어 천여 년 동안 명현(名賢)이 배출되었고, 의리는 더욱 밝아져 정주학(程朱學)의 융성함에 가까이 갔으니, 체(體)와 용(用)이 겸전하고, 이(理)와 사(事)가 일치하여 앞사람의 발휘하지 못한 것을 확충하고 후학을 길이 계도해 준 것은 선생만큼 지극한 분이 없었다. 선생의 자품(資品)은 청통(淸通)하고 순수(純粹)하여서 선생의 학문은 고명(高明)하고 광대(光大)하여서 그 출처(出處)와 거처(去就)하는 사이에 나라를 염려하는 정성어린 마음은 더욱이 세상에 나아가 임금을 섬기는 데 있어 족히 큰 표본이 된다. 이제 그 글을 읽고 그 시를 외우고서 오히려 그것의 만분

지일이나마 체득할 수가 있었다. 문중자(文中子)의 말에 "내가 공자에게 망극한 은혜를 입었다"라고 하였는데, 내가 진실로 그렇지 않겠는가. 책의 편차가 완성되자, 제군(諸君)들은 서문(序文)이 있어야 한다고 하였다. 내가 감히 그것을 감당할 만하지 못하므로 이에 그 대강을 요약하여 책의 뒤에 써서 그들의 요구에 답하는 바이다. 범례는 책머리에 상세히 나와 있다.

숭정(崇禎) 이후 두 번째 갑자년(1744, 영조 20) 9월 15일에 후학 삼주(三州) 이재(李縡)는 삼가 발문(跋文)을 쓴다.

『율곡전서』 율곡선생전서습유 권1 시(詩) – 사가(思可)[목첨(睦詹)]의 〈알기자묘(謁箕子墓)〉에 차운하다

삼가 유궁(幽宮)을 배알하고 나그네 수레 휴식하니
묵은 풀 늙은 소나무 경치가 새로워라.
들판에는 분전(分田)의 터[63]가 보일 뿐인데
문헌에는 그 누가 어진 정치한 것으로 전했던가.
구주(九疇)를 펴려는 뜻 마침내 성인에게 전수했고
탄식이 미우(微禹)에 깊었음은 인륜을 밝힌 때문이었네.
우거진 화서(禾黍)의 그 무궁한 한(恨)은
도리어 하늘이 우리를 복되게 하심일세.

『율곡전서』 율곡선생전서습유 권4 잡저(雜著) 1 – 공로책(貢路策)

신은 삼가 성책(聖策)에서, '우리 동방'에서부터 '일일이 말할 수 있겠는가?'라고 하신 곳까지를 읽고서 신은 항상 옛날을 상고하고 전대를 살피는 전하의 성대한 마음을 볼 수 있었습니다. 신은 듣건대, 하늘에는 두 개의 해가 없고 백성에게는 두 임금이 없다고 합니다. 우리 동방은 멀리 해외(海外)에 있어 비록 별도로 한 구역이 된

63 분전(分田)의 터: 기자가 평양에 와서 정전법(井田法)을 시행했다는 유지(遺址).

것 같으나, 구주(九疇)의 가르침과 예악의 풍속은 중화(中華)에 뒤지지 않으니, 끝내 한 줄기 강물이 갈라놓았다고 하여 따로 다른 이역(異域)이 될 수는 없습니다. 그러므로 중화에 조공을 닦은 것이 한(漢)나라 건무(建武) 때로부터 비롯된다고는 하나, 기자(箕子)가 주(周)나라에 조현(朝見)하러 갈 때 지은 맥수(麥秀)의 노래가 있었고, 연백(燕伯)이 분수에 넘치게 제왕의 칭호를 가지자 죄[鼎－죄(罪) 자로 해야 할 듯하다]를 묻는 군대를 일으키려고 했으니, 이로 보면 주나라·한나라 이전에 이미 중국에 통했을 것이나, 단지 문헌 부족으로 고증해 내지 못할 따름입니다. 이로부터 내려오면서 외처럼 나뉘고 솥발처럼 버틴 삼국[瓜分鼎峙之三國]과 닭을 가지고 오리를 친 고려[操雞搏鴨之高麗]에 이르는 동안 예교(禮教)가 점차 갖추어지고 천자(天子)에 배알함이 점차 공경스러워져 삼국은 이당(李唐)에 대해서, 고려는 삼조(三朝, 송나라·요나라·원나라)에 대해서, 크고 작은 빙문을 반드시 제때에 해서 곤경에 처했을 때에도 그 직분을 잃지 않았으니, 명목상으로는 비록 외국이지만 실은 동방의 한 제노(齊魯)[64]일 따름입니다.

『율곡전서』 율곡선생전서습유 권6 잡저(雜著) 3－도적책(盜賊策)

묻건대, 임금의 정사는 백성을 편안케 하는 것보다 먼저 할 것이 없으니, 백성을 편안케 하는 정사가 한번 잘못되면 도적의 환난이 생기게 된다. 삼대(三代) 이전에는 백성은 편안하고 물자는 풍부하여 법을 범하고 난을 일으키는 자들이 숨을 죽였으니, 말할 것이 없다. 그러나 시대가 말세가 되어 풍속이 경박해져서 항심(恒心)이 없고, 생업을 잃은 무리들이 서로 모여 도적이 되니 그 폐해가 심하다. … 대답하기를, …

"이 못난 사람은 동방(東方)의 일로써 집사를 위해 자상히 말씀드리겠습니다. 옛날을 상고해 보건대, 위로 단군에서부터 아래로 왕씨(王氏, 고려)에 이르기까지 치란(治亂)이 서로 이어져 일일이 들 수 없으나, 다스려지면 백성이 편안하고 도적이 그치나,

---

64 제노(齊魯): 춘추시대의 제나라와 노나라를 아울러 이르는 말. 각각 공자와 맹자가 태어난 곳이므로 교육·문화의 중심지로 비유된다.

어지러우면 도둑이 일어나는 것은 그 과정이 한가지입니다. 그 내치(內治)가 튼튼하지 못해 외적이 허점을 타고 침범하여 견고한 성지가 함락되고 생민에게 독을 끼치는 일과 같은 것은 고려 말엽보다 더 심한 때는 있지 않았습니다. 아아, 썩은 나무에 좀이 생기고 빈 굴에 바람이 들어오는 법이니, 홍건적(紅巾賊)의 유린이 어찌 공민왕(恭愍王)이 스스로 취한 것이 아니겠습니까. 당시 형정(刑政)이 닦이지 않아서 간특한 일이 잇달아 일어난 것에 대해서는 새삼 집사께 번거롭게 말씀드릴 필요가 없을 것입니다."

(출처: 한국학중앙연구원)

『拭疣集』(1613년)

金守溫(1409~1481)

『식우집』은 조선 전기의 문신 관리였던 김수온의 시문을 모아 1613년에 간행한 것이다.

김수온의 자는 문량(文良), 호는 괴애(乖崖)·식우(拭疣)이다. 1441년(세종 23) 식년문과에 병과로 급제하여 집현전학사가 되었다. 이후 부사직(副司直), 훈련원주부(訓練院主簿), 승문원교리(承文院校理), 병조정랑, 지영천군사(知榮川郡事), 한성부윤, 상주목사, 공조판서, 호조판서를 역임하였다. 『치평요람(治平要覽)』·『의방유취(醫方類聚)』 등의 편찬, 『석가보(釋迦譜)』의 증수, 『명황계감(明皇誡鑑)』·『금강경(金剛經)』 등의 번역에 참여했으며, 「원각사비명(圓覺寺碑銘)」을 찬하고 사서오경의 구결(口訣)에 참여하였다.

문집의 간행은 성종의 명으로 진행되었다. 1613년(광해군 5) 초간본은 화재로 거의 없어지고, 권2와 권4만이 전하였다. 그 후 1673년(현종 14) 14대손 김우준(金禹濬)이 김수온의 시문을 필사하여 낙질본과 함께 1책으로 엮었다. 현재 종손 김정상 씨가 소장하고 있다. 1961년에는 종손 김낙중 씨에 의해 신활자로 문집이 중간되었다. 이 중간본은 김우준이 필사한 보유편을 원집에 첨입하여 편차하고, 권2 뒤에 부록을 첨부하여 2책으로 간행한 것이다. 부록은 18대손 김관현이 여러 문헌과 『세조실록』 등에서 관계 기사를 뽑아 집록한 것이다.

문집은 원집 2권(권2, 권4)과 보유 1권 합 1책으로 되어 있다. 권2에는 기(記) 35편이 실려 있고, 권4에는 부(賦) 2편과 시 약 200여 제가 실려 있다.

고조선 관련 기록이 몇 군데 확인된다. 권2의 〈동인시화서(東人詩話序)〉에서는 기자(箕子)가 맥수가(麥秀歌)를 불렀다고 하였다. 권4의 〈희청부(喜晴賦)〉에서는 조선을 언급하였고, 권4의 〈봉산부(鳳山賦)〉에서는 서주(西周)의 무왕(武王)이 기자를 찾아와 홍범구주(洪範九疇)를 물어보았던 것과 무왕이 기자를 조선에 봉한 것, 팔조(八條)의 정사가 이루어졌던 것을 언급하였다.

『식우집』 권2 서(序) – 동인시화서(東人詩話序)

우리 동방은 은(殷)나라의 태사(太師)가 맥수가(麥秀歌)를 부른 뒤로부터 삼국을 지나 고려씨(高麗氏)에 이르기까지 작자가 수백 가(家)에 이르지 아니한 것이 없었을 뿐만 아니라, 그 품제(品題)를 평론한 것은 한패설(閑裨說)을 보면 알 것이다. 지금 달성 서(達城徐) 선생이 동국 태평한 세월에 출생하여 집에서 양촌시례지훈(陽村詩禮之訓)을 전하고 시단에서 홀로 이름이 중원에까지 진동하였다. 이에 홍화여년(弘化餘年)에 동인시화(東人詩話) 2편을 찬집하였으니, 그 기문(記問)의 넓은 것과 식견이 높은 것은 참으로 당상(堂上)에 있으면서 곡직을 변론하여 시도를 집대성한 자이다. (624쪽 1)

『식우집』 권4 부(賦) – 희청부(喜晴賦) [명사(明使) 진감(陳鑑)공의 부를 차운(次韻)하다]

보소, 여기 이 나라는 이름이 '조선'
발해가 남쪽 바다
장백이 뒷산
천 리나 퍼져 있는
표리의 산하

국부와 병강으로
만국에 으뜸
예의를 숭상하고
듣고 봄이 총명
임금은 임금의 덕
선비는 선비 행실
위의의 등차와
벼슬의 높낮음으로 위아래 밝히고
함영 · 소호로
그 소리를 조화하며
지세의 견고함은
마치 금성 · 탕지와 같고
논두렁과 밭도랑도
줄이 비뚤어지지 않았네.
그 순박한 인심과
아름다운 풍속은
선성도 살고자 하였다.
기자가 와서 머물렀도다.
거듭 생각하건대 우리 국조 고려 만년에
임금은 어둡고 신하는 포악하여
죄악이 가득하고
도적이 횡행하고
간과가 고슴도치 털 같았네.
태조가 백 번 싸움으로
높은 지붕에서 물병을 거꾸로 쏟듯
백성들이 그 분을 의지하여 편안히 자고

국세가 따라서 기울지 않았도다.
이에 천명에 응하고 인정에 순하여
새 나라를 이룩하고 왕이 되시니
나라 안이 온통 맑고 편안해졌네. (624쪽 2~625쪽 3)

『식우집』 권4 부(賦) – 봉산부(鳳山賦) [명사(明使) 호부낭중(戶部郎中) 기순(祁順)의 부를 차운하다]

덕으로야 마땅한 것이매
그 남이 하늘에 달렸고 인력에 있지 않으며
공도로써 될 일이요 사사로써는 안 될 일.
옛날 주 무왕이 은을 혁명하여
기자가 의로 주에 신사하지 않아
무왕이 그를 찾아 홍범구주를 물어보니
2대 문헌을 상고할 수 있었네.
이에 그의 수레를 이 새 모양으로 꾸미고
뒤따르는 음악을 봉소로 하여
그를 조선에 봉하여
동방의 군후를 삼으시니
황극이 도로써 펴지고
팔조의 정사가 이로써 드높아
봉이 이에 한 번 내려와
사람들이 그 우는 소리를 들었다 한다. (625쪽 4)

(출처: 영동문화원)

『霽峯集』(1617년)

高敬命(1533~1592)

『제봉집』은 조선 전기의 문인 관리이자 의병장이었던 고경명의 시가와 산문을 엮어 1617년에 간행한 시문집이다.

고경명의 자는 이순(而順)이고, 호는 제봉(霽峰) · 태헌(苔軒)이다. 1592년(선조 25) 임진왜란이 일어나자 김천일, 박광옥과 의병을 일으킬 것을 약속하고 6,000여 명의 의병을 일으켰다. 7월 10일 곽영의 관군과 합세하여 금산에서 왜적과 싸우기로 하고 800여 명의 정예부대로 선제공격했으나, 왜적에 대항하여 싸우다가 순절했다. 주요 저서로 『제봉집』이 있다.

『제봉집』은 고경명의 아들 고용후(高用厚)가 1617년(광해군 9)에 원집과 유집(遺集), 속집(續集)을 목판으로 간행하였다. 현재 장서각, 국립중앙도서관, 성균관대학교 도서관, 고려대학교 도서관, 규장각 등에 소장되어 있다. 『제봉집』은 원집 5권과 유집 1권, 속집 1권 합 6책으로 구성되어 있다. 원집의 5권 전체는 모두 시로서 약 1,100여 수의 시가 시체(詩體)의 구분 없이 연도별로 배열되어 있다. 유집에는 부(賦) 3편과 잡저, 표전(表箋), 교서, 격문, 시가 실려 있다. 속집에는 시 42수가 시체별로 편차되어 있다.

권2와 권4, 그리고 「제봉속집」에 기자 관련 언급이 있다. 권2의 〈석정. 강숙과 함께한 이야기(石亭. 與剛叔話)〉에는 단군(檀君)이 세상에 출현했다는 언급이 있다. 권4의 〈기자묘에 참배하다(謁箕子廟)〉에서는 기자의 정전(井田), 기자가 거짓으로 미친 척하여 홍범(洪範)을 진술한 것을 언급하였다. 권4의 〈대동강을 건너다(渡大同江)〉에서는 우리나라에 기자의 유풍이 있다고 언급하였다. 「제봉속집」의 〈기자묘(箕子墓)〉에서는 기자가 우리나라의 선조를 열었다는 것과 기자묘를 언급하였다.

『제봉집』 권2 시(詩) – 석정(石亭). 강숙(剛叔)과 함께한 이야기

6월에 만석루(滿石亭)는 그다지 매섭지 않은 가벼운 추위에
연못의 연꽃은 처음 잠깐 비를 막을 덮개
건(巾)을 벗어 회화나무 뿌리 같은 머리를 드러내니
꿋꿋한 모습 보는 것이 놀랍구나.
석정로(石亭老)의 나무는 몇 년인지 알지 못한다.
나는 시골 늙은이들을 불러 나이에 맞게 하고
단군(檀君)이 세상에 출현할 때부터 시작되어
고려 500년까지 역사가 이어졌다.

『제봉집』 권4 황화화고(皇華和稿) – 기자묘(箕子廟)에 참배하다

대동강변 처량하여 진기(眞氣) 걷혔으니
황량한 정전(井田)은 선인이 물려주었던 형적도 없구나.
성의 큰 들판은 완연히 어제와 같은데
덩굴진 풀 덩이에 찬 연기가 몇 년이나 지나갔던가.
남쪽으로 건너온 구름은 나무의 온갖 가시를 잘라내 버리고
북산의 서리와 이슬은 오동나무와 가래나무에 머무른다.
거짓으로 미친 척하여 홍범(洪範)을 진술한 뜻 그 누가 알까.
만고(萬古)의 영령(英靈)이 동쪽 바닷가에 거처하였도다.

『제봉집』 권4 황화화고(皇華和稿) – 대동강(大同江)을 건너다

한 쌍의 붉은 봉황새 날아서 요수(遼水)를 건너고
은혜로운 조서는 멀리 덕이 높은 천자가 반포하니
궁궐의 안개와 노을은 1만 리를 무겁게 드리우고
…
이 나라는 기자(箕子)의 유풍이 담겨 있는 곳

길이나 산천이나 우(禹)임금의 치적이 닿지 않은 곳이 없구나.

『제봉집』 제봉속집 시(詩) – 기자묘(箕子墓)

옥마(玉馬)가 동쪽으로 와서 우리나라의 선조를 열었고
지금에 이르기까지 후세에 남긴 어질고 현명한 은혜
감히 자신의 안위를 드러내려 하지 않고
어려움에 처해 있어도 이를 이겨 내어 절개를 굳게 지켜 하늘에 부끄럽지 않았다.
천 년 동안 박달나무 아래에 봉함을 받아
한 번 대동강변에 향을 태우니
중국의 사신이 오늘 기자묘(箕子墓)에 와서 제사 지낸다.

『牛溪集』(1621년)

成渾(1535~1598)

『우계집』은 조선시대 문신 관리이자 학자였던 성혼의 시가와 산문을 엮어 1621년에 간행한 시문집이다.

성혼의 자는 호원(浩原)이며, 호는 묵암(默庵) · 우계(牛溪)이다. 성혼은 1551년(명종 6)에 생원 · 진사의 양장(兩場) 초시에는 모두 합격했으나 복시에 응하지 않고 학문에만 전심하였다. 이황의 주리론과 이이의 주기론을 종합해 절충파의 비조가 되었다. 주요 저서로는 『우계집』 · 『주문지결(朱門旨訣)』 · 『위학지방도(爲學之方圖)』 등이 있다.

『우계집』은 성혼의 사후인 1621년(광해군 13)에 성혼의 유고(遺稿)를 수집하여 6권으로 간행하였다. 속집은 우계의 외손(外孫)인 윤선거(尹宣擧)가 편정해 놓은 것에, 그 아들 윤증(尹拯)이 보충하여 재편정한 것을 윤경교(尹敬教)가 1682년(숙종 8)에 6권으로 간행하였다. 지금 전해지는 『우계집』은 원집과 속집을 합하여 12권으로 복각해서 간행한 것인데, 이것은 1809년(순조 9)에 성혼의 7대손인 성

긍주(成肯柱)가 간행한 것이다. 「우계연보」와 「우계연보부록」은 성혼의 아들 성문준(成文濬)의 우계연보 초본에다 윤선거가 이를 보완하면서 1648년(인조 26)에 한 권으로 간행한 것이다.

본문은 원집 6권, 속집 6권, 우계연보 1권, 우계연보부록 1권으로 도합 14권 8책으로 구성되어 있다. 원집 권1은 시(詩) 57수, 권2~3에는 장소(章疏) 67편, 권4~5에는 서(書) 94편, 권6에는 잡저 31편이 수록되어 있다. 속집에는 권1에 시 18수, 권2에 장소 8편, 권3~5에 서(書) 229편, 권6에 잡저 18편이 수록되어 있다.

기자 관련 내용이 짧게 나온다. 원집 권6의 〈의정부우참찬 백공 행장(議政府右參贊白公行狀)〉에서 우리나라는 기자(箕子)로부터 인현(仁賢)의 교화를 입었다고 언급하였다.

『우계집』 우계선생집 권6 잡저(雜著) – 의정부우참찬(議政府右參贊) 백공(白公) 행장(行狀)

성혼(成渾)과 이이(李珥)가 쓸 만한 선비라고 말하였다. 이어서, "전하께서 조광조를 문묘에 종사할 것을 허락하지 않으시니, 신은 감히 다시 성상의 귀를 번거롭게 하지 않겠습니다. 그러나 우선 조광조의 사업과 공로에 대해 한두 가지 간략하게 말씀드리겠습니다. 우리나라는 기자(箕子)의 인현(仁賢)의 교화를 입었으나 도학(道學)이 전해지지 못하였습니다. 정몽주와 김굉필이 앞에서 창도(倡導)하였으나 크게 드러나지는 못하였는데, 조광조에 이르러 나이 17세 때부터 끊어진 학문을 잇겠다고 분발하여 종일토록 용모를 엄숙히 하고 진흙으로 만든 소상(塑像)처럼 단정히 앉아 있었습니다. 독서는 『대학(大學)』과 『소학(小學)』, 『논어(論語)』와 『근사록(近思錄)』을 우선으로 하였고, 실천은 효제(孝悌)와 충신(忠信)을 근본으로 삼아 부지런히 힘써 태만하지 않았으며 늘 미치지 못하는 듯이 생각하였습니다"

(출처: 한국고전번역원)

『高峯集』(1629년)

奇大升(1527~1572)

『고봉집』은 조선 중기의 문인 관리였던 기대승의 시문집이다. 기대승의 아들인 기효증(奇孝曾)이 1614년(광해군 6)에 간행한 『양선생왕복서(兩先生往復書)』와 기대승의 문집 및 『논사록(論思錄)』을 조찬한(趙纘韓)이 합쳐서 1629년(인조 7)에 간행한 것이다.

기대승의 자는 명언(明彦)이고, 호는 고봉(高峯)·존재(存齋)이다. 1549년(명종 4) 사마시(司馬試)에 합격하고, 1558년(명종 13) 식년문과에 을과로 급제하였다. 그 뒤 승문원부정자, 병조좌랑, 이조정랑을 거쳐, 우부승지, 대사성, 성균관대사성, 대사간, 공조참의 등을 역임하였다. 그는 이황(李滉)의 문인으로, 이황과의 서신 교환을 통하여 조선 유학사에 지대한 영향을 미친 사칠논변(四七論辨)을 전개하였다. 주요 저서로는 『고봉집』 외에도 『논사록』·『왕복서(往復書)』·『이기왕복서』·『주자문록(朱子文錄)』 등이 있다.

『고봉집』은 1629년 고봉의 손서(孫婿)이자, 선산부사 조찬한이 선산에서 목판(木板)으로 3권 3책을 간행하였다(초간본). 현재 국립중앙도서관, 연세대학교 중앙도서관에 소장되어 있다. 또한 기대승이 경연에서 진계한 말을 『승정원일기(承政院日記)』에서 초출·편집한 후 1630년(인조 8)에 『논사록』 2권 2책을 간행하고 속집(續集)이라 하였다. 『고봉집』 원집과 『논사록』 속집을 모아 5권 5책으로 만든 것이 서울대학교 규장각에 소장되어 있다. 그리고 고봉의 장자 기효증(奇孝曾)의 사위인 조찬한이 1558년부터 1570년까지 13년간 고봉이 퇴계와 서로 왕복한 편지를 날짜순으로 모아 편집하여 『양선생왕복서』 3권 3책을 간행하였다. 그 뒤 1907년에 11대손 기동준(奇東準)이 기대승의 시문(詩文)과 잡저(雜著) 및 후현(後賢)의 글을 수집·편차한 속집(속집 2권, 부록 1권) 3권 2책과 별집부록(別集附錄) 2권 1책을 『고봉집』 원집·『논사록』·『양선생왕복서』와 합편하여 15권 11책을 목판으로 중간하였다. 이 중간본은 고려대학교 중앙도서관, 성균관대학교 중앙도서관에 소장되어 있다.

본문은 합 14권 11책으로 구성되어 있다. 원집 3권 3책, 속집 2권 2책, 「양선생왕복서」 3권 3책, 「성리왕복서」 2권 1책, 「논사록」 2권 1책, 부록 2권 1책이다.

고조선 관련 기술은 「고봉집발(高峯集跋)」, 「속집」 권2, 「별집부록」 권2, 「논사록」 권상과 권하에 나온다. 「고봉집발」에서는 기자를 언급하고 있다. 「속집」 권2에서는 기자가 조선에 와서 구주(九疇)의 교화를 베풀고, 팔조(八條)로 정치를 하여 인현(仁賢)의 교화를 일으켰다고 기술하였다. 「별집부록」 권2에는 기자로부터 동방에 전통이 있게 되었다는 시구가 있다. 「논사록」 권상에서는 기자가 무왕(武王)을 위해 홍범(洪範)을 진술한 것과 기자묘(箕子墓)를 언급하였다. 「논사록」 권하에서는 기자 때의 일은 서적이 없어 상고하기 어렵다고 기술하였다.

『고봉집』 고봉집발(高峯集跋)

돌아보건대 편벽되고 누추한 우리나라에서 만고에 이러한 사람이 나왔다는 소리를 듣지 못하였다. 기자(箕子) 이후에 신라와 백제를 지났는데도 능히 변화하지 못하여 도(道)와의 거리가 날로 더욱 멀어졌으니, 반드시 천 번 걸러 내고 만 번 걸러 내어 흐린 것을 깨끗이 맑게 해야 도야할 수 있는 것이다. 고려 말기에 이르러서 비로소 포은(圃隱) 등의 여러 분이 나왔으나, 국운이 침체되고 정사가 잘못됨으로 말미암아 완비하지 못하였다.

『고봉집』 고봉선생속집 권2 잡저(雜著) – 천사(天使) 허국(許國) 위시량(魏時亮)의 문목(問目)에 대해 조목조목 답함

본국 아무 도(道)의 벼슬아치나 선비 혹은 백성 가운데 이미 죽었거나 또는 살아 있는 사람들로서 어떠한 이행(異行)과 효제(孝悌)와 절의(節義)가 있는지, 또 공맹(孔孟)의 심학(心學)을 잘 알거나 기자(箕子)의 주수(疇數)를 아는 사람에 이르기까지 그 거주지와 성명과 사실을 하나하나 기록하라. …

본국은 기자(箕子)가 와서 봉해짐으로부터 구주(九疇)로 교화를 베풀고 팔조(八條)로 정치를 하여 인현(仁賢)의 교화가 저절로 신명(神明)의 경지에 이르렀으니, 공맹의 심학(心學)을 터득하고 기자의 주수(疇數)에 밝은 선비로서 세상에 이름난 이들이 반드시 있었을 것입니다. 그러나 사군(四郡)·이부(二府) 시대 이후로 삼국(三國)이 갈라져 싸움으로써 전쟁의 분탕 속에 문적(文籍)이 죄다 흩어져 없어져서 공맹의 도를 전할 사람이 나지 않았을 뿐만 아니라 세상에 이름을 떨쳤던 전인(前人)마저도 알 수 없게 되었습니다.

그 후 신라가 삼국을 통일하였습니다. 고려 500여 년간 세도(世道)가 높아지고 문풍(文風)이 점차 열려 중국에 유학하는 선비가 많아지고 경적(經籍)이 널리 퍼짐으로써 중국의 문명을 수용하여 오랑캐의 풍속이 변화하고, 난세가 치세로 바뀌게 되었습니다. 그리하여 시서(詩書)의 은택과 예의의 풍속이 점차 기자가 베푼 구주의 옛 풍속을 회복하게 되었으니, 중국으로부터 '문헌의 나라[文獻之邦]' 또는 '군자의 나라[君子之國]'라고 칭찬을 받은 것이 바로 그럴 만한 이유가 있었던 것입니다.

『고봉집』 고봉선생별집부록 권2 – 만장5언(挽章五言) [2수(二首)] [김취려(金就礪)]

영결하던 도중의 그때 글귀를
구슬피 읊노라니 만사가 허사.
무너진 산이야 터라도 있다지만
뽑힌 나무는 어디에 의지하리.
남긴 말씀 삼전에 분명히 있고
앞날의 사태 기미를 잘도 알았네.
사문 이제 말씀 소리 끊어졌으니
통곡하여 남긴 옷만 어루만지네.
문명 동방에 현인이 돌아가시니
나라 병드는 시름이 일어나누나.

기자로부터 비로소 전통이 있었더니
하늘이 버렸으니 누구를 허물하리.
방 안에서 골똘히 생각만 하고
책 속에서 생각만 하염없구나.
침문에서 참지 못해 터지는 통곡
남쪽을 바라보매 눈물 흐르네.

『고봉집』 고봉선생논사록(高峯先生論思錄) 권상(上) - 17일

기자(箕子)가 무왕(武王)을 위해 홍범(洪範)을 말하면서 '군주는 그 극을 세워야 한다[皇建其有極]' 하였으니, 이때에는 극(極) 자를 말씀하셨습니다. 그러다가 공자 때에 이르러 비로소 인(仁) 자를 말씀하셨으므로 공자 문하의 제자들 역시 인에 대하여 질문한 것이 많습니다. 맹자(孟子) 때에 이르러서는 인·의·예·지를 아울러 말하여 남음이 없게 되었습니다.

『고봉집』 고봉선생논사록(高峯先生論思錄) 권상(上) - 3월 25일

장조(張朝)가 평양에 있을 때, 다음 차례의 사신이 온다는 말을 듣고는 그들 일행이 가지고 가던 궤짝 15개를 성 밖 기자묘(箕子墓) 근처의 빽빽이 우거진 솔숲에 숨겨 두었다가 다음 차례의 사신이 지나가기를 기다린 뒤에 가져갔다 합니다. 이로 미루어 보면 비록 요구한 것이 많기는 하였으나, 그 또한 조정을 두려워하는 마음이 있기 때문에 숨긴 것입니다.

『고봉집』 고봉선생논사록(高峯先生論思錄) 권상(上) - 29일

지금의 변괴는 지극히 참혹하니, 반드시 덕을 닦고 일을 바르게 한 뒤에야 재이를 변화시켜 상서로 만들 수 있을 것입니다. 그렇지 않다면 재이의 뒤에 혹은 기근이 발생할 염려가 있고 혹은 병란이 일어날 우려가 있으니, 지극히 편안치 않습니다. 옛사람이 이르기를 '임금은 하늘의 경계를 삼가서 지극히 하지 않는 바가 없어야 한다'

고 하였으니, 만약 아무 재변은 아무 일의 반응이라고 한다면 온당하지 않습니다. 그러나 기자(箕子)가 홍범(洪範)을 무왕에게 아뢸 적에 하늘과 사람의 도리를 합하여 말하였는데, 하늘에 있어서는 오행(五行)이 되고 인간 사회에 있어서는 오사(五事)가 됩니다. 오사 가운데서 서징(庶徵)이란 비 오고, 개고, 덥고, 춥고, 바람 부는 것입니다. 휴징(休徵)은 아름다운 징조이고, 구징(咎徵)은 나쁜 반응입니다. 휴징에 이른바 '군주의 지모가 원대하면 시기에 맞는 추위가 따른다[謀時寒若]'는 것은 예컨대 겨울에 추운 것과 같은 것이며, 모(謀)란 바로 군주가 남의 좋은 말은 따른다는 것입니다. 구징에 이른바 '군주의 성질이 급하면 오랫동안 추위가 계속된다[急恒寒若]'는 것은 바로 지금 4월에 눈이 내리는 것과 같은 것이니, 이것은 바로 항한(恒寒)의 조짐입니다. 급(急)이란 성질이 너무 조급함을 이르니, 바로 군주가 자기 마음대로 행하는 것을 말합니다.

『고봉집』 고봉선생논사록(高峯先生論思錄) 권하(下) – 초7일

선생이 아뢰기를, "일시적으로 편벽되게 아뢰었던 것에 대해 상께서 이처럼 유념하시고 기억해 주시니, 모든 일에 생각을 더하신다면 성상의 학문이 갈수록 고명해질 것입니다. 우리나라의 학문은 기자(箕子) 때의 일은 서적이 없어 상고하기 어렵고, 삼국시대에는 천품은 비록 순수하고 아름다웠지만 학문의 공이 없었으며, 고려 때에는 학문을 하긴 했지만 단지 사장학(詞章學)을 위주로 하였습니다"

(출처: 한국고전번역원)

『簡易集』(1631년)

崔岦(1539~1612)

『간이집』은 조선 선조 때의 문인 관리이자 학자였던 최립의 시문집으로, 1631년에 간행되었다.

최립의 자는 입지(立之)이고, 호는 간이(簡易)이다. 그는 이이(李珥)에게서 수학했다. 1555년(명종 10) 진사시에 합격하였고, 1561년(명종 16) 식년문과에 장원급제했다. 외직을 두루 역임하였고, 여러 차례 명나라에 다녀왔다. 1592년(선조 25) 공주목사에 재직 중에 임진왜란이 일어나자, 대(對)중국 외교문서 작성에 능통하여 명나라와의 교섭을 담당하였다. 전쟁 후에는 판결사, 강릉부사, 형조참판 등을 역임했으나, 광해군 즉위 후 대북 정권이 등장하자 정계에서 은퇴하여 평양에 은거했다. 문집으로 『간이집』 외에, 시학서로 『십가근체시(十家近體詩)』가 있고, 역학서로 『주역본의구결부설(周易本義口訣附說)』 등이 있다.

최립의 사후, 이정귀(李廷龜)가 문집을 간행할 것을 주장했고, 1631년(인조 9)에 여러 신료들이 최립이 생전에 직접 편정한 『자편고(自編稿)』 9권 9책을 목활자로 간행하였다. 이 초간본은 현재 국립중앙도서관과 규장각에 소장되어 있다. 그 후 영조대에 이 초간본을 복각(覆刻)하여 목판으로 간행하였다. 이 목판본은 현재 국립중앙도서관, 성균관대학교 중앙도서관, 고려대학교 중앙도서관, 규장각 등에 소장되어 있다.

본문은 9권 9책으로 구성되어 있다. 권1에는 주(奏) 1편, 봉사(封事) 1편, 진언(陳言) 4편, 공사(控辭) 2편, 투진(投進) 2편, 표전(表箋) 19편, 정서(呈書) 1편, 게첩(揭帖) 1편, 요송(謠誦) 2편, 제문 10편, 상량문 1편, 격(檄) 1편, 책(策) 1편, 평(評) 1편, 설 1편, 비(碑) 1편이 수록되어 있다. 권2에는 신도비 7편, 묘지 3편, 묘갈 11편, 음기(陰記) 3편, 기 8편이 있다. 권3에는 서(序) 39편, 지(識) 8편, 발 12편이 수록되어 있다. 권4는 「사행문록(四行文錄)」이고, 권5는 「괴원문록(槐院文錄)」이다. 권6은 「초미록(焦眉錄)」 등 8개의 글이, 권7에는 「갑오행록(甲午行錄)」 등 6개의 글이, 권8에는 「서도록전(西都錄前)」 등 6개의 글이 수록되어 있다. 권9에는 신도비명, 묘지명, 기, 녹(錄), 서(序), 발, 서(書) 등이 있다.

고조선 관련 기록은 권6과 권9에 나온다. 권6의 〈동림의 옛 성에서 차운하다(東林古城次韻)〉라는 시에서는 단군과 기자의 풍속을 회복할 것을 기대하였으며, 〈차운하여 기자묘를 읊다(次韻賦箕子墓)〉에서는 기자묘(箕子墓), 기자가 주

(周)나라의 무왕(武王)에게 홍범(洪範)을 진설한 것, 기자가 무왕을 섬기지 않은 것, 정전(井田)의 유적 등을 언급하였다. 권9에서는 〈의정부 영의정과 해원부원군을 겸직한 윤공의 신도비명(議政府領議政具兼職海原府院君尹公神道碑銘)〉에서 단군이 요(遼)임금 같은 시대에 군림(君臨)했다는 것을 언급하였고, 〈홍범학기(洪範學記)〉에서는 기자가 무왕에게 홍범을 진설한 것, 무왕이 기자를 조선에 봉한 것, 기자가 팔조(八條)로 조선을 다스렸다는 것, 정전(井田)이 구획된 것을 언급하였다.

『간이집』 간이문집 권6 정축행록(丁丑行錄) – 동림(東林)의 옛 성(城)에서 차운하다

길 가는 나그네 옛날의 감회에 젖어 들어
황량한 성 굽이에 말을 잠깐 세웠노라.
어느 시대에 쌓았는지 도대체 알 수 있나
가시나무 덤불들만 말의 배를 찔러대네.
험준한 이 요새지 옛날에 서로들 뺏으려고
덜컹덜컹 바퀴 소리 울렸을지 누가 알랴.
우리 동방 삼국(三國)으로 분열이 되어
무력을 뽐내면서 한사코 싸우지 않았던가.
화살과 돌이 난무하는 싸움터로 내몰려서
백성들의 시체가 들판을 덮었을 것이요
때도 없이 고향 떠나 수자리 살러 왔으리니
이 성을 쌓은 뒤로 통곡한 이 몇몇일꼬.
지금은 다행히도 태평 시대가 지속되어
단군(檀君) 기자(箕子)의 그 풍속도 회복할 수 있는지라
백성들이 성 쌓는 일 몰라도 그저 그만
숲속에서 나무하고 한가히 밭을 가는구나.

시인은 원래가 생각이 깊고 원대한 법
치세(治世)에 또한 난세(亂世)의 조짐 미리 살피리니
예방할 계책 세워 임금님에게 올리시면
그대 돌아가는 대로 대각에 우뚝 서리로다. (626쪽 1)

『간이집』 간이문집 권6 계사행록(癸巳行錄) – 차운하여 기자묘(箕子墓)를 읊다. 한 순무(韓巡撫)[취선(就善)]가 예전에 이곳을 정송강(鄭松江)이 지나갈 적에 자신의 일을 써서 보여주자 송강이 또 화답했다고 한다 [2수(二首)]

중국 밖에 또 하나의 땅이 원래 있었나니
하늘이 역시 동쪽으로 도를 흘려보냈어라.
옛날에 우에게 전한 귀주가 바로 그것이니
접역이 끝내는 주나라를 모르고 지냈도다.
구름 속의 용을 타고 편안히 돌아가 계시거늘
석수는 괜히 쪼그려 앉아 누굴 위해 시름하노.
혼백이 있어 병화를 슬프게 여길 게 분명한데
해마다 여자의 가을 그냥 보내고 말았고녀.

시를 보고 형주임을 내가 이미 알았나니
고담준론 펼치면 또 말류를 격동시키리다.
주의 손에 죽지 않고 종이 된 것은 괜찮아도
홍범을 설한 뒤에까지 주나라 차마 섬길 수야.
공의 뜻을 알 수 있는 정전(井田)이 지금도 남았나니
은제(殷帝)의 시름을 대신하러 동방에 도를 전했다오.
우리 국인(國人) 오래도록 흠 없이 지낼 수 있었던 건
봄가을로 그분의 묘에 예배(禮拜)드린 덕이리라. (626쪽 2)

『간이집』 간이문집 권9 희년록(稀年錄) – 의정부(議政府) 영의정(領議政)과 해원부원군(海原府院君)을 겸직한 윤공(尹公)의 신도비명(神道碑銘) [병서(幷序)]

그리하여 출중한 자제들이 줄지어 나와서 모두 대과(大科)에 급제하였는데, 집안에서는 그러한 모습을 익히 보아 왔기 때문에 특별히 영화(榮華)로 여기지도 않았다. 공은 연안(延安)에 있을 때에는 『연안지(延安志)』를 저술하였고, 평안도에서는 『평양지(平壤志)』와 『기자지(箕子志)』를 저술하였으며, 또 일찍이 문문산(文文山, 송(宋)나라의 문천상(文天祥)과 정포은(鄭圃隱, 정몽주))의 행적을 한데 합쳐서 『성인록(成仁錄)』이라는 하나의 기록을 남기기도 하였다. 그런가 하면 아조(我朝) 명현(名賢)들의 행장(行狀)과 비지(碑誌)를 수집하여 한 질(帙)로 정리함으로써 사람들이 참고하는 데 편리하도록 하였다. (627쪽 3)

『간이집』 간이문집 권9 희년록(稀年錄) – 홍범학기(洪範學記)

도(道)는 낙서(洛書)에 드러나 있다. 만약 우(禹)에게 낙서를 보여 주지 않았다면, 도 자체를 하늘이 폐한 것이 될 것이니, 하늘이 그런 일은 원래 할 수가 없었을 것이다. 도는 홍범(洪範)에 갖추어져 있다. 그런데 그 홍범의 내용을 들은 사람은 바로 기자(箕子)이다. 기자 역시 도를 폐할 수는 없었을 것이니, 그 내용을 주(周)나라 무왕(武王)에게 전해 준 것 역시 부득이한 일이었을 것이다. 그렇기 때문에 『사기(史記)』를 보면 무왕이 기자를 찾아와 물을 때에도, 단도직입적으로 “천도(天道)를 밝히기 위함이다”라고 말했던 것이다. 기자가 소유한 도는 천도이니, 이 도는 기자 일개인에 국한된 도가 결코 아니다. 기자가 은(殷)나라 주왕(紂王)의 시대를 당하여 조선(朝鮮)으로 몸을 피할 적에, 무왕이 그의 뜻에 따라 조선에 그를 봉해 주었으니, 그러고 보면 그 도라는 것도 이미 동방으로 옮겨 왔다고 해야 옳을 것이다.

그리고 조선에 기자가 있는 것은 주나라에 문왕(文王)과 무왕(武王)이 있는 것과 같다. 『노론(魯論)』을 보면 “문왕과 무왕의 도가 아직은 완전히 땅에 떨어지지 않아서 그 도에 대한 내용이 사람들 사이에 남아 있다. 그래서 현자(賢者)는 그중에 큰 것을 기억하고 있고 불초자(不肖子)라 할지라도 그중에 작은 것은 기억하고 있으니, 사람이라면 모두가 크든 작든 문왕과 무왕의 도를 지니고 있다고 할 것이다"라는 말이 나온다. 따라서 만약 조선 사람으로서 기자의 도를 알지 못한다면, 그것은 부끄러운 일이다.

그렇긴 하지만 기자가 조선을 다스릴 적에 설정해 놓은 팔조(八條)의 규약(規約)이라는 것을 보면, 중국의 선진 문화를 가지고 뒤떨어진 변방의 민족을 변화시켜 보려는[用夏變夷] 뜻만을 조금쯤 볼 수 있을 따름이요, 요컨대 홍범구주(洪範九疇) 속에 서술되어 있는 이륜(彝倫)과 전훈(典訓) 등에 대해서는 아예 언급할 엄두조차 내지 못한 것 같은 인상을 갖게 되는 것은 어찌 된 일인가.

대체로 보건대, 문왕이 역(易)을 팔괘(八卦)에서 육십사괘(六十四卦)로 연역(演繹)해 내고 기자가 홍범의 내용을 구체적으로 개진(開陳)한 것은 똑같이 천도(天道)를 분명하게 드러내 보여 준 것으로서, 이 모두가 은(殷)나라에서 주(周)나라로 교체되는 시기에 주나라를 인도하여 도와주려는 하늘의 뜻을 반영한 것이라고 할 수 있다. 그리고 당시의 시대 상황을 고찰해 보더라도, 이때는 그야말로 백이(伯夷)가 말한 '신농우하(神農虞夏)'의 시대를 지난 때로서, 그만한 풍기(風氣)가 이미 조성되어 인문(人文)이 더욱 발전되어 있었으니, 문왕의 역과 기자의 홍범이 어찌 행해지지 못할 이유가 있었겠는가.

이에 반해서 조선의 경우는 단군(檀君)과 요(堯)가 같은 시대에 군림(君臨)하고 있었던 때가 비록 그 이전에 있었다고 말할지라도, 세상이 아직도 질서가 잡히지 않은 혼돈 상태였기 때문에, 서계(書契)에 대해서 듣지 못했을 뿐만이 아니라 결승(結繩)의 정사(政事)를 백성들에게 펼쳐 새롭게 해 주는 기회조차도 갖지 못하고 있던 처지였다. 이러한 상황에서는 기자가 무턱대고 천도(天道)를 보여 줄 수가 없었을 것이니, 백성들이 알아듣기 쉬운 방법을 사용해서 이끌어 주려고 했던 것은 바로 수준의 대소(大小)에 따른 적절한 조치였다고 말할 수도 있을 것이다.

그렇긴 하지만 기자의 유허(遺墟)를 살펴보면, 정전(井田)의 구획(區劃)이 또 완연히 남아 있는데, 행한 그 일이 주나라 사람의 그것과 걸맞지 않을뿐더러, 그 제도 역시 옛날의 정전법(井田法)과는 완전히 동일하지 않다는 사실을 확인할 수가 있다. 그러고 보면 기자가 그 당시에 한 시대의 왕자(王者)가 독자적으로 행하는 정치를 염두에 두고서 우선 팔조(八條)의 정사에 맨 먼저 착수했던 그 대략적인 상황을 이에 의거해서 짐작해 볼 수도 있다. 더군다나 남녀가 음란해지지 않고 음식을 먹을 때도 그릇을 쓰게 되는 등 백성의 풍속이 일변(一變)하여 소중화(小中華)요, 예의지방(禮義之邦)이라고 일컬어지게 된 것 모두가 기자의 덕택인데 더 말해 무엇 하겠는가.

따라서 기자로 하여금 홍범 속에 나오는 내용을 우리 동방에 완전히 펼칠 수 있게 할 수만 있었다면, 실제로 동쪽의 주나라가 이미 이 땅에 이루어지지 않았겠는가. 그렇긴 하지만 어질고 현명한 임금이 나라를 통치한다 하더라도 혹 백 년도 못 가서 세대가 바뀌게 되는 아쉬움이 남는 것은 또 어찌 할 수 없는 현실이다. 이런 까닭에 내가 일찍이 '홍범이라는 글은 기자가 자신의 경륜을 펼쳐 보지 못한 한스러움을 후세에 전한 기록이 아닐까.' 하고 나름대로 생각해 보기도 했던 것이다.

아, 우리 동방 사람들이 기자를 제대로 알고 존숭하려면 무엇보다도 그의 도가 무엇인지 그 근본을 찾아보아야 할 것이다. 그리고 기자를 스승으로 삼으려고 한다면 무엇보다도 그의 학문을 탐구하여 밝혀야 할 것인데, 그것은 바로 홍범 이외에 다른 것이 아니다. 홍범이라는 하나의 글은 그 의리가 오묘하고 은미(隱微)할 뿐만 아니라 그 규모가 엄청나게 크다. 따라서 박사(博士)가 이 작업을 주도해 나가고 학생들이 서로 더불어 이를 지켜 나가지 않는다면, 그런대로 천도를 구명(究明)하고 세도(世道)를 넓혀 보려는 소기(所期)의 목적은 달성할 수가 없을 것이다. 이것이 바로 이 학관(學官)을 설치한 까닭인데, 이에 따른 제반 규정은 뒤에다 기록해 둔다. (627쪽 4~628쪽 5)

(출처: 한국고전번역원)

『玉溪集』(1632년)

盧禛(1518~1578)

『옥계집』은 조선 중기의 문신 노진의 시문집이다. 손자 노척(盧脊)이 1632년(인조 10)에 증보하여 간행하였다.

노진의 본관은 풍천(豐川), 자는 자응(子膺), 호는 옥계(玉溪)이다. 증조는 예조참판 노숙동(盧叔仝), 조부는 노분(盧昐), 부친은 참봉 노우명(盧友明)이다. 1546년(명종 1) 문과에 급제하였다. 1560년(명종 15) 직제학, 형조참의, 도승지 등을 역임하였으나, 모친 봉양을 위해 담양부사, 진주목사 등의 외직에 자원하였다. 이후 대사헌, 예조판서까지 올랐다. 기대승(奇大升), 노수신(盧守愼) 등의 학자와 교유하였다.

본문은 7권 4책으로 구성되어 있다. 권1에는 시와 부, 표 등이, 권2에는 제문, 권3에는 행장, 권4에는 소와 계 등이 실려 있다.

권4의 외집에 노진의 문인으로 추정되는 인물들이 노진의 종향(從享)을 요청하는 상소를 올렸는데, 여기서 기자(箕子)의 예의를 갖춘 고장이라 자칭하고 있다.

『옥계집』 옥계선생속집 권4 [외집(外集)] 시(詩)○오언배율(五言排律)-종향을 요청하는 상소(請從享疏) [남원(南原)의 진사(進士) 허창(許昌)과 성주(星州)의 진사 정동(鄭東)이 직접 지었다]

하물며 이곳은 기자의 나라로서 예의를 갖춘 무리들이 출현한 고장입니다. 유현(儒賢)들이 추후에 배향되는 은전을 입은 곳인데, 유독 옥계(玉溪)의 정파(正派)에만 미치지 않는 것입니까? 엎드려 청하옵건대 은혜로운 명령을 하시어 사기를 북돋아 주시옵소서. 사문(斯文)의 종사(從祀)를 허락해 주신다면 일국(一國)에 다행일 것이고, 신들에게도 매우 다행일 것입니다. 하늘을 우러러 간절히 기원하며 두려움이 극에 달함을 이기지 못하겠사오나, 삼가 몽매함을 무릅쓰고 아뢰옵니다.

『漢陰文稿』(1634년)

李德馨(1561~1613)

『한음문고』는 조선 중기 문신 이덕형의 시문집으로 1634년(인조 12)에 간행되었다.

이덕형의 본관은 광주(廣州), 자는 명보(明甫), 호는 한음(漢陰)·쌍송(雙松)·포옹산인(抱雍散人)이다. 1580년(선조 13) 문과에 급제하였고, 주로 문한직을 역임하였다. 1592년(선조 25) 임진왜란 당시 일본의 장수들과 단독으로 회담하였고, 명나라 장수 이여송(李如松)의 접반관(接伴官)으로 활약하였다. 광해군이 즉위하고 영의정에 올랐으나, 1613년(광해군 5) 영창대군의 처형과 폐모론(廢母論)이 제기되었을 때 극력 반대하다 삭탈관직이 되었다.

이덕형이 생전에 남겨 놓은 원고는 병화로 인해 많이 소실되었다. 그나마 남아 있는 원고를 아들 이여규(李如珪)와 이여황(李如璜)이 수습해서 1634년 목판으로 간행하였다. 『한음문고』 초간본은 현재 규장각에 소장되어 있다. 이후 손자 이상정(李象鼎)이 1668년(현종 9)에 중간하였다.

본문은 원집 12권 6책, 부록 4권 3책이다. 권1~2는 시(詩), 권3은 표(表), 교서(教書), 소차(疏箚), 권4~7도 소차, 권8~9는 계사(啓辭), 헌의(獻議), 정문(呈文), 권10~11은 간독(簡牘), 권12는 잡저(雜著)이다. 부록에는 연보(年譜), 행장(行狀), 제문(祭文) 등이 실려 있다.

기자 관련 기록은 2건 확인된다. 두 사례는 각각 선조(宣祖)와 어왜감군(禦倭監軍) 왕사기(王士琦)에게 올리는 글로, 모두 이덕형의 논리를 강조하기 위해 기자의 사례를 인용한 것이다.

『한음문고』 한음선생문고 권4 소차(疏箚) - 임금의 구언(求言)에 따라 폐단을 진술하는 차자(箚子) [갑진년(선조 37, 1604)]

중훼(仲虺)가 탕(湯) 임금에게 이르기를, "왕께서는 큰 덕을 밝히는 데 힘쓰시어 백성들에게 중도(中道)를 세우십시오"라고 하였는데 '중(中)'이라고 말한 것은 백성의 근본으로 성인은 한 몸으로 백성의 표준이 되니 만일 바라보며 뒤따르게 한다면 모두 '중'에 귀의할 것입니다. 기자가 무왕에게 이르기를, "많은 백성들이 사사로이 붕당을 지음이 없고 지위에 있는 사람들이 편당하고 아부함이 있지 않으니 군께서 극(極)이 되기 때문입니다"라고 하였습니다. 또 말하기를, "치우치지 않고 붕당 짓지 말아야 왕도가 크고 넓게 되고, 붕당을 만들지 말고 치우치지 말아야 왕도가 평평해지며, 뒤집어지지 않고 치우치지 않으면 왕도가 바르게 되어 그 극(極)이 있는 곳에 모여 그 극이 있는 곳으로 돌아올 것"이라고 하였습니다. (629쪽 1,2~630쪽 3)

『한음문고』 한음선생문고 권9 정문(呈文) – 어왜감군(禦倭監軍)에게 올리는 글

지금 과군(寡君)께서 무고를 당하셨습니다. 이를 하루 안에 설욕하지 못하면 하루 동안 감히 상례(常禮)로 자처할 수 없고 이틀 내로 설욕하지 못하면 이틀 동안 상례로 자처할 수 없을 것이니, 이것이 정리(情理)의 필연입니다. 변란을 당하여 몹시 괴로워 스스로 그칠 수 없으니, 아! 근심스럽습니다. 작은 나라에 기자(箕子)가 책봉된 이래 끼친 교화가 없어지지 않았는데 어질고 온유하며 정직하고 성실함이 고사(古史)에서 칭송되었고, 우리 태조 고황제(高皇帝)에 이르러 만방을 널리 어루만져 국조(國祚) 강헌왕(康獻王)이 비로소 홍무(洪武) 임신년(1392, 태조 1)에 책봉을 받았습니다. 이제 200여 년에 이르는 동안 지극하게 대국을 섬겨 제후의 법도를 공경히 닦아 열성(列聖)이 한 집안처럼 대우받을 수 있었고 동쪽으로 퍼지는 은택은 백성들의 뼈와 살을 적셨습니다. 만약 과군께서 천자의 덕화(德化)에 귀의(歸依)하는 정성을 다하신다면, 금이 백 번 단련되면 더욱 단단해지고 물이 만 번 꺾이면 반드시 동쪽으로 가는 듯할 겁니다. (630쪽 4~631쪽 5)

『芝峯集』(1634년)

李睟光(1563~1628)

『지봉집』은 조선 중기의 문신 관리이자 실학자였던 이수광의 문집으로, 1634년 341권으로 간행하였다.

이수광의 자는 윤경(潤卿)이고, 호는 지봉(芝峯)이다. 아버지는 병조판서 이희검(李希儉)이며, 어머니는 문화 유씨(文化柳氏)이다. 이수광은 1578년(선조 11) 초시에 합격하고, 1582년(선조 15) 진사가 되었다. 1585년(선조 18)에 승문원부정자가 되었으며, 이후 성균관대사성, 도승지, 대사간, 이조참판, 대사헌 등을 역임하였다. 주요 저서로는 『지봉집』이 있다.

『지봉집』은 이수광이 죽은 지 5년 후인 1634년(인조 12) 두 아들 성구(聖求)와 민구(敏求)가 유고(遺稿)를 편집해 2년 동안에 걸쳐 341권(부록 3권 포함)으로 간행하였다. 권1~7에 오언·칠언의 절구·율시·배율·고시, 권8에 「안남사신창화록(安南使臣唱和錄)」, 권9에 「유구사신증답록(琉球使臣贈答錄)」, 권10에 「조천록(朝天錄)」, 권11에 「반사록(半槎錄)」, 권12에 「학성록(鶴城錄)」, 권13에 「홍양록(洪陽錄)」, 권14에 「황화집차운(皇華集次韻)」, 권15에 「금중록(禁中錄)」, 권16에 「속조천록(續朝天錄)」, 권17에 「신은창화록(新恩唱和錄)」, 권18에 「승평록(昇平錄)」, 권19에 「황화집차운」, 권20에 별록, 권21~23에 잡저, 권24에 「채신잡록(采薪雜錄)」, 권25에 「독서록해(讀書錄解)」, 권26에 제사(題辭), 권27·28에 「병촉잡기(秉燭雜記)」 상·하, 권29에 「경어잡편(警語雜編)」, 권30·31에 「잉설여편(剩說餘編)」 상·하가 수록되어 있다. 부록은 권1 행장, 권2 제문, 권3 만사로 편집되었다.

고조선 관련 기록은 권11, 권14, 권19, 권23에 나온다. 모두 기자조선 및 부여와 관련된 내용이다. 권11의 〈기성에서 옛일을 생각하며(箕城感古)〉라는 시에서는 기자의 나라를 언급하였다. 권14의 〈기자묘에 차운하다(次箕子廟)〉에서는 서주의 무왕이 기자를 조선에 봉하였으나, 신하로 삼지 않았다는 것, 기자가 팔조교(八條教)를 베풀었다는 것, 기자가 무왕을 조회하러 옛 은(殷)나라의 수도를 지나가면서 맥수가(麥秀歌)를 불렀다는 일, 홍범구주(洪範九疇)를 무왕에게 진술한 일, 기자조선은 1천 년을 보전했던 것, 정전(井田) 등을 언급하였다. 권16의 〈삼가 보내온 시를 받고는 천고의 감회가 있기에 감히 재차 화운하다(謹接來章令人有千古之感敢再攀和)〉에서는 기자, 정전제(井田制), 홍범(洪範) 등을 언급하였다. 권19의 〈평양 승적에 차운하다(次平壤勝蹟)〉에서는 정전(井田), 단군사(檀君祠), 기자묘(箕子墓), 기자사(箕子祠), 동명사(東明祠) 등을 언급하였다. 권23의 〈동지돈녕부사 남창 김공 신도비명(同知敦寧府事南窓金公神道碑銘)〉에서는 평양(平壤) 기자비(箕子碑)의 비문을 썼다는 언급이 있다.

『지봉집』 권11 반사록(半槎錄) – 기성(箕城)에서 옛일을 생각하며

젊은 시절의 호기는 이원을 압도했나니
발길 닿는 누대마다 풍악소리 요란했다오.
만고에 변함없는 산천은 기자의 나라요
한 성의 수려한 화류는 막수의 고을일세.
비단 두른 미인은 상심하는 빛을 띠었고
풍월 속의 부용은 눈물 자국이 역력하네.
누대 오른 옛일 떠올리며 감회에 젖은 채
석양 속에 나 홀로 보통문에 서 있노라. (632쪽 1)

『지봉집』 권14 『황화집』 차운(皇華集次韻) – 〈기자묘(箕子廟)〉에 차운하다 [2수(二首)]

해외로 분봉함은 신하로 삼지 않은 것이니
팔조의 남은 교화 완전히 인몰되지 않았다오.
옛 도읍에 벼와 기장 부질없이 이삭이 패었고
옛 사당에 소나무 삼나무 늙어 인갑이 되었네.
군신의 의리를 밝히니 천지처럼 위대하고

홍범구주 심법 전하니 일성이 새로 밝았도다.
천년만년 제사를 응당 폐하지 말아야 하니
산에는 고사리가 있고 내에는 마름이 있다오.

어이해 나 태어나기 전에 나라 망하지 않았나
머리 풀고 거짓 미침 조금 나은 계책이라네.
먼 외복을 은나라 땅으로 삼으려고 했으나
기쁘게도 우리 동방은 또 다른 세상이라오.
제사의 향화는 병화 후에도 오히려 새롭고
제왕의 비궁은 고궁 곁에 예전 그대로라오.
〈맥수가〉는 끊겼으나 소리는 남은 듯하니
이따금 슬픈 바람이 밤 샘물에 울려 퍼지네. (632쪽 2)

『지봉집』 권14 『황화집』 차운(皇華集次韻) – 〈기자묘(箕子廟)〉에 차운하다

인현의 유택이 다 사라지지는 않았으니
심법이 당년에 전한 구주에 남아 있다오.
은나라는 육백 년을 부지하기 어려웠으나
기자조선은 일천 년을 그래도 보전했다오.
정전의 두둑은 동서로 또렷이 남아 있고
가성의 송추는 원근에 서글피 둘렀어라.
옥절이 표연히 와서 무덤에 배알하니
기쁘게도 웅장한 글이 먼 변방을 빛내누나. (633쪽 3)

『지봉집』 권16 속조천록(續朝天錄) – 삼가 보내온 시를 받고는 천고의 감회가 있기에 감히 재차 화운하다

생각건대 그 옛날 진 황제는

호기롭게 천하를 병탄했었지.
장성은 여전히 자색의 변새이고
불살라진 것들 이미 황천행일세.
기세는 제후들 무릎 꿇게 하였고
위세는 육합에 채찍을 휘둘렀네.
형세는 공수에 따라 달라지지만
자취는 고금에 따라 현격하다오.
유주 계주는 모래바람 속에 있고
봉래 방호는 일월 주변에 있네.
연 소왕은 일찍이 나라를 정립했고
한 무제는 또한 신선을 구하였지.
곽외의 황금대 우뚝하기도 하고
마고의 약수가 연이어져 있구나.
지자와 우자는 참으로 거리가 멀고
향기와 악취는 영원히 유전한다오.
북쪽으론 웅장한 관방을 등지고
동쪽으론 편리한 지세에 임하였네.
황제의 위령 만 리 밖까지 뻗치고
위대한 공렬 수많은 왕을 앞지르네.
삼가 재차 주 문물 관람하는 날이요
오늘날 이 정사를 모시는 해로다.
봉성은 하늘과 지척의 거리에 있고
붕새의 길은 바다로 삼천 리라네.
예악은 새로운 볼거리들로 풍성하고
산천은 예전의 흥취를 이끌어 내니
나그네 회포 옛일 생각하며 위로하고

시구도 더러 그에 따라 읊조린다오.
망한 제나라의 객을 생각하노라니
오호라 의로운 선비의 훌륭함이여
관녕은 종적이 이미 아스라하고
강녀는 절개가 어여삐 여길 만하네.
기자는 처음에 평양에 봉해졌고
요양은 가까이 조선과 연접했다오.
정전제는 교화가 이루어진 결과요
〈홍범〉은 고문의 한 편이 되었네.
성덕은 지극히 크다는 것 알겠고
번방이 다시 온전해진 것 기쁘다오.
은혜 입어 되놈 멸할 것 생각하나니
한번 연연산에 공적 새기고 싶구나. (633쪽 4)

『지봉집』 권19 『황화집』 차운(皇華集次韻) – 〈평양 승적(平壤勝蹟)〉에 차운하다 [이하는 공용경(龔用卿)과 오희맹(吳希孟)의 시에 차운한 것이다]

정전(井田)

구일은 그 옛날 시행됐던 제도인데
변방의 황야 중에 아직 남아 있구나.
이곳 동국을 비루하다 말하지 마오
은나라 성인의 유풍이 전해지는 걸.

단군사(檀君祠)

처음 이 땅에다 나라를 세울 적에
언제 와서 집터를 살펴보았을까.
공연히 백악에서 신이 됐다고 일컫지만

하늘이 그야말로 할아버지가 된다오.

기자묘(箕子墓)

낡은 비석 글자 반쯤 이끼 끼고
송백이 무덤가를 빙 둘러 있네.
묘소 아래 주나라로 조회 가는 길
떠도는 기자의 넋 틀림없이 왕래하리.

기자사(箕子祠)

옛터에 맥수 바람 일어나는데
강물이 좌우로 환히 비추누나.
사신 와서 영령께 술 올릴 제
맑은 물로 동이 술을 대신한다오.

동명사(東明祠)

동명왕이 나라를 정립할 초기에
송양에서 위명을 떨치기 시작했다오.
지금까지도 옛 사당이 남아 있으니
풍악 소리에 해마다 와서 흠향한다오.

『지봉집』 권23 잡저(雜著) – 동지돈녕부사(同知敦寧府事) 남창(南窓) 김공(金公) 신도비명(神道碑銘)

정사년(1617, 광해군 9)에 평양(平壤)에서 명을 받들어 기자비(箕子碑)의 비문을 썼다.

(출처: 한국고전번역원)

『梧陰遺稿』(1635년)

尹斗壽(1533~1601)

『오음유고』는 조선시대 문신 관리였던 윤두수의 시가와 산문을 엮어 1635년에 간행한 시문집이다.

윤두수의 자는 자앙(子仰)이며, 호는 오음(梧陰)이다. 아버지는 군자감정(軍資監正) 변(忭)이며, 동생이 우찬성 근수(根壽)이다. 성수침(成守琛)·이중호(李仲虎)·이황(李滉) 등에게 배웠다. 1558년(명종 13) 식년문과에 급제한 이후 어영대장, 평안감사, 대사헌, 호조판서, 우의정, 좌의정, 영의정에 올랐다. 주요 저서로는 『오음유고』·『성인록(成仁錄)』이 있고, 편서로는 『기자지(箕子志)』·『평양지(平壤志)』·『연안지(延安志)』 등이 있다.

『오음유고』는 윤두수 사후 30여 년이 지난 1635년(인조 13) 3월에 맏아들 윤방(尹昉)이 보관하고 있던 초고와 추가로 수집한 작품들을 모아 3권 3책으로 편차하여 훈련도감자(訓鍊都監字)라는 목활자를 이용하여 인쇄하였다. 현재 규장각에 소장되어 있다. 그 뒤 5대손인 윤유(尹游)가 관서 지방의 관찰사로 나가 있으면서, 1728년(영조 5) 7월에 새로 목판으로 중간하였다. 내용이나 체제의 변개는 없이 초간본 간행 이후에 추가로 수집해 두었던 시 3편, 문 1편을 초간본의 부록 앞부분에 습유(拾遺)라는 이름으로 첨부하였으며, 윤유의 아우 윤순(尹淳)이 발문을 썼다.

본문은 3권과 부록으로 구성되어 있다. 권1~2는 시 279수를 수록하고 있다. 권3은 서(序) 2편, 발(跋) 2편, 기(記)·부(賦)·상량문·비명·묘갈명 각 1편, 제문 2편, 후어(後語) 4편, 차자(箚子) 5편, 서(書) 2편, 계사(啓辭) 4편, 잡설 1편을 수록하고 있다. 부록은 신도비명, 비음기(碑陰記) 등으로 구성되어 있다.

고조선 관련 내용은 권1, 권2, 권3, 「오음유고부록」 등에 나온다. 고조선과 기자에 대한 기록이다. 권1의 〈서산 휴정의 시축에 쓰다(書西山休靜詩軸)〉라는 시에서는 기자와 동명왕을 언급하였다. 권2의 〈유격장군 모국기의 시에 차운하여 주다(次贈遊擊茅將軍國器)〉와 〈모 유격 막하의 제갈수가 시를 보내왔기에 차운하여 보내다(茅遊擊幕下諸葛鏞送詩次韻以贈)〉라는 시에서는 기자의 나라를 언급하였다. 권3의 〈평양지 서(平壤志序)〉에서는 평양은 기자의 옛 도읍이라는 것, 평양성 남쪽에 정전(井田)을 시행한 지역이 있다는 것, 평양성 북쪽 토산(兔山)에 기자의 의관이 묻혀 있다는 것, 기자가 주(周)나라의 석방 이후 조선에 왔고 무왕(武王)이 기자를 조선에 봉한 것, 기자가 시서·예악·의술·음양술·점술을 익힌 무리 5천 명을 이끌고 조선에 왔다는 것, 이 밖에 기자궁(箕子宮), 기자정(箕子井), 기자장(箕子杖) 등을 언급하였다. 「오음유고부록」의 〈신도비명(神道碑銘)〉에서는 『기자지(箕子志)』를 언급하였다.

『오음유고』 권1 – 서산(西山) 휴정(休靜)의 시축에 쓰다

정직하면 애쓰지 않아도 형산의 구름 감동시키는 법
봉우리 모습 다 드러내고 스스로를 과시하네.
노승은 산을 내려오지 않은 지 오래인데
벽안으로 맞이하는 자리 깨끗하기도 하다.
돌과 구름을 품평하니 마음 이미 상쾌하고
원숭이와 호랑이 길들이니 도를 행할 만하네.
내가 사는 속세에서 빠져나올 길 없으니
마니주를 빌려다가 잠시나마 밝혀 볼까.

이름난 산은 참으로 이름난 대사 머무를 만하니
명산을 나서지 않고 그저 홀로 즐기네.
나는 빈 몸으로 왔다가 채워서 돌아가려니
조계의 문밖으로 내치지나 마오.

또[又]

잠시 나월을 포기하고 홀연히 오니
안팎으로 펼쳐진 강산을 실컷 보았네.
기자의 여민은 학으로 변한 이들 많고
동명왕의 옛 우물은 이끼 낀 지 오래일세.
뜬세상은 바람 앞의 촛불임을 아나니
곤명의 겁회를 한탄하지 말라.
지팡이 하나 짚고 다시 찾아오는 날은
내년 봄 꽃놀이가 정히 한창일 것이네.

관문 밖 나그네 회포 다스리기 어려운데
봄날의 시상은 관청의 매화 덕분이네.
한낮의 공관에는 문서 처리 한가한데
오직 고승만이 자주 왕래할 뿐이라네.

[위 두 수는 휴정 선사의 제자 쌍익(雙翼)에게 준 것이다.]

『오음유고』 권2 – 유격장군(遊擊將軍) 모국기(茅國器)의 시에 차운하여 주다

절중의 인물 많음 예부터 들었거니
이제 공을 보니 과연 기이하도다.
붓놀림은 종왕에 필적하니 원래 유래가 있고
활은 균석을 당기니 제때에 쓰일 만하네.
군대를 부릴 적에는 어찌 궁벽한 창해를 마다하랴
적의 소굴을 공격하여 월지를 참해야 할 것이네.
기린각에 초상 오를 날 응당 머지않았으니
이름 남겨 초목들도 역시 알게 되리라.

또[又]

누대의 한림학사 풍류가 심원한데
도가 있어 마음을 아니 사론이 드높았네.
붓 던지고 멀리 기자의 나라에서 노니니
군대 이끌고 곧바로 낙동강을 건넜다네.
잠깐 만에 화살 세 발에 천산이 진압되니
다행스럽게 큰 종을 촌초로 두드리네.
짧은 시로 후의를 갚으려 하나
원래 조회는 나라로 쳐 주지 않았나니.

『오음유고』 권2 – 모 유격 막하의 제갈수(諸葛鏽)가 시를 보내왔기에 차운하여 보내다

[붙임 – 제갈수의 원운(諸葛鏽元韻)]

천문 볼 때마다 문곡성 사라진 걸 의아해했는데
누가 알았으랴 오늘 바닷가 나라에 있을 줄을.
곤의를 보완할 땐 윤길보가 필요하고
금옹을 안정시킬 땐 방후에 의지하지.
재주로는 동국에서 비견할 만한 선비 없고
인물로는 기자의 나라에서 제일류라고 할 수 있네.
비수의 봉화 연기 지금 한창 급한데
동산에서 어찌 오래 지체하리오.

『오음유고』 권3 – 평양지(平壤志) 서(序)

강물을 보면서 하후(夏后)의 공덕을 생각하고 당(唐) 땅을 밟으면서 제요(帝堯)의 풍도를 상상하는 것은, 대개 덕이 감화시킨 것이 깊기 때문이요, 땅이 품어 주는 바가 멀기 때문이다. 평양은 기자(箕子)의 옛 도읍이다. 성의 남쪽에 정전(井田)을 시행한 지역이 있으니, 구획이 분명하고 도랑이 방정하여 천 년이 지났어도 오히려 삼대(三代) 때의 제도를 볼 수 있다.

성의 북쪽에는 토산(兎山)이 있으니, 기자의 의관이 묻힌 곳으로 솔과 회목(檜木)이 하늘을 가릴 정도이다. 나라 사람들이 그곳을 공경하여 지금까지도 바라보면서 의지하는 땅으로 여긴다. 그 나머지 이른바 기자궁(箕子宮), 기자정(箕子井), 기자장(箕子杖)은 모두 고국(故國)의 구물(舊物) 중에서 숭상할 만한 것으로, 비단 『주역(周易)』의 「명이괘(明夷卦)」와 『서전(書傳)』의 「홍범(洪範)」만이 세상에 전해진 것은 아니다. 추강(秋江) 남효온(南孝溫)이 이르기를, "사람들이 혼후하고 물정이 미더워서, 지금까지 예악의 지역이 되었다" 하고, 명나라 사신 위시량(魏時亮)이 이르기를, "조문하는 마음은 마치 뵙는 듯하니, 백마가 하늘에서 내려오는구나" 한 것은 진실로 허언이 아니다.

『서전』에 이르기를, "기자는 주(周)나라가 석방시켜 주는 것을 차마 견딜 수 없어서 조선(朝鮮)으로 도망쳤다. 무왕(武王)이 그 소식을 듣고서 조선후(朝鮮侯)에 봉하였다" 하였고, 『함허자(涵虛子)』에 이르기를, "기자는 중국인 5천을 이끌고 조선에 들어갔는데, 시서 · 예악 · 의술 · 음양술 · 점술을 익힌 무리와 온갖 장인들이 모두 따라서 갔다" 하였다. 그렇다면 지난날의 백성들은 모두가 은(殷)나라의 지배층과 주나라의 완민(頑民)들로서 이곳으로 피해 와 정착한 것이니, 수양(首陽)의 청절(淸節)과 같고 도상(島上)의 의사(義士)와 흡사하다고 할 수 있다. 오늘날의 유민이 비록 어떤 사람에게서 나왔는지는 모르겠으나, 응당 당시 유덕하고 지려 있는 은나라 선비들의 먼 후손일 것이니, 한번 보게 되면 틀림없이 공경히 대하는 마음이 생길 것이다. 반고(班固)가 이르기를, "삼한(三韓)과는 달라서 온유하고 근실함이 풍속을 이루었다" 하고, 『수서(隋書)』에 이르기를, "경술(經術)을 숭상한다" 하고 "유학하러 경도(京都)로 왕래하는 자가 길에 이어졌다" 한 것이 어찌 근거가 없이 그런 것이겠는가.

내가 일찍이 『기자지(箕子志)』를 찬술하면서 이미 능력 밖의 일을 한 잘못을 범하였는데, 지금 이 땅의 수령으로 와서 또 3년이 지나는 동안 풍토와 민정(民情)에서부터 왕고(往古)의 일에 이르기까지 또한 대략 듣고 본 바가 있었기에, '이 땅은 기자가 정착한 곳이니, 또한 한 권의 책으로 『기자지』를 잇지 않을 수 없다.'고 생각하였다. 이에 그 참람됨을 잊고서 편(編)을 9개로 나누고 유(類)를 36개로 쪼개었다. 본래는 훗날 와유(臥遊)하는 자료로 삼고자 한 것이지 현재 안목을 갖춘 자들의 완상을 위한 것은 아니었다.

오호라. 이곳을 지나는 사람이라면, 그저 그 산이 높고 물이 깊은 것과 인구가 많고 물산이 풍부한 것을 보고서 조물주의 호방함과 인사(人事)의 우연함에서 비롯된 것으로만 치부하고 그 문물이 찬란하고 변화가 다하지 않는 것의 유래를 알지 못한다면 되겠는가. 공자(孔子)가 이르기를, "은나라의 예(禮)를 내가 말할 수 있으나 송나라에서 충분히 증거를 대 주지 못한 것은 문헌이 부족하기 때문이다" 하였으니, 만약 바다에 뗏목을 띄워 동이(東夷)에서 살겠다는 뜻을 이루었다면, 평양 지역이 충분히 증거를 대 줄 수 있는 곳이 되었을 것은 분명하다. 더구나 수나라 군대 100만과 당나라 군대 4만이 전대(前代)에 짓밟고 몽고(蒙古)와 홍건적(紅巾賊), 묘청(妙淸)과 작단(雀坦)이 후대에 분란을 일으켜 온 성의 백성들이 어육 신세가 되고 수많은 병화를 오랫동안 겪었는데, 성조(聖朝)에 이르러 바다와 같은 덕으로 포용하고 봄과 같은 화기(和氣)로 길러준 지가 거의 200여 년에 이르렀다. 간과(干戈)가 보이지 않아 계견(鷄犬) 또한 편안해하며, 모두 타고난 성명(性命)을 온전히 하여 길이 인수(仁壽)의 지역에서 살고 있으니, 이 지방 민물(民物)이 그 은혜를 입은 것이 또한 어떠하겠는가. 이는 특히 기록하지 않을 수 없는 것이다.

『오음유고』 오음유고부록 – 신도비명(神道碑銘) [병서(幷序)○최립(崔岦)]

공은 연안(延安)에 부임해서는 『연안지(延安志)』를 지었고, 평양에서는 『평양지(平壤志)』와 『기자지(箕子志)』를 지었다.

(출처: 한국고전번역원)

『疏菴集』(1635년)

任叔英(1576~1623)

『소암집』은 조선 중기의 문신인 임숙영의 시문집으로 1635년(인조 13)에 간행되었다.

임숙영의 본관은 풍천(豊川), 자는 무숙(茂淑), 호는 소암(疎庵)이다. 예문관검열, 홍문관정자, 박사, 부수찬 등을 거쳐 지평에 이르렀다.

문인 권임(權恁)이 유초(遺草)를 수습하였고 이식(李植)이 편정(編定)하여 5편으로 편정하고 임숙영의 언행(言行) 가운데 30여 조(條)를 첨부하였다. 이것을 충원현감(忠原縣監) 이배원(李培元)과 임숙영의 문인인 강여재(姜與載)가 1635년에 충주에서 목판으로 간행하였다. 이때에 장유(張維)와 이민구(李敏求)의 서문(序文)을 받았다.

『소암집』 권2의 〈술회하여 강화부사 동악 이안눌에게 부쳐 증정하다(述懷寄呈江華李東岳使君)〉는 1619년(광해군 11)에 지어서 이안눌(李安訥)에게 증여한 시이다. 우리나라의 고대로부터 시작하여 고려, 조선에 이르는 역사에 대한 임숙영의 포폄이 담겨 있다. 시의 체제는 고조선에서부터 중종 대까지의 역사를 서술한 뒤에 이안눌의 행적을 기록하고, 마지막으로 임숙영 자신의 삶을 술회하는 형식으로 이루어져 있다. 시에서 저자는 단군을 요임금과 같은 위치에서 보고 기자의 업적을 칭송하여 우리 고대사의 위상을 높이려는 의도를 보인다. 다만 전체 분량을 고려했을 때 분량이 매우 소략하여 간단한 언급 정도로만 그치고 신화적으로 과장하지는 않았다.

『소암집』 소암선생집 권2 오언배율(五言排律) - 술회하여 강화부사(江華府使) 동악(東岳) 이안눌(李安訥)에게 부쳐 증정하다 [716운(韻)]

바다로 둘러싸인 너른 동쪽 땅

나라를 개창하던 태곳적에

단군(檀君)은 요(堯)임금과 나란히 섰고
기자(箕子)는 처음에 무왕(武王)에게 자문했네.[65]
그 덕을 숭상하여 제후의 지위로 보답하고
영토를 나누어 부사(父師)[66]에게 봉하였네.
일찍이 삼덕(三德)[67]으로 대답하더니
마침내 팔조(八條)로 다스렸네.
풍속을 교화시켜 근후한 마을을 만들었으니
훌륭한 가르침 정이(鼎彝)[68]에 새겼네.
천 년 뒤 대한(大漢)이 들어서고
한사군(漢四郡) 되어 황폐해졌네.
오래지 않아 삼국(三國) 세워져
서로 우뚝이 한 지방을 차지했네.
번갈아 장막 위의 제비 같고
차례로 연못가의 사슴 되었네.

---

65 기자는 ~ 자문했네: 『서경(書經)』과 『사기(史記)』에 따르면 무왕이 기자에게 자문을 구했는데, 기자가 홍범(洪範)의 내용으로 자문을 하자 무왕은 기자를 조선에 봉하고 이후로는 신하로 대우하지 않았다고 한다.

66 부사(父師): 기자를 말한다. 부사는 은(殷)의 삼공(三公) 중의 하나로, 태사(太師)와 같다. 당시 기자가 주(紂)의 숙부이면서 동시에 태사였으므로 부사라고 불렀던 것이다.

67 삼덕(三德): 『서경(書經)』 홍범구주(洪範九疇)의 여섯 번째인 삼덕(三德)을 말하는 것으로, 정직(正直), 강극(剛克), 유극(柔克) 세 가지를 말한다.

68 정이(鼎彝): 정이는 종묘(宗廟)에 비치해 놓는 솥으로, 옛날에 공훈이 있는 사람들의 사적을 여기에 새겼다.

『五峯集』(1636년)

李好閔(1553~1634)

『오봉집』은 조선 중기의 문신인 이호민의 시문집으로, 1636년(인조 14)에 간행되었다.

이호민의 본관은 연안(延安)이며, 자는 효언(孝彦), 호는 오봉(五峯)이다. 증조부는 호조판서이자 적개(敵愾)·좌리공신(佐理功臣)인 이숙기(李淑琦)이며, 조부는 홍문관수찬을 지낸 이세범(李世範), 부친은 이천현감(伊川縣監) 이국주(李國柱)이다. 그는 공신 집안에서 태어나 1584년(선조 17) 문과에 급제하여 청요직을 거쳤다. 1592년(선조 25) 임진왜란 때는 명나라에 가서 원군을 얻어 오는 데 성공하였고, 1604년(선조 37)에는 호성공신에 책봉되었다. 광해군의 즉위에도 공을 세웠지만, 광해군 폐정에 반대하여 교외에서 대죄하였다. 인조반정 이후 구신으로 우대받아 장수하였다.

본문은 15권 9책으로 구성되어 있다. 이호민의 아들 이경엄(李景嚴)과 조카 이경의(李景義)가 간행을 주도하였다. 권1~6은 시(詩)를 모았고, 권7은 부(賦), 논(論) 등이 있으며, 권8은 기(記)와 설(說), 권9는 차(箚), 권10은 교서(敎書)가 수록되어 있다. 또한 권11에는 계사(啓辭), 권12에는 주문(奏文), 권13에는 게첩(揭帖), 권14에는 정문(呈文), 권15에는 제문(祭文) 등 다양한 글이 수록되어 있다.

시는 임진왜란 당시의 상황을 묘사한 것이 많다. 특히, 평양을 수복한 계사년(1593, 선조 26)에 승첩했다는 내용의 상소를 올리면서 평양의 기자묘에 제사 지내고 백성을 구휼한 사실을 기록해 놓았다. 이 외에 옛 제도를 증빙할 수 있는 것으로 홍범이 나오나 단순한 언급에 그치고 있어서 본문에는 싣지 않았다.

『오봉집』 오봉선생집 권12 주문(奏文) - 평양(平壤)을 수복하여 승첩(勝捷)했음을 알리는 주문(奏文) [계사년(1593, 선조 26) 2월]

기자(箕子)에게 제사하기에 앞서 먼저 그 묘를 높이 쌓고 백성의 질고를 구휼하며 전쟁터에서 죽은 이들에게 두루 제사하였다. 덕을 펼칠 뜻을 선포하고 고아와 과부를 위문하였으니, 비록 배도(裴度)가 회서(淮西)를 평정하고 조빈(曹彬)이 강남(江南)으로 내려갔어도 이보다 뛰어나지는 않았다.

『休翁集』(1636년)

沈光世(1577~1624)

『휴옹집』은 조선 중기의 문신 심광세의 시문집이다. 아들 심억(沈檍)이 수습하여 1636년(인조 14) 1책으로 간행하였다.

심광세의 본관은 청송(青松), 자는 덕현(德顯), 호는 휴옹(休翁)이다. 1601년(선조 34) 문과에 급제하였다. 1613년(광해군 5) 계축옥사 때 고성(固城)으로 유배되었다가 인조반정으로 정계에 복귀하였다. 1624년(인조 2) 이괄(李适)의 난이 발생하여 왕의 행재소로 향하다가 병으로 죽었다.

심광세의 시문은 1636년에 간행된 초간본의 완전한 형태는 전하지 않는다. 1859년(철종 10) 9세손 심경택(沈敬澤)이 중간본을 간행하였다. 이 중간본은 장서각, 고려대학교 중앙도서관 등에 소장되어 있다.

본문은 5권 3책으로 구성되어 있다. 권1~2는 시(詩), 권3은 「해동악부(海東樂府)」, 권4는 소(疏), 권5는 전(箋), 상량문(上樑文), 잡저(雜著), 기(記), 전(傳), 제문(祭文), 부록(附錄)이다.

고조선 관련 기록은 비교적 많이 나온다. 내용은 단군과 기자, 부여 관련 기록이다. 특히 「해동악부」에는 우리나라 역사에서 감계(鑑戒)가 될 만한 시를 모아 엮었는데, 역사적 사실에 대해 심광세가 일일이 평가하고 있다는 특징이 있다.

『휴옹집』 권2 시(詩)○7언율시 하편(七言律詩下篇) – 인풍루(仁風樓)에서 북저(北渚) 김류(金瑬)의 시에 차운하다

황폐한 성 원래 옛 부여의 것이니
지난날들 지금 한바탕 꿈과 같이 허망하네.
그림을 그린 마룻대는 우뚝 솟아 줄지은 담을 내려다보고
조각을 새겨 놓은 난간은 강물을 압도하며 노니는 물고기를 세고 있네.
어진 소리가 멀리 퍼져서 사람들의 마음 움직이지만
병법의 책략이 거듭 넓어져 군사의 기세가 펴져서
이로부터 변방의 백성들 응당 베개를 높이게 되었으니
현명한 제후 오래도록 보전되어 누각에 사는 것을 좋아하신다.

[압록강 가는 본래 부여 국왕 금와(金蛙)의 땅이었는데 그 후 고구려가 부여를 멸망시켰다.]

『휴옹집』 권3 해동악부(海東樂府) [병서(并序)] – 땅을 빌려준 것을 한스러워하다(借地恨) [이는 참으로 백대의 한으로 여길 만하다]

은(殷)나라가 멸망하자 기자는 중국 유민 5천여 명을 데리고 동쪽으로 왔다. 조선에 나라를 세우고 40대손 준(準)에 이르렀을 때 연(燕)나라 사람 위만(衛滿)이 망명하여 1천여 명의 무리를 모아 동쪽으로 패수(浿水)를 건너 서쪽 경계에 오래도록 거주하며 번병이 되었고 준은 그를 신뢰하여 위만에게 1백 리의 땅을 봉해 주며 서쪽 변방을 지키게 하였다. 위만이 점점 무리들을 꾀어내었고 곧 사람을 보내 준에게 거짓으로 고하기를, "한(漢)나라 병사들이 열 길로 공격하러 오고 있으니 들어가 숙위하고자 합니다" 하고는 그길로 준을 습격하였다. 준은 전투를 하였으나 이기지 못하고 바다에 떠다니며 남쪽으로 도망쳐 마한(馬韓)에 나라를 세웠고, 그 옛 땅은 결국 위만의 차지가 되었다. 그 후 고구려 동명왕(東明王)의 아들 온조(溫祚)는 본국에서 받아들여지지 못하고 열 명의 신하들과 남쪽으로 와서 살 수 있는 땅을 찾아 나서니 마한 왕이 동북의 땅을 떼어서 온조에게 주었으니 이것이 백제가 되었다. 온조 27년에 여러 장수에게 말하기를, "마한이 점점 약해지고 윗사람과 아랫사람은 마음이 떠나 세력

이 오래가지 못할 것이다. 만일 다른 세력의 소유가 된다면 후회하여도 미치지 못할 것이다. 선인의 그것을 취하는 것만 못하니 거짓으로 사냥을 나가는 척하고 군사들을 잠복시켜 마한을 공격하자" 하였다. 곧바로 나라를 병합하였고 기자의 후손은 결국 끊겨 제사를 지내지 못하였다.

은허(殷墟)의 보리에 이미 이삭이 나서 꽃이 피고 해동에는 팔조(八條)법이 펼쳐지고 예의와 겸양을 풍속으로 여겼으니 왕위가 천 년 동안 이어졌는데, 연나라 땅에서 망명한 사람이 낙국(樂國)으로 갔고 동명왕의 아들이 궁벽하게 와서 의탁하였다. 군왕은 의심하지 않고 두 주인을 받아들여 그들에게 땅을 주고 부용(附庸)으로 삼았다. 예로부터 호랑이를 기르면 스스로 근심이 많아진다고 하였는데 핍박하여 쫓아내고 병탄하여 눈앞에서 뒤집혔다. 앞서 위만에게 빌려주고 뒤에 백제에 빌려주니 인자한 현인의 후손이 끝내 쇠락하여 그 당시 남은 한은 헛된 은혜로 쓰이고 있다.

『휴옹집』 권3 해동악부(海東樂府) [병서(并序)] – 종제전(種穄田) [도선(道詵)의 일은 정말로 기이한데, 이 편벽된 믿음은 나라를 다스리는 도가 아니다]

늙은 쥐가 먹이를 얻으려 밭에 내려와 사는 소갑(扶蘇)에는 이상한 기운이 많다. 나는 기장[穄]을 심고자 하는데, 누구에게 삼[麻]을 심게 할 것인가. 500년 이래 임금 된 이가 살고 신승(神僧)이 기록한 것은 참으로 어긋나지 않았다. 자손이 전수하여 그 술법을 보호하였으나 분분하게 기이한 일 어찌 그리 많은지, 태일옥장법(太一玉帳法)은 끝내 한 지방을 어지럽혔으니 우리 성학(聖學)이 괴이한 것을 말하지 않고 일상적인 것을 말하는 이유이다. [방언에는 기자왕이 제(穄) 자의 글자 풀이를 잘못하였다고 하는데, 종제(種穄)는 왕을 길러내는 땅을 말할 뿐이다.]

『휴옹집』 권5 부록 – 묘표(墓表)

아! 여기에 유명조선국(有明朝鮮國)의 돌아가신 의정부 사인 심광세(沈光世) 덕현(德顯)이 묻혔다. 심군(沈君)은 나면서 총명하여 독서하고 글을 짓는 데 스승의 가르침을 받지 않았으니 약관의 나이가 되지 않아서 이미 명성이 있었다. 나이 25세에 경전에 통달하여 과거에 급제하였다. … 병세가 악화되어 부여의 시골집에서 생을 마치니 나이 48세였다. 심군은 어려서 육예(六藝)[69] 와 제자서(諸子書)를 익히고 또 시 짓는 것을 잘하였으나 끝까지 하려 하지는 않았다. 다만 고금(古今)의 역사 기록 보기를 유독 좋아하였다. 하·상·주 삼대에서부터 명나라에 이르기까지와 단군에서 우리 조선에 이르기까지 위아래로 수천 년 동안 치란(治亂)·흥망(興亡)의 득실(得失)과 성패(成敗)의 변화, 병민(兵民)·재용(財用)·정교(政教)·풍속(風俗)의 강약(强弱)과 허실(虛失)의 구별, 산천(山川)·도로(道路)·도비(都鄙)의 험이(險夷)와 원근(遠近)의 형세, 군공(君公)·장상(將相)·모신(謀臣)·책사(策士)·영웅(英雄)의 책략(策略)과 충의(忠義)의 절조(節操)를 많이 보아 널리 알고 참고하여 검증함에 근거를 고찰하지 않음이 없었다. 사업으로 펴서 현실에 시행하고자 한 다음에야 그만두었다.

『月沙集』(1636년)

李廷龜(1564~1635)

『월사집』은 조선시대 인조 때의 관리이자 학자였던 이정구의 문집으로, 1636년에 75권 22책으로 간행하였다.

이정구는 조선시대 한문 4대가 가운데 한 사람이다. 이정구의 본관은 연안(延安)이고, 자는 성징(聖徵)이며, 호는 월사(月沙)·보만당(保晩堂)·추애(秋崖)·치암(癡菴)·습정(習靜) 등이다. 현령 이계의 아들로 윤근수(尹根壽)의 문인이다. 이정구는 14세에 승보시에 장원한 뒤, 22세에 진사, 1590년(선조 23)에 증광문과에 급제했다. 여러 차례 대제학, 병조판서, 예조판서, 좌의정, 우의정 등을 지냈다. 문학을 경세치용(經世致用)의 도구로 보았으며, 그의 문장은 당시 관인문학(官人

69 육예(六藝): 본래 중국 주나라 때 행해진 예(禮), 악(樂), 사(射), 어(御), 서(書), 수(數)의 6가지 교육 과목을 말하는데, 유교의 기본 경전인 『역경(易經)』, 『서경(書經)』, 『시경(詩經)』, 『예기(禮記)』, 『악경(樂經)』, 『춘추(春秋)』의 6경(六經)을 6예라고도 하였다.

文學)을 선도하는 전범을 보였다. 시문집으로 『월사집』이 전한다.

『월사집』은 이정구가 스스로 편성한 글들을 1636년(인조 14)에 그의 문도 최유해(崔有海)가 간행하였다(초간본). 그러나 1688년(숙종 14)에 쓰인 송시열(宋時烈)의 중간본 서문에 따르면 초간본은 50여 년이 지났을 때 이미 파손되어 차제(次第)를 잡을 수 없을 정도였다고 한다. 이에 손자 이익상(李翊相)과 당질 이희조(李喜朝)가 민정중(閔鼎重)의 도움을 받아 중간을 계획한 이후, 1720년(숙종 46)에 중간하게 되었다. 현전하는 『월사집』은 중간본으로, 국립중앙도서관, 연세대학교, 규장각 등에 소장되어 있다.

현전하는 『월사집』은 원집(原集) 68권(부록 5권 포함), 별집(別集) 7권으로 총 75권으로 구성되어 있다. 권1~18에는 시 830여 수가 수록되어 있다. 권19~20은 「대학강의(大學講義)」이고, 권21은 「무술변무록(戊戌辨誣錄)」이다. 권22~32는 소계·의 등이다. 주(奏)는 명에 변무한 글과 명장들에게 보낸 글이 대부분이다. 권33은 잡저이고, 권34~40은 서간·기·서(序)이다. 권41~59는 비명·행장류이고, 권60~62는 「남궁록(南宮錄)」이다.

고조선과 관련해 주목할 만한 기록은 비교적 많은 편이다. 권1의 〈왕 통판·정책사의 증별시에 화답하다(和王通判鄭策士留別詩)〉에서는 삼한(三韓)은 천 년 동안 기주(箕疇)를 이어 왔다는 것과 기자를 언급하였다. 권9의 〈지봉의 시에 차운하여 자민에게 주다(次芝峯韻贈子敏)〉에서는 기자를 은(殷)나라의 스승이라고 언급하였다. 권12의 〈감군이 연도에서 지은 시에 차운하다(次監軍沿途所作韻)〉에서는 하늘이 기자를 시켜 단군을 계승케 하였다는 것, 기자가 무왕을 보러 주(周)나라를 찾아가던 중 불렀다는 〈맥수가(麥秀歌)〉와 기자의 무덤을 언급하였다. 권18의 〈평양서윤으로 부임하는 이백윤을 보내며(送李伯胤赴平壤庶尹)〉에서는 기성(箕城), 기자의 법도를 언급하였다. 권22의 〈세자의 면복을 청하는 주문(請世子冕服奏)〉에서는 기자를 은나라의 스승이라고 언급하였다. 권33의 〈기성고경설(箕城古鏡說)〉에서는 기성(箕城)에서 기자의 거울을 얻었다고 하였다. 권39의 〈황화집서(皇華集序)〉에서는 기자를 은나라의 스승이라고 언급하였다. 권42의 〈판중추부사 정무 기공 신도비명(判中樞府事貞武奇公神道碑銘)〉에서는 덕양의 기씨는 기자를 시조로 하였다고 언급하였다. 권45의 〈기자묘비명(箕子廟碑銘)〉에서는 기자가 은나라의 주왕(紂王)에게 충간한 다음 감옥에 갇혔다는 것, 무왕(武王)이 기자를 조선에 봉한 것, 기자가 홍범(洪範)을 서술한 것, 기자 이후 41대(代) 만인 기준(箕準)에 이르러 위만(衛滿)에게 축출된 것, 기자의 후손으로 하여금 기자의 사당에 제사 지내게 한 것 등을 언급하였다. 〈유명조선국 사국일도대선사 선교도총섭 부종수교보제등계존자 서산청허당 휴정대사 비명(有明朝鮮國賜國一都大禪師禪教都摠攝扶宗樹教普濟登階尊者西山淸虛堂休靜大師碑銘)〉에서는 기자전(箕子殿)을 언급하였다. 권58의 〈오현을 종사한 데 대한 반교문(五賢從祀頒教文)〉에서는 기주(箕疇)를 언급하였다. 권60의 〈숭인전의 사전에 대한 계본(崇仁殿祀典啓本)〉에서는 기자사(箕子祠)와 숭인전(崇仁殿), 기자의 후손인 선우씨(鮮于氏), 기자의 팔조(八條)의 가르침 등을 언급하였다. 권63의 〈만력황제대행의(萬曆皇帝大行儀)〉에서는 기자의 홍범을 언급하였다. 별집 권3의 〈황상이 칙서를 내려 조선 국왕에게 하유하는 글(皇上勅諭朝鮮國王)〉에서는 조선은 대대로 기자의 홍범을 따랐다고 언급하였다. 부록 권2의 〈행장(行狀)〉에서는 기자의 후손인 선우식(鮮于寔) 등에게 기자의 사당인 숭인전에서 제사를 주관하게 했다고 하였다. 부록 권3의 〈시장(諡狀)〉, 부록 권4의 〈묘지(墓誌)〉, 부록 권5의 〈비명(碑銘)〉에서는 평양에 숭인전을 세워 기자에게 제사를 올리고, 그 후손인 선우식을 전감(殿監)으로 삼아 제사를 주관하게 하였다고 언급하였다.

『월사집』 서(序) – 월사집서(月沙集序) [송시열(宋時烈)]

무엇보다도 만력(萬曆) 무술년의 변무 주문(辨誣奏文)은 문사가 엄정하고 의리가 명백하며 명분이 바르고 이치가 옳아서, 중국 조정의 대인(大人)들이 받아들여 황제께 올리니, 신종황제(神宗皇帝)께서 우리나라의 억울함을 통촉하여 흔쾌히 신원해 주시어 그 성지(聖旨)를 담은 글이 해와 별처럼 빛나고 있다. 공의 이 글이 없었다면 수천

리 기자(箕子)의 나라가 장차 오랑캐와 금수가 사는 곳으로 전락하고 말았을 터이니, 가장 높은 공훈을 세운 이를 정할 때 그 누가 공과 다투겠는가. 비록 그렇지만 그러한 글을 지은 데는 본원(本源)이 있었으니, 송 어사(宋御史)의 막부에서 토론한 『대학강어(大學講語)』를 보면 공의 학문을 알 수 있는데, 그 학문이 오로지 정주(程朱)를 주로 할 뿐 다른 것은 없었다. (634쪽 1~2)

『월사집』 권1 삼사수창록(三槎酬唱錄) – 왕 통판(王通判) · 정 책사(鄭策士)의 증별시(贈別詩)에 화답하다 [2수(二首)]

이 한림(李翰林) 월사(月沙)에게 증별(贈別)하다 (2수)[혜천(惠泉) 왕군영(王君榮)]

삼한은 천 년 동안 기주를 이어 왔으니
군대에서도 오히려 조두의 예법 구하누나.
예악의 인정은 시대 따라 다르지 않은데
전란의 풍랑에 도리어 한배를 탔구려.
경전 전하는 나는 부끄럽게도 명성이 변변찮고
도를 중히 여기는 그대 훌륭하여 의기투합했네.
꿈속에 함곡관으로 가면 서로 알아볼 터이니
청우가 응당 동쪽으로 노닐길 저버리지 않으리.

기자의 땅 몇 분 준 걸 몹시도 좋아하노니
여사(旅舍)에서 배회할 제 함께 현담(玄譚) 나누었지.
하늘과 사람 감응함에 심기가 활발하고
도와 기 유전함에 행업이 견고하였어라.
말 잊은 절묘한 이치 그저 말해 보노니
뜻 얻어야 진전이 있음을 모쪼록 아시라.
눈 가득 비치는 국화는 그리움의 눈물이니
이별 후 서신 왕래가 더디지 않도록 하오. (635쪽 3)

『월사집』 권9 동사록(東槎錄) 상(上) – 지봉(芝峯)의 시에 차운하여 자민(子敏)에게 주다

빙 두른 성곽이 물을 마주해 펼쳐진 곳
의관을 보며 전대의 영재들 상상해 보노라.
땅 구획한 은사의 그 유풍은 남아 있건만
하늘로 올라간 제자는 어느 때나 돌아올꼬.
구름 그림자는 인마굴에 희미하게 비치고
물결 소리는 봉황대에 적막하게 들리어라.
옛사람들이 명승지에 시를 적어 남긴 이곳
좋은 시구는 천년 뒤 그대 와서 짓길 기다렸구나. (635쪽 4)

『월사집』 권12 빈접록(儐接錄) 중(中) – 감군(監軍)이 연도(沿途)에서 지은 시에 차운하다 [병서(并序)]

그 옛날 우리 동토 아직 미개할 때
하늘이 기자를 시켜 단군을 계승케 하였지.
백마 타고 주나라로 조회 가시던 길 그대로인데
오직 보이느니 우거진 소나무가 옛 무덤을 덮었어라.

보옥은 연기로 사라져 제업이 끝났거늘
누굴 위해 머리 풀어 헤치고 동방에 내려오셨나.
봄 오니 외로운 성 아래 보리 이삭 피는데
한 곡조 슬픈 노래 옛 나라의 가락이로세.
[위는 〈기자의 무덤(箕子墳)〉 시에 차운한 것이다.] (636쪽 5~6)

『월사집』 권18 권응록(倦應錄) 하(下) – 평양서윤(平壤庶尹)으로 부임하는 이백윤(李伯胤)을 보내며

기성은 옛날의 이름난 도읍지이니

높고 높은 성벽에 번화한 거리이어라.
기자의 법도가 남아 있는 까닭에
이 고장 사람들은 예교를 지키느니.
서북방은 원래 국가 방어의 요새라
병사와 말들도 날래고 강한 정예여라.
생각노니 옛날 왜적의 침략 받았을 당초
이 성이 국가의 방패가 되었었지. (637쪽 7)

『월사집』 권22 주(奏) – 세자의 면복(冕服)을 청하는 주문 [경술년(1610)]

만력(萬曆) 29년(1601)에 선왕이 하절사(賀節使)로 배신(陪臣) 조정(趙挺)을 보낼 때 사실을 갖추어 아뢰니, 황조(皇朝)에서 즉시 고명과 면복을 하사하여 조정에 돌아오는 편에 보내 주셨습니다. 이제 앞의 연유를 가지고 규례에 따라 왕세자의 면복을 하사해 달라고 천조에 주청하는 것이 참으로 온당할 것입니다.

신은 삼가 살피건대, 소방이 은사(殷師, 기자(箕子))의 뒤를 이어 대대로 습봉(襲封)해 오면서 삼가 천조의 성교(聲教)를 준수하여, 땅은 비록 멀고 외진 변방이지만 평소 예의(禮義)의 나라로 일컬어졌으며 의관(衣冠)의 제도는 삼가 중화(中華)를 따랐습니다. 성조(聖朝)에 이르러서는 소방을 중국과 다름없이 보아 석명(錫命)의 은전을 대대로 융숭히 입었습니다. (637쪽 8~638쪽 9)

『월사집』 권33 잡저(雜著) – 기성고경설(箕城古鏡說)

만력(萬曆) 경신년(1620, 광해군 12) 11월 9일에 평양(平壤) 정양문(正陽門) 밖에서 사인(士人) 조흡(趙洽)이 땅을 파다가 거울 하나를 발견하였다. 거울 후면(後面)에 양각으로 둥글게 20자의 글이 새겨져 있었는데, '동왕공(東王公)' 등의 구절이 있었다. 순찰사(巡察使) 박공 숙야(朴公叔夜)가 이를 얻고는 기이하게 여겨 소서(小敍)로 그 사실을 기록하고 소장하여 보기(寶器)로 삼으니, 도하(都下)에 파다하게 소문이 퍼져 "기성(箕城)에서 기자(箕子)의 거울을 얻었다" 하였다. 나는 비록 외진 거리에서 병으로 누워 지내고 있었지만 와서 그 얘기를 하는 사람이 매우 많았다. 그래서 어서 빨리 한번 보고 싶었으나 그럴 기회가 없었다.

덕평(德平) 기 상국(奇相國, 기자헌(奇自獻))은 옛것을 좋아하고 골동품에 박식한 터라 서찰을 보내 그 거울을 보여 달라고 하였다. 이에 박 관찰사가 파발마로 보내왔기에 나도 그 거울을 볼 수 있었다. 거울에는 글씨가 둥글게 이어져 있어 어느 자가 첫머리인지 알 수가 없었는데, 박 관찰사 등은 모두 "동왕공서주회년익수민의손자오양음진자유도(東王公西周會年益壽民宜孫子吾陽陰眞自有道)"라고 읽었다. 사람들은 '동왕공'을 기자(箕子)로 보고 '서주회년(西周會年)'을 맹진회년(孟津會年)이라 보고 거금 2,880여 년 전의 것이라 하였다. 마침내 내가 자세히 보니, 서주(西周)의 주(周) 자는 국(國) 자로 국(国)은 국(國)의 고자(古字)인데 흙속에서 부식되어 그 중간 획이 없어졌을 뿐이었다. 나는 회년(會年)의 회(會) 자를 증(曾) 자로 보았는데 증(曾)은 곧 증(增) 자의 뜻이고, 진자(眞自)의 진(眞) 자를 경(竟) 자로 보았는데 경(竟)은 곧 경(鏡) 자이다. 고인(古人)은 글자를 통용하기를 좋아하여 부수를 생략하는 데 구애받지 않았다. 사람들이 추정한 것으로 보면 글 뜻이 이루어지지 않으며, 또 무슨 자부터 읽어야 할지 알 수 없다.

게다가 그 글씨가 예서(隸書)이니, 예서는 이사(李斯)가 만든 것이다. 예서는 한(漢)나라 초엽에 비로소 통용되었으니, '서주회년'이라고 쓴 것이 아님은 분명하다. 동사(東史)에 "동명왕(東明王)이 처음 성천(成川)에 도읍을 세웠고, 그 손자 동천왕(東川王)이 평양(平壤)으로 도읍을 옮겼다" 하였으니, 이때는 한 원제(漢元帝) 말엽 무렵에 해당한다. 예서로 고자(古字)를 사용한 것, 이를테면 국(國) 자·증(曾) 자·경(竟) 자 등은 모두 『한서(漢書)』에 기재되어 있는 고자(古字)이고 보면 이 거울의 글은 한나라 때의 글씨임이 분명하다. 이른바 동명왕, 동천왕은 모두 천손(天孫)으로, 평양의 동왕방(東王坊)이란 곳이 바로 그 옛 궁궐의 터인데, 이 거울이 발굴된 곳이 궁궐터에서 200보(步) 거리에 있었고 보면, 이것이 동명왕 때의 거울이라는 것은 의심할 나위가 없다. 둥글게 글이 쓰여 있어 비록 어디가 처음이고 어디가 끝인지 알 수 없으나 오(吾) 자 위에 점표(點標)가 있는 듯하니, 이제 오 자를 처음으로 삼아 "오양음경자유도동왕공서국

증년익수민의손자(吾陽陰鏡自有道東王公西國曾年益壽民宜孫子)"라고 읽으면 글 뜻이 다소 통하고 연대도 맞을 듯하다. 이른바 '동왕공(東王公)'이란 동명왕이고, '서국(西國)'은 비류(沸流)를 가리키니 성천(成川)이다. '유도(有道)'는 『서경(書經)』「주서(周書)」의 '유도증손(有道曾孫)'이란 말을 쓴 것이고, '증년익수(增年益壽)'는 임금을 위해 축원한 것이며, '민의손자(民宜孫子)'는 백성을 위해 축원한 것이다.

대개 이 거울은 비록 기자(箕子)의 물건은 아니지만 동명왕 때의 거울임은 분명하다. 지금으로부터 거의 2천 년 전의 물건이니, 오래되고 오래된 것이다. 동명왕은 기린을 타고 하늘로 올라갔는데 그 시대의 고물(古物)이 아직도 인간 세상에 남아 있으니, 어찌 신이(神異)한 일이 아니겠는가. 신정(神鼎)이 물속에서 솟아나고 고검(古劍)이 땅속에서 나타난 사례가 옛날에도 있었으니, 물건이 사람을 만나는 것은 때가 있는 것인가?

이에 그 전말을 쓰고 아울러 관견(管見)을 적어 후세의 박아 군자(博雅君子)를 기다리노라. (638쪽 10~639쪽 12)

『월사집』 권39 서(序) 상(上) -『황화집(皇華集)』 서(序)

우리 동국(東國)은 해외에 있어 지역이 비좁고 작다. 그러나 징험할 수 있는 문헌은 멀리 은사(殷師, 기자(箕子))로부터 비롯하며, 한(漢)을 거쳐 송(宋)에 이르기까지 사행(使行)이 줄곧 이어졌다. 대명(大明)의 시대에 와서 온 천하가 통일되자 중국 조정에서는 우리 조선이 예교(禮敎)를 잘 알고 제후의 법도를 삼가 지키는 유풍(遺風)을 지녔다고 하여, 경조(慶弔)와 선로(宣勞)의 제반 격식을 내국(內國)의 제후와 같이 하고 사명(使命)을 전달하는 신하는 반드시 당대의 뛰어난 인물을 선발하여 풍요(風謠)를 채집하고 은덕(恩德)을 펴게 하였다. 그리하여 사신의 시편들이 모여서 편질(篇帙)을 이루었다. 위로는 예씨(倪氏), 마씨(馬氏)로부터 아래로 주씨(朱氏), 양씨(梁氏)에 이르기까지 그들이 남긴 주옥같은 시편들이 전후로 찬란히 빛나고 있으며, 간간이 우리 동인(東人)들이 화답한 시편들이 섞여 있으니, 이는 마치 상송(商頌)과 노송(魯頌)이 주아(周雅)를 이은 것과 같다. 이것이 『황화집(皇華集)』이 지어진 까닭이다.

『월사집』 권42 신도비명(神道碑銘) 상(上) - 판중추부사(判中樞府事) 정무(貞武) 기공(奇公) 신도비명 [병서(并序)]

… 명은 다음과 같다.

덕양의 기씨는
기자(箕子)를 시조로 하여
면면히 이어진 혁혁한 가문
쌓아 온 두터운 덕 기반이 됐지
공은 그 후예로서
능히 조상의 유풍 지녀
우리 영묘를 보좌하여
명성과 공적 크게 드러났네
청렴한 몸가짐을 지켰고
오직 선행을 베풀었으나
이는 공에게는 작은 일일 뿐
사람들이 누구나 알고 있는 것
그 덕행과 정사에 있어서
유술(儒術)로 실무에 능통하였으니
이도 모두 학문을 미루어 적용한 것

『월사집』 권45 비(碑) - 기자묘비명(箕子廟碑銘) [병서(并序)○응제(應製)]

은(殷)나라가 망했을 때 세 사람의 행실이 같지 않았으나 공자는 병칭(竝稱)하여 삼인(三仁)이라 하였고, 주자(朱子)는 "이 세 사람이 처지가 서로 바뀌었다면 모두 마찬가지였을 것이다" 하였습니다.

신은 삼가 다음과 같이 생각합니다. 기자(箕子)가 주(紂)에게 충간(忠諫)한 것은 비간(比干)보다 먼저였는데 주가 수금(囚禁)하고 죽이지 않은 것은 하늘이 한 것이고, 무왕(武王)이 다른 나라에 봉(封)하지 않고 조선에 봉한 것도 하늘의 뜻이었습니다. 어째서이겠습니까? 하늘이 하도(河圖)를 복희씨(伏羲氏)에게 주었으나 팔괘(八卦)의 변화가 그래도 드러나지 않았고 문왕(文王)이 수감되어 비로소 역(易)을 연역하였으며, 하늘이 낙서(洛書)를 우(禹)임금에게 주었으나 구주(九疇)의 수(數)가 그래도 밝혀지지 않았고 기자(箕子)가 곤액(困厄)을 당하여 비로소 홍범(洪範)을 서술하였습니다. 천인(天人)의 묘리(妙理)가 이에 크게 밝혀지고 제왕 정치의 대경(大經)·대법(大法)이 천하 후세에 전해질 수 있게 되었습니다. 가령 문왕이 역(易)을 연역하지 않고 기자가 홍범을 서술하지 않았다면 하도와 낙서는 단지 일개 구멍이 뚫리지 않은 혼돈(混沌)일 뿐이었을 것이니, 하늘이 복희씨와 우임금에게 이를 준 것이 어찌 우연한 일이겠습니까. 이것이 하늘의 뜻이 아니고 무엇이겠습니까.

게다가 하늘이 증민(蒸民)을 냄에 반드시 성현을 탄생시켜 임금과 스승을 만들어 삶을 이루어 주고 교화를 세워 주었으니 복희씨, 헌원씨(軒轅氏), 요(堯), 순(舜)이 중국을 교화한 것이 바로 그것입니다. 우리 동방은 비록 외진 곳이지만 사람들은 역시 천민(天民)입니다. 그러나 단군(檀君)으로부터 인문(人文)이 계명하지 못하여 무지몽매한 상태였으니, 혹여 기자의 팔조(八條)의 가르침이 없었다면 끝내 오랑캐가 되고 말았을 것입니다. 따라서 기자가 동방을 교화한 것은 복희씨, 헌원씨, 요, 순이 중국을 교화한 것과 같은 것이니, 그렇게 하지 않을 수 없는 이치가 있었던 것입니다. 이것이 하늘의 뜻이 아니고 무엇이겠습니까. 하늘이 기자를 죽이지 않은 것은 세상에 도(道)를 전하기 위해서였고 백성을 교화하기 위해서였으니, 가령 기자가 죽고자 한들 되겠습니까. 무왕이 기자를 조선에 봉하지 않고자 한들 되겠습니까. 그렇고 보면 기자가 사도(斯道)에 끼친 공로는 실로 천하만국(天下萬國)이 다 함께 도움을 받는 것인데 직접 그 가르침을 받은 은덕은 우리 동방이 가장 많았습니다. 삼한만세(三韓萬世)에 사람이 사람 노릇을 할 수 있게 한 그 공덕이 얼마나 큰 것입니까.

공자(孔子)의 도가 비록 더없이 크지만 만맥(蠻貊)의 나라에는 교화가 미치지 못한 곳이 있습니다. 기자가 동방을 교화한 것은 공자가 탄생하기 전의 일이었습니다. 그런 까닭에 공자가 심지어 승부(乘桴) · 욕거(欲居)의 뜻이 있었던 것이니, 예의와 문명의 교화의 소종래(所從來)가 오래입니다. 가령 기자의 교화가 있지 않았다면 후대에 비록 공자의 도가 있었다 할지라도 그 교화가 어찌 쉽게 먹혀들 수 있었겠습니까. 그렇고 보면 우리나라가 기자를 숭배하고 그 은덕에 보답하는 예(禮)는 응당 공자와 같은 수준으로 높여야 할 것입니다. 그러나 아직도 향사(享祀)하는 곳이 많지 않고 그 후손을 세우지 못하였으니, 참으로 유감스러운 일입니다. 그렇지만 이 어찌 때를 기다렸던 것이 아니겠습니까.

우리 전하께서 즉위하신 지 3년째 되는 해인 만력(萬曆) 신해년(1611, 광해군 3)에 본도(本道)의 선비 정민(鄭旻) 등이 항소(抗疏)하여 말하기를, "사서(史書)에 의하면 기자 이후 41대(代) 만인 준(準)에 이르러 위만(衛滿)에게 축출되었으며, 마한(馬韓) 말엽에 잔손(孱孫) 세 사람이 있었는데 친(親)은 후대에 한씨(韓氏)가 되었고 평(平)은 기씨(奇氏)가 되었고 량(諒)은 용강(龍岡) 오석산(烏石山)에 들어가 선우(鮮于)에게 계통을 전했다고 합니다. 그 세계(世系)는, 운서(韻書)에서는 '선우는 『성찬자성(姓簒子姓)』에 의하면, 주(周)나라가 기자를 조선(朝鮮)에 봉(封)하였고 그 지자(支子)인 중(仲)이 우(于) 땅을 식읍으로 받았기에 선우를 씨(氏)로 삼게 되었다.' 하였고, 『강목(綱目)』에서는 '기자가 조선에 봉해졌고 그 아들이 우 땅을 식읍으로 받았기에 선우를 성(姓)으로 삼게 되었다.' 하였습니다. 그리고 조맹부(趙孟頫)가 선우추(鮮于樞)에게 준 시에 '기자의 후손에 구레나룻 좋은 노인 많아라[箕子之後髯翁多].' 하였으니, 선우가 기자의 후손임은 이미 명백하게 드러났지 않겠습니까. 홍무(洪武) 연간에 선우경(鮮于景)이란 사람이 중령별장(中領別將)이 되었고 그 7대손(代孫) 식(寔)이 태천(泰川)에서 와서 기자묘(箕子廟) 곁에 산 지가 어언 10년이 되었습니다. 청컨대 식에게 기자의 제사를 맡게 하소서" 하였습니다. 전하께서 그 일을 중히 여겨 예관(禮官)에게 명하여 대신에게 자문하게 하는 한편 본도(本道)로 하여금 식을 탐방하고 복계(覆啓)하게 한 결과 모든 사실이 근거가 있었습니다. 그래서 조정 의론이 모두 찬성하여 드디어 선우씨를 기자의 후손으로 정하였습니다. 그리고 그 이듬해인 임자년(1612) 봄에 어명으로 사당에 '숭인(崇仁)'이란 전호(殿號)를 걸었고, 선우씨에게 벼슬을 내려 식을 전감(殿監)으로 삼고 자손들이 이 벼슬을 이어받게 하였습니다.

옛날 주(周)나라 무왕(武王)이 황제(黃帝)와 요(堯)·순(舜)의 후손을 찾아 세워서 삼각(三恪)으로 삼아 그 선조의 제사를 모시게 하였으니, 성인의 숭덕계절(崇德繼絶)의 뜻은 천고에 걸쳐 다 같다고 하겠습니다.

그리고 부윤(府尹)에게 명하여 묘소를 증축하고 사우(祠宇)를 수리하였으며 제전(祭田)과 수호(守戶)를 증설하여 제수를 공급하고 청소를 하게 하였습니다. 또 무릇 성(姓)이 선우인 사람은 세금과 부역을 면제하고 군적(軍籍)에 넣지도 않음으로써 그들로 하여금 기자의 사당 아래 모여 살게 하는 한편 근신(近臣)을 보내 향을 가지고 가서 사당에 축제(祝祭)하여 고유(告由)하게 하였으니, 기자를 존숭하는 예전(禮典)이 이에 이르러 더할 나위 없게 되었습니다. 이는 실로 이륜(彝倫)을 부식(扶植)하고 세도(世道)를 만회하는 일대(一大) 기회인 것입니다. 아아, 성대합니다.

당초 만력(萬曆) 병자년(1576, 선조 9)에 본도의 선비들이 성사(聖師)의 유택(遺澤)을 존모하여 부(府)의 서남쪽 창광산(蒼光山) 아래 서원을 세우고 강당을 설치하여 이름을 홍범서원(洪範書院)이라 하여 유생들이 성사를 흠숭(欽崇)하고 도학을 강명(講明)하는 장소로 삼았습니다. 그리고 무신년(1608, 선조 41) 겨울에 인현서원(仁賢書院)이란 사액(賜額)을 받았습니다.

이에 이르러 관찰사 정사호(鄭賜湖)가 조정에 보고하기를, "지금 기전(箕殿)에 명호를 걸고 후손을 세워 치제(致祭)하게 한 것은 수천 년 이래 없었던 성대한 일입니다. 이 지역의 신민(臣民)들이 모두 부사(父師)의 문명의 교화를 다시 입은 것처럼 기뻐 용동(聳動)하며 모두 이 사실을 비석에 새겨 크나큰 경사를 기리기를 바라고 있습니다. 바라건대, 유신(儒臣)을 시켜 전후의 사적을 기술하여 사람들이 눈으로 우러러보고 무궁한 후세에 전해질 수 있게 하소서" 하였습니다. 이에 전하께서 좋다고 하시고 신에게 명하여 사적을 서술하게 하셨습니다. 신은 마침 예관(禮官)이라 이 일을 의논하는 자리에 참석하여 세상에 드문 예전(禮典)을 목도했던 터이므로 명을 받고 황공하여 감히 문사(文辭)가 천루(淺陋)하여 이러한 큰 글을 지을 수 없다는 이유로 사양하지 못하였습니다. 이에 삼가 머리 조아려 절하고 명(銘)을 바칩니다.

명은 다음과 같습니다.

하늘이 큰 법을 내려 주시니
우임금께서 그것을 본받으셔서
은사이신 기자에게 전해졌어라.
은사께서 뒤이어 출현하시니
그 감춰진 뜻이 드러나서
인문이 비로소 밝아지게 됐네.
이에 이륜의 이치를 펼쳐서
성인의 물음에 대답하셨으니
이는 바로 상제의 가르침이어라.
이미 무왕의 스승이 되시어
백성들의 표준을 내려 주시고
의리상 신하로 섬기지 않으셨지.
하늘과 땅의 변화에서
그 바른 이치를 얻어서
명이로 자정하였어라.
이에 동토를 돌아보시고
이에 사도를 미루어 폈으니
실로 하늘이 그렇게 만든 것.
먼 곳도 없고 누추한 곳도 없어
팔조의 법으로 교화를 펴시어
오랑캐를 중화로 변화시키셨네.
그 어진 덕이 피부에 스며들어
길에 떨어진 물건을 줍지 않으니
예의가 잘 구현된 치세였었지.

위대하여라 그 성대한 덕이여
백세토록 길이 흠앙하나니
그 은덕이 지금까지 이어지도다.
패수의 서쪽 기슭에는
정전의 옛터가 남아 있으니
신성한 자취가 엊그제 일 같아라.
고려 때 사당을 처음 지었으나
예식이 잘 갖추어지지 못했고
세월이 갈수록 해이해졌어라.
저 아득한 성인의 계통은
후손이 끊이지 않고 이어졌으나
지파가 흩어지고 나뉘었었지.
밝으신 우리 임금께서는
홍범을 따라 큰 법도를 세우고
멀리 전승이 끊어진 학문을 이으셨네.
이에 사당에는 아름다운 명호가 있고
서원에는 빛나는 사액이 걸렸으니
더욱 빛나고 또 성대해졌도다.
후손을 세워 …
실추된 예전(禮典)을 모두 정비하니
그 의식의 법도가 찬란하여
천고에 면모를 일신하였어라.
아아 빛나게 드러나지 않으랴
문이 바로 여기에 있으니
영원토록 사람들 사모하리라

『월사집』 권45 비(碑) – 유명조선국(有明朝鮮國) 사국일도대선사(賜國一都大禪師) 선교도총섭(禪敎都摠攝) 부종수교보제등계존자(普濟登階尊者扶宗樹敎) 서산청허당(西山淸虛堂) 휴정대사(休靜大師) 비명 [병서(并序)]

속성(俗姓)은 완산 최씨(完山崔氏)이며 이름은 여신(汝信)이다. 외조부인 현감(縣監) 김우(金禹)가 연산조(燕山朝)에 득죄(得罪)하여 안릉(安陵)에 귀양 가서 살았기에 그 후대는 안주(安州) 사람이 되었다. 부친 세창(世昌)은 향시(鄕試)에 합격하여 기자전 참봉(箕子殿參奉)에 제수되었으나 취임하지 않고 시주(詩酒)를 즐기며 살았다.

『월사집』 권58 반교문(頒敎文) – 오현(五賢)을 종사(從祀)한 데 대한 반교문

하늘이 대현을 내는 것은 우연이 아니니
실로 천지의 운수에 관계되는 것이요.
덕 있는 이는 반드시 향사(享祀)를 얻는 법
의당 추숭해 보답하는 은전을 거행해야 한다.
이에 온 나라에 널리 고하여
존경해 의귀할 곳이 있게 하노라.
살펴보건대 우리 동국은 외진 변방이라
정학의 종지를 전하는 이가 드물었다.
기주의 가르침은
비록 예의의 방향을 알게 했으나
신라시대의 이름난 문인들은
문장에만 치우친 누추함을 못 면했으니.

『월사집』 권60 남궁록(南宮錄) 상(上) – 숭인전(崇仁殿)의 사전(祀典)에 대한 계본 [임자년(1612, 광해군 4) 여름]

삼가 사전에 관한 일로 아룁니다.

“평양의 기자사(箕子祠)를 숭인전으로 고치고 그의 후예인 선우씨(鮮于氏)로 대를 이어 숭인전감(崇仁殿監)을 삼아 후사를 세우고 제사를 주관하게 하라고 이미 계하하셨습니다. 가만히 생각건대, 우리 동방은 기자의 팔조(八條)의 가르침에 힘입어 오랑캐에서 중화로 변화하고 미개인이 됨을 면하여 예의와 문명의 성대함이 천하에 일컬어지게 되었으니, 실로 만세에 끝없는 은혜입니다. 따라서 중국에서 공자를 존숭하는 것처럼 존숭하여 그 은혜에 보답하는 은전에 최선을 다해야 합니다. 그런데 그 사우가 초라한 모습으로 평양의 한 성(城)에 있어 신들은 항상 개탄하였습니다. 그리고 그의 후손을 세우는 은전도 도리어 고려 태조를 모신 숭의전(崇義殿)만도 못하니, 참으로 흠전이 아닐 수 없습니다.

성명께서 즉위하신 뒤로 덕을 높이고 현인을 숭상하는 데 관계되는 은전을 거행하지 않음이 없어 후손을 세우는 이 한 가지 일에 대해 비로소 명을 내리셨으니, 실로 200년 동안 없던 성대한 일입니다. 전(殿)의 이름을 이미 고쳤고 제사를 주관할 사람을 두었으니, 천재(千載)의 영령이 필시 고맙게 생각할 것입니다. 따라서 특별히 근신을 보내어 고유하고 치제해야 할 듯합니다.

기자전에는 예전에 참봉을 두었는데 이제 전감(殿監)을 두었으니, 참봉은 혁파해야 할 것입니다. 해사(該司)로 하여금 살펴서 거행하게 하소서. 선우씨를 기자의 후예로 정하였으니, 평양에 거주하는 사람들 및 다른 고을에 사는 사람들을 모두 복호(復戶)하고 군역(軍役)에 충정(充定)시키지 말 것이며, 숭인전의 수복(守僕)들은 본관에게 명하여 다른 부역을 시키지 말게 하여, 사우와 능묘를 지키는 일에 전념할 수 있게 하며, 사우와 능묘가 허물어진 곳이 있으면 모두 보수하고 봉식하게 하며, 조종조가 정급(定給)한 제전(祭田)도 고출(考出)하게 하여 그 자성(粢盛)을 공급하게 하는 일을 본도의 관찰사로 하여금 친히 봉심하고 일일이 계문하여 시행하게 하소서"

하니, 전교하기를,

"윤허한다. 전대 제왕의 능묘도 모두 그 고을의 관리로 하여금 땔나무를 하지 못하게 금단(禁斷)하고 각별히 봉식하는 일을 착실히 거행하게 하라" 하였다.

[이로부터 비로소 전을 세우고 숭인전이라는 이름을 내렸으며 선우씨로 기자의 후손을 삼고 숭인전감에 임명하여 그 제사를 주관하게 하는 한편 나에게 명하여 비문을 찬술해 숭인전 옆에 비를 세

우게 하였다.]

『월사집』 권63 경신조천기사(庚申朝天紀事) – 만력황제대행의(萬曆皇帝大行儀)

조선은 동쪽 모퉁이에 치우쳐 있으며 대대로 기자(箕子)의 홍범(洪範)을 따랐기에 우리는 일찍부터 너희를 심복으로 여겼고 이에 너희는 대대로 충성을 다했다. 노추(奴酋)가 신의를 버리고 반역을 일으킨 데 분개하여 너희는 국력을 다 기울이고 힘을 다해 함께 정벌하였으니, 어진 마음은 부형(父兄)의 일에 급히 달려가고 형세는 머리와 눈을 보호하는 듯하였다.

『월사집』 별집 권3 잡저(雜著) – 황상이 칙서를 내려 조선 국왕에게 하유(下諭)하는 글 [이하는 부록이다]

짐(朕)은 생각건대, 큰 은혜를 베풀 때에는 작은 혐의를 쌓아 두지 않고, 신의(信義)는 형적(形迹) 너머에 존재하는 것이며, 지극히 현명한 사람은 항상 만 리 앞을 내다보고, 지혜로운 사람은 듣고 보기 전에 미리 아는 법이다. 너희 조선은 동쪽 모퉁이에 치우쳐 있으나 대대로 기자(箕子)의 홍범(洪範)을 따랐기에 우리는 일찍부터 너희를 심복(心腹)으로 여겼고, 이에 너희는 대대로 우리에게 충정(忠貞)을 다해 왔다. 노추(奴酋)가 신의를 버리고 반역을 일으켜 화를 부른 것에 분개하여 너희는 국력을 다 기울여 우리와 힘을 합해 함께 정벌을 하였으니, 어진 마음은 부형(父兄)을 위해 급히 달려가는 듯했고 형세는 머리와 눈을 보호하는 듯하였다. 군대가 비록 잠시 패전하긴 했지만 그 충성스러운 뜻은 더욱 변함이 없어 '차라리 경계를 엄하게 하여 보거(輔車)처럼 서로 의지하기를 기다리리라.'라고 생각하며 노추를 자신의 원수로 여겨 적개심을 일으켰으니, 하물며 조개와 도요새의 싸움을 관망하듯 양쪽의 형세를 살피는 사심을 품으려 했겠는가.

『월사집』 부록 권2 – 행장(行狀) [1수(一首)] [풍양(豐壤) 조익(趙翼) 찬(撰)]

관례에 따라 창덕궁(昌德宮)의 도감(都監)을 겸임하고, 상(賞)으로 가자되어 숭록대부(崇祿大夫)로 승진하였다. 명을 받고 어사(御史) 양호(楊鎬)의 송덕비를 지었는데, 양호가 이 글을 보고는 매우 기뻐하며 "이 상서(李尚書)가 나를 위해 좋은 문장을 지어주었다" 하였다.

공이 아뢰기를, "기자(箕子)는 우리 동방에 문명의 교화를 열었는데, 그 덕을 기리고 그 공에 보답하는 전례(典禮)에 부족한 점이 있습니다. 기자의 후손인 선우식(鮮于寔) 등에게 그 제사를 주관하게 하며, 기자의 사당을 숭인전(崇仁殿)이라 하고 선우식을 전감(殿監)으로 삼되 직질은 6품 정도로 하고, 자손들이 대대로 관례에 따라 지키게 하소서" 하였다. 또 신하를 보내 치제하고 봉묘(封墓)하고 사우(祠宇)를 수축하고 제전(祭田)과 수복(守僕)을 늘려 주는 한편 선우 성을 가진 사람들을 복호(復戶)하고 군적에서 제외시켜 사우 아래에 모여 살면서 제사를 함께 봉행하게 할 것 등을 청하니, 광해가 따랐다. 본도가 비석에 새겨 이 사실을 기록할 것을 청하니, 공에게 명하여 그 비문을 짓게 하였다. 본도의 선비들이 일찍이 기자의 서원을 세웠는데, 이때에 와서 인현(仁賢)이라고 사액하였다. 술사(術士) 이의신(李懿信)이 상소하여 교하(交河)로 천도(遷都)할 것을 청하니, 광해군이 예조로 하여금 의계하게 하였다.

『월사집』 부록 권3 – 시장(諡狀) [덕수(德水) 장유(張維) 찬(撰)]

예조판서가 되었다. 계청하기를,

"평양(平壤)에 숭인전(崇仁殿)을 세워 기자(箕子)에게 제사를 올리고, 그 후손인 선우식(鮮于寔)을 전감(殿監)으로 삼아 제사를 주관하게 하기를 숭의전(崇義殿)의 사례와 같게 하소서"

하니, 광해가 따르고 공에게 명하여 비문을 지어 비석을 세우게 하였다.

『월사집』 부록 권4 – 묘지(墓誌) [덕수(德水) 이식(李植) 찬(撰)]

공은 예조판서로 있으면서 평양(平壤)에 숭인전(崇仁殿)을 건립하여 기자(箕子)를 제사하고, 그 후예인 선우씨(鮮于氏)를 전감(殿監)으로 삼아 제사를 주관하게 할 것을 청하니, 광해군이 이를 따랐다.

『월사집』 부록 권5 – 비명(碑銘) [안동(安東) 김상헌(金尙憲) 찬(撰)]

종백(宗伯)이 되어서는 동학(東學)과 남학(南學)을 옛 제도와 같이 건립하여 유학(游學)을 온 선비들을 대접할 것과 기자(箕子)의 후손에게 작위를 주어 세습(世襲)하게 하기를 청하였다. 또 높이 받들어 보답하는 예 가운데 행해야 하는데 행하지 않은 것을 모두 거론하였으며 노산묘(魯山墓)를 수리하고 사우(祠宇)를 세워서 부인까지 아울러 제사 지내게 했다.

(출처: 한국고전번역원)

『東岳集』(1639년) 李安訥(1571~1637)

『동악집』은 조선 중기의 문신 이안눌의 시문집으로 1639년(인조 17)에 간행되었다.

이안눌의 본관은 덕수(德水), 자는 자민(子敏), 호는 동악(東岳)이다. 중종 때 좌의정을 역임한 이행(李荇)의 증손이다. 1588년(선조 21) 진사시에 수석 합격하였으나 동료들의 시샘을 받아 과거 시험을 포기하였다. 1599년(선조 32) 29세의 비교적 늦은 나이에 다시 과거에 도전하여 합격하였다. 이후 예조판서, 함경도관찰사 등을 역임하였다. 1636년(인조 14) 병자호란이 발발하자 임금을 호종하여 남한산성에 들어갔다가 이듬해 서울로 돌아온 후에 병세가 악화되어 세상을 떠났다.

이안눌이 생전에 편집한 원고를 토대로 1639년에 간행된 초간본은 현재 국립중앙도서관, 규장각, 장서각 등에 소장되어 있다. 1670년대 무렵에 아들 이합(李柙)에 의해 간행된 속집(續集)은 규장각과 연세대학교 중앙도서관 등에 소장되어 있다.

본문은 원집 26권과 속집으로 구성되어 있다. 권1~21까지는 시(詩)인데, 각 권마다 「북새록(北塞錄)」, 「조천록(朝天錄)」 등의 제목이 붙어 있다. 권22~23은

「습유록(拾遺錄)」, 권24는 집자체시(集字體詩), 권25는 「부초(賦鈔)」, 권26은 「잡저초(雜著鈔)」이다.

고조선 관련 내용은 단군과 기자 관련 기록이 다수이다. 두 차례 명나라에 갔던 사행이나 명나라 사신을 접대하는 과정에서 중국의 문인들과 수창한 기록이 있다. 하지만 그 내용에 있어서는 별다른 특이점이 확인되지 않는다.

『동악집』 권2 조천록(朝天錄) – 다음 날 아침에 강을 건너 서쪽으로 가려 하는데, 통판(通判, 판관(判官)) 홍유의(洪有義)가 술을 가지고 와서 전별하였다

역마가 어느새 압록강 변에 도착하니
연경(燕京)으로 떠나는 길 3천 리 하고도 1천 리.
기자(箕子)의 옛 봉토(封土) 강으로 구획이 나뉘었지만
정영위(丁令威)가 화표주(華表柱)에 올라앉은 것처럼 구름으로 연결되어 있다네.[70]
먼 길 앞두고 더위를 먹었지만 이별주는 많이 들이킬 수 있으니
늦은 밤 나 홀로 고향 돌아갈 생각에 잠 못 이루네.
사현(沙峴)에서의 이별 노래로 이미 애간장은 끊어졌는데
또다시 변방에서 헤어지니 감당하기 어렵구나.

『동악집』 권3 부록 – 명나라 사신 고천준(顧天埈)의 〈평양행(平壤行)〉에 차운하다

서경(西京)은 삼한의 등마루이니
성곽이 둘러싸고 있는데
그 안에는 대저택이 만여 호나 되니

70 정영위가 ~ 있다네: 요동(遼東) 사람 정영위(丁令威)가 영허산(靈虛山)에서 선선술을 배워 학으로 변신한 후 고향인 요동에 돌아와 화표주(華表柱)에 앉았다는 고사가 있다. 기자의 옛 봉지가 현재는 압록강을 경계로 구획이 나뉘어 있지만 명과 조선은 연결되어 있다는 의미이다.

밤낮으로 시끌벅적하다네.
단군이 나시어 도읍을 세우고
우리 조선에 이르러 거대한 고을이 되었는데
왜구의 침략 생각지도 못하다가
경내가 온통 소란스러워지니
적들이 기자전(箕子殿)을 불태우고
온 나라가 파괴되니 와서 구원하시었네.
황제께서 동쪽 번방을 돌아보고 염려하시어
횡포를 금하고 전쟁을 멈추시고자
군사를 내어 오랑캐의 난을 정복하셨는데
진영의 형세가 물고기의 비늘처럼 정연하였도다.
이때 철령(鐵嶺)의 이여송(李如松) 비장(飛將)은
충의로 당당한 8척 장신으로
용맹스러운 병사들이 운집하였는데
지휘와 호령이 서릿발 같았다네.
승승장구하여 적의 소굴을 쳐부수니
하룻밤 만에 70개의 제(齊)나라 성을 얻은 듯하였네.

『동악집』 권5 관서록(關西錄) - 9월 30일, 평양부(平壤府)에 들어가다

오늘 가을바람 처량한데
나는 도리어 먼 길을 떠난다네.
누가 알았겠는가? 막좌(幕佐)가 되었다가
다시 어사(御史)가 되어 방문할 줄을.[71]

---

71 막좌가 ~ 줄을: 이안눌(李安訥)은 선조 34년(1601) 원접사(遠接使)의 종사관(從事官)이 되어 명나라 사신 일행을 맞이한 일이 있었다. 그런데 바로 이듬해 9월 재상안핵어사(災傷按覈御史)가 되어 평안도 지

두 해 사이 북쪽 변방 길을 오가며
평양성을 일곱 번이나 지났다네.
강변의 흰 갈매기 바라보니
평생의 소원을 저버린 사실이 매우 부끄럽도다.

『동악집』 권5 관서록(關西錄) – 거듭 절구(絶句)를 짓다 [3수(三首)]

안석(安石)의 풍류와 자건(子建)의 재능
고결한 인격 모두 무덤 속으로 들어갈 줄 누가 알았겠는가?
삼 년간 수령이 되어 선정을 베푸니
만일 시를 읊는 영혼이 남아 있다면 달빛과 함께 찾아오리라.

마을의 인가는 쓸쓸하고 초목은 황폐한데
수령되어 떠나는 그대를 생각하네.
선우(鮮于)씨가 정자에 올라 맑은 시를 남겨 놓으니
명성은 강물과 함께 만고에 길이 흐르는구나.

[옛 훈도 선우찬(鮮于纘)은 기자의 후예로 고을의 남쪽 10리쯤 거리에 살고 있었다. 그곳에 정자가 있어 '창망정(滄茫亭)'이라 이름 붙였는데, 후에 오봉(五峯) 이 상공(李相公)[72]이 '창랑정(滄浪亭)'이라 고쳐 불렀다.]

들녘에 해 떨어지고 새는 날아서 귀환하는데
십 리 인가에선 밥 짓는 연기가 수풀 사이로 피어오르네.
고을의 의연한 모습 그대는 보지 못했는가?
북쪽의 매서운 바람에 눈물이 차디찬 산을 적시네.

역을 시찰하게 되었으니, 연이어 두 차례 평양 등지를 방문하게 되었다.

72 오봉 이 상공: 이호민(李好閔, 1553~1634)으로, 자가 효언(孝彦)이고, 호가 오봉(五峯)이다.

『동악집』 권20 조천후록(朝天後錄) – 산해관(山海關). 경력(經歷) 부현우(傅玄又), 일인(逸人) 장승지(張承之), 처사(處士) 왕군선(汪君選) 세 사람은 모두 오(吳)나라 땅 사람이다]

바다 동쪽은 기자국(箕子國)이요
강의 왼편은 합려(闔廬)의 성이로다.
사는 곳은 만 리 떨어져 있지만
석 잔의 술에 형제가 되었네.
비록 글자의 힘을 빌려 소통하지만
시구(詩句)에 우리 이름 남아 있어
이별 후에도 기억할 수 있으니
아득한 하늘에서 달이 함께 비추는도다.

『동악집』 권20 조천후록(朝天後錄) – 제독(提督) 공문표(孔聞譿)와 수창한 기록

공문표의 답장을 덧붙임.

돌아가신 성조(聖祖) 공자는 은(殷)나라 사람으로 64대를 거쳐 선종자(先宗子) 연성공(衍聖公) 공상현(孔尙賢)에 이르렀습니다. 그때 당신의 광채를 보시고 나서 종종 기자의 옛터를 회상하시더니, 돌아와 친족들에게 특별한 만남이라 하셨습니다. 지금은 고인이 되신 지 10년이 되었습니다.

『동악집』 권22 습유록(拾遺錄) 상(上) – 평안도사(平安都事) 미중(美中) 윤경(尹絅) 형(兄)을 전송하며 [10운(十韻)]

해동의 문명국
서경(西京)은 그중에서도 수려한 고을이라네.
산은 기자묘(箕子墓)를 향해 뻗어 있고
강물은 대동루(太同樓)를 향해 치닫는데
기린마(麒麟馬)는 지금 어디에 있는가?
천손이 옛적에 이곳에서 노닐었다네.

풍경은 아직도 옛적 그대로인데
수천 년간 흥망은 반복되었네.
좋은 경치 구경하는 것이 평생의 낙이었는데
왕명으로 10일간 머무르게 되었으니
봄철 성안에서 자리를 옮겨
외딴 포구엔 난주(蘭舟)를 띄우고
능라도(綾羅島)에서 달빛 아래 거닐며
향초 내음을 맡았다네.
그대를 전송하고 멀리 바라보다
옛 생각에 머리를 긁적이니
지나간 일들 모두 꿈만 같은데
궁벽하게 사노라니 시름만 깊어 가네.
이번 행차 후에 또 환담을 나누세.
인간사 흘러가는 물과 같으니.

『동악집』 권23 습유록(拾遺錄) 하(下) – 창사정(彰賜亭)에서 짓다 [이하 을묘년(1615, 광해군 7)]

하늘은 공의 충심에 복을 내리시고 임금은 재물을 하사하니
남쪽 계곡의 물고기와 새도 충심을 지녔네.
공명과 진퇴는 세월에 맡기고
사직의 안위는 순수한 충심에 기댄다네.
화려한 문장은 책 안에 남겨져 있고
명승지를 유람하는 일은 세간에서 흠모하는 일이라네.
문득 우리나라의 단군(檀君)과 기자(箕子) 이후를 살펴보니
이곳 푸른 강가에 창사정을 지었다네.

『동악집』 권23 습유록(拾遺錄) 하(下) – 우곡(愚谷) 판서(判書) 정경세(鄭經世)에 대한 만사(挽詞)

기자의 홍범(洪範)이 우리 동쪽 땅을 계몽시킨 뒤로

선조(宣祖)께서 유학을 숭상하시어 비로소 도가 융성해졌네.

율곡(栗谷) 이이(李珥)와 풍원부원군(豐原府院君) 유성룡(柳成龍) 그리고 오현(五賢)의 후학으로

『역경(易經)』과 『의례(儀禮)』로 두 조정에 봉사하였는데

소미성(少微星)이 빛을 잃자

하늘 기둥이 무너지니 어찌 하늘을 원망할까?

계해년(1623, 인조 1) 다시 자리를 찾았지만 갑자년(1624, 인조 2) 옥사에 휘말리니

밝은 시대에 어리석은 충정을 베풀 곳이 없어 참담할 뿐이네.

[계해년 여름에 선생이 경연(經筵)에 입대(入對)하였다. 정공(鄭公)과 조금 다른 의견을 가지고 있어서 공이 견책을 당하였는데 정공이 차자(箚子)의 책임자였다. 정공이 처음에는 여러 사람들의 의견을 따랐다가 조금 지나 잘못을 깨닫고 일찍이 공에게 사죄하였다. 그러므로 이와 같이 마지막 구(句)를 쓴 것이다.]

『久菴遺稿』(1640년경)

韓百謙(1552~1615)

『구암유고』는 조선시대 문신 관리이자 학자였던 한백겸의 설·서(序)·기·소 등을 수록한 문집이다.

한백겸의 본관은 청주(淸州)이고, 자는 명길(鳴吉)이며, 호는 구암(久菴)이다. 서경덕(徐敬德)의 제자인 민순(閔純)에게서 배웠다. 1579년(선조 12) 두 동생 중겸(重謙)·준겸(浚謙)과 함께 생원시에 합격했고, 중부참봉(中部參奉), 호조좌랑, 형조좌랑, 청주목사, 호조참의 등을 역임했다. 1610년(광해군 2)에 병으로 사직하고, 양주의 물이촌(勿移村)에 은거했다. 주요 저서로는 『구암유고』가 있다.

이 책은 한백겸의 아들 한흥일(韓興一)이 병자호란(1636) 등으로 유실된 저자의 시문을 수집하여 1640년(인조 18)경에 편찬한 것으로 추정된다. 이 초간본은 현재 고려대학교 중앙도서관, 국립중앙도서관, 규장각 등에 소장되어 있다. 『구암유고』는 상하 2권으로 구분하여 문체별로 편차하였는데, 운문은 없고 산문만 수록되어 있다. 권상에는 저자의 주요 업적으로 알려진 〈기전유제설(箕田遺制說)〉을 필두로 설(說), 변(辨), 기(記), 서(序), 발(跋) 등이 실려 있다. 권하에는 세 편의 상소와 네 편의 행장으로 비교적 중요도가 떨어진다고 생각되는 저작을 수록하였다.

고조선 관련 내용은 권상에 나오는 기자(箕子)의 정전제(井田制) 관련 네 편의 글에서 보인다. 〈기전유제설(箕田遺制說)〉에서는 저자의 아우 한준겸이 평안관찰사로 재직하던 중 평양에서 기전유제(箕田遺制)를 보았다고 하였다. 한백겸은 이 글에서 기전(箕田)의 모양과 운영 방법 그리고 그 유래를 논하였다. 이 외에도 유근(柳根)이 지은 '기전도설발(箕田圖說跋)', 허성(許筬)이 지은 '기전도설후어(箕田圖說後語)'에서도 기전(箕田)에 대해 논하였다. 마지막으로 한백겸은 〈동사찬요후서(東史纂要後敍)〉에서 삼조선(三朝鮮), 단군조선(檀君朝鮮), 기자조선(箕子朝鮮), 위만조선(衛滿朝鮮), 기준(箕準)의 마한(馬韓), 삼한(三韓), 변한(弁韓), 진한(辰韓), 한사군(漢四郡), 낙랑군(樂浪郡), 현도군(玄菟郡), 진번군(眞番郡), 임둔군(臨屯郡)에 대한 자신의 생각을 기술하였다.

『구암유고』 권상(上) – 기전유제설(箕田遺制說)

정전(井田)제도에 대하여 선유(先儒)들이 논한 것이 상세하지만, 그들의 의론은 모두 맹자의 말을 기준으로 하였기 때문에 다만 주(周)나라 왕실의 제도에 대해서만 자세히 말했을 뿐, 하(夏)나라나 은(殷)나라 제도에 대해서는 증명한 것이 없다. 주자(朱子)가 조법(助法)에 관해 논한 것 역시 추측과 짐작에서 나온 것이지, 참고해서 고증한 이론은 아니었다. 그렇다면 이것이 과연 당시 정전을 만든 뜻에 완전히 합치되는 것인지 알 수 없는 점이 있으니, 옛것을 좋아하는 선비들이 모두 그것을 문제점으로 여겼다.

정미년(1607) 가을에 아우 유천공(柳川公, 한준겸)이 평안관찰사가 되었는데, 나는 어머님을 모시고 평양에 가서 비로소 기전유제(箕田遺制)를 볼 수 있었다. 천맥(阡陌)이 모두 그대로 보존되어 있어서 어지럽지 않고 잘 정리되어 있었으니, 옛 성인이 전지(田地)를 구획하고 다스려서 오랑캐를 중화(中華)로 변화시키려 했던 뜻을 오랜 세월이 지난 지금 오히려 상상해 볼 수 있었다. 전하는 말에, "중국에서 잃어버린 예를 주변 나라에서 확인할 수 있다" 라는 내용이 있으니, 어찌 믿지 않겠는가.

그곳에 직접 가서 자세히 살펴보니, 그 전형(田形)과 무법(畝法)이 지금 『맹자(孟子)』에 거론된 정자형(井字形)의 제도와 같지 않은 점이 있었다. 그 가운데에서 함구문(含毬門)과 정양문(正陽門) 사이에 있는 구획이 가장 분명한데, 그 제도는 모두 전자형(田字形)으로 되어 있으며, 전(田)에는 4구(區)가 있고, 구는 모두 70무(畝)씩이다. 대로(大路)의 안쪽에서 가로로 보아도 4전 8구이고, 세로로 보아도 역시 4전 8구였다. 4전은 사상(四象)을 본뜨고, 8구는 팔괘(八卦)를 본뜬 것인가. 가로와 세로가 8구이고, 이를 곱하면 64구로 네모반듯해서 그 본받은 모양이 「선천방도(先天方圖)」와 매우 비슷하니, 옛사람이 이 정전을 만들면서 어찌 본받은 것이 없었겠는가. 이를 통해 추측해 보건대, 이것은 아마도 은(殷)나라의 제도일 것이다.

맹자가 말하기를, "은나라는 70무를 지급하여 조법(助法)을 시행하였다"라고 했으니, 70무는 본디 은나라의 토지를 나누는 제도이고, 기자는 은나라 사람이므로, 그가 들판을 구획하고 토지를 나누는 데에 은나라의 것을 본받았을 것이니, 주나라의 제도와 같지 않았으리라는 데에는 의심할 것이 없다. 다만 이 천맥(阡陌)은 수천 년을 내려오면서 몇 번 바뀌고, 고쳐져서 비록 처음의 것과 조금도 차이가 없다고 보장할 수는 없지만 그 대략은 1무의 길로 구(區)를 경계 짓고, 3무의 길로 전(田)을 경계 지었다.

그 3면에는 9무의 큰 밭이 성문 옛 영귀정(詠歸亭) 나루 어귀까지 나 있는데, 이것은 왕래하기 위한 길이지, 오로지 밭 사이의 천맥을 만들기 위하여 마련한 것만은 아닌 듯하다. 그러나 반드시 16전 64구를 1전(甸)으로 구획하였으니, 또한 한계를 짓는 뜻이 없지는 않다. 이곳을 벗어나면 전을 경계 지은 길이 차츰 밭갈이하여 옛 모양을 잃은 곳도 더러 있다. 그런데 후대 사람이 처음에 제작한 본의를 알지 못한 채 반드시 3무를 기준으로 해서 이를 바로잡아서 더 이상 크기의 구분이 없게 되어 팔괘의 법상(法象)은 비록 찾을 수 없지만 70무를 1구로 하고, 4구를 1전으로 하여 양쪽으로 두 개씩 짝을 지어 나란히 나아가면 온 들판이 모두 같아질 것이다.

반고(班固)의 『한서(漢書)』「형법지(刑法志)」를 살펴보면, "4정(井)이 1읍(邑)이 되고, 4읍이 1구(區)가 되며, 4구가 1전(甸)이 되니, 1전에 64정이 있다"라고 하였는데, 그 정·읍·구·전의 명칭은 주나라의 제도를 썼겠지만, 4로 기준이 되는 수를 만들어 가로와 세로 각각 4개로 사각형을 이룬 것은 이 기전(箕田)과 실로 정확하게 합치된다. 반고의 학식은 매우 해박하였으니, 아마 전례를 따른 근거가 있을 것인데, 남아 있는 전적이 완전하지 않아 그 제도를 모두 알 수 없는 것이 애석하구나.

그 지형이 뾰족하고 비스듬하고 기울고 치우쳐서 네모반듯하지 못한 곳은 한두 전 또는 두세 구를 그 지세에 따라 더하였는데, 이것을 이 고장 사람들이 여전(餘田)이라고 불러 왔다고 한다. 주나라의 정전(井田)제도에 있어서는 땅이 먹줄로 잰 듯이 곧고 평평한 곳을 얻기는 어려웠을 것이며, 정전의 제 모양을 이루지 못한 곳이라 하여 버려두고 쓰지 않을 수 없었을 것이니, 그렇다면 아마도 그 제도가 이럴 수밖에 없었을 것이다. 그 공전(公田)과 여사(廬舍)의 제도는 상고할 수 없으나, 그 제전(制田)이 이미 정자형(井字形)이 아니라면, 『맹자』의 이른바 "가운데에 공전이 있고 여덟 집이 모두 사전(私田) 100무를 경작한다"는 것과는 아주 현격한 차이가 있다. 짐작하건대, 은나라 때에 백성들이 받은 밭이 들에 있을 지라도 여사(廬舍)가 반드시 밭 곁에 있지는 않았고, 혹 촌락이나 성읍(城邑) 안에 모두 모여 살았을지 모르며, 공전도 모두 외진 곳에 있어 반드시 사전(私田) 가운데에 끼어 있지는 않았을 것이다. 밭에 거름 주고, 갈고, 김매고, 거두어들일 즈음에 거리가 달라서 백성 중에는 그것을 괴롭게 여기는 사람도 있고, 또 제도가 점점 구비되어 길례(吉禮)와 흉례(凶禮)의 형식이 많아져서 70무로는 부모를 봉양하고 장례를 치르기도 비용이 부족하였을 것이다. 그러므로 주나라 통치 시기에 이르러 천리(天理)와 인사(人事)에 따라서 100무를 늘려 주고, 또 정전(井

田)의 법을 만들어 여덟 집이 함께 정전을 나누어 경작하고 가운데에 공전(公田)을 두도록 하였다.

그래서 봄에는 백성들이 들에 있는 집[野廬]에 나아가서 살고, 겨울에는 성안에 있는 집[城宅]에 모여서 살게 하여, 그 제도가 비로소 완비되었다. 질박한 것을 세련되게 만들면서 그 제도의 유지 변혁과 토지의 증감은 형편상 그럴 수밖에 없었던 것이다. 그렇다면 정(井) 자 형태로 토지를 분배한 것은 오랜 옛일이 아니라, 사실은 주나라에서부터 시작된 것이다. 간혹 "논과 밭의 수로를 고치느라 인력의 소모가 많았다"라고 한 주자의 말을 가지고 맹자의 말을 의심하기도 하는데, 이는 그렇지 않은 듯하다. 『맹자』에 "편안하게 해 주기 위한 방편으로 백성을 부리면, 아무리 힘들더라도 원망하지 않는다"라고 하였고, 주자도 일찍이 "혁명으로 왕조가 바뀌면 크게는 건정(建正)과 용수(用數)에서부터 작게는 쓰는 문자와 수레의 너비까지 모두 다시 만들어 한 시대의 이목을 새롭게 했다고 하였다"라고 논하였다.

그렇다면 더구나 이것은 백성들에게 일정한 재산을 만들어 주고 실제로 정사를 하여 인애로움을 베푸는 큰일인데, 어떻게 그 작은 비용을 따져서 구습(舊習)을 그대로 따르고 융통성 없게 굴어 모두 변혁하지 않았겠는가. 이런 점으로 추측해 보건대, 주자의 이 말은 아마 한 때 문인들과 주고받았던 문답인 듯하고, 평소의 정론은 아니었다는 것을 알 수 있다. 『주자어류(朱子語類)』 가운데에 이러한 종류의 내용이 매우 많으니, 이것을 가지고 저것을 의심해서는 안 될 듯하다.

아아, 관민(關閩, 송나라의 성리학자들을 가리킨다)의 여러 학자들은 모두 제왕을 보좌할 만한 인재들로 말세에 태어나 하·은·주 삼대(三代)의 제도를 회복하는 것을 자신들의 임무로 생각하였다. 그리하여 남아 있는 경전(經傳)들을 수습하여 선인의 남겨진 제도를 토론함에 있어서 아마 지극히 하지 않은 것이 없었을 것이지만, 여전히 막연한 아쉬움이 있어서 하나의 정론으로 귀결시키지 못했다. 만일 그 당시에 그들을 직접 이곳 평양에 와서 이 제도를 직접 목격하게 하였더라면 그들이 옛날 제왕의 전제를 창시한 의도를 논술함에 있어서 분명 손바닥을 가리키듯이 아주 분명하게 말하였을 것인데, 그렇게 되지 못한 것이 애석하다. 그래서 내가 본 것을 기록해 두어 후세에 이것에 대해 잘 아는 사람이 바로잡아 주기를 기다린다.

『구암유고』 권상(上) – 기전도(箕田圖)

기전도설발(箕田圖說跋) [유근(柳根)]

정미년(1607, 선조 40) 가을에 유천공(柳川公, 한준겸)이 평양감사로 나가자, 그의 형인 참의공(參議公, 한백겸)이 어머님을 찾아뵙고 돌아와서는 어느 날 나를 찾아왔다. 손에는 「정전도설(井田圖說)」을 들고 와서 보여 주었다. 그 제도를 고찰한 것은 매우 자세하였고, 저술한 내용은 잘 갖추어져 있었다. 그 그림에 따라 그 내용을 고증하였는데, 다음과 같았다.

이른바 기전(箕田)은 함구문(含毬門)과 저양문(正陽門) 밖에 있는 구획이 가장 분명하다. 그 제도는 다 전자형(田字形)으로 되어 있고, 전(田)은 4구로 나누어져 있고, 각 구획은 모두 70무(畝)씩 되어 있었다. 구획을 경계 지은 길은 그 너비가 1부(畝)이고, 전(田)을 경계 짓는 길은 그 너비가 3무이니, 모두 16전으로 총계가 64구이다.

64구의 3면에는 또 9무 되는 대로가 있어 성문에서부터 강가에까지 이른다. 그 지형이 뾰족하고 비스듬하고 기울고 치우쳐서 네모반듯하지 못한 한두 전 또는 두세 구는 그 지세에 따라 더해서 만들었는데, 이것을 이 고장 사람들이 지금까지 여전(餘田)이라고 전하는데, 역시 모두 70무이다. 아, 지금까지 이곳을 지나간 이들 중에 이 전(田)을 본 사람이 어찌 적었겠는가. 다만 그 사람들은 고적의 완연함만 보았을 뿐이다. 그런데 후대에 태어난 공만이 옛것을 좋아하여 오랜 세월이 흐른 뒤에 옛 성인이 백성들에게 토지를 나누어 생업을 재정해 준 뜻을 찾으려 했다. 그래서 도설(圖說)을 지어서 사람들에게 기전(箕田)의 한 구획은 70무로 바로 맹자가 말했던 은(殷)나라 사람들은 70무를 지급하여 조법을 실시했다는 내용과 꼭 들어맞는다는 사실을 확실하게 알려 주려 했으니, 어찌 다행한 일이 아니겠는가.

맹자는 다음과 같이 말하였다. "사방 1리(里)를 정(井)이라고 하고, 1정은 900무이니, 그 가운데는 공전(公田)이 된다" 우물 정(井) 자 모양으로 해서 아홉 개의 구획을 만들어 여덟 가구가 모두 여덟 구획의 사전(私田) 100무씩을 받고, 공전 100무 중에

20무로 여사(廬舍)를 지어 여덟이 사는데, 그들이 경작하는 공전은 모두 10무씩이니, 이는 주(周)나라의 제도가 그러하였다. 맹자는 다음과 같이 말하였다. "은나라는 70무를 지급하여 조법(助法)을 실시했으며, 주(周)나라는 100무를 지급하여 철법(徹法)을 실시했습니다. 철(徹)은 통하는 것이고, 조(助)는 돕는다는 것입니다. 제도의 실상은 모두 10분의 1의 세금을 내는 것입니다"

맹자가 주나라의 100무 제도에 대해서 논한 내용은 참으로 자세하게 잘 설명했지만, 은나라 제도를 언급한 내용은 단지 70무를 지급하여 조법을 시행했다는 것뿐이다. 당시 제후들은 주나라 때 전적을 모두 없앴으니, 하물며 은나라 제도가 어떻게 아직도 보존된 것이 있었겠는가.

주자가 살던 시기는 맹자가 살던 시기보다 더욱 오래되어 할 수 없이 주나라 제도를 가지고 추론해서 설명하였다. 주자는 다음과 같이 주석하였다. "은나라 사람들이 처음에 정전제(丁田制)를 시행하여 630무의 땅을 나누어 아홉 구획으로 만들었으니, 한 구획은 70무이다. 한가운데에는 공전(公田)을 만들고, 그 밖에 여덟 집에 각각 한 구획씩을 주어 단지 그 힘을 빌려서 공전의 경작을 돕게 하고서는 다시 그 사전에 세금을 부과하지 않았다" 또 주자가 다음과 같이 주석하였다. "내 나름대로 생각해 보니, 은나라 제도 역시 이와 비슷해서 14무로는 여막[廬舍]을 만들어 농부 한 사람이 실제로 도전 7무를 경작하였을 것이니, 이 역시 10분의 1에 불과한 것이다"

주자는 은나라 제도를 전혀 살펴보지 못해서 주나라 제도를 가지고 은나라 제도를 추측했기 때문에 정전제를 이렇게 설명하는 것이 당연하다. 예전에 한유(韓愈)는 〈석고가(石鼓歌)〉를 지어 공자가 진(秦)나라에 가지 않아 석고문(돌로 만든 북 모양으로 직경이 3자가 넘었다)을 못 본 것에 대해 탄식했다. 만약 주자가 이 〈기전도(箕田圖)〉를 봤다면, 응당 다시 어떻게 생각했겠는가. 이제 이것을 가지고 살펴보면, 공전과 여사(廬舍)의 제도는 함부로 억측한 것이 아니다. 이 전(田) 자형의 토지에 직접 가서 본 것이니, 네 구획은 네 사람이 받은 토지이다. 혹자는 '평양성의 토지는 정(井)으로 일컬어진 지 이미 오래되었으니, 정은 곧 아홉 구획이니, 지금 섣불리 네 구획이라고 말해서는 안 된다.'라고 하였는데, 이것은 잘못된 것이다. 만일 은나라와 주나라의 토지제도를 논해 보면, 여덟 구획이니, 이것은 여덟 가구가 받은 토지이다.

이것으로 추측해 보면, 아무리 많은 구획일지라도 모두 그러해서 70무 가운데 7무로 공전을 만들었다는 주자의 이론대로라면, 역시 10분의 1 세율에 어긋나지 않는다. 여사(廬舍)의 경우 주나라 때 제도가 잘 갖추어졌지만 공전 20무에서 농부 여덟 명이 여사를 만들면, 농부 한 사람이 사는 곳은 크기가 2무 반에 불과하다. 가령 농부 한 사람이 받은 70무에서 7무로 공전(公田)을 만들고 힘을 다해 공전 경작을 도운 63무 외에 더 이상 세금을 내지 않았다면, 비록 한두 무로 여사를 만들어 살았어도 또한 자연 10분의 1을 부세로 내는 제도에는 문제 되지 않는 것이다.

농부 한 사람이 사는 곳이 70무 가운데 있었는지, 아니면 도성 안에 살거나 산에 사는 사람이 들에 농지를 받아 오가면서 농사를 지었는지는 전혀 알 수가 없고, 길은 있지만 여사는 없는 것인지 역시 알 수는 없다. 은나라와 주나라의 전제(田制)가 같지 않은 것은 70무와 100무로도 이미 알 수 있는데, 4구획인지 9구획인지의 차이에 대해 의심할 필요가 있겠는가. 중요하게 생각할 것은 두 나라 모두 같은 10분의 1 제도를 시행했다는 것이다.

공자가 말하였다, "주나라는 은나라의 예를 따랐으니, 덜어 내고 더한 바를 알 수 있다. 뒤에 혹시 주나라를 이을 왕이 생긴다면, 아무리 100대 후의 예라 할지라도 알 수 있을 것이다" 100대 후라 할지라도 알 수 있는 것이 10분의 1 제도를 두고 말한 것이 아니겠는가. 지난해에 조사(詔使) 주학사(朱學士)와 양(梁) 급사중(給事中)을 수행해서 함께 기전(箕田)을 보고 왔는데, 구획 하나가 70무가 된다는 것을 미처 몰라서 질정 받지 못한 것이 유감이다. 마침내 이렇게 느낀 바를 써서 발(跋)을 지어 후세에 볼 사람을 기다리노라.

서경(西坰) 유근(柳根)이 삼가 쓰다.

기전도설후어(箕田圖說後語) [허성(許筬)]

평양의 남쪽에 있는 전지(田地)는 일반적인 전제(田制)와 다른데, 사람들은 그곳을 기자의 정전(井田)이라고 하였다. 학사 대부들 중 동서(東西)로 여행할 때에 이 도성을 지나가는 사람은 모두 길을 돌아서 이곳을 거쳐 갔다. 그런데 그들은 그 전제가 일반적인 전제와 다른 것을 보고서 유적이라고만 여기고, 처음부터 주(周)나라 정전이 아니라, 바로 은(殷)나라 제도라는 것을 사실 몰랐다.

정미년(1607, 선조 40) 가을에 서원(西原) 유천공(柳川公) 한준겸(韓浚謙)이 평양감사가 되어 노모를 모시고 부임지로 갔다. 지부(地部) 우시랑(右侍郞)이던 그의 형 구암공(久菴公)이 휴가를 받아 가서 어머니를 뵈었다. 어머니를 모시던 여가(餘暇)에 고국(故國)의 여승지를 두루 구경하고 이른바 정전(井田)이라는 곳까지 가게 되었다. 두루 구경을 다하기 전에 감회가 일었으나, 흥회(興懷)로는 부족하여 토지의 면적을 측량하였다.

그 경계를 바탕으로 천맥(阡陌)을 따라 무법(畝法)으로 대략 계산하니, 50무라고 하기에는 남고, 100무라고 하기에는 부족하였으니, 바로 70무의 밭이었다. 70무에서 조법(助法)을 실시한 것은 바로 은나라의 국법이었다. 이때에 주나라 제도가 일거에 온 세상에 보급되지는 못하였을 것이다. 기자(箕子)는 은나라 왕실의 원로로서 조선에 분봉을 받아 은나라 제도를 바로 이곳에서 실시한 것이다. 그렇다면 70무의 전제(田制)는 기자가 직접 우리나라에 전해 준 법이 아니겠는가.

그 전제(田制)를 구암(久菴)이 〈도설(圖說)〉로 만들어 기록하였으니, 나는 더 이상 다른 말을 덧붙이지 않겠다. 은나라의 전제(田制)는 역사가 매우 오래되어 문헌이 전해지는 것이 없기 때문에 주자(朱子)처럼 명철한 분도 고증할 방법이 없어 주나라 제도를 통해 추측해 내었으니, 옛것을 좋아하고 고증을 폭넓게 하는 선비들이 지금까지 유감으로 생각하였던 것이다. 그런데 하루아침에 유적을 찾아 오랜 세월이 지난 지금 직접 목격하게 되었으니, 어찌 통쾌한 일이 아니겠는가.

나의 벗은 평소 독서하고 궁리하여 사물이 번잡한 것 때문에 싫증을 느끼거나 그만두지 않았고, 크고 작은 제도와 문장, 사업에 대해 마음을 두지 않은 것이 없어 연구하고 검증하는 공부가 이러한 부분에서 더욱 힘을 얻었다. 아, 나의 벗이 아니라면 누가 이러한 일을 그렇게 할 수 있겠는가. 다만 이른바 공전(公田)과 사전(私田)이라는 것은 분명 그 제도가 있었을 것인데, 기록상으로 고증할 것이 없으니, 이것이 한 가지 안타까운 점이다.

또 그림을 가지고 추측해 보면 넓이 9무 되는 큰길 안쪽에 70무 되는 것이 64구간인데, 네모반듯하게 배열되어 있으니, 마치 『주역(周易)』의 〈방도(方圖)〉와 같다. 8구는 1항이 8개인데, 그 한 항의 8구획 가운데 한 구획을 내어 공전을 만들고, 그 나머지 7구획을 7가구가 각각 1구획씩 받아 가진다. 공전 가운데 7가구가 각각 3무씩 받아 여사(餘舍)를 지었으니, 3×7=21의 구획을 빼면 나머지 공전은 49무이다. 그것을 7가구가 나누면 도와 경작해야 할 것도 각각 7무이니, 사전 70무와 함께 계산하면 10분의 1이 되어 남거나 모자라는 것 없이 꼭 맞으니, 비록 명백하게 되어 있는 문구는 없지만 그 제도가 어찌 그러하지 않겠는가.

또 주나라 제도를 가지고 말해 보면, 공전 100무 가운데 여사 20무를 제외하면, 그 나머지는 80무가 되는데, 이것을 여덟 가구로 나누면 각각 10무씩 받게 된다. 이것을 사전 100무와 함께 계산하면 역시 10분의 1이 되니, 비록 조법(助法)과 철법(徹法)이 양에는 차이가 있겠지만 세율이 10분의 1이라는 점에서는 모두 똑같다. 제도 또한 대략 서로 비슷하니, 이른바 주나라 전제(田制) 또한 이 상(商)나라 제도를 바탕으로 가감해서 더욱 문식한 것이 아니라는 것을 어찌 알겠는가. 이를 통해 보면 9무로(九畝路) 안이 바로 그 제도의 전체이고 보는 방법이다. 3무의 작은 길 가운데가 바로 분산된 모양인데, 그 제도와 통한다. 반드시 4구를 1방단(方段)으로 삼은 것은 아마 그 2방단을 합하면 8구획이 되어 비록 나열하지 않고 차례대로 나가면 또한 8구가 1항이 된다는 뜻일 것이다. 어찌 아무런 의미 없이 8구로 만들고, 4구로 만들었겠는가.

주나라의 1정은 9구이고, 은나라의 1항은 8구이지만, 그 뜻은 한가지이다. 이와 같다면 굳이 정자형(井字形) 토지가 아니더라도 오히려 조법(助法)을 시행할 수 있다. 그러나 주자가 말하기를, "상나라 사람이 처음으로 정전제(丁田制)를 만들었다"라고 하였다. 분명 근거가 있을 것인데, 어느 책에서 나왔는지 모르겠다. 그러나 이 전제(田制)는 당초에 기자에게서 나왔다는 것은 의심할 것이 없고, 제도를 살펴보면 또한 은나라의 조법과 통하니, 당연히 이 전제가 옳다는 것은 의심할 여지가 없는 듯하다.

70무 7가이고, 7가 7무이며, 공전과 여사의 제도도 7이라는 수에서 벗어나지 않는다. 이것은 바로 자연스럽게 이루어진 숫자여서 그사이에 사람의 힘으로 안배(安排)할 수 없는 것이니, 성인의 제도가 아니라면 이와 같을 수 있겠는가. 기이하고 오묘하다. 아! 지금 기자의 시대와 수천 년이나 떨어져 있지만 남겨진 제도가 전해져서 지금까지 없어지지 않았으니 매우 다행이다. 그리고 은나라 제도라는 것을 드러내 밝힌 것은 나의 벗이 처음 할 수 있었으니, 이 역시 매우 다행이다. 나타났다가 사라지는 것도 그사이의 운수에 달린 것인가. 앞으로 이 전제가 다시 오늘날처럼 없어지지 않으리라고 보장할 수 없고 이 전제가 다시 지난날처럼 혹시 없어질지도 알 수는 없다.

옛것을 좋아하는 데 뜻을 둔 선비가 영원히 전하려고 생각한 것이기에 최선을 다했을 것이니, 그렇다면 나의 벗의 이 〈기전도(箕田圖)〉와 이 '기(記)'가 민멸되어 후세에 전해질 수 없게 만들어서야 되겠는가. 유천공이 이미 이 도의 감사가 되어 도내의 크고 작은 일을 모두 맡고 있다. 더구나 전대의 성인(聖人)의 제도를 유지하여 무궁토록 전하는 일은 실로 하찮은 일로 등한시해서는 안 되는 일이니, 이 〈기전도〉를 판각해서 관부에 걸어 두어 보는 사람마다 기자의 은택이 과년 백세(百世)가 지나도록 없어지지 않았음을 분명히 알게 해야 한다. 그리고 중국에서는 전해지지 않는 은나라의 전제가 오히려 우리나라에 보존되었으니 통쾌한 일이다. 훗날 백성들의 풍속을 관찰하는 사람이 이것을 채집해서 사관에게 자료를 주어 『여지지(輿地志)』의 평양부 아래에 이 기사를 달아 두도록 한다면, 다시 한번 통쾌한 일이니 어찌 그만둘 수 있겠는가. 부디 유천공(柳川公)은 힘써 주길 바란다.

양천(陽川) 허성(許筬)은 삼가 쓰노라.

『구암유고』 권상(上) – 동사찬요후서(東史纂要後敍)

계축년(1613) 가을에 내가 병으로 벼슬을 그만두고, 서호(西湖, 서울 마포에서 서강, 양화나루에 이르는 15리 지역)에서 지내고 있는데, 마침 아우 유천(柳川, 한준겸)도 시골에서 견책(譴責)을 기다리고 있어서 아침저녁으로 어울려 고금의 서적을 펼쳐 보며 시름을 달래고 있었다. 하루는 우연히 『동사(東史)』 한 질을 얻었는데, 영남의 사문(斯文) 오운(吳澐)이 지은 것이었다.

그 내용은 위로는 삼조선(三朝鮮)으로부터 아래로는 고려까지 대강과 대요를 갖추어 싣지 않은 것이 없었고, 상세한 것과 간략한 것이 『통감(通鑑)』·『사략(史略)』의 중간에 맞게 했다. 게다가 이름난 재상과 훌륭한 선비, 그리고 충의와 열사들을 모두 입전(立傳)하였고, 역적과 권흉들도 모두 부류별로 모아 그 끝에 부기하였다. 두서가 있어서 찾아보기에 매우 편리하니, 또한 우리나라에 없어서는 안 되는 책이다. 다만 「열전(列傳)」은 내용이 상세하지만, 「본기(本紀)」는 내용이 간략하고, 또한 「표(表)」·「지(志)」가 없어서 각 나라 법제의 연혁과 시대별 정치의 잘잘못에 대해 그 전말을 살펴볼 수가 없으니, 이것이 결점이라 하겠다. 게다가 삼한(三韓)과 한사군(漢四郡)에 대한 내용도 여러 학자들의 좁은 견해를 그대로 따라 절충된 논의를 볼 수 없으니, 이것은 실로 우리나라 역사서에 있어서 큰 오류이니, 다만 오공(吳公)의 이러한 역사서 기술에 대해서만 애석해하는 것은 아니다.

오공은 일전에 우리 아버님과 교유하였으니, 우리에게는 존집(尊執)이 된다. 그분은 오래전부터 시골에 내려가 살면서 날마다 역사서를 즐겨 읽는다고 들었으니, 선대 문헌 중에서 아마 검증한 것이 있었을 것이다. 계신 곳에 한번 찾아가서 의심나는 것을 여쭙고 싶었지만, 서로 남북으로 멀리 떨어져 만날 방법이 없기에 감히 주제넘고 망령되게 나의 소견을 이렇게 서술한다. 글은 거리의 멀고 가까운 것과 관계없으니, 만일 이 내용이 세상에 전해져 오공이 보게 된다면 어떻게 생각하실지 모르겠다.

삼가 살펴보건대, 우리나라는 예전에 남과 북으로 각각 나누어졌는데, 그 북쪽은 본디 삼조선(三朝鮮)의 땅으로, 단군조선(檀君朝鮮)은 요(堯)임금과 병립하였고, 기자조선(箕子朝鮮)을 거쳐 위만조선(衛滿朝鮮)에 이르렀으며, 이 지역이 나뉘어 4군이 되고, 4군이 합쳐져 2부(二府)가 되었다. 한(漢)나라 원제(元帝, B.C 75~B.C 33) 건소(建昭) 원년(B.C 38)에 고주몽(高朱蒙, B.C 58~B.C 19)이 일어나 고구려(高句麗)를 세웠다. 그 남쪽은 바로 삼한(三韓)의 땅으로, 한(韓)이 성립된 시기는 알 수 없으나, 한(漢)나라 초기에 기준(箕準)이 위만에게 쫓겨나 바다 건너 남쪽으로 와서 삼한 땅인 금마군(金

馬郡)에 이르러 그곳에 도읍을 정하고 한왕(韓王)이라고 칭하였으니, 이것이 마한(馬韓)이다. 진(秦)나라에서 도망한 사람들이 부역을 피해 한(韓)나라 땅으로 오자, 한(韓)나라에서 그 동쪽의 땅을 떼어 주었으니, 이것이 진한(辰韓)이다. 또 그 남쪽에는 변한(弁韓)이 있는데, 진한(辰韓)에 소속되었고, 각각 우두머리[渠帥]가 있었다. 『후한서(後漢書)』에 이르길, "변한(弁韓)은 남쪽에 있고, 진한(辰韓)은 동쪽에 있으며, 마한(馬韓)은 서쪽에 있다"라고 하였으니, 삼한의 지역적 위치를 지적한 것이 상세하였다.

신(新)나라의 왕망(王莽, B.C 45~A.D 23) 원년(8)에 온조(溫祚, ?~B.C 28)가 마한을 멸망시키고 백제(百濟)을 일으켰고, 한(漢)나라 선제(宣帝, B.C 91~B.C 49) 오봉(五鳳) 원년(B.C 57)에 박혁거세(朴赫居世, B.C 69~A.D 4)가 진한 육부(六部)의 백성들에 의해 추대되어 신라(新羅)가 시작되었다. 변한은 이전 역사서에 비록 전해지는 내용은 없지만, 신라의 유리왕(儒俚王, ?~57) 18년(41)에 수로왕(首露王, ?~199)이 가락(駕洛)에 개국하여 진한의 남쪽 경계를 차지하고 있다가 그 후에 신라에 편입되었으니, 아마 이곳이 바로 변한의 땅인 듯하다. 그렇다면 남쪽은 남쪽대로 있고, 북쪽은 북쪽대로 있어 본래 서로 침범하지 아니하였으니, 비록 경계가 정확하게 어디쯤인지는 모르겠지만, 아마 한강 일대를 경계로 삼아 남과 북을 나누는 천참(天塹)으로 삼은 듯하다.

최치원(崔致遠, 857~?)이 '마한이 고구려이고, 변한이 백제'라고 말하기 시작하였으니, 이것이 첫 번째 잘못이다. 권근(權近, 1352~1409)은 비록 마한이 백제인 것은 알긴 했지만, 고구려가 변한이 아니라는 것 역시 알지 못하고 혼동해서 말했으니, 이것이 두 번째 잘못이다. 그 후로 역사서를 쓰는 사람들이 이 잘못을 그대로 답습하여 서로 전해 더 이상 그 지역에 직접 가서 사실을 조사해 밝히지 못하였다. 결국은 삼한 한 구역 땅을 이리저리 갖다 붙이고 어지럽게 한데 뒤섞어 놓아서는 지금까지 수천 년이 지나도록 정해진 설이 없었으니, 얼마나 안타까운 일인가. 어떻게 하면 그 사실을 밝힐 수 있겠는가.

삼한시대에 우리나라에는 문자가 없었지만 『한서(漢書)』와 『후한서(後漢書)』에는 모두 「열전(列傳)」이 있어서 연대를 추측해 보고 지역 경계의 거리를 비교해 본다면,

아무리 수백 대(代) 먼 시대라도 눈앞에서 보는 것처럼 뚜렷할 것이니, 그것을 변별하는 데에 무슨 어려움이 있겠는가.

『한서』에는 다음과 같은 내용이 실려 있다. "한 무제(漢武帝)가 우거(右渠)를 토벌하고, 마침내 조선(朝鮮)의 땅을 평정하여 낙랑군(樂浪郡), 임둔군(臨芚郡), 현도군(玄菟郡), 진번군(眞蕃郡)이라는 사군을 설치하였다. 낙랑군치(樂浪郡治)는 조선현(朝鮮縣)이고, 임둔구치(臨芚郡治)는 동이현(東暆縣)이며, 현도군치(玄菟郡治)는 옥저성(沃沮城)이고, 진번군치(眞蕃郡治)는 잡현군(霅縣郡)이다"라고 하였다.

조선현은 지금의 평양이고, 동이현은 지금의 강릉이며, 옥저성은 지금의 함경도이다. 이 내용은 모두 증거로 할 만한 책이 있으니 이론의 여지가 없다. 잡현군은 어디에 있었는지는 모르겠지만, 한(漢)나라 소제(昭帝)가 사군을 합해서 이부(二府)를 만들 때 낙랑군과 임둔군을 합쳐서 동부도독부(東府都督府)를 만들었다. 낙랑군과 임둔군 사이에 황해도, 강원도, 경기좌도 등의 지역으로 지역 경계가 이미 서로 접하고 있었다. 또 현도군과 평나(平那)를 합쳐서 평주도독부(平州都督府)를 만들었으니, 평나는 바로 진번(眞蕃) 경내이다.[평나산(平那山)은 진번의 경내에 있기 때문에 그렇게 말한 것이다.] 현도군은 북쪽으로는 야인(野人) 지역에 이르고, 동쪽으로는 바다에 이르며, 남쪽으로는 임둔군에 접하였으니, 임둔군을 지나 천 리나 떨어져 있는 하삼도(下三道, 경상도, 전라도, 충청도)와 합할 수가 없으니, 형세상 관서(關西) 일대가 아니면 해당되는 곳이 없다.

생각하건대, 낙랑군치(樂浪郡治)가 평양에 있었을지라도 진번이라는 곳은 분명 평양 서쪽으로 이어진 땅에 있었을 것이니, 어떻게 현도군과 합하겠는가. 그렇다면 4군 2부의 경계는 여기까지였을 것이 분명하다. 다만 진번 지역은 세 개의 군에 비해 협소하였으니, 혹시 압록강 넘어서까지 경계가 있었는지는 알 수 없는 일이다. 고구려가 일어나면서 2부의 옛 땅을 차지하여 남쪽으로는 한강, 북쪽으로는 요동에 이르기까지 모두 고구려의 소유였으니, 또 어느 시대에 변한이 되었거나 마한이 되었던 적이 있었겠는가. 이를 통해 4군 2부는 4군 2부대로 있었고, 삼한과는 서로 관련이 없었다는 것을 알 수 있다.

『후한서』에 "변진은 진한의 남쪽에 있어서 역시 왜와 접해 있다"라고 하였고, 또 "변진 사람은 진한 사람과 뒤섞여 살아서 의복과 거처, 풍속이 같다"라고 하였다. 변한을 일컬을 때 반드시 변진이라고 하였으니, 그렇다면 변한은 분명 진한의 부용국(附庸國)으로 서로 멀리 떨어져 있지 않았다는 것을 알 수 있다. 『후한서』에 또 "마한은 54개국을 거느렸고, 진한과 변한은 각각 12개국을 거느렸다"라고 하였으니, 이른바 '국(國)'이라는 것은 바로 지금의 군현으로 진한과 변한을 합하면 겨우 24개국을 차지한 것으로 마한의 반도 되지 못한다. 이렇게 볼 때 호서와 호남이 합쳐져서 마한이 되었고, 영남 지역이 나누어져 진한과 변한이 된 것인데, 또 무엇을 의심하겠는가. 마한은 4군 2부의 시기를 거쳐 신(新)나라 왕망 때에 이르러 백제가 되었고, 진한도 4군 2부의 시기를 거쳐 선제(宣帝, B.C 91~B.C 49) 때에 이르러 신라가 되었다. 변한은 처음에는 진한의 부용국이었다가 나중에 결국 합병되었음은 이상에서 말한 대로이니, 그렇다면 삼한이 또 언제 중국 땅으로 편입되어 4군 2부가 된 적이 있었겠는가. 나는 또 이를 통해 삼한은 삼한대로 있으면서 4군 2부와 서로 관련이 없었다는 것을 알았다.

최치원은 당나라 소종(昭宗, 888~904) 때 사람으로 위로 삼한 시기와 시간 차이가 거의 천여 년이 된다. 그는 전해들은 것을 말한 것이지, 직접 보고 들은 것은 아니니 최치원은 권근과 무엇이 다르겠으며, 권근 또한 지금 사람들과 그 점에서 무엇이 다르겠는가. 더구나 최치원은 총명함과 재가가 우리나라 제일이기는 하지만, 역대의 흥망을 분명 남에게 들은 것을 바탕으로 알았을 것이다. 최치원이 당나라에 가서 유학할 때 나이는 12세였고, 그가 우리나라로 돌아왔을 때는 겨우 28세였다. 지금 『당서(唐書)』에 실린 내용은 모두 최치원이 유학했을 때 말한 것이니, 열두 살의 어린아이가 아무리 자기가 태어난 나라라 하더라도 천 년 동안의 역사를 훤히 알아서 조금도 틀리지 않는다고 반드시 장담할 수 없다. 후대에 읽는 자들이 항상 지금 사람들이 예전 사람에게 미치지 못한다고 하면서 반드시 그 내용을 신봉하려고만 하고 감히 의심하지 못하니, 이 또한 잘못이다.

권근 역시 근세의 훌륭한 선비이고, 오랫동안 금마군(金馬郡)에 살아 직접 기준성(箕準城)이라는 곳을 보았기 때문에 마침내 마한을 백제라고 단정하였다. 이 또한 나름의 견해가 있었다고는 할 만하지만, 끝내 눈을 크게 뜨고 원대하게 살펴보려 하지 않고 도리어 구차하게 견강부회할 생각을 한 것이다. 그는 변한이 남쪽에 있다는 것을 설명하면서 "한(漢)나라의 경계인 요동 땅을 기준으로 말한 것일 뿐이다"라고 하였다.

그리고 변한의 후예[苗裔]들이 낙랑에 있었다는 것을 인용할 때는 '묘예(苗裔)' 두 글자를 없애고 바로 '변한이 낙랑에 있었다.'라고 말했으니, 어쩌면 그렇게 심하게 천착했던가. 그 밖에 평나산(平那山)의 '평(平)' 자가 '변(弁)' 자와 소리가 비슷하다고 해서 마침내 변한을 고구려라고 말한 것은 또 어린아이들의 숨바꼭질과 다를 것이 없으니, 그야말로 우습다.

삼한은 동남쪽 한구석에 치우쳐 있어 중국과의 거리가 매우 멀어서 비록 요순(堯舜)이 선양하는 교화(敎化)도 그곳까지 미치지 못하고, 초(楚)나라와 한(漢)나라가 서로 싸워도 전쟁의 여파가 미치지 않는다. 그래서 편안하게 농사지으며, 자손을 양육해서 별도로 천지간에 사람마다 모두 천수(天壽)를 누리는 태평한 세상을 이루게 되었다. 이런 까닭으로 서북에서 피난 온 사람들이 많이 귀의하여 그대로 촌락을 이루어 각자 본래 살던 관할의 이름으로 사는 곳의 이름을 정한 것이다. 경주를 낙랑이라고 부르게 된 것도 진한(辰韓)을 혹 진한(秦韓)이라고 부르는 것과 같다. 후세 사람들이 이 두 낙랑을 분간하지 못하고, 평양을 변한이라고 하니, 얼마나 잘못된 것인가.

(출처: 학지원)

『旅軒集』(1642년)

張顯光(1554~1637)

『여헌집』은 조선시대의 학자 장현광의 시·서(書)·제문·잡저 등을 수록한 시문집이다. 아들 장응일(張應一)이 유고를 수집하고 편차하여 1642년에 간행하였다.

장현광의 본관은 인동(仁同)이고, 자는 덕회(德晦)이며, 호는 여헌(旅軒)이다. 아버지는 증이조판서 장열(張烈)이며, 어머니는 경산 이씨(京山李氏)로 제릉참봉(齊陵參奉) 이팽석(李彭錫)의 딸이다. 1576년(선조 9)에 재능과 행실이 드러나 조정에 천거되었다. 이후 여러 관직에 임명되었으나, 부임하지 않거나 사임하였다. 1636년(인조 14) 12월 병자호란이 일어나자 여러 군현에 통문을 보내어 의병을 일으키게 하고 군량미를 모아 보냈다. 그러나 이듬해 2월 삼전도(三田渡)에서의 항복 소식을 듣고 세상을 버릴 생각으로 동해 가의 입암산에 들어간 지 반 년 후에 세상을 떠났다. 주요 저서로는 『여헌집』, 『성리설(性理說)』, 『역학도설(易學圖說)』, 『용사일기(龍蛇日記)』 등이 있다.

1642년(인조 20)에 간행된 초간본은 현재 성균관대학교 중앙도서관, 국립중앙도서관, 규장각 등에 소장되어 있다. 이후 연보 3권 1책이 1800년대 순조 연간 이후에 간행되었다. 연보는 현재 장서각, 규장각 등에 소장되어 있다. 연보의 간행 이후 1800년대 말에서 1900년대 초에 속집이 원집 13권과 함께 간행되었다. 이 중간본은 현재 연세대학교 중앙도서관에 소장되어 있고, 성균관대학교 중앙도서관과 국립중앙도서관은 원집 없이 속집만 따로 소장하고 있다. 마지막으로 1983년에는 인동 장씨 남산파종친회(仁同張氏南山派宗親會)에서 중간본 원집 13권, 속집 10권에다 연보 3권, 성리설, 역학도설, 용사일기(龍蛇日記), 급문제현록(及門諸賢錄) 등을 합하여 『여헌선생전서(旅軒先生全書)』를 영인하였다.

고조선 관련 기록은 원집의 권1, 권3, 권9, 속집의 권1, 권4, 권10에 나온다. 원집 권1의 〈포은선생의 화상을 뵙고 지은 사(謁圃隱先生畫像詞)〉에서는 단군과 기자를 언급하였다. 권3의 〈진언소(進言疏)〉에서는 기자의 홍범구주의 교화를 언급하였다. 권9의 〈모원당에 대한 기문(慕遠堂記)〉에서는 단군, 기자, 한사군(漢四郡)을 언급하였다. 속집 권1의 〈서 청안(徐淸安)이 동국지도를 보내 줌에 사례하다(謝徐淸安東國地圖)〉에서는 단군과 기자를 언급하였다. 속집 권4의 〈청구도에 대한 설(靑邱圖說)〉에서는 단군, 기자, 구주(九疇), 삼한(三韓)을 언급하였다. 속집 권10의 〈사림제문(士林祭文) －문인 김광계(門人金光繼)〉에서는 단군을 언급하였다.

『여헌집』 여헌선생문집 권1 사(詞) – 포은선생(圃隱先生)의 화상(畫像)을 뵙고 지은 사(詞)

우주 사이에 오래갈 수 없는 것은 형기(形氣)이니
사람이 백 년을 지나도록 몸을 보존하는 자 그 누구인가.
그중에 없어지지 않는 것은 덕의(德義)이니
천백 대(代)를 지나도 교화(敎化)가 사람들에게 남아 있네.
없어지지 않는 것을 생각하고 오래갈 수 없는 것을 생각하며
참모습과 비슷한 것을 찾으려 하나 무엇을 근거할까.
얼마나 다행인가 선생이 돌아가신 지 200여 년에
오늘날 선생의 모습을 배알하게 되었으니
아! 도덕과 절의(節義)가 우리나라에서 제일인 분이 아니면
사람들로 하여금 유상(遺像)을 보고 감격하며 기뻐하기를 이처럼 지극하게 할까.
하늘이 선생을 말세에 탄생케 한 것은 아마도 뜻이 있어서일 것이니
옛날 단군(檀君)과 기자(箕子) 이후에 일찍이 베풀어지지 못한 문교(文敎)가
선생의 탄생으로 말미암아 떨쳐 일어나게 되었고
그 후 우리나라 만만세에 변할 수 없는 윤리 강상(綱常)이
선생의 죽음으로 말미암아 붙들어 유지되었네. (640쪽 1)

『여헌집』 여헌선생문집 권3 소(疏) – 진언소(進言疏) [기사(己巳)년 9월]

우리나라는 비록 궁벽하게 바다의 동쪽에 있으나 풍토의 아름다움과 산천의 빼어남이 원래 먼 변방의 딴 나라에 비할 것이 아니오며, 중간에 기자(箕子)의 홍범구주(洪範九疇)의 교화를 입어서 풍속이 예의(禮義)를 지키고 겸양하며 돈후하고 올바른 풍습이 있으므로 소중화(小中華)라 칭해지고 혹은 동쪽의 노(魯)나라라 칭해져 온 지가 오

래되었습니다. 그리하여 중국에서는 일찍이 오랑캐로 여겨 가벼이 대우하지 않았으며, 이웃 나라들은 감히 흠모하고 숭상하며 정성을 바치지 않은 적이 없습니다. 또 아조(我朝, 조선조)에 들어온 이래로는 여러 선왕들이 대대로 계승하여 덕을 쌓고 교화를 밝히며 번병(藩屛)의 예(禮)를 지키고 직책을 다하여 황조(皇朝, 명나라)에 중한 대접을 받고 오랑캐와 왜적들에게 공경을 받아 온 것이 또 전대(前代)에 미칠 바가 아닙니다. (640쪽 2~641쪽 3)

『여헌집』 여헌선생문집 권9 기(記) - 모원당(慕遠堂)에 대한 기문(記文)

우리 집안들은 나를 가련하게 여긴 나머지 생존해 돌아온 고향 친구들과 도모하여 재목을 거두고 물력(物力)을 내어 나의 옛터에다가 집을 경영하였다. 그리하여 방과 대청을 각각 두 칸씩 만들었으며, 지주(地主)인 유사군(柳使君)이 군청(郡廳)의 남은 기와를 주어 지붕을 덮었으니, 이상은 내가 이 당을 소유하게 된 내력이다. 모원당(慕遠堂)에 거처하면서 아득히 생각을 떠올리면 옥산(玉山)의 땅은 이 역시 축회(丑會)에서 개벽할 때에 시작되었을 것이다.

단군(檀君)과 기자(箕子) 이후로 한사군(漢四郡)으로 나뉘었다가 두 도독부(都督府)가 되고 다시 삼한(三韓, 삼국)으로 나누어진 것이 홍황(洪荒)하고 질박 간략한 가운데에 있었는데, 이 지역에 태어나 스스로 살 곳으로 삼은 자가 몇 대이며, 주(州)와 부(府), 군(郡)과 현(縣)의 칭호를 가지고 있으면서 혹 인습하고 혹 개혁한 것이 몇 번이며, 그간 인물의 성쇠(盛衰)와 풍속의 선악(善惡)이 몇 번이나 변했으며, 혹 도적의 창칼에 소탕되고 무너진 것이 또한 이와 같은 때가 있었는가. 우리 선대가 이 지방에서 사신 것은 지금에 미쳐 알 수 있는 것이 20여 대뿐이다. 20여 대 이상은 본래 이곳에 적(籍)을 두고 살았으나 아득히 멀어 전하지 않는 것인가? 아니면 혹 처음에 딴 지역에 거주하여 이 땅을 관향(貫鄕)으로 삼지 않아서 전하지 않는 것인가? 아득히 증거 할 곳이 없어 모두 전하지 않는다. 무릇 몇 번이나 쇠하고 왕성함을 거쳤으며, 몇 번이나 나쁘고 좋음을 거쳐 지금에 이르렀는가.

『여헌집』 여헌선생속집 권1 시(詩)○칠언고시(七言古詩) - 서 청안(徐淸安)[사원(思遠)]이 동국지도(東國地圖)를 보내 줌에 사례하다

청안(淸安) 현감 서행보(徐行甫)가
나에게 청구도(靑邱圖) 한 폭 보내 주었네.
이해는 만력(萬曆) 24년이니
5년 동안 이 나라에 왜노(倭奴)가 주둔하였네.
나라가 나라꼴이 못 되어 참으로 애통하니
지도를 어루만지며 장탄식 금치 못하노라.
천지가 개벽한 초기로부터
우리 동방 실로 중국과 함께하였다네.
산 좋고 물 좋아 풍기(風氣) 아름다우며
땅은 천하에 기름진 곳이라오.
군신(君臣)과 사직(社稷)은 상제(上帝)의 명이요
예악(禮樂)과 문물(文物)은 중국을 따랐다네.
단군(檀君)과 기자(箕子) 이래로 몇 천 년 동안
일찍이 오랑캐의 구역 되지 않았으니
그 근본을 구명해 본다면 다른 데에 있지 않아,
우리나라 사람들 인의(仁義)의 길 잃지 않아서라오.
지금 거센 파도의 기세가 하늘을 뒤덮으니
누가 한 손으로 곤륜산(崑崙山)을 붙들 것인가.
그동안 인심(人心)이 참다운 본성 잃었으니
화를 내림은 하늘이나 그 기틀은 우리 때문이었네.
애통해라, 360개의 고을이
오랑캐의 침략 받아 한칼에 도륙되었는데
다행히 황제의 도움으로 해 뜨는 곳 진동하여

동방의 백성들 다시 세 도읍[73] 회복하였다네.
아직도 하늘은 화를 내림 뉘우치지 아니하여
시랑과 같은 무리들 남북에서 몰래 엿보고 있다오.
이때에 만일 군자(君子)의 뜻 간직하고 있다면
뱃속에 어찌 경륜(經綸)의 계책 없겠는가.
멀리서 여지도(輿地圖)를 보내 주니 참으로 뜻이 있으나
스스로 돌아봄에 부유(腐儒)의 이 몸 어쩌겠나.
고인의 귀중한 선물 잊을 수 없어
손수 벽을 쓸고 자리 모퉁이에 걸어 놓네.

『여헌집』 여헌선생속집 권4 잡저(雜著) – 청구도(靑邱圖)에 대한 설(說)

우리 인간이 만약 중국에서 태어나지 못했다면, 우리 동방에서 태어난 것도 다행이다. 더구나 사람은 중국에서 태어나지 않았으나 똑같이 천지의 이치를 받았고, 나라는 큰 나라가 아니나 똑같이 통행하는 도리가 있으며, 땅은 비록 해외이나 똑같이 이 하늘의 아래에 있다. 중국 사람들의 성(性)이 인(仁)·의(義)·예(禮)·지(智)·신(信)뿐인데 우리나라 사람들 또한 모두 인·의·예·지의 변치 않는 떳떳한 성을 간직하고 있으며, 중국 사람들의 도(道)가 부자간(父子間)에 친하고 군신(君臣) 간에 의롭고 부부간(夫婦間)에 분별이 있고 장유(長幼) 간에 차례가 있고 붕우(朋友) 간에 신(信)이 있는 것뿐인데, 우리나라 사람들 또한 모두 부자·군신·부부·장유·붕우의 떳떳한 도리가 있다. 그렇다면 어찌 해외라 하여 스스로 소외할 것이 있으며, 나라가 작다 하여 스스로 하찮게 여길 것이 있겠는가.

이제 이미 지나간 자취를 살펴보면 단군(檀君)이 나라를 다스림은 곧 우리 동방의 무위(無爲)의 교화로, 우리나라 사람들을 인민으로 삼고 우리 동방에 나라를 세웠다. 대성(大聖)인 기자(箕子)는 곧 대우(大禹)의 구주(九疇)를 전한 분인데 우리 동방의 군

73 세 도읍: 서울인 한성(漢城)과 개성(開城)·평양(平壤)을 이르는 바, 삼경(三京)이라고도 칭한다.

주가 되고 우리 동방을 교화하였으니, 나라를 다스려 단군의 교화를 이룩하고 군주가 되어 기자의 가르침을 다한다면 교화가 지극하고 가르침이 극진하다고 이를 만하다. 어찌 땅이 해외에 있고 나라가 작다 하여 손해가 될 것이 있겠는가.

오이 조각처럼 나누어졌던 삼한(三韓)과 솥발처럼 서 있던 삼국(三國)의 경우는 오직 분쟁만을 일삼고 공격과 정벌로 나라를 유지하였으니, 우리나라는 이때에 한갓 싸움터일 뿐이었다. 그러다가 고려시대에 삼국을 통합하여 하나로 만들어서 왕업(王業)이 볼만하였고, 우리 조선조에 들어와 추대로 나라를 소유하여 성스러운 다스림이 지극히 구비되었으니, 진실로 위에는 훌륭한 군주가 있다고 이를 만하였다. 그리고 도덕의 선비가 끊이지 아니하여 서로 도통(道統)을 이어서 공자(孔子)와 맹자(孟子)를 스승으로 삼고 정자(程子)와 주자(朱子)를 배우지 않는 자가 없으며, 문장의 재주가 대대로 나와 나라를 빛내어 모두가 한유(韓愈)와 유종원(柳宗元)을 뒤따르고 구양수(歐陽脩)와 소동파(蘇東坡)를 잇고 있으니, 또한 아래에 훌륭한 사람이 있다고 이를 만하다.

아, 근년 이래로 우리 동방의 구역은 오랫동안 북상투를 하고 이빨에 검은 칠을 하는 오랑캐들에게 더럽힘을 당하여, 산하(山河)가 분노의 기운을 띠고 풍운(風雲)이 부끄러운 기색을 머금고 있으니, 재앙을 부른 것이 우리 자신들에게 있었는가 아니면 우리 동방의 기수(氣數)가 피하기 어려웠던 것인가. 지도를 어루만지는 당일에 한심스러움을 이길 수 없다. 아, 오늘날의 산천은 곧 옛날의 산천이요, 오늘날의 경토(境土)는 곧 옛날의 경토이니, 똑같은 산천이고 똑같은 경토인데 다스리고 혼란함의 자취가 크게 다르고, 흥하고 망함의 운수가 이처럼 판이함은 어찌해서인가?

지금 마침내 이 지도를 보면서 손가락으로 가리키며 말하기를 "아무 도읍은 바로 단군이 무위의 교화를 이룩한 곳이요, 아무 서울은 기자가 구주의 다스림을 편 곳이다. 아무 주(州)는 신라의 수도인데 아무 군주가 나라를 일으켰고 아무 군주가 멸망시켰으며, 아무 부(府)는 고려의 도성인데 아무 왕이 창건하고 아무 왕이 전복시켰다" 하니, 이것은 우리 동방의 이미 지나간 자취이다. 지금 이후로도 몇 번이나 치란(治亂)과 흥망(興亡)이 있어 후세 사람들이 가리키는 바가 될지 모르겠다.

그리고 이제 또 가리키기를 "아무 지방에서는 아무 현인이 출생하였는데 지금 그 자손으로는 아무가 있으며, 아무 고을에서는 아무 불초한 자가 출생하였는데 지금 그 자손으로는 아무가 있다" 하며, "신하가 되어 충성을 다한 자가 아무 지역에서 출생하고 자식이 되어 효도를 다한 자가 아무 지역에서 출생하였는데, 아무 자손은 그 도리를 잘 잇고 아무 자손은 그 선조를 욕되게 한다" 하니, 이는 우리나라의 이미 지나간 사람들이다. 지금 이후로 또다시 몇 명이나 어질고 불초한 선조와 후손이 있어 후인들이 가리키는 바가 될지 모르겠다. 이에 마침내 설을 지어 이 지도를 보는 자와 함께 보려고 하는 바이다.

『여헌집』 여헌선생속집 권10 제문(祭文) - 사림제문(士林祭文) - 문인(門人) 김광계(金光繼)

아, 우리 동방은
아득히 멀리 한 지역에 떨어져 있어
단군으로부터 신라에 이르도록
무무(貿貿)하여 혼우(蔑蔑)하였습니다.
고려의 운이 끝나려 할 때에
포로(圃老)[74]께서 첫 번째로 나오시어
문명(文明)을 밝게 개시하여
우리 후학들을 깨우쳐 주셨습니다.
이에 두서너 명의 대현(大賢)들이
서로 뒤이어 나왔으나
기이한 화가 뒤따라 이르러서
끝까지 시행하지 못하였습니다.
퇴옹에 이르러
동남 지방에서 도를 창도(倡導)하시니
여러 현자들이 크게 일어나

---

74 포로(圃老): 포은(圃隱) 정몽주(鄭夢周)를 높여 칭한 것이다.

학의 새끼가 어미 소리에 화답하듯 하였습니다.
우리 선생은
이것을 들어 아시니
선비들은 종사(宗師)를 얻고
나라에는 시초(蓍草)와 거북이 있게 되었습니다.
한 바위가 우뚝이 솟아
낙동강 가에 있었습니다.
그 이름은 부지암(不知巖)인데
한가로이 은거하시기에 적당하였으며
졸졸 흐르는 샘물은
굶주림을 달래며 즐기실 수 있었습니다.
좌우에는 도서(圖書)를 쌓아 놓고
굽어보아 읽고 우러러 생각하셨습니다.
천 년 전의 일을 묵묵히 생각하시니
선천(後天)과 후천(後天)의 학문이었습니다.
국그릇을 대하든 담장을 대하든 주공(周公)과 공자(孔子)였고
자나 깨나 복희(伏羲)와 문왕(文王)을 생각하셨습니다.
깊은 뜻을 연역(演繹)하고
그림을 그리고 해설을 만들어서
앞선 현인(賢人)들을 계승하여
후학들에게 은혜를 끼쳐 주셨습니다.
훌륭한 명예가 몸에 베풀어지니
나라에서 초총함이 거듭 이르렀으나
자신은 한 그릇의 밥과 한 그릇의 음료로
뜻을 변치 않았습니다.

(출처: 한국고전번역원)

『谿谷集』(1643년)

張維(1587~1638)

『계곡집』은 조선 인조 때의 문신이자 학자였던 장유의 시문집으로, 1643년에 간행되었다.

장유의 자는 지국(持國)이고, 호는 계곡(谿谷)·묵소(默所)이다. 장유는 1605년(선조 38) 사마시를 거쳐 1609년(광해군 1) 증광문과에 을과로 급제했고, 이듬해 겸설서(兼說書)를 거쳐 주서(注書)·검열 등을 지냈다. 1623년 인조반정에 가담하여 정사공신(靖社功臣)에 책록되었다가 그 후 대사간·대사헌·대사성을 역임하였다. 천문·지리·의술·병서 등에 능통했고, 이정구(李廷龜)·신흠·이식(李植) 등과 더불어 조선 문학의 4대가로 불린다. 주요 저서로는 『계곡집』 외에도, 『계곡만필(谿谷漫筆)』과 『음부경주해(陰符經注解)』 등이 있다.

『계곡집』은 장유 본인이 편집했던 것을 1643년(인조 21) 그의 아들 장선징(張善徵)이 약간의 시문을 추가하여 간행하였다. 책의 본집은 34권이고, 만필(漫筆)은 2권으로 도합 36권 16책이다. 본서는 현재 국립중앙도서관, 전남대학교 도서관, 규장각 등에 소장되어 있다.

고조선 관련 기록은 「계곡선생집서(谿谷先生集序)」, 본집 권1, 권2, 권13, 권16, 권25와 만필 권2에 나온다. 〈계곡집서(谿谷集序) –김상헌(金尙憲)〉에서는 은나라의 기자가 조선 땅에서 문화의 교육을 일으켰다고 기술하였다. 권1의 〈속천문(續天問)〉에는 단군이 나라를 열고 기자의 교화를 받았다는 내용이 있다. 그리고 〈기자를 애도하는 부. 강 편수의 운에 차함(弔箕子賦次姜編修韻)〉이라는 글에서 기자가 조선에 와서 범금팔조(犯禁八條)를 제정한 것을 말하였다. 권2에서는 기자의 홍범구주(洪範九疇)를 준수할 것을 말하였다. 권13에서는 서산대사(西山大師)의 부친 최세창(崔世昌)이 기자전 참봉(箕子殿參奉)을 역임했다고 기술하였다. 권16에서는 당시의 예조판서가 평양(平壤)에 숭인전(崇仁殿)을 세워 기자에게 제사를 올리게 하고, 그 후손인 선우식(鮮于寔)을 전감(殿監)으로 삼아 제사를 주관하게 할 것을 주청하고 있다. 권25의 〈황제 등극 축하 사절 한 지추를 전송한 시

(送登極賀使韓知樞)〉에서는 기자의 팔조법금(八條法禁)을 언급하였다. 「계곡선생만필」 권2에서는 기자의 정전법(井田法)에 대해 언급하였다. 그리고 은나라가 망하고 난 뒤에, 기자가 무왕에게 홍범(洪範)을 이야기해 주었던 것, 은나라의 도가 쇠해지자 기자가 그곳을 떠나 조선으로 가서 백성들에게 예의와 누에치기와 베짜기 등을 가르쳤던 것을 말하였다.

『계곡집』 계곡선생집서 서(序) – 계곡집서(谿谷集序) [김상헌(金尙憲)]

동쪽 나라의 풍속이 대국(大國)으로부터 전해 온 지 오래된 일이고 은(殷)나라 태사(太師, 기자(箕子))가 문교(文敎)를 일으키기 시작한 지도 1천여 년이 지났는데 그동안 유림(儒林)과 문원(文苑)을 조금도 볼 수 없었던 것은 어찌 된 연고인가. 신라 이후로 중국에 유학하는 인사들이 점점 많아졌지만 오직 고운(孤雲) 최치원(崔致遠)이 세상에 이름을 날렸고, 고려 때는 느지막하게 목은(牧隱) 이색(李穡)이 나왔는데, 그의 깊고 넓은 학식은 능히 겨룰 자가 없었다. 이렇게 본다면 글로 기예를 떨친다는 것도 어려운 일이라 하겠다. (642쪽 1)

『계곡집』 계곡선생집 권1 사부(詞賦) – 속천문(續天問) [병서(并序)]

옛적에 굴원(屈原)이 내쫓긴 뒤에 산택(山澤)을 방황하면서 천문(天問) 한 편을 지었는데, 이는 대체로 하늘에 묻는 형식을 취해 스스로 현실을 개탄하면서 옛날에 대한 감회를 풀어 쓴 것이었다. …

단군께서 나라 열고
기자의 교화 받았는데
어째서 성인의 옛 터전에
유풍을 볼 수 없단 말인가. (642쪽 2~643쪽 3)

『계곡집』 계곡선생집 권1 사부(詞賦) – 기자를 애도하는 부(弔箕子賦). 강 편수(姜編修)의 운에 차함 [병서(并序)]

굴원(屈原)과 송옥(宋玉) 이후로 세상에 소(騷)가 없게 되었고 반고(班固)와 장형(張衡) 이후로는 세상에 부(賦)를 볼 수 없게 되었다. 그러다가 명(明)의 시대에 접어들어 이몽양(李夢陽) · 하경명(何景明) 등 제자(諸子)가 나오면서 비로소 성대하게 고풍(古風)을 떨치기 시작했으나 규모가 크고 아름다운 표현을 구사하는 체재(體裁)는 아직 크게 갖추어지지 못했었는데, 노차편[盧次楩, 노담(盧柟)]과 왕원미(王元美, 왕세정(王世貞)) 이후로 소부(騷賦)가 문득 옛 경지를 회복하게 되었다. 내가 일찍이 이를 읽고 부러워하면서 한편으로는 중국같이 큰 나라에서는 반드시 이들의 뒤를 이어 나온 사람들이 있을 것이라고 생각하였는데 그동안 바다 밖 변두리에 멀리 떨어져 있는 탓으로 듣지를 못했었다. 그런데 이번에 영광스럽게도 정사대인(正使大人)이 〈기자부(箕子賦)〉 1편(篇)을 보여 주었는데, 그 사지(詞旨)가 순일(純一)한 것은 말할 것도 없고 인성(仁聖)의 은미한 뜻을 천양하는 데에 충분하였으며, 그 기문(奇文)을 배치하고 오어(奧語)를 나열한 것을 보건대 왕 · 노 같은 이들이 다시 나온다 하더라도 멀찌감치 뒤에서 눈을 휘둥그렇게 뜨고 쳐다볼 것이 거의 분명하니, 아 또한 장하다고 하겠다. 내가 견문이 부족한 데다 기예 또한 보통의 수준밖에 안 되는 만큼 더위잡고 올라가 보조를 같이하기에는 부족하나 다만 창수(唱酬)하는 예(禮)를 감히 빠뜨릴 수가 없기에 삼가 그 운(韻)에 맞추어 화답해 올리면서 가르침을 청하게 되었으니 내 글을 보고 박장대소를 하더라도 어쩔 수 없는 일이다. 그 내용은 다음과 같다.

이내 몸 세상에 태어남이여
외톨이로 짝 없음을 슬퍼하였네.
철인들의 뛰어난 자취 회상함이여
높이 날아 올라가 함께하려 생각했네.
온 세상 뒤져서 그런 사람 찾음이여
나에게 안주 주고 술을 따라 주는구려.

절창(絶唱) 끊어진 지 오래되어 서글펐는데
누군가, 내 노래로 화답케 하는 당신은.
평양성 옛 유적지 지나오면서
성인의 끼친 업적 사모하였네.
혼이 오르내리는지 알 수 없으나
상제의 처소에서 함께 말씀 나누리라.
이 세상 골고루 큰 법 펼쳐졌지만
부자 계셨던 이곳이야 더 말해 무엇하랴.
남기신 풍도 까마득히 거슬러 오름이여
가슴 답답해지면서 자꾸 어긋나도다.
옛날 부자께서 신의를 닦고 행함이여
탕(湯) 임금의 깊은 마음 간직하였고
아름답고 정결하게 몸을 단장함이여
도의 실천으로 보배를 삼았도다.
그 아름다움 종묘에 바치려 하였으나
그만 음란한 세상 만나고 말았구려.
천명은 항상 한곳에 있지 않건마는
주(紂)의 패악한 행동 고쳐지지 않았도다.
크고 넓은 한길을 내버려 둔 채
꼬불꼬불 험한 산길 골라 다녔고
온갖 향초 베어 내어 쌓아 놓고는
가시나무 빽빽하게 심어 놨도다.
탕 임금 천명을 누릴 만하여
상제의 보살핌 날로 더욱 깊었고
계속해서 성현들 여러 분이 배출되어
상나라 명맥 지금까지 이어지게 되었도다.

하나라 망한 역사의 교훈 멀지 않은데
어찌하여 지금 사람들 반성하지 못하는가.
말희(妺喜)가 요망한 짓 자행함이여
그토록 해 끼친 것 깨닫지 못하도다.
수레바퀴 꺾이면서 넘어짐이여
엎어져도 계속 그 길 즐겨 나오네.
패망의 역사에 징계됨이 없음이여
또 어두운 밤길을 치달려 가는도다.
고기가 숲 이루고 술이 못을 이룸이여
천 사람이 마시고 만 사람이 부르짖네.
아, 친족들과 올곧은 사람이여
모두 애태우면서 크게 근심하였도다.
국가의 대계 열심히 말해 줌이여
임금은 오히려 괴이하게 생각했네.
저 소사 바른말 해 줌이여
어찌 죽을 줄 생각하지 못했으랴.
서글퍼라 실낱같은 국가의 운명
서쪽으로 지는 해 같았기 때문일세.
그러니 어찌 내 몸 돌볼 수 있겠는가
임금이 빨리 정신 차리면 그뿐이지.
왕자는 떠남이 합당함이여
내가 정말 성심껏 일러 주었네.
쓰러진 나무에 움트는 것이
그래도 고사(枯死)보단 낫지 않은가.
아, 돌아보고 돌아보는 내 마음이여
장차 여길 버리고 어디로 간단 말인가.

천명은 이미 서쪽으로 기울어졌음이여
날로 군대 사열하며 동쪽을 엿보도다.
그 누가 향초 놔두고 악초(惡草)에 나아갈까
더구나 엿 뱉고서 씀바귀 먹진 않으리라.
고황에 든 병은 치료할 수 없음이여
유로가 온다 한들 또 어떻게 손을 쓰랴.
내 차라리 난을 당해 뜻을 낮추고
기꺼이 더러운 처지로 떨어지리라.
나 홀로 말없이 침통함이여
가슴과 등 쪼개지듯 아파 오누나.
어리석은 저 무리들 음란함을 짝함이여
절박한 나의 심정 누구라서 살펴 주랴.
나의 곧음 알아주게 신명에게 부탁할까
하늘과 땅의 신령 내려다보고 계시리라.
하늘이 멸망시키니 지탱할 수 없음이여
우리 선조에게 바치며 고하리로다.
현인 서로들 흩어져 떠남이여
내게 뜻이 있다 한들 그 누가 도와줄까.
썩은 흙도 좋다 하며 거부하지 않음이여
누가 있어 그 불선(不善)을 맑게 해 주랴.
죽임 당해 마땅한 신하의 죄여
어찌 바루지 못한 죄만으로 그칠 것인가.
홀연히 서쪽 군대 강물을 건넘이여
슬프다 은나라 운명 얼마 남지 않았구나.
저 아름답고 민첩한 은나라 선비들
다투어 새 임금에게 술 따라 올리누나.

그러나 나의 심정 변할 수 없음이여
항상 못 잊은 채 가슴속에 맺혀 있네.
고사리 캐 먹는 짓 너무 편협함이여
양 떼 끌고 가도록 차마 못 하겠도다.
홍범구주(洪範九疇)를 내놓음이여
그 도는 우·탕과 차이 없도다.
만세토록 이 백성 깨우침이여
내 유독 주나라에 알려 준 게 아니로다.
거듭거듭 부연해서 고해 줌이여
내 한 몸 억누르고 도를 드날림이로다.
역(易)의 뜻도 아울러 안팎으로 갖춤이여
내가 해 줄 말은 모두 다 하였는데
떳떳한 도리 숨기고서 비밀히 하였다면
상서롭지 못하다고 하늘이 나를 여겼으리.
문왕(文王)도 세상을 하직함이여
세상에 날 알아주는 이 있지를 않네.
응양은 내 짝이 아님이여
옥마 되는 것도 나의 소망 아니로다.
쫓기는 심정으로 사해 돌아봄이여
수심 홀로 안고 어디로 떠나갈까.
돌아보니 동쪽에 땅이 하나 있음이여
이곳은 주나라의 행정 구역 아니로다.
내가 옛날 왕자에게 말해 준 일 있음이여
오늘날 어찌하여 의심하며 주저할까.
철인들 뜻을 이룸이여
그 진퇴(進退) 어떻게 일괄적으로 정의하랴.

나 붙잡지 못할 것을 알고들 있음이여
누구라서 이 걸음을 멈추게 할 수 있겠는가.
멀도다, 양양한 동해 바다 저쪽 땅
수레를 정비하여 곧바로 길 떠나네.
미개한 동이(東夷) 지역 그래도 살 만하니
곧고 바른 나의 덕 펼쳐 보이리라.
넉넉하게 범금팔조(犯禁八條) 포고함이여
철인정치 법도 따라 점차 닦아 나가도다.
백성들 흔연히 수신(修身)의 길 나섬이여
항상 웃는 얼굴 성내는 이 없도다.
다른 풍속 낯선 땅에 이식함이여
아 나의 행로 고독하기도 하고녀.
고향 땅 까마득히 떨어져 있음이여
비간(比干)과 매백(梅伯)은 저승 사람 되었도다.
슬프다 은허에 팬 보리 이삭들
눈물을 참으려니 마음만 더 아파 오네.
흥하고 망하는 건 하늘이 정하는 것
못된 주왕(紂王) 탓인 것을 또 무얼 한탄하랴.
동쪽 백성들 성인의 교화 받음이여
중국의 문물로 오랑캐 풍속 바꿨도다.
예의 도덕 배워서 행동으로 옮김이여
바른 길 준수하며 노닐게 되었도다.
몽매함 깨우쳐서 길을 인도해 줌이여
우리의 광증을 또한 고쳐 주었도다.
노린내 구린내 몰아냄이여
아름다운 향 내음 듬뿍 쐬게 하였도다.

나무 위와 굴속 생활 청산함이여
집을 짓고 편안하게 살도록 하였도다.
임금이요 스승이요 부모가 되심이여
그 은택 그 도 후세에 길이 빛나리라.
지금 어언 누천 년 지남이여
정중하게 제사를 모셔 왔도다.
산소 앞에 소나무 우거짐이여
나무꾼인들 혹시라도 해치겠는가.
면면히 해외에서 나라의 제사 받음이여
은나라 맥 충분히 이어졌도다.
아 인간 세상 촉박함이여
끝내는 해골로들 돌아가도다.
본래 높이 되는 것도 영광으로 안 봤는데
퇴락한 사당이라 욕되게 여기겠나.
목숨 바쳐 올바르게 인도함이여
지사의 추구함은 이것이로다.
밝은 덕의 소유자 탕왕(湯王) · 문왕(文王)도
유폐되고 갇히는 일 면하지 못했도다.
뜻을 한번 품었으면 곧바로 이룸이여
옛사람 걸어간 길 함께 말미암는도다.
구하던 인 얻었는데 무엇을 원망할까
천명을 알고 즐기면서 걱정할 것 없으리라.
명이를 읽고 없어진 시 읊음이여
주르륵 눈물이 마구 흘러내리도다.
완악한 자 하늘이 권위 거둬 갔음이여
저 비렴(飛廉)과 악래(惡來)야 또 무얼 탓하리오.

한림원에 계시는 강 천사(姜天使)께선
유독 이 아름다움 사모하도다.
영소 같은 명곡을 노래함이여
음란한 지저귐 종식시키도다.
문학의 바다에 배 띄우고 근원 거슬러 오름이여
문예의 세계 샅샅이 섭렵을 하였도다.
황제의 명 받들고서 사신으로 옴이여
옥절 든 그 모습 위풍당당하도다.
옛 도읍에 들러 유풍을 찾음이여
북돋고 엎는 천도 감회에 잠기도다.
희씨는 어찌하여 후하게 돌봐 주고
자씨에겐 어찌하여 죽음을 내렸는가.
회고컨대 기자 성인 의에 입각하심이여
맹세코 몸 굽혀 신하 되려 않았도다.
생전에 감옥 따위 거리끼지 않음이여
죽어서도 청사(靑史)에 이름 남기려 않았도다.
명성 묻히고 자취 더럽힘 감수함이여
영원히 황복에 자신의 몸 숨기도다.
멸망을 당해도 도는 궁하지 않음이여
어려운 때일수록 뜻은 더욱 곧도다.
이렇게 명문 지어서 옛사람 위로해 줌이여
천년의 세월 지난밤처럼 주무르도다.
부자의 혼령 엄숙히 임하심이여
위와 아래 사방에 충만하도다.
좌측엔 미자(微子)·비간(比干) 우측엔 묵태씨
서로들 의지하며 슬퍼하지 않으리라.

어찌하면 구름 타고 바람을 어거하여
세상을 빠져나가 까마득히 올라가서
성인들의 신령을 엄숙히 뵈 온 뒤에
하·은·주 삼 대(三代) 흥망 물어볼 수 있을런가.
낙랑의 산 험준하게 솟아 있고
낙랑의 물 곤곤히 흐르도다.
정전법(井田法) 행하던 땅 교외에 남아 있고
산소 모셔진 곳 높은 산 둘러 있네.
선비들 공부를 게을리하지 않음이여
백성들 농사일 즐겨 행하도다.
성인의 교화는 하늘과 통함이여
세월이 흐를수록 더욱 드러나는도다.
탕왕·무왕 모두 똑같은 성인
은나라·주나라 모두 똑같은 왕국
백성들 모두 똑같은 성품
이 세상 모두 똑같은 동네
삼 대에 바른 도 펼쳐질 수 있었던 건
식자와 기능인 모두 훌륭했기 때문이라.
우리나라 변두리에 치우쳐 있긴 하나
백성들 심성이야 혹시라도 박하겠소.
원컨대 군자께선 우릴 멀리하지 말고
갑자기 짐 챙겨서 돌아가려 하지 마오.
기자 성인의 법도를 끝까지 연구하고
준수한 선비 불러다가 한번 노닐어 보시구려.
운몽과 같이 넓은 흉금 풀어 내보여
시단(詩壇)에 진짜 실력 과시하시고

중국의 선진 문명 널리 베풀어
우리나라 영원히 혜택 입게 하여 주오.
그 대문장 떠올려 세 번 반복할 것이고
깊고 푸른 그 광택 눈여겨볼 것이니
향초와 나란히 아름다움 다투면서
도방에서 그 영예 영원히 누리리다.
마무리로 한마디 할까 하노라.
옥돌 손에 쥐고 가슴에 품었어도
하늘이 넘어뜨리는 걸 어떻게 하랴.
임금 꽉 막혀 밝힐 수가 없으니
충성 바치려 해도 될 수가 있겠는가.
내 장식 떼어 내고 내 몸 욕되게 하였으나
마음만은 참되어 다른 뜻 전혀 없네.
벼 곡식은 잘 익어 축축 늘어져 있는데
국도(國都)는 우울하기 그지없구나.
내 고향 뒤에 두고 다른 곳으로 떠남이여
혼 불러도 돌아갈 곳 없게 됐도다.
은나라 운수 이미 끝나
주나라가 멸했으니 그 누구 의지할까.
유독 죽지 않고 늘 못 잊는 이 마음
천추만세토록 시비함이 없으리라. (643쪽 4~645쪽 8)

『계곡집』 계곡선생집 권2 표(表) – 황후를 책봉하고 조칙을 반포한 데 대해 사은하는 표문 (册立皇后頒詔謝恩表)

어찌 감히 제후의 법도를 더욱 삼가며 영원히 황제의 위령(威靈)을 의지하지 않겠습니까. 기자(箕子)의 홍범구주(洪範九疇)를 준수하여 기업(基業)을 보전할 수 있도록

하는 동시에 화봉인(華封人)의 삼축(三祝)을 본받아 그저 마음속의 정성을 독실하게 할 따름입니다.

『계곡집』 계곡선생집 권2 전(箋) – 조칙이 반포된 뒤에 왕세자가 축하하여 올린 전문(頒詔勅後王世子上賀箋)

삼가 생각건대, 주상 전하께서는 지극한 정성이 하늘을 감동시켜 큰 덕으로 왕위에 오르셨습니다. 제후의 법도를 모자람 없이 수행하며 기봉(箕封, 기자의 봉국, 즉 우리나라임)에 의로운 이름이 드러났으므로 황상께서도 거듭 관심을 보이시며 내복(內服, 중국 내지)과 똑같이 예우해 주셨습니다. 그리하여 이런 아름다운 경사를 당하여 대대적으로 은명(恩命)을 반포하시기에 이른 것입니다.

『계곡집』 계곡선생집 권13 비명(碑銘) – 유명조선국(有明朝鮮國) 사(賜) 국일도대선사(國一都大禪師) 선교도총섭(禪敎都摠攝) 부종수교보제등계존자(扶宗樹敎普濟登階尊者) 청허당대사(淸虛堂大師) 비명(碑銘) [병서(并序)]

내가 훌륭한 말이라고 하면서 마침내 응낙을 하고 그 행장을 펼쳐 보았다. 대사의 법명(法名)은 휴정(休靜)이요, 자(字)는 현응(玄應)이다. 청허당(淸虛堂)은 그의 호인데 서산(西山)이라고도 일컬어진다. 속성(俗姓)은 최씨(崔氏)로서 그 계보가 완산(完山)으로부터 비롯되는데, 법에 저촉되어 안주(安州)로 옮긴 뒤 그곳에서 대대로 살게 되었다. 부친 세창(世昌)은 기자전 참봉(箕子殿參奉)을 지내었다.

『계곡집』 계곡선생집 권16 행장(行狀) – 좌의정(左議政) 월사 이공(月沙李公) 행장 [이하 속고(續稿)임]

그 뒤 다시 예조판서가 되었는데 이때 계청하기를, "평양(平壤)에 숭인전(崇仁殿)을 세워 기자(箕子)에게 제사를 올리게 하고, 그 후손인 선우식(鮮于寔)을 전감(殿監)으로 삼아 제사를 주관하게 하되, 숭의전(崇義殿, 고려 태조 이하 8왕을 모신 사당)의 사례에 따르도록 하소서"라고 하였다.

『계곡집』 계곡선생집 권25 오언고시(五言古詩) - 황제 등극 축하사절 한지추(韓知樞)[여직(汝溭)]를 전송한 시

대국 명나라가 하늘의 복록 받아
구주(九州)가 판도(版圖)에 들어왔는데
십육 대에 걸쳐 이룬 빛나는 치적
한대(漢代) 당대(唐代)보다 뛰어났어라.
우리 삼한은 기자의 나라
팔조법금(八條法禁) 얼마나 훌륭했던가.
우리 태조(太祖)께서 나라를 세우시고
강헌왕의 봉호(封號) 명 받은 뒤로
조종 대대로 조공을 바치면서
제후의 법도 한 번도 어긋남이 없었지요.

『계곡집』 계곡선생만필 권2 만필(漫筆) - 조기자부(弔箕子賦) 1편을 보여 준 데 대해 내가 차운하였다

천계(天啓) 병인년(1626, 인조 4)에 강(姜), 왕(王) 등 두 명의 조사(詔使)가 우리나라에 왔다. 기성(箕城, 평양(平壤))에 도착해서 강(姜)이 조기자부(吊箕子賦) 1편을 내놓았는데, 모두 118운(韻)의 거작(巨作)으로, 표현이 자못 거창하고 화려하면서 기벽(奇僻)한 글자를 많이 사용하였는바, 대체로 볼 때 노남(盧枏)의 아류(亞流)라고 할 수 있었다.

강공(姜公)은 비록 교묘하게 얽어내는 수사학적(修辭學的) 재주는 가지고 있었어도, 문세(文勢)가 천박하고 옹졸하기만 하였으니, 사부(詞賦)의 명수(名手)라고는 결코 할 수가 없었다.

그리고 자신이 직접 기자(箕子)의 고도(故都)를 거쳐 오면서 그의 무덤이 있는 곳과 정전법(井田法)을 시행했던 유허(遺墟)를 볼 수 있었을 것이니, 부앙(俯仰) 간에 일어나는 천고(千古)의 감회가 있었어야 마땅하다. 그런데 부(賦)를 보건대, 그저 데면데면하게 기자를 찬양하기만 했을 뿐, 그곳을 지나오면서 눈으로 본 느낌은 전혀 담지를 않고 있으니, 이것은 필시 중국에 있을 때 남의 글을 슬쩍 빌려다가 미리 읽어 두었던 것이리라고 여겨진다.

당시에 북저[北渚, 김류(金瑬)의 호임] 김 상공(金相公)이 접빈사(接儐使)가 되고, 자용[子容, 정홍명(鄭弘溟)의 자(字)임]과 덕여[德餘, 정백창(鄭百昌)의 자(字)임] 등 여러 사람이 그 막하(幕下)에 있었는데, 모두 수답(酬答)하기를 어렵게 여기다가, 서울에 들어온 뒤에 나에게 차운(次韻)하도록 부탁해 왔다. 이에 내가 사양했으나 받아들여지지 않았는데, 마침 생각하는 대로 붓이 잘 움직여 준 덕분에[意到筆隨] 그다지 크게 골머리를 썩이지 않고도 하루 만에 완성할 수가 있었다.

그런데 창주(滄洲) 차운로(車雲輅)는 이 부를 보고서 아름답다고 꽤나 칭찬하면서 한 글자도 보태거나 뺄 수가 없다고 하였다. 이 부는 『황화집(皇華集)』 속에 수록되어 있는데, 다만 중국의 문인들이 이것을 보면 어떻게 생각할지 모르겠다.

『계곡집』 계곡선생만필 권2 만필(漫筆) - 기자는 무왕에게 봉함을 받은 것이 아니라 스스로 조선에 온 것이다(箕子非受武王之封而自來朝鮮)

『사기(史記)』 「송미자세가(宋微子世家)」에 "무왕(武王)이 기자(箕子)를 조선(朝鮮)에 봉(封)했다"라는 구절이 나오는데, 뒷사람들이 이 말을 그대로 받아들이기만 할 뿐 제대로 분변해 놓은 것이 없었으므로 내가 늘 의아하게 여겨 왔다.

은나라가 바야흐로 멸망할 즈음에, 기자와 미자(微子)와 비간(比干)이 각각 자기의 결심을 털어놓았는데, 이때 기자가 말하기를, "상나라가 멸망을 당하게 되면 나는 다시는 신하 노릇을 하지 않겠다[商其淪喪 我罔爲臣僕]"라고 하면서, 이러한 마음가짐으로 스스로 자중하여 선왕(先王)에게 자신의 정성을 바치고자 하였다. 그리하여 은나라가 망하고 난 뒤에, 기자는 오직 한 번 무왕에게 홍범(洪範)을 이야기해 주었을 뿐이니, 만약에 무왕의 명을 받고서 그 봉작(封爵)을 향유하였다고 한다면, 이는 결국 주(周)나라의 신하 노릇을 한 것으로서 처음에 지녔던 뜻을 바꾼 것이라고 해야 할 것이다.

미자가 봉작을 받은 것은 은나라의 종사(宗祀)를 받들기 위함이었으니 그래도 핑계

댈 곳이 있다 하겠지만, 기자가 만약에 조선에 봉해지는 것을 수락했다면 의리에 비추어 볼 때 무슨 근거가 있다 하겠는가. 더구나 조선으로 말하면 그 당시 중국에 복속(服屬)되지 않은 상태였는데, 무왕이 어떻게 그 땅을 마음대로 취해서 제후를 봉할 수가 있었겠는가. 따라서 사마천(司馬遷)의 이 말은 잘못된 것이 분명하다 하겠다.

『한서(漢書)』「지리지(地理志)」를 보면, "은나라의 도가 쇠해지자 기자가 그곳을 떠나 조선으로 가서 백성들에게 예의와 누에치기와 베 짜기 등을 가르쳤다"라고 하였는데, 이 말이 매우 일리가 있다. 대체로 볼 때, 기자가 중국을 뒤로하고 조선으로 들어가자 조선 백성들이 모두 그를 존숭(尊崇)하여 임금으로 삼은 것이니, 이는 태백(泰伯)이 만형(蠻荊)으로 가서 마침내 그곳의 임금이 된 고사와도 상통하는 것이라 하겠다.

왕년에 내가 강 조사 왈광(姜詔使曰廣)의 조기자부(吊箕子賦)에 차운하면서, "기자가 무왕의 봉작을 받은 것이 아니라 자기 스스로 조선에 온 것이다" 하였다. 그러자 조장지세(趙丈持世, 지세는 조위한(趙緯韓)의 자(字)임)가 근거 없는 말이 아니냐고 자못 의심하였는데, 이는 바로 반고(班固)의 뜻을 적용한 말인 줄을 알지 못했기 때문이다.

(출처: 한국고전번역원)

『霽湖集』(1647년)

梁慶遇(1568~?)

『제호집』은 조선시대 문신 양경우의 시가와 산문을 엮어 1647년에 간행한 시문집이다.

양경우의 자는 자점(子漸), 호는 제호(霽湖)·점역재(點易齋)·요정(寥汀)·태암(泰巖)이다. 임진왜란이 일어나자 25세의 나이로 종군하였다. 이후 결성(結城)·해미(海美)·장성(長城)현감, 교서관교리(校書館校理), 봉상시정(奉常寺正) 등을 역임하였다.

양경우가 60세 되던 1627년(인조 5)에 그동안 보관해 온 시고 중 열 가운데 두셋만 취하여 시 2책과 문 1책으로 편집하면서 아들 양진핵(梁振翮)에게 정서(淨書)하게 하였다. 1647년(인조 25) 손자인 양도(梁燾)가 여기에 일부 시문을 추가하고 부친 양진핵의 『이촌집(伊村集)』을 덧붙인 뒤에 간행하였다. 이 초간본은 현재 연세대학교 중앙도서관과 규장각에 소장되어 있다. 이 외에 10권 4책의 필사본이 규장각에 소장되어 있는데, 초간본에 비하여 시문의 양이 많아졌고 편차도 다르다. 1799년(정조 23)에는 11권 5책의 『양대사마실기(梁大司馬實記)』가 목판으로 간행되었다. 여기에는 부친 양대박(梁大樸), 아우 양형우(梁亨遇)의 시문이 함께 실려 있으며, 규장각과 국립중앙도서관 등에 소장되어 있다.

책의 초간본은 원집 11권, 속집 2권 도합 2책으로 구성되어 있다. 권1~8은 시, 권9는 시화(詩話), 권10은 잡저(雜著), 권11은 기행록이 실려 있다. 그리고 속집 권1에 시 32제 53수, 권2에 문 4편이 실려 있다.

기자 관련 내용이 원집 권5와 권8에 나온다. 권5의 〈오산의 '기자묘' 시에 차운하다(次五山箕子墓)〉에서는 기자가 서쪽에서 조선으로 왔고, 은나라의 예악을 보존했다는 것과 기자의 무덤을 언급하였다. 권8의 〈기자묘(箕子墓)〉에서는 기자묘를 참배하면서 기자가 조선의 백성을 가르친 것을 언급하였다.

『제호집』 권5 오언율시(五言律詩) – 오산(五山)의 〈기자묘(箕子墓)〉 시에 차운하다

기자가 서쪽에서 오던 날

석목(析木)의 터[75]에서 군림했네.

은나라의 예악(禮樂) 아직 보존했는데

75 석목(析木)의 터: 석목지차(析木之次)로, 하늘의 28수(宿) 중 동방 7수 가운데 미성(尾星)과 기성(箕星)에 해당하는 자리이다. 12 황도궁(黃道宮)에서 인마궁(人馬宮)에 해당되며, 방위는 동쪽 분야(分野)로는 중국의 연나라, 우리나라는 함경도에 해당된다.

주나라는 수레와 글 통일했네.
옛 나라 끝난 지 천 년 후
황량한 무덤은 넉 자 남짓
충신과 효자 많기도 하니
남기신 교화(敎化)가 어떠한지고. (646쪽 1)

『제호집』 권8 칠언율시(七言律詩) – 기자묘(箕子墓)

피난과 삶 보전함 다 마땅하여
환난에도 곧게 군사를 맡았네.
가르치면 어찌 교화되지 않겠는가
이 백성도 떳떳한 성품 지녔다네.
성첩의 까마귀에 안개가 자욱하고
황량한 산의 돌짐승엔 풀만 무성하여라.
어찌 슬픈 노래하는 계절 견디랴
정히 들판에 보리 패는 시절일세. (646쪽 2)

(출처: 한국고전번역원)

『白洲集』(1647년)

李明漢(1595~1645)

『백주집』은 조선 후기의 문신인 이명한의 시가와 산문을 엮어 1647년(인조 52)에 간행한 시문집이다.

이명한의 본관은 연안(延安), 자는 천장(天章), 호는 백주(白洲)이다. 아버지는 좌의정 이정구(李廷龜)이다. 1616년(광해군 8) 문과에 급제하였다. 1618년(광해군 10) 인목대비(仁穆大妃) 폐모론(廢母論)이 일어났을 때 정청(庭請)에 참여하지 않았다는 이유로 파직되었다. 1623년 인조반정 후 경연시독관(經筵侍讀官)에 제수되었다가 사가독서(賜暇讀書)를 하기도 하였다.

『백주집』은 1647년 아들 이일상(李一相), 이단상(李端相) 등이 상중(喪中)에 목활자로 인출(印出)하였다. 초간본은 현재 연세대학교 중앙도서관, 고려대학교 중앙도서관에 소장되어 있다. 이후 이일상과 이단상은 효종·현종 연간에 다시 목판으로 중간하였는데, 변려문(騈儷文)과 제야책(除夜策) 등 일부를 원집(原集)에 편입하였다. 중간본은 규장각한국학연구원과 국립중앙도서관에 소장되어 있다. 한편 1720년(숙종 46) 이후 이명한의 손자 이희조(李喜朝)와 증손 이우신(李雨臣)이 『백주집』 별고를 간행하고자 하였는데, 간행되었는지는 알 수 없으나 그 사본(寫本)이 현재 국립중앙도서관과 연세대학교 중앙도서관에 전하고 있다.

본문은 원집 20권, 별집 5권 총 10책으로 이루어져 있다. 원집 권1~11은 시(詩), 권12~20은 문(文)이며, 별집 권1은 시(詩), 권2~5는 문(文)이다. 권두에 김상헌(金尙憲)이 쓴 서문이 있다.

기자 관련 내용이 시 1수와 산문 2편에 나온다. 시는 나만갑(羅萬甲)에게 바치는 것으로 평양(平壤)의 연광정(練光亭)에서 지은 것이다. 2편의 산문은 부친 이정구의 묘표(墓表)와 숭양서원(崧陽書院) 중수에 대한 상량문(上樑文)이다. 이 중 이정구에 대한 묘표를 살펴보면, 기자의 후손을 등용하여 제사를 받들게 하는 전통이 이 시점부터 시작하고 있음을 알 수 있다. 또한 상량문에서는 기자의 문화적 전통을 정몽주(鄭夢周)가 계승하였다고 밝히고 있다. 하지만 그 내용은 대체적으로 전형적인 조선 후기 기자 인식의 틀 위에 놓여 있다.

『백주집』 권5 오언율(五言律) – 연광정(練光亭) 위에서 몽뢰(夢賚) 나만갑(羅萬甲)에게 주다

변방에서 임금의 명을 받들고
높은 누각에서 술 항아리를 마주 대하는구나.
천년 기자(箕子)의 나라

7월 대동강(大同江)에서
늙고 병들었지만
솟구친 기운 꺾이지 아니하여
산천이 눈앞에 펼쳐지니
다시 깃대 같은 붓에 의지해 보네. (647쪽 1)

『백주집』 권17 묘지명(墓誌銘) – 돌아가신 부친 좌의정 문충공(文忠公) 이정구(李廷龜)의 묘표(墓表)

공의 성은 이(李), 이름은 정구(廷龜), 자(字)는 성징(聖徵)이다. 세간에서는 월사 선생(月沙先生)이라 칭한다. … 기묘년(1639, 인조 17) 4월 가평군(加平郡) 조종현(朝宗縣) 사향(巳向) 언덕에 이장(移葬)하였다. 공은 6부의 상서(판서)를 지내셨는데, 첫 번째는 이부상서(吏部尙書, 이조판서)로 공도(公道)를 열어젖혔다. 두 번째는 병부상서(兵部尙書, 병조판서)로 이루어 낸 것이 많았다. 세 번째는 호부상서(戶部尙書, 호조판서)로 국가의 쓰임을 넉넉하게 하고 백성들의 힘을 펴게 하셨다. 예부상서(禮部尙書, 예조판서)는 아홉 번 역임하시고 대제학(大提學)을 두 번 역임하시면서 전후의 길흉변례(吉凶變禮)와 노산군(魯山君)[76]의 치제(致祭), 선현(先賢)의 사전(祀典), 기자(箕子)의 후손을 세우는 일 등을 강론하여 결정하셨다. (647쪽 2~647쪽 4)

『백주집』 권20 잡저(雜著) – 숭양서원(崧陽書院) 중수(重修) 상량문(上樑文)

우리 포은(圃隱) 정몽주(鄭夢周) 선생은 만대 충신의 으뜸이요, 삼한(三韓) 이학(理學)의 종장(宗匠)이시다. 문장이 해와 별처럼 밝아서 짧은 몇 글자로도 언행을 천지에 질정(質正)할 수 있었다. 삼강오륜은 멀리는 수사(洙泗)의 연원[77]에 댈 만하고, 직접적으로는 정주(程朱)를 계승하였다. 황제의 궁궐에서 북면(北面)하고 주달(奏達)하자 황제

76 노산군(魯山君): 단종(端宗)을 가리킨다.

77 수사(洙泗)의 연원: 수사는 공자의 고향 마을로, 성현의 학문을 가리킨다.

가 홀로 수고가 많은 것에 탄복하였다. 바다 건너 왜인들과 마주했을 때도 왜구들이 그의 범접하기 어려운 절개를 알았다. 신라와 백제의 강역 천 리 사이에서 앞장서 문명을 열어젖히고, 단군(檀君)과 기자(箕子)의 수천 년 뒤에 다시 호걸이 태어났도다. (649쪽 5~6)

『月汀集』(1648년)

尹根壽(1537~1616)

『월정집』은 조선 명종 때의 학자 윤근수의 시가와 산문을 엮어 1648년에 간행한 시문집이다.

윤근수의 본관은 해평(海平), 자는 자고(子固), 호는 월정(月汀)이다 아버지는 군자감정(軍資監正) 윤변(尹忭)이며, 어머니는 부사직(副司直) 현윤명(玄允明)의 딸이며, 영의정 윤두수(尹斗壽)의 동생이다. 윤근수는 1558년(명종 13) 별시문과에 병과로 급제해 승문원권지부정자에 임용된 뒤, 승정원주서·춘추관기사관·연천군수 등을 거쳐 1562년(명종 17) 홍문관부수찬, 홍문관부교리, 이조좌랑과 정랑(正郎), 의정부사인, 경상도감사, 부제학, 개경유수, 공조참판, 예조판서 등을 역임하였다. 주요 저서로는 『사서토석(四書吐釋)』 등이 있다.

『월정집』은 윤근수의 손자 윤정지(尹珽之)가 수집하여, 1648년(인조 26) 단양군수로 재직할 때 종손인 함경감사 윤이지(尹履之)와 함께 간행하였다. 그리고 1651년(효종 2)에 중간되었다. 현재 고려대학교 도서관, 연세대학교 도서관, 성균관대학교 도서관, 규장각 등에 소장되어 있다.

본문은 7권 4책으로 구성되어 있다. 권두에 명나라의 웅화(熊化)가 쓴 서문이 있고, 권말에는 김상헌(金尚憲)·윤신지(尹新之)의 발문이 있다. 권1~3에 시 508수, 권4에 소(疏) 14편, 잡저 12편, 권5에 서(序) 14편, 기(記) 3편, 서(書) 16편, 권6에 묘지·묘갈명 12편, 권7에 제문과 애사 등 19편이 있다. 끝에 있는 「조천록(朝天錄)」은 1589년(선조 22) 저자가 공조참판으로 성절사(聖節使)가 되어 명나라에 다녀올 때 지은 기행시를 모은 것이다. 명나라 육가교(陸可教)의 서문과 함께 129수의 시가 수록되어 있다. 부록으로 명나라의 웅화가 보내온 서(書)·별장(別狀) 각 1편과 습유로 칠언율(七言律) 1수가 있다.

『월정집』에는 권2, 권3, 권5, 별집 권1과 권4에 기자 및 고조선 관련 언급이 있다. 권2의 〈여양군 민백춘 공께서 주청부사로 연경에 가기에 시를 지어 주다(驪陽君閔令公伯春以奏請副使如京詩以贈行)〉에서는 정전법(井田法)과 기자(箕子)의 사당을 언급하였다. 권3의 〈서장관으로 연경에 가는 조 정랑을 전송하며(送趙正郎以行臺如京)〉에서는 광녕성(廣寧城) 북쪽에 기자정(箕子井)이 있다고 언급하였다. 권5의 〈『신속삼강행실도』의 서문(新續三綱行實圖序)〉에서는 기자가 동방에 봉해졌다는 것을, 〈연경으로 가는 조 첨추를 전송하는 서문(奉送趙僉樞如京序)〉에서는 광녕성 북쪽에 기자정이 있고, 또 기자묘가 있으며, 기자묘에는 후관(冔冠)을 쓴 기자의 입상(立像)이 있었다고 언급하였다. 그리고 〈평안도 관찰사로 나가는 박자룡을 전송하는 서문(送朴子龍出按關西序)〉에서는 평안도는 낙랑(樂浪)의 옛터라는 것, 기자가 조선에 봉해진 것, 8조의 가르침, 정전(井田), 기자장(箕子杖) 등을 언급하였고, 〈연경에 가는 이 첨추를 전송하는 서문(送李僉樞如京序)〉에서는 광녕성의 북쪽에 기자묘가 있다는 것, 후관(冔冠)을 쓴 기자의 입상(立像)이 있었다는 것, 기자정(箕子井)이 있다는 것을 언급하였다.

별집 권1의 〈육 학정의 문목에 답함(答陸學正問目)〉에서는 기자의 주수(疇數)를 언급하고, 기자가 조선에 봉해진 뒤로 홍범구주(洪範九疇)로 가르침을 베풀고 팔조법(八條法)으로 다스려서 인현(仁賢)의 교화가 일어났다고 언급하였다. 권4의 〈만록(漫錄)〉에서는 광녕성 북쪽 5리쯤에 기자정(箕子井)과 기자묘(箕子廟)가 있었고, 방건(方巾)을 쓴 기자의 소상이 있었는데 지금은 불타 없어졌으며, 기자의 후손인 기준(箕準)이 위만(衛滿)의 침입에 평양에서 금마군(金馬郡)으로 달아났다고 언급하였다.

『월정집』 월정선생집 권2 칠언절구(七言絶句) – 여양군(驪陽君) 민백춘(閔伯春) 공께서 주청부사(奏請副使)로 연경에 가기에 시를 지어 주다

진산인 의무려는 변경을 나누는데
정전법 전한 기자의 사당이 있었다네.
가슴 아프게 오랑캐 병화에 온통 타버렸으니
그대 도움 받아 유적을 다시 자세히 논하리라. (650쪽 1)

『월정집』 월정선생집 권3 칠언고시(七言古詩) – 서장관으로 연경에 가는 조 정랑(趙正郞)[위한(緯韓)]을 전송하며

아, 그대는 홀로 장계 노인 좋아하여
존경하는 마음 나 같은 지기(知己)보다 못하지 않네.
장계가 그대에게 시를 지어 주었더니
고이 싸서 보배처럼 소중히 간직했지.
오랫동안 장계 생각하다 나를 떠올리고는
한가한 날에 내게 글을 지어 달라 하였지.
천 리 길 떠나기를 앞두고 다시 청했지만
늙고 영락한 내 말은 취할 것 없으니 어쩌랴.
그대는 이제 숙원 이루어 멀리 여행 떠나니
인끈 차고 멀리 중국으로 조회하러 간다네.
빛나는 산천이 수의를 맞이하니
아름다운 수유꽃 따서 손에 들겠지.
가을바람 불어도 말발굽에 먼지 일지 않는데
황성으로 가는 길은 험한 관문을 가리키네.
요동성에는 학 떠나고 화표주만 남아 있고
말 멈춘 사람은 수양산(首陽山)으로 갔지.
삼차하(三叉河) 위로는 날아가는 기러기 드문데

북쪽 변방 쓸쓸하여 버드나무도 없구나.
광녕성 북쪽에는 기자정이 있으니
아마도 기자의 행궁이 여기 있었던 듯하네.
야율초재(耶律楚材)의 무덤은 이미 황폐한데
목엽산은 야트막하여 언덕과 같구나.
충장공의 무덤은 전둔 위의 풀숲에 묻혔는데
등에 보국이라 새긴 마음 저버리지 않았네.
웅장한 산해관은 오랑캐와 중국의 경계인데
위공의 정령은 지금도 남아 있는지.
사호석 유적이 우북평에 남아 있으니
비장 같은 사람이 태수 되기를 길이 생각한다네.
난하(灤河)의 물가에서 옛 사당 바라보니
고죽의 맑은 풍모 불후하게 전하네.
계문연수(薊門煙樹)는 몇 천 겹이나 되는가
다리에는 안녹산의 넋이 남았다고 전하네.
통주의 선박이 노하(潞河)를 메우니
누각이 하늘에 솟았다는 시는 좋은 짝이라네.
조양문 밖에서 나그네 옷을 갈아입고
오봉루 앞에서 황제를 알현하네.
황금대 주위는 태평연월이요
눈에 보이나니 성대한 문물이네.
옛일을 조문하니 신국의 한이 남아
시름을 달래며 연경 저자의 술에 취하네.
상국을 두루 다니며 실컷 구경하노라면
홀연 가슴속에 운몽택 아홉 개가 있는 듯하네.
일찍이 태사공의 문장을 배웠는데

먼 여행 마치 원상을 향해 달리는 듯하네.
돌아오면 식견이 갑절로 늘어날 것이요
게다가 새로 지은 시 더욱 맑고 산뜻하겠지.
내년에 만나거든 괄목상대하리니
먼지 앉은 지 오래된 내 붓과 벼루가 부끄러우리.
글 지어 멀리 부치니 그대는 놀라지 말게
평소 그대를 칭찬하여 젊은 벗이라 불렀다네. (650쪽 2)

『월정집』 월정선생집 권5 서(序) – 『신속삼강행실도(新續三綱行實圖)』의 서문

기자(箕子)가 동방에 봉해졌으니, 공자(孔子)께서 이곳에 살고자 하신 까닭은 아마도 어질고 현명한 분의 교화가 여전히 남아서 중화(中華)로 진보할 수 있다고 여겼기 때문이었던 듯하다. 그렇다면 기자는 바로 우리 동방의 공자이다. 이 책에서 삼국(三國)부터 우리나라까지 행실이 널리 알려져 선발된 사람의 수가 겨우 이와 같으니, 참으로 옛사람이 말한 '엄격하게 가려내다'라는 뜻에 맞는 것이다. (651쪽 3)

『월정집』 월정선생집 권5 서(序) – 연경으로 가는 조 첨추(趙僉樞)[존성(存性)]를 전송하는 서문

광녕성(廣寧城) 북쪽에는 기자정(箕子井)이 있고, 또 기자묘(箕子廟)가 있다. 기자묘에는 후관(冔冠)을 쓴 기자의 입상이 있었는데, 오랑캐의 병화에 불탄 지 오래되지 않았으나 다시 세우지 않았다. 지금은 터만 남았다고 한다. 기자는 평양에 도읍을 정하였는데, 아마도 행궁이 광녕에 있었기에 기자정도 있고 기자묘도 있는 듯하다. 배규(裴矩)가 말하기를, "고려는 본디 고죽국(孤竹國)이다"라고 하였는데, 전혀 근거가 없지는 않을 것이다. 필시 기자를 봉할 당시 영평(永平)에서 요서(遼西)를 걸쳐 동쪽으로 평양(平壤)에 이르는 지역을 전부 기자의 봉지(封地)로 삼았을 것이다. 산해관(山海關)은 위국공(魏國公)이 설치한 것이다. 공이 원나라를 몰아낸 뒤에 원훈(元勳)의 반열에서 물러나 만리장성을 지키는 책임을 맡았던 것은 오랑캐와 중국의 경계를 엄하게 지

키는 책임이 특별히 무거웠기 때문이 아니겠는가. (651쪽 4)

『월정집』 월정선생집 권5 서(序) – 평안도관찰사로 나가는 박자룡(朴子龍)을 전송하는 서문

평안도는 옛사람이 말한 낙랑(樂浪)의 옛터가 아니겠는가. 태사(太師, 기자)가 그곳에 봉해진 뒤 오랜 세월이 흘렀기에 팔조의 가르침은 전하지 않으나 정전(井田)의 자취는 살펴볼 수 있다. 평상시에는 기자장(箕子杖)이라고 하는 것이 있어 감사가 관아에 있을 때면 그 지팡이 한 쌍을 가지고 앞에서 인도하였는데, 마침내 고사가 되어 전해지게 되었다. 그러므로 내가 사명을 받들고 관서로 나갔을 때 그것을 볼 수 있었는데, 등나무 재질로 만든 것으로 완연한 옛 물건이라 먼 옛날을 떠올리게끔 하였다. 하지만 임진왜란에 잃어버렸으니 개탄스러울 뿐이다. (652쪽 5~6)

『월정집』 월정선생집 권5 서(序) – 연경에 가는 이 첨추(李僉樞)[수준(壽俊)]를 전송하는 서문

의무려산은 옛적에 이른바 유주(幽州)의 진산(鎭山)이다. 유주는 지금의 광녕(廣寧)이다. 성 밖으로 나가서 조금 북쪽으로 가면 예전에 기자묘(箕子廟)가 있었다. 후관(冔冠)을 쓴 기자의 입상(立像)이 있었다 하는데, 가정(嘉靖) 연간에 오랑캐와의 전쟁으로 불에 타서 기자의 입상과 기자묘 모두 남아 있지 않으며, 지금 남아 있는 것은 기자정(箕子井)뿐이다. 기자가 조선에 봉해질 적에 요서(遼西)까지 소유하였다면 광녕이 판도(版圖)에 포함되었을 것이니, 기자의 행도(行都)가 이곳에 있었기에 사당과 우물이 있는 듯하다.

『월정집』 월정선생별집 권1 주륙논란(朱陸論難) – 육 학정(陸學正)의 문목(問目)에 답함

문 귀국 어느 도(道)의 관원, 혹은 선비나 백성 중에 과거와 현재의 인물을 막론하고 뛰어난 품행이 있는 사람, 효성스럽고 공경스러운 사람, 절의를 세운 사람으로부터 공자, 맹자의 심법(心法)과 기자(箕子)의 주수(疇數)를 잘 아는 사람에 이르기까지 어디에 살며 성명은 무엇이고 사실은 어떠한지 낱낱이 기록해 주시기 바랍니다.

…

우리나라는 기자(箕子)가 조선에 봉해진 뒤로 홍범구주(洪範九疇)로 가르침을 베풀고 팔조법(八條法)으로 다스려서 인현(仁賢)의 교화가 절로 신명(神明)과 호응하였으니, 심학(心學)을 터득하고 주수(疇數)에 밝아 세상에 이름난 선비가 반드시 있었을 것입니다. 그러나 사군(四郡)과 이부(二府)의 시대 이후로 삼국이 분쟁을 벌여 전쟁이 끊이지 않아 문헌이 산일되어 비단 도를 전하는 사람이 없었을 뿐만 아니라 지난날 세상에 이름났던 사람들의 성명도 들을 수 없게 되었습니다.

신라가 삼국을 통일하고, 고려 500여 년 동안 세도가 융성해지고 문풍이 점차 열리자 많은 선비들이 중국에 유학하고 경서가 성행하니, 중화를 사모하여 오랑캐의 풍습을 변화시키고 난세가 치세로 바뀌어 시서의 영향과 예의의 기풍으로 점차 기자의 옛 풍속을 회복하였습니다. 그러므로 '문헌의 나라'니 '군자의 나라'니 하는 말로 일컬어진 것은 그럴 만한 이유가 있었던 것입니다.

하지만 신라와 고려의 선비들은 언어와 문장에 치중하였는데, 고려 말에 이르러 정자와 주자의 책이 차츰 우리나라에 전래되었으므로 우탁(禹倬), 정몽주(鄭夢周) 등이 성리학을 연구하게 되었습니다. 우리나라에 이르러서는 태종 문황제(太宗文皇帝)께서 『사서대전(四書大全)』과 『오경대전(五經大全)』과 『성리대전(性理大全)』 등의 책을 하사하셨습니다. 우리나라는 과거를 시행하여 인재를 선발하는데, 반드시 사서삼경에 능통한 사람을 뽑았습니다.

…

기자의 「홍범」에 대해서는 주자와 채침(蔡沈)의 학설이 의리를 남김없이 밝혔으므로 흐름을 따라 근원으로 거슬러 올라가서 그 이치를 아는 사람이 있습니다. 수리(數理)에 대해서는 구봉(九峯)의 『내편도설(內篇圖說)』이 있고 원락자(苑洛子)가 밝혀낸 것도 있으나, 우리나라에 그것을 규명할 수 있는 사람이 있다는 말은 아직 듣지 못했습니다. 근세에 이순(李純)이란 자가 스스로 그 학설에 통달했다고 하면서 주해(註解)를 지었으나 과연 오류가 없는지는 모르겠습니다.

『월정집』 월정선생별집 권4 만록(漫錄) – 만록(漫錄)

광녕성(廣寧城) 북쪽 5리쯤에 기자정(箕子井)이 있다. 예전에 이 근처에 기자묘(箕子廟)가 있었는데, 그 안에 방건(方巾)을 쓴 기자의 소상이 있었다. 가정(嘉靖) 연간에 달자(㺚子)에 의해 불타서 지금은 폐허가 되었다. 광녕성은 기자의 봉토 안에 있으니, 기자가 이곳에 머물렀기에 우물과 사당이 있었던 것이 아니겠는가. …

기자가 조선에 봉해진 뒤 몇 대에 걸쳐 나라를 전하다가 기준(箕準)에 이르러 위만(衛滿)의 난리를 피해 평양에서 금마군(金馬郡)으로 달아났는데, 바로 지금의 익산(益山)이다. 이것이 마한(馬韓)으로, 다시 몇 대를 전하다가 망하였다. 지금 평안도의 선우씨(鮮于氏)는 기자의 후예라고 일컬어진다. 『씨족대전(氏族大全)』에, "기자는 조선에 봉해지고 작은아들은 우(于)에 봉해졌는데 그 후손이 선우씨가 되었다" 하였다. 그렇다면 선우씨는 기자의 작은아들의 후손이지 기준의 후손은 아니다. 기준이 마한을 세우고 그 후손은 한씨(韓氏)가 되었으며, 우리나라의 청주 한씨(淸州韓氏) 등의 한씨는 모두 기준의 후손이라고 한다. 이 이야기는 『위략(魏略)』에 나오는데, 후예라고는 하지만 정확히 그러한지는 모르겠다.

세종(世宗) 때 기자의 후예를 찾아 대대로 벼슬을 주고 제사를 받들게 하여 고려 숭의전(崇義殿)처럼 하자는 논의가 있었으나 진짜 후손을 찾을 수 없어 논의가 중지되었다. 『동국여지승람(東國輿地勝覽)』 익산군(益山郡) 성씨조(姓氏條)에 한씨 성이 있는데 이를 말한다. …

평양에 기자의 지팡이라고 전하는 등나무 지팡이 한 쌍이 있었다. 하나는 가운데가 부러져서 누런 주석으로 부러진 곳을 묶었다. 평소에는 칠갑(漆匣)에 넣어 두었다가 감사가 관아에 나갈 적에 기병 2인이 들고서 앞에서 인도하였다. 감사가 자리를 잡고 정무를 보거나 손님을 만날 때는 섬돌 위 좌우에 세우고 붉은 칠을 한 나무틀로 받쳐 두었다. 임진왜란 때 잃어버렸다고 한다.

(출처: 한국고전번역원)

『體素集』(1648년) 李春英(1563~1606)

『체소집』은 조선 중기의 문신 이춘영의 시문집으로 1648년(인조 26)에 간행하였다.

이춘영의 본관은 전주(全州), 자는 실지(實之), 호는 체소재(體素齋)이다. 성혼(成渾)의 문인이다. 1590년(선조 23) 문과에 급제하였지만 이듬해 정철(鄭澈)의 건저(建儲) 문제에 연루되어 유배되었다. 임진왜란이 발생하자 소모관(召募官)으로 활동하는 등 정계에 복귀하였지만 여러 가지 이유로 자주 탄핵을 당했다. 1606년(선조 39) 세상을 떠났다.

이춘영이 죽자 아들 이시재(李時材)가 이춘영의 시문을 수집, 편차하고 신흠(申欽)의 교정을 받아 문집을 간행하려 하였다. 그러나 간행하지 못하고, 외조카 김육(金堉)이 1638년(인조 16) 1책으로 초선(抄選)하여 간행하였다. 이 초간본은 현재 전해지지 않는다. 이후 1647년(인조 25) 차남 이시해(李時楷)가 이춘영의 유문 전고를 모으고 김상헌(金尙憲)과 정홍명(鄭弘溟) 등의 글을 받아 이듬해 3책 분량의 목판본으로 간행하였다.

본문은 원집(原集) 3권, 보유(補遺) 합 3책으로 구성되어 있다. 권상과 권중은 시(詩), 권하는 문(文), 보유는 후에 추가로 수집한 시를 수록하고 있다.

『체소집』에는 기자와 관련한 시가 3건 정도 확인된다. 그중에서도 권하의 〈조기자묘사에 차운하다(次弔箕子墓辭)〉에서는 기자의 행적과 관련된 다양한 전적들을 활용하여 기자를 추모·선양하고 있는데, 문헌의 인용이나 고사의 비유 등이 유려하다.

『체소집』 권상(上) 오언율시(五言律詩) – 〈기자사(箕子祠)〉에 차운하다

부자(夫子, 공자)께서 동토에 오시자

당시의 도(道) 역시 동쪽으로 이동하였네.

강역은 비록 나누어져 있지만
인성(人性)은 본래 같은 것이라네.
팔교(八敎)의 유법(遺法) 준수하며
천년 동안 옛 풍속을 지키었으니
객이 와서 옛 성인을 슬피 애도하며
차디찬 허공에 눈물만 뿌리누나.

『체소집』 권중(中) 칠언율시(七言律詩)-〈등태평루(登大平樓)〉에 차운하다 [2수(二首)○이하는 『황화집(皇華集)』에 차운한 것이다]

공관(公館)에 기대어 높은 누각에 오르니
이날 선인(仙人)의 행차[78] 또 잠시 머물렀네.
천하가 모두 주(周)나라에 귀의할 새
태평루에 올라 편안히 이별의 시름을 읊도다.[79]
해 저물녘 강 구름 처마 밑에 잠시 머무르고
새벽 산안개 뿌옇게 떠오르매
높은 곳에서 황궁을 바라보니
오색구름 서북쪽의 황도를 감싸는구나.

강바람 비를 머금으니 가을인 듯하고
물색이 사람을 부추겨 저물녘에 누에 올라 본다.
기자국(箕子國)에 백 년 동안 문물 찬란하니
천 리 산하 선경을 노니는도다.

---

78 선인의 행차: 원문의 예정(霓旌)은 오색 깃털로 만든 깃발로, 임금이나 사신의 행차를 가리킨다.

79 이별의 ~ 읊도다: 원문의 초뇌수(楚牢愁)는 굴원의 『초사(楚辭)』를 본떠 지은 반뇌수(畔牢愁)를 가리키는데, 이별한 뒤에 시름에 잠긴 채 무료해서 지은 시라는 뜻이다.

꽃이 후원에 지니 꾀꼬리는 계절을 재촉하고
술자리가 파한 빈 뜰엔 달빛만 시름에 잠겨 있네.
공관에서 꿈을 깨니 다시 깜깜한 어둠인데
시각을 알리는 뿔피리 소리 문밖에서 은은히 퍼지는도다.

『체소집』 권하(下) 부(賦) – 〈조기자묘사(弔箕子墓辭)〉에 차운하다

선생 이후로 수천 년 지남이여
산기슭 남겨진 묘에 조문하네.
선생의 큰 도를 흠향함이여
실로 밝디 밝아서 비할 데가 없도다.
교동(狡童)[80]이 마구 수탈하는 때에
저 까마귀 누구의 집에 앉을지 바라만 보는구나.[81]
왕자(王子)에게 간곡하게 고함이여[82]
다른 사람의 신복(臣僕)이 되지 않을 것을 맹세하였네.
멀리 동쪽의 오랑캐 땅에 거처하는 것을 달게 여기심이여
끝내 주(周)나라의 면관(冕冠)을 입지 않았다네.
진실로 의리를 편안히 여기며 선왕에게 뜻을 바침이여[83]

---

80 교동(狡童): 상나라의 마지막 임금인 주(紂)를 가리킨다.

81 저 까마귀 ~ 보는구나: 『시경(詩經)』「정월(正月)」에 "가련한 우리들 누구에게서 녹을 받으려나. 저 까마귀 누구의 집에 앉을는지[哀我人斯 于何從祿 瞻烏爰止 于誰之屋]"라는 구절을 인용한 것이다. 나라를 잃게 된 신민들이 슬퍼하며 지은 시이다.

82 왕자에게 ~ 고함이여: 『서경(書經)』「미자(微子)」편에 미자가 기자(箕子)에게 충고하자 기자가 답한 내용 중에 "상나라가 망하더라도 나는 남의 신하나 종이 되지 않을 것이다. 왕자에게 떠나는 것이 도리임을 고하노니, 내가 옛날에 말한 것이 그대를 해쳤구려. 왕자가 떠나지 않으면 우리 종사가 전복되고 말 것이다[商今其有災 我興受其敗 商其淪喪 我罔爲臣僕 詔王子出迪 我舊云 刻子 王子弗出 我乃顚隮]"라고 언급한 부분에서 인용한 것이다. 자신은 남의 신하가 되지 않겠다고 맹세하면서도 미자에게는 종사를 지키기 위해 떠날 것을 권유하는 내용이다.

83 진실로 ~ 바침이여: 『서경(書經)』「미자(微子)」편에서 기자가 "스스로 의리에 편안하여 사람마다 각각

의리를 돌아보고 편안하게 여겼다네.
슬프도다. 기자가 홍범(洪範)을 진술함이여[84]
중국 땅을 분주히 왕래하였다.
인륜이 무너질까 염려함이여
차라리 새로운 나라를 받들어 보필하기로 하였네.
보리 이삭에 마음 아파하며 노래를 지음이여[85]
궁궐이 폐허가 된 것을 비통해하였네.
상(商)나라의 사직[86]이 별을 보지 못함이여
이 생이 어디로 돌아갈까 슬퍼하였네.
일출을 바라보다 동쪽으로 떠남이여
의무려산(醫無閭山)[87]을 지나 훌쩍 떠났도다.
사람은 모두 교화되고 덕은 비루해지지 않음이여[88]
바다 모퉁이에 팔조(八條)의 교화를 폈다네.

스스로 선왕에게 뜻을 바칠 것이니, 나는 떠나서 은둔할 것은 생각하지 않으리라[自靖, 人自獻于先王, 我不顧行遯]"라고 언급한 부분에서 인용한 것이다. 상나라에 대한 충성을 드러낸 것이다.

84 기자가 ~ 진술함이여: 무왕(武王)이 상나라를 멸망시키고 기자를 찾아가 천도(天道)를 묻자 기자가 홍범구주(洪範九疇)로 대답하였다. 상나라의 유민이었지만 천하에 도가 펼쳐지기를 바라는 마음에 무왕에게 천도를 알려 준 것이다.

85 보리 ~ 지음이여: 『사기(史記)』「송미자세가(宋微子世家)」에 기자가 상나라의 옛 도읍터를 지나다가 궁실이 모두 무너지고 보리밭으로 변한 것을 보고 〈맥수가(麥秀歌)〉를 지었다고 한다.

86 상나라의 사직: 원문의 박사(亳社)는 상나라의 사직을 가리킨다. 상나라가 박(亳)에 도읍하였기 때문에 박사라고 한 것이다.

87 의무려산(醫巫閭山): 요녕성(遼寧省) 북진현(北鎭縣) 서쪽에 있는 산으로, 우리나라에서 중국으로 넘어가는 길목에 있다.

88 사람은 ~ 않음이여: 유종원(柳宗元)의 〈기자비(箕子碑)〉에 "모두 덕을 지녀 풍속이 고루하지 않았고 원근을 막론하고 모든 사람이 교화되었다[惟德無陋 惟人無遠]"에서 인용한 것으로, 기자에 의해 조선이 교화되었음을 말하는 것이다.

때로 거문고를 타서 옛 가락을 연주함이여[89]

어찌 감히 지난날 노비가 되었었던 사실을 잊겠는가?[90]

백세가 지나감이여

겨우 소사(少師)[91]를 따라 지하에서 노니는도다.

종주(宗周)에 옥백(玉帛)을 받들게 함이여

만세토록 그 치욕을 씻을 수 없도다.

고국에는 미자(微子)가 여전히 남아 있음이여[92]

선왕의 예물을 잘 다스렸다.

행동은 같지 않지만 모두 인(仁)으로 불림이여[93]

진실로 뜻한 바를 따랐을 뿐이다.

---

89 때로 ~ 연주함이여: 『고금악록(古今樂錄)』에 "공자가 제후들을 찾아갔지만 아무도 자신을 등용하지 않자 위나라에서 노나라로 돌아오던 중 깊은 골짜기 안에 향이 나는 난초가 무성한 것을 보고 탄식하며 말하길, '난초는 마땅히 왕자를 위해 향을 풍겨야 하거늘 지금 홀로 무성하여 다른 풀들과 함께 있구나.'라 하고는 수레를 멈추고 거문고를 연주하여 때를 만나지 못한 것을 스스로 안타까워하며 〈의란조〉를 지어 마음을 드러내었다[孔子聘諸侯 莫能自任 自衛反魯 隱谷之中 見香蘭獨茂 喟然嘆曰 蘭當爲王者香 今乃獨茂 與衆草爲伍 乃止車援琴鼓之 自傷不逢時 作猗蘭操以託意]"라 한 것을 인용한 것이다. 기자가 때를 잘못 만나 상나라에서 뜻을 펴지 못한 것을 말하는 것이다.

90 어찌 ~ 잊겠는가?: 『사기(史記)』「송미자세가(宋微子世家)」에 기자가 주왕(紂王)이 음탕한 짓을 자행하자 간언하였으나 받아들여지지 않자 거짓으로 미친 척하다 노비가 되었다는 내용이 있다. 기자가 이때 일을 잊지 못하고 거문고를 연주하였다는 뜻이다.

91 소사(少師): 주왕(紂王)의 숙부였던 비간(比干)을 가리킨다. 비간이 소사(少師)를 역임하였는데 주왕에게 간언하다 죽임을 당하였다. 기자가 이때 함께 죽지 못하고 조선으로 은거하였다 한참 후에 세상을 떠난 사실을 말하는 것이다.

92 고국에는 ~ 있음이여: 상나라가 망한 뒤 미자(微子)는 주나라 무왕을 찾아가 상나라의 종사를 유지할 수 있도록 청하였다. 무왕은 미자의 청을 받아들여 무경(武庚)을 은 땅에 봉하여 종사를 잇도록 하였다. 하지만 주공 섭정 시기에 무경이 반란을 일으키자 반란을 진압하고 미자를 송 땅에 봉하여 대신 상나라의 종사를 잇도록 하였다.

93 행동은 ~ 불림이여: 주왕의 폭정이 이어지자 미자는 떠나고, 기자는 미친 체하다 노복이 되었으며, 비간은 간언하다 죽었다. 세 명의 행동은 같지 않았지만 공자는 이들을 모두 인자(仁者)로 칭하여 삼인(三仁)이라 불렀다.

명이괘(明夷卦)에 나타난 역상(易象)이여[94]
다시 천 년 동안 누가 이와 같을 것인가?
마지막으로 한마디 할까 하노라.
넋은 가지 못하는 곳 없으니
어찌 옛 도읍으로 못 가겠는가.
은(殷)나라의 많은 어진 왕들이 하늘에 계심이여[95]
부디 이 땅에 오르내리시어 저희와 함께 거하소서.

『鶴峯集』(1649년)

金誠一(1538~1593)

『학봉집』은 조선시대 학자인 김성일의 시가와 산문을 모아 1649년(인조 27)에 간행한 시문집이다.

김성일의 본관은 의성(義城), 자는 사순(士純), 호는 학봉(鶴峰)이다. 1538년(중종 33)에 출생하여 10대 때 이황에게 찾아가 수학하였다. 1568년(선조 1) 증광문과에 병과로 급제하여 벼슬 활동을 시작하였다. 1590년(선조 23) 통신부사

94 명이괘에 ~ 역상이여: 『주역(周易)』「명이괘(明夷卦)」 상(象)에 "밝음이 땅속으로 들어가는 상이 명이이니, 군자는 이 상을 보고서 무리를 대할 때 어둠을 써서 밝게 한다[明入地中 明夷 君子以 莅衆 用晦而明]"라 하였는데, 암군(暗君)을 만났을 때는 자신을 감춤으로써 정도를 지킨다는 뜻이다. 단사(彖辭)에 "어려울 때에 정(貞)함이 이로움은 그 밝음을 감춘 것이다. 안에 있어 어려우나 그 뜻을 바르게 하였으니, 기자(箕子)가 이것을 사용하였다[利艱貞 晦其明也 內難而能正其志 箕子以之]"라 하여 기자가 그 도를 지켰다고 하였다.

95 은나라의 ~ 계심이여: 『서경(書經)』「소고(召誥)」편에 "하늘은 이미 큰 나라인 은나라의 명을 끊으셨습니다. 은나라의 선대의 많은 어진 왕들이 하늘에 계셔서 그 후대의 왕과 후대의 백성들이 천명을 따르기도 하였으나, 결국에는 지혜로운 사람들은 숨고 병든 사람들이 벼슬자리에 있게 되었습니다[天旣遐終大邦殷之命 玆殷多先哲王 在天 越厥後王後民 玆服厥命 厥終 智藏瘝在]"라고 한 것에서 인용한 것이다. 과거 상나라에 어진 왕들이 많았지만 결국 천명이 끊어진 것을 의미한다.

로 일본에 파견되었는데, 이듬해 귀국하여 국정 보고 시에 일본은 조선에 침입하지 않을 것이라는 견해를 밝혔다가, 1592년 임진왜란이 발발하자 경상우도명마절도사에서 파직되었다. 이후 유성룡의 변호로 경성우도초유사로 임명되어 다시 경상도로 돌아갔다. 그는 진주목사 김시민으로 하여금 진주성을 보전하게 독려하기도 하였는데, 1593년(선조 26) 전란 중에 전염병에 걸려 사망하였다.

『학봉집』은 그가 일본에 통신사행을 다녀왔던 일과 의병 활동을 독려하고 민심을 수습한 역할과 관련한 내용이 포함되어 있어 임진왜란 전후의 정세를 살피는 데 귀중한 자료로 평가되고 있다.

본문은 원집 7권, 속집 5권, 부록 4권 등 총 16권 10책으로 구성되어 있다. 김성일의 글은 임진왜란과 병자호란을 겪으면서 거의 일실되었는데, 인조 대에 후손과 문인들에 의해 수습되어 『학봉집』으로 초간되었다. 그 후 수차례 중간과 보완을 거쳐 1851년(철종 2)에 원집, 속집, 부록 등의 남은 글들을 재차 수합하여 임천서원에서 완본 『학봉전집』을 발간하였다.

고조선과 관련한 내용으로는 기자의 교화에 대한 설명이 주로 등장한다. 왜승(倭僧) 종진(宗陳)이 조선의 연혁과 풍습에 관해 질문한 것에 대해 단군에서 기자, 위만에 이르기까지와 고구려, 백제, 신라에 이르기까지의 내력을 소상히 설명하였다. 교화의 인물로 기자를 언급한 것을 제외하고 아래에 게재한다.

『학봉집』 학봉선생문집 권2 시(詩) - 부관(副官) 평의지(平義智)에게 주다 [4수(四首)○병서(并序)]

만 리 길 떠나서 온 조선 사신이 삼추 내내 일본 땅에 머물러 있네.언덕에는 초목도 변해 버렸고 창해에는 세월이 바뀌었다네.나그네 꿈 대궐 향해 치달아 가고 용천검의 칼 기운 두우에 뻗네. 사나이 맘 무쇠같이 단단하여서 나라 떠나 절개 더욱 굳건하다네. (653쪽 1)

『학봉집』 학봉선생문집 권3 차(箚) - 재앙을 만나 수성(修省)하기를 청하는 차자 [신묘년 (1591, 선조 24)]

무릇 이와 같은 예는 하나하나 들어 말씀드리기조차 어렵습니다. 그러니 어찌 낱낱이 헤아려 보아야만 알 수 있는 것이겠습니까. 유향(劉向)이 지은 『홍범전(洪範傳)』에는 비록 '지나치게 구애받은 것[太拘]'이라 일렀으나, 기자의 「홍범구주」에 나오는 오사(五事)의 기미와 태공이 말한 사사(四事)의 응험을 그 어찌 속일 수 있겠습니까. (653쪽 2)

『학봉집』 학봉선생문집 권6 잡저(雜著) - 조선국(朝鮮國)의 연혁(沿革)에 대한 고이(考異) [왜승(倭僧) 종진(宗陳)이 『대명일통지(大明一統志)』에 실려 있는 우리나라의 연혁과 풍속을 물어 온 것에 대해 선생이 각 조목에 따라 써서 보여 준 것이다]

'주나라 때 기자가 봉해진 나라이다.'라는 데 대하여.

기자는 은나라의 동성(同姓) 친족이다. 주(紂)가 무도하자 기자는 거짓으로 미쳐서 종이 되었다. 무왕이 주를 쳐서 천명을 혁신하자, 기자가 무왕에게 홍범을 올렸으나 무왕의 신하가 되지는 않았다. 그러자 무왕이 기자를 우리나라에 봉하고는 빈례로서 대우하여 신하의 나라가 아님을 보이었다. 평양(지금의 서경으로, 국도에서 서북쪽으로 1천여 리 떨어진 곳에 있다)에 도읍하였으며, 팔조의 가르침을 세워 백성들을 가르치니, 백성들이 그 덕에 감화되어 드디어 예의의 나라가 되었다. 또 정전법을 시행하고자 하였는바, 지금도 그때 만든 밭두둑이 아직 남아 있다. 그의 자손들이 서로 전하여서 1천여 년을 내려왔다. 그의 능묘가 지금의 평양부 성 북쪽에 있는데, 나라에서 수호(守戶)를 두어 나무꾼과 목동들이 들어가는 것을 금하고 있다. 그리고 묘우를 세워서 제사를 지내는데, 이를 기자전이라고 부른다. 재랑(齋郎)을 두어 향화(香火)를 받들고 있으며, 봄가을로 향폐(香幣)를 내려서 관찰사로 하여금 제사를 지내게 하고 있다. [기자조선 이전에 단군조선이 있는데, 단군은 요임금과 같은 시기에 나라를 세워 1천여 년 동안 나라를 다스린 뒤에 태백산으로 들어가서 신선이 되었다. ○조선의 선(鮮)은 밝다는 뜻이다. 땅이 동방에 있어서 해가 먼저 뜨므로 조선이라고 하였다.]

'진나라 때에는 요동외요(遼東外徼)에 속하였다.'라는 데 대하여

진나라 시황(始皇)이 중국 내의 6국을 병탄하였으나, 우리나라를 신하로 복속시키지는 못하였다. 그러니 『대명일통지』에서 요동외요에 속하였다고 한 것은 틀린 말이다.

'한나라 초기에 연인(燕人) 위만이 그 땅을 점거하였다.'라고 한 데 대하여

기자 이후로는 쇠미해져서 기준 때에 이르러 연인 위만이 진의 난리를 피해 망명하였다. 기왕(箕王)이 허약해진 틈을 타 무리를 모아서 나라를 점거하자, 기왕은 바닷길로 해서 남쪽으로 가 금마군에 이르러서 정착하였다. 이때에 나라가 마침내 셋으로 나누어졌는데, 마한[지금의 전라도이다], 변한[지금의 충청도이다], 진한[지금의 경상도이다]으로, 삼한이라는 호칭이 여기에서부터 시작되었다. 『대명일통지』에서 위만이 그 땅을 점거하였다고 한 것은 바로 평양 구도(舊都) 일대의 지역을 뜻하는 것이지, 삼한 지역은 점거하지 못하였다.

'한나라 무제(武帝)가 조선을 평정하여 진번(眞番), 임둔(臨屯), 낙랑(樂浪), 현도(玄菟)의 4군(郡)을 설치하였고, 소제(昭帝)가 그것을 낙랑과 현도 2군으로 합병하였다.'라고 한 데 대하여

한나라가 평정하였다고 하는 것은 곧 위만이 점거하였던 지역일 뿐, 조선의 전 지역을 말하는 것은 아니다.

'한나라 말기에 공손도(公孫度)가 점거하여 그의 손자인 공손연(公孫淵)까지 전해 오다가 위나라가 멸하였다. 진(晉)나라 말기에 고구려에 함락되어 편입되었다.'라고 한 데 대하여

공손도가 점거하였던 지역은 고구려의 요동 땅이지, 고구려의 전 지역을 점거한 것은 아니다. 대개 위만조선의 뒤에 삼국이 정립하여 고구려는 평양[바로 위만이 점거하였던 지역이다]에 도읍하였고, 백제는 부여[바로 변한의 지역이다]에 도읍하였고, 신라는 경주[바로 진한의 지역이다]에 도읍하였는데, 모두 영토가 수천 여 리씩 되었다. 진(晉)나라 영가(永嘉) 말기에 요동 땅을 고구려에서 차지하였는데, 『대명일통지』에서는 어느 지역을 함락하여 편입하였는지를 말하지 않았으니, 기록이 상세하지 못하다. 그리고 고구려의 고(高) 자 아래에 구(句) 자를 빠뜨렸는데, 고구려는 고씨가 세운 나라의 국호이고, 고려는 왕씨가 세운 나라의 국호이다. (654쪽 3~655쪽 5)

『학봉집』 학봉선생문집 권6 잡저(雜著) – 조선국(朝鮮國)의 풍속(風俗)에 대한 고이(考異)

천 리가 떨어져 있으면 풍(風)이 같지 않고, 백 리가 떨어져 있으면 속(俗)이 같지 않은 법으로, 풍속이 각자 다른 것은 이상하게 여길 것이 없습니다. 다만 우리나라는 기자 이래로 예의가 풍속을 이룬 것이 중국과 다르지 않으며, 그 가운데 같지 않은 바는 여항의 소소한 토속(土俗)들뿐입니다. 황명(皇明)에서 길에 떠도는 말을 주워 모아 『대명일통지』 안에 기록하였는데, 그 말이 비속하고 근거도 없습니다. 우리나라에 직접 와서 보고 듣지 않은 외국 사람들은 반드시 이 기록을 그대로 믿을 것이니, 어찌 그것이 거짓인 줄을 알겠습니까. 이로 미루어 보면 귀국의 풍속에 관한 『대명일통지』의 기록도 부실한 것이 많을 것으로 생각됩니다. (655쪽 6)

(출처: 한국고전번역원)

『思菴集』(1652년)

朴淳(1523~1589)

『사암집』은 조선 중기의 문신 박순의 시문집으로 1652년에 간행되었다.

박순의 본관은 충주(忠州)이고, 자는 화숙(和叔)이며, 호는 사암(思菴)이다. 박순은 1540년(중종 35) 사마시에 합격하고, 1553년(명종 8) 정시문과에 장원하였다. 그 뒤 성균관전적(成均館典籍)을 거쳐 이조참의, 부제학, 이조판서, 예조판서, 우의정, 좌의정, 영의정을 역임하였다. 박순은 서경덕(徐敬德)의 문인으로 성리학에 널리 통했으며, 『주역(周易)』에 대한 연구가 깊었다. 주요 저서로는 『사암집』이 있다.

외증손 이문망(李文望)이 박순의 유고를 모아 이경석(李景奭)에게 편정을 부탁하고, 1652년(효종 3) 서필원(徐必遠)의 협조를 받아 처음 간행하였다. 이 초간본은 5권 2책의 목판본인데, 5권은 모두 시(詩)이고 권차 없이 문(文)이 수록되어 있다. 이 본은 현재 연세대학교 중앙도서관, 규장각 등에 소장되어 있다. 그 후 박상(朴祥)의 후손 박원응(朴源應)이 『눌재집(訥齋集)』을 중간하고, 이어서 저자의 유문(遺文)과 고사(故事) 등을 수집하여 원집에 첨부한 뒤 간행하였다. 이 중간본은 7권 3책의 목판본으로 현재 장서각, 연세대학교 중앙도서관, 고려대학교 중앙도서관, 국립중앙도서관, 규장각 등에 소장되어 있다.

본문은 7권 3책으로, 그중 권1~4는 원집이고 권5~7은 부록이다. 권1~3은 시(詩)가 형체별로 실려 있다. 권4는 문(文)으로, 문체별로 실려 있다. 권5에는 이선(李選)이 1689년에 지은 행장과 이항복(李恒福)이 지은 시상(諡狀), 송시열이 지은 신도비명이 실려 있다. 권6에는 교서 1편, 사제문(賜祭文) 2편이 실려 있다. 권7에는 각종 문헌 및 소(疏)·봉사(封事)·서(書) 등에 기술되어 있는 박순 관련 기록이 실려 있다.

기자 및 기자조선 관련 내용이 권1, 권2, 권4, 권7에 나온다. 권1의 〈명나라 사신 왕새의 '알기자묘'에 차운하다(次王天使璽謁箕子廟韻)〉에서는 기자의 사당에서 제사 지내는 것, 정전제(井田制) 등을 언급하였다. 권2의 〈구천사의 '배기자묘'에 차운하다(次歐天使拜箕子廟韻)〉에서는 기자묘에 대해 읊은 시구가 있다. 권4의 〈퇴계 선생 묘지명(退溪先生墓誌銘)〉에서는 기자를 언급하였다. 권7에서는 기자의 홍범(洪範)을 언급하였다.

『사암집』 사암선생문집 권1 5언고시(五言古詩) – 명나라 사신 왕새(王璽)의 〈알기자묘(謁箕子廟)〉에 차운하다

몸은 죽었어도 이름 여전히 떨쳐

성(城)은 비었는데 사당 홀로 남아 있다.
천년토록 향기로운 혈제(血祭) 지내니
성인(聖人)의 은택은 보답하기 어려움 알아서라.
문헌에서는 아직도 알아볼 수 있으니
이곳을 버리고 어디에서 찾겠는가!
정전(井田)을 그어 놓은 것 지금까지 있고
풀 틈에 옛 밭두덕 남아 있으나
틀림없이 끝내는 없어져 버릴 것이리라.
언제나 뜻있는 인사(人士)들을 근심하게 만들며
머뭇거리며 차마 떠나지 못하고
눈물 흘리며 길가에 서 있게 하네.

『사암집』 사암선생문집 권2 5언율시(五言律詩) – 구천사(歐天使)의 〈배기자묘(拜箕子廟)〉에 차운하다

동쪽 황량한 곳에 이 노인을 묻어
은(殷)나라의 도(道)는 이미 쓸쓸해져 버렸도다.
이끼 낀 비석에선 글자 찾기 어렵고
봄 잔디는 몇 차례나 해를 넘겼나.
옛 밭은 발길 메워졌고
낮은 밭두덕에선 사슴이 자고 있다.
객(客)이 와서 부질없이 눈물 흘리고
작은 흐름 가에서 찬 막걸리 든다.

『사암집』 사암선생문집 권7 부록(附錄) – 서천대(西臺寺)에서 습독관(習讀官) 박성견(朴成堅)을 만나 밤중에 퇴계(退溪)와 사암(思菴)의 일을 퍽 상세하게 이야기하였다 [3수(三首)]

두 분 원로가 먼저 세상을 떠나 가까이하지 못해 괴로워하던 터에 공을 만나니 황홀히 원빈(元賓)을 만난 듯하다.
중국에서 그분들의 풍아(風雅)를 흠모한 일 들어서 기쁘거니와
동방에서 그분들 같은 진신(搢紳) 가진 것 알게 되어 즐겁다.
남이(南夷)를 평정하고 북적(北狄)을 위압할 수 있었을 것이고
현사(賢士)들을 포용하여 시름 찬 백성들을 위무(慰撫)하여 주었을 게라.
저승에서 살려 낼 방법 없음이 서럽거니와
좋은 책모(策謀) 임금 위해 개진(開陳)할 것 없음이 한스럽구나.

고상한 절 배회하며 가을의 쑥대에 감개를 부치다가
선현(先賢) 두 분의 풍아(風雅)를 들을 수 있게 되었다.
기자(箕子)의 홍범(洪範)은 망한데 사람들은 어디에 있는 건가
시대를 슬퍼하고 나라를 근심하여 절로 사무쳐 온다.

퇴계 선생이 나오기 어려웠을 때에
사암(思菴) 대원로는 홀로 그를 훌륭하게 여겼다.
높은 산 우러러야 한다고 사람들이 많이 말을 했는데
평중(平仲)은 어찌하여 부끄러워하지 않는가.

(출처: 충주 박씨(忠州朴氏) 문간공파문중(文簡公派門中) 눌재사암문집(訥齋思庵文集)
역해발간위원회(譯解發刊委員會))

『愚伏集』(1657년)

鄭經世(1563~1633)

『우복집』은 조선시대 문신 관리이자 학자였던 정경세의 시가와 산문을 엮어 1657년에 간행한 시문집이다.

정경세의 자는 경임(景任)이며, 호는 우복(愚伏)이다. 1582년(선조 15) 진사에

뽑히고, 1586년(선조 19) 알성문과에 을과(乙科)로 급제하여 승문원부정자에 임명되었다. 이후 춘추관기사관, 이조좌랑, 경상감사, 예조와 이조의 판서, 대제학 등을 역임하였다. 주요 저서로는 『우복집』, 『상례참고(喪禮參考)』가 있다.

본문은 「우복선생문집」과 「우복선생별집」으로 구성되어 있다.

「우복선생문집」은 우복의 사위인 송준길(宋浚吉)과 사손(嗣孫)인 정도응(鄭道應)이 주관하여 집안에 보관되어 오던 초고를 20권 10책으로 편차하여 1657년(효종 8)에 목판으로 간행한 것이다. 1789년(정조 13)에 정경세의 6세손 정종로(鄭宗魯)가 원집과 별집, 연보를 정조에게 올렸는데, 이때 올린 별집과 연보는 미간행 정고본(定稿本)이었다. 1821년(순조 21)에 후손 정상리(鄭象履) 등이 연보와 부록을 포함한 별집을 8권 4책으로 편차하여 목판으로 간행하였는데, 이 별집에는 원집을 간행할 때 빠졌던 시문과 사문록(思問錄), 양정편(養正篇), 경연일기, 연보, 묘지(墓誌), 신도비명, 행장 등이 수록되었다. 1844년(헌종 10)에 우산서원(愚山書院)에서 원집을 중간하였는데, 이때는 초간본과 내용이나 편차의 차이가 전혀 없이 판식(板式)의 형태만 바꾸어서 간행하였다. 「우복선생별집」은 후손인 정하묵(鄭夏默)이 이미 간행되어 있던 「우복선생별집」에다 부록을 증보하여 1899년(고종 36)에 12권 6책으로 중간한 것이다.

고조선 관련 기록은 원집의 권1, 권3, 권15, 별집의 권3과 권4에 나온다. 단군과 기자 관련 내용이다. 권1의 시에서는 기자가 조선에 온 것과 홍범, 기자의 사당에 대해 언급하였다. 권3의 〈오현을 문묘에 종사하기를 청한 상소(請從祀五賢文廟疏)〉에서는 기자가 조선에 와서 백성들을 교화했다고 언급하였다. 권15의 〈오현종사묘정집례계첩 서문(五賢從祀廟庭執禮契帖序)〉에서는 단군을 언급하였다. 별집 권3의 〈경연일기(經筵日記)〉에서는 평양에 기자가 시행했다는 정전(井田)이 남아 있다고 하였다. 권4의 〈연보(年譜)〉에서는 평양의 정전(井田)과 기자묘(箕子墓)에 대해 언급하였다.

『우복집』 우복선생문집 권1 시(詩)

지난 갑신년(1584) 봄에 내가 『논어(論語)』를 읽고 있었을 때 꿈속에서 기자(箕子)의 사당에 알현하고는 느낌이 있어 단율(短律) 한 수를 지었는데, 꿈에서 깨어난 뒤에 그 시의 첫 번째 연(聯)을 기억해 동반(同伴)에게 말하였다. 그러자 어떤 사람이 놀리면서 말하기를, "깨어나서 지은 것이 도리어 꿈속에서 지은 것만 못하다" 하였다. 그로부터 25년이 지난 기유년(1609) 가을에 동지사(冬至使)로 북경에 가다가 평양(平壤)을 지나게 되었는데, 당시에는 바야흐로 임금을 위해 상복(喪服)을 입고 있어서 사우(祠宇) 안으로 들어갈 수가 없었다. 이에 묘(廟) 아래에서 우러러보며 절하고는 드디어 지난날 꿈속에서 지었던 구절을 기억해 내어 그 뒤를 이어 마저 지어 단율(短律)을 이루었다.

우리 옷깃 오른쪽 향해 매게 하였나니
공의 수레 어느 누가 동쪽으로 가게 했나.[꿈속에서 지은 구절이다.]
도 행하매 오랑캐 땅도 아니 누추했고
어진 이가 떠나가매 나라 비게 되었구나.
어느 것이 하늘의 뜻 아닌 것이 있으리오
목궁을 그리 심히 원망하지 아니했네.
천 년 뒤에 사당에 와 예를 갖춰 올리니
직접 홍범 말하는 걸 듣는 것과 같구나.

『우복집』 우복선생문집 권3 소차(疏箚) – 오현(五賢)을 문묘(文廟)에 종사(從祀)하기를 청한 상소 [경상도의 유생들을 대신하여 지었다]

우리 동방(東方)은 바닷가에 치우쳐 있어서 중화(中華)의 교화가 미치지 못하는 곳입니다. 그런데도 능히 임금은 임금답고 신하는 신하답고 아비는 아비답고 아들은 아들답고 남편은 남편답고 아내는 아내다워서, 머리카락을 풀어 헤치고 옷고름을 왼쪽으로 맨 채 살아가는 오랑캐가 됨을 면한 것은 모두가 기자(箕子)께서 교화한 덕분입니다. 그런데 기자가 죽은 뒤로는 1천여 년 동안 또 막막하기만 하여 능히 기자의 아름다움을 이어받은 사람이 한 사람도 없었던 탓에, 성인의 학문은 황폐해지고 세상의 도의는 어지러워져, 나라가 나라꼴을 이루지 못하였습니다.

『우복집』 우복선생문집 권15 서(序) - 오현종사묘정집례계첩(五賢從祀廟庭執禮契帖) 서문 [신해년(1611, 광해군 3)]

유군(柳君)이 나에게 편지를 보내어 말하기를, "첩(帖)이 이제 완성되었다. 여러 사람들의 뜻이 모두 그대에게 이 사실을 기록하게 하는 것이 마땅하다고 하니, 그대가 어찌 이 일을 사양할 수 있겠는가" 하였다. 내가 생각건대, 우리나라가 단군(檀君)으로부터 여말(麗末)에 이르기까지 수천 년 동안에 영특하고 탁월한 인재가 없지는 않았다. 그러나 성현(聖賢)의 학문에 힘을 쏟고 중정(中正)의 도에 뛰어나다고 소문난 자를 구해 본다면, 겨우 포은(圃隱) 선생 한 분만 있을 뿐이었다.

『우복집』 우복선생별집 권3 - 경연일기(經筵日記) - 을축(乙丑)

5년 을축(1625, 인조 3) 1월 6일에 상이 자정전에 나아가 『맹자』 「공손추 상편(公孫丑上篇)」의 '맹자왈존현사능(孟子曰尊賢使能)'에서 '인욕지사의(人欲之私矣)'까지 강하였다. 정경세가 아뢰기를, "시전(市廛)은 바로 오늘날의 이른바 지세(地稅)이니, 시장의 소유에 따라서 자릿세를 거두는 것입니다. 시장을 다스리는 관원이 법으로써 부당한 이득을 취하는 것을 막을 뿐인 것입니다" 하고, 시독관(侍讀官) 이윤우(李潤雨)가 아뢰기를, "'조(助)'는 바로 정전법(井田法)입니다. 여덟 집이 힘을 모아 서로 도와서 공전(公田)을 경작하여 이 공전에서 나오는 소출을 가지고 관용(官用)으로 삼기 때문에 세금이 사전(私田)에는 미치지 않는 것입니다" 하니, 상이 이르기를, "그 당시에는 바야흐로 정전법을 시행하고 있었는데 어찌하여 이런 말을 한 것인가?" 하자, 정경세가 아뢰기를, "전국(戰國)시대에는 폭군(暴君)과 오리(汚吏)들이 정전법의 제도를 무너뜨려서 이 법이 행해지지 않은 지가 이미 오래되었습니다" 하니, 상이 이르기를, "그 당시에는 천하에 정전법을 시행하는 곳이 없었는가?" 하자, 정경세가 아뢰기를, "전국

시대에는 등(滕)나라의 문공(文公)만이 이 정전법을 행하려고 하였으므로 맹자가 정성스럽게 말한 것인데, 끝내는 시행하지 못하였습니다. 우리나라의 평양부(平壤府)에 정전(井田)의 형태가 남아 있는데, 무너져 폐해진 지가 이미 오래되었습니다. 한준겸(韓浚謙)이 평안감사(平安監司)로 있을 적에 그의 형 한백겸(韓百謙)이 가서 그 형태를 보고는 정전설(井田說)을 지었는데, 기반이 이미 다 무너진 탓에 상세히 알 수가 없었습니다. 그리고 그 형세도 아주 비좁아서 여덟 집을 한 정전 안에 살게 할 수가 없을 듯하였다고 합니다" 하니, 상이 이르기를, "우리나라에는 널따란 평원이 없다. 그러므로 지형을 인해서 여덟 집을 만들 경우, 비록 모두를 한 정전 안에 살게 할 수는 없더라도 긴 쪽을 잘라 내어 좁은 쪽을 보충하는 제도가 있지 않았겠는가?" 하자, 정경세가 아뢰기를, "기자(箕子)는 은(殷)나라 사람이었기에 주(周)나라의 제도와는 자못 달랐습니다. 그러므로 단지 평양성 밖에만 설치하였고, 다른 곳에는 설치해 시행한 곳이 없습니다" 하였다.

『우복집』 우복선생별집 권4 부록(附錄) – 연보(年譜) 1

병인(丙寅)일에 평양에 도착하여서 정전(井田)을 보았다. 무진(戊辰)일에 기자묘(箕子墓)를 참배하였다.

(출처: 한국고전번역원)

『玄谷集』(1658년)

趙緯韓(1567~1649)

『현곡집』은 조선 중기의 문신인 조위한의 시문집으로 1658년(효종 9)에 간행되었다.

조위한의 자는 지세(持世), 호는 현곡(玄谷)이다. 본관은 한양(漢陽)이며, 아버지는 증판서(贈判書) 조양정(趙揚庭)이다. 1601년(선조 34) 사마시에 합격하였으며, 1609년(광해군 1) 증광시(增廣試)에 갑과(甲科)로 급제하여 성균관전적·예조정랑 등을 지냈다. 1610년(광해군 2)에는 44세의 나이로 사은사 이시언(李時彦)의 서장관(書狀官)으로 명나라에 다녀왔다. 1613년(광해군 5) 계축옥사(癸丑獄事) 때 파직되었으나 1623년(광해군 15) 인조반정 이후 성균관사성, 사헌부 장령(掌令)·집의(執義) 등을 지냈다. 또한 동부승지·좌부승지 등을 역임하고 공조참판에 이르렀다.

조위한은 생전에 자신의 시문을 정리하여 9권의 자편고(自編稿)로 만들고 1626년(인조 4)에 상촌(象村) 신흠(申欽)에게 부탁해서 서문(序文)을 받았다. 조위한 사후에 이것을 바탕으로 아들 조억(趙億)이 1658년 무렵 전라도 고산현감(高山縣監)으로 있으면서 간행하였다. 조억은 자편고를 이경석(李景奭), 조경(趙絅)과 권두경(鄭斗卿) 등에게는 서문, 이경석에게는 산정(删定)까지 해 줄 것을 부탁하였다. 조억은 이경석의 산정을 거친 자편고와 여기에 포함되지 않은 시문을 속고(續稿)로 하여 14권 3책의 목판본으로 간행하였다. 초간본은 현재 연세대학교 중앙도서관 등에 소장되어 있다. 이후 초간본을 수정하여 14권 4책으로 중간(重刊)이 이루어졌는데, 간행 시기는 알 수 없으나 현재 고려대학교 중앙도서관 등에 소장되어 있다.

책에 실린 시문 중에 고조선과 단군 및 기자에 관한 내용이 나온다. "단군(檀君)과 기자(箕子)로부터 비롯되어 삼국(三國)에 이르기까지"라고 표현한 것으로 보아, 우리 역사가 단군과 기자부터로 시작되었다고 인식하였음을 알 수 있다.

『현곡집』 권12 책(策) – 오래된 폐단을 혁신한 뒤의 새로운 만화(萬化) [병제(并題)]

생각하건대, 우리 동방은 바다 오른쪽 궁벽한 곳에 치우쳐 있습니다. 단군(檀君)과 기자(箕子)로부터 비롯되어 삼국에 이르기까지 오이를 쪼개고 콩을 썰듯 전쟁이 끊이지 않았습니다. 고려에 이르러서 여러 지역을 통합했지만 긴 뱀과 같은 오랑캐가 잠식해 들어가 강역이 날로 어지러웠습니다. 옛 기업을 보존하려 적들을 베고 나라를 구원한 자가 비록 혹 한두 사람이 있었다고 할 수 있겠지만 어찌 삼대(三代)의 중흥(中興)과 더불어 오늘날을 함께 논하기 충분하다고 하겠습니까? 비록 그렇지만 전하께서는 기어코 그것을 듣고자 하신다면 오직 현종(顯宗)과 강종(康宗)을 들 수 있을 것입니다.

『朴先生遺稿』(1658년)

朴彭年(1417~1456)

『박선생유고』는 조선 세종 때의 학자였던 박팽년의 시문집으로, 1658년(효종 9)에 외손 이경억(李慶億)이 간행하였다. 시 28수, 부(賦) 1편, 전(箋) 1편, 유묵 등이 실려 있다.

박팽년의 자는 인수(仁叟), 호는 취금헌(醉琴軒)이다. 세종 때 집현전학사를 지냈으며, 단종의 복위를 꾀하다가 죽었다. 사육신의 한 사람이다. 3대 멸문으로 박팽년에 대한 행장이나 문집이 전하지 않아 자세한 사실은 알 수 없으며, 다만 『취금헌천자문(醉琴軒千字文)』에 그의 글씨가 남아 있는 정도다.

『박선생유고』는 1658년에 7대손 박숭고(朴崇古)가 수습·편집하였고, 『육선생유고(六先生遺稿)』 3권 3책 중 제1권 1책으로 합집해 간행하였다. 권1에 「박선생유고」, 권2에 「성선생유고(成先生遺稿)」, 권3에 이개(李塏)·하위지(河緯地)·유성원(柳誠源)·유응부(兪應孚)의 시문이 각각 수록되어 있다.

고조선 관련 기록은 〈무본재의 시권의 서문(務本齋詩卷序)〉에 나온다. 우리나라는 기자(箕子)가 팔조(八條)의 가르침을 제시한 후로부터 풍습이 예양(禮讓)을 숭상하고 말기(末技)는 부끄럽게 여겨 왔다고 언급하였다.

『박선생유고』 문(文) - 무본재(務本齋)의 시권(詩卷)의 서문 [이후기(李厚基)가 선생의 친필이 라고 하여 보내왔기에 지금 집에 소장하고 있다]

효제가 어찌 인(仁)을 하는 근본이 되지 않겠는가. 오직 노력하느냐 그렇지 않느냐의 여부에 달려 있을 뿐이다. 우리 동방(東方)이 기자(箕子)가 팔조(八條)의 가르침을 제시한 후로부터 풍습이 예양(禮讓)을 숭상하고 말기(末技)는 부끄럽게 여겨 왔는데, 우리나라 열성조(列聖朝)가 서로 계승함에 미쳐서는 깊은 인애심과 훌륭한 정치력이 백성을 흡족하게 한 지가 오래되었다. 지금 전하께서는 하늘이 낸 성인으로 몸소 인의(仁義)를 행하시어 선조(先祖)를 효도를 다하여 받들고 대국(大國)을 공경을 다하여 섬기니, 백성들이 그 교화에 감화되어 효제의 기풍이 가득하게 되었다. 더구나 자후(子厚)는 언행(言行)과 학업(學業)이 남들의 추앙을 받고 있으니, 이 재실의 이름을 받은 것은 요행이 아니고 당연한 것이다.

비록 그러나 효제(孝悌)를 어찌 쉽게 말할 수 있겠는가. 주(周)나라에서는 군진(君陳)만 인정을 받았으며, 공자의 문인 중에서는 오직 증자(曾子)와 민자건(閔子騫)만이 능히 그것을 실천하였으니, 자후는 노력해서 황 선생을 저버리는 일이 없도록 해야 할 것이다. 자후가 문인들에게 시를 부탁하려 하면서 나에게는 서로 알고 지낸 지가 오래되었다는 이유로 서문(序文)을 부탁하였다. 황 선생은 근본으로 삼는 말을 많이 인용하였는데 나는 효제를 가지고 말하였으니 훗날에 선생을 만나거든 나를 위하여 사죄해 주기 바란다.

(출처: 한국고전번역원)

『鵝溪遺稾』(1659년)

李山海(1539~1609)

『아계유고』는 조선시대의 문신 관리였던 이산해의 시가와 산문을 엮어 1659년에 간행한 시문집이다.

이산해의 자는 여수(汝受)이고, 호는 아계(鵝溪)·종남수옹(終南睡翁)이다.

1561년(명종 16) 식년문과에 병과로 급제해 승문원에 등용되었다. 이후 홍문관 정자, 병조좌랑, 대사간, 좌의정, 영의정 등을 역임하였다. 주요 저서로는 『아계집』이 있다.

이 문집은 이산해의 사후 1659년(효종 10)에 처음 간행되었으나 1981년에 『한산문헌총서(韓山文獻叢書)』 속에 수록되어 영인본으로 출판되었다. 『아계유고』는 6권 3책으로 구성되어 있다. 앞의 3권은 「기성록(箕城錄)」이라 하는데, 권1~2에는 시, 권3에는 잡저 · 기(記) · 전(傳) · 유기(遊記) 등이 실려 있다. 권4는 시이고, 권5에는 소(疏) · 차(箚) · 발(跋), 권6에는 기 · 서(序) · 명(銘) · 지(誌) · 제문(祭文) · 부(賦)가 수록되어 있다.

고조선 관련 기록은 권1과 권5에 나온다. 권1의 〈중국 군사가 서경을 수복했다는 말을 듣고(聞天兵收復西京)〉라는 시에서는 우리나라를 두고 기자의 옛 산하라고 하였다. 권5의 〈어제 시축의 발문(御製詩軸跋)〉에서는 기주(箕疇)를 언급하였다.

『아계유고』 권1 기성록(箕城錄) - 중국 군사가 서경(西京)을 수복했다는 말을 듣고

감천궁 안에서 조칙을 내리니
구원 온 쉰 명의 장수 모두 용맹했네.
사람마다 주 선왕의 새 예악을 바라고
하늘이 기자의 옛 산하를 활짝 열었네.
대포가 밤에 터지니 왜적의 피가 흐르고
화창한 봄 옥 장막에서 개선가를 듣네.
멀리 용안에 희색이 넘칠 것 생각노니
삼한 땅에 이로부터 전쟁이 그치겠지.

『아계유고』 권5 발류(跋類) – 어제(御製) 시축(詩軸)의 발문(跋文)

만력(萬曆) 무자년(1588, 선조 21) 봄에 사은사 유홍(兪泓)이 산해관(山海關)에서 돌아왔다. 주사(主事) 마유명(馬維銘)이 시를 지어 보내니, 유홍이 드디어 2수의 시(詩)로 화답하였다. 대저 유홍의 이번 걸음은 어려움이 많은 타관만리(他官萬里)에서 마음을 다하였고 직접 윤음(綸音)을 받들었으며, 친히 보전(寶典)을 가지고 갔었다. 그리하여 금수(禽獸)가 사는 지역을 바꾸어 예의(禮義)를 아는 나라가 되게 하였으니, 이는 우리 동방(東方)이 재차 조성되고 기주(箕疇)가 다시 펼쳐지는 날인 것이다. 가령 그 시(詩)가 후세에 묻혀 버리고 아무도 모른다면 어찌 될까. 나는 이 점을 애석하게 여긴다. 이에 사신(詞臣)에게 명하여 각각 그 운자(韻字)에 차운하게 하였더니, 사신이 도리어 그 공을 나에게 돌렸다. 이는 본래의 취지를 잃은 것이므로 내가 한마디 하지 않을 수가 없다. 대저 시(詩)란 뜻을 말하는 것이니, 다른 것은 따질 것이 못 된다. 말을 가지고 의도한 바를 해치지 않도록 하는 것이 가하다.

(출처: 한국고전번역원)

『桐溪集』(1660년)

鄭蘊(1569~1641)

『동계집』은 조선 후기의 문신 관리였던 정온의 시문집으로, 그의 사후인 1660년에 간행되었다.

정온의 자는 휘원(輝遠), 호는 동계(桐溪)·고고자(鼓鼓子)이다. 1606년(선조 39)에 진사가 되었고, 1610년(광해군 2)에는 별시문과에 을과로 급제하여 시강원겸설서와 사간원정언을 역임하였다. 인조반정 후 광해군 때 절의를 지킨 인물로 지목되어 사간, 이조참의, 대사간, 대제학, 이조참판 등의 청요직을 역임하였다.

1657년(효종 8)경부터 문집의 정리와 편차가 이루어지고 1660년(현종 1)에 정기수(鄭岐壽)가 원집(原集) 4권에 부록을 추가해 9행 19자의 목판으로 간행하였다. 이 원집은 미수(眉叟) 허목(許穆)의 발문(跋文)과 용주(龍洲) 조경(趙絅)의 서문을 받아 간행하였다. 이어서 1852년(철종 3)에는 원집 4권, 속집(續集) 3권, 부록 2권, 연보 등 모두 9책으로 중간하였다. 속집은 경제적인 제한으로 초간 때 실리지 못했던 시문과 새로 수집된 시문 등 정온이 지은 시문은 빠짐없이 수록하는 것을 원칙으로 하여 간행하였다. 속집 앞부분에는 정온과 함께 화의(和議)를 반대했던 청음(淸陰) 김상헌(金尙憲)의 후손인 김흥근(金興根)의 서문이 붙어 있고, 속집 권1 끝에는 권대긍(權大肯)의 발문이 붙어 있다. 이 중간본은 현재 규장각에 소장되어 있다.

본문은 원집 4권, 속집 3권, 부록 2권, 연보 도합 9책으로 구성되어 있다. 권1에는 약 370여 수의 시가 시체별로 편차되어 있으며, 권말에 보유(補遺)로 오언배율 등 6수의 시가 더 실려 있다. 권2에는 서(序), 서(書), 기(記), 논(論) 등 41편의 문(文)이 실려 있다. 권3에는 소차(疏箚)와 계사(啓辭) 30편에 보유로 계사 1편, 선고비(先考妣)의 행장과 강익(姜翼)의 행장 3편이 실려 있다. 권4에는 비명, 묘지 21편과 보유로 곽인(郭訒)의 묘갈명이 실려 있다. 부록으로는 권1에 행상(行狀)과 시상(諡狀), 권2에 교서(敎書), 제문, 봉안문(奉安文), 만시(挽詩) 등이 실려 있다.

고조선 관련 기록은 「동계집서(桐溪集序)」, 원집 권2와 권4, 부록 권1에 나온다. 〈『동계집』 발(桐溪集跋)〉에서는 기자가 은(殷)나라의 주왕(紂王)에게 간한 뒤 감옥에 갇히고, 종이 된 것을 기술하였다. 원집 권2의 〈조선에 봉해 준 것을 기자가 수락한 일에 대한 논(箕子受封朝鮮論)〉에서는 서주(西周)의 무왕(武王)이 기자를 조선에 봉한 것, 기자가 무왕에게 홍범구주(洪範九疇)를 전수한 것, 기자가 조선을 교화한 것, 『주역(周易)』에서 "기자의 밝음을 감춤이니[明夷] 정(貞)함이 이롭다"라고 한 것을 언급하였다. 원집 권4의 〈문헌공 일두 정 선생 신도비명(文獻公一蠹鄭先生神道碑銘)〉에서는 기자가 조선에서 교화를 베풀어 이적(夷狄)에서 벗어나게 되었다는 것을 언급하였다. 부록 권1의 〈동계 선생 행장(桐溪先生行狀)〉에서는 은나라가 망할 때 기자는 머리를 풀어 헤치고서 미친 척한 것과 무왕(武王)이 상(商)나라를 이기고 나서 기자를 조선에 봉한 것을 언급하였다.

『동계집』 동계선생문집서(桐溪先生文集序) – 『동계집』 발(跋) [허목(許穆)]

선왕(先王)이 상백(常伯), 상임(常任), 준인(準人), 호분(虎賁), 철의(綴衣)라는 관직을 마련해 두고 간사하거나 아첨만 잘하는 사람을 쓰지 아니한 것은, 한 사람의 존귀함을 사사롭게 하려는 것이 아니라 천직(天職)을 함께하기 위한 것이다. 그러므로 하늘의 일을 사람이 대신한다고 한 것이다.

『예기(禮記)』에 이르기를, "임금을 섬기는 방법이 있으니, 면전에서 직간(直諫)을 하여 그 잘못을 덮어 두지 않으며 죽을 때까지 왕사(王事)에 최선을 다하되, 의리가 부합하지 않으면 떠난다" 하였다. 간혹 충신으로서 떠나지 않고 죽음을 선택하는 경우가 있으니, 비간(比干)이 심장을 가르는 형을 받은 것과 기자(箕子)가 갇혔다가 종이 된 것이 이런 경우이다. 군자(君子)는 도(道)를 지키기 때문에 현달(顯達)했다 하여 기뻐하지도 않으며, 액운(厄運)을 당했다 하여 슬퍼하지도 않는다. 그저 인(仁)을 행하고 인(仁)을 얻는 데 이르러서는 매한가지이다. (656쪽 1)

『동계집』 동계선생문집 권2 논(論) – 조선(朝鮮)에 봉(封)해 준 것을 기자(箕子)가 수락한 일에 대한 논

다음과 같이 논한다.

하늘이 성현(聖賢)을 탄생시킨 것은 도(道)를 전하기 위한 것이므로, 성현이 이 세상에 태어난 것은 천명(天命)을 받은 것이다. 도를 전하기 위한 것이므로 그 사람이 죽고 사는 것을 하늘이 반드시 시키게 되고, 천명을 받기 때문에 그 몸의 출처(出處)가 자기의 뜻대로 되지 않는 것이니, 그 몸이 자기의 뜻대로 되지 않는 것이 아니라 그 도가 자기의 뜻대로 되지 않는 것이다. 이 도는 하늘이 나에게 부여해 준 바이며 내가 하늘로부터 받은 것이다. 하늘이 사사로이 나에게 부여할 수 없으며, 내가 사사로이 사람에게 전할 수 없다. 그러므로 그 사람으로 하여금 그 처음에 죽지 못하게 하여 후세 성인에게 도를 전하게 한 것은 하늘의 뜻이며, 그 사람으로 하여금 그 끝에 관작(官爵)을 봉하여 한 지역에서 도를 행하게 한 것도 역시 하늘의 뜻이다. 성현이 어찌 그 사이에 조금이라도 사사로운 뜻이 있었겠는가.

옛날에 무왕(武王)이 이미 상(商)나라를 이기고 나서 기자(箕子)를 조선(朝鮮)에 봉한 것은 그를 신하로 여기지 않으려는 마음을 이룬 것이며, 기자가 그것을 수락하여 그 나라로 간 것은 천명을 따른 것이다. 대저 기자는 은(殷)나라의 귀척(貴戚)이었고 무왕은 주(周)나라의 천자(天子)였으니, 조선도 역시 무왕의 영토였다. 은나라의 신하로서 주나라가 봉해 준 것을 받았으니, 자기의 임금으로 섬길 수 없는 자에게 신하 노릇을 한 것이 아니겠는가.

아, 이것을 어찌 일반 사람들이 능히 알 수 있는 것이겠는가. 저 기자의 몸은 과연 어떠한 몸인가. 하늘이 기자를 탄생시킨 것은 또한 무슨 의도인가. 스스로 드러내어 남이 밝혀 주기를 기다린 것은 하늘의 이치이고, 하늘이 부여해 준 것을 받아서 백성들의 이목이 되는 것은 성현의 책임이다. 홍수를 다스리는 공이 완성되어 낙서(洛書)가 상서(祥瑞)를 바치자 그것을 본받아 그림으로 배열해 놓은 자로 앞에 대우(大禹)가 있었고, 그 이치를 추연하고 그 편목을 늘려서 드러내어 밝혀 준 자로 뒤에 기자가 있었으니, 하늘이 기자를 은나라에 탄생시킨 것은 바로 대우를 하나라에 탄생시킨 의미와 같은 것이다.

앞서가던 무리가 창을 거꾸로 들게 되어 주나라가 받은 천명이 새로워졌고, 800년의 역사를 가진 상나라가 하루아침에 무너졌으니, 의리상 휴척(休戚)을 함께해야 할 신하로서 차마 불공대천의 원수인 주나라의 천자를 섬기면서 살 수 있었겠는가. 감히 간언을 하다가 죽은 사람은 비간(比干)이었고, 조상의 제사나마 보전하려고 떠난 미자(微子)가 있었으니, 기자는 그들과 같은 핏줄이고 도가 같은 사람인데 어찌 죽는 것이 편안하고 떠나는 것이 의가 되는 줄을 몰라서 유독 주나라가 봉해 주는 것을 마음에 달게 여기고 받았겠는가. 여기에서 하늘이 그를 그냥 죽게 하려 하지 않은 것이며, 그냥 떠나게 하고자 한 것이 아니라 우리 도를 이 사람의 몸에 부탁하려 했던 것임을 알 수 있겠다.

그렇다면 기자가 그 몸을 마음대로 하여 죽고 살 수 있었겠는가. 그러므로 하늘이 그 도를 무왕에게 전하고자 하여 신하가 되지 않으려는 마음을 굽혀서 홍범구주(洪範九疇)의 도리를 펼치게 하였고, 하늘이 동쪽 나라에 도를 행하고자 하여 다른 성(姓)을 섬기지 않으려는 충심을 보존한 채 무왕이 조선에 봉하는 것을 받게 하였으니, 봉한 것은 무왕이 봉한 것이 아니라 하늘이 봉한 것이며, 받은 것은 기자가 받은 것이 아니라 하늘이 받게 한 것이다. 하늘의 뜻으로 봉하고 하늘의 뜻으로 받았으니, 그 봉한 것은 기자를 봉한 것이 아니고 그 도를 봉한 것이며, 그 받은 것은 무왕이 봉해 준 것을 받은 것이 아니라 그 도가 봉해 준 것을 받은 것이다.

아, 이미 삼덕(三德)과 팔정(八政)의 도리로 무왕에게 전수하였으니, 무왕도 역시 성인(聖人)이다. 전수할 만한 사람을 얻어서 도가 의지할 바가 있게 된 것이다. 그러므로 그 마음에 '내가 비록 중국에 있지 않더라도 중국에는 오히려 내가 있다.'고 여기고, 이에 다시 팔조(八條)와 구주(九疇)의 가르침을 동쪽 나라에 행하여 똑같이 하늘의 백성인 조선으로 하여금 대도(大道)의 요체를 듣도록 하였다. 도는 천하 어디를 가도 밝지 않음이 없으니, 이것이 어찌 하늘의 뜻이 아닌 줄을 알겠는가.

오직 그것이 하늘의 뜻이므로 기자가 부득이 그 봉해 준 것을 받았으니, 또한 어찌 그 신하가 된 것이 실은 신하가 된 것이 아니며 받은 것이 실은 받지 않은 것이 되는 줄을 알겠는가. 설령 당시에 무왕과 같은 성인이 없어서 도를 전수할 사람이 없었다면 하늘이 어찌 기자로 하여금 조선에 봉해지는 것을 수락하도록 하였겠는가. 필시 중국에 봉해지는 것을 받아도 혐의하지 않았을 것이다. 그러므로 그가 봉해 주는 것을 수락했지만 굽힌 것이 되지 않는 것은 도에 굽힌 것이지 주나라에 굽힌 것이 아니었기 때문이다.

아, 기자가 어찌 구차하게 주나라 왕이 봉해 주는 것을 받지 않음으로써 주나라에 신하가 되지 않겠다는 마음만 밝히고 하늘이 나에게 준 것을 버릴 사람이었겠는가. 주(紂)의 악행이 극에 달하여 종묘사직이 장차 무너질 처지에 놓였을 때를 당하여 기자가 죽지도 아니하고 떠나지도 아니한 채 기꺼이 노복(奴僕)이 된 것이 어찌 죽기가 싫어서 그러했겠는가. 그것은 자신이 도를 전수하는 것이 중하여 자기의 뜻대로 할 수 없었기 때문이다. 그러한 마당에 무왕이 천하를 소유한 뒤에 작은 절의 지키기를 자기 뜻대로 할 수 있었겠는가. 홍범을 진달한 뒤에 곧바로 죽지 아니하고 조선에 봉해 주는 것을 받은 것은 모두가 하늘이 시켜서 그렇게 한 것이었는데, 하늘을 어기고 그 봉해 준 것을 받지 않을 수 있었겠는가.

혹자는 "백이(伯夷)도 역시 주나라에 신하가 되지 않은 자이다. 주나라 곡식을 먹지 아니하고 수양산(首陽山)에서 굶어 죽은 것에 비하여 기자는 주나라가 봉해 준 것을 받고 천수(天壽)를 다하였으니, 그 도가 같지 않은 것이 분명하다. 그대는 어찌 유독 하늘의 뜻이라 하는가? 이미 하늘의 뜻이라고 한다면 백이만 유독 하늘의 뜻이 아니란 말인가?" 하는데, 나는 이렇게 생각한다.

이는 모두 하늘의 뜻이다. 절의(節義)를 만세에 부지하고자 하여 수양산에서 굶어 죽었고, 큰 도리를 천하에 밝히고자 하여 조선에 봉해짐을 받았으니, 백이가 죽은 것과 기자가 봉해진 것이 어느 것도 하늘의 뜻이 아닌 것이 없다. 그가 무왕에게 고해준 말에, '여(汝)'라고 지칭한 것과 상(商)나라 방식으로 '13사(祀)'라고 기록한 의도를 보면 주나라에 신하가 되지 않으려는 마음이 조선에 봉해지던 날에도 없지 않았으니, 오히려 백이를 주나라에 신하가 되지 않았다고 하고 기자만 유독 신하가 되었다고 하겠는가. 그렇지 않다면 『주역(周易)』에 어찌 "기자의 밝음을 감춤이니[明夷] 정(貞)함이 이롭다"라고 하였겠는가. (656쪽 2~658쪽 5)

『동계집』 동계선생문집 권4 비명(碑銘) – 문헌공(文獻公) 일두(一蠹) 정 선생(鄭先生) 신도비명(神道碑銘) [병서(并序)]

우리 동방(東方)은 은(殷)나라 태사(太師)가 교화를 베푼 뒤로 이적(夷狄)에서 벗어나려는 움직임이 성대하게 일었으나 아득한 수천 년 동안 참다운 선비가 드물었다. 고려 말기에는 정 문충공(鄭文忠公, 정몽주(鄭夢周)) 한 사람뿐이었고, 우리 국조(國朝)에는 소문이 나서 알려진 분이 다섯 선생인데 선생이 그중의 한 분이다. 선생의 휘(諱)는 여창(汝昌), 자(字)는 백욱(伯勗)이며, 선대의 관향(貫鄕)은 하동(河東)인데, 뒤에 함양군

(咸陽郡)으로 옮겨 가서 살았다. (658쪽 6)

『동계집』 동계선생문집부록 권1 행장(行狀) – 동계(桐溪) 선생 행장(行狀) [허목(許穆)]

성인과 현인에 대해 한번 논하자면, 우(虞)나라와 하(夏)나라의 태평성대에는 우(禹)가 홍수를 막았고, 익(益)이 산택(山澤)을 불태웠고, 직(稷)이 곡식을 심었지만 이를 공으로 여기지 않았으며, 은(殷)나라가 망할 때 기자(箕子)는 머리를 풀어 헤치고서 미친 척하였고, 비간(比干)은 심장이 도려내졌고, 백이(伯夷)는 굶어 죽었지만 모두 원망이 없었으니, 그 행한 사업은 같지 않으나 그 마음은 마찬가지였다. (659쪽 7)

(출처: 한국고전번역원)

『水色集』(1661년)

許 (1563~1640)

『수색집』은 조선 중기의 문신 허적의 시문집으로 1661년(현종 2)에 간행되었다.

허적의 본관은 양천(陽川), 자는 자하(子賀), 호는 수색(水色)이다. 1588년(선조 21) 진사시에 합격하고, 1597년(선조 30) 별시문과에 을과로 급제하였다. 광해군 재위기에 호조좌랑(戶曹佐郎)을 역임하였으나 이내 물러났다가 인조반정 이후 복직하였다. 1628년(인조 6) 유효립(柳孝立) 모반 사건에 공을 세워 영사공신(寧社功臣)에 녹훈되고 양릉군(陽陵君)에 책봉되었다. 1640년(인조 18)에 세상을 떠났다.

생전에 허적은 「상고집(尙古集)」이라는 제목으로 원고를 수습해 놓았던 것으로 보이지만, 현재 이 「상고집」은 전하지 않는다. 이후 후손들이 「상고집」을 바탕으로 내용을 보완하여 1661년 『수색집』이라는 이름으로 목판 간행하였다. 현재 규장각, 장서각, 국립중앙도서관, 연세대학교 중앙도서관 등에 소장되어 있다. 8권 4책으로 구성되어 있으며, 권1~6은 시(詩), 권7은 부(賦)·제문(祭文)·기(記), 권8은 소(疏)·차자(箚子)이다. 권미에 허목(許穆)의 발문이 실려 있다.

고조선 관련 내용으로는 단군과 기자 관련 기록이 전한다. 단군과 관련된 언급은 차현(車峴, 지금의 차령산맥)에서 지은 시에 나오는데, 차현이 단군 시대부터 주몽 시대까지 전장이었음을 말하고 있다. 그러나 근거를 분명하게 제시하지 않아서 무슨 근거로 해당 내용을 남겼는지 알 수 없다. 기자 관련 언급은 병자호란 이후 국정 개혁과 관련한 상소를 올리면서 등장하는데, 노비제도가 기자 때부터 있었다는 내용을 담고 있다.

『수색집』 권2 시(詩) – 차현시(車峴詩)

새벽에 천안군(天安郡)을 떠나
멀리 공주성(公州城)을 향해 떠났다.
험준한 차현(車峴)을 넘어
백덕평(白德平)을 오르니
수목이 들쭉날쭉 무성하고
산봉우리는 가파르기도 하여라.
구름이 드리우자 날씨 쌀쌀한데
8월의 쓰르라미 울어댄다.
거대한 요새 경계를 둘로 나누고
험준함은 하늘이 만들어 놓았네.
아득한 단군(檀君) 때부터
산천은 어지러이 전쟁터가 되었는데
옛적의 주몽(朱蒙)이 강성하여
이곳에서 적병을 막아 내었네.
왕씨(王氏)가 삼국을 통일하고
유훈(遺訓)을 내려 불길한 땅을 경계하였네.[96]

96 유훈(遺訓)을 ~ 경계하였네: 태조 왕건이 「훈요십조」를 남겼다고 전해지는데, 이 중 제8조가 차현 이

우리 조선의 태조(太祖)께서 선양을 받으시고
지성으로 인재를 등용하시었도다.
아! 왜적의 무리가 쳐들어왔으니
굳게 지켜 낸 것은 누구의 충정인가.
패배를 막아 낸 것이 예나 지금이나 한결같으니
감탄하기에도 부족하도다.
빙 돌아 계곡으로 나오니
햇살은 해맑고 구름과 노을이 청명하다.

『수색집』 권8 문(文) - 병자년(1636, 인조 14) 겨울에 어가를 따라 남한산성에 들어갔다가 정축년(1637, 인조 15) 청나라 병사가 돌아간 후 서울로 돌아와서 올린 소(疏)

다섯째, 내수사(內需司)의 재산을 꺼내시옵소서. 무릇 임금은 사사로운 재산이 없으니 비록 태평성대의 시기에도 아껴서는 안 되는데, 하물며 병란을 겪은 시기에 있어서는 어떻겠습니까? 우리나라에서 노비를 두는 것은 기자 때부터 시작되었습니다. 예전에는 노비를 구별하여 국가의 군무(軍務)에는 동원하지 않았습니다. 하지만 속오군(束伍軍)이 설립된 이후로는 양인과 천인이 섞여서 모두 뽑혀 차정되었는데, 그 주인의 사환(使喚)이나 수공(收貢)에도 구애되지 않으니 공과 사 모두에 편합니다. 하지만 내수사의 노비는 그 수가 아주 많은데도 감히 뽑아서 차정하지 못하니, 이는 태평성대의 사사로움이 없는 지극한 정치에 있어 하나의 큰 흠이 될 것입니다. 엎드려 바라건대 전하께서는 별도의 교서를 빨리 내시어 속오(束伍) 방수(防守)의 역(役)에 내수사의 노비도 통용하게 하시어 사사로움이 없음을 내보이소서.

남의 땅은 불길하므로 이 지역 사람들을 등용하지 말라고 하였다. 『고려사(高麗史)』 권2, 세가(世家), 태조 26년 4월.

『西坰集』(1662년)

柳根(1549~1627)

『서경집』은 조선 중기의 문신 유근의 시문집으로 1662년(현종 3)에 간행되었다.

유근의 본관은 진주(晉州), 자는 회부(晦夫), 호는 서경(西坰)이다. 1572년(선조 5) 문과 급제하였다. 1591년(선조 24) 건저문제(建儲問題)로 정철이 화를 입을 때 탄핵되어 파직되었다. 임진왜란이 일어나자 선조를 호종하였고 그해 5월 의주영위사(義州迎慰使)로 중국의 조사(詔使)를 맞이하였다. 1593년(선조 26) 사은부사로 명(明)나라에 사행을 다녀오는 등 대명외교에서 많은 일을 하였다. 1606년(선조 39)에도 명사(明使) 주지번(朱之蕃) 등을 원접사(遠接使)로 접대하였다. 1613년(광해군 5) 폐모론(廢母論)이 일어나자 괴산으로 물러났다. 인조반정으로 다시 기용되었으나 관직에 나가지 않았고, 정묘호란 때 왕을 호종하다가 통진(通津)에서 죽었다.

본문은 외손 오정위(吳挺緯)가 가장(家藏) 원고와 『황화집(皇華集)』 등에 실린 시를 수집하여 1662년 4권 2책으로 간행한 것이다. 1665년(현종 6) 외증손 김진표(金震標)가 초간본에 빠진 자료를 수집하여 8권 3책으로 중간하였다. 권1~4는 시(詩), 권5~8은 문(文)이다.

『서경집』에는 기자, 단군과 관련하여 여러 시문이 수록되어 있다. 시는 모두 1606년(선조 39) 명나라 사신 주지번과 양유년(梁有年)이 와서 평양 지역을 유람하였을 당시 작성한 것이다. 여기에서는 기자를 통해 중화문명이 조선에 구현되었다는 문화적 자부심을 느낄 수 있다. 산문 1편은 한백겸(韓百謙)의 『기전도설(箕田圖說)』에 대한 발문이다. 한백겸은 아우 한준겸(韓浚謙)이 평안도관찰사로 나가게 되자 어머니를 뵐 겸 평양 지역을 답사하고 왔다. 그리고 『기전도설』을 작성하여 유근에게 보여 주었고, 이에 유근이 발문을 작성해 준 것이다. 유근은 한백겸을 통해 은(殷)나라 정전제(井田制)의 전모가 밝혀졌다고 주장하면서 적극적으로 한백겸의 주장을 변호하였다.

『서경집』 서경황화시집 권4－삼가 정사(正使) 주지번(朱之蕃)의 〈비운선방(飛雲仙舫)〉에 차운하다

천하가 주(周)나라를 종주로 삼아서 은(殷)나라를 찾지 않으니
기자(箕子)가 봉해진 조선의 오래된 풍속에서만 여전히 향기가 나는구나.
맑은 강 위 화려한 배에 신선이 타는 학(鶴)이 있고
한량없는 은혜의 물결은 채색 구름과 맞닿아 있구나.

[이날 정전(井田)의 옛터를 둘러보고 나서 대동강(大同江)을 유람하였는데, 채색한 배에 이름 붙이기를 명하니 비운선방이라 하였다. 그러므로 작품 속에 언급하였다.]

『서경집』 서경황화시집 권4－삼가 정사(正使) 주지번(朱之蕃)의 〈평양16경(平壤十六景)〉에 차운하다

팔조(八條)의 가르침 동쪽 백성들에게 남아 있으니
정전(井田)을 세운 지 몇 해나 되었는가?
다시 삼한(三韓)에 전하여 은혜를 받았으니
지금은 나라의 명운이 날로 새로워지는구나.

[정전(井田)]

『서경집』 서경황화시집 권4－삼가 부사(副使) 양유년(梁有年)의 〈평양16경(平壤十六景)〉에 차운하다

중화(中華)의 법도로 오랑캐의 풍속을 바꾸어 높은 나무 위로 올라갔네.
기자(箕子)가 남긴 가르침 영원토록 전해지리라.
장재(張載)는 삼대(三代)를 구현해 보고자 하였는데[97]

97 장재(張載)는 ~ 하였는데: 장재는 북송의 학자로, 토지를 사서 정전을 구현하여 정전제가 당대에도 통용될 수 있음을 밝히려 하였지만 이루지 못하고 세상을 떠났다.

상앙(商鞅)은 무슨 마음으로 정전법을 없앴는가?[98]

[정전(井田)]

태평성대의 은혜가 드넓기도 하니
기자가 봉해진 조선에 우(禹)임금의 산천을 옮겨다 놓았구나.
패강(浿江, 대동강)은 밤낮으로 쉬지 않고 흐르나니
강물이 바다로 흘러가는도다.

[대동강]

『서경집』 서경황화시집 권4－삼가 정사(正使) 주지번(朱之蕃)의 〈기자묘를 참배하다(謁箕子墓)〉에 차운하다

약속하지 않고 몇 명의 제후가 모였던가?[99]
현조(玄鳥)의 신은 가을에 제사를 받지 못하고[100]
천하는 앞다투어 주(周)나라의 솥[101]만을 쳐다보는데
바다 건너 외진 곳에 기자의 가르침 남아 있네.
공께서 돌아감에 갈 곳 없으랴? 오늘에야 돌아오니
신복(臣僕)할 수 없다던 그 분은 단지 무덤 속에 계시지만
동쪽 백성들로 하여금 예의를 알게 하셨으니
하늘에서 신선이 내려와도 여기서는 오래 머무르는구나.

---

98 상앙(商鞅)은 ~ 없앴는가?: 상앙은 전국시대 위(衛)나라 출신의 정치가이다. 진(秦)나라 효공(孝公)을 도와 법령을 제정하고, 정전(井田)을 폐지한 후에 부세 체제(賦稅體制)를 정비하였다.

99 약속하지 ~ 모였던가?: 주(周)나라 무왕(武王)이 상(商)나라 주(紂)임금을 정벌하려 하자 약속하지 않았는데도 맹진(孟津)에 800명의 제후가 모였다는 고사이다.

100 현조(玄鳥)의 ~ 못하고: 『시경(詩經)』「상송(商頌)」편에 "하늘이 현조에게 명하여, 내려와 상나라를 탄생시켜, 넓디넓은 은나라 땅에 거주하게 했다"라는 내용이 나온다. 상나라가 망하여 현조의 신이 제사를 받을 수 없다는 의미이다.

101 주(周)나라의 솥: 주나라 왕실을 상징하는 보물이다.

『서경집』 서경황화시집 권4 - 삼가 부사(副使) 양유년(梁有年)의 〈기자묘를 참배하다(謁箕子墓)〉에 차운하다

보옥(寶玉)으로 만든 옷을 입고 분신하니[102] 대낮부터 깜깜해지는구나.
늘어진 벼와 기장에 슬픈 노래를 부르는도다.[103]
단지 홍범구주(洪範九疇)를 말하려 하였는데,
삼성(三聖)[104]이 서로 전하려던 가르침 이 마음에 들어 있다네.
이상하게 생각 말라. 머리 풀어 헤치고 거짓으로 미친 척할 뿐이니
종묘사직 쥚어지고 동쪽 바다에 몸 실었구나.
오랑캐의 풍속을 바꾸어 높은 나무 위로 올려놓으니
백성들이 받은 깊은 은혜 지금까지 잊을 수 없도다.

『서경집』 서경황화시집 권4 - 삼가 〈평양에 머무르면서 소회를 적다(留平壤書懷)〉에 차운하다

패강(浿江, 대동강)에 배를 띄워 조그만 술자리를 열었는데, 내가 주선한 것이다. 대인(大人)이 견여(肩輿)를 타고 늦게 나와서는 〈평양에 머무르면서 소회를 적다[平壤書懷]〉라는 작품을 보여 주자 거칠고 서투른 솜씨를 따지지 않고 바로 앉은 자리에서 차운하여 화답하고 삼가 바로잡아 주기를 바라다.

날 맑은데 창가에 기대어 백운편(白雲篇)[105]을 짓고

102 보옥으로 ~ 분신하니: 주(紂)임금이 주(周)나라 무왕(武王)에게 포위를 당하자 녹대(鹿臺)로 달아나 보옥(寶玉)으로 꾸민 옷을 입고 분신하였다고 한다.

103 늘어진 ~ 부르는도다: 기자(箕子)가 상(商)나라가 망한 뒤에 옛 궁궐터를 지나다가 보리와 벼가 무성하게 자란 것을 보고 〈맥수가(麥秀歌)〉를 지어 불렀다는 고사를 뜻한다.

104 삼성(三聖): 요(堯), 순(舜), 우(禹)임금을 말한다.

105 백운편(白雲篇): 서왕모(西王母)가 목천자(穆天子)와 헤어질 때 지어 주었다는 이별시를 말한다. 그 첫 구절이 "백운재천(白雲在天)"으로 시작하기 때문에 백운편(白雲篇)이라 부르는데, 이별할 때 지어주는 시를 가리키는 말이 되었다. 유근(柳根)이 명나라 사신 주지번(朱之蕃)·양유년(梁有年)을 영접하였는데 두 사신의

느지막이 강가에 나오니 생각이 뻥 뚫리는구나.
부벽루(浮碧樓)[106] 앞에는 더 갈 곳이 없고
연광정(練光亭) 바깥으로는 끝없는 하늘이 펼쳐져 있네.
바람 나부낌에 뿔피리 소리가 물새를 놀래키고
비 한번 쏟아짐에 푸른 산에 진달래가 떨어지네.
내일은 기자정(箕子井)을 찾아가려 하니
관리의 여정이 바쁜 줄 알지만 잠시 수레를 멈춰 주오.

『서경집』 서경황화시집 권4 – 삼가 〈호숫가에서 술 마시며 서둘러 짓다(湖上飮走筆)〉에 차운하다

옛 나라[기자가 이곳에 봉토를 수여받았다.] 천년 도읍지를
맑은 술 마시며 반나절 유람하는데
비 내리다 개다 하니 구름 잎새 떨어지고
바람 부니 물결 일렁이는구나.
적벽(赤壁) 달빛 아래 소동파(蘇東坡) 신선놀음하고[107]
푸른 산 누각에서 사조(謝眺)[108]가 시 짓는구나.
강남(江南)과 너무나도 비슷하니
타향에서의 시름을 읊을 일이 없구나.

귀국이 다가와서 이와 같이 표현한 것이다.

106 부벽루(浮碧樓): 평양 대동강 가에 있는 누각이다.

107 적벽(赤壁) ~ 신선놀음하고: 송나라 때의 문인 소식(蘇軾)이 적벽(赤壁)에서 행한 뱃놀이가 신선과 같다고 하여 '소선(蘇仙)'이라고 불렀다.

108 사조(謝眺): 남조(南朝) 제(齊)나라의 문인이다. 선성태수(宣城太守)로 있을 때 사공루(謝公樓)를 짓고, 그곳에서 시를 잘 지었다고 한다.

『서경집』 서경문집 권6 발(跋) – 한백겸(韓百謙)의 『기전도설(箕田圖說)』에 대한 발문

정미년(1607, 선조 40) 가을, 유천(柳川) 한준겸(韓浚謙)이 평안도관찰사로 나가게 되어 큰형 참의공(參議公) 한백겸이 가서 어머니를 뵙고 돌아왔다. 하루는 나를 방문하여 손수 『정전도설(井田圖說)』을 가져다가 보여 주었다. 도면을 살펴보니 매우 자세하였고, 정전(井田)에 대한 논의도 잘 갖추어져 있었다. 그림을 살피고 논의를 따져 보니 이른바 기전(箕田)이라는 것은 함구문(含毬門)과 정양문(正陽門) 바깥에 있는 것의 구획이 가장 분명하다. 그 구획된 모양은 모두 전(田) 자 모양으로 4구역으로 나뉘어 있고 구(區)는 모두 70무(畝)씩이다. 구 사이에 난 길은 그 너비가 1무이다. 전(田) 자 모양 밭 사이에 난 길은 그 너비가 3무인데 모두 16개로 총 64구가 된다. 64구의 3면으로는 다시 9무로(九畝路)가 있으니 성문에서부터 강가까지 이어져 있다. 뾰족하거나 비스듬하거나 비뚤어지거나 기울어져서 네모반듯한 모양을 만들지 못한 곳은 1~2전(田)이나 2~3구(區)로 그 지형(地形)에 따라 만들었는데, 향인(鄕人)들은 지금까지도 여전(餘田)이라 전하고 있으니 또한 모두 70무이다. 아! 고금의 사람들이 이 땅을 지나고 이 전지(田地)를 보았던 사람들이 어찌 한이 있겠냐마는 단지 고적의 완연한 모습을 감상한 것에 지나지 않을 뿐이다. 오직 공만이 뒤늦게 세상에 나서 옛것을 좋아하여 몇 천 년 후에 옛 성인(聖人)이 전지를 나누어 생업을 마련해 준 뜻을 찾고는 도설(圖說)로 만들어서 사람들에게 기전(箕田) 1구가 70무임을 훤히 알게 해 주었다. 이는 곧 『맹자(孟子)』에서 '은나라 사람은 70무씩 나누어 주었다는 말'과 부절(符節)처럼 딱 들어맞으니 어찌 다행이 아니겠는가?

맹자가 "사방 1리의 토지가 정(井)이니 1정은 900무인데, 가운데가 공전(公田)이 된다"[109]라 하였다. 이는 정(井) 자 모양의 토지를 9개의 구(區)로 나누어서 여덟 집에서 모두 여덟 구의 100무씩을 개인적으로 경작하고, 공전 100무의 구(區) 가운데 20무를 여사(廬舍)로 삼아 여덟 사람이 그곳에 거처하는 것이다. 그들이 경작해야 하

109 『맹자(孟子)』 「등문공장구(滕文公章句)」 상(上)의 3번째 장에 나온다. 위의 '은나라 사람은 70무씩 나누어 주었다는 말'도 여기에 있다.

는 공전은 모두 10무씩으로 이것이 주(周)나라의 제도이다. 맹자가 "은나라 사람은 70무로 조법(助法)을 시행하였고, 주나라 사람은 100무로 철법(徹法)을 시행하였는데, 그 실제는 모두 10분의 1을 세금으로 거두는 것이다. 철(徹)은 힘을 통틀어 함께 일하고 균등하게 나눈다는 뜻이고, 조(助)는 백성들의 힘을 빌려 공전을 경작한다는 뜻이다"[110] 라 하였다. 맹자가 주인(周人) 100무의 제도에 대해 논한 것이 진실로 세밀하였지만, 은인(殷人)에 대해서는 단지 70무로 조법을 행하였다고 하였다. 당시의 제후들이 주나라 때의 전적(典籍)도 모두 없애버렸는데 하물며 은나라 제도 중에 아직 남아 있는 것들이 어떻게 지켜졌겠는가? 주자(朱子)가 태어난 것이 맹자의 시대로부터 또 한참 뒤였으니 어쩔 수 없이 주나라의 제도를 통해 은나라의 제도를 추측하여 밝혔다. 주자가 주석하기를, "상(商)나라 사람이 처음으로 정전(井田)의 제도를 만들어 630무의 토지를 가지고 아홉 구역으로 나누었으니 한 구역당 70무였다. 가운데가 공전(公田)이 되고 그 바깥은 여덟 집에 각기 한 구역씩 주어, 단지 그 힘을 빌려서 공전을 도와 경작하게 하고 다시 그 사전(私田)에 대해 세금을 거두지 않았다"라 하고, 또 "가만히 생각해 보건대, 상나라 제도도 또한 마땅히 이와 유사할 것이어서 14무를 여사(廬舍)로 삼아 1부(夫)가 실제로 경작하는 공전은 7무였을 것이니 이것도 10분의 1에 불과하다"[111]라 하였다. 주자도 은나라의 제도를 살펴볼 수 없었으니 이것[주나라의 제도]으로써 저것[은나라의 제도]을 헤아려 그 제도가 마땅히 이와 같을 것이라 한 것이다. 옛날 퇴지(退之) 한유(韓愈)는 〈석고가(石鼓歌)〉를 지어 공자(孔子)가 진(秦)나라까지 가지 못하여 돌에 새겨진 노래를 보지 못하였음을 안타까워하였다.[112] 만약 주자가 이 그림을 보았더라면 어떻게 생각했을 것인가?

---

110 상동.

111 이상은 『맹자집주(孟子集註)』 「등문공장구(滕文公章句)」 상(上)에 나온다.

112 석고가(石鼓歌) ~ 안타까워하였다: 주 선왕(周宣王)이 기양(岐陽)에 사냥 갔다가 태사(太史) 주(籀)를 시켜 북 모양의 돌을 세우게 하였는데, 태사 주가 노래를 지어서 왕(王)의 공적을 기록하였다 한다. 당(唐)나라 한유(韓愈)가 이를 보고는 〈석고가〉를 지었는데 공자가 이 돌에 새겨진 노래를 보았더라면 반드시 그 노래를 시경에 포함시켰을 것이라며 안타까워하였다.

지금의 그림으로 본다면 공전(公田)과 여사(廬舍)의 제도는 함부로 헤아리기 어렵다. 이 전(田) 자 모양으로 보건대 4구(區)는 4부(夫)가 받은 땅일 것이다. 혹자는 “기성(箕城)의 전지(田地)는 정전(井田)이라 불린 지가 이미 오래되었다. 정(井)은 곧 9개의 구역이니 지금 함부로 4구라 말할 수 없다”라 한다. 이는 그렇지 않다. 은나라와 주나라의 전제(田制)로 논해 보자면 8구는 여덟 집이 받은 밭이다. 이렇게 추론해 본다면 비록 1,000구나 100구라도 모두 똑같을 것이다. 사전으로 받은 70무 안에 7무를 공전으로 삼더라도 주자의 설과 같게 되니 또한 10분의 1 세를 벗어나지 않는다.

여사에 있어서는 주나라 때의 제도가 크게 완비되어 그래도 공전 가운데 20무를 취하여 8부(夫)의 여사로 삼았지만 1부의 거처는 2무 반에 불과하다. 만약 일부가 사전으로 받은 구 안에서 7무를 공전으로 삼아 힘을 써 경작하게 하고 다시 나머지 63무에 대한 세금을 거두지 않는다면 비록 1~2무를 여사로 삼아 거처하더라도 절로 10분의 1의 제도에는 해가 되지 않을 것이다. 1부가 거처하는 여사가 70무의 안에 있었는지, 아니면 도시나 산속에 집이 있는 자들이 들판에 전지를 받아서 오가며 경작하는지는 모두 상고할 수 없다. 길만 있고 여사는 없었는지도 알 수 없다.

은나라와 주나라의 전제가 같지 않음에 대해서는 70무와 100무에서 이미 알 수 있다. 그런데 어찌해서 4구와 8구의 차이에만 의심을 두는 것인가? 일치하는 것의 핵심은 10분의 1 세뿐이다. 공자가 “주나라는 은나라의 예를 이어받았으니 빼고 더한 바를 알 수 있다. 혹시라도 주를 계승하여 천하에 왕 노릇을 하는 자가 있다면 비록 백대의 뒤라도 알 수 있다”[113]고 하였으니, 백대 뒤에도 알 수 있는 것은 10분의 1 세가 아니겠는가? 지난해, 조사(詔使)였던 학사(學士) 주지번(朱之蕃)과 급사중(給事中) 양유년(梁有年)을 수행하면서 함께 기전을 감상하였는데, 미처 1구가 70무라는 사실을 알지 못한 것이 한스럽다. 미처 교정 받지 못하였는데, 우선 소감을 써서 발문(跋文)으로 삼으니 후대의 현인(賢人)을 기다리노라.

---

113 『논어(論語)』「위정(爲政)」 제2에 해당 내용이 보인다.

『晚翠集』(1662년)

吳億齡(1552~1618)

『만취집』은 조선 중기의 문신 오억령의 시가와 산문을 엮어 1662년(현종 3)에 간행한 시문집이다.

오억령의 본관은 동복(同福), 자는 대년(大年), 호는 만취(晚翠)이다. 1582년(선조 15) 문과에 급제하여 도승지, 이조참판, 대사헌, 형조판서 등을 지냈다. 일본의 사신 현소(玄蘇)가 왔을 때 선위사(宣慰使)가 되어 그를 맞이하였는데 일본의 침입을 예언하였다가 해임되기도 하였다. 임진왜란 당시 왕을 호종하였고 1615년(광해군 7)에는 인목대비 폐모론에 반대하다 정인홍에게 탄핵을 당했다. 4년간 대죄하다가 죽었다.

본문은 5권 1책으로 되어 있다. 본래 오억령의 작품이 많이 남아 있었지만 호란 과정에서 상당수 유실되었다고 한다. 문집을 수습하기 전에 세 아들이 모두 세상을 떠나 후손 오정위(吳挺緯)가 1662년에 간행하였다. 권1~3은 시(詩)이고, 권4~5는 문(文)이다. 규장각한국학연구원, 고려대학교 중앙도서관, 국립중앙도서관 등에 소장되어 있다.

여기서는 권5에 실려 있는 〈영녕전 상량문(永寧殿上樑文)〉을 인용하였다. 영녕전은 태조(太祖)의 사대조(四代祖)와 그 비(妃), 그리고 대가 끊어진 임금과 왕비의 신위를 봉안하던 곳이다. 임진왜란 때 불탄 것을 1608년(광해군 즉위)에 재건하였는데, 해당 상량문도 당시에 지어진 것이다. 내용을 살펴보면 기자의 유훈이 조선 땅에 실현되고 있음을 찬양하고 있다.

『만취집』 만취문집 권5 상량문(上梁文) – 영녕전(永寧殿) 상량문

어영차 들보를 서쪽으로 놀리니

기자(箕子)의 봉토 낯설지가 않구나.

팔조(八條)의 유교(遺教) 사라졌다 말하지 마오.

단지 지금은 백성들 마음속에 자리 잡고 있을 뿐이니.

『敬亭集』(1664년)

李民宬(1570~1629)

『경정집』은 조선 중기의 문신 이민성의 시문집으로 1664년(현종 5)에 간행되었다.

이민성의 본관은 영천(永川), 자는 관보(寬甫), 호는 경정(敬亭)이다. 1597년(선조 30) 정시(庭試)문과에 갑과(甲科)로 급제하였다. 이후 정자(正字), 박사(博士) 등을 거쳐 1602년(선조 35) 왕세자 책봉 때 주청사(奏請使) 서장관(書狀官)으로 명나라에 갔다. 명나라에서 다녀온 후 예조좌랑으로 『국조보감(國朝寶鑑)』 교정에 참여하였다. 이후 병조정랑, 예조정랑 등에 제수되었는데, 1613년(광해군 5) 이덕형(李德馨)을 구원하다 파직되었다. 1623년(인조 1) 인조반정이 일어나자 주문사(奏聞使) 서장관(書狀官)이 되어 명나라에 다녀왔다. 1627년(인조 5) 정묘호란이 발생하자 영남호소사(嶺南號召使) 장현광(張顯光)의 추천으로 경상좌도의 의병장으로 활동하며 전주(全州)까지 왕세자를 보호하였다. 전란이 끝난 후 좌승지, 우승지 등 여러 벼슬에 임명되었으나 나가지 않았고, 1629년(인조 7)에 졸하였다.

본문은 본집 목록, 원집(原集) 14권, 속집(續集) 4권 4책으로 구성되어 있다. 목록은 원집에 해당하는 것이며 속집 목록은 권두에 따로 실려 있다. 원집은 13권과 보유(補遺), 연보로 되어 있다.

기자 관련 내용이 권3, 권7, 권9, 권11에 나오는데 모두 시(詩)이다. 기자를 기리는 내용으로 특별한 의미가 있는 것은 아니지만 당시 문인들의 기자 의식을 엿볼 수 있는 자료이다.

『경정집』 경정선생집 권3 시(詩) – 가뭄을 근심하다(悶旱) [기미년(1619, 광해 11) 여름 가을에 심한 가뭄이 있었다]

작년의 가뭄은 유래가 없을 정도라서
늙은 농부 말없이 흐르는 눈물을 가슴으로 품네.
남쪽에서는 업(業)을 잃으면 군사가 되고
서쪽 경계에서는 아이를 한 말 한 되와 바꾼다네.[114]
한지(漢志)를 따라 시행하는 일은 비록 근시안적이나마 활로가 되고
기자(箕子)의 구주(九疇)에 부합하는 일이 어찌 증거가 없을까.
궁궐 문을 밀어젖혀 어리석은 나의 정성 진술하고자 하니
탕(湯) 임금처럼 죄를 나에게 돌리면 발흥하게 되리.[115] (660쪽 1)

『경정집』 경정선생집 권7 시(詩) ○ 연사창수집(燕槎唱酬集) 중(中) – 조 시랑(趙侍郎)을 따라 시운을 짓고 임 서장관(任書狀官)의 아사(雅史)를 받들다

문물은 삼한(三韓) 때 흥성하였고
기자(箕子)의 구주(九疇)가 만고에 펼쳐졌으니
천재일우의 기회를 만나
구중궁궐을 노래하리.(660쪽 2)

---

114 아이를 ~ 바꾼다네: 한유(韓愈)의 〈부강릉도중…(赴江陵途中…)〉 시에 나오는 말이다. "전해 듣건대 민간에서는 어린아이를 도랑에 버리기도 하고, 아들을 팔아서 한 말의 곡식과 바꾸려 해도 손을 내저으며 응수도 하지 않는다네[傳聞閭里間 赤子棄渠溝 持男易斗粟 掉臂莫肯酬]"라고 하였다. 『한창려집(韓昌黎集)』 권1.

115 탕(湯) ~ 되리: 『춘추좌씨전』 「장공(莊公)」 11년조에 나오는 말이다. "하(夏)나라 우왕(禹王)과 상(商)나라 탕왕(湯王)은 모든 것을 자기의 죄로 돌려 나라가 흥성하였고, 하나라 걸왕(桀王)과 은(殷)나라 주왕(紂王)은 남에게 죄를 덮어씌워 나라가 갑자기 망하고 말았다[禹湯罪己 其興也悖焉 桀紂罪人 其亡也忽焉]"라고 하였다.

『경정집』 경정선생집 권9 시(詩) – 홍경망(洪景望)이 공충진향사(公充進香使)로 바다를 건너 북경에 가는 길을 배웅하다(34운(韻)) [숭정(崇禎) 원년(1628, 인조 6) 무진 3월 11일]

아! 우리 조선국
중화(中華)에서 예의(禮義)로 칭송하네.
기자(箕子)의 구주(九疇)가 원래 가르침을 주었으니
문헌에 어찌 증거로 삼을 게 없겠는가.
교화를 입어 황제의 은혜가 펴지고
인륜이 조상을 도와서 세차게 올라가네.
밝게 비추어 주심에 항상 공경하고
옥황상제를 대하듯 항상 조심스럽네.
해는 곧바로 삼한(三韓)을 향함에
하늘 따라 만국(萬國)이 무너지도다.(661쪽 3~4)

『경정집』 경정선생집 권11 시(詩) 속집(續集) – 기자묘(箕子廟)

아주 오래전 오랑캐를 깨우쳐 대훈(大訓)을 드리웠으니
구주(九疇)와 홍범(洪範)으로 떳떳한 인륜을 서술하였네.
동쪽 나라에 임금으로 오신 분은 중국의 성인이지만
지금의 문물은 중국 사람을 동화시키네. (662쪽 5)

『漫浪集』(1668년)

黃床(1604~1656)

『만랑집』은 조선 후기의 문신 황호의 시문집으로 1668년(현종 9)에 간행되었다.

황호의 본관은 창원(昌原), 자는 자유(子由), 호는 만랑(漫浪)이다. 1624년(인조 2) 문과에 을과 4등으로 급제하여 관직에 나아갔지만 여러 차례 파직되었다.

1637년(인조 15) 일본에 다녀왔으며, 1651년(효종 2)에 사은부사(謝恩副使)로 청나라에 다녀왔다. 관직은 대사성 · 대사간까지 역임하였다. 서인 계열이었으나 남인과도 친분이 있었던 것으로 보인다.

황호는 사행이나 외직에 나갔을 때 지은 시들을 「동사록(東槎錄)」, 「연행록(燕行錄)」, 「북행록(北行錄)」 등의 낱권 시록(詩錄)으로 보관하고 있었던 듯하다. 이것을 아들 황응노(黃應老)가 그의 사후인 1668년에 수습하여 간행하였다.

고조선 관련 기록은 많지 않지만 일본 통신사 시절과 청의 연행사 시절에 작성된 것으로 의미가 있다. 일본에 통신사로 방문했을 때 지은 동명(東溟) 김세렴(金世濂)과 창화한 시에서는 '요(堯) · 순(舜)-하(夏) · 상(商) · 주(周)-공자(孔子) · 맹자(孟子)-정자(程子) · 주자(朱子)'로 이어지는 중국의 도학 계통과 '기자(箕子)-오현(五賢)'으로 이어지는 조선의 도학 계통을 찬양하고 있다. 청나라에 연행하였을 때 쓴 시는 백이(伯夷) · 숙제(叔齊)를 모신 청절사(淸節祠)를 방문하여 지은 것이다. 백이와 숙제의 덕을 칭찬하고 선양의 방식을 취하지 않은 무왕을 비판하였다. 또한 기자가 주나라에 조회하러 가는 장면을 통해 청에 사신으로 가는 화자의 모습을 대변하고 있다.

『만랑집』 권2 오언고시(五言古詩) - 일본의 수도에서 동명(東溟) 김세렴(金世濂)과 연달아 창화한 시

우리의 도(道)를 모두 말해 주는 것은 다른 것이 없으니
오직 요순(堯舜)과 하상주(夏商周) 삼대로다.
후대의 왕들이 모두 여기에서 본받았으니
전모(典謨)에서 그 모습을 구할 수 있고
뒤이어 공자와 맹자가 일어나
앞선 선현들의 뜻을 대부분 이었으며
마침내 정자(程子)와 주자(朱子)가 정종(正宗)을 얻어

도학이 천세토록 전해지게 되었네.

우리 동방에 기자(箕子)가 처음 봉해져서
문교(文敎)를 추로(鄒魯)에 견주게 되었으니
기자의 팔조목은 별처럼 찬란하게 빛나고
오현(五賢)[116]은 그윽한 덕을 드러내었네.
글 읽는 소리 사방에서 들려오고
고을마다 학교가 설치되었는데
더욱이 지금 우리 임금께서
큰 도를 더욱 계승하는구나.

『만랑집』 권5 칠언율(七言律) – 청절사(淸節祠) [2수(二首)]

난하(灤河)의 물은 맑고 수양산(首陽山)은 푸르며
사당에서는 천세토록 성령(聖靈)이 평온하네.
맑은 두 영혼이 암흑을 밝게 비추고
홀로 우뚝 서서 우주를 떠받든다네.
백이(伯夷)와 숙제(叔齊)를 기리는 예전의 노래는 지금도 가락이 변하지 않았고
고죽국(孤竹國) 옛터에는 여전히 비린내가 풍긴다네.
누린내 나는 고기를 제사상에 올리지 말지어다
한 자루 향을 사르니 일편단심의 향기만 남는구나.

무왕(武王)의 말고삐를 잡은 이는 단지 두 명뿐이지만
무왕을 따른 3,800명 역시 은나라의 신하라네.
요순시대 이미 멀어졌으니 내 어찌 원망하겠는가?

---

116 오현(五賢): 김굉필(金宏弼), 정여창(鄭汝昌), 조광조(趙光祖), 이언적(李彦迪), 이황(李滉)을 가리킨다.

수양산 고사리는 여전히 달고, 도(道)는 가난하지 않다네.
후대에 권도(權道)를 논하며 의(義)가 사라졌다 하지만
당시에는 선양의 방도를 쓰는 것이 인(仁)을 구하는 것이었네.
다시 기자[箕聖]께서 주나라의 조회에 나아가던 길을 떠올리며
이곳을 지나니 구슬픈 가락에 슬픔은 갑절이로다.

『淸陰集』(1671년)

金尙憲(1570~1652)

『청음집』은 조선 후기의 문신 관리이자 학자였던 김상헌의 시가와 산문을 엮어 1671년에 간행한 시문집이다.

김상헌의 자는 숙도(叔度), 호는 청음(淸陰)·석실산인(石室山人)·서간노인(西磵老人)이다. 1590년(선조 23)에 진사가 되었고, 1596년(선조 29) 임진왜란 중에 실시한 정시문과에 병과로 급제하여 대사간, 이조참의, 도승지, 부제학, 예조판서 등을 역임하였다. 병자호란이 일어나자 주전론(主戰論)을 펴다가 인조가 항복하자 안동으로 은퇴하였다. 시문과 「조천록(朝天錄)」·「남사록(南槎錄)」·「청평록(淸平錄)」·「설교집(雪窖集)」·「남한기략(南漢紀略)」 등으로 구성된 『청음전집(淸陰全集)』 40권이 전한다.

본문은 1671년(현종 12) 김상헌이 직접 편정(編定)한 초고로 간행되었다. 그 후 10세손 김세균(金世均)이 1861년(철종 12)에 완판(刓板)으로 보판하였다. 1977년 김세균의 손자 김수증(金壽增)이 수집한 유집 3권에 후손 김영한(金甯漢)이 수집한 4권이 소실되자, 14대손 김창현(金彰顯)이 유문을 모으고 부록을 붙여 모두 9권으로 만들어 『선원유고(仙源遺稿)』와 합편하여 전서(全書)로 영인하였다.

본문은 40권 14책으로 구성되어 있다. 현재 장서각, 국립중앙도서관, 국사편찬위원회, 고려대학교 도서관, 규장각 등에 소장되어 있다.

고조선 관련 기록은 〈「조천록」의 서(朝天錄序)〉, 권7, 권9, 권11, 권29, 권39에 나온다. 〈「조천록」의 서〉에서 조선은 기자가 봉해진 나라로 예의(禮儀)와 문물이 뛰어났다고 언급하였다. 권7의 〈도독 양방형의 '강천별사첩'의 운을 차운하다(次楊都督邦亨江天別思帖韻)〉에서는 기자의 학문이 우리 동방에서 밝아졌다고 언급하였다. 권9의 〈제독주사 증동에게 사례하는 편지(謝提督主事曾棟書)〉에서는 우리나라는 은나라의 기자가 봉함을 받은 이후로 교화되었다고 언급하였다. 권11의 〈팔음체(八音體)〉에서는 명이(明夷)와 기자를 언급하였다. 권29의 〈증 좌의정 행 형조참판 임공 광의 신도비명(贈左議政行刑曹參判任公神道碑銘)〉에서는 우리나라는 기자가 봉해진 땅이라고 언급하였다. 권38의 〈『계곡집』의 서(谿谷集序)〉에서는 은나라의 기자가 우리나라에 문교(文教)를 일으키기 시작했다고 언급하였다.

『청음집』 청음선생집 서(序) - 「조천록(朝天錄)」의 서(序) [장연등(張延登)]

저 조선은 옛날에 기자(箕子)가 봉해진 나라로 예의(禮儀)와 문물이 뛰어났으며, 우리 중화(中華)의 울타리가 되어 대대로 충효를 지켜 왔다. 그러므로 천자에게 조회하러 들어오면 더욱 친근하게 대해 주었다.

『청음집』 청음선생집 권7 오언배율(五言排律) - 도독(都督) 양방형(楊邦亨)의 〈강천별사첩(江天別思帖)〉의 운을 차운하다 [6운(六韻)○병인(并引)]

기자(箕子)의 학문이 우리 동방에서 밝아지면서부터 천하가 듣고 흠모하여 심지어는 우리 공 부자(孔夫子)께서 동쪽으로 가서 살고 싶다고까지 하게 되었다. 성인의 이 말이 어찌 우연히 한 말이겠는가.

『청음집』 청음선생집 권9 조천록(朝天錄) - 제독주사(提督主事) 증동(曾棟)에게 사례하는 편지

저으기 생각건대, 우리나라는 바다 바깥의 황폐하고 궁벽한 곳에 있는 작은 나라로, 애당초에 어찌 볼만한 예악과 문물이 있었겠습니까. 오직 하늘이 착한 마음을 내려 주신 것만은 중국과 더불어 같았습니다. 이에 은(殷)나라의 태사(太師)인 기자(箕子)께서 봉함을 받은 이후로 교화되어서 울연히 삼대(三代)의 유민이 되어 임금은 임금답고 신하는 신하답고 아비는 아비답고 아들은 아들다운 도가 크게 밝아졌습니다. 또 그 풍습과 기운이 부드럽고 약하여 사람들은 사납고 잔인한 마음이 없는 탓에 선비는 인자(仁慈)와 예양(禮讓)과 효제와 충신을 익히고, 백성들은 농사에 힘쓰고 부인들은 정숙하여 음벽(淫僻)하지 않았습니다. 이것은 역대의 역사 기록에서 모두 징험할 수가 있는 것입니다.

『청음집』 청음선생집 권11 설교집(雪窖集) - 팔음체(八音體)

쇠[金] 돈으로 놀이하던 옛날 장안 생각하며
머리가 센 초의 죄수 심양에서 슬퍼하네.
돌[石] 심장에 쇠 간 오늘 시험하여 볼 것이니
대장부가 지나치게 슬퍼할 게 뭐 있으랴.
실[絲]은 누에 몸 감싸며 끊임없이 뽑혀지고
마음은 또 강물 따라 갈수록 더 길어지네.
대[竹] 침상에 등 베개는 끝내 어느 곳에 있나
낭당에다 묵삭만이 한갓 곁에 놓여 있네.
박[匏]의 신세 될 걱정에 선보 탄식 깊었었고
명이의 일 기자께서 미친 것과 판이하네.
흙[土] 인형은 표류돼도 언덕으로 돌아가고
신선 새는 몸 화해도 역시 고향 돌아가네.
말끔하게[革] 나쁜 습속 없애 청정해졌거니

티끌 마음 씻어 내어 퇴장함을 본받으리.
나무[木] 잎은 겹쳐져서 녹음 아주 짙거니와
어느 누가 능히 나의 송백당을 빼앗으랴.[송백당(松柏堂)은 석실(石室)의 폐려(弊廬)에 있다.]

『청음집』 청음선생집 권29 비명(碑銘) – 증(贈) 좌의정 행 형조참판(行刑曹參判) 임공 광(任公絖)의 신도비명 [병서(并序)]

태어날 땐 동한에서 태어났으니
바로 우리 기자께서 봉해진 데네.
죽을 때는 북평에서 눈감았으니
바로 옛날 소공께서 다스린 데네.
우리 세자 가는 곳을 따라갔거니
품은 뜻은 바뀌지가 아니했다네.
아득하고 아득히 먼 옛 선영으로
공의 시신 실은 상여 돌아왔다네.
옛날 친구 있어 명을 지었거니와
백대토록 없어지지 아니하리라.

『청음집』 청음선생집 권38 서(序) – 『계곡집(谿谷集)』의 서(序)

우리 동쪽 나라의 풍표(風表)가 대국에서 전해진 것은 아주 오래전이었다. 은(殷)나라의 태사(太師)가 문교(文教)를 일으키기 시작한 때부터 지금까지 천여 년이 지났다. 그런데도 그동안 유림과 문원(文苑)을 조금도 볼 수 없었던 것은 어째서인가? 신라 이후로 중국에 유학하는 인사들이 점점 많아졌지만, 오직 고운(孤雲) 최치원(崔致遠)만이 세상에 이름을 날렸다. 고려 때는 더욱더 유학하는 인사들이 많아졌으나, 오직 목은(牧隱) 이색(李穡)만이 느지막하게 나왔는데, 세상에서는 능히 겨룰 만한 자가 없었다. 이렇게 본다면 문장을 기예로 삼는다는 것은 역시 어려운 일이다.

(출처: 한국고전번역원)

『東江遺集』(1673년)

申翊全(1605~1660)

『동강유집』은 조선 중기의 문신이자 학자였던 신익전의 시가와 산문을 엮어 1673년에 간행한 시문집으로 19권 3책으로 구성되어 있다.

신익전의 자는 여만(汝萬), 호는 동강(東江)이다. 1636년(인조 14) 급제하여 호조·예조·병조의 참판, 도승지 등을 역임하였다.

1673년(현종 14) 아들 신정(申晸)이 산일(散逸)된 유문을 모아 7권으로 편찬, 간행하였다. 그 뒤 이를 바탕으로 수집된 유문을 보충해 부록까지 합한 19권으로 개편하여 1690년경에 간행하였다. 현재 국립중앙도서관, 성균관대학교 존경각, 규장각, 일본 동양문고 등에 소장되어 있다.

고조선 관련 기록은 권17과 권18에 나온다. 권17의 〈가장(家狀)〉에서는 최명길(崔鳴吉) 등이 기자묘(箕子廟)를 방문한 것을 기술하였다. 권18에서도 기자묘를 언급하고 있다. 단편적인 내용이기는 하나 기자묘의 실체를 알 수 있는 기록이라 여겨져 자료집에 게재한다.

『동강유집』 권17 부록(附錄) 1 – 가장(家狀) [신엽(申曅)]

임오년(1642) 겨울에 청나라에 있던 이계(李炷)가 명나라를 부지하려 한 것을 이유로 부군 형제와 두세 명의 재신(宰臣)을 고발하여 사태가 어떻게 될지 예측할 수 없었다. 이는 부군이 서장관으로 심양에 갈 때 상사(上使) 상국(相國) 최명길(崔鳴吉)과 기자묘(箕子廟)에 들러 제사 지내면서 크게 강개하여 기휘(忌諱)하는 말을 한 적이 있는데, 이계가 이것을 빌미로 삼았기 때문이다. 부군이 임지에서 이 소식을 듣고 즉시 서울로 올라왔다. (663쪽 1)

『동강유집』 권18 부록(附錄) 2 – 유명조선국(有明朝鮮國) 가의대부(嘉義大夫) 예조참판(禮曹參判) 겸 동지의금부춘추관사(同知義禁府春秋館事) 오위도총부부총관(五衛都摠府副摠管) 신공(申公) 묘지명 [김만기(金萬基)○병서(并序)]

공이 이계와 시험장에 들어갔다가 그의 부정행위를 발견하고는 그와 말을 섞지 않고 나와서 사람들에게 말하기를, "이 작자는 장차 못 할 짓이 없을 것이다" 하니, 이계가 이 말을 듣고 앙심을 품었다. 공이 명을 받들고 심양에 갈 때 기자묘(箕子廟)에 들러 제사 지냈는데 강개한 말을 많이 하였다. 이계가 마침내 오랑캐에게 고자질하여 사지(死地)에 빠뜨리려 한 것이니, 사람들이 공의 선견지명에 탄복하였다. (663쪽 2)

(출처: 한국고전번역원)

『澤堂集』(1674년) 李植(1584~1647)

『택당집』은 조선 중기의 문신 이식의 시가와 산문을 엮어 1674년에 간행한 시문집이다.

이식의 본관은 덕수(德水), 자는 여고(汝固), 호는 택당(澤堂)·남궁외사(南宮外史)·택구거사(澤癯居士)이다. 1610년(광해군 2) 문과에 급제하여 7년 뒤 선전관이 되었고, 이후 이조좌랑, 대사간, 대사헌, 형조·이조·예조판서를 역임하였다. 이정구·신흠·장유와 더불어 한문 4대가(漢文四大家)로 꼽혔으며, 여한 9대가(麗韓九大家)로도 꼽혔다.

이식이 세상을 뜬 지 30년 가까이 지난 1674년(현종 15)에 전라감사(全羅監司) 이동직(李東稷)과 남평현감(南平縣監) 송시걸(宋時杰)이 협력하여 완주 감영에서 간행하였다(초간본). 1747년(영조 23) 이식의 증손인 이기진(李箕鎭)이 평안감사(平安監司)로 있을 때 유문(遺文) 2편을 초간본의 말미에 붙여 중간하였다(중간본). 이 번역본은 초간본을 저본(底本)으로 하여 번역한 것이다. 원집(原集) 시문(詩文) 10권과 속집(續集) 시편(詩篇) 4권은 이식 자신이 선정한 것이고, 속집 시편 권5와 권6은 1637년 이후의 작으로 김수항(金壽恒)이 선정한 것이며, 별집 18권은 원집과 속집에서 제외된 문장을 송시열이 선정하여 편차하였다. 현재 국립중앙도서관, 고려대학교 도서관, 연세대학교 중앙도서관 등에 소장되어 있다.

『택당집』은 원집 10권, 속집 6권, 별집 18권의 34권 17책으로 구성되어 있다. 원집 권 1~6은 시를 각체별로 싣고, 권7은 표(表)·교서·자문·정문·계첩을 실었으며, 권8은 소(疏), 권9는 서(序)·인·발·기(記)를 실었다. 권10은 묘지·비명·묘갈·묘표 등으로 구성되었다. 속집은 시(詩)로만, 별집은 문(文)으로만 되어 있다. 별집에는 전·기(記)·설·잠 등을 비롯한 각체의 잡문이 수록되어 있다.

고조선 관련 기록은 원집 권1, 권3, 권4, 권10, 속집의 권4, 별집의 권1, 권6, 권12, 권13에 나온다. 원집 권1의 〈쌍암가를 지어 주부 구 영공에게 주다(雙巖歌贈主府具令公)〉라는 시에서는 기자의 나라를 언급하였다. 권3의 〈또 절구 세 수를 짓다(又三絶句)〉에서는 정전(井田), 기자정(箕子井), 홍범구주(洪範九疇), 팔조금법(八條禁法) 등을 언급하였다. 〈평양 전투에서 전사한 장사들을 애도한 강 천사의 시에 차운하여 이장길의 시체로 짓다(次姜天使平壤弔古效李長吉體)〉에서는 팔조(八條)를 언급하였다. 권4의 〈목릉을 옮길 때의 만사(穆陵遷陵挽詞)〉에서는 기주(箕疇)를 언급하였다. 권10의 〈심사인의 묘표(沈舍人墓表)〉에서는 단군을 언급하였다.

속집 권4의 〈관서의 방백 김시양 절하에게 삼가 부친 칠언절구의 서사시와 서정시 열두 수(敍事抒情奉寄關西金方伯時讓節下絶句十二首)〉에서는 단군, 기자, 패수(浿水)를 언급하였다. 별집 권1의 〈평안감사 홍명구에게 내린 교서(敎平安監司洪命耉書)〉에서는 단군, 기자를 언급하였다. 별집 권6의 〈월사 이상국의 묘지명(月沙李相國墓誌銘)〉에서는 기자의 사당과 기자의 후손이라는 선우씨(鮮于氏)를 언급하였다. 별집 권12의 〈장단 봉잠의 회헌서원 상량문(長湍鳳岑晦軒書院上樑文)〉에서는 기자의 나라를 언급하였다. 별집 권13의 〈경연일기(經筵日記)〉에서는 기자와 명이(明夷), 그리고 기자가 미친 척한 것을 언급하였다. 〈황극을 세우는 일에 대하여(建極)〉에서는 기자가 황극(皇極)을 이야기했다고 언급하였다.

『택당집』 택당선생집 권1 시(詩) – 쌍암가(雙巖歌)를 지어 주부(主府) 구 영공(具令公)에게 주다 [이름은 덕령(德齡)임]

삐쭉삐쭉 호산 위에 새카만 호운
그 속을 천 리 장강 흘러가는데
양 협곡에 몸이 묶여 성내 울부짖다가
동쪽으로 쌍암 만나 서로 치고받는구나.
깎아지른 쌍암 무려 수백 길
흘끗 한번 쳐다봐도 간담이 다 떨어질 듯
혼돈세계 처음 개벽될 때에
과아가 뇌부를 힘껏 들고 내리치자
산 허리뼈 쪼개지며 홀연히 타성일편(打成一片)
들쭉날쭉 큰 바위 모난 조각(彫刻) 나왔나니
흡사 전진(戰塵) 횡행하는 장사 한 사람
머리는 내주어도 항복은 어림없다는 듯
복파의 동주라도 어찌 빼길 수 있으리오.
하늘의 화표 선물 기자(箕子)의 나라 지켜 주네.
그대는 보지 못하는가 능파 노장이 지휘봉을 잡은 것을.
또 보지 못하는가 덕수 사객이 막부(幕府)를 보좌하는 것을.
세불양립(勢不兩立)의 시봉과 무략이여
곧장 쌍암과 한 쌍을 보태 이뤘도다.
높아야 할 가을 하늘 태양빛 암울하고

풍연 또한 참담하게 군기(軍旗)에 얽히는 때
바위 사이 굽어보니 그곳이 바로 풍이의 굴
비단 자리에 수유 차고 한 동이 포도주 마시도다.
야반삼경 바람 일고 물가의 연무(煙霧) 아슴푸레
골짜기가 급한 물결 삼키는 소리만 들려올 뿐
청아 사이 자리 잡은 각종 군악기(軍樂器)
산 비추는 허공의 달 은등잔보다 더 밝고녀.
백 년 미만 우리 인생 어디에 있든 즐겨야지
서창만 지키면서 괴로워해서야 될 일인가.
저 석벽(石壁)에 쌍암시 한번 새겨서
관산월(關山月) 한 곡조로 남겨 두고 보시오.

『택당집』 택당선생집 권3 시(詩) – 또 절구 세 수를 짓다(又三絕句)

기자(箕子)가 처음으로 정전(井田)을 구획했다 하나
지금은 단지 그의 우물만 전해 올 뿐.
홍범구주(洪範九疇) 팔조금법(八條禁法) 책에 모두 전하는데
막막해라 남긴 자취 밭두둑 풀 속에 묻혀 있네.

[정전(井田)은 지금 상고할 길이 없다. 단지 보리밭만이 그때의 전안(田案)대로 하여 길을 경계로 삼고 있다 하며, 그 중간에 하나의 우물을 파 놓고는 기자정(箕子井)이라는 비석(碑石)을 세워 놓았다. 그러나 이는 정전(井田)의 정(井) 자와는 다르니 자못 의아한 느낌이 든다.]

섬 오랑캐 여우처럼 굴 세 개를 파 놓았는데
중국 장수 건너와서 일거에 불태워 버렸도다.
높다란 성벽에 기대서니 곤두서는 머리칼
요동에 또 번진 요기(妖氣) 이를 어찌할거나.

[왜구(倭寇)가 평양(平壤)을 함락하고 웅거할 때 세 개의 토굴(土窟)을 팠는데, 이여송(李如松)

이 두 개는 파괴하고 하나는 그대로 뽑아 버렸다고 한다.]

법교 다리 가에 나뒹구는 안렴의 뼈
소년 시절 평양에서 이름났던 난봉꾼
한때 이른 봄철 꽃만 찾아다녔다면
더러운 냄새 만인에게 풍기지 않았으련마는.

[박숙야(朴叔夜)가 소년 시절에 평양에서 노닐 적에 기방(妓房)에서 창기(娼妓)들을 무던히도 괴롭혔는데, 뒤에 안렴사(按廉使)가 되어서는 더욱 평양 백성들에게 포학하게 굴었으므로, 언젠가는 앙갚음을 당하고 말 것이라고 사람들이 말하였다. 그러다가 그가 법에 저촉되어 처형을 당하자, 도성 백성들이 그의 시체를 법수교(法水橋) 가에서 찢어발겼는데, 그 이유를 물어보니 모두들 부형(父兄)의 원수를 갚는 것이라고 하였다.]

『택당집』 택당선생집 권3 시(詩) – 평양 전투에서 전사한 장사들을 애도한 강 천사(姜天使)[왈광(曰廣)]의 시에 차운하여 이장길(李長吉)의 시체(詩體)로 짓다

과아씨(夸娥氏) 힘 쇠해지자 우공이 근심하고
바다 밑의 삼신산(三神山)도 거두지 못하고 팽개칠 때
석목 동쪽 별자리 비춰 주던 낙랑 땅
지기가 쇠줄 끊자 성곽이 떠올라 흔들렸네.
밤길 가던 푸른 기린 부상을 걷어차자
술 단지 속의 모기떼들 웽웽거리며 나는 소리
찢어진 금수강산 봉합(縫合)되지 않았으니
패수인들 제대로 서남쪽으로 흘렀으랴.
남쪽 호수 계집아이 옥수가(玉樹歌)를 불러 대고
송백은 불쏘시개 부용도 시들시들할 때
갈대꽃처럼 하얗게 센 마고 선녀 귀밑머리
동선의 노래에 옹중은 웃으며 답했네라.

단청각(丹青閣)에 수놓아진 우리 이 총융
조무래기 왜적들 쏘아보던 범 같은 눈
섬 오랑캐 두 개의 굴 기와와 자갈로 채웠으나
용천검(龍泉劍)으로 강 찍어도 강을 끊지 못했어라.
침침해라 불러도 깨지 않는 정령이여
대낮엔 날다람쥐 향탁(香卓)을 쏠고
황혼엔 풍경(風磬)만이 우는 귀신 위로할 뿐
날 궂으면 도깨비불 참호 속에 난무(亂舞)터니
오늘은 성안에 수백 섬 잘 익은 술
밝은 달빛 아래 인가에선 풍악 소리
황량한 저 언덕에 잔 들어 뿌릴 게 뭐 있겠소.
영웅의 지난 자취 설니홍조(雪泥鴻爪) 같은 것을
북산에서 캐낸 관곽 조각조각 부서지고
한수에 빠진 빗돌 그마저 온통 흐릿
팔조의 노랫소리 조잡하게 변한 속에
암흑을 헤치고 떠오르는 동방의 달
우물 정 자(字) 밭고랑 쟁기로 갈아엎을 때면
지금도 이따금씩 피 묻은 화살촉 나온다오.

『택당집』 택당선생집 권4 시(詩) – 목릉(穆陵)을 옮길 때의 만사 [3수(三首)]

건극이라 기주(箕疇)에서 말하였듯이
종사(宗社)의 대통(大統) 이어받고 순임금 효성 바치셨네.
무함을 씻어 내어 조종(祖宗)의 공렬(功烈) 빛내었고
의리에 입각하여 왜적(倭賊)의 요구를 끊었어라.
하늘에 사무친 경외심(敬畏心) 없었더라면
국가의 위기 상황 어찌 구제했으리요.

창오의 일 만고토록 한스러운데
현궁이 열렸다 닫히는 일 또다시 보게 되었는가.

『택당집』 택당선생집 권10 묘표(墓表) – 심 사인(沈舍人)의 묘표(墓表)

아, 이곳은 유명조선국(有名朝鮮國) 고(故) 의정부사인(議政府舍人) 심군 광세(沈君光世) 덕현(德顯)이 묻혀 있는 곳이다. 군은 태어나면서부터 총명한 자질을 발휘하여 독서하고 글을 지음에 있어 구태여 스승의 가르침을 필요로 하지 않았다. 그리하여 약관(弱冠)이 되기도 전에 벌써 이름을 떨치더니, 나이 25세에 경학(經學)에 두루 통하여 문과(文科)에 급제하였다. …

군은 이른 나이에 육경(六經)과 제자(諸子)의 글을 익혔으며, 시도 잘 지었다. 그렇지만 군은 이 모두에 대해서 별로 관심을 기울이려 하지 않더니 끝내는 고금(古今)의 사지(史志)만을 유독 좋아하며 탐독하였다. 그리하여 삼대(三代, 중국의 하(夏)·은(殷)·주(周))로부터 대명(大明)에 이르기까지, 그리고 단군(檀君)으로부터 우리 조선에 이르기까지, 상하 수천 년의 세월 속에서 이루어진 치란(治亂)·흥망(興亡)·득실(得失)·성패(成敗)의 변천과 병민(兵民)·재용(財用)·정교(政敎)·풍속(風俗)·강약(强弱)·허실(虛實)의 차이와 산천(山川)·도로(道路)·도비(都鄙)·험이(險夷)·원근(遠近)의 형세는 물론이요, 군공(君公)·장상(將相)·모신(謀臣)·책사(策士)들의 영걸스러운 계략과 충의로운 절조 등에 대해서 엄관(淹貫)하고 췌마(揣摩)하고 참험(參驗)하고 고거(考據)하면서 이를 실제로 적용하여 오늘날의 시대에 시행해 보려는 노력을 경주하였다.

『택당집』 택당선생속집 권4 시(詩) – 관서(關西)의 방백(方伯) 김시양(金時讓) 절하(節下)에게 삼가 부친 칠언절구(七言絕句)의 서사시(敍事詩)와 서정시(抒情詩) 열두 수

아스라이 줄지어 선 관서 지방 칠십 개 성
단군(檀君)과 기자(箕子)가 태평 시대 열었던 곳
하늘은 패수를 내어 동해에 조회(朝會)하게 하고
땅은 향산을 둘러 서울에 절하게 하는구나.

…

해마다 희생 잡아 제사 올리는 숭인전
밤이면 철마가 구슬피 우는 무열사
난리 뒤에 성지(城池)가 얼마나 남았을꼬
봄이 와도 꽃과 새들 또한 슬퍼하리라.

…

관가에선 소를 빌려 이제야 봄 밭갈이
변방 군사 양초(糧草)를 대주느라 바쁘도다
삼만 호를 일컬었던 기자(箕子)의 옛 도읍지
지금은 몇 집이나 청명에 새 불씨 일으킬꼬.

『택당집』 택당선생별집 권1 교서(敎書) – 평안감사 홍명구(洪命耈)에게 내린 교서

왕은 이르노라. 나라에 변방을 지키는 군대가 있기 때문에 임금이 걱정을 나눠 가질 수가 있고, 팔과 다리 역할을 하는 신하가 있기 때문에 충성을 발휘하여 힘을 다 바칠 수가 있는 것이다. 그러니 어찌 승지로 왕명(王命)을 받들고 대간으로 탄핵을 하여 정사를 평안하게 하는 일일 뿐이겠는가. 실로 변방을 철통같이 지켜 우리의 위망(威望)을 중하게 하는 일도 포함되는 것이다.

그러나 진정 적임자가 아니라면, 그 누구라서 이 일을 맡아 처리할 수가 있겠는가. 더구나 저 관서(關西) 한 지방으로 말하면 그야말로 우리 동방의 상유(上腴, 문물이 가장 성대한 지역)로서, 단군(檀君)과 기자(箕子) 때부터 교화가 가장 먼저 이루어졌고, 수(隋)나라와 당(唐)나라 시대에 이르러서는 전략의 요충지로서 서로들 차지하려고 덤벼들었다. 그러다가 영묘(英廟, 세종(世宗)) 때는 원대한 계책을 발취하여 파저강(婆猪江, 초산(楚山)의 압록강 밖의 강물)까지 대대적으로 원정(遠征)을 행하였고, 선묘(宣廟) 때는 상국(上國)에 호소하여 바로 이 압록강 가에서 중흥의 기틀을 새로 마련하였다.

『택당집』 택당선생별집 권6 묘지(墓誌) – 월사(月沙) 이 상국(李相國)의 묘지명 [병서(并序)]

이때 평양(平壤)에 숭인전(崇仁殿)을 건립하여 기자(箕子)를 제사 지내고, 그 후예인 선우씨(鮮于氏)를 감목관으로 세워 제사를 주관토록 할 것을 청하였는데, 광해주가 이를 따랐다.

『택당집』 택당선생별집 권12 상량문(上樑文) – 장단(長湍) 봉잠(鳳岑)의 회헌서원(晦軒書院) 상량문

생각건대, 옛날 회헌(晦軒, 안향(安珦)) 부자(夫子)야말로 해동(海東)의 유종(儒宗)이 되고도 남는 분이라 하겠다. 사설(邪說)을 물리치고 편벽된 행동을 막음으로써 기자(箕子)의 나라에 우거진 잡초들을 제거하였고, 학교를 일으키고 선비를 기름으로써 옥 장식 궁전에 역복(棫樸)이 무성하게 자라도록 하였다. 도(道)를 보위(保衛)하기 위해 그토록 힘을 기울였던 것은 일찍부터 도를 들어 알았기 때문이요, 성인(聖人)을 그토록 독실하게 높이 떠받든 것은 성인을 앙모하는 참된 마음이 깊이 뿌리를 내리고 있었기 때문이었다.

『택당집』 택당선생별집 권13 – 경연일기(經筵日記)○ 갑자년 7월 21일

상이 이르기를, "이 세 사람 중에 누가 더 우월하다고 하겠는가?" 하였는데, 내가 아뢰기를, "세 사람 모두가 일단 인자(仁者)이고 보면, 그 사이에 우열을 논할 수는 없을 듯합니다. 그러나 『주역(周易)』에서 명이(明夷)의 상(象)을 밝힐 때 기자(箕子)를 인용하였고, 선유(先儒) 역시 기자의 행동을 더욱 하기 어려운 것이라고 여겼습니다" 하였다. 상이 이르기를, "간(諫)하다가 죽은 자가 어찌 우월하지 않겠는가" 하였으므로, 내가 아뢰기를, "그 점에 있어서는 참으로 성상의 말씀과 같다고 하겠습니다. 그러나 세 사람(미자·기자·비간)의 지위를 말한다면, 어찌 죽고 안 죽은 것을 가지고 그 장단(長短)을 따질 수가 있겠습니까" 하였다.

…

'인(仁)'이라는 글자는 가장 설명하기 어려운 말이다. 만약 인사상(人事上)으로 보자면, 자못 분명해진다. 앞서 진문자(陳文子)의 주석에서는 또한 인애롭지만 말재주는 없다고 하였다. 세 사람(미자·기자·비간)과 백이(伯夷) 및 숙제(叔齊)의 일을 가지고 그것을 살펴본다면, 인애로움이 의로움이 된다는 것을 알 수 있을 것이다. 대개 비간(比干)이 죽임을 당한 것과 기자(箕子)가 미친 척한 것은 극히 어려운 상황이다. 만약 진실한 뜻으로 행한다면 이것은 곧 인애로움이다.

『택당집』 택당선생별집 권13 전책문(殿策問) – 황극을 세우는 일에 대하여(建極)

왕은 이르노라. 기자(箕子)는 말하기를, "황극이란 임금이 중정(中正)한 법도를 세우는 것이다[皇極 皇建其有極]"라고 하였는데, 이 '건극(建極)'의 의미를 상세히 말해 줄 수 있겠는가? 요순(堯舜)과 삼대(三代) 이하로부터 후세에 이르기까지 성스럽고 어진 임금이 위에서 대통(大通)을 이어받은 경우를 우리는 모두 손가락으로 꼽을 수가 있는데, 누가 건극을 제대로 하였으며 누가 건극을 미진(未盡)하게 했다고 하겠는가?

(출처: 한국고전번역원)

『寒岡集』(1680년)

鄭逑(1543~1620)

『한강집』은 조선 중기의 학자인 정구의 시가와 산문을 엮어 그의 사후인 1680년(숙종 6)에 허목(許穆)이 간행한 시문집이다.

정구의 본관은 청주(淸州), 자는 도가(道可), 호는 한강(寒岡)이다. 31세 이후로 조정에서 예빈시참봉(禮賓寺參奉), 건원릉참봉(健元陵參奉)과 의흥(義興), 삼가(三嘉), 지례(知禮) 등의 현감(縣監)을 제수하였으나 모두 사양하였다. 창평산(蒼坪山) 선영(先塋) 곁에 집을 지어 한강정사(寒岡精舍)라 이름하고 사람들을 모아 글을 가르치다가 1580년(선조 13)에 비로소 창녕현감으로 관직 생활을 시작하였다.

본문은 본집 15권, 속집 9권, 별집 3권으로 구성되어 있다. 허목이 편집한 것이 본집이고, 속집과 별집은 본집 간행 후에 추각, 보각이 이루어진 후쇄본이다. 본집에는 편집·간행자인 허목의 서문이 있으며 총 목차, 본문의 순서로 이루어져 있다.

고조선과 부여 등에 관한 기록은 〈한강선생문집 서(序)〉 등에 나온다. 졸본부여, 기자, 홍범구주에 관한 내용이 주이다.

『한강집』 한강선생문집 서(序) – 한강선생문집 서(寒岡先生文集序) [허목(許穆)]

그 이듬해 지방으로 나가 관동관찰사가 되었는데, 이 당시 아직 전쟁이 마무리되지 않은 때라서 왕명을 받고 영원성(鴒原城)을 축조하여 관동의 방어 장치로 삼았으며 원충갑(元冲甲)의 제단(祭壇)을 설치하였다. 강릉에 이르러서는 나라를 위해 죽은 주검을 제사 지내고 각 고을에 명을 내려 도처에 널린 시신을 빠짐없이 거두어 매장하도록 하였으며, 영월에서는 노릉(魯陵, 단종의 능)을 봉심(奉審)하고 원주에서는 은자(隱者) 원천석(元天錫)의 무덤에 제사를 지냈다.

임금이 도성으로 돌아온 뒤에도 적들이 해상(海上)에 머무르면서 다시 침공하겠다고 으름장을 놓았으므로 여러 왕자와 왕비, 후궁들은 모두 성천(成川)에 남아 있었다. 성천은 옛날의 졸본부여로 산이 깊고 험난하여 적이 오가는 길과 멀기 때문이었다. (664쪽 1)

『한강집』 한강선생문집 권9 잡저 – 하락도서병(河洛圖書屛) 아래에 쓰다

복희씨가 천명을 이음으로써 〈하도(河圖)〉가 나오고 하후씨가 홍수를 다스림으로써 〈낙서(洛書)〉가 나왔다. 팔괘와 구주는 서로 안팎이 되어 영원토록 도통의 시조가 되었는데, 문왕이 그것을 풀이하여 후천(後天)을 만들고 기자가 그것을 부연하여 홍범을 만들었다. 이렇듯 전후의 성인들이 천심(天心)을 받들어 따르고 인문(人文)을 열어 밝혔는데, 그 이치가 전후좌우로 얽혀 변화하고 체용(體用)이 서로 어우러지니, 정말 거룩하다 하겠다. (664쪽 2)

『한강집』 한강선생문집 권9 잡저(雜著) - 유자후(柳子厚)의 기자묘비(箕子廟碑) 뒤쪽에 쓰다

유자후가 말하기를, "주가 그의 악이 극에 이르기 전에 스스로 죽는다거나 무경(武庚, 주(紂)의 아들)이 나라가 어지러워짐으로 인한 화를 생각하여 보존할 것을 도모하는 상황이 생기지나 않을까 기다렸던 것이다" 하였는데, 그 말은 사실 일리가 있다. 사람의 일이라는 것이 그럴 수도 있을 뿐만 아니라, 탕 임금이 끼친 은택이 미처 끊어지지 않았으니, 하늘의 뜻도 과연 그런 게 아니었는지 어찌 알겠는가. 그러나 기자의 마음을, 때를 기다리느라 참고 있으면서 떠나지 않았다고 말한다면 이는 잘못 이해한 것이다. 그 당시 기자의 마음속에는 어찌 털끝만큼이라도 다른 생각이 있었겠는가. 그가 거짓으로 미쳐 머리를 풀어 헤친 일이나 감옥에 갇히고 노예가 된 일 등은 다 임금의 덕이 더러워진 것이 안타깝고 종사의 명맥이 끊어질까 걱정스러운 나머지 임금에게 간했지만 받아들여지지 않았고, 그렇다고 떠난다는 것도 옳지 않아 마음과 정신이 허둥지둥 다급하여 어찌해야 할지 몰라 그랬던 것에 지나지 않은 것이다. 지극한 정성과 슬픈 심정으로 절박하게 호소한 것은 오직 임금이 행여 그 마음을 바꾸기를 바라서였을 뿐, 어찌 임금이 스스로 죽기를 고대하였겠는가. 그렇다면 비간은 어찌 인내하며 그대로 살지 않았으며, 미자는 어찌 인내하며 머물러 있지 않았을까? 저분들은 이미 죽거나 떠나거나 하였는데 기자만 유독 이 마음이 있었다면, 어찌 후세에 길이 추앙하는 기자가 될 수 있었으며 공자가 어찌 아울러 삼인(三仁)이라고 말했을까. 이는 임금을 섬기는 신하로서 생각이 거기까지 미칠 부분이 아니며, 또 기자의 속마음을 글로 써서 후세 신하들을 훈시할 일도 아닌 것이다. 오직 한퇴지(韓退之)의 식견만은 기자의 심사를 알았다 할 수 있다. "신의 죄는 벌을 받아 마땅하고 우리 임금은 오직 성스럽네[臣罪當誅 天王聖明]"라는 말은 신하가 임금을 공경하고 자신을 폄하하는 심정을 다분히 내포하고 있으니, 이것이 곧 기자의 마음이 아니었을까.

(665쪽 3)

『한강집』 한강선생문집 권15 연보(年譜) – 한훤당(寒暄堂) 김선생(金先生) 사우문인록(師友門人錄)

천문(天文), 복서(卜筮), 음률(音律), 서화(書畫)에 대해서도 그 조예가 하나같이 높은 경지에 도달하였는데, 이는 학술을 수양하는 일 가운데 하나였다. 우리나라는 기자 이후 비록 문자를 약간 알았다 하더라도 성인의 심법(心法)에 대해서는 소경처럼 앞이 깜깜하다가 고려 말에 목은(牧隱, 이색(李穡))과 포은(圃隱, 정몽주(鄭夢周))이 중국에 드나들며 염락(濂洛)의 학문을, 그것이 거의 다 침체된 뒤에 얻어듣고 와서 우리나라에 전파하였다. 하지만 그 문로(門路)를 얻은 자는 적었다. (665쪽 4)

(출처: 한국고전번역원)

『靜菴集』(1681년)

趙光祖(1482~1519)

『정암집』은 조선시대의 문신 관리였던 조광조의 시문집으로 1681년에 처음 간행되었다.

조광조의 본관은 한양, 자는 효직(孝直), 호는 정암(靜庵)이다. 1510년(중종 5) 사마시에 장원으로 합격하여 성균관에서 공부하였다. 1515년(중종 10) 조지서사지(造紙署司紙)라는 관직에 초임되었고, 이어 알성문과에 급제하여 전적, 사헌부 감찰, 수찬, 호조와 예조정랑, 부제학 등을 역임하였다. 조광조는 17세 때 무오사화로 희천에 유배 중인 김굉필(金宏弼)에게 학문을 배웠다. 이때부터 시문은 물론 성리학 연구에 힘을 쏟았고, 20세 때 김종직(金宗直)의 학통을 이은 김굉필의 문하에서 가장 촉망받는 청년 학자로서 사림파의 영수가 되었다. 중종 때 도학정치(道學政治)를 주창하며 급진적인 개혁 정책을 시행했으나, 훈구(勳舊) 세력의 반발을 사서 결국 죽임을 당하였다.

1681년(숙종 7) 『정암집』이 처음 간행된 이후 여러 차례 중간되었다. 이기주(李箕疇)·이선(李選)이 수집한 조광조의 시문과 조위수(趙渭叟)가 보관하던 초고를 모아 박세채(朴世采)가 편차하고, 부록과 연보를 붙인 정고본(定稿本)을, 조위수가 다시 부록을 줄이고 연보를 제외하여 1681년에 남원에서 목판으로 간행하였다[호본(湖本)]. 1685년(숙종 11)에는 박세채가 다시 정고본의 형태로 대구에서 중간하였다[영본(嶺本)]. 그 후 양회연(梁會淵)이 호남의 사림과 협의하여 민정식(閔正植)의 도움으로 위 두 간본을 바탕으로 재편하고 부록을 증보하여 1892년(고종 29)에 능주 삼지재(三芝齋)에서 목판으로 중간하였다[삼지재본(三芝齋本)]. 1929년에는 양회규(梁會奎)가 이 삼지재본의 일부분을 보충하고 추각한 것을 간행하였다[후쇄본(後刷本)]. 그 후 1935년에는 한규부·이필훈 등이 새로 찾은 소(疏)·차(箚)·연중기사(筵中記事) 등을 추가하고 편집하여 용인에서 석인(石印)으로 중간하였다. 현재 국립중앙도서관 등에 소장되어 있다.

『정암집』은 원집 5권, 부록 6권, 속집원집 1권, 속집부록 5권 합 5책으로 되어 있다. 원집의 권1은 부(賦) 1편, 시 5제, 권2는 대책(對策) 1편, 소(疏) 1편, 계사(啓辭) 12편, 서(書) 2편, 잠(箴) 1편, 묘갈(墓碣) 1편, 공상(供狀) 2편, 권3은 경연진계(經筵陳啓) 44편, 권4는 경연진계 37편과 습유(拾遺), 권5는 연중기사(筵中記事) 4편과 습유로 구성되어 있다. 부록의 권1은 사실(事實), 권2는 어류(語類), 권3은 계(啓)·차(箚)·소(疏), 권4는 시의(諡議)·제문(祝文)·기(記) 등등, 권5는 세계도(世系圖)와 연보, 권6은 행장(行狀)·묘지명·신도비명으로 구성되어 있다.

단군과 기자에 관한 기록은 권수(卷首), 부록 권1, 권3, 권4, 권6, 속집부록 권2와 권4에 나온다. 권수의 〈정암선생문집서(靜庵先生文集序)〉에서는 기자(箕子)의 교화(教化)를 언급하였다. 부록 권1의 〈사실(事實)〉에서는 기자 때의 일을 기록한 서적이 없다고 언급하였다. 부록 권3의 〈청종사소략(請從祀疏略)〉에서는 우리나라는 기자의 인현(仁賢)의 교화를 입었다고 언급하였다. 부록 권4의 〈오현을 문묘에 종사한 후의 반교문(五賢從享文廟後頒教文)〉에서는 기자가 홍범구주(洪範九疇)를 펴서 백성들을 가르쳤다고 언급하였다. 〈능주 적려 때의 유지에 세운 추모비기(綾州謫廬遺墟追慕碑記)〉에서는 은(殷)나라 태사(太師)를 언급하였다. 부록 권6의 〈묘지명(墓誌銘)〉에서는 기자를 언급하였다. 속집부록 권2의 〈경상도 유생

종사하기를 청하는 소(慶尙道儒生請從祀疏)〉에서는 기자의 교화를 언급하였다. 속집부록 권4의 〈죽수서원 중수기(重修竹樹書院記)〉에서는 기자를 언급하였다. 〈감흥(感興)〉에서는 우리나라는 단군이 열었고, 기자가 이를 이어받았다고 언급하였다. 〈희천의 상현서원에 한훤당과 정암 두 선생을 봉안하는 글(熙川象賢書院奉安寒暄堂靜菴二先生文)〉에서는 동방의 도학(道學)이 기자에게서 비롯하였다고 언급하였다.

『정암집』 정암선생문집 권수(卷首) – 정암선생문집 서(序) [송시열(宋時烈)]

아아! 천하가 생긴 지가 오래도다. 도술(道術)이 분열하였는데도 이를 구원하지 못하더니, 오성(五星)이 규성(奎星, 문성(文星))에 모임으로부터 송(宋)나라의 정치가 밝아져서 순희(淳熙)와 원풍(元豐) 이래로 피사(詖辭)와 음사(淫辭)가 퍼져서 도덕과 강상(綱常)으로 하여금 천하에 쓰일 수 없게 하였다. 이에 곧 주부자(朱夫子)가 이를 두려워하여 극력 창언(倡言)하여 배척하였다. 대개 구주(九州)의 토지는 천하의 정처(正處)가 되어 요(堯)임금·순(舜)임금·탕왕(湯王)·문왕(文王)이 다스리던 곳이고, 주공(周公)·공자(孔子)·자사(子思)·맹자(孟子)가 가르치신 곳인데도, 오히려 이와 같거늘 하물며 우리 동쪽 나라는 중국에서 수천 리나 멀리 편벽되게 떨어진 곳이랴! 그러나 옛날에 기자(箕子)가 와서 교화(敎化)하시고, 그 뒤에 공성(孔聖)이 여기에 살고자 하였으니, 그 풍기(風氣)와 물성(物性)이 한 번만 변혁하면 노(魯)나라가 될 수 있고, 또 한 번 변혁하면 왕도정치(王道政治)를 바라볼 수 있을 것이다. 고려시대 말에는 포은(圃隱) 정문충공(鄭文忠公)이 천 년 후에 분연히 일어나서 황극(皇極)의 실마리를 찾았는데, 그 학무를 하신 것은 실로 주자(朱子)의 글에 근원하였다.

『정암집』 정암선생문집부록 권1 부록(附錄) – 사실(事實)

그 뒤에 인걸(仁傑)이 성혼(成渾)과 이이(李珥)를 추천하여 "성혼과 이이는 크게 쓸 만하나, 이는 경솔한 병통이 있다"라고 하였다. 그러자 어떤 사람이 그를 나무라니,

인걸은 "그가 정암(靜菴)을 부족하게 여겨 퇴계(退溪)의 아래에 두려하므로 내가 그렇게 말했다"라고 하였다. 우리나라의 학문은 기자(箕子) 때의 일은 서적이 없어 상고하기 어렵고, 삼국시대에는 천성이 순미(粹美)하기는 하나 학문의 공부가 없었으며, 고려(高麗) 때는 학문을 하기는 하였으나, 다만 사화(詞華)를 주로 하다가, 고려 말엽에 우탁(禹倬)·정몽주(鄭夢周)에게 이르러서야 비로소 성리학(性理學)이 있는 줄 알았으며, 우리 세종조(世宗朝)에 예악(禮樂)과 문물(文物)이 확연히 일신되었다. 동방의 학문이 서로 전하여 말한 즉, 정몽주가 동방 이학(理學)의 종조(宗祖)이고, 길재(吉再)가 정몽주에게서 학문을 배웠으며, 김숙자(金叔滋)가 길재(吉再)에게서 학문을 배웠으며, 김종직(金宗直)이 김숙자에게서 학문을 배웠으며, 김굉필(金宏弼)이 김종직에게서 학문을 배웠으며, 조광조(趙光祖)가 김굉필에게서 배운 것이 원원(源流)가 된다.

『정암집』 정암선생문집부록 권3 부록(附錄) – 청종사소략(請從祀疏略) [기묘오월(己卯五月) ○백인걸(白仁傑)]

전하께서 조광조(趙光祖)를 문묘(文廟)에 종사(從祀)할 것을 허락하지 않으시니, 신은 감히 다시 성상의 귀를 번거롭게 하지 않겠습니다. 그러나 우선 조광조의 사업과 공로에 대해 한두 가지 간략하게 말씀드리겠습니다. 우리나라는 기자(箕子)의 인현(仁賢)의 교화를 입었으나 도학(道學)이 전해지지 못하였습니다. 정몽주(鄭夢周)가 도학(道學)을 처음으로 창시하고, 김굉필(金宏弼)이 그 뜻을 이어받았으나 크게 드러나지는 못하였는데, 조광조에 이르러 나이 17세 때부터 끊어진 학문을 잇는 것에 뜻을 독실하게 하여서 행동할 때에는 법도에 따르며 하루 종일 엄숙한 자세로 꿇어앉아 있는 것은 진흙으로 만들어 놓은 사람 같았습니다. 매양 이경(二更) 말에서 삼경(三更) 초에 이르면, 혹 옷 입은 채 조금 자기도 하고 혹 옷을 벗고 자기도 하며, 사경(四更)에 이르면 머리를 빗고 세수를 하였으며, 의관을 정제(整齊)하여 단정히 앉아 있었습니다. 글을 읽는 데는 『소학(小學)』·『대학(大學)』·『논어(論語)』·『근사록(近思錄)』과 성리(性理)에 대한 여러 가지 책으로 급선무를 삼고, 실천에 있어서는 효(孝)·제(悌)·충(忠)·신(信)으로 근본을 삼아 처음부터 끝까지 게을리 하지 않은 것이 미치지 못할까 두려워하는 것 같았습니다.

『정암집』 정암선생문집부록 권4 제문(祭文)○축문(祝文) – 오현(五賢)을 문묘(文廟)에 종사(從祀)한 후의 반교문(頒敎文) [9월 초4일○대제학(大提學) 이정귀(李廷龜)가 써서 올리다]

하늘이 대현(大賢)을 내는 것은 우연이 아니니
실로 천지의 운수에 관계되는 것이요
덕 있는 이는 반드시 제사하여 의심하지 않으니
의당 추숭해 보답하는 은전을 거행해야 한다.
이에 온 나라에 널리 고하여
의지하여 돌아갈 곳이 있게 하노라.
살펴보건대, 우리 동국은 편벽된 변방이라
정학(正學)의 종지(宗旨)를 전하는 이가 드물었다.
기자(箕子)는 홍범구주(洪範九疇)를 펴서 백성들을 가르쳤으니
비록 예의를 아는 나라가 되게 하였으나
신라시대의 이름난 문인들은
사장(詞章)에만 치우쳐 누추함을 면치 못했으니
고려 말엽에 이르기까지 천 년 동안
겨우 포은(圃隱) 한 사람을 볼 수 있을 뿐이로다.
조종(祖宗)의 태평한 때를 크게 생각해 보니
진실로 문명(文明)을 진작할 운수를 만났다.

『정암집』 정암선생문집부록 권4 기(記) – 능주(綾州) 적려(謫廬) 때의 유지(遺墟)에 세운 추모비기(追慕碑記) [송시열(宋時烈)]

그리고 여기를 지나는 사람들로서는 엄숙히 경의를 표하지 않는 이가 없으니, 아! 이는 누가 그렇게 하도록 한 것일까? 그의 떳떳하게 타고난 마음이 자연 그렇게 한 것이다. 오호라! 저 남곤(南袞), 심정(沈貞), 홍경주(洪景舟)의 무리는 과연 어떠한 사람인

가? 대개 우리기자의 나라는 은(殷)나라 태사(太師) 이후 수천 년 동안 도학이 어두웠더니, 중간에 정몽주(鄭夢周), 김굉필(金宏弼) 등 여러 현인들이 전후하여 창명하였다. 그러나 그 정자(程子)와 주자(朱子) 도통의 연원을 잇고, 당우(唐虞)의 화평시대에 뜻을 두어, 탁월하게 명덕(明德)과 신민(新民)을 가지고, 이 학문의 표준을 삼는 것은 선생으로부터 비롯했다는 것이 속임 없는 말일 것이다.

『정암집』 정암선생문집부록 권6 비지(碑誌) – 묘지명(墓誌銘) [이이(李珥)]

아아! 하늘이 어진 이를 낼 적에는 반드시 무언가 하려고 한 것이 있어서 시킨 것이다. 나아가서는 이 백성들을 구제하고 물러가서는 그 교훈을 세우는 것이거늘, 지금 선생께서는 나아가서도 그 도를 행하지 못하시고, 물러가서는 교훈을 후세에 드리우는 데 미치지 못하시고, 날마다 밝힌 학문이 크게 성공함을 이루지 못하시고, 미묘한 말씀의 실마리를 찾아서 살필 수 없게 되었으니, 하물며 우리 동쪽 나라는 기자(箕子) 이후로 인의(仁義)로써 세상을 다스린 자를 듣지 못해서 주공(周公)의 법과 공자(孔子)의 도가 다만 빈말이 되었는데, 선생께서 한번 일어나시자 거의 옛것을 회복할 수가 있었고, 선생께서 다시 패하시매 사림(士林)이 와열(瓦裂)해 버리고 왕도(王道)의 이논(理論)은 세상에서 크게 숨겨지게 되었다. 그리하여 모두 그를 시기가 아니라고들 하였으니, 무릇 이와 같은 즉 옛 도는 마침내 회복할 수가 없을 것인가? 하늘이 어진 이를 내고서는 중간에 그를 꺾으시니, 그 명(命)을 마침내 믿을 수가 없단 말인가? 어찌 그럴 수가 있겠는가?

『정암집』 정암선생속집부록 권2 소(疏)○차(箚)○계(啓) – 경상도 유생(儒生) 종사(從祀)하기를 청하는 소(疏) [정경세(鄭經世)]

우리 동방은 바다 밖의 외진 곳에 처해 있어서 중화(中華)의 교화가 미치지 못하였는데, 능히 임금이 임금 노릇을 하고, 신하는 신하 노릇을 하고, 아버지가 아버지 노릇을 하고, 자식이 자식 노릇을 하고, 지아비가 지아비 노릇을 하고, 아내가 아내 노릇을 해서 오랑캐의 풍속에서 면할 수 있었던 것은 모두 기자(箕子)의 교화였고, 기자의 뒤로 1천여 년에 또한 막연히 한 사람도 능히 그 뒤를 이은 사람이 없었으니, 즉 성학(聖學)이 거칠어지고 세도(世道)가 준박(踳駁)해져서 나라가 능히 나라가 될 수가 없었습니다. 다행히 하늘이 이 도를 도우셔서 정몽주(鄭夢周)가 고려시대 말에 창시하시고, 오현(五賢)이라는 분들이 본조(本朝)에서 천명하셨습니다.

공자(孔子)와 맹자(孟子) 그리고 정자(程子)와 주자(朱子)의 교육으로 하여금 어두웠던 것이 다시 밝아지고, 삼강오상(三綱五常)의 도로 하여금 막힌 것이 다시 터져서, 우리 적자(赤子)로 하여금 열성(列聖)의 교화 가운데서 인(仁)에 젖어지고 의(義)에 목욕해서 우리 사직으로 하여금 난리와 도적의 도가니에서도 위태로움을 면케 하시고, 편안할 수 있는 것은 추호만 한 것이라도 모두가 그의 힘이었습니다. 공이 백성에게 있으면 사(社)에다 제사 지내고, 공이 농사에 있으면 직(稷)에다 제사 지내고, 공이 나라에 있으면 종묘(宗廟)에다 제사 지내고, 공이 도에 있으면 문묘(文廟)에다 제사 지내는 것은 고금의 제사 지내는 법도가 한가지이옵니다.

『정암집』 정암선생속집부록 권4 기(記) - 죽수서원(竹樹書院) 중수기(重修記)

우리 동방이 편벽(偏僻)되고 또 황량(荒凉)한 지가 오래된 데다 기자(箕子)를 얻어서 사람이 비로소 사람답게 되었는데, 기자가 돌아가신 지 2천여 년이 되었다. 그리하여 그가 끼친 교화(敎化)가 거의 다했고, 이 도가 거의 다 식어 갔다. 하늘이 이에 놀래어 돌아다보셔서 드디어 선생님을 내어 진작케 하시니, 선생께서 낳으시매 도에 순직(殉職)할 것을 스스로 자임하셨는데, 바야흐로 중묘(中廟)께서 힘써 다스리려는 날에 조석으로 계(啓)를 올려서 우리 임금과 백성으로 하여금 요순(堯舜)처럼 하는 것을 자기의 책임으로 삼으셨다. 그런데 간악한 소인들이 곁에서 엿보아 얽고 꾸미기를 망측하게 하여서 해괴한 것이 한번 나타나매 화망(禍網)이 하늘에 이르러 마침내 이 땅에 귀양을 오셨고, 두어 달이 못 되어서 사약을 하사하시었다. 아아! 선생께서 화를 입으신 것은 선생의 불행이시니! 그 한 나라와 한 세상의 불행이시냐! 선생의 불행이 아니라, 이에 한 나라와 한 세상의 불행이요, 한 나라와 한 세상의 불행이 아니라, 이에 우리 동방 천만년의 무궁한 불행인 것이다. 처음에 하늘이 선생을 내실 적에 만일 우리 동방에 뜻이 있으시다면 마침내 하늘이 선생께 화를 내린 것은 또한 우리 동방에 뜻이 있었던 것이니, 선생을 내신 것은 무슨 뜻이며, 선생께 화를 내리신 것은 무슨 뜻이었던가?

『정암집』 정암선생속집부록 권4 시(詩) – 감흥(感興) [유형원(柳馨遠)]

동쪽 한(韓)의 땅은 바다 밖 편벽한 곳에 있는데
편벽한 폭이 수천 리인지라
비로소 단군(檀君)께서 나라를 여시고
기자(箕子)가 이를 이어받아 나라를 전하였다.
침벌극(侵伐劇)을 벌인 것은 삼국(三國)의 시절이요
거칠고 어리석은 고려왕조 시절이리라.
성조(聖朝)에 이르러서는 문운(文運)을 여시어
군현(群賢)을 배출하자
탁월하신 문정공(文正公)이
강함을 발휘하고 강의(剛毅)하였으며
독실하고 공경하고 의로운 공이 있어
요순(堯舜)의 정치를 이루다가
하룻밤에 북문을 열어
나라가 망해 간다.
마침내 하늘의 뜻을 알기가 어려우니
뜻있는 선비들은 한탄할 뿐이로구나.

『정암집』 정암선생속집부록 권4 제문(祭文) – 희천(熙川)의 상현서원(象賢書院)에 한훤당(寒暄堂)과 정암(靜菴) 두 선생을 봉안하는 글 [송시열(宋時烈)]

동방에 도학(道學)이
기자(箕子)에서 비롯하나

후세에 계승을 못 해서
어둡고 어두웠던 것이
그 얼마나 되었던가?
그 사이에 포옹(圃翁)이 있어서
원류(源流)를 조금 열고
창성한 조정에 이르러서
이에 아름다워
오직 김 선생이
남방에서 탈기(奮起)해서
소학(小學)으로 스승을 삼아
부지런히 익히셔서
근기(根基)가 심후(深厚)하여
한 계단을 올리시니
문로(門路)가 바르심을
성인(聖人)을 기다려도
의심됨이 없더니만
뜻하지 아니하게
밝지 못한 시국을 만나서
사림(士林)이 경복(傾覆)되었네.

『遯菴全書』(1681년)

鮮于浹(1588~1653)

『돈암전서』는 조선 중기의 학자 선우협의 시문집으로, 후손들과 제자들에 의해 1681년(숙종 7) 목판으로 간행되었다.

선우협의 본관은 태원(太原), 자는 중윤(仲潤), 호는 돈암(遯菴)이다. 유학이 발달하지 못하였던 평안도 지역에서 활동하였다.

1924년에 11세손 선우덕(鮮于悳)이 보각과 추각을 진행하였으며 2년 뒤 별도로 남아 있던 「대역리상(大易理象)」을 합편하여 재판(再版)하였다. 현재 고려대학교 중앙도서관, 국립중앙도서관 등에 소장되어 있다.

본문은 원집 5권, 부록, 「대역리상」 2권 합 4책이다. 권1은 심학지요(心學至要), 권2는 역학도설(易學圖說), 권3은 해(解)와 설(說), 권4는 태극변해(太極辨解), 권5는 유문(遺文)이다.

『돈암전서』에는 기자 관련 기록이 다수 나온다. 이는 선우씨가 기자의 후예로, 특히 선우협의 아버지 선우식(鮮于寔) 대부터 그의 가문에서 숭인전감(崇仁殿監)을 담당하게 되었던 역사적 사실과 관련이 깊다. 또한 당시 평안도 지역은 차별받고 있었기 때문에 기자의 고도(古都)였던 평양 지역을 강조하여 평안도의 위상을 높이고자 한 목적도 있었던 것으로 이해된다.

『돈암전서』 돈암선생전서 서(序) – 돈암선생전서(遯菴先生全書) 서(序) [송시열(宋時烈)]

평양은 기자의 옛 도읍이고, 선우(鮮于)씨는 기자의 후예이다. 홍범구주(洪範九疇)는 진실로 성현의 큰 법도인데 팔조(八條)의 가르침까지 겸하였으니, 서쪽 지방은 중국 낙양(洛陽)과 같은 문명의 지역이 되기에 마땅하다. 그런데도 궁벽하고 황폐화된 전쟁터가 되어 버려 선우씨 또한 쇠퇴하고 침체되어 그 높은 성현 제왕의 고귀한 출신임을 알지 못하였다. 논자들은 천도(天道)에 대해서 의심이 없을 수 없다. … 대개 주자(朱子) 이후로 이설(異說)이 더욱 극성을 부려 이곳저곳에서 떠들어 대는 자를 다 헤아릴 수도 없다. 그런데 공의 글에는 말 한마디도 사표(師表)가 된다고 자부하여 스스로 만족하게 여긴 것이 없으니, 성현의 말을 독실하게 믿어서 따라야 할 바에 밝았다고 할 만하다. 대부분이 천리를 깨닫는 것을 논할 뿐이고, 일상에서 활용할 만한 인간의 도리를 배우는 것이 도리어 부족하다. 어찌 기자의 홍범에 대한 기록이 조화와 성명의 이치만을 위주로 하였으므로, 감히 조사(祖師)의 남겨진 법도를 바꿀 수가 없어서 그런 것이 아니겠는가.

『돈암전서』 돈암선생전서 권5○유문(遺文) 시(詩)○오언율(五言律) - 인현서원(仁賢書院)의 반송(盤松)

푸르른 소나무 서로 마주 보고 서 있으니
대낮에 선비들에게 그늘을 제공하네.
곧게 뻗은 줄기는 세 자[尺]에 불과하지만
가로 뻗은 가지는 열 길이라.
구불구불 소나무 땅 위에 뿌리박고 있지만
외로운 절개는 하늘에 닿았다네.
높은 곳을 피해 가지 꺾어 보려 하지만
깊이 도덕림(道德林) 속으로 숨어버렸네.

『돈암전서』 돈암선생전서 발(跋) - 발문(跋文) [박세채(朴世采)]

평양의 김세관(金世寬) 선생이 나에게 『돈암선생전서(遯菴先生全書)』의 발문을 부탁하여 원고를 받아 읽어 보았다. 경전의 큰 뜻을 독실하게 믿으면서 깊이 깨달았음을 보았고, 문장의 범주를 초월하여 스스로 깨달아 이 책을 완성했음을 알았다. 그것을 거의 보고 나서 감동이 생기지 않을 수 있겠는가. 선생은 곧 우리 기자의 후예로 어려서부터 몸가짐을 바로잡고 행실을 바로잡았다. 성년이 되어서는 사서오경을 두루 독서하여 마침내 위기지학(爲己之學)에만 힘을 쏟았으니 호걸지사(豪傑之士)라 부를 만하다.

『돈암전서』 돈암선생전서 연보(年譜) – 돈암선생 연보

만력(萬曆) 23년(1595, 선조 28) 을미년 [선생은 8세였다. ○부친께서 기자전 참봉(箕子殿參奉)이 되어 왕래하며 사당을 지켰다. 이때 선생은 꼭 부친을 따라다녔다.]

만력 24년(1596, 선조 29) 병신년 [선생은 9세였다.]

만력 25년(1597, 선조 30) 정유년 [선생은 10세였다. ○아버지를 따라 평양으로 거처를 옮겼다.]

만력 26년(1598, 선조 31) 무술년 [선생은 11세였다.]

만력 27년(1599, 선조 32) 기해년 [선생은 12세였다.] 선생이 기자전 재실(齊室)에서 책을 읽다가 갑자기 노곤하여 잠깐 잠이 들었는데 꿈에서 기자를 보았다. 기자가 시를 써 주며 선생에게 읽어 보게 하고, 다 읽자 이어서 말하였다. "너는 이것을 가지고 관찰사를 찾아가라" 선생이 잠에서 깨어 기억을 떠올려 베껴 적고는 관찰사에게 바쳤는데, 그 시는 다음과 같다.

상고 시절 검은 제비의 후손[117]
태어났지만 좋지 않은 때를 만났도다.
금을 녹일 주(周)나라의 불이 일어났으니[118]
거대한 발자취 하루아침에 사라졌네.
이곳 조선으로 와서 올바른 도로 외로운 무리를 교화시키니
진인(眞人)이 된 자 누구인가?
태초에 신농씨(神農氏) 시절에

---

117 상고 시절 ~ 후손: 상나라의 시조라 알려진 설(契)의 탄생설화와 관련된 이야기로, 설의 어머니는 검은 제비의 알을 삼키고 설을 낳았다고 한다. 검은 제비의 후손이라는 것은 선우씨가 상나라의 후예임을 말하는 것이다.

118 금을 ~ 일어났으니: 오행상극설(五行相克說)에 따르면 '화극금(火克金)'이라 하여 불이 금을 이긴다고 한다. 그런데 상나라는 '금덕(金德)'을 바탕으로 하고, 주나라는 '화덕(火德)'을 바탕으로 하므로 상나라가 주나라에 의해 망할 수밖에 없다는 논리이다.

제사 지내는 법을 어찌 가르쳤겠는가?
세상이 황폐하고 사람들은 무식하니
은혜는 잊히고 덕은 사라져서
한 자 무덤만 성 밖에 남아 있는데
외로운 사당 쓸쓸히 창문을 바라보고 있네.
지금 무리를 이어 기러기처럼 지나가는 이들
중니(仲尼)[119]의 후예가 몇이나 되겠는가?

8월 6일 낮에 적은 것이다. 재상 월사(月沙) 이정구(李廷龜) 공이 보고서 크게 놀라 말하길, "'한 자 무덤만 성 밖에 남아 있는데 외로운 사당 쓸쓸히 창문을 바라보고 있네'라는 구절은 신(神)이 지은 것이다"라 하였다 한다.

『돈암전서』 돈암선생전서 행장(行狀) – 돈암선생 행장 [이담(李橝)]

선생의 성은 선우(鮮于)이고, 이름은 협(浹)이다. 자(字)는 중윤(仲潤)이며, 자호(自號)는 돈암(敦巖)이다. 은(殷)나라 태사(太師) 기자(箕子)의 후예로 기자가 조선 땅에 봉해졌을 때에 지자(支子)[120] 중(仲)이 우(于) 땅을 식읍으로 받아 그 후손들이 이로 인해 선우[121]를 씨로 삼고 태원(太原)을 본관으로 삼았다. 고려시대에 중서주서(中書注書) 선우정(鮮于靖), 죽주부윤(竹州府尹) 선우석(鮮于碩), 소부윤(少府尹) 선우적(鮮于迪)이라는 인물들이 있었다. 조선에 이르러서는 중령별장(中領別將) 선우경(鮮于景), 부정(副正) 선우한(鮮于熯), 건공장군(建功將軍) 선우강(鮮于江) 등이 있었는데, 선우강은 선생의 5대조이다. 고조의 이름은 선우침(鮮于琛)이고 증조의 이름은 선우란(鮮于鸞)인데, 모두 교수가 되었다. 조부의 이름은 선우춘(鮮于春)으로 주부(主簿)를 역임하였다. 부

---

119 중니(仲尼): 공자(孔子)의 자(字)이다. 공자를 통해 유학의 도가 번성하였음을 말하는 것이다.

120 지자(支子): 맏아들 이외의 아들을 말한다.

121 선우(鮮于): 조선의 선(鮮)과 식읍으로 받았던 우(于)를 합쳐 성으로 삼았다는 의미이다.

친의 이름은 선우식(鮮于寔)으로 숭인전감(崇仁殿監)이 되었다. 대대로 태천(泰川)에 거주하였는데 부친이 숭인전감이 되자 비로소 평양으로 이주하였다. 평양 사람들이 글을 올려 공을 기자의 후손으로 삼게 해 달라고 하자 조정의 의논이 이를 좇았다. 기자의 사당을 숭인전이라 부르고, 공을 전감(殿監)으로 삼아 기자의 사당을 받들고 전감직을 대대로 계승하게 하였다. …

선생이 10세가 되었을 때 왜란을 겪은 지 얼마 안 되어 집안에 노복이나 심부름꾼이 없었지만 도보로 수백 리 길을 걸어 부친을 따라다녔다. 하루는 기자전 재실에서 독서를 하다가 갑자기 노곤하여 잠이 들었는데 꿈에서 기자를 뵈었다. 기자가 선생을 불러 책상 앞에 가니 스스로 오언시 1편을 써서 선생에게 읽어 보게 하였다. 읽기를 마치자 "너는 이것을 관찰사에게 가서 전달하라"고 하였다. 선생이 잠에서 깨어 기억을 떠올려 베껴 적고는 관찰사에게 바쳤는데 그 시는 다음과 같다.

상고 시절 검은 제비의 후손
태어났지만 좋지 않은 때를 만났도다.
금을 녹일 주(周)나라의 불이 일어났으니
거대한 발자취 하루아침에 사라졌네.
이곳 조선으로 와서 올바른 도로 외로운 무리를 교화시키니
진인(眞人)이 된 자 누구인가?
태초에 신농씨(神農氏) 시절에
제사 지내는 법을 어찌 가르쳤겠는가?
세상이 황폐하고 사람들은 무식하니
은혜는 잊히고 덕은 사라져서
한 자 무덤만 성 밖에 남아 있는데
외로운 사당 쓸쓸히 창문을 바라보고 있네.
지금 무리를 이어 기러기처럼 지나가는 이들
중니(仲尼)의 후예가 몇이나 되겠는가?

관찰사가 이를 보고 크게 놀라서 기이한 일이라 여겨 즉시 기자의 사당과 무덤을 중수할 것을 건의하였다. 이때 선생의 나이 12세에 불과하였으니, 듣는 사람마다 신기하게 여겼다.

『汾西集』(1682년)

朴瀰(1592~1645)

『분서집』은 조선 후기의 학자였던 박미의 시가와 산문을 엮어 1682년에 간행한 시문집으로, 16권 4책으로 되어 있다.

박미의 자는 중연(仲淵), 호는 분서(汾西)이다. 1603년(선조 36)에 선조의 다섯째 딸인 정안옹주(貞安翁主)와 혼인하여 금양위(錦陽尉)에 봉해졌다.

박미의 사후에 조카 박세채(朴世采)가 그의 저술을 정리했고, 박미의 손자 박태두(朴泰斗)가 이를 1682년(숙종 8)에 간행하였다. 이 초간본은 현재 장서각, 국립중앙도서관, 고려대학교 중앙도서관, 연세대학교 학술정보원, 규장각 등에 소장되어 있다.

『분서집』은 부록을 포함하여 16권 4책으로 되어 있다. 권1~8은 시, 권9~10은 서(序), 권11은 기(記), 권12는 묘지명, 권13은 묘표(墓表)와 행장(行狀), 권14는 잡저, 권15는 제문, 권16은 발(跋)이다.

고조선 관련 기록은 권8의 〈서경감술(西京感述)〉에 나온다. 박미는 단수(壇樹) 아래 신인이 내려와서 도읍지를 만들었는데, 지금도 단군의 사당이 남아 있다는 시를 읊고 있다. 그리고 『동사(東史)』를 인용하였는데, 단군이 아사달산(阿斯達山)에 들어와서 신선이 되었다고 하며, 이는 지금의 구월산(九月山)이라고도 하였다.

『분서집』 권8 7언절구(七言絶句) – 서경감술(西京感述) [병서(并叙)○봉사심양시(奉使瀋陽時)]

단수(檀樹) 아래 신인 내려 이 도읍지 만들매
지금에도 옛 성가에 그분 사당 남아 있네.
모르겠네, 그때 당시 아사달(阿斯達) 이곳에도
용의 수염 붙들었다 떨어진 자 없는지.

[『동사(東史)』에서 이르기를, 단군이 아사달산(阿斯達山)에 들어와서 신선이 되었다고 한다. 혹자는 말하기를 지금의 구월산(九月山)이라고도 한다.]

(출처: 한국고전번역원)

『同春堂集』(1682년)

宋浚吉(1606~1672)

『동춘당집』은 17세기 기호학파(畿湖學派)의 대표적 산림학자(山林學者)로 활동한 송준길의 글을 모아 1682년에 간행한 문집이다.

송준길의 자는 명보(明甫), 호는 동춘(同春)이다. 김장생 문하에서 기호학파에 속하는 여러 학자들과 교류하였다. 1624년(인조 2) 진사(進士)에 합격하였으나, 1627년 부친상이 있은 뒤로 더 이상 과거에 응시하지 않았다. 주요 저서로는 『어록해(語錄解)』가 있다.

책은 1682년(숙종 8)에 처음 간행된 이후(초간본), 몇 차례에 걸쳐 계속 보완되었다. 초간본 본집은 숙종의 명(命)에 따라 간행되었다. 이후 송준길의 문인이었던 황세정(黃世禎) 등이 주동하여 초고를 3책으로 완성하였는데, 송시열이 그 초고를 산절(删節)하다가 다 못 마치고 사사(賜死)당하였다. 이후 송준길의 증손(曾孫) 요좌(堯佐)가 4권 2책으로 완성하였다. 본집과 별집에 대한 중간은 권상하와 외손인 민진원(閔鎭遠) 등이 주도하여 1768년(영조 44)에 이루어졌다. 이때 문집의 전체 체제를 대폭 개편하였는데, 초간본의 내용도 일부 증감하였다. 속집은 1928년에 간행되었다.

본 문집은 원집 24권, 별집 9권 합 18책으로 이루어져 있다. 권1~7은 소차(疏箚)이고 권8은 계사(啓辭)이다. 권9는 서계(書啓), 헌의(獻議)이다. 권10~15는 서(書)이고 권16은 잡저(雜著), 기(記), 제발(題跋), 축문(祝文)이다. 권17은 제문, 비기(碑記), 묘갈(墓碣)이다. 권18은 묘표(墓表), 묘지(墓誌)이다. 권19~23은 행장(行狀), 시상(諡狀)이고 권24는 사(詞)와 시(詩)이다. 별집은 권두에 목록이 있고, 서(書)·연보(年譜)·부록(附錄) 등을 합하여 총 9권으로 이루어져 있다. 권1~6은 서(書)이고 권7~8은 연보와 헌의(獻議)이다. 권9는 부록이다.

고조선 관련 기록은 원집 권7, 권13과 별집 권7에 나온다. 원집 권7의 〈승지와 대간을 파직하라는 명을 환수하기를 청한 차자(請還收承旨臺諫罷職之命箚)〉에서는 기자가 무왕(武王)에게 가르침을 베푼 것을 언급하였다. 원집 권13의 〈민지숙에게 답함(答閔持叔)〉에서는 기자 무덤의 '기자묘(箕子墓)' 세 글자는 한석봉(韓石峯)이 썼다고 언급하였다. 별집 권7의 〈우복 정선생 연보(愚伏鄭先生年譜)〉에서는 1609년에 송준길이 평양(平壤)에 도착하여 정전(井田)을 살펴보았다고 언급하였다.

『동춘당집』 동춘당선생문집 권7 소차(疏箚) – 승지와 대간을 파직하라는 명을 환수하기를 청한 차자(재차(再箚)) [기유년(1699, 현종 10) 4월]

기자(箕子)가 무왕(武王)에게 고하기를 "치우침이 없고 기울어짐이 없도록 하여 왕의 의리를 따르며, 편벽되이 좋아하는 마음을 일으킴이 없도록 하여 왕의 도리를 따르며, 편벽되이 미워하는 마음을 일으킴이 없도록 하여 왕의 길을 따르라. 치우침이 없고 당(黨)을 지음이 없으면 왕의 도가 탕탕(蕩蕩)하며, 당을 지음이 없고 치우침이 없으면 왕의 도가 평평(平平)하며, 상도(常道)에 반(反)함이 없고 기울어짐이 없으면 왕의 도가 정직할 것이니, 그 극(極)으로 모여 그 극으로 돌아갈 것이다"라고 하였는데, 채씨(蔡氏)는 이를 해석하기를 "읊조리는 사이에 홀연히 깨닫고 깊이 이해하여 그 기울고 협소한 생각을 잊고 공평 광대한 이치를 통달하면, 인욕이 소멸되고 천리가 유행하여 극(極)으로 모여 극으로 돌아가는 것이 그렇게 되는 줄도 모르는 사이에 그렇게 될 것이다"라고 하였습니다.

『동춘당집』 동춘당선생문집 권13 서(書) – 민지숙에게 답함(答閔持叔) [신해년(1671, 현종 12)]

기자묘(箕子墓) 세 자는 분명히 한석봉(韓石峯, 한호(韓濩))의 글씨이지만 소자(小字)는 그의 글씨가 아닌 듯하며, 기자정(箕子井) 세 자도 분명 한석봉의 글씨가 아니니 의아스럽네. 두 장의 글씨를 도로 보내니 모두 작은 족자로 만들어 보내 주시게나.

『동춘당집』 동춘당선생별집 권7 연보(年譜) – 우복(愚伏) 정 선생(鄭先生) 연보

기유(1609) 만력 37년 [광해(光海) 1년]

○선생의 나이 47세였다.

○병인일에 평양(平壤)에 도착하여 정전(井田)을 살펴보았다.

(출처: 한국고전번역원)

『沙溪遺稿』(1687년)

金長生(1548~1631)

『사계유고』는 조선 중기의 학자이자 문신인 김장생의 시문집으로 1687년(숙종 13)에 간행되었다.

김장생의 본관은 광산(光山), 자는 희원(希元), 호는 사계(沙溪)이다. 아버지는 대사헌 김계휘(金繼輝)이며, 아들은 김집(金集)이다. 1560년(명종 15) 구봉(龜峰) 송익필(宋翼弼)에게 수학하였고, 1567년(명종 22) 율곡(栗谷) 이이(李珥)의 문하에 들어갔다. 1578년(선조 11) 학행으로 천거되었고 1581년(선조 14) 종계변무(宗系辨誣)의 일로 김계휘와 함께 명나라에 다녀오기도 하였다.

김장생은 예학에 뛰어나 생전에 예학 관련 저술들을 다수 간행하였다. 그의 사후에도 송시열, 김집 등이 편차하여 그의 유고를 간행하였다. 문집에 대해서도 송시열이 이유태와 함께 1665년(현종 6)부터 수습하고 교정·검토하여 1685년(숙종 11) 즈음에 대략 작업을 마쳤다. 그러나 그해 홍수주(洪受疇)가 윤증(尹拯)을 두둔하는 상소를 올리며 이이가 삭발하였다는 증거로 김장생의 글을 인용하는 바람에 시비가 일어났다. 결국 김장생의 문집을 들이라는 하교가 내려졌고, 다시 2년간 교정 작업을 거친 1687년에 이르러서야 『사계유고』를 간행하게 되었다. 그런데 당시 예론(禮論)을 둘러싼 시비 문제가 끊이지 않는 상황이었기 때문에 내용 중 많은 부분이 산삭(刪削)되었다. 1688년(숙종 14) 호남에서 목판으로 중간본이 간행되었다. 이후 1792년(정조 16) 삼간본이 간행되고, 1922년 『사계전서(沙溪全書)』가 목판으로 간행되었다.

본집은 부록을 포함하여 13권 5책으로 권1~2는 소(疏)·계사(啓辭) 등, 권3~4는 서(書), 권5는 변(辨)·설(說)·서(序)·시(詩) 등, 권6~8은 묘갈명(墓碣銘)과 행장(行狀), 권9는 연석문대(筵席問對), 권10은 어록(語錄), 권11~13은 부록이다.

『사계유고』에는 1624년(인조 2) 6월 김장생이 사직소와 함께 올린 13개소 중 기자(箕子)의 서원(書院) 건립에 대한 논의가 실려 있다. 김장생은 기자 존숭의 당위성을 역설하였는데, 군주를 위한 서원 설립이 불가하다는 반대 의견에 대해서는 순(舜)임금의 사례를 들어 반박하였다.

『사계유고』 사계선생유고 권1 소(疏) – 집의(執義)를 사직하고, 13가지 일에 대해 진달하는 소(疏) [갑자년(1624, 인조 2) 6월]

무엇을 홍범(洪範)을 높이 받드는 것이라 합니까? 옛날 기자(箕子)께서 무왕(武王)에게 홍범을 전하시고, 우리 동방에 팔조(八條)의 가르침을 베푸시어 이륜(彝倫)과 예법(禮法)이 중화(中華)와 같아지게 하셨습니다. 이른바 팔조라는 것은 반드시 홍범과 서로 표리(表裏)가 될 것인데 반고(班固)의 『한서(漢書)』에 적혀 있는 것은 단지 사람을 죽이면 몸으로 보상하고[殺人身償], 사람을 다치게 하면 곡물로 보상하며[傷人穀償], 도둑질한 자는 노비로 삼는다[盜沒奴婢]는 세 가지 항목뿐이고,[122] 나머지 다섯 항목은 산실되어 전하지 않으니 훗날의 군자 가운데 누군들 이러한 사실을 애통해 하지 않겠습니까? 다행인 것은 홍범구주(洪範九疇)가 『서경(書經)』 주서(周書)편에 실려 있고, 공자의 집 벽에서 발견되어 천하에 전해져서 지금까지도 태사(太師)[123]의 도맥을 깊게 연구할 수 있는 것이니 오직 이 책의 존재에 의존하고 있습니다.

팔조의 법은 지엽적인 것이고 구주(九疇)는 근본입니다. 지엽적인 것은 비록 없지만 근본이 여전히 남아 있으니 진실로 홍범구주의 가르침을 존숭하고 강구하여 밝힌다면 팔조의 빠져 있는 부분을 채우고 팔조의 가르침을 흥기시킬 수 있습니다. 그런데 기묘사화 당시 경전에 밝은 점이 몸을 빠뜨리는 함정이 되었으니 이후로 홍범을 공부하는 자들이 단지 과거에서 경전을 강독하기 위한 도구로만 이용할 뿐 대우(大禹)가 홍범을 작성한 뜻이나 기자가 구주를 서술한 의도에 대해서 다시 탐구하지 않습니다. 그리하여 팔조로 백성을 가르친 도구가 모두 사라져 버렸으니 광해군 대에는 이륜마저 없어졌습니다.

옛날 우리 태조 대왕께서 등극하시자마자 군마를 쉬게 하고 도를 논하고자 하는 의도를 가지고 산기상시(散騎常侍) 조서(曹庶)에게 홍범을 써서 바치게 하였으니,[124] 몸소 행하고 마음으로 깨달아서 일대의 정치를 하는 근본으로 삼으려 하였음을 상상해 볼 수 있습니다. 그러나 공자께서도 "반드시 30년이 지난 뒤에야 인정(仁政)이 이루어진다"[125]고 하셨으니, 태조의 뜻을 계승하고 드러내어서 홍범의 큰 법이 오늘날 행해질 수 있게 만드는 것은 전하에게 달려 있지 않겠습니까?

선조 을해년(1575, 선조 8) 신의 아버지 김계휘(金繼輝)가 평안도관찰사가 되었을 때 기자를 위하여 서원(書院)을 세우고는 이름을 구주(九疇)라 하였습니다. 그러나 신주

122 팔조법금은 『한서(漢書)』 권28 하(下) 「지리지(地理志)」 제8 하(下), 연지(燕地)에 수록되어 있다.

123 기자(箕子)를 가리킨다.

124 『태조실록(太祖實錄)』 권12, 태조 6년 8월 14일 계사에 해당 내용이 보인다.

125 『논어(論語)』 「자로(子路)」 제12에 해당 내용이 보인다.

(神主)를 설치하기 전에 다른 관직으로 교체되었고, 뒤에 의논한 사람들이 "기자는 한 나라를 통치한 인물인데 서원을 설치하는 것은 예에 온당치 않다"고 하였습니다. 그러나 일찍이 중국 이몽양(李夢陽)의 문집을 살펴보니 하북(河北) 지역에 순(舜)임금을 위하여 서원을 세워 제사 지내고 있었습니다. 이를 통해 보건대, 인군(人君)을 위하여 서원을 세우는 것은 이미 고사(故事)가 있습니다. 더군다나 우리나라가 기자의 공덕(功德)을 지나치게 입었는데, 기자를 존숭하는 것이 하북에서 순임금을 받드는 것보다 못하다면 어찌 막대한 흠이 되지 않겠습니까?

『記言』(1689년) 許穆(1595~1682)

『기언』은 조선 후기의 문신 관리이자 학자였던 허목의 시가와 산문을 엮어 1689년(숙종 15)에 간행한 시문집이다.

허목의 자는 문보(文甫)·화보(和甫)이며, 호는 미수(眉叟)이다. 삼척부사, 성균관제조, 이조판서, 우의정 등을 역임하였다. 주요 저서로는 『동사(東事)』, 『방국왕조례(邦國王朝禮)』, 『경설(經說)』, 『경례유찬(經禮類纂)』, 『미수기언(眉叟記言)』 등이 있다.

본문은 93권 25책(원집 46권, 속집 16권, 습유(拾遺) 2권, 자서(自序) 2권, 자서속편 1권, 별집 26권)으로 구성되어 있다. 저자의 서문이 있고, 권말에는 후손 뇌경(磊敬)의 발문이 있다. 현재 규장각과 고려대학교 도서관 등에 소장되어 있다.

고조선과 부여 관련 기록이 다수 확인된다. 권3에서는 홍범(洪範)과 기자(箕子)를 언급하였다. 권7에서는 단군(檀君), 아사달(阿斯達)을 언급하였다. 권10에서는 기자가 죄인으로 노예가 된 것을 언급하였다. 권31에서는 홍범과 구주(九疇)에 대해 상세히 기술하였다. 권32에서는 환인씨(桓因氏), 신시(神市), 단군, 신단수, 아사달, 기자, 맥수가(麥秀歌), 만번한(滿潘汗), 준왕, 위만조선, 창해군, 낙랑군, 부루(扶婁), 주몽, 단군세가, 기자세가, 부여, 해부루(解扶婁), 금와(金蛙), 가섭원(迦葉

原), 대소(帶素), 우발수(優渤水) 등을 언급하였다. 권34에서는 고구려와 부여 및 백제의 관계를 언급하였다. 권35에서는 조선의 위치와 평양, 단군, 기자씨(箕子氏), 삼한, 사군 등을 언급하였다. 권39에서는 기자가 머리를 풀어 헤쳐 미치광이 노릇을 하였다고 언급하였다. 권47에서는 조선, 단군, 기자, 평양, 기자견(箕子畎) 등을 언급하였다. 권48에서는 신시(神市), 단군, 박달나무, 해부루, 북부여(北扶餘), 도산회의(塗山會議), 기자의 동래, 위만의 준왕 축출, 해부루와 금와(金蛙), 주몽과 온조 등에 대해 언급하였다.

권49와 권51에서는 기자를 언급하였다. 권52에서는 홍범구주, 단군, 기자의 팔정(八政), 위만의 무력 등을 언급하였다. 권54에서는 단군, 기자, 위만을 언급하였다. 권55에서는 단군, 기자, 팔정을 언급하였다. 권58과 권59에서는 기자가 거짓으로 미친 척하여 종이 된 일을 언급하였다. 이 외에 권59에서 기자가 감옥에 갇힌 일과 맥수가(麥秀歌) 등을 언급하였다. 권66에서는 단군, 기자, 위만, 삼한, 사군, 이부를 언급하였다. 별집의 권10에서는 기자비(箕子碑), 권12에서는 기자를 언급하였다. 권13에서는 고조선과 기자를 언급하였다. 권16에서는 기자의 후손, 마한(馬韓)을 언급하였다. 「기언연보」 권2에서는 홍범구주, 단군, 기자의 교화, 위만의 무력 등을 언급하였다.

『기언』 권3 ○ 상편(上篇) 학(學) – 「요전(堯典)」·「홍범(洪範)」·『중용(中庸)』의 고정(考定)이 잘못되었다는 글에 대해 답함

보내 주신 편지에 「요전(堯典)」·「홍범(洪範)」·『중용(中庸)』을 고정한 여러 글은 널리 공부한 뜻이 매우 훌륭하며, 이미 깊은 사고와 쌓인 생각이 하루아침과 저녁에 얻어진 것이 아니니, 부지런함 또한 지극합니다. 이 늙은이는 공부한 것이 천박하고, 또 오로지 경(經)의 가르침만을 지키어 의론(議論)에는 감히 이를 수 없으나, 편지를 읽어 보니 사람으로 하여금 크게 놀라게 하는 바가 있습니다. 육경(六經)의 글은 성인(聖

人)이 하늘의 뜻을 이어받아 표준을 세우며, 개물성무(開物成務)[126]한 글로, 천지의 지극한 가르침이니, 공자(孔子)가 『춘추(春秋)』를 지으매, 자유(子游)와 자하(子夏)의 무리가 한마디도 덧붙이지 못하였던 것입니다. 또한 성인의 글은 먼 옛날부터 아는 사람이 또한 적었으니, 하물며 기자(箕子)의 시대는 공자(孔子)보다 500여 년이나 앞선 시기인데, 은(殷)나라 사람들은 질박한 것을 숭상하여 그 글이 극히 예스럽고 오묘하여 알기 어려운데, 더욱이 그보다 더 위 시대의 것이겠습니까? 선유(先儒)들은 말하기를, 이전(二典)이란 요순(堯舜)의 경륜(經綸)을 적은 것으로, 『서경(書經)』의 이전(二典)은 『주역(周易)』의 건곤(乾坤)과 같아서 더욱이 쉽사리 말할 수 없는 것이라 하였습니다.

『기언』 권7 ○ 상편(上篇) 증언(贈言) – 해서(海西) 관찰사(觀察使)를 전송하는 시서(詩序)

해서(海西)는 옛날 단군(檀君)이 다스렸던 곳으로 고구려의 남쪽 경계이다. 고려 때에는 관내도(關內道)였는데 지금은 황해도로 두 개의 주(州)와 다섯 개의 부(府)와 열여덟 개의 군현(郡縣)을 관할하고 있으며 서쪽, 남쪽, 북쪽이 모두 바다에 접해 있다. 진산(鎭山)은 아사달(阿斯達)이고 강은 패강(浿江)이다. 해변에 넓게 염전이 있고 토질은 붉은 찰흙이며, 풀은 갈대이고 나무는 흰 가래나무가 주종을 이루고, 곡식은 오곡이 잘된다. 특산물로는 명주, 삼베, 소금, 철, 각종 해산물이 있고, 생활은 풍요로우며 사람들이 드세서 마을에 다툼이 많다. 양서(兩西)는 참으로 오래전부터 무용이 뛰어난 변방 지역이어서 그 지역을 다스리는 것은 공청도(公淸道, 충청도)나 원양도(原襄道, 강원도) 등에 비해 더욱 중요하다. 이제 대부(大夫) 정공(鄭公)이 지난해 사신으로 연경에 다녀온 뒤에 다시 서성(西省)으로 나가 관찰사의 중임을 맡으니 옛날의 이른바 방백(方伯)의 직책이다. 부임하는 즈음에 이 늙은이가 그를 위하여 『시경(詩經)』의 육의(六義)를 본떠 시를 지어 주노니, 4장이고 장마다 4구이다. 시는 다음과 같다.

수초가 무성한 바닷가는

---

126 개물성무(開物成務): 『주역』 「계사(繫辭)」 상(上)에 있는 말로, 만물의 뜻을 개통(開通)하여 천하의 사업을 성취한다는 뜻이다.

단군(檀君)의 옛터이니
크고 작은 산들은
바다의 방어벽이라오.

기다란 지형에
산은 높고 강은 긴데
대부가 명을 받아
순시하고 선양하리.

붉은 슬갑에 푸른 패옥
출행 모습 성대하니
뒤따르는 군졸은 힘차고
우뚝한 깃발은 선명하다.

밤낮으로 부지런히
그대의 직무 경건히 수행하라
국사에 몸 아끼지 않으면
사방에서 본받으리라.

『기언』 권10 ○ 중편(中篇) 인물(人物) – 『동계유고(桐溪遺稿)』 발문(跋文)

선왕이 상백(常伯), 상임(常任), 준인(準人)과 호분(虎賁), 추의(綴衣)의 관직을 설치하고서 간사한 자를 쓰지 않았으니, 왕의 존위(尊位)를 사사로이 한 것이 아니고 하늘의 직책을 함께 다스린 것이다. 그러므로 하늘의 일을 사람이 대신한다고 하는 것이다. 『예기(禮記)』에 군주를 섬길 때는 일정한 직분이 있으니 곧은 말을 하여 군주의 잘못을 간쟁하고 숨김이 없으며 힘을 다해 죽은 뒤에야 그만둔다고 되어 있다. 의리에 부합되지 않으면 떠나야 하지만 간혹 충신으로서 떠나지 않고 죽음을 당하는 경우가 있으니, 비간(比干)이 주왕(紂王)에 의해 심장이 갈라진 것과 기자(箕子)가 죄인으로 노예가 된 것이 이것이다. 군자는 도를 지키고 변치 않아 영달하였다 하여 기뻐하지도 않고 궁하다 하여 슬퍼하지 않으니, 인(仁)을 행하여 인을 얻는 것은 마찬가지이다.

『기언』 권31 ○ 내편(乃篇) 경설(經說) - 서설(書說)

「홍범(洪範)」의 구주(九疇)는 낙서(洛書)를 서술한 것이다. 우가 홍수를 다스리자 낙서가 나왔고, 무왕이 은나라를 이기자 기자(箕子)가 홍범을 전하였다.

『기언』 권31 ○ 내편(乃篇) 경설(經說) - 홍범설(洪範說)

옛날에 하후씨(夏后氏)가 홍수를 다스릴 적에 낙수(洛水)에 신령스러운 거북이가 있어 등에 무늬를 지고 나왔는데, 그 무늬가 아홉이었다. 하후씨가 이 무늬를 인하여 구주(九疇)를 서술하였고, 기자(箕子)가 「홍범」을 진술하여 구주를 부연하였다. 천도(天道)가 아래 백성을 묵묵히 안정시켜 백성의 거처를 도와 화합하게 하였으니, 이륜(彝倫)이 펴지게 된 이유이다.

하늘에는 금, 목, 수, 화, 토곡(土穀)의 운행이 있어 조화를 행한다. 사람에게는 모(貌), 언(言), 시(視), 청(聽), 사려(思慮)의 법칙이 있어 덕성(德性)을 이룬다. 식량[食]으로 백성을 기르고 재화[貨]로 백성을 의지하게 하고 제사[祀]로 근본에 보답하며, 사공(司空)이 땅을 다스리고 사도(司徒)가 교육을 다스리고 사구(司寇)가 금법을 다스리며, 빈(賓)에게는 예가 있고 군사[師]에게는 위엄이 있어 멀리 있는 사람을 심복하게 함이 있고 잔악하고 포악한 자를 제거함이 있다. 한 해, 한 달, 하루의 주기와 별자리의 운행과 역수(曆數)를 기록하여 사계절을 정하고 백성에게 절후를 알려 준다. 황극(皇極)은 넓고 원대하며 평탄하고 고른 것이다. 정직(正直), 강극(剛克), 유극(柔克)은 삼덕(三德)의 다스림이다. 거북점과 시초점으로 의심스러운 일을 상고한다. 한 해, 한 달, 하루로 징험되는 때의 득실이 휴징(休徵)과 구징(咎徵)이다. 수(壽), 부(富), 강녕(康寧), 호덕(好德), 정명(正命)은 오복(五福)의 정상적인 것이고, 흉단절(凶短折), 질

(疾), 우(憂), 빈(貧), 악(惡), 약(弱)은 육극(六極)의 변칙적인 것이다. 이상이 구주의 순서이다.

황극이라는 것은 왕자(王者)의 법칙이며 더할 수 없는 최고의 이름이다. 오행(五行)을 근본으로 삼고, 오사(五事)를 공경하고, 팔정(八政)을 두텁게 하고, 오기(五紀)를 조화롭게 하는 것은 황극을 세우는 방법이며, 삼덕(三德)으로 다스리고, 고의(考疑)로 밝히고, 서징(庶徵)으로 징험하고, 오복(五福)으로 권면하고, 육극(六極)으로 위엄을 보이는 것은 황극을 행하는 방법이다. 첫째 오행, 둘째 오사, 셋째 팔정, 넷째 오기는 표준을 확립하기 위한 체(體)이며, 여섯째 삼덕, 일곱째 계의(稽疑), 여덟째 서징, 아홉째 오복·육극은 표준을 행하기 위한 용(用)이다. 황극은 다섯째에 거하여 지극히 존귀함에 처하고 온갖 만물을 총괄하니, 표준을 확립하는 자리이다. 임금이 표준을 세우면 오기(五氣, 오행)가 순조롭고 오사가 닦이고 팔정이 이루어지고 오기(五紀)가 조화롭게 되며, 세상을 어루만지고 만물을 가지런히 다스려 위엄을 내리고 복을 주는 기준을 잃지 않으며, 귀신이 거스르지 않아 한 해, 한 달, 하루로 징험되는 때에 이상 변화가 없으며, 오복과 육극이 유에 따라 응할 것이니, 황극이란 구주의 중추이다.

한(漢)나라가 흥기하자 진(秦)나라 법을 폐지하고 학사들을 초빙하여 없어진 서적을 차츰 찾았으나 또한 열에 두셋도 되지 않았다. 제남(濟南) 사람 복생(伏生)이 90여 세의 나이로 경문(經文)을 구술하여 전수하였는데, 겨우 20여 편이었다. 효경제(孝景帝) 때에 공자(孔子)의 벽경(壁經)이 여러 책 나왔는데, 공씨(孔氏)가 보관하고 있던 「우서(虞書)」, 「하서(夏書)」, 「은서(殷書)」, 「주서(周書)」 및 전(傳), 『논어(論語)』, 『효경(孝經)』으로 모두 과두문자(科斗文字)였으며, 『상서(尙書)』는 복생이 전한 것보다 25편이 더 많았다. 이른바 고문(古文)이라는 것이 이것인데, 내용이 뒤섞이고 글자가 마멸되어 알 수 없는 부분이 상당히 많았다. 서부(書府)에 보관하였다. 공안국(孔安國)이 집에 보관하고 있던 과두문자로 된 『상서』를 금문(今文)으로 바꾸었다. 유흠(劉歆)이 고문을 얻어 『고문상서(古文尙書)』라고 하였다.

『기언』 권31 내편(乃篇) ○ 경설(經說) – 정설일정술(政說一政術)

도당씨(陶唐氏)는 해와 달과 별자리의 운행을 추산하고 관측하여 백성에게 농사의 시기를 공경히 알려 주었다. 유우씨(有虞氏)는 칠정(七政)을 고르게 하고 오례(五禮)를 정비하였으며, 오형(五刑)을 밝혀서 오전(五典)의 시행을 도왔다. 순수(巡守)와 조근(朝覲)을 행하되, 다스린 실적을 다 펴서 아뢰게 하고 공을 분명하게 평가하며 수레와 의복을 내려 표창하였다. 아홉 관원을 명하고 12개 주(州)의 목민관에게 유시하였으며, 3년에 한 번 치적을 평가하여 세 번의 평가를 통해 치적이 나쁜 자를 내치고 치적이 좋은 자를 올렸다. 그리고 말하기를,

"덕이 있는 이를 후대하고 어진 이를 믿으며, 간사한 자를 막아 끊으라" 하였다.

기자가 구주(九疇)를 풀어 서술하였는데, 세 번째인 팔정(八政)은 식량[食], 재화[貨], 제사[祀], 사공(司空), 사도(司徒), 사구(司寇), 빈(賓), 군사[師]이다. 『주관』의 육경(六卿)이 분장(分掌)한 직책은 나라의 다스림을 관장한 태재(太宰), 나라의 교육을 관장한 사도, 나라의 전례를 관장한 종백(宗伯), 나라의 정사를 관장한 사마(司馬), 나라의 금법을 관장한 사구, 나라의 땅을 관장한 사공이니, 이로써 구주(九州)의 목민관을 앞장서 이끌어 만백성이 풍족한 삶을 이루도록 하였다. 명철한 왕이 정사를 세움에 관원의 수에 목적이 있는 것이 아니라 훌륭한 인재를 얻는 데에 목적이 있었다.

『기언』 권32 ○ 외편(外篇) 서(序) – 기언동사(記言東事) 서(序)

신시(神市)와 단군(檀君)의 시대는 중국으로 보면 제곡(帝嚳), 당요(唐堯), 우순(虞舜)의 시대에 해당한다. 임금과 신하의 관계가 비로소 생겼으나 백성이 매우 적은 데다 질박하고 순후하여 문자로 기술할 만한 것이 없었고, 기자(箕子)가 조선(朝鮮)을 다스리기에 이르러 비로소 제사와 예속(禮俗)의 다스림이 있었으나 위만(衛滿)과 삼한(三韓) 이후로는 전쟁이 끊이지 않아 없어지고 사라진 것이 많은 데다 사적(史籍)마저 갖추어지지 않아 증빙할 만한 문헌이 없다. 후세에 전기(傳記)에 섞여 나온 것들이 실상 많으나 부루(扶婁), 주몽(朱蒙), 혁거세(赫居世), 온조(溫祚)의 시대에 대해서는 고사(古事)를 전할 뿐이다. 위로 단군으로부터 아래로 신라(新羅) 말세에 이르기까지 대국

은 여섯이고 부용국(附庸國)인 소국은 열아홉이다. 처음에는 군장(君長)이라는 개념이 없다가 신시 때에 비로소 백성을 다스리는 정치를 가르쳤으며, 단군 때에 이르러 나라를 세우고 국호를 정하였다. 이에 「단군세가(檀君世家)」를 짓는다.

기자가 조선을 다스리면서 팔정(八政)의 교화를 확립하였다. 이에 「기자세가(箕子世家)」를 짓는다. 숙신씨(肅愼氏)는 주공(周公) 단(旦)이 성왕(成王)을 보필하던 때에 호시(楛矢)와 석노(石砮)를 공물로 바쳤다. 이에 「숙신씨열전(肅愼氏列傳)」을 짓는다. 위만은 본래 망명해 온 사람으로 조선을 점령하고 옛 진(秦)나라의 운장(雲障) 지역을 병합하여 군사력과 재력으로 1천여 리의 지역을 개척하였다. 이에 「위만세가(衛滿世家)」를 짓는다.

부여(扶餘)는 본래 해부루(解扶婁)의 땅이다. 좋은 말, 담비 가죽, 표범 가죽, 아름다운 구슬이 산출되어 진(晉)나라에 공물로 바쳤다. 이에 「부여열전(扶餘列傳)」을 짓는다. 조선 왕(朝鮮王) 준(準)이 위만에게 축출되고 마한(馬韓)이라는 나라를 세워 50국을 병합하고 200년을 전승하였으며, 진한(秦韓)과 변한(弁韓)도 각각 군장이 있었으니, 삼한의 속국이 78국이었다. 이에 「삼한열전(三韓列傳)」을 짓는다.

신라는 박(朴), 석(昔), 김(金) 세 성씨가 서로 1천여 년을 계승하여 덕치(德治)가 있었다. 이에 「신라세가(新羅世家)」를 짓는다. 고구려는 국경이 중국과 접하여 강대국으로서 나라를 다스린 것이 700여 년간이었다. 이에 「고구려세가(高句麗世家)」를 짓는다. 백제는 마한국을 병합하여 부강(富强)한 나라로 600~700년을 전승하였다. 이에 「백제세가(百濟世家)」를 짓는다. 예맥(穢貊)은 바다 모퉁이의 산과 못 사이에 위치한 나라로 나라를 세운 지 가장 오래되었고, 말갈(靺鞨)은 강대해진 뒤에 발해(渤海)라고 일컫다가 거란(契丹)에 항복하여 동거란(東契丹)이 되었다. 이에 「예맥열전(穢貊列傳)」과 「말갈열전(靺鞨列傳)」을 짓는다. 가락(駕洛)은 신명(神明)한 정치를 하였고, 대가야(大伽倻)는 십이현금(十二絃琴)을 만들었다. 이에 「가락열전(駕洛列傳)」과 「대가야열전(大伽倻列傳)」을 짓는다. 탁라(乇羅)는 남해 가운데에 있는 조그만 섬나라로 좋은 말과 진주와 대모(玳瑁)가 산출된다. 처음 신라와 통교하여 국호를 탐라(耽羅)라고 하였다. 이에 신라 아래에 붙인다.

「직방씨(職方氏)」, 「지원(地員)」, 「화식열전(貨殖列傳)」의 기술 체제를 본받아 「지승(地乘)」 2,000언(言)을 짓는다. 흑치(黑齒)는 동해 가운데에 있는 만이(蠻夷)로 강대한 나라이다. 7개의 도(道)와 61개의 주(州)와 611개의 현(縣)으로 이루어져 있다. 이에 「흑치열전(黑齒列傳)」을 짓는다. 금상(今上, 현종) 14년 계축(1673) 욕서절(溽暑節, 6월)에 공암(孔巖) 허목(許穆)은 서를 쓰다.

『기언』 권32 ○ 외편(外篇) 동사(東事) 1 – 단군세가(檀君世家)

상고(上古)의 구이(九夷)가 살던 시절 초기에 환인씨(桓因氏)가 있었고, 환인이 신시(神市)를 낳았다. 신시가 처음으로 백성을 다스리는 것을 가르치니, 백성들이 그에게 귀의하였다. 신시가 단군(檀君)을 낳으니, 단군이 신단수(神檀樹) 아래에 거처를 정하고 호를 단군이라고 하였으며 처음으로 국호(國號)를 두어 조선(朝鮮)이라고 하였다. 조선이란 '동쪽 끝 해가 뜨는 곳'이라는 뜻을 지닌 이름이다. 혹은 말하기를, "선(鮮)은 산(汕)이다. 그 나라에 산수(汕水)가 있기 때문에 조선이라고 한다" 하였다. 평양(平壤)에 도읍하니, 도당씨(陶唐氏)가 즉위한 지 25년이 되는 때이다.

단군씨가 부루(夫婁)를 낳았다. 혹은 말하기를, "해부루(解夫婁)의 어머니는 비서갑(非西岬)의 딸이다" 하였다. 우(禹)가 수토(水土)를 평정하고 도산(塗山)에서 제후들을 회합할 때에 부루가 도산에서 우에게 조회하였다. 후에 단군씨가 거처를 당장(唐藏)으로 옮겼다. 상(商)나라 무정(武丁) 8년에 이르러 단군씨가 죽었다. 송양(松壤)[지금의 강동현(江東縣)이다.] 서쪽에 단군의 무덤이 있다. 혹은 말하기를, "단군이 아사달(阿斯達)로 들어갔다" 하였는데, 언제 죽었는지는 말하지 않았다. 태백산과 아사달산에 모두 단군의 사당이 있다.

부루가 즉위하여 북부여(北扶餘)를 세웠다. 부루가 곤연(鯤淵)에 기도하여 금와(金蛙)를 얻었는데, 그 모습이 금개구리와 비슷하여 이름을 금와라고 한 것이다. 부루의 시대에 상나라가 망하자 기자가 조선으로 왔다. 그 후에 주(周)나라의 덕이 쇠퇴하니, 공자가 구이에 살고 싶어 하였다. 부루가 죽고 금와가 뒤를 이어 가섭원(迦葉原)으로 도읍을 옮기고 동부여(東扶餘)를 세웠다. 금와 말에 진(秦)나라가 천하를 병합하자 진나라에서 망명한 사람들이 동쪽 경계로 들어와 진한(秦韓)을 세웠고, 한(漢)나라 고후(高后) 때에 위만(衛滿)이 조선을 점거하자 조선후(朝鮮侯) 기준(箕準)이 남쪽으로 달아나 금마(金馬)에 이르러서 마한(馬韓)을 세웠다. 한나라 효무제(孝武帝) 때에 예맥(薉貊)을 공략하여 예맥의 군왕 남려(南閭)가 항복하자, 처음에 창해군(滄海郡)을 설치하였다가 승상 공손홍(公孫弘)의 계책을 써서 혁파하였다.

금와가 대소(帶素)에게 전위(傳位)하였다. 대소가 강대함을 믿고 고구려 정벌에 나섰다가 끝내 격살당하고, 동생 갈사(曷思)[갈사는 왕의 이름이 아니다. 갈사에 도읍을 정하였기 때문에 호를 갈사라고 하였다.]가 대신 즉위하였다. 손자 도두(都頭)에 이르러 고구려에 항복하니, 동부여가 망하였다. 이때의 연대를 상고해 보면 한나라 왕망(王莽)의 시대에 해당한다. 환인과 신시의 시대는 고찰할 데가 없고, 단군의 치세는 도당씨 25년부터 우(虞)나라 순임금과 하(夏)나라 우임금을 거쳐 상(商)나라 무정(武丁) 8년에 이르기까지 1,048년이고, 해부루 이후부터 갈사가 망한 왕망의 시대에 이르기까지 또 1,000년이다. 그러고도 후손이 있어 진(晉)나라와 통하였다.

금와가 우발수(優渤水)[우발은 늪[澤] 이름이다. 태백산 남쪽에 있다.]의 여자를 사랑하였는데, 우발수의 여자가 몸을 비추는 해그림자에 감응되어 주몽(朱蒙)을 낳았다. 주몽의 작은아들을 온조(溫祚)라고 한다. 단군씨의 후손에 해부루가 있고, 해부루의 후손에 금와가 있고, 금와의 후손에 주몽과 온조가 있어 고구려와 백제의 시조가 되었으니, 모두 단군씨에게 뿌리를 둔 것이다.

부여는 현도(玄菟)에서 북쪽으로 1,000여 리 지점에 있었다. 남쪽으로는 선비(鮮卑)와 접경을 이루고 북쪽으로는 약수(弱水)까지 이르러 면적이 사방 2,000리이고, 성읍(城邑)과 궁실(宮室)이 형성되어 있었다. 토지는 오곡에 알맞고, 사람들은 용맹하고 강한 것을 좋아하였다. 회동(會同)하고 읍양(揖讓)하는 예가 있어 중국과 비슷하며, 사신이 되어 나가는 자는 금계(錦罽)로 만든 의복을 입고 금과 은으로 허리띠를 장식하였다. 나라의 법은 사람을 죽인 자는 사형에 처한 다음 집을 몰수하고, 남의 물건을 훔친 경우에는 훔친 물건의 12배를 갚도록 하고, 남녀가 간음하거나 부인이 질투한 경우에는 모두 사형에 처하였다. 전쟁이 일어나면 소를 잡아 하늘에 제를 올리고, 그 소의 발굽을 사용하여 길흉을 점치되, 발굽이 떨어지면 흉하고 붙으면 길하게 여겼다. 사람이 죽으면 장례를 치르되, 외곽(外槨)만 쓰고 내관(內棺)은 쓰지 않았으며, 순장(殉葬)으로는 살아 있는 사람을 쓰고, 거상(居喪) 중에는 남녀가 모두 흰옷을 입었다. 그 지역에서는 좋은 말, 담비 가죽, 표범 가죽, 아름다운 구슬이 생산되었고, 나라가 풍요롭고 부유하였다. 국왕의 인장은 '예왕지인(獩王之印)'이라고 되어 있으니, 그 나라가 옛 예맥의 지역이기 때문이다.

진(晉)나라 무제(武帝) 때에 중국과 교통하여 공물을 바쳤다. 태강(太康) 6년에 모용외(慕容廆)의 습격을 받아 왕 의려(依慮)는 자살하고 그 자제들이 옥저(沃沮)로 달아나 몸을 보전하였다. 진 무제가 동이 교위(東夷校尉) 선우영(鮮于嬰)이 구원하지 않았다는 이유로 선우영을 파면하고 하감(何龕)으로 대신하였다. 다음 해에 뒤를 이어 즉위한 왕 의라(依羅)가 하감에게 가서 구원을 요청하니, 진 무제가 독우(督郵) 가침(賈沈)을 파견하여 모용외의 무리를 격파하였다. 이에 의라가 나라를 수복할 수 있었다. 이 뒤로도 모용외가 침략하여 부여 사람들을 약탈해 중국에 팔아넘겼는데, 진 무제가 조서를 내려 관가의 재물을 풀어서 몸값을 물고 돌려보내 주었으며, 사주(司州)와 기주(冀州)에 영을 내려 인신매매를 금지하였다.

숙신씨(肅愼氏)는 일명 읍루(挹婁)라고도 한다. 불함산(不咸山) 북쪽에 있는데, 동쪽으로는 대해(大海)에 닿아 있고 서쪽으로는 구만한(寇漫汗)과 접해 있으며 북쪽으로는 약수까지 이르렀다. 깊은 산골에 위치해 있어서 수레나 말을 타고서는 다닐 수 없었다. 여름에는 나무 위에 움막을 짓고 살았으며 겨울에는 굴속에서 살았다. 아버지와 아들이 대를 이어 군장(君長)이 되었다. 문자는 없었고, 말로 약속하였다. 소와 양은 없었고, 돼지를 길러 고기는 먹고 가죽은 옷으로 입었으며 털은 짜서 베를 만들었다. 각상(郤常)[숙신씨 지역에 나는 나무 이름이다.]이라는 나무가 있으니, 중국에 성왕(聖王)이 이어서 즉위하면 나는 나무로, 그 껍질로는 옷을 만들어 입을 수 있었다. 와격(瓦鬲)을 만들었는데, 곡식 4~5승(升)을 담았으며, 그것을 사용하여 음식을 만들어 먹었다. 앉을 때는 다리를 뻗고 앉았다. 소금과 철이 없었으며, 나무를 태워 재를 만든 다음 물을 부어 두었다가 그 즙을 취하여 먹었다.

남녀 모두 편발(編髮)을 하였고, 1자가량 되는 포첨(布襜)을 만들어 앞과 뒤를 가렸다. 부인은 정숙하고 미혼인 여자는 음란하였으며, 젊은 사람을 귀하게 여기고 늙은 사람을 천시하였다. 사람이 죽으면 죽은 그날로 들판 한가운데에 장사 지내되, 나무를 엇비슷이 세워 곽(槨)을 만들고 돼지를 죽여 그 위에 쌓아 놓아 이로써 죽은 이를 보내는 예로 삼았다. 흉포하고 사나운 것을 좋아하여 근심과 슬픔이 없는 것을 서로 숭상하였으며, 부모의 죽음을 당하여 곡하지 않는 남자를 장사(壯士)로 여겼다. 도둑질한 자를 보면 훔친 물건의 많고 적음을 막론하고 모두 죽였다.

석노(石砮)와 피골(皮骨)로 된 갑옷이 있었으며, 단궁(檀弓)은 크기가 3자 5치이고 호시(楛矢)는 크기가 1자 조금 넘었다. 그 나라 동북쪽에서 생산되는 석노는 예리하기가 철을 뚫을 정도인데, 그 나라 사람들은 이 석노를 가지게 되면 반드시 먼저 귀신에게 제사 지냈다. 주나라 무왕 때에 호시와 석노를 공물로 바쳤고, 주공(周公) 단(旦)이 성왕(成王)을 보필할 때에도 사신을 보내 입조경하(入朝慶賀)하였다. 위(魏)나라 경원(景元) 말엽에 호시, 석노, 활, 갑옷, 담비 가죽 따위를 공물로 바쳤으며, 위나라에서는 금계(錦罽), 면백(緜帛), 녹계(傉鷄)를 왕에게 하사하였다. 진 무제(晉武帝) 때에 다시 입공(入貢)하였고, 원제(元帝) 때에 석노를 공물로 바쳤으며, 성제(成帝) 때에 이르러 석진(石晉)에 조회하고 이르기를, "소와 말이 서쪽을 향해 자는 것을 3년 동안 보았습니다. 이 때문에 대국이 있는 것을 알았습니다"라고 하였다.

『기언』 권32 ○ 외편(外篇) 동사(東事) 1 – 기자세가(箕子世家)

기자(箕子)는 은(殷)나라 종실(宗室)이다. 기(箕)에 봉해지고 작위가 자(子)이기 때문에 기자라고 하였다. 혹은 말하기를, "이름은 서여(胥餘)이다" 하였다. 은나라 태사(太師)를 지냈다.

은왕(殷王) 제을(帝乙)에게 적자(嫡子) 수(受)가 있었으니, 변론을 잘하고 민첩하며 용력(勇力)이 출중하였다. 한편, 수의 서형(庶兄)인 미자(微子) 계(啓)는 조심하고 삼가며 효행이 뛰어났다. 기자가 제을에게 권하여 말하기를, "계는 어진 데다 또 장자이니, 그를 세워 후사로 삼을 만합니다" 하였으나, 제을이 듣지 않고 마침내 수를 세웠다.

수가 즉위하여 임금이 되니, 호를 주(紂)라고 하였다. 위엄으로 천하를 복종시킬 것을 생각하여 능히 백 번을 싸워 백 번을 이겼다. 유소씨(有蘇氏)를 정벌하여 달기(妲己)라는 여자를 데리고 돌아왔는데, 그 여자의 말이면 모두 따랐다. 초기에 주가 처음 상아 젓가락을 만들자, 기자가 탄식하여 말하기를, "저 사람이 상아 젓가락을 만들었으니, 필시 나물로 국을 해 먹지 않을 것이며 질그릇에 담아 먹지도 않을 것이다. 먼 지역에서 오는 진기하고 괴이한 물건, 수레와 말, 궁실이 점점 더해지는 것이 이 젓가락에서 시작되겠구나" 하더니, 주가 세금을 많이 거두어 궁실을 짓고 누각을 세우며, 못을 파고 의복을 사치스럽게 하였다. 밤새 술을 마시고 놀다가 날짜를 잊은 것이 두려워 좌우의 신하들에게 물었는데 모두 알지 못하였다. 이에 사람을 보내 기자에게 물으니, 기자가 혼자 탄식하기를, "천하의 주인이 되어 온 나라 사람들이 모두 날짜를 잊도록 하였으니 천하가 위태롭겠구나. 온 나라 사람들이 모두 알지 못하는데 나만 알고 있으니 내가 위태롭겠구나" 하고, 취해서 알지 못한다고 핑계하였다.

주가 백성을 잔학하게 다스려 포락형(炮烙刑)을 행하고 간언하고 보필하는 신하에게 지지고 뜸을 뜨는 형을 시행하니, 천하가 그를 배반하였다. 주(周)나라의 덕이 날로 왕성해지자 미자가 기자와 비간(比干)에게 상의하여 말하기를, "상나라가 지금 망국의 길로 빠져드는 것이 마치 큰 내를 건너는데 닿을 나루가 없는 것과 같습니다. 앞으로 어찌해야 하겠습니까?"

하니, 기자가 말하기를, "상나라가 망하더라도 나는 남의 신하는 되지 않을 것이다. 고하노니 왕자는 떠나는 것이 도리이다. 내가 했던 말이 그대를 해칠 것이니, 떠나지 않으면 은나라의 종사가 끊어지게 될 것이다. 각자 할 도리에 편안히 하여 사람마다 스스로 자기의 뜻을 선왕에게 바칠 것이니, 나는 떠나가 은둔할 생각은 아예 없다" 하였다. 이에 미자는 제기(祭器)를 싸 들고 도피하였다.

기자가 주에게 간하였으나 주가 듣지 않자, 어떤 사람이 말하기를, "떠나는 것이 옳습니다" 하니, 기자가 말하기를, "옳지 않다. 신하가 되어 간하는 것을 듣지 않는다고 떠난다면 이것은 임금의 악을 드러내 스스로 백성의 환심을 사는 것이니, 나는 차마 할 수 없다" 하고, 마침내 머리를 풀어 헤치고 거짓으로 미친 체하여 노예가 되었다. 주가 옥에 가두자 거문고를 뜯으며 혼자 슬퍼하였는데, 후세 사람들이 그 곡조를 가리켜 〈기자조(箕子操)〉라고 하였다. 비간은 간쟁하면서 떠나지 않으니, 주가 그를 죽였다.

주(周)나라 무왕(武王)이 어지러운 은나라를 평정하고 나서 옥에 갇힌 기자를 풀어주고, 기자에게 나아가 묻기를, "은나라는 무엇 때문에 망했습니까?" 하였는데, 기자가 답을 하지 않았다. 무왕이 말하기를, "오직 하늘이 은밀하게 아래 백성을 안정시켜 거처하는 것을 도와 화합하게 하셨으니, 나는 백성의 본성과 윤리를 어떻게 펴야 할지 모르겠습니다" 하니, 기자가 이에 홍범구주(洪範九疇)를 진술하고, 천리(天理)와 인사(人事)의 대법(大法)을 서술하고, 상제의 가르침인 황극(皇極)에 대해 부연 설명하였다. 모두 37장으로 『서경(書經)』「주서(周書)」에 실려 있다.

그러고 나서야 기자가 떠나서 조선으로 왔는데, 은나라 백성으로서 따라온 사람이 5천여 인으로, 시(詩), 서(書), 예(禮), 악(樂) 및 무(巫), 의(醫), 복(卜), 서(筮)를 다루는 사람과 백공(百工), 기예(技藝)가 모두 따라왔다. 무왕이 그대로 기자를 그곳에 봉해 주고 신하로 삼지 않았다. 평양(平壤)에 도읍하였다. 예전에 단군조선이 있었으므로 이 나라를 기자조선이라고 한다. 처음 왔을 때에는 언어가 통하지 않아 통역하여 그 뜻을 통하였다. 인하여 예의와 농상(農桑)과 길쌈을 가르치고, 농토를 구획하여 조법(助法)을 행하였다.

8조의 규약을 세웠는데, 사람을 죽인 자는 목숨으로 갚게 하고, 사람을 다치게 한 자는 곡식으로 갚게 하고, 남의 물건을 훔친 자는 남자는 몰수하여 노(奴)로 삼고 여자는 몰수하여 비(婢)로 삼되 속바치기를 원하면 1인당 50만을 내게 하였다. 그러나 노비를 면하고 평민이 된다 해도 그들 풍속에 오히려 수치스럽게 여겼기 때문에 혼인을 맺을 데가 없었다. 풍속에 도둑이 없어서 밤에도 문을 잠그지 않았고 나그네는 들에서 노숙할 수 있었으며, 부인은 정숙하고 신의가 있어 음란하지 않았다. 그릇으로는 조(俎)와 두(豆)를 사용하고, 예를 지켜 겸양하는 사람을 존숭하고 믿으며, 전쟁하고 싸우는 것을 숭상하지 않으니, 이웃 나라들이 교화되었다.

기자가 주나라에 조회하러 가는 길에 은나라의 옛 성터를 지났는데, 궁실은 허물어

지고 그곳에 벼와 기장이 자라고 있었다. 기자가 〈맥수가(麥秀歌)〉를 짓기를,

보리 이삭 패어 늘어지고
벼와 기장 무성하구나
저 교활한 아이
나를 좋아하지 않았지

하였는데, 은나라 백성은 이 노래를 듣고 모두 눈물을 흘렸다.

기자의 자손이 대를 이어 전수하였다. 주나라 말세에 이르러 연백(燕伯)이 왕이라 참칭하고 동쪽으로 땅을 침략하였다. 조선후(朝鮮侯)가 군사를 일으켜 연나라를 정벌함으로써 주나라 왕실을 높이고자 하였으나, 대부 예(禮)의 간언으로 중지하고, 예로 하여금 서쪽으로 가서 연왕을 달래 두 나라가 서로 침략하지 않을 것을 약속하도록 하였다. 육국(六國)의 시기에 연나라가 침략하여 진번조선(眞番朝鮮)을 복속시키고 관리를 두어 보루를 쌓았다. 후에 조선후도 왕이라 참칭하고 점차 교만하고 방탕해지니, 연나라가 서쪽 지역 2천여 리를 쳐서 만번한(滿潘汗)으로 경계를 삼았다. 진(秦)나라가 천하를 병합하게 되어서는 장군 몽염(蒙恬)으로 하여금 장성(長城)을 쌓게 하였는데, 요동(遼東)에 이르러 이곳을 요동의 바깥 변경으로 삼으니, 조선 왕 비(否)가 크게 두려워하여 마침내 복종하였다. 비가 죽고 태자 준(準)이 즉위하였다. 진(秦)나라가 멸망하자 연나라와 조(趙)나라의 백성이 조선으로 많이 망명해 들어왔다.

한(漢)나라가 흥기하자 노관(盧綰)이 연왕이 되어 조선과 더불어 패수(浿水)로 경계를 삼기로 약속하고 다시 요동의 예전 변방을 지켰다. 급기야 노관이 흉노로 들어가자 연나라 사람 위만(衛滿)이 망명해 왔는데, 머리는 상투를 틀었고 복장은 만이(蠻夷)의 복장이었다. 1천여 명의 군중을 모아 동쪽으로 패수를 건너와 서쪽 변경에서 살기를 구하고 변방을 막아 지키는 신하가 되기를 청하였다. 왕 준(準)이 박사(博士)에 제수하고 100리의 땅에 봉하여 서쪽 변방을 지키게 하였다. 위만이 망명자들을 불러들여 그 무리가 더욱 융성해지자 준을 속여 말하기를, "한나라 군사가 대대적으로 쳐들

어오니, 들어가 숙위(宿衛)하기를 청한다" 하고, 그대로 왕 준을 습격하였다. 왕 준이 전쟁에서 패하여 남쪽으로 달아나니, 위만이 마침내 조선을 차지하였다. 기자로부터 나라를 전승한 것이 41세로 모두 928년이다.

왕 준이 나라를 잃고 바다를 건너 금마(金馬)에 이르러 자칭 마한 왕(馬韓王)이라고 하고 50개의 소국을 통치하였다. 후세에 백제 왕 온조가 26년에 마한 땅을 병합하자, 기씨(箕氏)의 대가 끊겨 봉사(奉祀)가 이루어지지 못했다. 왕 준이 마한을 차지하여 또 200년이 지나 망하였으니, 전후로 모두 1,120년이다. 기자의 자손이 분산되어 기씨(奇氏), 한씨(韓氏), 선우씨(鮮于氏)가 되었다. 지금 평양 토산(兎山)에 기자의 무덤이 있다. 국인(國人)이 숭인전(崇仁殿)을 세워 제사를 끊이지 않고 지낸다.

은나라가 망할 당시에 미자는 떠났고, 기자는 거짓으로 미친 척하여 종이 되었으며, 비간은 간쟁하다가 죽임을 당했다. 공자가 말하기를, "은나라에 인자(仁者) 세 분이 있었다" 하였다. 동국(東國)이 기자의 교화를 입어 밤에도 문을 잠그지 않았으며, 부인은 정숙하고 신의가 있어 음란하지 않았다. 다스림과 교화가 장구하여 나라의 운명이 1천여 년을 끊이지 않고 이어졌으니, 이것은 삼대(三代)에도 없던 일이다.

『기언』 권32 ○ 외편(外篇) 동사(東事) 1 – 위만세가(衛滿世家)

위만은 연(燕)나라 사람이다. 연왕 노관(盧綰) 때에 위만이 망명하면서 1천여 명의 무리를 모아 동쪽으로 달아나 변방을 벗어나서 패수(浿水)를 건넜다. 이때는 조선 왕 준(準)이 즉위했을 때로, 마침 천하가 몹시 혼란하여 연나라, 제(齊)나라, 조(趙)나라의 유민이 서쪽 변경으로 많이 귀의해 왔다. 위만이 신하가 되어 변경을 막아 지키겠다고 청하자, 왕 준이 박사에 제수하고 100리의 땅에 봉하여 서쪽 변경을 지키게 하였다. 위만이 옛 진(秦)나라의 운장(雲障) 지역을 병합하고 망명한 사람들을 불러들여 점차 강대해졌다. 한나라 효혜제(孝惠帝)와 고후(高后) 때에 이르러 천하가 이미 안정되자, 위만이 왕 준을 속여 말하기를, "한나라 군사가 대대적으로 쳐들어오니, 들어가 숙위(宿衛)하기를 청한다" 하고, 그대로 왕 준을 습격하였다.

왕 준이 전쟁에서 패하여 남쪽으로 달아나자, 위만이 마침내 조선을 차지하고 왕검

(王儉)에 도읍하였다. 이것이 위만조선이다. 위만이 요동태수(遼東太守)와 약속하기를, 외신(外臣)이 되어 변방 밖의 여러 만이(蠻夷)들로부터 변방을 지켜 그들이 변경을 들어가 노략질하는 일이 없게 하고 입공(入貢)하는 자를 금지하지 않겠다고 하고, 인하여 군사력과 재물로 근방의 작은 나라들을 복속시키니, 국토가 사방 수천 리였다. 2대를 전승하여 손자 우거(右渠)에 이르렀는데, 우거가 교만하고 방자해져서 외신(外臣)의 직책과 입공의 예를 수행하지 않았고, 또 진국(眞國), 번국(番國), 진국(辰國)이 글을 올려 들어가 천자를 알현하겠다고 청하였으나 길을 막아 통하지 못하게 하였다. 효무제(孝武帝)가 사신을 보내 우거를 꾸짖었으나 우거가 조서를 받으려 하지 않고 군사를 출동하여 봉명 사신 하(何)를 공격하여 죽였다. 원봉(元封) 3년에 대대적으로 군사를 내어 우거를 토벌하자, 이계(尼溪)의 재상 삼(參)이 사람을 보내 왕 우거를 죽이고 한나라에 항복하였다. 이에 위씨는 종사가 끊겨 후손이 없어졌다. 이 사실이 「조선열전(朝鮮列傳)」에 실려 있다. 그 땅을 나누어 낙랑(樂浪)·임둔(臨屯)·현도(玄菟)·진번(眞番) 사군(四郡)으로 만들었다.

위만이 인을 쌓고 덕을 행한 일은 없고 한갓 망명한 사람으로서 천하의 혼란을 이용하여 1천여 명의 무리를 모았다. 처음에는 작고 약한 처지로 조선에 신하 되기를 구걸하더니 갑자기 강성해지자 속임수로 왕 준을 쫓아내고 나라를 빼앗아 병합하였으니, 의롭지 못함이 심하다. 인하여 군사력과 재물로 근방의 나라를 침략하여 복속시켜서 국토가 사방 수천 리였으나 2세를 전하고 멸망하였다. 갑자기 얻은 자는 갑자기 망하는 것이 천도(天道)이다. 어떻게 장구하게 세대를 전함이 단군이나 기자와 나란할 수 있겠는가.

『기언』 권32○외편(外篇) 동사(東事) 1-4군(四郡)과 2부(二府)

한(漢)나라 효무제(孝武帝) 때 우거(右渠)를 평정하고 나서 사군을 설치하였다. 낙랑군의 치소(治所)는 조선현(朝鮮縣)이고, 임둔군의 치소는 동이현(東暆縣)이고, 현도군의 치소는 옥저(沃沮)이고, 진번군의 치소는 삽현(霅縣)이다. 효소제(孝昭帝) 때에 진번군을 혁파하고 요동성과 현도성을 쌓았다. 후에 다시 이부를 두어 조선의 옛 지역인 평나(平那)와 현도를 평주(平州)로 삼고, 임둔과 낙랑을 동부(東府)로 삼아 모두 도독부(都督府)를 두었다.

『기언』 권32 ○ 외편(外篇) 동사(東事) 1 – 삼한(三韓)

『후한서(後漢書)』에 이르기를 "변한과 진한(辰韓)이 뒤섞여 살아서 그 의복, 거처, 언어, 풍속이 서로 비슷하다" 하였다. 『당서(唐書)』에 이르기를 "변한은 낙랑 지역에 있다. 평양(平壤)은 옛날 낙랑군(樂浪郡)이고, 현도는 옛날 조선(朝鮮) 지역으로 패수(浿水) 서북쪽 700리 지점이다. 임둔(臨屯)은 예맥(薉貊)의 나라로 동이(東暆)가 예국(薉國)이다. 옥저(沃沮)는 낙랑의 동쪽에 있으니, 옛날 숙신씨(肅愼氏)의 나라이다" 하였다.

『기언』 권33 ○ 외편(外篇) 동사(東事) 2 – 가락(駕洛)

태곳적 바다 모퉁이의 우리나라는 사람과 생물의 탄생이 가장 늦었다. 요임금 시절에 비로소 단군이 있었고, 한나라 시절에 이르러서 혁거세(赫居世), 금와(金蛙), 주몽(朱蒙), 알지(閼智)와 모라(毛羅)의 양씨(良氏) · 고씨(高氏) · 부씨(夫氏)가 있었으니, 모두 인도(人道)를 인함이 없이 화생(化生)하였다. 또 건무(建武) 연간에 여섯 가야의 군왕이 있었는데, 그들의 탄생도 그러하였다.

상고시대에 웅씨(熊氏) 부인은 큰 번개에 감응하여 헌원(軒轅)을 낳았고, 설(契)은 간적(簡狄)이 현조(玄鳥)가 떨어뜨린 알을 삼키고 낳았으며, 후직(后稷)은 강원(姜嫄)이 거인의 발자국을 밟고 낳았으니, 예로부터 생민(生民)의 시조는 그 탄생이 참으로 그러하다. 「석이정전(釋利貞傳)」에 이르기를, "대가야는 초기에 신녀(神女)가 있었는데, 이비가(夷毗訶)에게 감응하여 뇌질주일(腦窒朱日)과 뇌질청예(腦窒青裔)를 낳으니, 이들은 하늘과 땅의 기운으로 탄생한 것이다. 주일은 대가야의 군왕 이진아치(伊珍阿致)이고, 청예는 가락의 시조 김수로이다" 하였는데, 이는 알 수 없는 일이다. [최치원(崔致遠)이 「이정전(利貞傳)」을 지었다.]

『기언』 권34○외편(外篇) 동사(東事) 3-고구려세가(高句麗世家) 상(上)

고구려의 시조는 주몽(朱蒙)이니, 성은 고씨(高氏)이다. 초기에 부여국(扶餘國) 군왕이 우발수(優浡水)의 여자를 얻었는데, 이 여자가 해그림자에 감응하여 임신이 되어 주몽을 낳았다. 인도(人道)를 인함이 없이 낳았다 하여 버렸는데 마소가 피하여 밟지 않자, 신령스럽다고 여겨 마침내 거두어 길렀다. 태어나 7세가 되었는데, 활을 잘 쏘았다. 호를 주몽이라고 하였으니, 주몽이란 활을 잘 쏘는 사람을 이르는 명칭이다.

부여국의 군왕에게 7인의 아들이 있었는데, 주몽의 재능을 시기하여 죽이려고 도모하였다. 주몽이 마침내 오이(烏伊), 마리(摩離), 협보(陜父) 세 사람과 함께 도망하여 졸본부여(卒本扶餘)에 이르렀다. 능히 무리를 모아 나라를 세우고 국호를 고구려라고 하니, 이때는 한(漢)나라 건소(建昭) 2년에 해당한다. 송양(松讓)의 항복을 받고 행인(荇人)과 북옥저(北沃沮)를 멸망시키고 나서 비로소 나라가 커졌다.

한나라 홍가(鴻嘉) 2년에 주몽이 졸하니, 호는 동명성왕(東明聖王)이다. 아들 유리(類利)가 즉위하였다. 부분노(扶芬奴)의 꾀를 써서 선비(鮮卑)를 항복시키고 속국(屬國)으로 삼았다. 설지(薛支)가 유리에게 말하기를, "국내(國內) 위나암(尉那巖)은 험준하고 토질이 오곡에 알맞으며 사슴이 많아 살 만한 곳입니다" 하였다. 마침내 도읍을 옮겼는데, 태자 해명(解明)은 즐겨 따르지 않았다. 또 용력(勇力)을 좋아하였는데, 황룡국(黃龍國)의 군왕이 태자에게 활을 보내자 태자가 '예를 소홀히 하고 자기를 욕보였다' 하여 활을 부러뜨려 버리니, 사자(使者)가 부끄러워하였다. 유리가 노하여 '난을 도발하고 나라를 망칠 자식'이라 하고는 검을 내리면서 말하기를, "이 칼로 죽어라" 하니, 태자가 말하기를, "아버지의 명이니, 피할 수 없다" 하고, 마침내 여진(礪津)의 언덕으로 가서 자살하였다. 유리가 이를 후회하여 언덕 위에 사당을 세우고 추모하기를 마지않았다.

왕망(王莽)이 집권했을 때 고구려의 군사를 동원하여 호(胡)를 정벌하려고 하였다. 유리가 출병하려고 하지 않자 압박을 가하니, 이에 유리가 변방을 나가 요(遼)를 침략하고 태수 전담(田譚)을 쳐서 죽였다. 왕망이 노하여 엄우(嚴尤)를 보내 고구려를 치고, 유리를 하구려후(下句麗侯)로 강등하여 봉하였다. 부여국 군왕 대소(帶素)가 유리를 꾸짖어 말하기를, "우리 선왕께서는 그대의 선군인 동명왕과 의리가 지극히 두터웠는데, 동명왕은 우리의 믿을 만한 신하를 꾀어 달아나 나라를 세웠다. 나라가 작고 병력이 약하면, 소국이 대국을 섬기고 약자가 강자에게 복종하는 것이 예의 순리이다. 왕이 이러한 도를 따르지 않으면서 사직을 길이 보전하고자 하면 어려울 것이다" 하니, 유리가 사죄하고 말하기를, "과인은 바닷가의 궁벽한 곳에 있어서 예의를 듣지 못하였습니다. 지금 대왕의 가르침이 있는데, 감히 명을 따르지 않겠습니까" 하였다.

왕자 무휼(無恤)은 어렸는데, 이 말을 듣고 대답을 잘못했다고 여기고는 자청하여 사자를 만나 사례하고 말하기를, "우리 선군이신 동명왕께서는 신령의 명을 받아 나셨습니다. 그런데 대왕이 부왕(父王)에게 참소하여 우리 선군을 욕보이고 말 기르는 일을 하게 하였습니다. 우리 선군께서 기미를 보고 나라를 떠나신 것인데, 지금 대왕은 과거의 허물은 뉘우치지 않고 나라가 강한 것만 믿고서 우리를 멸시하는 것입니까. 사자는 돌아가 보고하십시오" 하였다. 사자가 돌아가자 부여가 군사를 일으켜 공격하였다. 왕자 무휼을 보내 맞서 싸우게 하였는데, 무휼이 군사를 풀어 모조리 다 쳐서 죽였다.

천봉(天鳳) 5년에 유리가 졸하니, 호는 유리명왕(瑠璃明王)이다. 태자 무휼이 즉위하였다. 백제에 기근이 들어 동북쪽 부락에서 도망하여 고구려로 들어오는 자들이 1천여 가호였다. 시조 동명왕의 사당을 세웠다. 왕이 부여를 공격하였다. 괴유(怪由)라는 자가 스스로 북명(北溟) 사람이라고 하며, 키가 9척으로 종군하기를 청하였다. 부여 군사와 싸울 때 그 나라 군왕의 말이 거꾸러지자 괴유가 곧장 앞으로 쳐들어가 그 왕의 목을 베었다. 부여의 남은 군사가 오히려 힘껏 싸워 몇 겹으로 포위하였는데, 짙은 안개가 7일 동안 끼는 덕에 무휼이 몰래 군사를 움직여 달아났다. 나라로 돌아온 뒤에 깊이 자책하여 죽은 자들을 조문하고 고아들을 위문하니, 나라 사람들이 크게 기뻐하였다. 괴유가 죽자 북명의 남쪽에 장사 지내고 철철이 제사를 지내 주었다.

구도(仇都), 일구(逸苟), 분영(焚永)이라는 자들이 부장(部長)이 되어 소행이 뇌물을 많이 탐하니, 백성들이 원망하였다. 폐하여 서인으로 만들고, 발소(教素)로 대신하게 하였다. 발소가 태실(太室)을 지어 거처하며 세 사람을 당 아래에 앉게 하였다. 세 사람이 수치스럽게 여겨 스스로 뉘우치더니 마침내 착한 사람이 되었다. 왕이 말하기를, "발소가 현능(賢能)하여 능히 사람을 복종시키고 행실을 고치게 하였다" 하고, 비류 부장(沸流部長)을 삼아 태실씨(太室氏)라는 성을 내려 주었다. 왕자 호동(好童)의 계책을 써서 낙랑(樂浪)을 습격하여 취하고 인하여 낙랑을 멸하였다. …

위나라가 변읍(邊邑)을 공격하자 왕이 정예병 5천 명으로 양맥에서 싸워 크게 무찌르니, 참수한 자가 8천 명이었다. 진(晉)나라 태시(泰始) 6년에 연불이 졸하니, 호는 중천왕(中川王)이다. 태자 약로(藥盧)가 즉위하였다. 숙신씨(肅愼氏)가 와서 변방 마을을 공격하였다. 왕이 동생 달가(達賈)를 보내 단로(檀盧)를 함락하여 그 백성 600가호를 부여 남쪽으로 이주시키고, 항복한 7개의 부락을 모두 부용국(附庸國)으로 삼았다. 두 동생 일우(逸友)와 소발(素勃)이 불손하자 유인하여 죽였다.

『기언』 권34 ○ 외편(外篇) 동사(東事) 3 – 고구려세가(高句麗世家) 하(下)

왕이 직접 군사를 거느리고 백제를 쳐서 백제 왕 여경(餘慶)을 죽였다. 왕이 즉위한 지 79년 만에 훙(薨)하고, 태손(太孫) 나운(羅雲)이 즉위하니, 이 사람이 문자왕(文咨王)이다. 위나라가 왕이 훙하였다는 소식을 듣고 흰색 위모관(委貌冠)과 심의(深衣) 차림으로 동쪽 교외에서 곡하였다. 시호는 강(康)이라고 하였다. 부여가 항복하였다. … 정관(貞觀) 5년에 당나라가 사신을 보내 죽은 수나라의 전사들을 장례하였다. 고구려가 장성(長城)을 쌓았다. 부여 동남쪽에서 바닷가에 이르기까지 1천여 리인데, 16년 만에 완공하였다. … 찬(贊)에서 말하였다.

주례의 유주 땅
그 진산은 의무려라네.
그 아래에 요동과 현도가 있고
고구려 주몽씨
졸본부여에 도읍하니

그곳은 현도의 영역이었네.
웅건하고 거센 기개
여러 부족과 이웃한 나라들 무마하였고
약자는 차지하고
난자는 멸해
천 리의 땅 개척하여
삼십대 임금에 칠백여 년을 전하였으니
정말로 융성하였다 이르겠도다.
숙신 선비 말갈의 풍속 섞여 있으며
활 당기기 강한 전력에
나라의 흥망이
공벌로 시종하였네.
나라 영토의 경계는
우임금이 구획한 중국에 접하여
참으로 기자의 나라였으며
백성들의 성품 진실하였으니
대국의 유풍이 있었노라.

『기언』 권34 ○ 외편(外篇) 동사(東事) 3 – 백제세가(百濟世家)

비류(沸流)와 온조(溫祚)는 고구려의 시조 주몽(朱蒙)의 두 아들이다. 태자 유리(類利)와 서로 융화하지 못하다가 유리가 즉위하자 형제 두 사람이 오간(烏干), 다려(多黎)와 함께 도망하여 하남(河南)에 이르렀다. 비류는 미추홀(彌鄒忽)에 귀착하고 온조는 위례(慰禮)에 귀착하였다. 온조에게는 보좌하는 훌륭한 신하 10명이 있어서 국호를 십제(十濟)라고 하였는데, 비류가 죽고 그 땅을 병합하면서 국호를 백제라고 고쳤다. 고구려와 똑같이 부여에서 나왔으므로 부여로 씨를 삼고, 시조 동명왕(東明王)의 사당을 세웠다. 나라를 건립한 시기는 한(漢)나라 홍가(鴻嘉) 3년에 해당한다. 말갈과 서로 공격하여 전쟁하게 되자 을음(乙音)을 등용하여 우보(右輔)로 삼아 군사의 일을 다스리게 하였으며, 마수(馬首)에 성을 쌓고 병산(甁山)에 울짱[柵]을 세웠다. 낙랑태수(樂浪太守)가 사람을 보내 알리기를, "성을 허물지 않고 울짱을 부수지 않는다면 한번 싸워 결판을 내겠소" 하였다. …

왕이 훙어하고 아들 명례(明禮)가 즉위하니, 이 사람이 성왕(聖王)이다. 사비(泗沘)로 도읍을 옮기고 국호를 고쳐 남부여(南夫餘)라고 하였다. 양나라에 사신을 보냈으나, 후경(侯景)이 이미 양나라를 멸한 뒤였다. 후경이 사신을 수금하였다. 후에 후경이 평정되고 나서야 사신이 돌아왔다. 왕이 신라를 정벌하였는데, 신라의 군주(軍主) 무력(武力)이 왕을 쳐서 죽이고 좌평 4인의 머리를 베었으며, 사졸로 죽인 자가 2만 9,600인이었다. 아들 창립(昌立)이 즉위하니, 이 사람이 위덕왕(威德王)이다.

『기언』 권34 ○ 외편(外篇) 동사(東事) 3 – 예맥(獩貊)

예맥은 본래 조선(朝鮮)의 옛 땅이다. 남쪽으로 진한(辰韓)과 접하고, 북쪽으로 고구려, 옥저와 접하였으며, 동쪽으로는 바다 끝이고, 서쪽으로는 낙랑에 이르렀다. 한(漢)나라 효무제(孝武帝) 원삭(元朔) 5년에 예맥의 군왕 남려(南閭)가 조선을 배반하여 28만 인을 거느리고 요동에 이르러 항복하니, 그 땅을 창해군(滄海郡)으로 삼았다가 몇 년 지나 혁파하였다. 건무(建武) 연간에 그들의 우두머리를 봉하여 현후(縣侯)로 삼아 모두 세시(歲時)에 조공(朝貢)하게 하였다. 그 나라의 언어, 법, 풍속은 고구려와 같다. 사람의 성품은 우직하고 성실하며, 기욕(嗜慾)이 적고 염치의 풍조가 있었다. 같은 성(姓)끼리는 서로 결혼하지 않았고, 주옥(珠玉)을 보배로 여기지 않았다. 마을에 침범한 자가 있으면 노비[生口], 소, 말을 내게 하였다. 군사를 징발하고 조세를 걷는 것은 중국과 같았다.

한나라 건광(建光) 1년에 유주자사(幽州刺史) 풍환(馮煥), 현도태수(玄菟太守) 요광(姚光), 요동태수(遼東太守) 채풍(蔡諷)이 군사를 거느리고 와서 예맥의 우두머리를 쳐서 죽이고 병장기와 재물을 모두 노획해 갔다. 주(周)나라 때에 이미 맥(貊)이라는 종족이 있었다. 맥족이 거주하는 지역은 산이 깊고 험준하여 다투어 차지하려는 땅이 아니었다. 맥인(貊人)들은 나라의 흥망이나 세상이 바뀌는 것을 알지 못했다. 또한, 맥족이 어느 시대에 나라를 세웠으며, 어느 시대에 멸절되었는지도 알 수 없다. 역사 기록에도 말해 놓은 것이 없다. 당나라 때에 이르러 말갈이 경주(慶州), 염주(鹽州), 목주(穆州), 하주(賀州) 네 주를 예맥의 옛 땅에 설치하였다.

「지지(地志)」에 강릉(江陵)은 옛날의 예국(獩國)이고, 수춘(壽春)은 옛날의 맥국(貊國)이라고 하였는데, 강릉에 예성(獩城)이 있다.

『기언』 권34 ○ 외편(外篇) 동사(東事) 3 – 말갈(靺鞨)

장령부(長嶺府)는 가주(珂州), 하주(何州) 2주를 통할하였다. 부여(扶餘)의 옛 지역이 부여부(扶餘府)이니, 항상 강한 군사를 주둔시켜 놓고 거란(契丹)을 막았으며, 부주(扶州), 산주(汕州) 2주를 통할하였다. 막힐부(鄚頡府)는 막주(鄚州), 고주(高州) 2주를 통할하였다. 읍루(挹婁)의 옛 지역이 정리부(定理府)이니, 정주(定州), 반주(潘州) 2주를 통할하였다.

『기언』 권35 ○ 외편(外篇) 동사(東事) 4 – 지승(地乘)

조선(朝鮮) 구주(九州)의 땅은 연(燕)나라와 제(齊)나라의 바깥쪽에 있다. 동쪽, 남쪽, 서쪽은 바다와 닿아 있고, 북쪽은 말갈(靺鞨)과 연접해 있다. 고구려 말기에 현도(玄菟)와 요동(遼東) 땅 700리를 잃어 패수(浿水)로 국경을 삼았다. 남북으로 3천 리이고, 동서로 1천 리이다. 기후가 다르고 말씨, 의복과 음식, 즐기고 좋아하는 것이 중국의 풍속과 다르니, 대개 방외(方外)의 별개의 나라이다. 상고시대 단군(檀君)으로부터 기자씨(箕子氏), 삼한(三韓), 사군(四郡), 이부(二府)를 거쳐 삼국의 세상에 이르러서 변한(弁韓)과 마한(馬韓)은 백제에 병합되었고, 진번(眞番)은 혁거세(赫居世)가 일어난 곳으로 임둔(臨屯)과 이맥(夷貊) 땅까지 모두 신라에 병합되었으며, 낙랑(樂浪)은 고구려에 병합되었고, 현도(玄菟)는 요동에 병합되었다. 고려가 삼한 땅을 모두 차지하여 관내(關內), 중원(中原), 하남(河南), 강남(江南), 영남(嶺南), 영동(嶺東), 산남(山南), 해양(海陽), 삭방(朔方), 패서(浿西) 10개 도(道)로 나누었다가 뒤에 양광(楊廣), 경상(慶尙), 전라(全

羅), 교주(交州), 서해(西海), 동계(東界), 북계(北界)로 고쳤다. …

패서(浿西)는 조선의 옛 땅이다. 해당하는 별의 분야(分野)는 기성(箕星)과 미성(尾星)이고, 성차(星次)는 석목(析木)이다. 예맥(濊貊), 구려(句麗), 현도(玄菟)가 모두 이 지역에 속한다. 서쪽은 바다에 닿아 있고, 북쪽의 여연(閭延)과 우예(虞芮)는 말갈과 연접해 있다. 곡물로는 산골짜기에서 나는 '굵은 기장[大秬]'과 '잔 기장[細秬]'이 있고, 자원으로는 사(絲), 삼[麻], 인삼[蔘], 옻[漆], 구리[銅], 철(鐵), 피혁(皮革)이 있다. 바닷가에 사는 사람들은 벼를 주식으로 하고 생선과 소금을 팔아 생활한다. 용만(龍灣)은 중국으로 가는 길이며 물화(物貨)가 유통되는 곳이다.

평양은 단군(檀君)이 도읍한 곳이며, 주(周)나라 때에 이르러 기자(箕子)가 봉해진 곳이다. 기자의 가르침은 예속(禮俗)을 중시하고 귀신(鬼神)을 공경하였다. 제기(祭器)로 조(俎)와 두(豆)를 사용하였으며, 부인들은 정숙하고 신의가 있어 음란하지 않았으며, 백성은 생업에 즐겁게 종사하였다. 고구려 때에는 말 타기와 활쏘기를 숭상하여 풍속이 강하고 용맹스럽게 변하고 육체적인 힘을 좋아하였으며, 활과 화살, 칼과 방패를 익숙하게 사용하였다. 평양에 단군의 사당과 동명왕의 사당이 있고 기자의 사당이 있으니, 이 사당들은 사전의 중사조에 실려 있다. 토산(兎山)에 기자의 무덤이 있고, 강동(江東)에 단군의 무덤이 있다. 패강(浿江)은 나라의 서독(西瀆)으로 사전의 중사조에 실려 있다.

영변(寧邊)은 우발수(優浡水)가의 가섭원(迦葉原)으로, 북부여 해부루(解夫婁)의 땅이다.

성천(成川)은 옛 비류국(沸流國)이니, 또한 동부여라고 한다. [「단군세가」에 보인다.] 서해(西海)는 고조선의 남쪽 경계였으나 지금은 경기 밖의 국방을 담당하는 지역이다. 동쪽은 맥(貊) 땅과 연접되어 있고, 서쪽은 바다와 맞닿아 있다. 자원으로는 사(絲), 삼[麻], 소금, 철, 해산물[海錯]이 나고, 곡물로는 벼 2종, 콩과 조 5종이 난다. 우리 조선 세종(世宗) 때에 해주(海州)에서 생산된 기장[秬黍]이 한 알의 크기가 1푼인데, 9치로 황종척(黃鍾尺)의 길이를 삼은 다음 3분의 1을 더하고 빼서 12율을 완성하였다. …

하남의 위례(慰禮)는 온조의 옛 도읍지로 온조의 사당이 있다. 온조로부터 3세를 내려와 문주(文周)에 이르러 남평양(南平壤)에서 웅주(熊州)로 도읍을 옮겼고, 명농(明穠)이 즉위함에 이르러 또 사비(泗沘)로 옮기고 국호를 남부여(南夫餘)로 고쳤다. 웅진(熊津)이 있으니, 나라의 남독(南瀆)으로 사전의 중사조에 실려 있다. 소태(蘇泰)[지금의 태안군(泰安郡)이다.] 서쪽에는 섬으로 상산도(上山島)와 북파도(北波島)가 있고, 그 바깥으로 전횡도(田横島)가 있다.

『기언』 권39 동서기언(東序記言) 2 – 동계 선생(桐溪先生) 행장(行狀)

시험 삼아 성인과 현인에 대해 논해 보자면, 우(虞)나라 순(舜)임금과 하(夏)나라 우(禹)임금의 성대한 덕이 있던 시절에 우는 홍수를 다스렸고, 익(益)은 산과 늪지에 불을 질러 태웠으며, 직(稷)은 오곡을 파종하였으나 공로로 여기지 않았고, 은(殷)나라가 망할 당시에 기자(箕子)는 머리를 풀어 헤쳐 미치광이 노릇을 하고, 비간(比干)은 심장을 도려내는 형벌을 받았으며, 백이(伯夷)는 굶어 죽었으나 원망이 없었으니, 그들이 행한 일은 같지 않으나 그들의 마음은 같은 것이다.

부지런히 날마다 강습해도 도를 얻는 자는 드물다. 그런데 가만히 선생의 도를 살펴보니, 옳은 의리가 아니면 합하지 않았고 옳은 도가 아니면 나아가지 않았다. 의리를 보는 것이 의혹되지 않아 큰 어지러움을 범해서도 두려워하지 않았고, 절개를 지키고 의리를 취하여 살신성인(殺身成仁)하기를 마치 기욕(嗜慾)을 보듯 하였으며, 몸을 깨끗이 하고 세상을 피해 은둔하여 온 세상이 비난해도 원망하거나 서운해 함이 없었다. 아아! 옛날의 성인이나 현인에게 견주어 공의 행적과 사적을 고찰해 보면 너무나도 밝고 환하게 드러나 거의 일월과 그 빛을 다툴 정도이다.

『기언』 권47○속집(續集) 사방(四方) 1 – 이 시랑(李侍郞)이 사명(使命)을 받들고 연경(燕京)에 갈 때 선사한 서(序)

막남(漠南, 고비사막 남쪽 지역)의 여러 나라는 옛날 북융(北戎)의 유민(遺民)으로 주(周)나라 때에는 험윤(玁狁), 훈육(葷粥), 견융(犬戎)으로 불렸고, 진(秦)·한(漢) 때에는 흉노(匈奴)라고 불렸는데 활쏘기에 능해서 사냥을 하여 고기를 먹고 가죽으로 옷을 지어 입으며 공벌(攻伐)을 능사로 삼는다. 그 땅은 몹시 추운 곳이 많기 때문에 오곡이 자라지 않아 밭 갈아 농사짓는 일이 없고 물과 풀을 따라서 옮겨 다니니 천성이 그러하다. 그 종족에 적적(赤翟), 백적(白翟), 동호(東胡), 산융(山戎), 구연(朐衍)이 있고, 그 밖에 돌궐(突厥)이 계곡에 흩어져 있는데 견적(堅敵)이라고 부른다. 진 시황제가 몽염(蒙恬)을 보내 44현(縣)에 성을 쌓았는데, 구원(九原)과 운양(雲陽)에서부터 요동(遼東)에 이르기까지 1만여 리를 쌓아서 오랑캐[胡]를 막았다.

요동 밖은 숙신(肅愼)과 조선(朝鮮)인데 뒤에 구려(句麗)와 말갈(靺鞨)이 되었다. 『주관(周官 주례(周禮))』「직방(職方)」에 "동북(東北)은 유주(幽州) 땅이니, 그 진산(鎭山)은 의무려(醫巫閭)이다" 하였는데, 현도(玄菟)는 의무려산 아래에 있다. 조선은 단군(檀君)과 기자(箕子)가 다스리던 곳인데 지금 평양(平壤)에 기자견(箕子畎)이 있다. 마침내 산해관(山海關)을 들어가 150리 지점에 고죽국(孤竹國) 터가 있는데 백이(伯夷)와 숙제(叔齊)의 묘(廟)가 있다. 그곳으로부터 580리 지점이 연경인데 제왕(帝王)이 거주한 곳이다. 왕궁이 있는 국도(國都)로서 환도(環涂), 방삼문(方三門), 9경(經), 9위(緯)가 있는데, 경과 위가 각각 9궤(軌)이다. 천자의 5문(門)과 관부와 차사(次舍)와 성우(城隅) 9치(雉)가 있고, 명당(明堂)과 벽옹(辟廱)이 있으니 정치와 교화가 나오던 곳이다. 지금은 망국(亡國)의 땅으로서 중원(中原)에 주인이 없어 천하가 크게 어지럽다. 오호라, 나라의 일로 사명(使命)을 받든 대부가 폐백을 싸 가지고 국운이 끊긴 나라에 사신으로 가니 또한 슬프다.

『기언』 권47○속집(續集) 사방(四方) 1-연경에 사신 가는 오 판서(吳判書)를 전송한 서(序)

금상 2년(1676, 숙종 2) 겨울 11월 경자(庚子) 초하루 신사(辛巳)에 대부(大夫) 오공(吳公, 오정위(吳挺緯))이 명을 받고 연경에 갔다. … 우리 동방의 나라는 단군(檀君)·기자(箕子)로부터 고구려의 주몽(朱蒙), 백제의 온조(溫祚), 신라의 박씨[朴氏, 박혁거세(朴赫居世)]·석씨[昔氏, 석탈해(昔脫解)]·김씨[金氏, 김알지(金閼智)], 고려(高麗)의 왕씨(王氏)를 거쳐 우리 성조(聖祖)의 정치에 이르기까지 문학을 좋아하고 예양(禮讓)을 숭상하여 인의(仁義)의 나라라고 일컬어졌다. 나라가 작고 한쪽 변방에 위치하였기 때문에 작은 나라로서 큰 나라를 섬겨 사직과 백성을 보전하였고, 문명한 풍속은 백대에 부끄럽지 않다. 지금 중원은 몰락하여 오랑캐의 땅이 되었다. 그러나 갈석(碣石)과 형장(衡漳)은 기북(冀北)을 경영하던 땅이고 「우공(禹貢)」의 기주(岐州)와 양주(梁州)가 위치한 곳으로 성교(聲敎)와 예악의 유풍이 있고 더구나 숭정(崇禎) 연간의 최근 일이 전해지고 있으며 당시에 살았던 나이 많은 노인들이 아직까지 살아 있다.

『기언』 권48○속집(續集) 사방(四方) 2-관서지(關西誌)

조선(朝鮮) 팔도의 땅은 바닷가에 위치하여 중국에서 볼 때 연(燕)과 제(齊)의 밖에 있다. 처음에 군장이 없었는데, 신시(神市, 환웅(桓雄))가 처음으로 백성들을 다스리니 백성들이 그에게 귀부하였다. 신시가 단군(檀君)을 낳으니, 박달나무 아래에 살았기 때문에 단군이라고 이름하였고 처음으로 국호를 조선(朝鮮)이라고 하였다. 조선이란 '동방의 해가 뜨는 곳'이란 뜻이다. 혹자는 선(鮮)은 산(汕)과 같으니, 그 나라에 산수(汕水)가 있기 때문에 조산(朝汕)이라고도 한다고 하였다. 평양(平壤)에 도읍하니, 이때가 제요(帝堯) 25년이다. 뒤에 도읍을 당장(唐藏)으로 옮겼다. 유주(儒州)에 당장경(唐藏京)이 있는데, 『고려사(高麗史)』에는 그곳이 단군씨(檀君氏)의 국도(國都)라고 한다. 상(商)나라 무정(武丁) 8년에 단군이 세상을 떠났는데, 지금 강동현(江東縣)에 단군총(檀君塚)이라고 전해지는 무덤이 있다. 혹자는 단군이 아사달(阿斯達)에 들어갔다고만 말하고 죽은 것에 대해서는 말하지 않는다. 태백산(泰白山)과 아사달에 모두 단군사(檀君祠)가 있다.

단군이 해부루(解夫婁)에게 나라를 전하였는데, 해부루가 북부여(北扶餘)를 세웠다. 우(禹)가 수토(水土)를 평정하고 도산(塗山)에서 제후들을 회합할 때 해부루가 도산에 가서 우에게 조회하였다. 해부루의 어머니는 비서갑(非西岬)의 딸이다. 해부루가 곤연(鯤淵)에 기도하여 금와(金蛙)를 낳았는데 모습이 금개구리와 비슷하다고 해서 이름을 금와라고 지었다. 해부루가 금와에게 나라를 전하였는데, 금와가 가섭원(迦葉原, 강릉(江陵))으로 옮겨 동부여(東扶餘)를 세웠다. 금와 말년에 진(秦)나라가 천하를 병합하였다.

금와가 우발수(優浡水)의 딸을 좋아하였는데 해가 몸을 비춘 것에 감응하여 주몽(朱蒙)을 낳았다. 주몽은 '활을 잘 쏘는 사람'이라는 뜻이다. 주몽의 작은아들 이름이 온조(溫祚)인데, 주몽과 온조가 고구려와 백제의 시조가 되었다. 금와가 대소(帶素)에게 나라를 전하였는데, 대소가 고구려와 전쟁을 할 때 북명(北溟)의 괴유(怪由)라는 자가 고구려 왕 무휼(無恤)을 따라가기를 청하여 대소를 격살(擊殺)하니 7일간이나 짙은 안개가 끼었다. 그러나 그의 병사들이 오히려 힘을 다해 싸웠으므로 고구려 왕 무휼이 몰래 군사를 이끌고 달아나 돌아왔다. 그 손자 도두(都頭)에 이르러 고구려에 항복하니 동부여가 멸망하였다. 이때가 왕망(王莽) 때이니, 역년(歷年)이 5세(世) 2,000년이다.

금와 때에 은(殷)나라가 망하였다. 은나라가 망하자 기자가 조선으로 오니, 은나라 백성 5천여 인이 그를 따랐는데, 시서(詩書), 예악(禮樂), 무의(巫醫), 복서(卜筮) 등 온갖 기예를 지닌 자들이 따라왔다. 주 무왕이 그대로 조선에 봉하였으나 신하로 자처하지 않았다. 평양에 도읍하였는데, 처음 이르렀을 때에 언어가 통하지 않아 통역을 하여 그 뜻을 통하였다. 예속(禮俗)을 중시하고 귀신(鬼神)을 공경하며 팔정(八政, 팔조법금(八條法禁))의 가르침을 행하였는데, 사람을 죽인 자는 목숨으로 갚고, 남을 상해한 자는 곡식으로 갚고, 도둑질한 자는 적몰하여 노비로 삼되 속죄하려는 자는 한 사람당 50만을 변상하게 하였으나 사람들이 수치로 여겼기 때문에 그런 사람은 시집가고 장가갈 곳이 없었다. 백성들이 생업에 즐거워하여 도둑이 없었으므로 밤에 대문을 잠그지 않았고 나그네는 들판에서 노숙하였다. 평양의 토산(兎山)에 기자총(箕子塚)이 있다. 그 나라는 한(漢)나라의 현도군(玄菟郡)과 낙랑군(樂浪郡) 땅이고, 고조선의 땅은 숙신씨의 서쪽에 있다.

주나라 말기에 연백(燕伯)이 왕(王)을 참칭(僭稱)하며 동쪽으로 조선을 노략질하니 조선후(朝鮮侯)가 연(燕)을 쳐서 주실(周室)을 높이려 하였는데, 대부(大夫) 예(禮)가 간하여 중지하였다. 육국(六國) 때에 연나라가 조선을 침략하여 복속시키고 성을 쌓아 관리를 두었고, 또 그 서쪽 땅 2천여 리를 공략하여 만반한(滿潘汗)으로 경계를 삼았다.

진 시황제(秦始皇帝) 때 몽염(蒙恬)을 보내 장성(長城)을 쌓았는데 동쪽으로 요동에까지 이르니, 조선 왕 비(否)가 두려워하여 진나라에 복종하였다. 태자 준(準)이 즉위하여 연왕(燕王) 노관(盧綰)과 패수(浿水)를 경계로 삼기로 약속하고 요동의 옛 변방을 지켰다. 그 뒤에 위만(衛滿)의 습격을 받아 패하자 준왕이 남쪽으로 달아나 마한(馬韓)을 세웠다. 기자가 나라를 전한 것이 41세(世) 928년이고, 마한이 또 200여 년을 유지하다가 백제에 병합되었다.

위만은 연나라에서 망명한 사람인데 상투를 틀고 만이(蠻夷)의 복장을 하였다. 무리 1천여 명을 모아 준왕을 내쫓고 조선을 차지하여 군대의 위력과 재물로 옛 진나라의 운장(雲障) 땅을 병합하고 수천 리의 땅을 개척하였다. 2세인 손자 우거(右渠) 때에 이르러 한(漢) 효무제(孝武帝)가 멸망시켜 그 땅을 나누어 낙랑(樂浪), 현도(玄菟)를 설치하였는데, 현도는 옥저를 다스리고 낙랑은 조선을 다스렸다.

효소제(孝昭帝) 때 요동성을 쌓고 현도를 동주(東州)로 삼았다. 변한(弁韓)은 낙랑의 후예이다.『한서(韓書)』에 이르기를 "변한과 낙랑은 기자를 봉한 곳이다" 하였고,『당서(唐書)』에 이르기를 "변한은 낙랑 땅에 있다" 하였다.

고구려 시조 주몽(朱蒙)은 부여의 임금 금와(金蛙)의 아들이다. 금와가 우발수(優渤水)의 딸을 좋아하였는데 해가 몸을 비춘 것에 감응하여 주몽을 낳았다. 그러나 인도(人道, 남녀의 교합(交合))가 없이 태어났다고 해서 내다 버렸는데 소와 말이 피해 가고 밟지 않으니 마침내 거두었다. 7세에 능히 활을 쏘았기 때문에 주몽이라고 하였으니, 주몽은 활을 잘 쏘는 사람에게 붙여 주는 칭호이다. 자라서는 지혜가 보통 사람보다 뛰어났다. 금와의 아들 일곱이 있었는데, 그를 시기하여 음모를 꾸며 죽이려고 하니 주몽이 오이(烏伊), 마리(摩離), 협보(陜父) 세 사람과 함께 달아나 졸본부여(卒本扶餘)에 이르렀고 그곳에 나라를 세워 임금이 되고 국호를 고구려라고 하였다. 그 풍속은 숙신(肅愼), 선비(鮮卑), 말갈(靺鞨)이 섞여 있고, 송양(松壤)의 항복을 받아내고 행인(荇人), 옥저(沃沮)를 멸망시켜 비로소 대국이 되었으니, 진왕(秦王) 정(政)이 6국을 병합한 때이다. 그가 세상을 떠나자 묘호(廟號)를 동명왕(東明王)이라고 하였다. 유리(類利)가 즉위하여 부분노(扶芬奴)를 등용하여 선비의 항복을 받아내서 속국(屬國)으로 삼았다. 신하 설지(薛支)가 유리에게 말하기를 "울나(尉那)의 땅은 지세가 험하고 토지가 비옥하여 오곡이 잘되고 사슴이 많으니 살기에 좋은 곳입니다" 하여, 드디어 옮겨 갔다.

무휼(無恤)이 즉위하여 부여를 공격할 때 괴유(怪由)라는 사람이 스스로 북명(北溟) 사람이라고 하였는데 키가 9척이나 되고 눈에서 빛이 났다. 따라가기를 청하니 무휼이 이상하게 여기며 허락하였다. 부여 군대와 싸울 때 괴유가 그 임금 대소(帶素)를 쳐 죽였는데 그 무리가 오히려 힘을 다해 싸우고, 몇 겹으로 포위하였으며 7일 동안이나 짙은 안개가 끼니, 무휼이 두려워서 달아나 돌아왔다. 괴유가 죽자 북명의 남쪽에 장사 지냈는데 고구려 사람들이 철마다 제사를 지낸다. 무휼이 대소를 죽이고 현도와 낙랑을 병합하여 마침내 동이(東夷)의 패자(霸者)가 되었으니, 죽은 뒤에 묘호를 대무신왕(大武神王)이라고 하였다. 한나라 건무(建武) 25년(49, 고구려 모본왕 2)에 낙랑 땅을 정벌하여 빼앗고 살수(薩水)에까지 이르렀다. 해우(解憂, 모본왕)가 즉위한 뒤 무도하여 백성들이 반란을 일으키니 그 신하에게 시해되었다. …

건무(建武, 영류왕)가 즉위하자, 천개소문(泉蓋蘇文, 연개소문(淵蓋蘇文))이 장성(長城)을 쌓았는데, 부여에서부터 서남쪽으로 바닷가까지 이르는 1천여 리였고, 16년이 걸려 완성되었다. 드디어 그 임금 건무를 시해하고 장(臧, 보장왕)을 세워 국정을 천단(擅斷)하였다. …

고려 때에 와서 강역을 정하면서 패서(浿西)의 땅이 되었는데, 지금의 평안도 서경(西京)이다. 3주, 11부, 28군현이고, 너비는 1천 리이며, 해당하는 별은 기성(箕星)이고, 십이성차(十二星次)에서 석목(析木)의 분야(分野)이다. 서쪽으로는 연(燕)과 제(齊)의 바다에 닿아 있고, 동쪽으로는 옛 숙신의 땅인 여연(閭延, 구성(龜城))과 우예(虞芮, 강계(江界))와 이어졌으며, 북쪽으로는 청하에 이르고, 청하 밖은 옛 현도와 부여이며, 또 그 서쪽은 요동의 옛 땅이다.

평양은 나라의 서경(西京)이다. 단군 때부터 순후(淳厚)한 정치를 하였고, 기자의 교화를 입어 도(道)가 있는 나라가 되었다. 위만 이후로 풍속이 굳세고 사납게 변하여 부여와 고구려가 싸움을 잘하여 나라를 세웠다. 그러나 패왕(霸王)이 번갈아 지내고 오민(五民: 사(士), 농(農), 공(工), 상(商), 고(賈))이 모여드는 곳이라 패서는 부유하고 화려함을 숭상하고 준걸이 많이 나왔다. 용만(龍灣, 의주(義州))과 안삭(安朔, 삭녕(朔寧))은 중국으로 가는 길목으로서 물화(物貨)가 유통되는데, 그곳의 특산물은 비단, 삼베, 소금, 철, 어물이다. 만년[萬年, 구성(龜城)]과 청새[靑塞, 희천(熙川)] 동쪽에서는 인삼, 옻, 초눌(貂豽), 피혁을 공물로 바쳤다. 경계가 『서경(書經)』「우공(禹貢)」의 기북(冀北) 지역과 접하고 있으므로 그곳 백성들은 성품이 질실(質實)하여 대국의 기풍이 있었다.

『기언』 권49○속집(續集) 예(禮) 1 – 희중[希仲, 윤휴(尹鑴)]에게 보냄 [을묘년(1675, 숙종 1)]

전번에 희중 그대가 나와 만나서 논하기를 "기자(箕子)는 우리나라 예교(禮敎)의 시조이므로 온 나라에서 공자를 제사 지내는 것처럼 제사 지내야 한다"라고 하였는데, 예서(禮書)를 살펴보건대 그렇지 않습니다. 예(禮)에 사당에 제향하는 것은 도성을 벗어나지 않는다고 하였습니다. 전유(顓臾)에 복희묘(伏羲廟)가 있었고, 실침(實沈, 고신씨(高辛氏)의 막내아들)을 대하(大夏)로 옮기자 진(晉)나라 사람들이 제사하였고, 제곡(帝嚳)은 성신(星辰)을 기록해서 백성들에게 일할 때와 쉴 때를 알려 주었고, 제요(帝堯)는 형법을 고르게 하여 의리로써 마쳤는데, 천하에서 복희, 제곡, 제요를 제사한다는 말을 듣지 못했습니다. 제순(帝舜)이 창오(蒼梧)에서 붕어하였는데, 남방 구의산(九疑山)에 순묘(舜廟)가 있고, 태공(太公)이 제(齊)나라에 봉(封)해져서 제나라에 태공묘(太公廟)가 있습니다. 기자가 성인이기는 하지만 온 나라에서 제향한다면 제사를 지내는 자와 제사를 받는 신이 기(氣)가 서로 통하는 부류가 아니게 됩니다. 기가 서로 통하는 부류가 아니면서 지내는 제사는 귀신이 흠향하지 않습니다. 학궁(學宮)에서 공자를 제향하는 것은 기가 서로 통하는 부류를 제향하는 것이지만 기자를 제향하는 것은 경우가 다릅니다. 내 생각에 평양에는 기자묘가 있고 또 기자가 도읍했던 곳이니 기자묘를 더 꾸미고 제후의 예악(禮樂)으로 제향하는 것이 옳을 것입니다. 나의 생각이 이러하니 다시 생각해 본다면 매우 다행이겠습니다.

『기언』 권51○속집(續集) 논사(論事) 2-희중(希仲)이 또 편지를 보내 나를 꾸짖기에 내가 답하지 않고 상의(上議)를 지어서 하문을 기다리다

이 일은 신하가 감히 말할 수 없는 것입니다. 윤휴(尹鑴)가 일찍이 이 일로 신에게 편지를 보내 또한 신에게 차자를 올리라고 권하였는데, 신이 매우 불가하다고 답하면서 "귀를 가려 듣고 싶지 않다"라고 하였습니다. 만약 이 일이 시행된다면 위로 태묘(太廟)에 고하고 온 천하에 반교(頒敎)해야 할 것인데, 신은 그 허물이 누구에게 돌아갈지 모르겠습니다. 신하가 임금을 위해서 허물을 숨겨 주고, 자식이 아비를 위해서 허물을 숨겨 주는 것이 임금을 존숭하고 친한 이를 친히 대하는 법으로 만고의 공통된 의리입니다. 그렇기 때문에 『춘추(春秋)』에서 공자가 노나라 선군(先君)의 과실을 숨겼던 것입니다. 그런데 지금 윤휴가 곧바로 선왕의 일을 바로잡으려고 하니, 신은 이것이 공자(孔子)의 가르침이 아니라고 생각합니다. 간언을 들어주지 않아서 떠나는 것도 기자(箕子)는 그 임금의 허물을 드러내는 짓이라고 하였는데, 더구나 이 일은 어떤 일이며, 이 말은 어떤 말입니까. 신하가 임금의 허물을 숨겨 주지 않고 자식이 아비의 허물을 숨겨 주지 않는다면 존귀한 자가 존숭되지 않고 친한 자가 친한 대우를 받지 못하여 인륜이 어지러워질 것입니다. 상께서 재결하소서.

『기언』 권52○속집(續集) 문학(文學)-『경설(經說)』과 『동사(東事)』를 올리는 차자

삼가 아룁니다. 신은 몸이 늙고 병이 오래되어 이미 세상에 쓸모가 없으니, 나라의 큰 은혜를 입었으나 죽어도 전하께 보답할 길이 없어 『경설』 20편을 지었습니다. 「역설(易說)」, 「춘추설(春秋說)」, 「시설(詩說)」, 「서설(書說)」, 「홍범구주설(洪範九疇說)」, 「예설(禮說)」, 「악설(樂說)」, 「형설(刑說)」, 「정설(政說)」, 「시령설(時令說)」, 「귀신설(鬼神說)」인데, 우(虞), 하(夏), 은(殷), 주(周)의 고경(古經)과 「제어(齊語)」, 「노어(魯語)」, 「월령(月令)」, 「하소정(夏小正)」, 『좌전(左傳)』, 『국어(國語)』 등의 책을 추술(追述)한 것입니다. 그 말은 모두 옛 성인과 현인의 말씀이고, 그 법술(法術)은 모두 옛 성인과 현인의 법술입니다. 신이 80년 동안 독실하게 믿고 부지런히 배운 것이 이것이고, 고인과 같게 되기를 바라고 힘쓴 뜻도 이것입니다. 오늘날 진언(進言)하는 자들은 모두 공리(功利)를 급하게 여기니, 신의 이 글은 오활하여 쓰일 수 없다는 것을 잘 알고 있습니다. 그러나 전하께서 깊이 생각하여 써 보신다면 이것은 삼대(三代)의 정치이니, 신은 비록 죽어 없더라도 이는 전하께서 신을 쓰시는 것입니다.

또 「동사」 22편을 지었습니다. 대체로 동방의 강역은 상고(上古)에 임금을 세우고 나라를 건국하였는데, 크고 작은 나라가 22개국으로서 외방의 별국(別國)이 되었습니다. 그 책에 기록된 것은 황당하고 괴이하여 믿을 수 없고 사실이 아닌 데다, 후세에 전해진 것은 겨우 열에 한둘뿐입니다. 산천이 구별되고 풍기(風氣)가 같지 않으며, 그 말투와 풍속과 기호가 각각 다릅니다. 그 정치를 논하면, 단군(檀君)의 순후(淳厚)한 정치와 기자(箕子)의 팔정(八政)의 교화가 각각 1천 년을 내려왔고, 위만(衛滿)이 무력과 재물로 수천 리를 개척하였으나 금방 일어났다 금방 망하였습니다. 숙신씨(肅愼氏)의 호시(楛矢)와 석노(石砮)는 사서(史書, 『국어(國語)』 「노어(魯語)」)에 전해지고, 고구려의 강대한 정치는 700년을 전승하였으며, 백제는 강포하고 전쟁을 좋아하여 전사한 임금이 네 명이나 되고 나라까지 멸망하였습니다. 신라는 충후(忠厚)한 정치로 인의(仁義)의 나라로 일컬어졌고 58세(世)를 전승하였습니다.

대체로 열국(列國)의 정치에서 후세의 권계(勸戒)가 되는 선악과 치란과 흥망에 관계된 일들이 한두 가지가 아닌데, 백제가 저수지를 만들어 관개(灌漑)한 것과 맥(貊)이 산을 개간하여 해마다 세율(稅率)을 바꾼 것은 백대 후에도 바꾸어서는 안 되는 것입니다. 해마다 바꾼다는 것은 전부(田賦)를 일정하게 고정시키지 않는다는 말입니다. 지리(地利), 물화(物貨), 예의(禮義), 선속(善俗)을 총괄해서 논하면, 동방의 옛 풍속은 그 성품이 검소하고 예양(禮讓)을 좋아하였으니, 대체적으로 모두 그러하였습니다. 옛사람이 말하기를 "풍속을 따라서 다스리면 그 백성이 쉽게 따라서 야박하지 않다" 하였습니다. 흑치(黑齒)와 말갈(靺鞨)은 그 정치, 풍속, 도(道)를 전해 주는 것, 물산을 이룩하는 것이 모두 우리가 다스리는 데에 달려 있습니다. 전하께서는 깊이 유념하시고 충분히 살피소서.

『기언』 권54 ○ 속집(續集) 걸해(乞骸) - 물러나기를 청하고 이어 기로소(耆老所)의 직임을 사양하는 첫 번째 차자

신이 노년에 들어 글을 쓴 지가 수십 년이 되는데, 천자와 제후의 길례(吉禮), 경례(慶禮), 흉례(凶禮), 상례(喪禮), 군려(軍旅), 순수(巡守), 회동(會同)의 예(禮)에 대부(大夫)와 사(士)의 예를 덧붙이고, 아울러 동방의 고사(古事)로서 단군(檀君), 기자(箕子), 위만(衛滿), 온조(溫祚), 구려(句麗), 박(朴)·석(昔)·김(金) 세 성씨의 세가(世家), 또 그 외에 숙신(肅愼), 예맥(穢貊), 말갈(靺鞨) 등 여러 족속과 열전(列傳)을 쓴 것이 수만 자가 됩니다.

『기언』 권55 ○ 속집(續集) 수고(壽考) - 늙었다는 이유로 물러나기를 청하면서 스스로 기술한 175자

노인이 평생 책을 좋아하여 요(堯), 순(舜), 주공(周公), 공자(孔子)의 도를 독실하게 믿었고, 곁들여 육예(六藝)의 글에까지 미쳤으며, 창힐(倉頡), 사주(史籒), 이사(李斯)까지 모두 섭렵하였다. 주(周)나라의 도가 쇠하여 백가(百家)가 다투어 일어나 겸애(兼愛), 위아(爲我), 비겸(飛箝), 비합(椑闔), 형명(刑名), 술수(術數), 기궤(奇詭), 휼사(譎詐)가 일어나 천하가 크게 어지러워졌다. 유람을 좋아하여 동쪽으로 해 뜨는 곳을 가 보고, 단군(檀君)의 유적지와 기자(箕子)가 팔정(八政)을 시행하던 자취와 숙신(肅愼), 말갈(靺鞨), 예맥(獩貊), 석색(石索), 변악노(弁樂奴), 진번(眞番) 지역의 풍속과 물산을 두루 살피고 명산대천을 50년 동안 두루 모두 돌아다녔다. 늘그막에 아무 능력도 없는 사람이 등용되어 천승국(千乘國)의 정승이 되었으니, 백성으로서 가장 높은 지위에까지 오른 것이다. 노인의 나이가 금년 80여 세이니, 예서에 70세가 되면 치사(致仕)를 허락하고, 80세가 되면 궤장(几杖)을 하사하고, 달마다 임금이 사람을 보내 안부를 묻는다고 하였다. 지금 늙은 나는 치사할 나이를 넘긴 지 10년이고 궤장을 받고 또 2년이 지나 정신이 더욱 혼모하고 기력이 쇠하였으니, 돌아가기를 청하여 고향에서 여생을 마친다면 그것으로 족하다.

병진년(1676, 숙종 2) 7월 미수는 쓴다. [이때 내가 물러나기를 청한 것이 11차례였다.]

『기언』 권58 ○ 산고속집(散稿續集) 절행(節行)[충신(忠臣)] – 주계군(朱溪君) 묘갈음기(墓碣陰記)

옛날 은(殷)나라가 망할 때에 미자(微子)는 떠나가고, 기자(箕子)는 거짓으로 미친 척하여 종이 되고, 비간(比干)은 간하다가 죽임을 당했는데, 공자(孔子)가 "은나라에 세 명의 인자(仁者)가 있다"라고 하였다. 세 인자의 행위는 다르지만 그 마음은 지극한 정성에서 나왔기 때문에 공자가 그 인(仁)을 칭찬한 것이다. 공자 같은 분은 비간과 같은 인이라고 할 수 있을 것이니, 이 또한 지극한 정성이다. 공자가 피살된 지 234년이 지났는데, 외손인 연안 도호부사(延安都護府使) 권덕휘(權德徽)가 그 묘의 비석에 '조선공자주계군지묘(朝鮮公子朱溪君之墓)'라고 새겨 넣었다.

금상 즉위 7년(1681, 숙종 7) 가을 8월 초하루 신사(辛巳)일에 쓰다.

『기언』 권59 ○ 속집(續集) 서술(敍述) 1 – 고인제자(古人諸子)

은(殷)나라가 망할 때를 당하여 미자는 떠났고, 기자는 거짓으로 미친 척하여 종이 되었으며, 비간은 간쟁하다가 죽임을 당했다. 공자가 말하기를, "은나라에 인자(仁者) 세 분이 있었다" 하였다. 동국(東國)이 기자의 교화를 입어 밤에도 문을 잠그지 않았으며, 부인은 정숙하고 신의가 있어 음란하지 않았다. 다스림과 교화가 장구하여 나라의 운명이 1천여 년을 끊이지 않고 이어졌으니, 이것은 삼대(三代)에도 없던 일이다.

『기언』 권59 ○ 속집(續集) 서술(敍述) 1 – 이윤(伊尹) · 이척(伊陟) · 태공망(太公望)

태공망(太公望)

…

제후들이 모두 말하기를, "주(紂)를 정벌해야 합니다" 하니, 왕이 이르기를, "불가하다" 하고, 군대를 돌려보낸 지 2년 후에 주가 왕자 비간(比干)을 죽이고, 기자(箕子)를 수금하였다. 무왕이 주를 정벌하려고 하면서 거북점을 쳤는데 점괘가 불길하자 군공(群公)들이 모두 두려워하였는데, 태공이 왕을 권하여 주를 정벌하게 하였다. 1월 갑자일에 목야(牧野)에서 대규모 사열 의식을 하고, 주를 정벌하였다. 주가 패배하여 보옥(寶玉)을 몸에 두르고 스스로 불 속에 뛰어들어 죽으니 은나라가 망하였다. 다음날 무왕이 사(社)에 서니 군공들이 명수(明水)를 받들고, 위(衛) 강숙봉(康叔封)이 채석(采席)을 깔고, 사상보가 희생의 고삐를 잡고, 사일(史佚)이 축문(祝文)을 써서 신에게 고하고 주의 죄를 성토하였다. 녹대(鹿臺)의 재물을 풀고 거교(鉅橋)의 곡식을 풀어서 빈민들에게 나누어 주고, 비간의 묘에 봉분을 해 주며, 갇혀 있던 기자를 풀어 주고, 구정(九鼎)을 주나라로 옮겨 천하와 함께 새 왕조를 시작하였으니, 이 과정에서 사상보가 많은 계책을 낸 것이다.

『기언』 권59○속집(續集) 서술(敍述) 1－은(殷)나라의 세 명의 인자(仁者)

은(殷)나라가 망할 즈음에 비간(比干)은 간(諫)하다가 죽임을 당했고, 기자(箕子)는 거짓으로 미친 척하여 종이 되었고, 미자(微子)는 제기(祭器)를 싸 들고 피하였다. 세 사람의 행위는 다르지만 그 마음은 지성(至誠)에서 나왔으므로 공자가 이르기를 "은나라에 세 명의 인자(仁者)가 있다" 하였으니, 이에 세 인자의 일을 열거한다.

기자(箕子)

기자는 은(殷)나라의 종실(宗室)이다. 혹자는 이르기를 "이름은 서여(胥餘)이고, 기(箕)에 봉해졌으며, 자작(子爵)인데, 은나라의 태사(太師)가 되었다"라고 한다. 제을(帝乙)의 적자(嫡子) 수(受)는 타고난 자질이 말에 거침이 없고 용력을 좋아하였고, 그의 서형(庶兄)인 미자 계(微子啓)는 신중하고 효성스러웠다. 기자가 제을에게 권하기를 "계가 어질고 또 장자이니 후사로 삼을 만합니다" 하였는데, 제을이 듣지 않고 마침내 수를 후사로 세우고 호를 주(紂)라고 하였다. 주는 위력으로 천하를 복종시키려고 하였는데, 싸움을 하면 능히 백전백승하였다.

유소씨(有蘇氏)를 치자 유소씨가 달기(妲己)를 그의 아내로 삼아 주었는데, 달기를 총애하여 말하는 것은 모두 들어주었다. 주가 처음에 상아로 젓가락을 만들자 기자가 탄식하기를 "저 사람이 상아로 젓가락을 만들었으니, 필시 명아주나 콩잎 국을 담아서 궤(簋)에 올리지 않을 것이다. 먼 지방의 기이한 보석이나 수레, 말, 집을 구해 들일

조짐이 이로부터 시작될 것이다" 하였다. 이때부터 세금을 무겁게 부과하여 녹대(鹿臺)에 재물을 채우고, 옥으로 궁을 치장하고 옥으로 누대를 꾸미고 못을 파고 사치스러운 옷을 입었다. 한번은 밤새도록 술을 마시다가 간지(干支)를 잃게 될까 두려워 근신들에게 물으니 모두 알지 못하였다. 이에 사람을 보내 기자에게 물으니, 기자가 혼자 탄식하기를 "천하의 군주가 되어 온 나라 사람이 모두 간지를 잃는다면 천하가 위태로울 것이고, 온 나라가 모두 간지를 모르는데 나 혼자만 안다면 내가 위태로울 것이다" 하고, 술에 취해 모른다고 거절하였다.

주의 음학(淫虐)이 날이 갈수록 심해져서 포락(炮烙)의 형벌을 만들어 충성스럽고 어진 사람을 태워 죽이니 천하가 배반하였다. 주(周)나라의 덕이 날로 성대해지자 미자가 기자 및 비간과 의논하기를, "상(商)나라는 이제 망할 것이다. 큰 냇물을 건너려는데 나루와 강안(江岸)이 없는 것과 같은 상황이니, 이 일을 장차 어찌하면 좋겠는가?" 하니, 기자가 말하기를, "상나라가 망하더라도 나는 다른 사람의 신하가 되지 않을 것이다. 왕자에게 떠나는 것이 도리임을 고하노니, 내가 옛날에 한 말이 그대에게 해를 끼쳤도다. 왕자가 떠나지 않으면 화를 면하지 못하여 은나라의 종사(宗祀)가 끊어질 것이다. 각자 의리에 편한 길을 찾아 선왕께 효성을 바쳐야 한다. 나는 떠나서 은둔하는 것을 생각지 않겠다" 하였다.

기자가 주에게 간하였는데 주가 들어주지 않자 어떤 사람이 말하기를, "떠나도 될 것입니다" 하니, 기자가 말하기를, "불가하다. 신하가 되어서 간하였는데 들어주지 않는다고 해서 떠난다면 이는 자기 임금의 악을 드러내서 스스로 백성에게 잘 보이려는 짓이니, 나는 차마 그렇게 할 수 없다" 하고, 머리를 풀어 헤치고 거짓으로 미친 척하여 종이 되니, 주가 그를 가두었다. 기자가 거문고를 타면서 슬퍼하니, 사람들이 그 곡조를 〈기자조(箕子操)〉라고 하였다.

무왕이 은나라의 난을 평정하고 나서 갇혀 있는 기자를 풀어 주고 기자에게 나아가 묻기를, "은나라가 망한 것은 무슨 까닭인가?" 하니, 기자가 대답하지 않았다. 무왕이 말하기를, "하늘이 음으로 백성들을 안정시켜 그 살아가는 것을 서로 돕게 하시는데 나는 이륜(彝倫)이 펴지는 원리를 알지 못한다" 하니, 기자가 홍범구주(洪範九疇)를 진달하여 하늘과 사람 간의 대법(大法)을 기술하고 황극(皇極)의 가르침을 펼쳐 말하였는데, 도합 37장으로 「주서(周書)」에 실려 있다.

기자가 마침내 떠나서 조선(朝鮮)에 이르니 그를 따라간 은나라 백성이 5천여 명이었다. 무왕이 그대로 조선에 봉해 주고 신하로 삼지 않았다. 기자가 주나라에 조회(朝會) 가면서 옛날 은나라의 도읍을 지나가는데 집들이 무너져 벼와 기장이 자라고 있었다. 이에 기자가 〈맥수(麥秀)〉라는 노래를 짓기를,

보리 이삭 점점 올라오고
벼와 기장은 무성하구나
저 교활한 아이여
나와 좋아하지 않았도다

하였는데, 은나라 백성들이 듣고 모두 눈물을 흘렸다.

비간(比干)

왕자 비간은 은나라의 소사(少師)가 되었다. 비간이 말하기를, "임금의 허물을 간하지 않으면 충신이 아니고, 죽음을 두려워하여 말하지 않으면 용기가 아니다. 간하여 받아들이지 않으면 죽는 것은 지극한 충(忠)이다" 하고, 강력하게 간하면서 떠나지 않으니, 주(紂)가 말하기를, "어떻게 자신을 견지하는가?" 하니, 비간이 말하기를, "선을 닦고 인의를 행하여 자신을 견지합니다" 하자, 주가 노하여 말하기를, "나는 들으니 성인(聖人)의 심장에는 7개의 구멍이 있다고 하는데 사실인가?" 하고, 마침내 비간의 가슴을 쪼개어 그 심장을 보았다. 무왕이 상(商)나라를 이기고 나서 비간의 묘에 봉분을 해 주었다.

미자(微子)

미자 계는 주(紂)의 서형이다. 주에게 자주 간하였으나 주가 들어주지 않자 미자가

태사(太師) 및 소사(少師)와 의논하여 제기(祭器)와 악기(樂器)를 가지고 주나라로 달아났다. 은나라가 망하고 나서 무왕이 주의 아들 무경(武庚)을 봉하여 은나라의 제사가 끊이지 않게 하였는데, 성왕(成王) 때에 이르러 무경이 반란을 일으켰다가 실패하여 죽임을 당하였다. 성왕이 다시 미자를 송(宋)나라의 제후로 삼아 은나라의 제사를 잇게 하고, 명하기를, "은나라 왕의 원자(元子)야, 옛날을 상고하여 덕 있는 이를 높이고 어진 이를 본받아 선왕을 계승하여 그 예절과 문물을 정비해서 왕가(王家)에 빈(賓)이 되어 나라와 함께 모두 복을 받도록 하라" 하였기 때문에 송나라에 천자의 예악이 있었는데, 후세에 정치가 쇠해져서 대부분 잃어버렸다. 정고보(正考父)가 「상송(商頌)」 12편을 얻었고, 공자에 이르러 『시경』에 편입한 것이 7편이다.

『기언』 권66 자서(自序) – 자서(自序) 2

신하가 임금을 위해 숨겨 주고 아들이 아버지를 위해 숨겨 주며 임금을 존중하고 어버이를 사랑하는 것은 만고에 공통된 의리이다. 그러므로 『춘추(春秋)』에서 공자가 노(魯)나라 선군(先君)의 허물을 숨겼던 것이다. 그런데 지금 곧바로 선왕의 일을 바로잡으려고 하니 나는 이것이 공자의 가르침이 아니라고 생각한다. 간언을 들어주지 않아서 떠나는 것도 기자(箕子)는 그 임금의 허물을 드러내는 짓이라고 하였는데, 더구나 이 일은 어떤 일이며 이 말은 어떤 말이겠는가? 신하가 임금의 허물을 숨겨 주지 않고 자식이 아비의 허물을 숨겨 주지 않는다면, 존귀한 자가 존숭되지 않고 친한 자가 친한 대우를 받지 못하여 인륜이 어지러워질 것이다. …

『경설(經說)』과 『동사(東事)』 두 글을 지었는데, 『경설』은 「역(易)」, 「춘추(春秋)」, 「시(詩)」, 「서(書)」, 「홍범구주(洪範九疇)」, 「예악(禮樂)」, 「형정(刑政)」, 「시령(時令)」, 「귀신(鬼神)」을 말하고, 우(虞) · 하(夏) · 은(殷) · 주(周)의 고문(古文), 「제논어(齊論語)」와 「노논어(魯論語)」, 「월령(月令)」, 「하소정(夏小正)」, 『좌전(左傳)』, 『국어(國語)』를 추술(追述)하였는데, 성설(成說) 11편과 연설(衍說) 9편으로 도합 20편이다. 『동사』는 단군(檀君), 기자(箕子)로부터 위만(衛滿), 삼한(三韓), 사군(四郡), 이부(二府), 고구려(高句麗), 백제(百濟), 신라(新羅)까지를 낱낱이 들었으니, 그 정치와 풍속의 좋고 나쁨과 치란과 흥망의 이

유가 모두 후세의 귀감이 될 수 있을 것이다.

그리고 여러 나라의 정치로서 서적에 기록되어 있는 것을 발췌하였다. 단군조선으로부터 시작하여 해부루(解夫婁)가 북부여(北夫餘)를 만들었고, 금와(金蛙)가 동부여(東夫餘)를 만들었고, 기자의 후예가 마한(馬韓)이 되었고, 숙신씨(肅愼氏)가 옥저(沃沮)가 되었고, 고구려의 별종(別種)이 말갈(靺鞨)이 되었고, 말갈이 동거란(東契丹)이 되었고, 예(獩)는 한(漢)나라 때 창해군(滄海君)이 설치되었다가 몇 년 만에 나라를 회복하여 세시(歲時)에 조공(朝貢)하였고, 맥(貊)은 삼대(三代) 말에 이미 맥(貊)이 있었다. 맥은 깊은 산골 험저한 곳에 사는데 맥인(貊人)이 어느 시대에 나라를 세웠는지 알 수 없고, 또한 어느 시대에 멸종되었는지도 알 수 없는데, 『사기(史記)』에서 말하지 않았다. 그 외에 흑치(黑齒)는 창해(滄海)의 동해 가운데 사는 잡종(雜種)인데 남만(南蠻)의 오랑캐와 교역하였고, 음란하고 정교하며 기이한 재주가 있고, 온 나라가 죽음을 가볍게 여기고 칼싸움을 좋아하는 것을 기록하였는데, 도합 12편이다.

「자명(自銘)」은 130자인데 속편에 들어 있고, 또 「자명비음기(自銘碑陰記)」가 있다.

청주(淸主) 강희(康熙) 13년(1674)부터 19년(1680)까지이다. 총 86년간이다.

『기언』 기언별집 권10 발(跋) – 낭선군(朗善君)의 서첩(書帖)에 대한 발

한석봉의 글씨는 천하에 전해지는데, 처음에 그 글씨가 중국에 들어갔을 때 중국 사람들이 보고 평하기를 "목마른 천리마가 냇물로 달려드는 것 같다"라고 하였다. 백옥봉의 글씨는 경구옥삭(瓊鉤玉索) 같다고 일컬어졌다. 아계공(鵝溪公)은 8세밖에 되지 않았을 때 글씨에 능하여서 신동으로 일컬어졌고, 만력(萬曆) 말년에는 김현성이 임금의 명을 받고 서경(西京)의 기자비(箕子碑)를 썼다.

무신년(1668, 현종 9) 4월에 녹봉(鹿峯) 미수는 기록한다.

『기언』 기언별집 권12 제문(祭文) – 장여헌(張旅軒)에게 올리는 제문

나라의 태평과 그로 인해 유지해 온 백 년 동안의 평화는 성종(成宗), 중종(中宗), 인종(仁宗), 명종(明宗)의 연간에 크게 꽃을 피워 많은 인물들이 배출되었고, 그들이 서로 함께 유학의 도를 밝혀 나감에 따라 성인의 가르침이 바다 건너 머나먼 우리 땅에서 찬란히 빛을 발하게 되었습니다. 기자(箕子) 이래로 천년만년 이어 온 유학이 이곳에서 다시 번성하게 된 것입니다. 오호라! 말세가 된 이후로 화란이 잇달아 일어나고 게다가 백성들을 편히 잘살게 해 주어야 할 정치마저 이치에 어긋나고 멸절(滅絶)되고 말았으니, 인간의 도리가 이에 이르러 극도로 어지러워졌다고 하겠습니다. 비록 성인이 나라를 이어받는다 하더라도 이미 위태롭고 피폐된 나라의 상황을 바로세울 수는 없을 것입니다. 그리하여 예전 태평성대의 평화로운 기운이 씻은 듯이 없어져 버렸으며, 이로 인해 군자의 도가 사그라지더니 나중에는 아예 없어지고 말았습니다. 오호라! 시대적 상황은 사람에 의해 만들어지는 것입니까, 아니면 사람이 시대적 상황에 의해 만들어지는 것입니까? 선생은 치세(治世)의 순수한 기운을 타고 영남에서 태어나 훌륭한 대유(大儒)가 되기는 하였으나 자신이 배운 바를 당대에 실행할 수 없게 되자 자신의 도를 거두어들여 품속에 간직하고 그 도를 자신에게만 행하면서 즐겼습니다.

『기언』 기언별집 권13 애사(哀詞) – 임생(林生) 애사

그대는 나의 외조부 수부공(水部公)의 증손으로 나에게는 당숙질(堂叔姪)의 인척이 되며, 나보다는 열일곱 살이 적다. 그대는 기백이 높아 어려서부터 하던 과거 공부를 포기하고 늙을 때까지 책 읽기와 명산대천을 돌아다니는 일로 세월을 보냈다. 지난해에는 서쪽으로 수천 리를 여행하여 고조선(古朝鮮)시대 기자(箕子)의 유적지를 둘러보고 은(殷)나라 사람들의 조법(助法)을 시행하던 토지를 살펴보았으며, 태백산(太白山)을 등산하고 바다로 980리를 가서 탐라(耽羅)의 삼을나(三乙那)에 대한 태곳적 유적을 탐문하고 두무악(頭無嶽)에 올라 백록홍(白鹿泓)을 유람하고 남극노인성(南極老人星)을 바라보았다.

『기언』 기언별집 권16 구묘문(丘墓文) – 우참찬(右參贊) 청천군(淸川君) 한공(韓公) 신도비명

공의 휘는 준(準), 자는 공칙(公則), 별호는 남강(南崗)이며, 성은 한씨(韓氏), 본관은 상당(上黨)이다. 상당의 한씨는 기자(箕子)에서 나왔는데, 기자조선이 쇠퇴하자 마한(馬韓)이 되었다. 그 자손들이 상당에 거주하였으며 한씨로 불렸다.

『기언』 기언연보 권2 연보(年譜) - 미수(眉叟) 허 선생(許先生) 연보

정사년(1677, 숙종 3) [선생 83세]

○ 1월에 휴가를 받았다.

○ 『경설(經說)』 및 『동사(東事)』를 올렸다.

차자의 대략에, "신이 『경설』 20편을 지었습니다. 「역설(易說)」, 「춘추설(春秋說)」, 「시설(詩說)」, 「서설(書說)」, 「홍범구주설(洪範九疇說)」, 「예설(禮說)」, 「악설(樂說)」, 「형설(刑說)」, 「정설(政說)」, 「시령설(時令說)」, 「귀신설(鬼神說)」입니다. 그리고 우(虞), 하(夏), 은(殷), 주(周)의 고경(古經)과 「제노어(齊魯語)」, 「월령(月令)」, 「하소정(夏小正)」, 『좌전(左傳)』, 『국어(國語)』 등 여러 책에 나오는 글들을 추술(追述)하였습니다. 그 말은 모두 옛 성인과 현인의 말이며, 그 법술(法術)은 모두 옛 성인과 현인의 법술입니다. 전하께서는 깊이 생각하시고 한번 활용해 보소서.

또한 『동사』 22편을 지었습니다. 대개 그 다스림을 논해 보자면, 단군(檀君)의 순후한 다스림과 기자(箕子)의 팔정(八政)의 교화는 각각 1천 년을 갔으며, 위만(衛滿)은 무력과 재물로 갑자기 나라를 차지했다가 갑자기 망하였으며, 숙신씨(肅愼氏)는 호시(楛矢)와 석노(石砮)를 썼다는 것이 역사에 전해 오며, 고구려는 강대한 나라를 이루어 700년을 전하였으며, 백제는 강포하고 전쟁을 좋아하였으므로 그 나라 군주로서 전쟁에서 죽은 자가 넷이나 되었으며, 신라는 충후한 정치를 이루어 58대나 전하였습니다. 열국(列國) 정치의 선악과 치란이 후세의 경계가 될 만한 것이 한두 가지가 아닙니다. 바라건대 전하께서는 깊이 유념하시고 자세히 살피소서" 하니, 비답하기를, "올린 책자는 모두가 절실한 말들이니, 곁에다 두고 수시로 열람하겠다" 하였다.

(출처: 한국고전번역원)

『息庵遺稿』(1680년대 후반)

金錫胄(1634~1684)

『식암유고』는 조선 후기의 문신 김석주의 시문집으로 1680년대 후반 교서관(校書館) 인서체자(印書體字)로 인행되었다.

김석주의 본관은 청풍(清風), 자는 사백(斯百), 호는 식암(息庵)이다. 1657년(효종 8) 진사시에 합격했고, 1662년(현종 3) 증광문과에 장원급제하였다. 김석주는 송시열(宋時烈)의 산당(山黨)과 대립하였던 한당(漢黨) 김육(金堉)의 손자이자 서인 외척 세력으로 숙종 연간 정쟁의 핵심 인물이었다. 1674년(현종 15) 2차 예송 논쟁에서 남인과 제휴하여 산당계 인물들을 축출하였으며, 1680년(숙종 6)에는 허견(許堅) 등을 역모 사건으로 엮어 남인계를 축출했다.

아들 김도연(金道淵)이 김석주의 시문을 수습·정리하고 조현기(趙顯期)의 행장을 덧붙여 『식암유고』를 인출하였다. 그러나 1689년(숙종 15) 기사환국으로 김도연이 죽고, 김석주의 관작도 삭탈되었다. 이후 갑술환국으로 저자의 관작이 회복되자 초간본을 복각하여 목판으로 간행하고 김창협(金昌協)의 서문을 받아 1697년(숙종 23) 중간본을 간행하였다. 초간본은 현재 규장각한국학연구원, 장서각 등에 소장되어 있다.

본문은 원집(原集) 23권과 보유(補遺), 별고(別稿) 2권 등 총 14책으로 구성되어 있다. 권1~7은 사부(辭賦)와 시(詩), 권8~23은 서간(書簡)과 소차(疏箚) 등 문(文)으로 구성되어 있다. 보유에는 부(賦) 2편과 시장(諡狀) 등이, 별고에는 부와 대책(對策) 등이 담겨 있다.

고조선 관련 기록으로는 단군과 기자 관련 언급이 몇 군데 등장한다. 대부분 유적지와 관련된 짧은 언급에 그치고 있다. 김석주가 수행한 연행 당시의 시문을 모아 둔 「도초록(擣椒錄)」에서는 봉황산(鳳凰山)이 본래 고조선의 강역이었음을 강조하고 있다는 점이 특기할 만 하다. 조선 후기 북방 강역에 대한 관심의 연장선에서 이해할 수 있다.

『식암유고』 권4 칠언율시(七言律詩) – 평안도관찰사로 나가는 시랑(侍郎) 이정영(李正英) 대감을 전송하며

예로부터 번화하여 서경(西京)이라 불렸으니
관찰사로 부임하면 세간에서 영광으로 여긴다네.
예악이 여전히 남아 있는 기자국(箕子國)
풍운(風雲)이 을지문덕(乙支文德)의 병영을 길이 보호하는도다.
비단 자리에 남녀 모여 앉아서 거문고 타고
장막에선 무장한 병사들 칼을 쥐고 영접한다네.
무엇보다 가주(嘉州)에 남긴 사랑이 있는데[127]
아동들이 죽마 타고 나와서 부임을 환영하고 있구나.

『식암유고』 권7 도초록(擣椒錄) 하(下) – 봉황산(鳳凰山)

누가 동쪽의 500리 땅[東地五百]을 베어 가서
지금 중원에 편입된 지 몇 년이던가?
산하의 물색(物色)을 한번 바라보는데
여전히 단군(檀君)과 기자(箕子)의 풍연(風煙)이 남아 있구나.
[동지오백(東地五百)이란 말은 『전국책(戰國策)』에 나온다.]

『식암유고』 권19 치제문(致祭文) – 기자묘(箕子廟)에 근신(近臣)을 보내서 올린 치제문(致祭文)

아아 우리 동토는
구석에 치우쳐 있으니
옛적에는 황벽하고

---

127 무엇보다 ~ 있는데: 가주(嘉州)는 평안북도 가산(嘉山)을 가리킨다. 이정영(李正英)이 효종 5년(1654) 가산현감으로 재직했었던 사실을 뜻한다.

인문(人文)이 어두웠다네.
처음에 단군(檀君)이 나와
요(堯)임금과 같은 시대에 나셨으니
신령스러움 오래도록 전하고
인성(仁聖, 기자(箕子))께서 이어받았도다.
아! 우리 인성께서
혼탁한 시대를 만났지만
충성을 다 바치고자 결심하여
의리상 스스로를 감추려고 하였다네.
상(商)나라의 종실이 이미 끊어지고
낙서(洛書)의 홍범(洪範)마저 끊어지려 함에
스승으로 높이고 예로써 방문하니
도를 진술할 책임 막중하였네.
성인(聖人)으로서 성인에게 전하는 것은
또한 때를 기다려야 하는 법이니
세상을 다스릴 제왕의 떳떳한 도를
만세토록 길이 의지하리라.
손님으로 맞이할 순 있어도 신복할 순 없으니
처음의 맹서 찾고
이 터를 돌아보니
경계가 끊어진 구외(區外)의 세계로다.
직방(職方)의 구역도 아니고
조빙하고 회동한 적도 없었으며
은(殷)나라 땅과는 망망하고
도도한 바다와 맞닿아 있는데,
분연히 이곳에 와서

몽매한 이들을 일깨워 주고
팔조(八條)의 가르침을 처음 베푸시어
윤리를 다하고 예법을 다하였네.
우리를 인의(仁義)로 인도하고
우리를 효제(孝悌)로 이끌어 주시니
지나가고 머무는 곳마다 교화되어
법속이 크게 바뀌었다네.
오랑캐의 언어를 하고
오랑캐의 복식을 입다가
성명(聲明)이 찬란히 빛남에
삼대(三代)와 아름다움을 견주게 되었네.
널리 궁벽한 곳까지 은혜를 베푸는 것은
요순(堯舜)도 하지 못한 바인데
봉하지도 않았는데 기자께서 거처하심은
실로 하늘이 베푼 바이다.
지금까지 백성들이
칭찬을 듣고 예를 지키니
과연 누구의 힘인가?
어리석음을 면할 수 있었도다.
천추토록 제사로 보답함에
공손히 패수(浿水) 가에 임하니
신천이 용솟음치고
예전의 도랑에 머문다.
신라와 고려를 지나면서
숭봉(崇奉)을 조금도 게을리 하지 않았고,
본조(本朝, 조선)에 이르러

더욱 엄격히 제사를 올렸다.
찬란하게 빛나도다. 홍범구주(洪範九疇)여
단사(彖辭)와 계사(彖辭)가 표리를 이루어
천도(天道)의 근원을 미루고
밝은 경계를 드리우니
외로운 자들에게 포학할까 경계하고
무리에게 음탕할까 경계하였네.
내가 남겨진 가르침 읽다가
황홀하게 정신이 계합하여
항시 책상에 두고
선왕의 가르침을 받들고자 하였네.
산천이 가로막아
첨배(瞻拜)를 올리지 못하였지만
공경히 마음을 담아
생각만 하며 길이 탄식하는도다.
이에 근신을 보내어
대신 제물을 바치노니
부디 흠향하시옵고
부족함을 계도하고 보우하시옵소서.

『市南集』(1690년)

兪棨(1607~1664)

『시남집』은 조선 후기의 문신이자 학자인 유계의 시문집으로 1690년(숙종 16) 목판으로 간행되었다.

유계의 본관은 기계(杞溪), 자는 무중(武仲), 호는 시남(市南)이다. 김장생(金

長生)의 문인이다. 송시열(宋時烈)·송준길(宋浚吉)·윤선거(尹宣擧)·이유태(李惟泰) 등과 더불어 충청도 유림의 오현(五賢)으로 일컬어졌다. 1630년(인조 8) 진사시에 합격하고, 1633년(인조 11) 식년문과에 급제하였다. 병자호란 당시 척화를 주장하다가 임천에 유배되었으며, 이후 벼슬을 단념하고 학문에 전념하였다. 1644년(인조 22) 다시 정계에 진출하였고, 1659년(효종 10) 효종이 죽고 복상 문제가 발생하자 기년설(朞年說)을 지지하여 3년설을 주장한 윤휴(尹鑴)·윤선도(尹善道) 등의 남인과 대립하였다. 대사헌, 이조참판 등을 역임하였다.

유계 사후 아들 유명윤(俞命胤)과 유명필(俞命弼) 등이 유문 정리를 시도했고, 윤증(尹拯) 등이 산정(刪定)했다. 그러나 유명윤이 세상을 떠나고 2차 예송으로 남인이 집권하게 됨에 따라 문집의 간행이 미뤄졌다. 이후 윤증이 박세채(朴世采)와 함께 1688년(숙종 14) 교정을 끝냈고 유계의 막내아들 유명흥(俞命興)과 함께 1690년(숙종 16) 목판으로 간행하였다.

본문은 원집(原集) 24권, 부록(附錄) 3권 합 11책과 별집(別集) 9권, 부록 합 4책으로 총 15책이다. 권두에 송시열의 서(序)가 있고, 원집 끝에 윤증의 발(跋)이 있다.

기자 관련 기록이 권16의 〈독서쇄설(讀書瑣說)〉에 나온다. 〈독서쇄설〉은 삼경(三經)에 대한 저자의 의문점이나 연구 결과를 요약한 것이다. 기자에 대한 언급은 『서경(書經)』에 대한 독해에서 드러나는데, 모두 기자에 대한 비판을 방어하는 차원에서 이루어지고 있다.

『시남집』 권16 잡저(雜著) – 독서쇄설(讀書瑣說) [260조(條)]

○ 미자(微子)가 봉작을 받고 기자가 홍범의 도를 진술한 것을 보면, 주(周)나라 도(道)의 사심 없음과 두 성현의 뜻을 알 수 있다. 대개 말하길, "은(殷)나라가 망한 것은 주(紂)임금 때문이지 주(周)나라 때문이 아니므로, 나는 주나라에 원수진 것이 없다"라 하였다. 만약 무왕(武王)이 털끝만큼이라도 천하를 차지하려는 마음을 가지고 있

었다면 기자의 홍범구주(洪範九疇)도 엄우(嚴尤)가 흉노를 대비한 대책[128]에 불과할 것이고, 미자도 수(隋)나라 때의 진숙달(陳叔達)[129] 같은 인물이 될 뿐이니 성인이 어찌 이를 취하였겠는가?

'무편무피(無偏無陂)' 한 장은 기자가 홍범을 진술한 것이 여기에 이른 것이다. 나도 모르게 손을 덩실거리고 발을 구르며 스스로 깨달은 말을 떠올리니 그 즐거움이 이와 같다.

'왈황극지부연(曰皇極之敷言)'이라고 한 부분과 '왈왕성유세(曰王省惟歲)'라고 한 부분은 아마도 무왕이 재차 묻자 기자가 거듭 말한 것인 듯하다. 한 편이 이미 완성되었는데 손수 하나의 글을 지은 것은 무왕의 질문을 스스로 요약한 것인데 문단을 바꾸는 '왈(曰)' 자는 미처 산삭(刪削)하지 못한 것이다. 『중용(中庸)』 20장에 애공(哀公)의 문답을 기록한 것과 비슷하다.[130]

'계모자천(稽謀自天)'[131]은 기자의 홍범과 비슷한 것이다. 노성한 사람들은 옛사람들의 덕을 상고할 수 있고, 옛사람들은 하늘의 이치를 상고하여 계책을 세울 수 있으니, 노성한 사람을 버리지 않는 것이 곧 하늘의 이치를 상고하는 것이다.

---

128 엄우가 ~ 대책: 엄우(嚴尤)는 왕망(王莽)의 신하로 중국 역대 왕조의 흉노 관련 정책을 상, 중, 하책으로 나누어 평가하였다.

129 진숙달(陳叔達): 당(唐)나라 때 사람으로 효심이 지극하였다고 한다.

130 『중용』 ~ 비슷하다: 『중용(中庸)』 20장은 애공(哀公)이 정사(政事)를 물은 것에 대한 공자(孔子)의 답변으로 이루어져 있다. 그런데 공자의 답변이 이어지는 가운데 '자왈(子曰)'이 연문(衍文)으로 다시 등장하고 있다. 이 부분을 『서경(書經)』에서 무왕(武王)의 질문에 대한 기자(箕子)의 답변이 이어지는 가운데 '왈(曰)'이 다시 등장하는 것과 유사하다고 설명한 것이다.

131 계모자천(稽謀自天): 『서경(書經)』 「주서(周書)」 소고(召誥)편에 나오는 말로, 하늘의 이치를 상고하여 계책을 세운다는 뜻이다.

『梧里集』(1691년) 李元翼(1547~1634)

『오리집』은 조선 후기의 문신 관리이자 학자였던 이원익의 시문집으로 1691년(원집)과 1705년(속집)에 간행되었다.

이원익의 자는 공려(公勵), 호는 오리(梧里)이다. 1569년(선조 2)에 별시문과에 급제하여 이듬해 승문원에 등용되었다. 이후 동부승지, 우부승지, 영의정 등을 역임하였다.

1691년(숙종 17)에 이원익의 증손인 이상현(李象賢)이 간행하였다. 이것을 함홍본이라 하며, 현재 성암고서박물관, 국립중앙도서관, 장서각 등에 소장되어 있다.

본문은 원집 6권, 부록 5권, 보유(補遺) 합 4책과 속집 2권, 별집 2권, 부록 2권 합 3책으로 구성되어 있다.

원집 권2의 〈변정응태무주문(辨丁應泰誣奏文)〉에서 우리나라는 임금과 신하, 부모와 자식 간의 도리인 예의와 충성스러운 믿음에 대한 가르침을 기자(箕子)로부터 받았다고 언급하고 있다.

『오리집』 오리선생문집 권2 진문(奏文) – 변정응태무주문(辨丁應泰誣奏文) [무술(戊戌) 좌상시(左相時)]

우리나라는 전하의 은택에 흠뻑 젖은 가운데 백 년을 나날이 편안하게 지내왔습니다. 마음 편히 즐기며 날짜만 보내면서 백성들은 전쟁을 알지도 못하게 되었으니, 마침내 흉한한 도적이 침입하는 지경에 이르렀기에 스스로 강하게 길들이지 않아서 임금님과 부모님께 걱정을 끼치게 되었습니다. 이것으로서 우리나라를 책망하시면, 우리나라의 임금과 신하들은 죽음 또한 달게 받을 터인데 무슨 말로 사양하겠습니까? 임금과 신하, 부모와 자식 간의 도리인 예의와 충성스러운 믿음이라는 가르침을 우리나라 사람들은 기자(箕子)로부터 받았다는 것은 평소 알고 있던 것입니다. 선조(祖先) 이래로 성상의 밝은 시대를 만나서는 제후로서의 법도를 정성껏 지키어, 대대로 황상의 돌보심을 입었고, 명나라 때부터 내복(內服)과 똑같이 대우받았기가 오늘날에 이르렀습니다.

『迂齋集』(1692년)

趙持謙(1639~1685)

『우재집』은 조선 후기의 문신 조지겸의 시문집으로 1692년(숙종 18) 홍제립(洪悌立)이 편집하고 간행하였다.

조지겸의 본관은 풍양(豐壤), 자는 광보(光甫), 호는 우재(迂齋)이다. 1670년(현종 11) 문과에 급제한 후 청요직을 두루 거쳤고, 소론의 핵심 인물로 활약했다.

본문은 조지겸의 시문집으로, 전체 11권 5책으로 되어 있다. 권1~2에는 부와 시, 권3~4에는 소, 권5에는 서(序)와 기 등, 권6~7에는 문(文)이 실려 있다.

고조선과 관련하여 마니산(摩尼山) 기록이 눈에 띤다. 권6「권선문(勸善文)」에 〈마니산(摩尼山) 천제궁(天齊宮) 권선문〉이라는 부분이 나온다. 권선문은 불교에서 사찰을 세우거나 불사를 베풀기 위해 보시를 권유하는 글이다. 여기서 조지겸은 마니산 천제궁에 보시를 권유하며 이 사찰이 단군의 행적과 관련이 있음을 언급하고 있다.

『우재집』 권6 권선문(勸善文) – 마니산(摩尼山) 천제궁(天齊宮) 권선문

그러나 하물며 금사(金沙)[132]의 경계가 신묘하고 여의주의 이름이 높으니 어찌 단지 하늘만 그 신령을 밝히겠는가. 이미 땅이 그 호칭에 화합함을 알 수 있노라. 그 옛날 단군이 창시한 곳은 평양에 해당한다. 여러 왕이 맞이하는 상서로움은 즉 분음(汾陰)의 땅과 같다. …

132 금사(金沙): 금사하(金沙河). 구야니주(拘耶尼洲)에 있는 강물.

『浦渚集』(1692년경)

趙翼(1579~1655)

『포저집』은 조선 후기의 문신인 조익의 시가와 산문을 엮은 시문집이다.

조익의 자는 비경(飛卿), 호는 포저(浦渚)·존재(存齋)이다. 1602년(선조 35) 별시문과에 병과로 급제한 이후 승문원정자, 동부승지, 대사간, 대사성, 대사헌, 예조판서, 공조판서 등을 역임하였다. 저서로는 『포저집』 외에 『역상개략(易象槪略)』, 『곤지록(困知錄)』, 『중용주해(中庸註解)』, 『대학주해(大學註解)』, 『서경천설(書經淺說)』 등이 있다.

『포저집』의 정확한 간행 경위는 알 수 없다. 『포저선생유서(浦渚先生遺書)』에 첨부된 윤증(尹拯)의 발문으로 미루어 볼 때 1692년(숙종 18)경 조익의 손자 조지항(趙持恒), 조지정(趙持正) 등에 의해 편집·간행된 것으로 보인다. 이후 『포저선생연보(浦渚先生年譜)』와 합본으로 영인·출판되었다.

본문은 35권 18책으로 구성되어 있다. 이 가운데 고조선 관련 내용은 권15, 권26에 나온다. 권15에서는 주나라 무왕(武王)이 상(商)나라를 정벌할 적에 기자(箕子)는 주나라의 신하가 되려고 하지 않았는데, 무왕은 기자를 빈객으로 대우하면서 신하로 삼지 않았다고 기술하였다. 권26에서는 주나라 무왕이 기자를 동방에 봉하였고, 공자(孔子)가 동방에 살고 싶어 하였다고 하면서, 이는 우리 동방 사람들의 정성(情性)이 다른 이적(夷狄)과는 비교할 수 없을 정도로 아름다웠기 때문이라고 기술하였다.

『포저집』 권15 서(書)[13수(首)] – 사첩산(謝疊山)이 승상(丞相) 유충재(劉忠齋)에게 보내는 것으로 상정하여 지어 본 글 [소시(少時)에 지은 것이다]

옛날에 주 무왕(周武王)이 상(商)나라를 정벌할 적에 백이(伯夷)와 숙제(叔齊)는 말고삐를 잡고서 만류하였고 기자(箕子)는 주(周)나라의 신하가 되려고 하지 않았는데, 태공망(太公望)은 백이와 숙제를 부축해서 가게 하였고 무왕은 기자를 빈객으로 대우하면서 신하로 삼지 않았습니다. 그러고 보면 그 당시의 천하에도 신하가 되지 않았던 사람이 이처럼 몇 명이 있었다고 할 것인데, 그럼에도 불구하고 무왕은 이 일을 수치스럽게 생각하지 않았고 천하에서도 이 일 때문에 무왕을 작게 평가하지 않았습니다. 그리고 작게 평가하지 않은 정도로만 끝난 것이 아니라 주나라의 성대한 덕이 실로 이 일로 인하여 더욱 드러나게 되었다고 할 것입니다. 무왕은 역성혁명(易姓革命)을 성취함으로써 천하의 대권(大權)을 행사하였고, 백이와 숙제는 신하가 되지 않음으로써 천하의 대의(大義)를 고수하였습니다. 가령 당시에 이 몇 사람을 죽임으로써 천하에 신하가 되지 않는 사람이 없게 했다면, 어찌 개인적인 마음으로야 통쾌하지 않았겠습니까.

『포저집』 권26 서(序)[24수(首)] - 도동편(道東編) 서문

우리 동방이 비록 한쪽 구석에 외따로 떨어져 있다고는 하더라도, 주 무왕(周武王)이 기자(箕子)를 동방에 봉하였고, 공자(孔子)가 동방에 살고 싶어 하였으니, 이는 우리 동방 사람들의 정성(情性)이 다른 이적(夷狄)과는 비교할 수 없을 정도로 아름다웠기 때문이 아니겠는가. 그리하여 인현(仁賢)이 조목별로 가르침을 베풀어 일방(一方)의 치법(治法)을 제정하면서 풍속이 선하게 교화된 것이 이미 오래전부터의 일이었다. 그리고 분리된 삼국(三國)이 하나로 합쳐져서 수천 리 강토를 지니게 된 뒤로도 그 사이에 사람의 떳떳한 양심에서 우러나와 위대한 절조(節操)와 아름다운 행실을 드러내 보여 준 자가 많았다. 그러나 삼한(三韓) 이전에는 문학(文學)도 오히려 성하지 못하였으며, 고려시대에는 문풍(文風)이 성하기는 하였으나 사장(詞章)을 보기 좋게 다듬는 일에 종사하는 것이 고작이었다.

(출처: 한국고전번역원)

『訥齋集』(1694년) 朴祥(1474~1530)

『눌재집』은 조선 전기의 문신 관리이자 학자였던 박상의 시가와 산문을 엮어 1694년에 간행한 시문집이다.

박상의 자는 창세(昌世), 호는 눌재(訥齋)이다. 1501년(연산군 7)에 식년시(式年試)에 급제하여 교서관박사(校書館博士), 사간원대간(臺諫), 홍문관수찬, 한산군수, 나주목사(牧使)를 역임하였다.

산일(散逸)되어 일부만 전해 오던 박상의 시문을 1694년(숙종 20) 전라도관찰사 최규서(崔奎瑞)가 간행하였다. 현재 국립중앙도서관과 규장각 등에 소장되어 있다.

본문은 본집 7권, 속집 4권, 별집 1권, 부록 2권, 부집(附集) 2권으로 되어 있다. 기자와 명이(明夷)에 관한 언급이 별집 권1에 나온다.

『눌재집』 눌재선생별집 권1 부(賦) - 선을 행하는 것이 최고의 즐거움이다(爲善最樂)

저 운문(雲門)과 함지(咸池)를 서로 번갈아 가며 연주하는 것을 돌아보지 않고, 어찌 상림(桑林)[133]과 경수(經首)[134]의 갈마들며 어루만지는 것을 부러워하겠는가. 옛날에 요(堯)임금은 그것을 얻었으나, 제자(諸子)를 전할 수는 없었다. 순(舜)임금은 그것을 얻었으나, 제부(諸父)에게 고할 수 없었다. 기자(箕子)는 명이(明夷)에서 그것을 얻었고, 중니(仲尼)는 그것을 수수(洙水)와 사수(泗水)에서 얻었다.

133 상림(桑林): 중국 은(殷)나라의 탕왕(湯王) 때, 7년간 가뭄이 계속되자 탕왕이 하늘에 비를 내려 주기를 빌었다고 하는 수풀이다.

134 경수(經首): 〈함지악(咸池樂)〉의 악장 이름이다. 함지는 황제(黃帝)가 만들고, 뒤에 요(堯)임금이 증수하여 상제(上帝)에게 기우제를 지낼 때 연주한 음악이다.

『壺谷集』(1695년경)

南龍翼(1628~1692)

『호곡집』은 조선 후기의 문신 남용익의 시문집으로, 1695년(숙종 21)무렵에 간행되었다.

남용익의 본관은 의령(宜寧), 자는 운경(雲卿), 호는 호곡(壺谷)이다. 1646년(인조 24) 진사시에 합격하였고, 2년 뒤 문과에 급제하였다. 1655년(효종 6) 통신사의 종사관으로 일본을 방문하였는데, 관백(關白)의 원당(願堂)에 절하기를 거절하였다. 1689년(숙종 15) 장희빈(張禧嬪)의 소생을 세자로 삼으려 하자 극력 반대하다가 명천으로 유배되어 3년 후 유배지에서 죽었다.

남용익은 유배지에서 죽기 전까지 자신의 원고를 정리해 두었다. 남용익의 사후 얼마 안 되어 문집이 간행되었는데, 정확한 간행 시기나 주도한 인물은 알 수 없다. 다만 여러 가지 정황상 아들이었던 남정중(南正重)이 1695년 무렵 경상감영에서 간행하였을 것으로 추측된다. 현재 규장각, 장서각 등에 소장되어 있다.

본문은 18권 9책으로 구성되어 있다. 권1~10은 시(詩), 권11~12는 부상록(扶桑錄) 상·하, 연행록(燕行錄), 권13~14 앞부분은 과제록(課製錄), 응제록(應製錄), 여문(儷文), 권14 뒷부분~권15 앞부분은 소(疏), 차(箚), 계사(啓辭), 권15 뒷부분~권16 앞부분은 서(序), 기(記), 발(跋), 권16 뒷부분~권18 앞부분은 제문(祭文), 행장(行狀), 묘지명(墓誌銘), 묘갈명(墓碣銘), 묘표(墓表), 권18 뒷부분은 잡저(雜著)이다.

고조선과 관련해서는 단군과 기자가 언급된 부분이 나온다. 단군에 대한 기록은 강동현감(江東縣監) 부임하는 이지백(李知白)을 전송하는 시에 간략히 언급되어 있는데, 강동이라는 지역과 단군을 연결 짓고 있음을 알 수 있다. 기자 관련 문장은 중국 사행시에 남긴 것으로서 남용익의 기자 인식을 보여 주고 있다.

『호곡집』 권5 오언율시(五言律詩) – 강동현감(江東縣監) 이지백(李知白)을 송별하며

강동(江東)이 작다 하지 마라
예로부터 번화하다 일컬어졌다네.
싸늘한 가을의 달빛[135]과
캄캄한 3월의 하늘[136]
강에는 무지개다리 걸려 있고
산은 첩첩산중을 따라 갈라지네.
한 잔 술을 가져다가
나를 위해 단군에게 올려 주소.

『호곡집』 권14 여문(儷文) – 평양기자묘비명(平壤箕子廟碑銘) [병서(并序)○봉사연행시(奉使燕行時)]

빼어난 골짜기 붉은 가지 거친 바람에서 굳센 기운을 알게 되고, 샘에 묻힌 보배로운 칼날은 썩은 흙덩이에서 신이한 빛을 낸다고 들은 것 같다. 이것은 곧은 신하가 절개를 드러내기 때문이다. 바야흐로 어지러운 때를 보고 군자가 오랑캐 땅에 살며 어리석고 거친 풍속 누추하게 여기지 않았다. 그리하여 서릿발 같은 절조에 금석 같은 뜻은 성한 위엄의 군주로 신하로 삼지 못하였다. 철저하게 삼가는 행실에 충성스러운 말은 오랑캐 나라를 또한 교화할 만했다. 그러므로 지혜와 덕은 오직 썩지 않고 서책에 천고의 이름을 남겼으니 어찌 공에 보답하지 못하겠는가. 제사에서 많은 왕들의 대접을 받았다. 청풍(淸風)이 술을 마셔 완고하고 나약한 자들 일으키니 대낮처럼 밝아지고 음산하게 내리는 비 개인 것은 우연이 아니니 반드시 이름 있는 자가 마치 새가 상서로운 알을 남겼듯이 사도(司徒)가 상(商)나라 봉토를 개척하여 열어 명신(明神)

135 가을의 달빛: 원문의 장한(張翰)은 진나라 때의 시인이다. 장한이 낙양에서 벼슬살이를 하다가 가을바람이 불어오자 고향으로 돌아왔다는 고사가 있다. 따라서 장한월(張翰月)은 가을의 달빛을 가리킨다.

136 3월의 하늘: 원문의 두릉(杜陵)은 당나라 때의 시인 두보(杜甫)의 별칭이다. 두보가 3월 3일 봄놀이하는 미인을 보고 지은 〈여인행(麗人行)〉이라는 시가 유명하다. 따라서 두릉운(杜陵雲)은 3월의 하늘을 가리킨다.

에게 제사 지내 고하였다. 열조(烈祖)께서 은(殷)나라의 대업을 열어 밝고 현명한 임금이 계속해서 나셨다. 큰 터에 반포한 책력(冊曆)은 길이 이어졌으니 그 다스림이 우하(虞夏)의 화평함을 논하고, 그 교화가 바다와 사막에 점차 미치는 것을 다하는 것을 말한다. 뽕나무는 괴이함으로 위급함을 알려 여섯 가지 책망을 좇아 자신에게 돌리니 솥에서 꿩이 울어 성서를 회복하여 사방에서 조회 오고 손바닥에서 움직였다. 넓은 하늘 떠났을 때 이르러 임금은 흉악함을 내리시어 노인을 저버리고 전형을 감추셨다. 간사한 자들을 믿어 못과 수풀로 모이게 하였다. 거교(鉅橋)[137]는 만성(萬姓)의 기름을 빼앗으며, 정강이를 베어 내고 임산부의 배를 갈랐으니, 구리 기둥은 천명의 발로 반들거린다. 요염한 자태에 교묘한 재주로 가도가 삭막해져 암탉이 우니, 첩첩의 정자와 높은 누대에 동산과 연못이 많아 짐승들이 이르렀다. 적수(敵讎)를 부르기를 게을리 하지 않았고 흠향하는 것을 훔쳤으나 재앙이 없으니 음학함이 날로 더해지지 않고 엎어지고 떨어짐은 좌시할 수만은 없다. 이로 인해 하늘이 훌륭한 재상을 내었으니 안위는 진퇴하는 몸에 달려 있고, 나라에 주친이 있으니 행복과 불행은 임금과 신하의 몸에 같이하여 소중함이 이와 같았다. 그 사람이 누구인가? 은(殷)나라 태사(太師) 기자(箕子)이다. 성은 자씨(子氏)이고 이름은 서여(胥餘)이다. 주(紂)임금의 제부(諸父)이다. 태정(太丁)임금의 손자이고 제을왕(帝乙王)의 자손이다. 은황(銀潢)과 옥파(玉派)의 유풍(流風)은 칠성(七聖)이 남겨 놓은 것을 계승하고, 빼어난 자질은 팔원(八元) 중에 뛰어난 사람을 초월하였고, 마음에는 계획이 있어 일찍부터 저 교활함이 종족을 빠뜨리는 것을 알고 보위를 가볍게 여기지 않아서 때마침 어진 이가 임금의 대를 이어 주기를 청한 것은 태사의 지혜이다. 하늘로부터 음덕을 열어서 점괘에 기이한 징조를 내리셨고 우(禹)임금이 펴신 이륜(彝倫)은 홍범에서 미언(微言)을 밝혔다.

그런데도 앞은 남쪽, 뒤는 북쪽, 왼편은 동쪽, 오른편은 서쪽으로 배열하고 첫째 오행(五行), 둘째 오사(五事), 셋째 팔정(八政), 넷째 오기(五紀)로 나누었으나 어지러워 늘

137 거교(鉅橋): 상나라 주왕의 창고 이름이다. 원래는 중국 하북성에 있는 거록수(鉅鹿水)의 큰 교량 이름으로, 조운하여 온 곡식을 여기에 저축하던 창고 이름이 유래된 것이다. 『서경(書經)』「주서(周書)」 무성(茂成).

어서지 않아 지혜로운 사람들은 얼마 되지 않아도 빙호(氷壺)가 멀리 비추듯 황극에 모이고 귀의함을 살피고, 수경(水鏡)이 그윽함을 통하듯 서징(庶徵)에 길흉을 밝혀 의계(疑稽)와 덕용(德用)은 함께 화로와 도가니로 들어가고, 오복(五福)으로 흠향하고 육극(六極)으로 위엄을 보여 모두 경수(涇水)와 위수(渭水)에서 거두어들이는 것이 태사(太師)의 신명(神明)이다.

명성은 제후들과 나란하여 봉토를 분급 받고 오등(五等)의 높은 자리에 섰고, 공적은 고경(孤卿)보다 뛰어나 귀척(貴戚)으로 삼공(三公)의 높은 자리에 올랐다. 아침저녁으로 부지런히 힘쓰고 신호(臣扈)와 무함(巫咸)과 훌륭함을 짝하기를 생각했고 음양을 섭리하여 이윤(伊尹)과 부열(傅說)에 훌륭함을 나란히 하기를 바랐다.

낭비는 옥 술잔에서 싹터서 콩잎 끓이지 않음에 분개하고, 사치는 금궁(金宮)에서 번져서 띠풀로 만든 집에 거처하지 않음을 탄식하는 데 이르러 자신의 거취를 도모하여 소사(少師)에게 슬픈 마음 토해 내고, 나라가 망하는 데 괴로워하여 원자(元子)에게 원망하는 말로 답하였다. 일어나 패망의 화를 당해도 정성스러운 남의 신하가 되지 않을 것이며, 각자에게 의로운 것을 왕에게 바치고 떠나서 은둔하려는 평소의 뜻 돌아보지 않으셨다. 어두움이 땅속으로 들어가는 태양과 같고 답답함은 하나라 자손의 마음과 같으니 태사가 시국을 근심함이로다.

물을 건너는 데 끝이 없고 하늘에 닿아도 변함이 없는 데에 이르러 역린(逆鱗)에 칼날을 무릅쓰고 대궐의 섬돌을 칠한 충정 애처롭게 여기고, 제사를 품어 손교(遜郊)의 뛰어난 자취를 슬퍼하였다. 죽음에 이르더라도 악을 드러내는 것을 혐의하였고, 연이어 붙잡혀도 다시 백성들을 기쁘게 하는 데 가까우니, 이는 정성을 쌓아서 일식이 다시 일어나기를 바랐다. 온건하게 간하여 종일 부는 바람이 그치기를 바라는데, 비록 이리 울음소리 찢어지게 울부짖어 솥들을 늘어놓고 사람들을 끓여 호랑이 입술 크게 벌려도 천둥소리 연속해서 만물에 벼락을 친다 해도 신명이 도와줌이 불에 타 죽는 재앙을 막아 주는 것과 같은데, 충의가 도운 것은 다만 결박되어 갇히는 치욕을 당할 뿐이다. 이에 쇠잔한 형체로 머리를 풀어 헤쳐 착한 성품이 광증으로 변하고 뼈와 힘줄을 괴롭게 하여 높은 행적 종노릇으로 흐려졌다. 근심은 검은 줄에 감기고, 감옥에서 측은히 여기는 마음 가두고 원망은 거문고 현에 의탁하여 오묘한 거문고로 답답한 기운을 떨치셨으니 태사의 대처가 뛰어나다. 팔백후(八百侯)가 모이고 삼천덕(三千德)이 함께하여 황금 도끼 일어나니 흩어져 숲과 같았고, 진귀한 옷 불에 타니 그 뿔이 무너졌다. 그물을 제거하고 차꼬를 풀어서 바로 반정(反政)의 처음부터 따르고 도(道)와 구주(九疇)를 물으니 다시 공을 이루었음을 알린 다음 따르셨네. 법도를 지키는 것은 나에게 달려 있는데, 무릎을 꿇는 것이 수치가 됨을 알고 있으며, 법을 전하는 데 다른 사람이 필요한데, 입을 다무는 것이 불가하니 어떤 상황에서 뜻을 누르고 어떤 상황에서는 말씀을 떨치시니 태사의 적절한 권도(權道)이다.

오래된 덕망은 더욱 높아질수록 순일한 충정은 더욱 확고해져서 그 군주가 아니면 섬기지 않아 맑은 모습 서산(西山)에 나란하게 솟아오르고, 품은 뜻 돌리기 어려워 채읍(采邑)은 동해에 아득하게 멀어지네. 은혜는 기나라로 잇게 함과 같았으나 오히려 집백(執帛)의 반열을 사양하시고 섬기는 것은 요임금의 아들 단주(丹朱)와는 달라 퉁소 소리를 듣는 자리로 기꺼이 나아갔다. 평양에 새로운 도읍을 정하고 조선에 옛 이름을 시행하였으니 태사가 즉각 봉해졌다. 낙토(樂土)의 문명을 말씀하시면서 아득하고 먼 길 가리키시고, 고국 떠나시면서 보리이삭 남은 터 노래하셨네. 다른 나라에 와서 위무하시고, 단군의 큰 족적을 밟으시고, 동쪽 바닷가 한 모퉁이에 해가 떠서 그 빛 번져 나가고, 여러 해 동안 개벽하여 백성들이 사는 데 무지몽매하고, 성인이 지나는 곳마다 감화되고 머무는 곳마다 신묘하게 감화되니, 귀에 대고 얼굴을 맞대고 자상하게 가르치시어 팔조(八條)의 가르침을 보이셨다. 남자는 밭 갈고 여자는 길쌈하게 하여 예를 따르는 글로 펴셨고, 도둑은 몰수하고 사람을 죽인 자는 죽여 속형(贖刑)의 율을 이루었다. 정전법을 따라 경계를 구획함에 공평할 수 있었고, 질박한 풍속을 숭상하여 간음과 도둑질이 저절로 그쳤다. 혼인에 있어서 금지하여 막는 것에 엄하였고, 주인과 노비에 대해 명분을 바로잡았다. 태사가 가르침을 베푸신 후에 홀연히 위로 올라갔고 훌훌 영영 떠났다. 육신과 혼백은 우리 동방에 머무시고, 달에 멍에 매고 구름을 타고 현사(玄社)에서 조종께 절 올리셨다. 마침내 인(仁)으로 『논어[魯語]』에서 칭송되었고, 이로우며 곧음이 공자[宣聖]의 효(爻)에 들어갔으며,

현인으로 『맹자[鄒書]』에 나타나 재상으로 맹자[子輿]의 칭찬이 있었으니, 그 밝음을 그칠 수 없고 그 은택은 다할 수 없음이 태사의 대단한 명성이다. 자손들이 계승하여 근원은 깊어 물줄기 깊어지고, 화균(和鈞)과 종거(鍾簴)는 패수(浿水)의 궁(宮)에 오래도록 매달려 있고, 저잣거리와 마을은 왕검성(王儉城)에 영원히 보존되었다. 주(周)나라가 하늘이 내린 부절을 거둘 때에도 복은 오히려 길게 이어져 진(晉)나라가 경계를 넓히는 데 이르러 봉토가 점차 희롱당하자 도망친 사람들이 북쪽으로 달려와서 기자의 봉토를 빼앗았으니[138] 약한 후손들이 남쪽으로 달아나 끝내 몸을 숨기고 (봉토를) 잃은 슬픔에 통곡하였다. 한편으로 마한(馬韓)의 계통으로 계보가 이어지고 따로 갈라져 나뉘어 조석산(鳥石山)에 거주하기도 하였으니 태사의 역년(歷年)이다. 그 밝게 빛나는 것이 선조들을 뛰어넘고 큰 복을 후대에 열어 주듯이 오랑캐의 땅에 관복을 차려 입은 것은 태백(太伯)의 교화가 작다고 여기고 좌임(左衽)하는 풍속을 없앤 것은 관중(管仲)이 공이 작다고 여길 것이다. 한(漢)나라 신하들이 책에 쓴 것은 곧음과 신의를 기려 선양하기 위함이고, 당(唐)나라 황제들이 윤음(綸音)을 내리는 것은 공손함과 부지런함을 장려하여 항상 꾸며 주었으니 유래가 있는 것이니 누구의 힘이겠는가! 태사가 남긴 교화이다. 그러나 비루한 풍속에 문자도 없어 유가(儒家)의 풍모가 아직 진작되지 않아 고구려의 집과 고을은 보답하는 제사를 지내는 의식을 알지 못하였고, 고려시대에 사당에 제사를 올렸으나 여전히 흠향하고 존숭하는 예식을 빠뜨렸으니 지나는 사람이 그것 때문에 탄식하고 지식인들은 그것 때문에 안타까워하였다. 일반적으로 국가는 태양과 달의 밝은 빛에서 열려 건곤(乾坤)의 태평한 운수로 넓힌다. 태조 헌강대왕(太祖康獻大王)께서는 의리를 밝히고자 군대를 돌리시고 대업(大業)을 개창하고 금구(金甌)에 제사 지냈고, 세종 장헌대왕(世宗莊憲大王)은 어진 명성으로 왕업을 이으시어 태평성대를 이루시고 밝은 세상을 만드시어 고려의 잘못된 것

---

138 그 사람의 학설을 가지고서 그 사람을 공격하는 것을 이른다. 곧 하휴(何休)가 공양학(公羊學)을 좋아하여 『공양묵수(公羊墨守)』, 『좌씨고황(左氏膏肓)』, 『곡량폐질(穀梁廢疾)』을 저술했는데, 정현(鄭玄)이 반박하는 『발묵수(發墨守)』, 『침고황(鍼膏肓)』, 『기폐질(起廢疾)』을 쓰자, 하휴가 보고 한탄하기를 "강성(康成, 정현)이 내 방에 들어와 내 창을 가지고 나를 친다"라고 했다 한다. 『후한서(後漢書)』 「정현열전(鄭玄列傳)」

을 쓸어버리고 온 세상을 밝게 여셨다. 우리 선조 소경대왕(宣祖昭敬大王)에 이르러서 성덕(聖德)이 하늘에서 나와 글과 생각이 해처럼 밝게 빛나니 관상감(觀象監)이 경사를 알렸다. 오성(五星)이 규벽(奎壁)의 궤도에 모이고 백관(白觀)이 상서(祥瑞)를 드날리니 많은 선비들이 명군과 현신이 만나는 때에[139] 이르렀으니, 높은 관과 넓은 띠를 갖춘 선비들이 성균관의 문(橋門)[140]을 둘러싸고, 도원(道院)의 서재(書齋)는 시골의 서당에까지 빽빽하게 늘어서 있다. 많은 제문들은 모두 질서정연하고, 빛나는 다스리는 도구들은 다 갖추어져 평양의 창광산 아래 인현서원(仁賢書院)은 만력(萬曆) 4년 병자년(1576, 선조 9)에 고을 사람이 세운 것이다. 이에 무덤 근처에 당우(堂宇)를 짓고 제사를 올리는 유생들은 제도를 은(殷)나라에서 모방하고, 크고 아름다운 헌창(軒窓)의 모양은 은나라의 학교를 본떴다. 많은 산들은 두 손을 모아 절하듯 금수산(錦繡山)의 봉우리를 비스듬히 잇고, 한 줄기 냇물 감돌아 능라도(綾羅島)를 돌아 둘러싸니, 여러 사람이 보는 것을 치솟기 시작했고 사시에 따른 경치는 비로소 새롭다. 그 편액을 청할 때가 바로 임금께서 승하하시는 해였고, 다시 신해년(1611, 광해군 3)에 고을 선비들이 선우(鮮于)씨를 세워 후손으로 삼기를 청하였다. 교지를 내려 허가하셨고, 이어서 '숭인(崇仁)'이라는 편액을 내리셨다. 미천한 사람을 찾아 벼슬을 주어 관직은 낭직(郎直)의 명단에 올려 주고 녹미를 내리고 요역을 면제하여 대대로 봄가을에 제사를 주관하게 하였다. 후손을 봉해 주는 것은 무왕(武王)이 우(虞)·하(夏)·은(殷)의 후손을 진(陳)·기(杞)·송(宋)에 봉해 준 것[141]에 비견되고, 무덤을 수호하는 것은 다섯 집을 넘는다. 은혜가 미치지 않은 곳이 없고, 예는 갖추어지지 않은 것이 없었다. 공자묘 밑으로 왕자의 비석에 새긴 글을 보기 어렵고, 하현사(河縣祠) 앞에 오랑캐 문자로 비갈(碑碣)을

139 한 시대에 성군(聖君)과 현신(賢臣)이 서로 만나는 것을 말한다. 『주역(周易)』「건괘(乾卦) 문언(文言)」에 "구름은 용을 따르고, 바람은 범을 따른다[雲從龍 風從虎]"라고 한 데서 유래하였다.

140 성균관의 문[교문(橋門)]: 교문은 고대 태학(太學) 주위에 물이 둘러 있고 사문(四門)이 다리로 통하므로 불린 이름으로서, 태학의 문, 혹은 태학을 가리킨다. 이 글에서는 성균관을 지칭한다.

141 주 왕조(周王朝)가 새로 들어선 다음에 전대 삼 왕조(三王朝)의 자손들에게 왕후(王侯)의 칭호를 준 것을 삼각이라 이른다. 즉 우(虞)·하(夏)·상(商)의 후손을 진(陳)·기(杞)·송(宋)에 봉하여 준 것이다.

세우지 못했다. 이로부터 유림의 흠(欠)이 되었다. 어찌 크게 빛났던 수령이 없었겠는가! 관찰사 정사호(鄭賜湖) 공[142]은 자(字)가 몽여(夢與)이고 동래(東萊) 사람이다. 임무가 중한 지방관으로 정성스럽게 옛것을 사모하여 풍속을 묻고 그 노래를 채집하였다. 문옹(文翁)[143]이 교화를 이루는 다스림을 본받고 임금께 올리는 글을 달려 보내니 조변(趙抃)[144]이 충성을 드러내는 마음을 추구하였다. 기적(紀蹟)은 조정의 논의에 진실로 들어맞고 찬사(撰詞)는 이에 유신(儒臣)에게 명하였다. 월사(月沙) 이정구(李廷龜) 공은 자가 성징(聖徵)이고 연안(延安) 사람이다. 문예에 뛰어났고 예조[儀曹]의 수장이었다. 묵은 자취와 지난 일들은 모사하는 기술에 모두 옮겨 놓고, 명철한 규범과 아름다운 말씀은 찬양하는 서술에 모두 써 넣어 절묘한 말들은 누런 비단에서 펼쳐지고 뛰어난 시구는 붉은 돌에 늘어놓았다. 남창(南窓) 김현성(金玄成) 공은 자가 여경(餘慶)이고 경주(慶州) 사람이다. 어려서 서법[145]을 배웠고 검무(舞劍)의 신이함을 일찍부터 전수받았다.[146] 기개가 넘치고 매끄러운 초서는 토끼털로 만든 붓을 잡는 데 오로지 힘을 다하였고, 옥구슬 같이 아름다운 전서는 비단 종이에 정수를 빼앗겼으니 글은 훌륭했고 필체는 뛰어났다. 마침내 관아 옆에 터를 닦아 학교(序膠)[147] 옆에 비석

142 정사호(1553~1616): 1612년(광해 4)에 평안도관찰사로 부임하였다.

143 문옹(B.C 179~B.C 101): 이름은 당(黨), 자는 중옹(仲翁)으로 서한(西漢) 경제(景帝) 때 촉군태수(蜀郡太守)로 나가서 교화를 펼치고 학교를 일으켜 문풍(文風)을 크게 떨쳤다. 무제(武帝) 때 온 천하에 학교를 설립한 것은 문옹으로부터 비롯되었다고 한다.

144 송(宋)나라 인종(仁宗)·신종(神宗) 때 사람으로, 자는 열도(悅道), 호는 지비자(知非子)·고재거사(高齋居士), 시호는 청헌(淸獻)이다. 전중시어사(殿中侍御史)로 있을 적에 높은 자리에 있는 사람도 두려워하지 않고 탄핵하여 철면어사(鐵面御史)라 불리었다. 벼슬은 성도지부(成都知府) 등을 거쳐 참지정사(參知政事)에 이르렀다. 『송사(宋史)』 권316 「조변열전(趙抃列傳)」

145 임지(臨池)는 연못가에 간다는 말인데, 서법을 익히거나 글씨를 쓰는 것을 의미한다. 후한(後漢) 때 초성(草聖)으로 일컬어졌던 장지(張芝)가 글씨를 익힐 적에, 자기 집안에 있는 모든 의백(衣帛)에다 글씨를 쓴 다음에 다시 빨곤 했으므로, 그를 일러 "못가에서 글씨를 연습하여 못물이 다 검어졌다[臨池學書, 池水盡黑]"라고 했던 고사가 있다. 『진서(晉書)』 권80 「왕희지열전(王羲之列傳)」

146 장욱(張旭)은 '초성(草聖)'이라 불릴 정도로 뛰어난 당나라의 서예가였는데, 당시 유명한 무인(舞人)이었던 공손대랑(公孫大娘)이 서하검기(西河劍器)를 추는 것을 보고 초서의 필법이 매우 진전되었다고 한다. 『당시삼백수(唐詩三百首)』 「觀公孫大娘弟子舞劍器行並序」

147 序膠: '서(序)'와 '교(膠)'는 하(夏)나라와 주(周)나라의 학교 이름으로, 여기서는 향교를 의미한다.

을 세웠다. 거북 머리와 교룡(蛟龍)의 발은 푸른 옥에 뭉치와 끌 자취를 두르고, 봉황과 난새[鸞]의 날갯짓은 푸른 나무에 산호의 그림자 교차하듯 하였다. 가는 획에 분명하게 보이는 이끼는 옷을 거두고 사방으로 통한 길에 우뚝 솟은 것을 바라보니 처마 기둥은 비를 피하는구나. 천자의 나그네 사신의 수레를 멈추고 소리 높여 읊는다. 조서를 받들고 온 사람은 신선 수레에 머물러 엄숙히 읊조린다. 위문후(魏文侯)의 단목(段木)은 단지 현인을 찾아가는 것을 기뻐하고 양숙자(羊叔子)의 현산(峴山)은 겨우 눈물을 흘렸다고 알려졌을 뿐, 어찌 존경과 흠모함을 전왕(前王)의 머리에 씌우고 공경과 그리워함이 온 나라의 마음을 기울인 것과 같겠는가! 그 도를 행함이 매우 넓고, 그 전해짐이 아주 오래된 것이로다. 장차 계림(鷄林)의 궁벽한 땅에서 많은 선비들의 모범을 장구하게 행하도록 하고, 접역(鰈域)에[148] 치우친 번국(蕃國)에 소중화(小中華)의 명예를 오래 가지도록 하여, 중화 문명으로 미개한 풍속을 변화시키는 것이 이 땅에 있게 하고, 깊은 골짜기에서 나와 나무 위로 옮겨 가게 하는 일이 여기에서 말미암게 하였으니, 아! 성대하도다. 모생(某生)은 좋은 때는 아니었지만 어려서 학문을 알아 북궐(北闕)에서 왕명을 받아 8월의 배를 헛되이 따라갔고[149] 철마다 서관(西關)을 지나 천년 무덤에 공손히 배알하였다. 초목은 바람과 서리와 함께 늙어 갔고, 산천은 명예와 절조와 함께 오래 남았구나. 아! 묵은 지팡이 의연하고 남겨진 샘은 완연하네. 오묘한 비결 몸소 이어 받고 순수한 용모 공손히 바라볼 수 없음이 한스럽고, 맑은 향기 직접 배워 몽매한 뜻 시원하게 씻을 수 없음이 한스럽다. 한 자루의 향을 사르며 아득히 그리워하고 한 조각의 돌을 어루만지며 오래도록 생각한다. 한유(韓愈)[150]가 예전에 석고(石鼓)에 쓴 것에 소식이 뒤이어 노래를 지었고, 반고(班固)[151]가 한도(漢都)에 이미 서술한 것에 장형(張衡)이 이어서 시를 지었는데, 이것은 담비 꼬리가 부족

148 접역(鰈域): 가자미가 나는 바다 연안이라는 뜻으로, 우리나라를 가리킨다.

149 사신으로 중국에 간다는 의미이다.

150 한 이부(韓吏部): 당나라 때의 대문장가인 한유(韓愈), 즉 한퇴지(韓退之)이다. 벼슬이 이부시랑(吏部侍郎)에 이르렀으므로 한 이부(韓吏部)라고 일컬은 것이다.

151 맹견은 후한(後漢)의 역사가 반고(班固)의 자.

하여 개의 꼬리로 이었다는 부끄러움을 무릅쓰고 돼지 꼬리를 매는 데 가까운 글이 되었다.

명(銘)을 지어 말한다.
여도(驪圖)는 세상과 멀고 봉기(鳳紀)는 벼슬이 낮지만
거북점에 계속해서 나타나니 우(禹)임금이 곧 발휘하였나.
숨어 나타나지 않아 지혜로운 사람 또한 드물었네.
임금이 나라를 다스릴 방책을 살필 수 없고 천기를 누설함이 없다.
아! 우리 태사(太師)가 이 신식(神識)을 타고나
하나의 이치로 확장한 것으로 구주(九疇)를 밝히셨네.
거울의 맑음은 연못의 맑음이고 터럭을 나누고 실오라기 쪼개어
은혜를 가까이함으로써 법도를 세우고자 하셨다.
인척으로 중신이 되어 귀해지니 법을 버리고
분별없는 방종함이 덕을 멸하여 잘못이 법을 뒤집고
주색에 빠져서 원망이 다하여 비린내를 풍기니
망해 가는 것을 누가 구제하리오. 반복해도 듣지 않으니
미자(微子)의 발은 떠났으며 비간(比干)의 심장은 이미 가루가 되었고
기자는 자신을 굽혀 노비가 되었으니 밝은 곳 안에서 어두운 곳에 거처하셨네.
주(周)나라의 융성함에 이르러 몸은 나라의 운명에 남겨 두었기에
도와 법이 전해질 수 있었으니 물으면 곧 대답하였다.
높은 절조 더욱 견고해져서 봉작을 피해
아득한 살수(薩水, 청천강) 막막한 단봉(丹峯)
군자가 살면 누추한들 무슨 상관이랴, 이끌어 주면 반드시 따르니
법 조항을 반포하고 가르침을 펴서 예를 높이고 농사에 힘쓰니
아름다운 풍속 점차 일어나 경박한 풍속 크게 변하였네.
천수를 다하고 돌아가시니 아득하고 지나온 세월 멀구나.

위만(衛滿)이 돌격하니 준왕이 도망쳐 기이하게 나뉘어 버렸네.
명성의 위대함이 강과 같으나 후손의 미약함은 실오라기와 같아서
성조가 녹에서 열려 문은 무를 가르치고
남겨 주신 은덕 깊게 생각하니 퇴락한 세상 멀고 멀어지니
후손이 계승하여 벼슬 이어받아 전각 우뚝 솟고 비석 당당하네.
옥중에서 거문고를 연주하고 은나라의 옛터 지나가며 노래를 남겼네.
정전(井田)의 터 옮겨지지 않고 무덤은 마치 어제 만든 것 같으니
번국(藩國)을 영원토록 보우하시나 제사를 오래도록 흠향하네.
학교에 『상서(商書)』는 있지만 제기에는 주나라 곡식이 없으니
혼(魂)은 서쪽으로 돌아가지 않으시고 동방에 의탁할 만하네.

『存齋集』(1696년경)

李徽逸(1619~1672)

『존재집』은 조선 중기의 문신 관리이자 학자였던 이휘일의 시가와 산문을 엮은 시문집이다.

이휘일의 자는 익문(翼文), 호는 존재(存齋)·명서(冥棲)·저곡(楮谷)이다. 주요 저서로는 『존재집』 외에 『구인략(求人略)』, 『홍범연의(洪範衍義)』가 있다.

『존재집』은 이휘일의 아우인 이현일(李玄逸)이 1696년경에 6권 2책으로 편집하여 간행한 것으로 보인다. 뒤에 습유와 부록이 증보되었다. 현재 국립중앙도서관, 계명대학교 도서관, 규장각 등에 소장되어 있다.

본문은 8권 3책으로 구성되어 있다. 내용은 권해의 발문·사(辭)·시·서(書)·서(序)·기(記)·잡저·제문·묘지명·행장·습유가 있다. 부록으로 이현일의 행장과 홍여하(洪汝河)·김학배(金學培) 등의 글이 있다.

기자의 홍범구주에 관한 내용이 권8 부록의 〈만사(挽辭)〉에 나온다.

『존재집』 존재선생문집 권8 부록(附錄) – 만사(挽辭) [홍여하(洪汝河)]

기자가 남긴 홍범구주 심오한 글로 풀이했으나
책으로 완성하지 못한 채 역사로만 기약했지.
저녁에 죽어도 좋다는 유연한 뜻이야 알겠다만
백발의 두 어버이 계심은 견딜 수 없네.

지난날 홍구 가다 은둔한 사람 찾았더니
흰 구름 흐르는 물에 이 사람 놓쳤네.
한 통 부음 뒤따라와 곧 영결하게 되니
문득 깊은 정회 일어 이 사람 불러보네.

(출처: 한국고전번역원)

『文谷集』(1699년)

金壽恒(1629~1689)

『문곡집』은 조선 후기의 문인 김수항의 시가와 산문을 엮어 1699년(숙종 25)에 간행한 시문집이다.

김수항의 자는 구지(久之)이고, 호는 문곡(文谷)이다. 1651년(효종 2) 알성문과에 장원으로 급제한 후 병조좌랑, 이조정랑, 도승지, 예조판서, 좌의정, 영의정 등을 역임하였다.

아들 김창집(金昌集)과 김창협(金昌協)이 김수항의 시문을 28권으로 편집하여 간행하였다. 1702년(숙종 28) 송준길(宋浚吉)의 문인 안세징(安世徵)이 영광군수(靈光郡守)로 재직하며 초간본을 저본으로 일부분 수정하여 중간본을 간행하기도 하였다. 초간본은 운각활자(芸閣活字)로 간행한 28권 13책이고, 중간본은 목판본인데 역시 28권 13책이다. 앞부분에는 전체의 목차인 총목(總目)과 각 권별 목록이, 끝부분에는 1699년 김창협이 지은 발문이 각각 수록되어 있다.

고조선 관련 기록은 권3, 권6, 권26에 나온다. 권3의 〈기자의 묘를 배알하다(謁箕子墓)〉라는 시에서는 기자가 동이를 중화문물로 교화시켰다고 언급하였다. 그리고 〈원일(元日)〉이라는 시에서는 해동국의 기자국을 언급하였다. 권6의 〈옛 일이 생각나 이별이 아쉽기에 입으로 절구 여섯 수를 불러 평안도 오 감사에게 적어 주다(感舊惜別口占六絶錄贈關西吳按使)〉라는 시에서는 기자가 실시했던 정전(井田)의 유지가 당시까지 남아 있었다고 언급하였다. 권26의 〈화왕전(花王傳)〉에서는 기자가 서주(西周) 무왕(武王)을 조알할 때 은(殷)나라의 옛 수도를 지나면서 지었다는 〈맥수(麥秀)〉의 노래에 대한 언급이 있다.

『문곡집』 권3 시(詩) – 기자의 묘를 배알하다(謁箕子墓)

성대한 교화 중화문물로 동이를 변화시켜
천년 세월 동방에 강상을 내걸게 되었지.
이천(伊川)의 예언처럼 머리 푼 일 현실 되었으니
천지 우러르고 굽어보며 한 줄기 눈물 흘리네.

『문곡집』 권3 시(詩) – 원일(元日) [갑인년(1674, 현종 15)]

산초 술잔에 누가 다시 도소주 권하랴
나그네 길에 한 해가 가서 더욱 놀랍구려.
우리 집은 해동의 기자국에 있는데
길은 하늘 북쪽 소공의 도읍터를 다하나니.
풍진 속 장한 뜻에 보검은 늙어 가고
강한의 첫 맹세에 백조만 외로워라.
운당의 삼수란 말 세 번 읊어 보고
평생을 돌아보니 긴 한숨만 나오누나.

『문곡집』 권6 시(詩) – 옛일이 생각나 이별이 아쉽기에 입으로 절구 여섯 수를 불러 평안도 감사 오두인(吳斗寅)에게 적어 주다

다섯째 수
천손의 기린 말 떠난 지 벌써 오래지만
기자의 정전은 완연하게 남았다오.
성 서쪽에 눈물 닦던 곳 가장 생각나니
황량한 사당에 아직 명나라 연호 적혔다오.

『문곡집』 권26 잡저(雜著) – 화왕전(花王傳) [16세에 지음]

태사공은 말하노라. 화왕은 기상과 도량을 타고났으며, 위의(威儀)를 갖추었다. 처사들을 대우하고 간사한 사람들을 물리침에 마땅치 않음이 없어서, 당연히 오래가리라 여겼는데 몇 년 만에 망했도다. 슬프도다, 황봉(黃蜂)의 노래여! 기자(箕子)가 지은 〈맥수(麥秀)〉의 곡과 같으니, 또한 가상하도다.

(출처: 한국고전번역원)

『雪峯遺稿』(1690년대 후반)

姜栢年(1603~1681)

『설봉유고』는 조선 후기의 문신 강백년의 시문집이다.

강백년의 본관은 진주(晉州), 자는 숙구(叔久), 호는 설봉(雪峯)·한계(閑溪)·청월헌(聽月軒)이다. 1627년(인조 5) 문과에 급제하였다. 1646년(인조 24) 강빈옥사(姜嬪獄事)가 일어나자 강빈에 대한 사사(賜死)를 중지할 것을 청하였고, 1648년(인조 26) 강빈의 신원을 청하였다가 청풍군수(淸風郡守)로 좌천되었다. 이후 도승지, 예조판서, 판중추부사 등을 역임하였다.

문집은 1690년대 후반 아들 강선(姜銑), 강현(姜鋧) 등이 주도하여 간행한 것으로 추정된다. 현재 규장각한국학연구원에 소장되어 있다.

본문은 총 30권 8책으로 구성되어 있다. 권1~21은 시(詩), 권22~29는 문(文), 권30은 부록(附錄)이다.

『설봉유고』에는 기자 관련 질문이 담긴 책문(策問)이 수록되어 있다. 1666년(현종 7) 별시(別試)의 시관(試官)이 되어 출제한 문제이다. 강백년은 대우(大禹)와 기자(箕子)의 행적이 다른 것에 대해 질문하고 있다.

『설봉유고』 권24 책제(策題) – 병오년(1666, 현종 7) 별시(別試) 두 번째 시험장 책제(策題)

묻노라.

대우(大禹)는 웅대한 계획이 있었지만 백성들을 부양한 후에 논하셨고, 기자(箕子)는 홍범(洪範)을 진술하시기를 경용(敬用)[152]에 앞서 펼치셨으니, 그 선후가 다름은 어째서인가?

『白軒集』(1700년)　　李景奭(1595~1671)

『백헌집』은 조선 인조 때의 문신 이경석이 쓴 시문집으로 1700년에 간행하였다.

이경석의 자는 상보(尙輔), 호는 백헌(白軒)이다. 1623년(인조 원년)의 알성문과와 1626년(인조 4년)의 중시문과에 급제하여 대사헌, 부제학, 대제학, 이조판서, 우의정, 좌의정, 영의정 등을 역임하였다.

친손인 이우성(李羽成)이 수십 년 동안 저자의 글을 수집하여 시 5천여 수와

152 경용(敬用): 홍범구주(洪範九疇) 가운데 두 번째 덕목인 경용오사(敬用五事)를 말한다. 첫 번째 덕목은 오행(五行)이다. 홍범을 경용에 앞서 펼쳤다는 것은 형이하학적인 실용의 문제보다 형이상학적인 오행을 앞서 진술하였다는 것을 의미한다. 우임금의 경우는 반대였다.

문 800여 편을 모았다. 이것을 이우성의 아들인 이진양(李眞養)과 이진망(李眞望)이 1700년(숙종 26)에 간행하였다. 이 초간본은 온양민속박물관, 규장각 등에 소장되어 있다.

『백헌집』은 원집 53권, 부록 3권 합 18책으로 되어 있다. 권1~14는 시(詩)이고, 권15~50은 문(文)이며, 권51~53은 별고로 구성되어 있다.

기자와 기자조선 관련 기사가 권4, 권5, 권8, 권13, 권30, 권31에 나온다. 권4의 〈대동으로 가는 서 수부와 작별하며(別徐秀夫之大同)〉에서는 기자의 묘를 언급하였다. 권5의 〈기자의 무덤을 배알하고서 느낌이 있어서(謁箕子墓有感)〉에서는 홍범(洪範)과 구주(九疇), 기자가 주왕(紂王) 때문에 일부러 미친 척하여 끝내 의로움을 보여 주었다는 것과 기자가 무왕을 방문하러 백마를 타고 가다 은(殷)나라 시기를 애도한 것을 언급하였다. 권8의 〈설(雪)〉에서는 기자가 주(周)나라에 조회했던 것을, 권13의 〈집안 조카 정영이 평안도 지역을 순찰할 때에 보냄(贈家姪正英關西巡察之行)〉에서는 기자가 동쪽으로 와서 정전(井田)과 팔조법(八條法)을 시행한 것을 언급하였다. 권30의 〈집안 조카 정영이 평안도관찰사를 보낸 서문(送家姪正英觀察關西序)〉에서는 평양은 기자의 옛 봉지라고 언급하였다. 권31의 〈요산서원기(遼山書院記)〉에서는 기자가 백마를 타고 은나라의 옛 도읍지를 지나다 슬퍼한 것을 언급하였다.

『백헌집』 백헌선생집 권4 ○ 시고(詩稿) 폐추록(弊帚錄) – 대동(大同)으로 가는 서 수부(徐秀夫)와 작별하며

예전에 번화하던 땅은
이제는 온갖 일이 글렀네.
누대는 길이 쓸쓸한데
강가 버들은 절로 하늘하늘하네.
장성은 어느 해에나 조용해지며

태자는 어느 날에나 돌아올까.
천년 된 기자(箕子)의 묘에
옛일을 애도하며 한번 옷을 적시네.

남쪽에서 헛되게 이별함을 슬퍼하였는데[일찍이 전라도사가 되었으나, 실제 부임하지는 못하였다.]
이번에는 서관(西關, 평안도와 황해도)에 가서 머무르네.
맑은 바람은 서유(徐孺)[153]의 걸상에 불고
밝은 달은 유공(庾公)[154]의 누각에 비치네.
역참에 심은 나무는 고향 그리는 꿈을 헤매게 하고
변경의 호드기 소리는 나그네의 근심을 알게 하네.
가련타. 타향에 있는 사람 바라보매
멀리 가을날 흰 구름 떨어져 있으니. (666쪽 1)

『백헌집』 백헌선생집 권5○시고(詩稿) 서출록(西出錄) 상(上) – 기자(箕子)의 무덤을 배알하고서 느낌이 있어서

감히 홍범(洪範)과 구주(九疇)를 사사로이 아니하여
동쪽으로 와서 우리 백성을 계도하셨네.
일부러 미친 척하여 끝내 의로움을 보여 주었고
선성(先聖, 공자)은 아울러 인(仁)이라 일컬었으니

---

153 서유(徐孺)는 후한(後漢) 때의 높은 선비인 서치(徐穉)이다. 태수인 진번(陳蕃)이 서치가 찾아오면 특별히 자리 하나를 깔고 대접하다가, 그가 가면 곧 그 자리를 걷어 다시 매달아 두었다고 한다.

154 유루(庾樓)는 유공루(庾公樓)라고도 한다. 진(晉)나라 유량(庾亮)이 무창(武昌)을 다스리면서 관료인 은호(殷浩), 왕호지(王胡之)와 같이 남루(南樓)에 올라가 달을 구경하고 날이 새도록 시를 읊고 이야기하였다. 이후 문인들이 모여서 음영(吟詠)하는 것을 의미하는 말로 쓰이게 되었다.

주(周)나라는 삼천의 군사로부터 하였고
은(殷)나라는 여전히 오천 인이었네.
서쪽으로 가매 백마를 생각하고
옛일을 애도하니 갑절이나 마음 상하는구나. (666쪽 2)

『백헌집』 백헌선생집 권8 ○ 시고(詩稿) 서색록(西塞錄) – 설(雪)

사방 은빛같이 흰 광경이 만 리의 하늘에 망망하니
삼경(三更)에 내리는 눈에 비치는 달빛, 층진 산꼭대기에 누웠네.
산 이름은 기자(箕子)가 주(周)나라에 조회했던 말이고
사람들은 왕공(王公)이 대규를 방문한 배를 생각하네.

늙어 가며 처음으로 덧없는 이 세상의 꿈에서 깨어나고
귀양 오매 오히려 반공중(半空中)의 신선이 되었네.
모름지기 곳마다 임금님 은혜가 족함을 알아야만 하니
백옥(白玉)의 봉우리가 베개 가를 에워 둘렀네. (667쪽 3)

『백헌집』 백헌선생집 권13 ○ 시고(詩稿) 추습록(追拾錄) 상(上) – 집안 조카 정영(正英)이 평안도 지역을 순찰할 때에 보냄

집안 조카는 일찍이 대사간(大司諫)이었는데, 언사(言事)로 인해 큰 죄를 짓게 되었다. 3년이 지나자, 주상의 은혜를 입어서 비국(備局)의 수장으로 평안도관찰사(平安道觀察使)가 되었다. 장차 행색(行色)이 있어서 중요한 책무로 멀리 이별을 하였다. 노인이 걱정도 하고, 슬퍼도 하였다. 이에 관서기승(關西紀勝)으로 경계하여 11수를 주어 전송하였다.

반만년 동쪽으로 귀의하여 정전(井田)으로 다스리고
팔조(八條) 남겨 준 교화가 지금까지 전하네. (667쪽 4~668쪽 5)

『백헌집』 백헌선생집 권30 ○ 문고(文稿) 서(序) – 집안 조카 정영(正英)이 평안도관찰사를 보낸 서문

평양은 곧 기자(箕子)의 옛 봉지이다. 아버지와 스승의 어질고 현철한 유풍이 오히려 찾아서 교육하여서 닦고 밝힐 만하고, 그 묘를 배알하고 그 사당을 배려하여 그 의용을 우러러보면 삼가는 것이, 우러러 사모하는 마음에 우물이 밭에 있음에 두루 보고서 돌이켜 생각하면, 자연스럽게 마음속 깊이 스며드는 듯한 뜻이 있어서, 많은 선비를 불러일으키고 열읍(列邑)을 효유하여서, 인도하면 한번 변한 노(魯)나라를 거의 따를 수 있다. 이른바 '강가의 땅을 따라 내려가서 진실로 그치지 않으면, 비록 더디고 빠름은 있으나, 끝내는 반드시 바다에 이를 것이다.'라는 말에 해당한다. (668쪽 6)

『백헌집』 백헌선생집 권31 ○ 문고(文稿) 기(記) – 요산서원기(遼山書院記)

고상한 인품의 굳은 지조가 뛰어나게 우뚝 서서 여럿 가운데에 특별히 뛰어났다고 이를 만하다. 수주(遂州)의 사군(使君)이 사문(斯文)의 현명한 대부(大夫)로서 황해도 고을의 원이 되어 읍내를 나가서, 기자(箕子)가 백마를 타던 옛길을 돌아보고 그를 위하여 슬픔을 일으키어서 깜짝 놀라고, 감정이 북받치어서 회사의 풍도를 생각하고, 나사로 만든 모자의 정결함을 생각하니, 지명이 동일한 것을 취하여서 높은 산을 우러러봄을 부치었다. 이에 제사를 지내어서 사기(士氣)를 고취하여 교화를 일으키고, 백성의 위에 서서 스승이 되는 길을 얻음이 하나같이 크게 다행이다. 사군(使君)의 뜻이 이와 같으면, 그 고을의 선비가 된 사람이 혹 분발하는 마음이 없겠는가? (669쪽 7~8)

(출처: 백헌선생기념사업회)

『龍洲遺稿』(1703년)

趙絅(1586~1669)

『용주유고』는 조선시대 문신 관리였던 조경의 시, 상소문, 서(序), 제문 등을 수록한 시문집이다.

조경의 자는 일장(日章), 호는 용주(龍洲)·주봉(柱峯)이다. 1612년(광해군 4) 사마시에 합격했다. 인조반정 후 유일(遺逸)로 천거되어 형조좌랑, 목천현감, 이조정랑, 형조참의, 김제군수, 전주부윤, 대제학, 예조판서 등을 역임하였다. 주요 저서로 『동사록(東槎錄)』·『용주집(龍洲集)』이 있다.

『용주유고』는 1703년(숙종 29)에 조경의 손자인 조구원(趙九畹)이 간행하였다. 국립중앙도서관, 고려대학교 도서관, 규장각 등에 소장되어 있다.

본문은 23권 9책으로 구성되어 있다. 권두에는 총목(總目)이 있으며 서문이나 발문은 없다.

단군과 기자 관련 기사가 권3, 권11, 권23에 나온다. 권3의 〈기자묘를 배알하다(謁箕子墓)〉라는 시에서 기자가 주나라를 섬기지 않고, 거짓으로 미친 척하였으며, 홍범을 진술한 것, 기자가 조선에 온 것을 기록하였다. 〈백상루에 오르다(登百祥樓)〉라는 시에서는 단군을 언급하였다. 권11의 〈『소재선생문집』에 쓰다(蘇齋先生文集敍)〉에서는 은(殷)나라 기자가 조선에 봉해진 것, 기자가 홍범(洪範)의 가르침을 펼친 것 등을 언급하였다. 권23의 〈거듭 임도춘에게 답한 편지(重答林道春書)〉에서는 기자가 주(周)나라로부터 조선에 봉함을 받은 것, 조선의 백성에게 예악을 가르친 것 등을 기록하였다.

『용주유고』 용주선생유고 권3 칠언율시(七言律詩) – 기자묘를 배알하다

주나라를 섬기지 않고 자신의 뜻을 폈으며
거짓으로 미친 체하여 되레 세 인자에 속했네.
공정한 마음으로 홍범을 아뢰고 사심 없었는데

동이가 어찌 비루하랴 덕 있으면 이웃 있다네.
예닐곱 왕의 교화가 해 뜨는 바다로 불어오니
오천의 은나라 선비가 조선의 백성이 되었다네.
지금까지 제사 올리고 무덤을 보살피는데
백마 탄 위의 마치 어제 일인 듯하구나.

『용주유고』 용주선생유고 권3 칠언율시(七言律詩) – 백상루(百祥樓)에 오르다

높은 누각 올라 바라보니 참으로 아득해라
난간 너머 긴 바람이 먼 곳에서 불어오네.
북쪽으로 뻗은 묘향산은 하늘 반쯤 솟았고
서쪽으로 향하는 강물은 바다 문을 열었네.
단군의 강토가 두 눈에 모두 들어오는데
문덕의 공명은 한 번 웃음으로 부족하네.
〈추수〉의 대방이 황당한 말 아니니
인간 세상 돌아보매 이 마음이 식었다네.

『용주유고』 용주선생유고 권11 서(序) – 『소재선생문집(蘇齋先生文集)』에 쓰다

우리 도가 동쪽으로 온 지 오래되었으니, 실로 은(殷)나라 부사(父師, 기자(箕子))가 조선에 봉해진 때부터이다. 그러나 그 후 1천여 년 동안 홍범(洪範)의 가르침을 넓혀 우리 동방에 예악과 교화를 밝힌 이가 있다는 말은 듣지 못했다. 신라의 문창후(文昌侯, 최치원(崔致遠)), 홍유후(洪儒侯, 설총(薛聰))와 고려의 문헌공(文憲公, 최충(崔冲)), 문성공(文成公, 안유(安裕))이 혹은 파천황으로 혹은 독행(篤行)으로 한때 이름을 드러내기도 했지만 순유(醇儒)라고 하기에는 부족하다. 그 사이의 이춘경(李春卿, 이규보(李奎報))과 이목은(李牧隱, 이색(李穡))은 걸출한 문인이었을 뿐이고, 더군다나 그 글에는 불교와 노장이 섞여 있으니 우리 도에 무슨 보탬이 되겠는가.

우리 아름다운 조선에 이르러서는 위에서 성인이 일어나시어 진유(眞儒)의 무리가 나왔으니, 오천(烏川, 정몽주(鄭夢周))을 이어 계승한 자는 정암(靜庵, 조광조(趙光祖))과 회재(晦齋, 이언적(李彦迪))가 그 사람이다. 도산(陶山) 이 선생(李先生, 이황(李滉))은 더욱 위대한 분이다. 그분이 쓰신 저술은 크게 중도에 맞고 지극히 발라서 자양(紫陽, 주자(朱子))에게서 실추된 실마리를 찾고 이미 엎어진 가운데서 어지러운 물결을 되돌렸으니, 어찌 기자의 홍범의 학문이 중흥하는 때가 아니었겠는가.

『용주유고』 용주선생유고 권23 동사록(東槎錄) - 거듭 임도춘(林道春)에게 답한 편지

계자와 같은 이는 천성이 도에 부합하는지라 비록 예악을 일삼지 않아도 절로 예악 가운데 있는 사람입니다. 그렇지만 '예에 익숙하다'라고 하였으니 반드시 예에 대해서 때맞춰 익히는 공부가 있었을 것입니다. 어찌 상국을 방문하기를 기다린 후에야 비로소 예를 행했겠습니까. 비록 오랑캐의 땅에 살고 있을 때에도 역시 스스로 시속의 흐름을 벗어나 중화의 도로 오랑캐를 변화시켰을 것이 분명합니다. 그대는 어찌하여 계자를 본받아 관혼상제의 예를 때맞춰 익히는 공부에 힘쓰는 것이 어떻겠습니까?

그대 또한 조선의 예의와 풍속에 대해 들은 적이 있으신지요. 우리 동쪽나라는 삼한(三韓) 이전에는 역시 하나의 동쪽 오랑캐였습니다. 부사(父師, 기자(箕子))가 주나라의 봉함을 한번 받고부터 백성에게 예악을 가르쳐 중국의 풍속을 양성하며 신의와 겸양을 숭상하고 유가의 학술을 돈독히 하니, 음식과 제기(祭器)며 의관(衣冠)의 제도가 잘 갖춰져 볼만하게 되었습니다.

나라가 지속된 지 1천여 년이 지나 우리 조정에 이르게 되자 여러 성스러운 임금들이 서로 계승하여 부처에게 아첨하던 고려 말의 풍속을 씻어 내고 기자의 유풍을 회복하니 참된 유자의 무리가 나왔습니다. 한훤당(寒暄堂) 김굉필(金宏弼) 공 같은 분이 있고, 일두(一蠹) 정여창(鄭汝昌) 공 같은 분이 있으며 정암(靜菴) 조광조(趙光祖) 공 같은 분이 있고, 회재(晦齋) 이언적(李彦廸) 공 같은 분이 있어 앞뒤로 도학을 창도하고 밝히며 입언(立言)을 하고 가르침을 남겼으니 모두 주염계(周濂溪)와 정자 및 주자를 표준으로 삼았습니다. 퇴계(退溪) 이 선생(李先生) 같은 분은 더욱이 학문에 공이 있는 분입니다. 그분의 학문은 대중지정(大中至正)하여 하나같이 주자의 뜻을 따랐으며, 관혼(冠婚)과 상장(喪葬), 제사(祭祀)의 예에 있어서는 더욱 조심스레 따랐습니다.

(출처: 한국고전번역원)

『荷谷集』(1707년)

許篈(1551~1588)

『하곡집』은 조선 중기의 문인 허봉의 시문집이다.

허봉의 본관은 양천(陽川), 자는 미숙(美叔), 호는 하곡(荷谷)이다. 1568년(선조 1)에 생원이 되고, 1572년(선조 5) 문과에 병과로 급제하였다. 이듬해 사가독서(賜暇讀書)를 했고, 1574년(선조 7) 성절사(聖節使) 서장관(書狀官)으로 자청하여 명나라에 다녀왔다. 김효원(金孝元) 등과 동인의 선봉이 되어 서인들과 대립하였다. 1584년(선조 17) 병조판서 이이(李珥)의 직무상 과실을 들어 탄핵하다가 종성에 유배되었고, 이듬해 풀려나 산수를 방랑하며 자적하였다. 1588년(선조 21) 38세의 젊은 나이로 금강산 밑 금화현(金化縣) 생창역(生昌驛)에서 졸하였다.

동생 허균(許筠)이 「시초보유(詩抄補遺)」라는 이름으로 1605년(선조 38)에 초간하였으나 유실되었고, 이후 증손 허규(許奎)가 「시집속보유(詩集續補遺)」와 「잡저보유(雜著補遺)」 87편을 모아 두었다가 그 아들 허지(許墀)에게 주었다. 종손 허량(許量)은 허봉의 자필고본인 「조천기(朝天記)」 3편과 「과강록(過江錄)」을 보관해 두었다가 허균이 만든 「연보(年譜)」를 합편하여 목록을 붙였고 허지가 충청도관찰사에 부임하면서 1707년(숙종 33)에 목판 4책으로 간행하였다. 이 중 「조천기」는 1574년(선조 7)에 성절사 박희립(朴希立)을 따라 서장관으로 중국에 다녀온 기행문이다. 「과강록」은 「조천기」의 부록으로, 의주에서 서울에 이르는 노정을 기록하였다.

본문은 「시초(詩鈔)」, 「시초보유」, 「시집속유보」, 「잡저보유」, 「조천기」 3권, 「과강록」, 연보, 목록(目錄) 등으로 구성되어 있다.

기자 관련 기록은 「조천기」에서 2건이 확인된다. 하나는 사행 도중 평양의 기자묘를 방문하여 느낀 점이 기록되어 있고, 다른 하나는 조선에 기자의 교화가 전해진 것에 대해 명 관리와 대화한 내용이 서술되어 있다.

『하곡집』 조천기(朝天記) 상(上) – 만력(萬曆) 2년 갑술년(1574, 선조 7) 5월

23일

23일 병신. 날씨 맑음. 평양에 머물렀다. … [함구문(含毬門)의-역자주] 누각에서 정전(井田) 구획을 바라볼 수 있었으니, 바로 기자가 도읍을 정한 곳이다. 삼대(三代) 시절에 땅의 경계를 균등하게 정했던 것을 생각하다가 말세(末世)에 부역(賦役)이 과중했던 것을 떠올리니 서글퍼졌다. 아! 그 누가 이를 바로잡을 수 있으랴! …

26일

26일 기해. 흐렸다가 개었다가 비가 오기도 함.

아침에 여러 동년(同年)들과 평양부 유생 이응허(李應虛)가 만나러 왔다. 나와 조여식(趙汝式)은 함께 의관을 갖추고 영숭전(永崇殿)[155]으로 향했다. 강헌왕(康獻王)의 어용(御容)에 절하려고 하였는데, 참봉들이 모두 없었다. 결국 칠성문(七星門)으로 나와서 기자묘(箕子墓)에 배알하였다. 마을 입구에 하마비(下馬碑)가 있었다. 우리는 두 번 절하고 둘러보았는데, 묘의 형태가 아주 높고 크지는 않았다. 낮은 담장으로 둘러져 있고 작은 비석이 세워져 있었으며 '기자묘'라는 큰 세 글자가 새겨져 있는데 돌의 무늬를 깊게 넣었다. 옆에는 석마(石馬)와 석인(石人) 한 쌍이 있었는데 모두 온전하지 않은 채 쓰러져 있었다. 묘 앞에는 작은 전각을 정자(丁字) 모양으로 세워 놓고, 중국 사신이 전배(展拜)하는 곳으로 삼았다. 금년에 승지 권덕여(權德輿)가 전각 제도가 좁고 누추하다는 이유로 위에 보고하여 다시 지어 주기를 청하였기 때문에 한창 공사

155 영숭전: 태조의 어진을 모신 곳.

중이라고 하였다. 삼가 생각하건대 우리 기자는 명이(明夷)[156] 때에 만나 편방(偏方)에 큰 은혜를 거두어 팔조(八條)와 예의(禮義)의 가르침을 이루셨으니, 비록 성인에게 불행이 되었다 해도 참으로 우리 동방에는 큰 행운이로다. 다만 애석한 것은 삼국시대 이래로 다시 변해서 눈을 부릅뜨며 원수 보듯이 하는 풍속이 되었다. 당시 경계할 것을 가르치고 은혜를 베푼 것이 반드시 언어와 문자가 전해 내려올 만한데 지금은 소멸되어 찾을 수가 없으니, 이는 뜻있는 선비들이 항상 이곳에서 길게 한숨 쉬는 이유이다. 다만 세상을 다스리는 기자의 큰 가르침은 실로 「홍범(洪範)」 한 책에 있으므로, 임금과 신하들이 진실로 깊게 본받아 힘써 행한다면 천 년을 거슬러 올라가서 직접 가르침을 받는 것과 같을 것이다.

『하곡집』 조천기(朝天記) 중(中) – 만력(萬曆) 2년 갑술년(1574, 선조 7) 8월 9일

… 다시 실록(實錄)의 일을 물으니, 관리가 "『목종[157]실록(穆宗實錄)』은 이미 편찬되었지만, 『세종[158]실록(世宗實錄)』은 아직 마치지 못하였다"고 하였다. 의제낭중(儀制郎中) 정여벽(鄭汝璧)이 홍순언(洪純彦)을 불러 말하였다. "내가 그대 나라의 표문을 보니 조정을 공경히 받드는 뜻을 볼 수 있었소. 그대의 나라가 꼭 기자가 남긴 가르침을 따라서 이처럼 하였을 것이니, 나는 기쁨을 이겨 낼 수 없소이다" 이로 인해 표문(表文)을 넣을 통을 싸서 포장한 도구를 가져와 자세히 구경하며 감탄하였다.

---

156 명이(明夷): 『주역』의 괘(卦) 이름으로, 태양이 땅속에 들어가 있는 형상이다. 즉 혼매한 임금이 위에 있어 세상이 어지러운 것을 의미한다.

157 목종: 명나라 제12대 황제 융경제(재위 1567~1572).

158 세종: 명나라 제11대 황제 가정제(재위 1521~1566).

『滄洲遺稿』(1708년)

金益熙(1610~1656)

『창주유고』는 조선 후기의 문신 관리이자 학자였던 김익희의 시가와 산문을 엮어 1708년에 간행한 시문집이다.

김익희의 자는 중문(仲文), 호는 창주(滄洲)이다. 1633년(인조 11)에 증광문과에 병과로 급제하여 부정자(副正字)에 등용되었다. 이후 이조좌랑, 부제학, 대사성, 대사헌, 대제학 등을 역임하였다.

1708년(숙종 34)에 김익희의 종손자 김진규(金鎭圭)가 편집·간행하였다. 현재 장서각, 국립중앙도서관, 규장각 등에 소장되어 있다. 본문은 18권 7책으로 구성되어 있다.

권4에 나오는 〈기자묘, 사상의 시에 차운하다(箕子墓次使相韻)〉라는 시에서 기자가 서주 무왕을 방문하던 길에 불렀다는 〈맥수가(麥秀歌)〉를 언급하였다.

『창주유고』 창주선생유고 권4 칠언율시(七言律詩) - 기자묘(箕子墓), 사상(使相)[159]의 시에 차운하다

비갠 뒤의 산의 빛깔 저리도 해맑은데
갈림길 앞에서 배회하던 옛일을 생각한다.
남겨진 사당에 단청은 부질없이 깊고 그윽한데
팔가(八家)의 경계로 오히려 흘러든다.
하늘은 차고, 석마(石馬)[160]는 가을 풀에 묻혀 있는데
날이 저무니 소와 양이 묘전(墓田)[161]으로 내려온다.

159 사상(使相): 당송(唐宋)시대 장군과 재상의 지위를 겸임하던 사람.

160 석마(石馬): 무덤 앞에 세우는 돌로 만든 말.

161 묘전(墓田): 묘위토(墓位土)의 밭. 묘에서 지내는 제사의 비용을 마련하기 위해 경작하던 토지.

맥수(麥秀)의 비통한 노래 또한 묻지 마오
호경(鎬京)의 벼와 기장은 이미 천 년이 흘렀구려.

(출처: 한국고전번역원)

『玄洲集』(1710년)

趙纘韓(1572~1631)

『현주집』은 조선 중기의 문신인 조찬한의 시문집으로 1710년(숙종 36)에 중간되었다.

조찬한의 자는 선술(善述), 호는 현주(玄洲)이다. 본관은 한양(漢陽)으로 아버지는 조양정(趙揚庭)이고, 어머니는 한응성(韓應星)의 딸이다.

1605년(선조 38)에 정시(庭試)에 장원하여 직부전시(直赴殿試)의 특전을 받았다. 전적에 제수되고 호조좌랑, 형조좌랑, 사간원정언 등을 역임하였으며, 삼도토포사(三道討捕使)가 되어 도적을 잡아 통정대부(通政大夫)에 올랐다. 1619년(광해군 11) 예조참의가 되었다가 다시 동부승지로 전임되고 이후 상주목사, 형조참의, 좌승지, 선산부사 등을 역임하였다.

조찬한의 『현주집』은 병란 속에서도 두 아들의 노력으로 잘 보전되어 간행될 수 있었다. 장남인 조휴(趙休)는 용궁현감(龍宮縣監)이 되자 1641년(인조 19) 이식(李植)의 서문을 받아 문집을 간행하려 하였다. 그러다가 조휴가 죽자 차남인 조비(趙備)가 1654년(효종 5)에 임실(任實)에 부임하면서 이경석(李景奭)의 서문을 받아 1655년(효종 7)에 목판으로 간행하였다. 문집의 교정과 편차는 문인인 신천익(愼天翊)이 맡았는데, 원고를 시체별(詩體別)로 재구성하고 연대순으로 배열하여 아래에 출전을 밝혔다. 초간본은 현재 연세대학교 중앙도서관에 소장되어 있다.

그러나 임실에서 소장하고 있던 판목이 1669년(현종 10) 화재로 소실되었다. 그 뒤 손자 조귀상(趙龜祥)이 무주부사(茂朱府使)로 가서 1710년(숙종 36)에 무주에서 목활자로 간행하였는데, 이것이 중간본이다. 중간본은 초간본과 체재·구성이 같으나 권말에 박세채(朴世采)가 지은 묘갈명(墓碣銘)과 조귀상(趙龜祥)의 중간지(重刊識)가 있다. 중간본은 현재 국립중앙도서관과 장서각 등에 소장되어 있다. 1927년에는 후손들이 중간본에 송규헌(宋奎憲)의 발문을 넣어 간행하였는데, 이 삼간본은 현재 국립중앙도서관과 규장각 등에 소장되어 있다.

고조선 관련해서는 단군과 기자 관련 내용이 나온다. 조찬한은 우리 역사는 단군에서부터 시작되었으나 그 문화는 기자로부터 부흥한 것으로 인식하고 있다. 특히, "기자를 얻고서부터 사람이 비로소 사람다워졌으나, 기자께서 돌아가신 지 2천여 년에 남겨진 교화는 거의 다 삭막해졌고, 사문(斯文)은 거의 종식되었다"라고 한 표현에서 기자동래설을 인정하고 기자에 의해 우리나라가 교화되었다고 인식하였음을 알 수 있다.

『현주집』 권10 서(序) – 김수재(金秀才)에게 주는 서문

공경히 생각하건대 우리나라는 비록 동쪽 지역에 치우쳐 있으나 천명(天命)을 공경히 받들어 북두성[北辰]을 오래도록 빙 둘러 옹위하였습니다. 세 성씨[三氏]가 단군(檀君)에게서 나왔으나 사문(斯文)이 밝혀지지 않았고, 팔조(八條)가 기자(箕子)에게서 시작되어 우리의 도(道)가 비로소 부흥하였습니다. 이에 고운(孤雲) 최치원(崔致遠)의 아름다움 문장은 당(唐)나라의 사걸[四傑, 당나라 초 문장가 왕발(王勃)·양형(楊炯)·노조린(盧照隣)·낙빈왕(駱賓王)을 이름]에 비견되며, 상국(相國) 이규보(李奎報)의 유능함은 고려 조정 500년 중에 가장 뛰어납니다. 그리고 가정(稼亭) 이곡(李穀)은 목옹(牧翁) 이색(李穡)을 낳았고, 포은(圃隱) 정몽주(鄭夢周)는 야노(冶老) 길재(吉再)와 벗하였습니다. 산이 무너지고 호랑이가 떠나가자 웅장한 계획이 오관산(五冠山)에서 다하였으며, 땅이 열리고 용이 날아올라 좋은 기운이 삼각산(三角山)으로 모여들었습니다. 그리하여 팔도(八道)를 모두 다스려 나라를 세우고 띠처럼 두른 산하에서 여러 대에 걸쳐 기틀을 공고히 하였습니다.

『현주집』 권15 기(記) – 죽수서원(竹樹書院) 중수기(重修記) [능성(綾城)에 있는 정암(靜庵) 조광조(趙光祖) 선생의 서원이다]

우리 동방은 치우쳐 있고 오래도록 보잘 것 없었다. 기자(箕子)를 얻고서부터 사람이 비로소 사람다워졌으나, 기자께서 돌아가신 지 2천여 년에 남겨진 교화는 거의 다 삭막해졌고, 사문(斯文)은 거의 종식되었다.

『農巖集』(1710년)

金昌協(1651~1708)

『농암집』은 조선 후기의 문신이자 학자였던 김창협의 시문을 수록한 유고집으로, 42권 15책으로 되어 있다.

김창협의 자는 중화(仲和), 호는 농암(農巖)·삼주(三洲)이다. 1682년(숙종 8) 증광문과에 전시장원으로 급제하였다. 이후 병조좌랑, 이조정랑, 동부승지, 대사성, 병조참지, 예조참의, 대사간 등을 역임하였다. 주요 저서로는 『농암집』·『주자대전차의문목(朱子大全箚疑問目)』·『논어상설(論語詳說)』·『오자수언(五子粹言)』·『이가시선(二家詩選)』 등이 있다.

『농암집』은 42권 15책으로, 부록 2권을 포함한 원집 36권, 속집 2권, 별집 4권으로 되어 있다. 원집 34권은 김창협이 사망한 다음 해인 1709년(숙종 35)에 문인 김시좌(金時佐) 등이 그의 유문을 수집하고, 1710년(숙종 36)에 아우 창흡(昌翕) 등이 활자로 출간한 것이다. 부록 2권은 1754년(영조 30)에 손자 원행(元行)이 편찬하였다. 이것을 안동부사 조돈(趙暾)이 원집과 합쳐 중간하였다. 이 중간본은 36권 18책, 목판본이다. 속집 2권에는 원집에 편입되지 않은 선부군행장(先府君行狀) 및 사단칠정설(四端七情說) 등 김수근(金洙根)이 수습한 중요한 글들이 실려 있다. 1854년(철종 5)에 금속활자로 간행하였다. 별집 4권은 김영한(金甯漢)이 서상춘(徐相春)과 합력하여 원·속집에서 빠진 그 밖의 유문을 수합하여 1868년(고종 5)에 간행하였다.

고조선 관련 기술은 권29와 권31에 나온다. 권29의 〈문충공 정몽주 영당 사제문(文忠公鄭夢周影堂賜祭文)〉에서는 정몽주의 충정을 기자와 연결시켜 언급하였다. 권31의 〈내편(內篇) 1〉에서는 "편벽됨이 없고 기욺이 없어[無偏無陂]" 이하는 옛날에 백성에게 널리 전파시켜 선한 마음을 일으켰던 노래를 기자(箕子)가 기록한 것이라 하였고, "가게 한다[使之行]"는 것은 당시에 기자가 구금되어 있었기 때문에 그를 석방하여 가고 싶은 대로 가게 놔둔다는 말이니, 기자를 신하로 취급하지 않은 것이라고 설명하였다.

『농암집』 권29 제문(祭文) – 문충공(文忠公) 정몽주(鄭夢周) 영당(影堂) 사제문(賜祭文)

하늘이 낸 호걸 고려 말에 있었으니 영특하고 걸출하여 뭇사람에 뛰어났네.
끊긴 도학 일으키고 학문 조예 깊었으며 횡설수설 하신 말씀 은연중에 도에 부합
막힌 근원 뚫어내고 거친 잡목 제거하니 사람들이 고무되어 속된 풍속 개화됐네.
선비들이 학교 찾아 상례 제례 바뤄지고 현송 소리 드높이 시서 육예 갈고닦아
유학 널리 퍼졌으니 오랑캐라 말을 마소.
아득한 옛 기성(箕聖)의 계통 직접 이어받고 본조까지 뻗어내려 성대하게 전승되니
사문(斯文)의 그 큰 업적 옛날에도 짝 없었네.
빛나는 그 충절이 공에게야 사소하나 세도(世道)를 부지한 공 백대까지 끼치었네.
사람들이 받은 은택 어이 다 헤아릴까. (670쪽 1)

『농암집』 권31 잡식(雜識) – 내편(內篇) 1

"편벽됨이 없고 기욺이 없어[無偏無陂]" 이하는 가영체(歌詠體)이니, 어쩌면 옛날에 백성에게 널리 전파시켜 선한 마음을 일으켰던 노래를 기자(箕子)가 기록한 것이 아닌가 한다. 아랫글의 "임금이 극(極, 인륜의 표준)의 이치로 부연한 말"이라는 경문에 대해 "윗글을 부연한 말이다"라고 한 『집전(集傳)』을 자세히 살펴보면, 그것은 바로 이 대목을 가리켜 말한 것으로, 기자가 예부터 전해 오는 말을 기록하고 그 오묘함을 찬

미한 것이다. …

「악기(樂記)」의 "석기자지수사지행상용이복기위(釋箕子之囚使之行商容而復其位)"는 '행(行)' 자에서 구두를 끊어야 하니, 본디 '상용(商容)' 위에 '식(式)' 자나 다른 글자가 있었는데 탈락된 것 같다. 지금의 주석은 제대로 살피지 못하여 '사지행상용이복기위(使之行商容而復其位)'에서 구두를 끊는데, 이는 잘못인 듯하다.["가게 한다(使之行)"는 것은 당시에 기자가 구금되어 있었기 때문에 그를 석방하여 가고 싶은 대로 가게 놔둔다는 말이니, 기자를 신하로 취급하지 않은 것이다.] (670쪽 2~671쪽 3)

(출처: 한국고전번역원)

『退憂堂集』(1710년)

金壽興(1626~1690)

『퇴우당집』은 조선 후기의 문신 김수흥의 시문집이다.

김수흥의 본관은 안동(安東), 자는 기지(起之), 호는 퇴우당(退憂堂)·동곽산인(東郭散人)이다. 1648년(인조 26) 사마시를 거쳐 1655년(효종 6) 문과에 병과로 급제하였다. 이듬해 문과중시에 역시 병과로 급제한 뒤 대사간, 도승지, 호조판서, 영의정 등을 역임하였다.

문집은 1710년(숙종 36) 사위 이희조(李喜朝)가 편집하고, 아들 김창열(金昌說)이 간행하였다. 본문은 10권 5책으로 이루어져 있다. 권1~2는 시(詩) 355수, 권3~6은 소차(疏箚) 54편, 권7은 계(啓) 10편, 권8은 의(議) 52편, 권9는 서독(書牘) 32편, 권10은 잡저(雜著) 19편이다. 권미에는 이희조가 지은 발문이 실려 있다.

기자 관련 언급이 1건 확인된다. 평안도관찰사로 부임하는 오두인(吳斗寅)과 작별하며 지은 시에서 단군과 기자 등을 언급하고 있는데, 단군과 동명성왕을 엄격하게 구분하지 않고 있어 주목된다.

『퇴우당집』 권2 칠언고시(七言古詩) – 상서(尙書) 원징(元徵) 오두인(吳斗寅)이 평안도관찰사로 가는 것을 송별하며

서관(西關)은 이곳에서부터 하늘과 땅을 구별하니
우리나라에 형승(形勝)으로 이와 같은 곳이 또 있으랴.
흥망(興亡)은 끝없이 반복되는데
천고의 돈대(墩臺)와 해자(垓子)는 여전히 터가 남아 있어
안팎으로 산과 물에 둘러싸여 웅장하니
아득한 산봉우리 기다란 강줄기 어디서부터 뻗어 나온 것인가.
태곳적 역사 사실일까 의심스럽지만
옛 자취 단군에서 시작하였다네.
기린마(麒麟馬) 타고 천자에게 조회 가서 돌아오지 않으니
단지 지금 사람들은 동명씨(東明氏)라고 부른다네.[162]
기자[仁賢]의 남은 교화가 팔조(八條)법에 남아 있고
정전(井田)은 의연하게 패수(浿水)를 내려다보고 있다네.
…

『梅溪集』(1718년)

曺偉(1454~1503)

『매계집』은 조선 전기의 문신 조위의 시문집이다.

조위의 본관은 창녕(昌寧), 자는 태허(太虛), 호는 매계(梅溪)이다. 1474년(성종 5) 문과에 급제하였고, 사가독서(賜暇讀書)를 하였다. 도승지, 동지중추부사 등을

162 단지~부른다네: 고구려 동명왕(東明王)이 일찍이 평양(平壤) 대동강(大同江) 가의 부벽루(浮碧樓) 아래 기린굴(麒麟窟)에서 기린마(麒麟馬)를 길러 이 말을 타고 기린굴로부터 조천석(朝天石)으로 나아가서 하늘에 올라가 조회했다는 전설이 있다. 그런데 본문에서 김수홍은 단군과 동명씨를 구분하지 않고 있어 주목된다.

역임하였으나, 무오사화 때 김종직(金宗直)의 시고(詩稿)를 수찬하였다고 하여 의주에 유배되어 그곳에서 죽었다. 김종직과 친교가 두터웠으며, 초기 사림파의 대표적 인물로 손꼽힌다.

서제(庶弟) 조신(曺伸)이 원고를 수습하여 간행하였다. 이 초간본은 현존하지 않고 영본(零本)이 고려대학교에 소장되어 있다. 1718년(숙종 44) 김유(金楺)가 금릉군수(金陵郡守)로 부임하였을 당시 조위의 5대손인 조술(曺述)이 소장해 온 초본을 얻어 목판으로 간행하였다. 총 5권 2책 체재로 간행되었으며, 서강대학교 중앙도서관에 소장되어 있다.

본문은 권1~3은 시(詩), 권4는 문(文)으로 서(書) 1편, 기(記) 10편, 서(序) 5편, 발(跋) 2편, 묘지(墓誌) 1편, 식(識) 1편이 실려 있다. 권5는 부록(附錄)으로 조위와 관련된 기록들이 수록되어 있다.

『매계집』 권4에는 〈『필원잡기(筆苑雜記)』 서(序)〉가 실려 있다. 『필원잡기』는 서거정(徐居正)이 1487년(성종 18)에 우리나라의 사적을 널리 채집하여 정리한 책으로, 그의 문하에 있던 조위가 서문을 붙였다. 『필원잡기』에도 동일한 내용이 수록되어 있다. 기자(箕子)로부터 이어지는 조선의 지적 전통을 강조하였지만, 대부분의 내용은 서거정의 공을 치하하는 데 중점을 두었다.

『매계집』 매계선생문집 권4 서(序) – 『필원잡기(筆苑雜記)』 서(序)

우리 동방은 기자가 봉토를 수여받은 이후로 세간에 '문헌(文獻)이 중화(中華)에 비견될 만하다.'고 일컬어져 왔다. 전 왕조 고려 500년 동안 문학을 잘하는 선비가 많이 배출되어 세상에 글을 남긴 자가 무려 수십여 명에 이르니 인재가 풍족하다고 이를 만하다. … 아! 기자로부터 지금까지 거의 3천 년간 사필(史筆)을 잡았던 선비가 대대로 끊이지 않았지만 언론을 세워 후대에 전한 이는 아마 몇 명 되지 않을 것이다. 저술을 남길 만한 사람이 없는 것이 아니라 실로 오래 전할 수 없었기 때문이다. 그 사람이 사표로 삼을 만하지 않고 그 말이 법도가 될 만하지 않는다면, 비록 남산(南山)

의 모든 대나무를 베어서 죽간을 만들고 천 마리 토끼의 털을 모두 뽑고 붓으로 만들어 날마다 수만 마디의 말을 기록하더라도 한때에 전해질 수 없는데, 하물며 감히 후대에 전해지기를 바라겠는가? 그렇지만 공의 이 글[篇]을 논해 보자면, 인물이 사표로 삼을 만하고 말도 법도가 될 만하니 영원무궁토록 전해질 것은 당연한 것이다.

『明谷集』(1721년)

崔錫鼎(1646~1715)

『명곡집』은 조선 후기의 문신 관리이자 학자였던 최석정의 시가와 산문을 엮어 1721년에 간행한 시문집이다.

최석정의 본관은 전주, 초명은 석만(錫萬), 자는 여시(汝時)·여화(汝和)이고, 호는 존와(存窩)·명곡(明谷)이다. 17세에 감시(監試) 초시에 장원했고, 1666년(현종 7) 진사시에 장원한 동시에 생원시도 합격하였으며, 1671년(현종 12) 정시문과에 병과로 급제, 승문원으로 관직 생활을 시작하였다. 이후 성균관대사성, 홍문관부제학, 한성판윤, 이조판서, 영의정 등을 역임하였다. 편저로 『전록통고(典錄通考)』가 있고, 주요 저서로 『예기유편(禮記類編)』과 『명곡집』이 전한다.

『명곡집』은 아들 최창대(崔昌大)가 최석정의 시문을 수습하여서 34권으로 편정하였다. 이것을 조태억(趙泰億)과 권희학(權喜學) 등이 1721년(경종 원년)에 목판본으로 간행하였다. 이 초간본은 현재 장서각, 국립중앙도서관, 성균관대학교 중앙도서관, 규장각 등에 소장되어 있다.

본문은 34권 15책으로 구성되어 있다. 고조선, 단군, 기자 관련 내용이 권3, 권5, 권7, 권8, 권11, 권23, 권25, 권29 등에 나온다. 권3의 〈기자묘, 동천사에 차운하다(箕子廟次董天使韻)〉에서는 기자묘와 팔조(八條)를, 권5의 〈기자묘를 참배하다(謁箕子墓)〉에서는 기자묘와 정전법(井田法) 및 홍범구주(洪範九疇)를 언급하였다. 권7의 〈창녕 조씨 족보 서(昌寧曺氏族譜序)〉와 권8의 〈『천동상위고』 서(天東象緯考序)〉에서는 단군과 기자를 언급하였다. 권11의 〈경세정운오찬(經世正韻五

贊)〉에서는 단군을 언급하였고, 은나라의 태사(大師)가 조선에 봉함을 받았다고 하였다. 권23의 〈집현전 직제학 원공묘갈명(集賢殿直提學元公墓碣銘)〉에서는 명이(明夷)와 기자를 언급하였다. 권25의 〈선조고 문충공 부군의 묘지(先祖考文忠公府君墓誌)〉와 권29의 〈선조 영의정 완성부원군 문충공의 행장(先祖領議政完城府院君文忠公行狀)〉에서는 기자를 언급하였다.

『명곡집』 권3 시(詩)○초여록(椒餘錄) – 기자묘(箕子廟), 동천사(董天使)에 차운하다

팔조(八條)가 용솟음치며 교화가 백성들에게 깊이 스며드네.
반고(班固)의 『한서(漢書)』에서는 이를 풍속이 음란하지 않았다고 했으니
간측(懇惻)하게도 모두 함께 인(仁)으로 돌아가는 것이 일이로다.
어려움을 참고 이겨 내어 절개를 굳게 지켜서 곧장 성인(聖人)의 마음을 맺어 냈으니
유사(遺祠)에는 아직도 우러러 의지할 땅이 있으니
옥좌(玉座)에는 마치 이야기하고 웃는 소리만이
만대(晩代)에 못난 신하는 부절(持節)을 지니고 지나가며
향을 피우고 초주(椒酒)를 늘어놓아 술을 따르네.

『명곡집』 권5 시(詩)○자회록(蔗回錄) – 기자묘(箕子墓)를 참배하다

홍범(洪範)을 깊이 펴니, 만세(萬世)의 공(功)이구나.
도(道)의 근원은 하늘로부터 알게 되는 것이니
정전법(井田法)과 홍범구주(洪範九疇)는 변치 않는 은(殷)나라 사람의 제도인저.
산자락의 묘지는 여전히 태고의 품결을 간직하였으니
가랑비 내리는 속에 세 글자로 된 작은 비석에는
잡초 중에 몇 칸짜리 사당에는
못난 신하는 부절(符節)을 잡고서는 이 땅을 지나가고 있구나.
시대를 초월한 이 감정을 슬픈 목소리로 읊으니, 나 홀로 자신을 돌아보게 되는구나.

『명곡집』 권7 서인(序引) – 창녕(昌寧) 조씨(曺氏) 족보(族譜) 서(序)

상고시대(上古時代)의 성인(聖人)들은 태어난 지역에 따라서 성(姓)을 내린다. 주(周)나라 시기에는 『세본(世本)』[163]이 있었고, 한(漢)나라의 사서에는 「연표(年表)」가 있었다. 이에 보첩(譜牒)을 기록하는 일이 홍성하게 되었다. 우리나라는 동쪽에 치우쳐 있고, 단군(檀君)과 기자(箕子)의 출현 시기는 아득히 멀기 때문에 이를 징험할 만한 문헌이 없다. 신라와 고려 이후에는 씨족(氏族)이 그 가족의 계통을 기록하지 않은 적이 없다. 그러나 역대로 제가(諸家)의 계통을 자세히 살펴보면 대략 따지기 어려운 것이다. 왜 그러하겠는가? 인간이 하늘로부터 내려 받은 것이 가지런하지 않고, 대대로 전해진 것은 오래되어서는 분파가 넓기도 하고 좁기도 하여 번창하고 장구하기 때문이다.

『명곡집』 권8 서인(序引) – 『천동상위고(天東象緯考)』 서(序)

우리나라는 바다 동쪽에 편벽되게 치우쳐 있다. 단군(檀君)과 기자(箕子)가 온 이래로 삼국 시대까지 무릇 규범은 대략 질박하고 간략하였는데, 연대가 오래되어서 문헌으로는 또한 고증할 수가 없다. 이전 왕조인 왕씨(王氏)가 나라를 세운 지 500년이 지나 혁명 후에 세종(世宗) 장헌대왕(莊憲大王)에 이르러서 재상 정인지(鄭麟趾) 등에게 명하여서는 『고려사(高麗史)』를 편찬하게 하였다. 전대의 기(紀)와 전(傳) 및 천문오행지(天文五行志) 등의 편목을 참고하여서는 내용이 자못 자세하였다. 그러나 거기에 모아서 기술한 내용을 자세히 들여다보면, 단지 재앙과 상서로움, 변란과 기이한 일들을 기재한 사첩(史牒)들을 역사책에 실었을 뿐이며, 사례(事例)에 반응한 것에 이르러서는 부류별로 드러낸 것은 전혀 기록하여 둔 것이 없다. 그러니 장차 무슨 수로 부류에 따라 유추하고 두루 살펴서 사람으로서 해야 할 일을 닦아 실제에서 활용하는 데에 진력할 수 있겠는가?

---

163 『세본(世本)』: 중국 진(秦)나라 때 사관들이 편찬한 책이다. 전설상의 황제(黃帝)부터 춘추시대(春秋時代)까지 제왕(帝王)의 세계와 성씨, 행적과 발명품 따위를 정리하였으나, 유실되었다.

『명곡집』 권11 찬(贊) – 경세정운오찬(經世正韻五贊)

계훈(稽訓)

오직 우리나라에는 단군(檀君)께서 나라를 여시고, 은(殷)나라의 태사(大師)가 조선(朝鮮)에 봉함을 받았으니, 이로써 처음으로 사문(斯文)을 천명(闡明)할 수 있게 되었다. 땅은 편벽되고 외진 곳에 있고, 언어는 [중국과] 다른 풍속이며, 백성들의 뜻은 펼 수 없었고, 정사(政事)와 가르침은 거칠고 소박했던 곳이다.

『명곡집』 권23 갈명(碣銘) – 집현전(集賢殿) 직제학(直提學) 원공묘갈명(元公墓碣銘)

선생 같은 분은 기미를 미리 알고 과감하게 물러나, 앞날을 내다보는 큰 선비의 밝은 지혜를 지녔고, 충성과 절개는 진실로 백대(百代) 신하의 모범이다. 그리고 목숨을 바쳐 뜻을 관철시켰고 사적(事跡)을 없애버렸으니, 성상문(成三問) 등 여러 공과 길은 달랐지만 의리는 같았다. 후대의 올곧은 논자가 평가하기를, "김시습(金時習)은 지금의 백이(伯夷)요, 사육신(死六臣)은 지금의 방효유(方孝孺), 연자녕(練子寧)이다"라고 하였다. 또 이르기를, "최덕지(崔德之)와 원호(元昊)는 사육신과 비교해도 충절이 높다"라고 하였다. 아! 이것으로써 고인을 상론할 수 있다. '무항'은 바로 공이 살던 곳이고, '연천'은 최(崔) 직학(直學) 덕지(德之)를 가리킨다. 『주역(周易)』에서 이르기를, "명이(明夷)는 어렵고 힘든 문제에 봉착하였을 때 곧은 것이 이롭다. 나라가 어지러울 때 그 뜻을 바로 할 수 있으니, 기자(箕子)가 이를 본받았다"라고 하였는데, 내가 생각해 보건대 직학 원공(元公)이야말로 기자와 같은 뜻을 가진 분이셨다.

『명곡집』 권25 묘지(墓誌) – 선조고(先祖考) 문충공(文忠公) 부군(府君)의 묘지(墓誌)

자겸(子謙)은 진실로 사직신(社稷臣)입니다. 또 말하기를, "자겸은 남한산성(南漢山城)에서 주화(主和)를 주장했습니다. 기자(箕子)로서 마음을 쓰고 또한 방현령(房玄齡)의 지모를 자처하였습니다"라고 하였다.

『명곡집』 권29 행장(行狀) – 선조(先祖) 영의정(領議政) 완성부원군(完城府院君) 문충공(文忠公)의 행장

자겸(子謙)은 진실로 사직신(社稷臣)입니다. 또 말하기를, "자겸은 남한산성(南漢山城)에서 주화(主和)를 주장했습니다. 기자(箕子)로서 마음을 쓰고 또한 방현령(房玄齡)의 지모를 자처하였습니다"라고 하였다. 이백강(李白江)이 말하기를, "남한산성(南漢山城)의 장사들은 임금을 위협하며 나라의 위세가 위태롭지만 다행히도 성이 완성되었다는 말 한마디를 하였습니다" 하였다.

(출처: 한국고전번역원)

부 록

차 례

『孤雲集』 출처: 한국고전번역원

萬大藏經南巖崖傳說新羅崔學士巖居川石間有
紅流洞吹篴峯光風瀨吟風臺翫在巖噴玉瀑落花
潭疊石臺會仙巖出洞有武陵橋七星臺皆石刻學
士大字 學士臺在海印寺西邊有百尺老檜腰大
三丈餘是孤雲手植故築而名之臺尙嵬然 籠山
亭在紅流洞孤雲有故敎流水盡籠山之詩故名焉
亭後數武地有孤雲影堂亭前方營立碑 月留峯乃伽倻一枝西出南
迴者也峯下有淸凉寺孤雲遊處 武陵十二曲伽
倻山入口也自武陵橋至致遠里十餘里白石淸川
穿過丹崖翠巘眞奇境也孤雲有曲曲品題左右峯
孤雲先生事蹟 十四
壑並有品名 申維翰慕先生築景雲齋有詩
碧松亭在高靈縣西三十里平林中孤雲遊息處今爲
水破褫子山阿遂建
檀典要義太白山有檀君篆碑佶倔難讀孤雲譯之
其文曰一始无始一碩三極无盡本天一一地一二
人一三一積十鉅無愧化三天二三地二三人二三
大三合六生七八九運三四成環五七一杳演萬往
萬來用變不同本本心本太陽仰明人中天中一一
終无終一 崔孤雲鸞郞碑序及三國史曰國有玄
妙之道實乃合包三敎入則孝於親出則忠於君魯
一四三

『孤雲集』 孤雲先生事蹟 事蹟

1

題名諱恐近不敬今而改是美號是正神人俱安福
祿來拜左右洋洋鑑此丹誠 位版改題後祭文倡
文東邦振雅中國遂光儒苑永享芬苾亦旣改書其
舊維新時維仲秋薦此明禋 常享祝文文振夷夏
澤及後學青邱永世式報先覺
肅廟丙子武城書院致祭文學惟文昌挺生羅季歷
敭中朝蔚爲國瑞文章學術輝暎千祀腏食將聖斯
文未墜我東儒敎實自公始厭世混濁韜光就閒鸞
棲枳棘于役泰山流風餘韻赫赫耳目邑人追思報
祀靡忒 常享祝文北學莫先與道俱東倡我後學
孤雲先生事蹟 十六
萬古英風
學士堂常享祝文后孫國述惟我先生東國儒宗與
世不遇此山甘終遺像在堂舊廢新崇敢以吉辰黍
稷是恭
正祖御製華城校宮致祭時文昌公祝文鳳巖秀精
北學中原廣拓藩牆舌耕翰垣東文之倡公實爲宗
始覲于華先侑盎鍾
桂林祠移建時告由祝文后孫鍾頑惟我東方僻在
海外檀箕世遠人文質賀先生乃降首闢鴻濛星斗
文章華夏令名炳幾高蹈心閒義精七分遺像載高
一四四

『孤雲集』 孤雲先生事蹟 事蹟

2

『孤雲集』

載淸瞻者起敬。矧爾雲仍。久奉慶龕。每懷凜悚。載建
新廟于達之洞。宮牆蕭灑。山水麗明。卜吉虔奉。襟珮
瑲瑲。其始自今。是妥是安。惠我文明。於千萬年。
狼山讀書堂遺墟碑。李源祚識。先生羅代人。世遠無
得以詳。尙論者曰。先生以學則躋聖廟。以文則主詞
盟。以生則伯夷之避世。以迹則子房之託仙。先生果
何如人也。嗚呼。先生嘗入中國登制科。與晩唐諸匠
相頡頏。黃巢檄一句。至傳頌口碑。及東還値羅運訖。
見幾高蹈。雲遊物外。凡域內之以名山稱者。皆得先
生而著焉。先生眞天下士也。一隅東國。尙不足囿先

孤雲先生事蹟　十七

生。況區區一州一里之小乎。雖然。立鄭公之鄕。起顔
樂之亭。必於其所生長之地。按州志。先生古宅在本
彼部味呑寺南。上書庄在金鰲山北蚊水上。東都地
靈之鍾。果不偶也。矧聲明之所肇。基雲仍之所傳守。
豈可泯沒乎。我州東狼山。有讀書堂遺址。古井尙存。
仍舊礎而堂焉。肄業之所。後孫息衍甫始圖立石以
表之。諸宗人合議而成其志。請余識。余惟先生之大。
天下而國。國而州。州而里。里而堂。誠不足有無焉。而
自堂而里。而州而國。而天下。則先生之事業文章。未
必非發迹於是焉。先生後者。其敢不勉諸。

孤雲集　事蹟

『孤雲集』 孤雲先生事蹟 事蹟　3

家。擭于遼鶡。若稽自古。爲文幾人。朴堤上之忠誠烈、
士而已。金庾信之英傑。鈹則無。惟先生。通塞過之詞
源。闢茫昧之學海。掛秦鏡於宮殿。五臟皆見。揮禹斧
於山川。九州始定。東方之氣習一變。國以扶持。北極
之星辰。爲宗人皆瞻仰。是以配公于聖人廟。諡公以
文昌侯。流聲千萬餘年。比肩七十高弟。慕先聖德至
今祀之。使後世知其誰功也。余濠梁秋水。憶莊生之
胸襟。潁川淸風。夢許由之氣像。讀劉向傳。誦屈原辭。
石門嵯峨。撫古今而長歎。雙溪淸淺。訪隱逸之遺蹤。
先生之風。山高水長。

孤雲先生事蹟　卅二

桂林祠移建後。孫國述上樑文。先生之道學文章。明
並乎古今日月。先生之聲名儀範。光動乎中外山川。
讀書堂重新。遺象永安。伏惟我文昌先生。稟純一之氣。
抱兼萬之才。生長於檀箕仁禮之邦。問學於孔孟聖
賢之域。幼涉鯨海。必佩親訓之重嚴。賓貢龍門。身致
帝國之榮貴。衣耀紫袋。一時之賢士大夫皆爲讓頭。
筆破黃巢。千壘之猛將勇軍莫不褫魄。橫行天下而
無敵。發明海外之有人。適値內寺擅權。且柰外藩弄
器。進取之意漸薄。歸觀之息益深。始理裝於淮海之
間。丹綸降寵。更侑酌于嶢山之下。靑囊告功。背後之

一四七

『孤雲集』 孤雲先生事蹟 事蹟　4

鸞逢春。得船投於巨廈。而臣顧慙卑迹。莫逮微禽。伏
限權守遠蕃。不獲隨例奔走。稱謝行朝。無任賀聖戀
恩皂藻聳踊之至。謹差陪臣守倉部侍郎金頴。奉表
陳賀以聞。

讓位表

臣某言。臣聞欲而不貪。駕說於孔門弟子。德莫若讓。
騰規於晉國行人。苟竊位自安。則妨賢是責。臣假威
天聰。承乏海隅。雖非法令滋彰。未免寇盜充斥。遑恤
于後。勇退爲先。敢言善自爲謀。實慮刑茲無赦。中謝
臣以當國。雖鬱壘之蟠桃接境。不尚威臨。且夷齊之

孤雲先生文集卷之一　八

孤竹連疆。本資廉退。矧假九疇之餘範。早襲八條之
敎源。言必良天。行皆讓路。蓋稟仁賢之化。得符君子
之名。故邊豆鹽田。鍦矛寄戶。俗雖崇於帯劒。武誠貴
於止戈。爰從建國而來。罕致反城之釁。鄕化則南閭
是絶。安仁則東戶何慙。是以直至臣兄贈太傅臣晸。
遠沐皇澤。虔宣詔條。供職一終。安邊萬里。而及愚臣
繼守。諸患併臻。始則黑水侵疆。曾噴毒液。次乃綠林
成黨。競簸狂氛。所管九州。仍標百郡。皆遭寇火。若見
劫灰。加復殺人如麻。暴骨如莽。滄海之橫流日甚。昆
岡之猛焰風顚。致使仁鄕變爲疵國。此皆由臣守中

一五三

『孤雲集』 孤雲先生文集 卷1 表　5

有弦歌之聲。以此臣番鴻漸者隨陽。是愚蟻術者慕
羶。增切競攜持而避亂。頗匍匐以投仁。臣今差前件
學生等。以首領充傔。令隨賀正使守倉部侍郎級餐
金頴船次。赴闕習業。兼充宿衞。其崔愼之等。雖材慚
美箭。而業嗣良弓。用之則行。利有攸往。輒以多爲貴
者。豈亦遠於禮乎。金鵠是故海州縣刺史金裝親男。
生在中華。歷於兩代。可承堂構。免墜家聲。臣敢以興
學爲先。求賢是務。買書金則已均薄貺。讀書粮則竊
覬洪恩。且千里之行。聚費猶勞於三月。十年爲活。濟
窮惟仰於九天。幸遇聖朝誕敷文德。伏乞恕撞鍾之

孤雲先生文集卷之一　二十

無力。憐擊磬之有心。垂慈於磁石引針。周急於浮埃
生甑。特賜宣下鴻臚寺。准去龍紀三年隨賀登極使
判官檢校祠部郎中崔元八朝學生崔霙等事例。勅
京兆府支給逐月書粮。兼乞冬春恩賜時服。所冀身
資飽學。無憂餒在其中。跡異暗投。不媿藝成而下。更
露榮於挾纊。終免苦於易衣。臣以目想賢蹻。心攀驥
乘。仰趨丹陛。俯羨靑襟。實貴儒宗。輕浼宸鑑。無任望
恩懷德技 缺 切瑳之至。

奏請宿衞學生還蕃狀

新羅國當國。先具表奏宿衞習業學生四人。今錄年

一五九

『孤雲集』 孤雲先生文集 卷1 狀　6

『孤雲集』

孤雲集 卷一

限已滿伏請放還謹錄姓名奏聞如後金茂先 楊穎 崔渙 崔匡裕
右臣伏以當蕃地號秦韓道欽鄒魯然而殷父師之
始教雖見躬親孔司寇之欲居惟聞口惠鄭子則徒
矜遠祖徐生則可媿頑仙是以東書欲慶於泥同筆
舌或慚於差異何者文體雖侔其蟲跡土聲難辨其
鳥言字縱免於結繩譯因乖於成綺皆因譯導始得
通流以此數奏天朝祗迎星使須憑西學之辨方達
東夷之情故自國初每陳蕃貢即遣横經之侶聊申
慕化之誠惟渙鼓鰈水之靈挺鷄林之秀者不遂他
山攻石徒勞陸海披珠屬文則高謝蔵蕤論是從心

孤雲先生文集卷之一 十

所欲發語則猶多澀蹇未免惟口起羞趙步易違郢
歌難和然則梯航執禮每願勤修邊豆司存深慚懵
拙若虛耗關中之米無因揆席上之珍故臣亡父先
臣贈太傅臣遣陪臣試殿中監金僅充慶賀副使入
朝之日差發前件學生金茂先赴闕習業兼充宿衛
其崔渙崔匡裕二人金僅面叩王階請留學問聖恩
允許得厠黌中今已限滿十年戚收二物銜泥海鷰
久污雕樑遵渚塞鴻宜還舊路況乃國境尚多離亂
家親切待放歸雖乖大戌輒具上請靡慚窺豹之說
冀試搏螢之功伏乞睿慈俯徇故事特賜宣付屬國

『孤雲集』孤雲先生文集 卷1 狀 7

孤雲集 跋

先生著述諸帙於唐載藝文志於東載藝文考未及
載者又屢萬言而槩是開寤聰扶正脈斥異端之眞
詮也千載泯泯日漸散落此書所以汲汲圖成而要
以規矩範也噫檀箕世遠道義之說寥寥先生乃興
始用力於經學始從享於聖廟東人皆創覩故昧其
說而議其事甚至時君而亦不知從享之舉由於經
說而謂之有密贊祖業之功餘尚何說在今日子姓
之道只欲蒐貫殘編而廣之四方吾祖之遺學正論
善讀者將知之族祖國述氏既編而且刋之在教於
是役與有聞焉茲敬識云爾

孤雲先生文集跋 一

丙寅立秋節後孫在教敬識

古齋編刊

『孤雲集』孤雲集跋 跋 8

『東國李相國集』 출처: 한국고전번역원

東國李相國全集卷第三

古律詩

東明王篇 幷序

世多說東明王神異之事。雖愚夫騃婦亦頗能說其事。僕嘗聞之。笑曰。先師仲尼不語怪力亂神。此實荒唐奇詭之事。非吾曹所說。及讀魏書通典。亦載其事。然略而未詳。豈詳內略外之意耶。越癸丑四月。得舊三國史。見東明王本紀。其神異之迹。踰世之所說者。然亦初不能信之。意以爲鬼幻。

全集卷三 一

及三復耽味。漸涉其源。非幻也。乃聖也。非鬼也。乃神也。況國史直筆之書。豈妄傳之哉。金公富軾重撰國史。頗略其事。意者公以爲國史矯世之書。不可以大異之事爲示於後世而略之耶。按唐玄宗本紀。楊貴妃傳。並無方士升天入地之事。唯詩人白樂天恐其事淪沒。作歌以志之。彼實荒淫奇誕之事。猶且詠之以示于後。矧東明之事。非以變化神異眩惑衆目。乃實創國之神迹。則此而不述。後將何觀。是用作詩以

『東國李相國集』 卷3 古律詩

1

更加 三思。速免臣職。則 國體無虧。禮貌兼備。華使所見。必無遺欠。上下物情。亦以爲快。伏候 睿斷。特允微懇。公私便益。不勝幸甚。謹 啓。

曰此辭免。許遞本職。玉堂上劄曰。宿德老成之人。不可以素患寒病輕遞。况今 華使將臨。辭接之際。尤不可無此人云。故 上從其劄。即命仍任。公又累上劄固辭。不允。仍遣 明宗大王之喪。受顧命之托。迎 主上於私第。以安宗社。公之不啻若天。默佑耶。時 新君未受 命。詔使壓境。禮兼吉內事多難。震擧國憂危。公參酌得中。論說極辨。多得其宜。其時 天使乃許國恐時亮也以隆慶 皇帝登極頒詔出來到嘉山聞國計。大有疑懼色。曰。今 國君無嗣而薨逝國內之無事。不可必矣。吾輩還爲越江待國事有獨而來頒 詔命似當副使則曰國必亂矣吾輩與其棄 君命於草莽。不若死頒

東皐遺稿卷之三 十七

有自疑之意。曰問伴使曰。相臣當國者何如人也。以文章爲之者耶。以德望爲之者耶。以文章德望俱備。一國素所倚重爲答。則兩使喜曰。然則吾輩之行無患耶。然猶有趑趄之色。及入國都。見擧措雍容。國事整頃吉凶并行一。無違禮之擧。兩使相顧嘆服顯有嘉悅之色。曰。人國之有賢相。豈不重歟後許太史每遇我國人。必問李相國安否蓋服之也。太史之來此也。待公禮貌極其尊徵必稱李相國。而相與從容談論。至於 國家禮制風俗。無不詳問。請公錄示。公即座操筆錄遺太史。太史蓋加歎服。所錄上自 禮君下及我 國禮制風俗。極其詳備。今行于世。公知太史誠待無問曰言及 國朝宗系自前被誣。事詳辨無蘊。太史大爲釋然傾聽曰。相國豈爲虛語。如非相國今日之言。我輩在 中朝者。寧得曲折之詳如此乎。事乃若是則實涉究猶待我還 朝。即行奏 聞。則俺當力辨于 朝。使還依其言即行 宗系辨誣奏。公謂曰。吾與太史有答問之言。因親製表三

『東國李相國集』 卷3 古律詩

2

『東國李相國集』

易齊朝夕恣升降。此理復何爾。城北有青河。青河。
今鴨綠江也。河伯三女美。長曰柳花。次曰萱花。季曰葦花。擘出鴨頭
波。往遊熊心涘。自青河出遊熊心淵上。鏘琅佩玉鳴。綽約
顔花媚。神姿艶麗。雜佩鏘洋。與漢皐無異。初疑漢皐濱。復想洛
水汀。王因出獵見。目送頗留意。玆非悅紛華。誠
急生繼嗣。王謂左右曰。得而爲妃。可有後胤。三女見君來。入水
尋相避。擬將作宮殿。潛候同來戲。馬撾一畫地。
銅室欻然峙。錦席鋪絢明。金罇置淳旨。蹁躚果
自入。對酌還徑醉。其女見王。卽入水。左右曰。大王何不作宮殿。俟女入室。當
戶遮之。王以爲然。以馬鞭畫地。銅室俄成壯麗。於室中。設三席置樽酒。其女各坐其席。相勸飮
酒大醉云云。王時出橫遮。驚走僅顚躓。王俟三女大醉急出。遮女
等驚走。長女柳花爲王所止。長女曰柳花。是爲王所止。河伯
大怒嗔。遣使急且駛。告云渠何人。乃敢放輕肆。
報云天帝子。高族請相累。指天降龍馭。徑到海
宮邃。河伯大怒。遣使告曰。汝是何人。留我女乎。王報云。我是天帝之子。今欲與河伯結婚。
河伯又使告曰。汝若天帝之子。於我有求昏者。當使媒云云。今輒留我女。何其失禮。王慙之。將
往見河伯。不能入室。欲放其女。女旣與王定情。不肯離去。乃勸王曰。如有龍車。可到河伯之國。
王指天而告。俄而五龍車從空而下。王與女乘車。風雲忽起。至其宮。河伯乃謂王。
婚姻是大事。媒贄有通法。胡奈得自恣。河伯備禮迎之。
坐定。謂曰。婚姻之道。天下之通規。何爲失禮。辱我門宗云云。君是上帝胤。神

『東國李相國集』 卷3 古律詩 3

變請可試。漣漪碧波中。河伯化作鯉。王尋變爲
獺。立捕不待跬。又復生兩翼。翩然化爲雉。王又
化神鷹。搏擊何大鷙。彼爲鹿而走。我爲豺而趡。
河伯知有神。置酒相燕喜。伺醉載革輿。幷置女
於輢。車傍曰輢。意令與其女。天上同騰轡。其車未出
水。酒醒忽驚起。河伯之酒。七日乃醒。取女黃金釵。刺革從
竅出。叶韻。獨乘赤霄上。寂寞不廻騎。河伯曰。王是天帝之子。有
何神異。王曰。唯在所試。於是河伯於庭前水化爲鯉。隨浪而游。王化爲獺而捕之。河伯又化爲
鹿而走。王化爲豺逐之。河伯化爲雉。王化爲鷹擊之。河伯以爲誠是天帝之子。以禮成婚。恐王
無將女之心。張樂置酒。勸王大醉。與女入於小革輿中。載以龍車。欲令升天。其車未出水。王卽
酒醒。取女黃金釵刺革輿。從孔獨出升天。河伯責厥女。挽吻三尺弛。
乃貶優渤中。唯與婢僕二。河伯大怒其女曰。汝不從我訓。終欲我門。
令左右絞挽女口。其脣吻長三尺。唯與奴婢二人。貶於優渤水中。優渤。澤名。今在太伯山南。
漁師觀波中。奇獸行駓騃。乃告王金蛙。鐵網投
湀湀。引得坐石女。姿貌甚堪畏。脣長不能言。三
截乃啓齒。漁師强力扶鄒告曰。近有盜梁中魚而將去者。未知何獸也。王乃使魚師
以網引之。其網破裂。更造鐵網引之。始得一女坐石而出。其女脣長不能言。令三截其脣乃言。
王知慕漱妃。仍以別宮置。懷日生朱蒙。是歲歲
在癸。骨表諒最奇。啼聲亦甚偉。初生卵如升。觀
者皆驚悸。王以爲不祥。此豈人之類。置之馬牧

『東國李相國集』 卷3 古律詩 4

中。羣馬皆不踐。棄之深山中。百獸皆擁衛。(王知天帝子妃。以別宮置之。其女懷中日曜。因以有娠。神雀四年癸亥歲夏四月。生朱蒙。啼聲甚偉。骨表英奇。初生左腋生一卵。大如五升許。王怪之曰。人生鳥卵。可爲不祥。使人置之馬牧。羣馬不踐。棄於深山。百獸皆護。雲陰之日。卵上恒有日光。王取卵送母養之。卵終乃開。得一男。生未經月。言語竝實。)母姑擧而養。經月言語始。自言蠅噆目。臥不能安睡。母爲作弓矢。其弓不虛掎。(謂母曰。羣蠅噆目。不能睡。母爲我作弓矢。其母以蓽作弓矢與之。自射紡車上蠅。發矢卽中。扶余謂善射曰朱蒙。)年至漸長大。才能日漸備。扶余王太子。其心生妬忌。乃言朱蒙者。此必非常士。若不早自圖。其患誠未已。(年至長大。才能竝備。金蛙有子七人。常共朱蒙遊獵。王子及從者四十餘

全集卷三 五

人。唯獲一鹿。朱蒙射鹿至多。王子妬之。乃執朱蒙縛樹。奪鹿而去。朱蒙拔樹而去。太子帶素言於王曰。朱蒙者。神勇之士。瞻視非常。若不早圖。必有後患。)王令往牧馬。欲以試厥志。自思天之孫。廝牧良可恥。捫心常竊導。吾生不如死。意將往南土。立國立城市。爲緣慈母在。離別誠未易。(王使朱蒙牧馬。欲試其意。朱蒙內自懷恨。謂母曰。我是天帝之孫。爲人牧馬。生不如死。欲往南土造國家。母在不敢自專。其母云云。)其母聞此言。潸然抆淸淚。汝幸勿爲念。我亦常痛痞。士之涉長途。須必憑騄駬。相將往馬閑。卽以長鞭捶。羣馬皆突走。一馬騂色斐。跳過二丈欄。始覺是駿驥。(通典云。朱蒙所乘。皆果下也。)潛以針刺舌。酸痛不受飼。

『東國李相國集』 卷3 古律詩 5

不日形甚癯。却與駑駘似。爾後王巡觀。予馬此卽是。得之始抽針。日夜屢加餧。(其母曰。此吾之所以日夜腐心也。吾聞士之涉長途者。須憑駿足。吾能擇馬矣。遂往馬牧。卽以長鞭亂捶。羣馬皆驚走。一騂馬跳過二丈之欄。朱蒙知馬駿逸。潛以針捶馬舌根。其馬舌痛。不食水草。甚瘦悴。王巡行馬牧。見羣馬悉肥大。喜。仍以瘦錫朱蒙。朱蒙得之。拔其針加餧云。)暗結三賢友。其人共多智。(烏伊。摩離。陝父等三人。)南行至淹滯。(一名蓋斯水。在今鴨綠東北。)欲渡無舟艤。(欲渡無舟。恐追兵奄及。迺以策指天。慨然嘆曰。我天帝之孫。河伯之甥。今避難至此。皇天后土。憐我孤子。速致舟橋。言訖。以弓打水。魚鼈浮出成橋。朱蒙乃得渡。良久。追兵至。)秉策指彼蒼。慨然發長喟。天孫河伯甥。避難至於此。哀哀孤子心。天地其忍棄。操弓打

全集卷三 六

河水。魚鼈駢首尾。屹然成橋梯。始乃得渡矣。俄爾追兵至。上橋橋旋圮。(追兵至河。魚鼈橋卽滅。已上橋者。皆沒死。)雙鳩含麥飛。來作神母使。(朱蒙臨別。不忍暌違。其母曰。汝勿以一母爲念。乃裹五穀種以送之。朱蒙自切生別之心。忘其麥子。朱蒙息大樹之下。有雙鳩來集。朱蒙曰。應是神母使送麥子。乃引弓射之。一矢俱擧。開喉得麥子。以水噴鳩。更蘇而飛去云云。)形勝開王都。山川鬱巋崒。自坐茀蕝上。畧定君臣位。(王自坐茀蕝之上。畧定君臣之位。)咄哉沸流王。何奈不自揆。苦矜仙人後。未識帝孫貴。徒欲爲附庸。出語不愼葸。未中畫鹿臍。驚我倒玉指。(沸流王松讓出獵。見王容貌非常。引而與坐曰。僻在海隅。未曾得見君子。今日邂逅。何其幸乎。君是何人。從何而至。王曰。寡人。天帝

『東國李相國集』 卷3 古律詩 6

之孫西國之王也 敢問君王繼誰之後 讓曰 予是仙人之後 累世爲王 今地方至小 不可分爲兩王 君造國日淺 爲我附庸可乎 王曰 寡人繼天之後 今主非神之冑 强號爲王 若不歸我 天必殛之 松讓以王累稱天孫 內自懷疑 欲試其才 乃曰 願與王射矣 以畫鹿置百步內射之 其矢不入鹿臍 猶如倒手 王使人以玉指環懸於百步之外射之 破如瓦解 松讓大驚云云

來觀鼓角變 不敢稱我器

王曰 以國業新造 未有鼓角威儀 沸流使者往來 我不能以王禮迎送 所以輕我也 從臣扶芬奴進曰 臣爲大王取沸流鼓角 王曰 他國藏物 汝何取乎 對曰 此天之與物 何爲不取乎 夫大王困於扶余 誰謂大王能至於此 今大王奮身於萬死 揚名於遼左 此天帝命而爲之 何事不成 於是扶芬奴等三人 往沸流取鼓而來 沸流王遣使告曰云云 王恐來觀鼓角 色暗如故 松讓不敢爭而去

來觀屋柱故 咋舌還自愧

松讓欲以立都先後爲附庸 王造宮室 以朽木爲柱 故如千歲 松讓來見 竟不敢爭立都先後

全集卷三 七

東明西狩時 偶獲雪色麂 大鹿曰麂 倒懸蟹原上 敢自呪而謂 天不雨沸流 漂沒其都鄙 我固不汝放 汝可助我憤 鹿鳴聲甚哀 上徹天之耳 霖雨注七日 霈若傾淮泗 松讓甚憂懼 沿流謾橫葦 士民競來攀 流汗相睚眙 東明卽以鞭 畫水水停沸 松讓擧國降 是後莫予訾

西狩獲白鹿 倒懸於蟹原 呪曰 天若不雨而漂沒沸流王都者 我固不汝放矣 欲免斯難 汝能訴天 其鹿哀鳴 聲徹于天 霖雨七日 漂沒松讓都 王以葦索橫流 乘鴨馬 百姓皆執其索 朱蒙以鞭畫水 水卽減 六月 松讓擧國來降云云

玄雲冪鶻嶺 不見山邐迤 有人數千許 斲木聲髣髴 王曰天爲我 築城於

『東國李相國集』 卷3 古律詩 7

其趾 忽然雲霧散 宮闕高𡾊嵬

七月 玄雲起鶻嶺 人不見其山 唯聞數千人聲以起土功 王曰 天爲我築城 七日 雲霧自散 城郭宮臺自然成 王拜皇天就居

在位十九年 升天不下莅

秋九月 王升天不下 時年四十 太子以所遺玉鞭 葬於龍山云云

俶儻有奇節 元子曰類利 得劍繼父位 塞盆止人詈

類利少有奇節云云 少以彈雀爲業 見一婦戴水盆 彈破之 其女怒而詈曰 無父之兒 彈破我盆 類利大慚 以泥丸彈之 塞盆孔如故 歸家問母曰 我父是誰 母以類利年少 戲之曰 汝無定父 類利泣曰 人無定父 將何面目見人乎 遂欲自刎 母大驚止之曰 前言戲耳 汝父是天帝孫 河伯甥 怨爲扶余之臣 逃往南土 始造國家 汝往見之乎 對曰 父爲人君 子爲人臣 吾雖不才 豈不愧乎 母曰 汝父去時有遺言 吾有藏物七嶺七谷石上之松 能得此者 乃我之子也 類利自往山谷 搜求不得 疲倦而還 類利聞堂柱有悲聲 其柱乃石上之松木 體有七稜 類利自解之曰 七嶺七谷者 七稜也 石上松者 柱也 起而就視之 柱上有孔 得毁劍一片 大喜 前漢鴻嘉四年夏四月 奔高句麗 以劍一片奉之於王 王出所有毁劍一片合之 血出連爲一劍 王謂類利曰 汝實我子 有何神聖乎 類利應聲 擧身聳空 乘牖中日 示其神聖之異 王大悅 立爲太子

全集卷三 八

我性本質木 性不喜奇詭 初看東明事 疑幻又疑鬼 徐徐漸相涉 變化難擬議 況是直筆文 一字無虛字 神哉又神哉 萬世之所韙 因思草創君 非聖卽何以 劉媼息大澤 遇神於夢寐 雷電塞晦暝 蛟龍盤怪傀 因之卽有娠 乃生聖劉季 是惟赤帝子 其興多殊祚 世祖始生時 滿室光炳燁 自應赤伏符 掃除黃巾

『東國李相國集』 卷3 古律詩 8

『東國李相國集』

僞自古帝王興徵瑞紛蔚蔚未嗣多怠荒共絶
先王祀乃知守成君集蓼戒小毖守位以寬仁
化民由禮義永永傳子孫御國多年紀

草堂三詠 素琴

天籟初無聲散作萬竅鳴孤桐本自靜假物成
摐琤我愛素琴上一曲流水清不要知音聞不
忌俗耳聽只爲寫我情聊兮一再行曲終又靜
默寞與古意冥

素屛

君看五侯家黃金柱址斗墻壁㷮丹青土木衣
錦繡坐張百寶屛仙毘互馳騁那憂氷谷寒只
詑銅山富百年歸山丘等是一丘土我有一素
屛展作寢前友素月炤我容白雲落我首翻思
天地間此身亦假受求眞了無眞一物非我有

全集卷三 九

竹夫人

竹本丈夫比亮非兒女隣胡爲作寢具强名曰
夫人搘我肩股穩入我衾裯親雖無擧案眉幸
作專房身無脚奔相如無言諫伯倫靜然最宜
我何必西施嚬

自兵部中世文家訪廣明寺文長老次

『東國李相國集』卷3 古律詩

9

伏惟大王殿下挾大弟之貴遵天子之化以綏
靖四方爲己任其於遠人時有以寬容以示字
小之義實小邦之望也所徵物件雖不能依數
准備粗竭帑儲具如別錄謹附迴使俾所過州
郡交領檢獻以此爲藉手之資惟大王諒之請
勿以些小爲罪也惶恐惶恐

謝蒙古皇帝表 不行

云云小邦無罪久罹强寇之侵陵大聖應期特
遣神兵而汛掃恩霊所及疲瘵同蘇伏念世承
箕子之封地攝契丹之壤曾未有與我釋憾之
故奈今擧如此無名之兵闌入封疆大殘人物

李相國集二十八 三

顧蜂毒之尙甚出虎旅以莫除豈謂皇帝陛下
義篤恤隣仁深字小勑降鷹揚之衆克平蟻聚
之徒僞王自斃於城中餘黨悉降於鉞下函生
再活擧國謹呼臣敢不祝天壽之無疆少酬萬
一述臣職而嚮內罔有二三云云

蒙古國使賫迴上皇帝表

云云星使郢來天書狎至傴僂拜命欣悚交懷
中謝 恭惟皇帝陛下挺上聖之資受昊天之命
其詔云 握樞臨極居萬乘之獨尊 其詔云天下獨尊 耀虎

『東國李相國集』卷28 書狀表

10

『東國李相國集』

白雲小說　李奎報撰

我東方自殷太師東封文獻始起而中間作者世遠不可聞堯山堂外記備記乙支文德事且載其遺隋將于仲文五言四句詩曰神策究天文妙算窮地理戰勝功旣高知足願云止句法奇古無綺麗雕飾之習豈後世委靡之所可企及哉按乙支文德高句麗大臣也

新羅眞德女主太平詩載於唐詩類記其詩高古雄渾比始唐諸作不相上下是時東方文風未盛乙支文德一絶外無聞焉而女主乃爾亦奇矣詩曰大唐開洪業巍巍皇猷昌止戈戎衣定修文繼百王統天崇雨施理物體含章深仁諧日月撫運邁時康幡旗旣赫赫鉦鼓何煌煌外夷違命者剪覆被天殃和風凝宇宙遐邇競呈祥四時調玉燭七曜巡萬方維岳降宰輔維帝用忠良五三成一德昭載皇家唐按小註曰永徽元年眞德大破百濟之衆乃織錦作五言太平詩以獻云按永徽乃高宗年號也

崔致遠孤雲有破天荒之大功故東方學者皆以爲宗其所著琵琶行一首載於唐音遺響而錄以無名氏後之疑信未定或以洞庭月落孤雲歸之句證爲

『東國李相國集』附錄　11

爲公故人蒙許忘年之契故得公平生爲熟念
有日敢述世家歷任行迹之大略以告當代秉筆者
圖有以光于隧道而因致予勤焉謹狀至元二年丙
子二月戊寅朔

東人之文序

東方遠自箕子始受封于周人知有中國之尊在昔新
羅全盛時恒遣子弟于唐置宿衛院以隷業焉故唐
進士有賓貢科牓無闕名以逮 神聖開國三韓歸
一衣冠典禮寔襲新羅之舊傳之十六七 王世修

千百二 十二

仁義益慕華風西朝于宋北事遼金熏陶漸漬人才
日盛粲然文章咸有可觀者焉然而俗尚悍厖允有
家集多自手寫少以板行愈久愈失難於傳廣而又
中葉失御亡人變起所忽昆岡玉石遂及俱焚之厄
爾後三四世雖號中興禮文不足言而繼有權臣擅
國背君惘民曠弃誠務黨匿島嶼不暇相保國家書
籍委諸泥塗無能收之由茲以降學者失其師友
淵源又與中國絶不相通皆汨沒蒙聞流于浮妄嘗
詩曰無秉筆者其視承平作者規模蓋不相侔

『拙藁千百』 卷2 文 1

『動安居士集』 출처: 고려대학교 한국사연구소

再趨未獲親承敎海爲恨況放逐已來何敢望
哉年前漢陽吳學士以安集出鎭于此不以庸
愚見弃再垂光顧前後合四五日相會屢稱閤
下德行文章之盛益切景仰近者偶得僕之所
著帝王韵紀板本且驚且愕輒先披卷尾閱其
所由閤下因書記承奉 宣勅許令彫板又下
麟筆爲鳳辞用光義揮其所称引越分過頭焉
敢當哉至於雖迹同玄國而志在臣君之論不
自量而軒冐當之非閤下其誰能道人腹中之
語如是之察也其論仁廟紀只言見逼不言其
終復天位永貽孫謀而添撥乱䫉忠臣龍孫綿
不已之句補其缺處眞所謂點鐵成金者也多
感多感雖此紀辞語鄙俚不合人觀以是後題
之道引其行於世也可斷矣蓋率馬以驥奮行
千里之謂也今幸遇遊南衲子聊謝万一不宣
謹啓

與晉陽書記鄭孫書

月日頭陁山動安居士寄書 于晉陽記室閤下
榷文侯動止淸休声于二最僕沐仁无恙林插
傳所謂千里論交者蓋不待相見意氣相投之

『動安居士集』 雜著 1

謂也僕与閤下各處天一隅雖未得承顏接論
結綢繆之好也閤下莫分錦寄之初命受綸傳
之隔以僕所著帝王韵紀到州不日跋尾刋行
則其爲惠也安得不稱之爲知己也鱗羽不雅
南北金蘭千里之交固已密矣意非天水内相
之無弃片善也其誰聞于天聡非榮陽記室之
通敏兼才也其誰彫于板面以發之發篇簡所
傳多感多感抑有登攏望蜀之懷蓋申於知己
之知也紀中不无錯處无奈傳書草本錯缺其
引表中行以淸絲補衣淸字錯頃壬叱吒俱風
馳上圓點則中也爲大點錯在麼末能禁涕泗
滂字錯彼上諸國下注中北字脫漁陽鞞鼓響
潼關響字錯禹貢山川皆執贄川字錯遼東別
有一乾坤上地理紀三字脫初誰開國啓風雲
上前朝鮮紀四字脫洪範九疇問彛倫洪字錯
此等錯処倘可改整以終大惠乎恐誤後学不
得不日伏望垂仁採納無以煩擾爲罪既整之
後印出一本送与兒子林宗傳示老人使知之
又一大惠也不宣再拜

旦暮駐 弃亭

『動安居士集』 雜著 2

『動安居士集』

傳曰。万世之後。一遇大聖而知其解者。是旦暮
遇之也。誠哉是言。今新用上洛郡開国公京兆
金諱方慶邸下。於　元廟十一年入相。至
今上在宥之初。位登上相。越松麓出都之歳。有
群不逞独猰之輩。烏集花都。飞舡南下。巣於珍
島。呑噬諸州。拠海跳踉。事在難禦。於是
上国命出官軍。合本軍征之。公承奉
皇帝聖旨。進退矩規。非素所訓鍊。兩国之師。咸
得其心。如臂使指。而一舉掃平。羊驅婦女。奏凱
班師。又与　上朝元帥欣篤。同征倭国。統從舟
之役。穷出日之溟。烋皇威而綏遐域。宣虎德以
奏勳功。
帝大悅。明揚前後之功。拜為東藩諸路都元帥
以寵異之。自此東征。无歳无之。何役非公所統
其始終水陸奇計。具載国史。今十一月十二日。
伏承安集所傳。令賜手簡。示以行年八十四。咸
无後望。　世子殿下令意自謂於国有功老人。
无異賞何以勸後。以此敷聞。下批為上洛郡開
国公。実未安分。僕聲聆恭讀。輙申明本事而評
之曰。且東国宗臣碩輔之朝聘往來於中國者。

『動安居士集』 雜著 3

懃如不能。篤実之履。終始不渝。則又非矯飾自
高。干名譽衆者可與。噫。使得其用。吾民之害可
除。而吾民之福可致。如其不用。流風餘韵。尚足
以敦薄起懦。其有功於名教。豈淺淺哉。由此而
論。今之所奉。將其閑中一時餘事。未足多也。雖
然。君子思親。秋霜春露。履之愴惕。矧其居処之
久。志意所安。獨使衷懷不猩也耶。宜乎二子勤
於備嘗。而其第之請謁。又勤勤也。是可望已。先
生諱某。字某。勤安其号也。大德初。徵至闕。乞致
山。於是以奉翊大夫密直副使監察大夫詞林
学士承旨致仕。長子曰林宗。登科筮仕。所至以
廉能称。官至讞部散郎。謝官侍母故里。次出家
曰昷㷜。赴曹溪僧選中上上科。遂為禪門宗師。
德孺。其季也。名衍宗。嘗与僕同年登第。今為左
思補知製　教。人服其家孝。是年冬十月日。勅
授將仕郎遼陽路蓋州判官兼本國通直郎。成
均館承藝文應教知製　教雞林崔瀣壽翁記。

大元歐陽承旨題

朝鮮居中國東。國人稟仁厚之性。周初又被箕
子之化。故歴代多文人。動安居士李公某嘗為

『動安居士集』 雜著 4

『動安居士集』

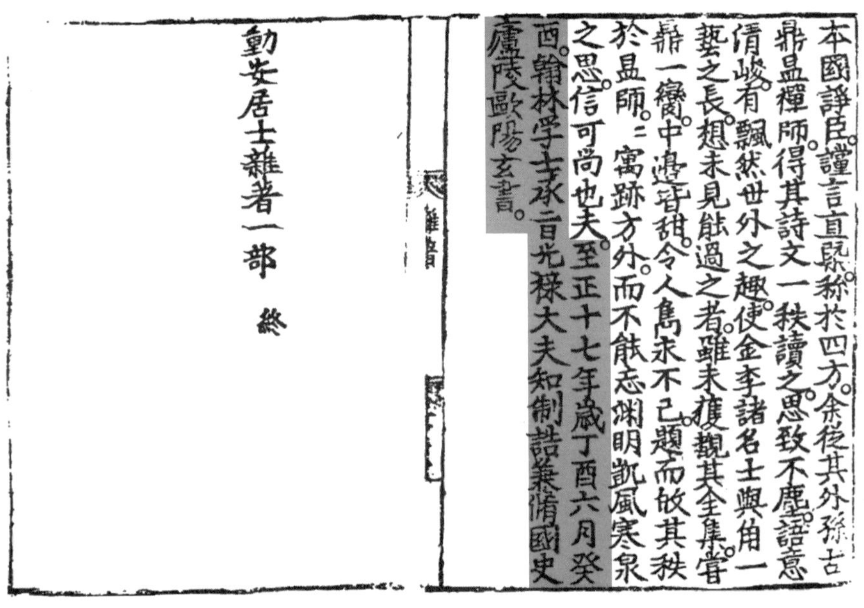

本國諍臣。謹言直辭。稱於四方。余後其外孫古
鼎昷禪師。得其詩文一秩讀之。思致不塵。語意
清峻。有飄然世外之趣。使金李諸名士與角一
藝之長。想未見能過之者。雖未獲覩其全集。嘗
鼎一臠。中邊皆甜。令人雋永不已。題而歸其秩
於昷師。〻寓跡方外。而不能忘淵明凱風寒泉
之思。信可尚也夫。至正十七年歲丁酉六月癸
酉。翰林學士承旨光祿大夫知制誥兼脩國史
廬陵歐陽玄書。

動安居士雜著一部 終

『動安居士集』 雜著 5

『稼亭集』 출처: 한국고전번역원

稼亭集 卷九

其兵衛足以見軍容之盛也專總戎之權顧眄威福
惟所欲爲又以見主帥之尊也當其升平謹烽燧撫
甿卒靜以鎭之如斯而已耳主是軍者自始迄今可
數也一心之義利而庇民之休戚係焉可不謹哉如
或幸其無事不肄其擊刺不務其農守抯膏斲髓以
營其私知公之不爲也使二方之人免豪勢侵漁絶
流亡愁嘆姦僞以消淳朴以復亦知今之不能也風
行而草偃自邇而陟遐如俾廉接牧守皆效公之所
不爲而勉其所不能此則吾黨之所望於公而公之
所自期者也若夫術循之暇登孫雲臺訪古繼賞而
極其酬唱此雖公之所求於吾黨而吾黨之所不能

稼亭集卷之九 三

可恨也已公之行書而爲別

送鄭副令入朝序

禹貢九州之外聲敎所曁東漸于海而三韓之名未
著也自周封商太師之後稍通中國其在隋唐征之
不克及我王氏立國歷宋遼金或通或絶彼亦無如
之何蓋將有待焉者聖元有作受天明命首承晉接
之榮紬荷釐嬪之寵三葉之王出帝外甥際會之機
良有以夫王或未躬朝覲欲遣陪臣時修職貢必擇
文士之能者以佐其使凡對揚休命陳謝恩賚者皆

『稼亭集』 稼亭先生文集 卷9 序

1

李君起海東射策天子廷文如崑崙源倒建高屋瓴
又如常山蛇首尾不敢停乙科已屈置首擢乃所丁
天子見之駭同列頹亦赬進之白玉堂翳以鳳皇翎
巍巍北辰居奕奕環衆星立賢本無方取士亦有經
始識中國大萬邦此儀刑聖人興學心夙夜靡遑寧
一日詔天下萬里馳飛軨李君亦在行因之拜親庭
遙憐鴨綠東冉冉鄉山青其王聞詔來旂旄擁郊坰
天清海無波父老扶杖聽再覩德化盛普天仰皇靈
爾國甥舅親爲我東戶扃相距四千里不異影與形
爾歸勿久留使我心煢煢迎養固不惡豈曰無輜軿
我歌爾試聽莫待霜露零

稼亭雜集 四

揭傒斯

箕子餘風二千載憒澅樓下有書聲貢士來經鴨綠
遠登科去被牙緋榮中朝分命新詔使東人爭迎舊
書生德音宣布聲敎廣遣子入學同趨京

翰林脩撰宋 褧

中父東方彥聞名心已降科場推第一才氣本無雙
喜溢耽羅國恩浮鴨綠江白雲雖滿舍長策未經邦
同年復同仕千載一奇逢君念故鄉去人言吾易東
綸音宣化遠袍色映顏紅試讀明廷策難忘擊壤翁

二三一

『稼亭集』 稼亭先生文集 卷9 序

2

『稼亭集』

稼亭集 雜錄

歷山程 益

海波浴日扶桑東三韓照耀圖書兼始知輿地無遠邇仁風化雨沾濡同憶昨射策來趨風袞衣親御琉璃宮雲烟落紙龍虵走猩猩血染恩袍紅紫泥擎出蓬萊裏進士榮歸耀鄉里雕盤海錯隨意陳白髮慈親顔色喜聖明天子方嚮儒奮勿還山呼不起都門他日候鳴騶玻瓈杯灔薔薇水

程 謙

俗美以箕子敎興維聖明殊方誰不學吾子獨成名恩渥緋衣潤風淸碧海平錦還擎鳳詔歡逆定傾城

稼亭雜集 五

大名郭 嘉

送奉使李中父還朝序

翰林李中父奉使征東已事將還過辭予因語之曰進士取人本盛於唐長慶初有金雲卿者始以新羅賓貢題名杜師禮牓由此以至天祐終凡登賓貢科者五十有八人五代梁唐又三十有二人蓋除渤海諸蕃十數人餘盡東士逮我高麗亦嘗貢士於宋淳化孫何牓有王彬崔罕咸平孫僅牓有金成績景祐張唐卿牓有康撫民政和中又親試權適金端等四人特賜上舍及第擧是可見東方代不乏材矣然所

『稼亭集』雜錄 3

『三峯集』 출처: 한국고전번역원

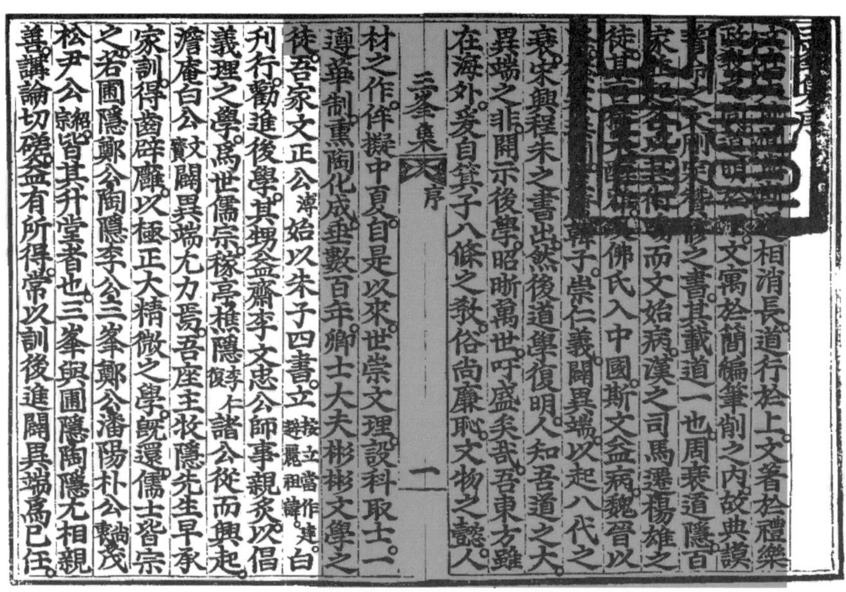

…相消長。道行於上。文著於禮樂
政敎之…文寓於簡編筆削之內。故典謨
…刪定贊修之書。其載道一也。周衰道隱。百
家…而文始病。漢之司馬遷揚雄之
徒…佛氏入中國。斯文益病。魏晉以
…韓子。崇仁義闢異端。以起八代之
衰。宋興程朱之書出。然後道學復明。人知吾道之大。
異端之非。開示後學。昭晣萬世。吁盛矣哉。吾東方雖
在海外。爰自箕子八條之敎。俗尙廉恥。文物之懿。人

三峯集 序 一

材之作。侔擬中夏。自是以來。世崇文理。設科取士。一
遵華制。熏陶化成。垂數百年。卿士大夫彬彬文學之
徒。吾家文正公(溥)始以朱子四書。立(按立當作建。避麗祖諱)白
刊行。勸進後學。其甥益齋李文忠公師事。親炙以倡
義理之學。爲世儒宗。稼亭樵隱(李仁復)諸公從而興起。
濟庵白公(文寶)。闢異端尤力焉。吾座主牧隱先生早承
家訓。得齒辟廱。以極正大精微之學。旣還。儒士皆宗
之。若圃隱鄭公。陶隱李公(崇仁)。三峯鄭公。潘陽朴公(尙衷)。茂
松尹公(紹宗)。皆其升堂者也。三峯與圃隱陶隱尤相親
善。講論切磋。益有所得。常以訓後進闢異端爲己任。

『三峯集』三峯集序 序 1

惟 主上殿下。順天應人。驟正寶位。知仁爲心德之
全愛。乃仁之所發。於是正其心以體乎仁。推其愛以
及於人。仁之體立而仁之用行矣。嗚呼。保有其位。以
延千萬世之傳。詎不信歟。

國號

海東之國不一。其號爲朝鮮者三。曰檀君曰箕子曰
衛滿。若朴氏昔氏金氏相繼稱新羅。溫祚稱百濟於
前。甄萱稱百濟於後。又高朱蒙稱高句麗。弓裔稱後
高麗。王氏代弓裔。仍襲高麗之號。皆竊據一隅。不受
中國之命。自立名號。互相侵奪。雖有所稱。何足取哉。

三峯集 卷七 二

惟箕子受周武之命。封朝鮮侯。今 天子命曰。惟朝
鮮之稱美。且其來遠矣。可以本其名而祖之。體天牧
民。永昌後嗣。蓋以武王之命箕子者。命 殿下。名旣
正矣。言旣順矣。箕子陳武王以洪範。推衍其義。作八
條之敎。施之國中。政化盛行。風俗至美。朝鮮之名。聞
於天下後世者如此。今旣襲朝鮮之美號。則箕子之
善政亦在所當講焉。嗚呼。天子之德無愧於周武。
殿下之德亦豈有愧於箕子哉。將見洪範之學。八條
之敎。復行於今日也。孔子曰。吾其爲東周乎。豈欺我
哉。

『三峯集』卷7 朝鮮經國典 上 2

『三峯集』

儀制所以明等威辨上下。禮之大節也。然其因革損
益。亦必隨時而有變焉。故曰一代之興。必有一代之
制作。我東方禮儀之風。肇自箕子。而王氏之世。文章
制度。取法中華。而其土俗。猶有未盡變者。事原以來。
雜用胡禮。服飾無度。庶人僭擬。逮夫 皇明有天下。
詔曰。儀從本俗。法守舊章。故其弊習亦未遽除。惟我
殿下歷試之日。嘗與搢紳之識治體者。合謀建議。表
請衣冠。然後土俗之舊。胡服之弊。盡革無遺。及 卽
寶位。勵精圖治。制度沿革。咸適厥中。彬彬文物。無愧
中華。以備一代之制作。以爲萬世之持守。其詳著乎

三峯集 卷八 十二

禮典鹵簿等篇。其爲子孫後世慮。甚宏遠矣。如有製
造非法。措置乖方。差爽失度。以紊常典者。憲司從而
糾擧之。故遵成憲。謹王度。作儀制篇。

宮衛

人君之位。尊之至也。高之極也。尊故其任甚重而非
輕。高故其勢甚危而難保。群下之所仰戴。其儀衛不
可以不備也。姦宄之所窺覦。其周防不可以不密也。
故內外必嚴其守衛。出入必謹其呵禁。周廬陛楯之
制。創自古昔。我國家府兵之設。愛馬(按愛馬別監。麗朝官名。)之
置。與夫諸道侍衛之軍。皆因前朝之舊而有所沿革。

『三峯集』 卷8 朝鮮經國典 下 3

帝乙(太丁子。在位三十七年。自武乙至帝乙三代。)
殷道益衰。庶長微子啓賢。箕子勸王以爲嗣。王以其
母賤不立。立嫡子受辛。是爲紂。
紂(帝乙子。立三十四年。武王伐之。王赴火而死。)
資辯捷疾。才力過人。手格猛獸。智足以拒諫。言足以
飾非。播棄黎老。昵比罪人。爲天下逋逃主。萃淵藪。乃
夷居不祀上帝神祇宗廟。尚兵。百戰皆克。伐有蘇氏。
獲其女妲己。嬖之。惟言是用。作奇技淫巧以悅之。使
師涓作新淫之聲。北里之舞。靡靡之樂。厚賦稅以實
鹿臺之財。盈鉅橋之粟。廣沙丘苑臺。以酒爲池。懸肉

三峯集 卷十一 十

爲林。縱男女倮逐其間。爲長夜之飮。作炮烙之刑。取
妲己笑樂。刳孕婦。斮朝脛。醢九侯。脯鄂侯。囚周侯於
羑里。周臣進美女奇物善馬。得釋。更賜弓矢斧鉞。專
征伐。爲西伯。西伯卒。子發立。時紂惡未悛。微子去之。
以存宗祀。比干諫而剖心。箕子佯狂爲奴。西伯發帥
諸侯伐紂。紂奔鹿臺。衣寶玉自焚。

周

武王(姓姬。名發。文王子。都鎬。以木德王。在位七年。)
太公爲師。周公爲輔。召公畢公之徒左右王師。九年。
戡黎。十三年。伐紂。踐天子位。乃反商政。政由舊。釋箕

『三峯集』 卷11 經濟文鑑別集 上 4

『三峰集』

子囚。封比干墓。式商容閭。散鹿臺之財。發鉅橋之粟。
大賚于四海。而萬姓悅服。陳洪範而萬世彝倫之道
明。戒丹書而敬怠義欲之辨著。報本反始則崇追王
祭祀之禮。垂裕後昆則立敎世子之法。其建官也惟
賢。其位事也惟能。重民五敎。而食喪祭之加謹。惇信
明義。而崇德報功之兼盡。此其所以垂拱而天下治。
尚何難之有。

成王 誦。武王子。在位三十七年。
周公應問無窮。導之以道。太公誠立而敢斷。輔善而
相義。以充大其志。召公廉潔而切直。匡過諫邪。以矯

三峯集 卷十一 十一

拂其行。史逸博聞強記。敏給而善詞。以承救其遺忘。
王雖童蒙而四臣維之。朝廷無過事。王因風雷之變。
知周公之元聖。致辟羣叔。於無逸之書。知稼穡之艱
難。以復后稷公劉之業。求羣臣之助則曰。敬之敬之。
天惟顯思。又曰。日就月將。學有緝熙于光明。佛時仔
肩。示我顯德行。此皆得於周公者。其定禮樂立法制。
爲三代之令王。宜哉。

康王 釗。成王子。在位二十六年。
旣居天子位。誥諸侯。太保率西方諸侯入應門左。畢
公率東方諸侯入應門右。皆再拜稽首曰。今王敬之

『三峰集』卷11 經濟文鑑別集 上

5

『惕若齋學吟集』

출처: 고려대학교 한국사연구소

仁同詩以送之。
綵酒黃花滿玉卮相逢郎別共愁思憑君直向南州
去莫道關東似舊時。
壬子九月藕州城下有感。
小雨聯綿濕酒旗夾江樓閣艤船遲東來萬里無人
問回首龍灣又負期。
夜泊楊子江
月滿長江秋夜淸繫船南岸待潮生蓬窓轉覺知何
處五色雲深是帝城。
上汪丞相 二首
惕若齋集 卷之上 二十二
鯨海茫茫駕小舟長風吹起帝王州千年地勝皇居
壯萬歲山高王氣浮人物車書唐漢宋衣冠禮樂夏
殷周不材承乏覲光到仰望天門更叩頭。
萬里乾坤拱北辰獨居廊廟轉洪鈞平生幸際風雲
會朝夕瞻光日月新論道經邦宣感化温言屈巳接
陪臣太平文物重興後圖畫凌烟第幾人。
上禮部陶尚書
聖主龍興第五春獨將儒術作詞臣從容禮樂淸儀
盛遊戲詩書寵命新蠢服氊車爭入貢卉衣椎髻摠
爲賓只緣箕子遺風在班列還陞絶域人。

『惕若齋學吟集』 惕若齋學吟集 卷上 詩 1

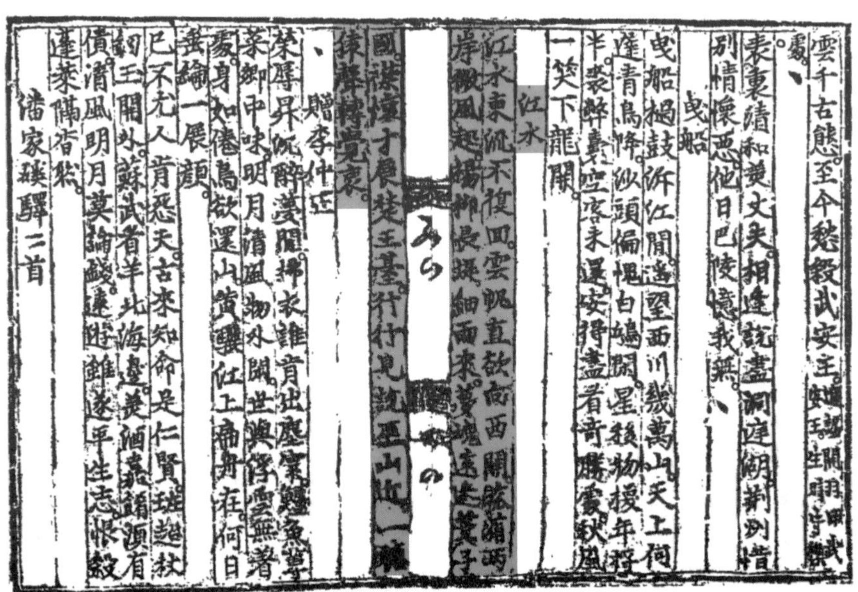
雲千古態至今愁殺武安王。
處、
表裏淸和美丈夫相逢說盡洞庭湖荊州皆
別情懷惡他日巴陵憶我無。
曳船
曳船撾鼓泝江間遙望西川幾萬山天上何
逢靑鳥降徙頭偏悔白鷗閑星移物換年將
半裝罄囊空客未還安得盡看奇勝處馭風
一笑下龍關。
江水
江水東流不復回雲帆直欲向西開蘆蒲兩
岸微風起楊柳長堤細雨來夢魂遠趁箕子
國襟懷寸長楚王臺行行見說巫山近一聲
猿聲轉覺哀。
贈李仲正
榮辱昇沈醉夢間掃衣誰肯出塵寰雞魚尋
菜鄉中味明月淸風物外閑世與浮雲無著
處身如倦鳥欲還山錢塘江上扁舟在何日
黃綸一展顏。
巳不尤人肯怨天古來知命是仁賢班趙狄
細三間外蘇武看羊北海邊黃酒素餚須有
債淸風明月莫論錢遐蹤雖遂平生志恨殺
蓬萊隔杳然。
潘家莊驛二首

『惕若齋學吟集』 惕若齋學吟集 卷下 詩 2

『益齋集』 출처: 한국고전번역원

乎。抑其好客有類於葉公之好龍而替
玉履珠者亦似龍而已耶。鷄鳴狗盜技
之賤者。尤客能處衆而無愧意。旣成功
而無矜言。固自有過人之量。其處卑自
汙。投機致用。豈以此矯衆客之浮誇而
激孟嘗之沉取耶。是則未可知也。
孟嘗賓客三千少。連鑣結軌臨淄道。大冠如箕
劍柱頤。然諾相傾泰山倒。咸陽應士令人老。天
涯去夢迷芳草。孤鶴投籠不自由。猛虎得肉寧
辭飽。馮驩無魚空自歎。雍門有琴且勿彈。萁關
益齋集二 十二
天深函谷遠。誰賁吾車度千山。張陳應慚養卒
口。毛薛亦讓鷄兒手。丈夫有志無賢愚。莫憎貴
金鑄雞狗。
題華州逆旅
日脚初昇玉女扉。嵐光欲染羽人衣。誰能引我
丹梯去。手折蓮花駕鶴歸。
題長安逆旅
車馬函關道。風塵季子裘。轍環天下半。心逐水
東流。萬事唯呼酒。千山獨倚樓。靑霄有知已。未
用嘆悠悠。

『益齋集』 益齋亂藁 卷2 詩 1

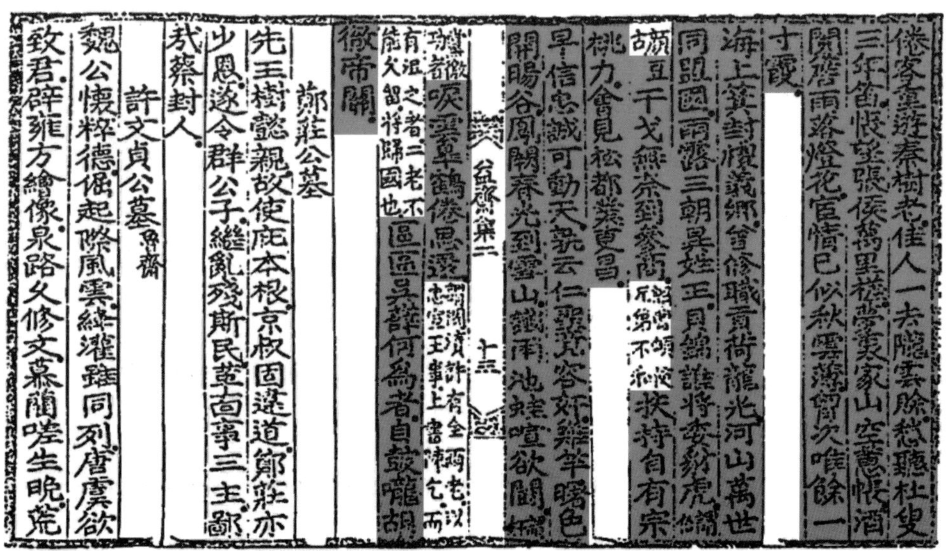
倦客重遊秦樹老。佳人一去隴雲賖。愁聽杜叟
三年笛。悵望張侯萬里槎。夢裏家山空蕙帳。酒
闌孤館雨燈花。宦情已似秋雲薄。留次唯餘一
寸霞。
海上實封懷義鄉。曾修職貢荷龍光。河山萬世
同盟國。雨露三朝異姓王。貝錦讒將萋斐虎
豆千戈無奈到參商。扶持自有宗
祧力。會見松都業更昌。
早信忠誠可動天。氣云仁聖見容妍。鷄竿曙色
開暘谷。鳳闕春光到靈山。鐵甬池蛙喧欲闘。
益齋集二 十三
功者 嗟吳草鶴倦思遂 謂闕讀許有全兩老以忠定王事上書陳乞而有沮之者二老不能久留將歸國也
區區吳薛何爲者。自鼓嚨胡
徹帝闕。
鄭莊公墓
先王樹懿親。故使庇本根。京叔固遂道。鄭莊亦
少恩。遂令群公子。繼亂殘斯民。莫尙事三主。鄙
我蔡封人。
許文貞公墓 珙 齊
魏公懷粹德。偶起際風雲。緌濯錫同列。唐虞欲
致君。辟雍方繪像。泉路久修文。慕藺嗟生晚。荒

『益齋集』 益齋亂藁 卷2 詩 2

『益齋集』

禯李以增華感德三韓指大椿而獻壽
陳情起居表
承賜履於東方庶遵箕子八條之化望垂衣於北
闕竊效封人三祝之誠
陳情表
事宜陳而自默豈人臣諒直之心言可採而必從
是聖主包容之度敢攄愚抱庸黷聰聞云云體禹
儉勤躋湯勇智簡臨寬御啓洪業於竹苞厚往薄
來致庶邦之葵嚮伏念小邦爰自祖宗之代獲叨
甥舅之榮土風雖愧於中原天幸多逢於上國茲
東文選四十 十六
者榮安王大夫人李氏衣冠奕葉禮義名家毓德
坤元曾踐黃金之屋儲祥震索當開碧縷之門竊
聞皇朝之法有所謂孛兀兒者合姻婭之歡爲子
孫之慶古既如是今胡不然若蒙陛下爲大夫人
李氏舉盛禮之優優示殊恩之衎衎則九族感睦
親之義誓永世而不忘一邦殫歸美之誠祝後天
而難老
上大元皇帝表 釋宓菴
其興也勃風雲千載之都俞盍往乎來玉帛諸侯
之奔走照臨所洎蹈舞悉均恭惟皇帝陛下舜厤

『益齋集』 益齋亂藁 卷8 表 3

北闕竊效封人三祝之誠云云事宜陳而自默
豈人臣諒直之心言可採而必從是聖主包容
之度敢攄愚抱庸黷聰聞云云體禹儉勤躋湯
勇智簡臨寬御啓洪業於竹苞厚往薄來致庶
邦之葵向伏念小邦爰自祖宗之代獲叨甥舅
之榮土風雖愧於中原天幸多逢於上國茲者
榮安王大夫人李氏衣冠奕葉禮義名家毓德
坤元曾踐黃金之屋儲祥震索當開碧縷之門
竊聞皇朝之法有所謂孛兀兒者合姻婭之歡
爲子孫之慶古既如是今胡不然若蒙陛下爲
益齋集八 六
大夫人李氏舉盛禮之優優示殊恩之衎衎則
九族感睦親之義誓永世而不忘一邦殫歸美
之誠祝後天而難老
孛兀兒扎宴後謝表
起居
父臨普率旁推一視之仁嬰慕聖明深貢三呼
之祝
謝表
乾坤遡矣敢期呼籲之聞草木微哉忽致恩榮
之沐感驚交至蹈舞不知云云體禹儉勤躋湯

『益齋集』 益齋亂藁 卷8 表 4

『圃隱集』 출처: 한국고전번역원

天連海。徐福祠前草自春。眼爲感時垂泣易身
因許國遠遊頻。故園手種新楊柳。應向東風待
主人。
山川幷邑古今同。地近扶桑曉日紅。但道神仙
居海上。誰知民社在天東。斑衣想自秦童化。深
齒曾將越俗通。回首三韓應不遠。千年箕子有
遺風。
客子年來已遠遊。又尋風俗海東頭。行人脫屨
邀尊長。志士磨刀報世讎。欒圃雪深新綠嫩。梅
村月上暗香浮。自知信義非吾土。何日言歸放
葉舟。

圃隱集卷一　二十六

故國無消息。經冬又見春。只應千里月。分照兩
鄕人。句帶梅花淡。愁連草色新。此行眞不意。却
訝夢中身。
今日知何日。春風動客衣。人浮千里遠。鴈過故
山飛。許國寸心苦。感時雙淚揮。登樓莫回首。芳
草正菲菲。
奉使遊桑域。從人問土風。深牙方是貴。脫屨始
爲恭。柳入新年綠。花如故國紅。客居殊寂莫。喜
聽足音跫。
遊觀音寺
野寺春風長綠苔。來遊終日不知回。園中無數

『圃隱集』 圃隱先生集 卷1 詩

慰雅曲綴來佳。接語愁憑譯。論文愧類能。馨香
愛君子。披豁向吾儕。義重揮金槖。恩深戀玉階。
靑雲人杳杳。白日鳳喈喈。矯首瞻宸極。嗟予學
井蛙。
重贈林主事
曉日照耀扶桑叢。海波沸出珊瑚紅。綵雲苒苒
動光彩。下有突兀蓬萊宮。世人安得有羽翼。相
望千古愁鴻濛。客星一夜照東鄙。云是大明天
子使。誰言弱水三萬里。還似褰裳涉溱洧。手麾
玉節招羣仙。談笑與之凌灝氣。東君聞之喜且
驚。霓旌羽蓋來相迎。心同咫尺對上帝。慇懃酌

圃隱集卷二　五

以流霞觴。爲之小憩朝鮮墟。腰下寶玦鳴丁璫。
明疇聖人曾駐此。齊宿往謁神洋洋。與來時時
弄明月。錦囊箇箇球琳琅。人間旦夕光景變。金
風西來動微涼。起呼鸖駕向何處。欲朝紫極瞻
淸光。別後思君寄消息。應遣靑鸞向渺茫。
送胡照磨海還浙東
十載風塵首獨回。與君今日共含盃。三冬足用
文章富。五世同居吉慶來。使節遠遊箕子國。歸
舟却向越王臺。何時四海淸如鏡。共上天台一
笑開。
送杭州使

『圃隱集』 圃隱先生集 卷2 시 詩

『圃隱集』

又次遁村韻三首

遁村能避色。不必在山林。道直忤時俗。詩成逼正音。京華聊送老。節序又生陰。欲把菖蒲酒。從君一醉吟。

人而不如鳥。何日去投林。幻學妨吾道。新聲亂雅音。丹心歸社稷。白髮閱光陰。辟上青蛇劒。猶能夜夜吟。

遁村卷子詩

箕子以明夷。萬世訓皇極。重耳嘗險阻。諸侯宗晉國。乃知古之人。處困斯有益。先生昔避仇。崎嶇竄荊棘。觀者爲酸辛。惟子若自得。愈挫氣愈

圃隱集卷二 十三

厲。烈火知良玉。天教羣邪輩。一朝斂蹤迹。却來尋遁村。盤桓撫松菊。校正新本分注。菊一作竹。

寄義州金兵馬使之鏵

鴨江春水綠於苔。江上無人飮馬來。幕府如今有知己。好將談笑且徘徊。

贈金判事 元帥崔公有古將風。先生爲幕賓。不謂之知己可乎。故云。○校正。按此似是先生本注。但看語意。屬爲前篇寄金兵馬詩幕府如今有知己之語而云。而誤係於此。

時時橫槊賦詩頻。豪氣看君作幕賓。近日北邊虛警鮮。從容誰識帷籌人。如彼之人欲載張公也。不有先生之策。恐誤大事。故云。○校正。按此注。必有爲而言。所謂張公。亦未知何人也。

『圃隱集』 圃隱先生集 卷2 시 詩 3

知所以爲學。而獨夢周超然自得於心。倡明性理之學。誠所謂東方理學之祖。其從祀文廟。固無愧矣。

正德丁丑。文廟西廡從祀祭文。 奇遵 應制

嗟惟東國。聖學久絶。倫紀不明。治敎彼劣。士無定向。世乏良俗。百代紛昏。大道閉塞。公生麗季。挺然獨立。志存明道。身任重業。唱似當作倡鳴理學。爲東方宗。上探不傳。下啓群蒙。一洗陋學。濬發濂洛。文章道德。設施制作。王佐之才。天人之學。體無不立。用亦有方。斥絶異端。培植綱常。萬古斯道。越賴以明。念惟後學。是尊是刑。君子之澤。

圃隱集附錄 十三

施及寡國。百世在後。功爲不極。有功不酬。何以崇德。予惟道學。懋興斯文。遵率不淑。厥趣以紛。振作之幾。益宜隆師。玆據古例。參考典儀。從祀文廟。公宜安之。神明孔昭。有誠斯存。自今欽享。世世彌敦。

臨皐書院祭文 退溪

嗚呼我東。一隅箕子所臨。迨世陵夷。大道湮沉。不有先覺。孰淑人心。革命改物。天地大變。惟聖合天。旣應帝眷。不有大忠。民彝孰見。嗟我夫子。天挺人傑。希聖之學。柱天之力。入則惟孝。出則惟忠。遭世孔棘。蹇蹇匪躬。聘隣服頑。朝天感

『圃隱集』 圃隱先生集附錄 附錄 4

『圃隱集』

謁圃隱先生畫像詞　張顯光

宇宙間不可久者形氣人過百年兮孰存其身
而其不可泯者德義經千百代兮教化在人仰
其不可泯者而思其不可久髣髴眞容兮曷因
何幸後先生二百有餘載獲拜儀刑於今日噫
噫非道德節義之其一人於吾東者令人觀遺
像而感激欣幸乃至此極天之生先生於叔季
之時蓋亦有意夫前乎檀箕以下未嘗壹擧之
文教其生也而振起後乎東方萬萬世不可易
之綱常其沒也而扶植是其所抱負之道德所
成就之事業有以光日月而奠山河固非艶藻

圃隱集附錄　二十

末藝而謂之儒勲勞一世而謂之忠者所可得
擬其萬一至今吾人之立天地參三而圓頭方
足者得父子於有家能君臣於有邦者其誰之
賜乎此莫非賴有先生一身於前千古之後後
萬祀之前也哉顧我遺教餘化中末學願一接
形貌而不可得者乃今斯得焉敬焚香而展謁
儼精爽之宛然就其所可像有以認夫所未像
因其所得覿有以會夫所莫覿遡遐想於當日
擬九原之有作得於禀受本自粹美者其資質
果是秀拔之風格不由師傳獨得精深者其學
問猶存睟盎之容色橫說竪說之義理皆當出

『圃隱集』 圃隱先生集附錄 附錄　5

『春亭集』 출처: 한국고전번역원

少年觀國際文明贈別新詩句句淸自笑病夫甘閉
戶筆端豪氣謾縱橫
題宋判事蘆鴈圖詩卷次漁村韻
十年奔走九衢頭淸夢空尋白鷺洲珍重畫師能縮
地短屛相對一江秋空一作遠
聞鶯
忽聽新鶯細柳邊恐他豪俠暗彎弦莫令閨女頻傾
耳應是傷心誤少年細一作御
有感
鹿鳴義意遠感之更忡忡相思賦谷風煢煢安所從
春亭集卷三 四
攘攘數十載寸心神明通一朝旋自疑天遠成轉蓬
人情諒難測山海千萬重管鮑亦已矣極目來悲風
送柳直提學斗明出牧羅州
同寮方自多迺此還成別人生貴出牧聖心識英傑
惟念阻山川況復經霜雪好去加餐飯遙遙慰愁絶
送兩亭相國巡問西都
春風宇宙一披拂城北城南百花發我心胡爲鬱如
結見此閶闔動草莽兩亭落落邦之傑間世英豪罕
儔匹萬斛囊中天地括千鈞筆下風雨疾黑頭金紫
何特達靑文煥赫垂豊烈 王謂西都國蒿鎬卿其

『春亭集』 春亭先生文集 卷3 詩 1

往鎭授鈇鉞受命遲遲出天闕閶程旆旆擁旌節出
祖賓從九衢溢車馬如雲競馳突丈夫相贈處與出
昵昵離愁不須說生民厥初靡適逸大哉維天實陰
騭㜊乎九疇天所秩放之六合卷藏密嗚呼箕子傳
罔鈇帝訓章章自昭晰來莅朝鮮始開物至今八條
炳星月公歸齋沐薦芬苾不顯愀然森對越撫綏吾
民在祗適務令遺敎無墜失官暇登樓壓鮫室魚鱗
歷歷堪俯掇渚淸沙白水澄澈荷香柳陰紛映蔚有
酒百壺味且冽其肴膾鯉仍魚鼈歌唇舞腰皆玉質
豪竹哀箏雜瑤瑟何曾游宴溺淫佚只慰王人駐歸
春亭集卷三 五
轍樂彼之土信奇絶俛仰古今俱可悅病夫欲往心
不歇其如未免塵埃沒懷昔少小脫羈紲豈意區區
事鉛筆橫海鯨牙不足拔中天斗杓思手斡已矣螻
蟻但求穴棲息於齋僅容膝欲將萬卷恣搜抉徒費
精神買消渴流光冉冉去如瞥心事悠悠欲華髮搔
筆何期倒溟渤詩成有似蟲唧唧持贈公行愧無拙
花下一盃聊送別
次顚齋及金代言詩韻七首
携酒論詩足寫憂崧山況復是淸游想知濯足溪邊
坐好箇松風洒醉頭

『春亭集』 春亭先生文集 卷3 詩 2

『春亭集』

奉送漁村先生
曾向金陵屢往還壯懷寧復憚途艱丈夫自有乾坤
眼直把登萊作帶看
大醉走筆送鐵城君尹子西都
竹馬相從三十逾春風通此借征途永明樓下挽如
海堅對江山憶我無
送吉川君如京次鷄城君李來韻
先正偏承帝眷隆多公奉使繼高風家庭訓誨嘗聞
禮原隰驅馳爲盡忠落落壯懷霄漢上搖搖離思酒
杯中定知三接添殊渥曾是堯仁父母同
春亭集卷三 十二
題獨谷賀金承旨許詩卷
龍媒元自渥洼來正値吾君腹衆才許國忠懷期結
草深家和氣若登臺鎰物議曾無間侍講天心口
有開出納綸言應益勉爾夫也欲詠良哉贈一作人
題黃相國之西京詩軸
大哉公輔罷綜理燮有條文華錦紛披德望山嶕嶢
伊昔掌制科多士紛相撩特蒙伯樂顧自愧非華騮
忝盟義固厚復此類見招胡然有此別顧爲幕中僚
一鑄祖城西心旌何蕩搖樂浪禮義地民物庶且饒
矧爾國高鎬要令威惠昭聖心諒有在我輩徒喧囂

『春亭集』春亭先生文集 卷3 詩 3

專蔡期周召下視曹與蕭往謁太師廟愀然薦苾椒
行者八教敍反側安足消西民一何幸金鼎羹誰調
歸來歷黃庭扶病陪趁朝
蜀散
病身何用走泥途真箇人間賤丈夫敢謂未能知楚
璞只慚曾得混齊竽巖猿松鶴久相憑僕友野翁聊
可娛尚戀南山却回首浮名何啻等錙銖
同年會于王輪設宴余有故不赴以詩寄
今夕神仙醉紫霞錦筵銀燭映青娥夜深踏月婆娑
舞滿帽花枝影半斜
春亭集卷三 十三
設分離宴于神孝寺 二首
寺樓佳處綺筵開綠蟻濃凝琥珀盃珍重翰林勤挽
袖夜深歸去更徘徊
清歌梟梟間絲桐聯壁圍欒炎燭紅誰遣青蛾呵凍
筆醉中狂語愧難工
訪偰司藝偁不遇
崇教池邊渡小橋蕭條籬落雜蓬蒿重來政恐還迷
誤回首園林有鶴巢
題上洛伯詩卷
系出新羅貴門從上洛昌本深知未茂源遠合流長

『春亭集』春亭先生文集 卷3 詩 4

『春亭集』

方也奉使專對乃其餘事國之士大夫始榮其至今
惜其去相屬爲詩以慰先生行邁之思而屬余序余
惟吾東方爰自箕子八條之教俗尚廉恥知慕中國
世講事大之禮至我朝鮮益虔忠順 天子嘉之詔
諭切至賚與稠疊恩至渥也感化之情當益深而奉
職之禮當益謹矣他日立玉墀方寸地獨對 天子
之清問遠人之誠尤有以上達而東漸之化覃及無
窮遐邇一體熏爲太和此先生之所當爲而吾士大
夫亦以此望之也先生其識之若夫道途之阻跋涉
之勤別離思念之懷亦人情之所有顧非士君子知

春亭集卷五 十五

輕重者之所介于懷也焉足爲先生道哉

送行人易公節還京序

朝鮮雖在海外徼得蒙箕子彛訓人知忠孝俗尚禮
義尊中國效臣順世守無替矧我 國王天性忠敬
臣事盛朝出於至誠時節貢獻常恐不稱撫字之厚
奉職愈謹 天子洞見至情綏懷彌篤永樂十八年
春 天子念我 先國王恭謹事大追錫美謚曰恭
靖仍致祀禮特加慰諭擇將命而展禮者以禮部貟
外趙公行人易公臨軒遣之俾宣布德音使命至境
王使陪臣迓勞于道絡繹相望越四月初八日使

『春亭集』 春亭先生文集 卷5 序

5

再承清韻不勝賞嘆復呈荒句伏希容拙
遊刃操良刀詩成紫錦條清新饒變態富艶足殘
膏汲古看脩綆傾懷瀉海濤高名傳海外仙籍記
天曹
泛翁見和即席用韻以荅 倪謙
鞞鞢患容刀仍懸五色條多君才韞玉媿我德
乏膏麗句追高適華牋邁薛濤海邦驚見此奐
俊異凡曹
書懷奉別兩天使大人 鄭麟趾
悠悠旌旆駐安州浩渺風煙未易收綠蟻蒲萄
須盡醉驪駒一唱動離愁鴨江日暖臨歧室鶴
野天低望蜃樓爲問翱翔霄漢上有時能憶此
保閑齋集十二 二
遊不
次韻鄭判書奉謝使兩大人
落日孤城海外州星軺蹔駐兩初收離程屈指無
多日旅館塡胸有萬愁寂寞休論別後事須臾且
倚客中樓玉堂春晩饒餘暇千里停雲入眼不
泛翁用工曹韻見遺即席和荅 倪謙
行過名城數十州安興駐節暮霞收春風惜未
傳花信薩水忻能洗客愁碧樹回瞻箕子廟青
山斜對仲宣樓鴨江明日憐分手肯向尊前痛
飮不
復次高韻
西轅返旆指中州別恨漫漫詎可收大野蒼茫迷
九七

『保閑齋集』第12 遼海編 1

翰於皇明
送侍講倪先生使還詩序
聖天子新嗣大統推恩天下翰林侍講錢唐倪公
與給事中司馬公奉詔來宣我弊邦無小大罔不
瞻望慶抃浹旬而星軺言旋我縉紳之士咸歌詩
以贈命叔舟爲之序叔舟有陪從之分敢以拙辭
內翰公天資粹美飾以詩書德業言行求之古人
亦不多得其文章之富筆法之奇乃餘事爾可謂
誦詩知禮有德有言之君子矣以是知遇聖明近
龍光之密勿承淸燕之雍容晨夕論思左右帝躬
以笙鏞乎治道者爲何如我 惟吾東邦自箕子受
封禮樂文物夙慕中夏太祖高皇帝之御宇也我
保閑齋集十二 九
康獻王受命作藩世篤忠款列聖相承眷注有加
凡奉綸音至下國者必命碩儒名公然未有自經
幄顧問之地而出如今日蓋見皇上寵待弊邦之
意也而公又能體綏遠之仁忠信篤敬不以僻陋
而疏慢咨詢咨度務宣上德苟非誦詩知禮有德
有言之君子安能如是哉昔周之盛越裳氏以無
烈風雷雨知中國有聖人重九譯而至況乎親接
聖天子近侍之賢如景星祥雲垂東海之濱者乎
使我東民益知天子神聖者未必不由我公也叔
舟叨奉杖屨獲辱知待薰芝蘭醉醇醪庶幾變化
陋質矣歸意難挽會合無期新知生別何以爲懷
古人贈以不拜請以不諛奉贐今方聖主中興之
保閑齋集 卷十二

『保閑齋集』第12 遼海編 2

『四佳集』　출처: 한국고전번역원

四佳詩集卷之一　第一
賦類
次韻祁戶部大平館登樓賦
古者詩有和無次韻次韻起於後世至如詞
賦前輩未嘗有次韻者蓋詞賦押韻必多多
則韻強韻強則才窘才窘則不能騁其步驟
有牽強拘滯之病此古作者所以避而不居
也今先生有謁箕子祠賦江之水辭登大平
館樓賦居正不揆鄙拙輙次其韻此實前輩
之罪人而先生之所不取也然居正海外書
生孤陋寡聞先生不鄙夷之嘗與昌訓受賜
多矣獨於詞賦訃其工拙不訓答以負盛意
也哉此居正所以敢爲前輩所弗爲弗諱其
四佳詩集一　十
短拙者也大雅君子必有言矣詞曰
余悲不及古之人兮塊獨處而無儔將取友於天
下兮柰衢塗之阻脩安能鬱鬱余一隅兮志蜚騰
於九州顧脩名之弗立兮歲月儵其如流知四十
九年之既非兮其未來者能幾粤皇覽余初度兮
揆不墜吾昔志竢河淸乎微之隙兮際皇明之治
平日月赫以行天兮宇宙郁其文明奄八荒以梯
航兮旅玉帛其庭實麟鳳兮林藪龜龍兮澤國夫
惟人中之四靈兮吾弗能記其半也莫不蜚英而
騁奇兮効其志而訓其類也玆聲教之遠暨兮被
已先於三韓歲錫貢之相望兮路四千其漫漫偉

『四佳集』 四佳詩集 卷1 賦類

1

咫尺其放悉兮皇乃敷腴而一察望長安於日下
兮渺星查兮銀漢方將凌雲霧而天遊夫豈蟻蠓
之爲戀也笳鼓發兮蕭蕭驽騎驅兮桓桓玉鞭振
兮風颷僊袂擧兮鳳騫悵後會之難又兮留一言
以爲訣庶交際之無忝兮期永好而罔缺重爲告
曰侯之徠兮日邊侯之去兮帝鄕侯何脩而至此
使我兮弗能忘猗至人之至德兮固衆人之所慕
挹淸芬而延佇兮曠百世而一遇示我以周行兮
贈我以微言寫歷歷之披肝兮蓋目擊而道存也
微夫子之洵美兮吾幾失於道德之門也
次韻祁戶部謁箕子祠賦
有周方興兮有殷其淪伊豔妻之蠱惑兮鉅橋粟
四佳詩集一　三
塵嘻噫夫子之不時兮紂惡其氣夫何蹇蹇之忠
誠兮荃藐藐予無聞比干死諫兮一何時運之疚
也微子去之兮獨申詰乎曰師曰父也羌隱晦而
自存兮子寧不於此而善處也嗟大厦之旣傾兮
豈弱木之可支也曰膏肓其已深兮又焉用夫良
醫也邾之躋可立竢兮甘鴆毒其如飴惘宗祀之
不血兮吾復捨此而何之迺不臣乎有周兮獨吾
君其君也敷洪範而錫君民兮曾何獨善其身也
義可圖存其祀兮盍忍爲其奴也雖然胙土而分
茅兮寧不爲宗國而一吁也有截平壤有儼其都
我受我封我東曰徂八條爲教兮亦何有於爲國
也民到今受其賜兮宛遺風其如昨家禮讓而俗

『四佳集』 四佳詩集 卷1 賦類

2

『四佳集』

晦　　我

雍熙兮以耕以鑿伊三仁之去就兮孰重輕而厚
薄人自靖而自獻兮安所遇其若茲覲夫子之遺
祠兮起千載之遐思倘非夫子之在吾東兮孔聖
何以曰居夷順其志同歸仁兮吾信夫太白之碑
也猗歟先生之有賦兮吾將求之黃絹幼婦之辭
也

烏圓子賦 猫一名烏圓子

歲在火雞夏至之夕風雨晦冥夜昏如漆四佳子
患心痞身不帖席倚壁而睡忽聞屛幛間有聲摩
戞乍止乍作予有雞雛籠在卧榻之側呼童子而
護之以防猫竊童子鼻雷其睡也熟予意老猫幸
人之睡磨牙鼓吻於弱之肉也猝然奮杖而怒曰

四佳詩集一　四

養猫所以除鼠非爲害物今又不爾惟職之闕當
一擊而粉碎予於猫乎何惜俄有二物掠吾脛而
閃去前者小而後者大狀若猫之捍鼠蹤童燭之
鼠已屠盡而猫則寢處乎其所矣四佳子矍然驚
曰猫捍其鼠乃職其職予不自明以忖以臆致疑
於猫幾蹈不測嗚呼嘻噫鼠之爲蟲物莫比其賤
毛淺不雋肉卑不薦尖鬚悍目孰賦爾質處圂宂
壞孰爭爾窟循墻其詐托社其黠爾腹易盈何欲
乎溪壑爾豕不長何銛乎戈戟善伺巧候晝竄夜
綴穿我箱篋攪我盆甕我衣何完何粟何羸孰窬
其嚇孰肝其烹地嫌忌器勢倚熏屋跳梁跋扈天
壅厭惡此所以國風刺碩鼫史書食當斯時不有

『四佳集』 四佳詩集 卷1 賦類　3

鱠縷波搖錦纜起鷗眠江山興廢蒼茫外樽酒風
流浩蕩邊幙下來參珠履選西都勝會盛當年

箕子祠

嘆息殷王子荒凉獨此祠西周陳範後東國化民
時荔子春秋謹碑文日月垂由來多慷慨耿耿酹
芳卮

敬次正使寄永膺大君詩韻

燕山路逶迤北望多所思皇明馭區宇萬物被洪
私公子奉使命忠節餘無爲行行萬里遙豈暇念
安危鴒原自急難花萼相交枝忽此參與商南北
傷分離遠逢尺素書爲寄相思詩忠孝已兩全功
名流後時

四佳詩集三　十九

行行去魯遲搖搖勞我思王事有嚴程將毋不敢
私男兒志遠遊何用刺刺爲況逢知己恩不憚行
路危江山千萬重朔雪號枯枝帝鄉自可期何會
憚別離觀光好歸來袖裏皆新詩下可慰慈親上
可報明時

寄集賢諸同僚

漢水燕山接渺茫朝天心急馬蹄忙敢同刺刺裏
兒語只信遲遲父母鄉風雪豈關吾輩苦酒盃聊
發客中狂丈夫弧矢斯遊壯跌宕時還愧子長

順安館早起

白雪西關道丹心北闕邊四更鷄亂叫千里月初
圓邦國村猶盛馳驅我獨賢膏車待明發欹枕不

『四佳集』 四佳詩集 卷3 詩類　4

『四佳集』

欲問麒麟窟。先愁鸚鵡洲。天孫渺何處。斜日半高
樓。
箕子祠
嘆息殷王子。荒凉獨此祠。西周陳範後。東國化民
時。蕩子春秋謹。碑文日月垂。由來多慷慨。耿耿酹
芳危。
松都
鷄鴨功高五百春。螟蛉二世竟亡秦。江山形勝今
猶在。文物衣冠想已淪。宮苑無人虛白晝。英雄有
骨盡黃塵。百年慷慨秋風客。麥秀詩成獨愴神。
壺串
僞辛當日事盤遊。此地窮崇爲起樓。走馬塲平山
四佳詩集七　十九
北起。浴龍川迥水西流。春風不復飛雙燕。明月多
時屬一鷗。萬古松京亡國恨。淡烟疎樹不勝愁。(雙燕指禑妓無雙飛燕)
附
北征錄序
詩之道大矣。古今異世。而詩無間也。中外異域。
而詩無別也。蓋道之著者爲文。文之成音者爲
詩。人有不同。而同此心。心有不同。而同此道。道
同。則形之言者無徃而不同矣。苟不於此求之。
而屑屑焉古今中外之較。豈知言哉。此余於朝
鮮徐君剛中之詩。所以有取焉耳。朝鮮。東方禮
義之邦。詩派相傳。夙有攸自。逮際　皇明。氣化

『四佳集』四佳詩集 卷21 詩類　5

『河西全集』　　　　출처: 『하서전집』, 하서선생기념사업회, 필암서원, 1993

年五十有一矣。蓋旣沒。而諸門人裒稡平日著述。爲全集。不幸燼于回祿。如西銘事天圖周易觀象篇。世無伏生之口誦者。故仍不見於世。惜哉。今詩文若干卷。則文谷相公所游心致力而印行於世。卽古所謂焦尾者也。其論說理致之文。頗見於李文純公小說證訂禮書之語。編入於金文元公輯錄。悉皆精深粹白。顚撲不破。要非後世註家之所及也。竊惟易大傳曰立天之道曰陰與陽。立地之道曰柔與剛。立人之道曰仁與義。夫人以藐然之身而能與天地幷立而爲三者。以其有仁義也。然而仁莫大於父子。義莫大

河西先生全集 卷首 序 八

於君臣。今先生之義。旣盡乎君臣。則其盡仁乎父子可知。而大綱立矣。然大綱旣立。而萬目不擧。則道非其道矣。先生於經傳史集。無不究極。置水不漏。其行於家則儀章度數。一毫不敢放過。而至其講論乎筵席。則以爲道之大體。洋洋乎發育萬物。峻極乎天。而至論其用。則入於至小而無內。必須兼費隱包細大而不遺。然後王道備矣。嗚呼。先生可謂豪傑之才。而見道分明者歟。如使　仁廟聖壽無疆。而先生展布抱負。則其範圍天地之化。可庶幾矣。皇天不佑。竟爲志士之永歎。可勝痛哉。或疑先生晩歲沈冥之托。有

『河西全集』 河西先生全集 卷首　1

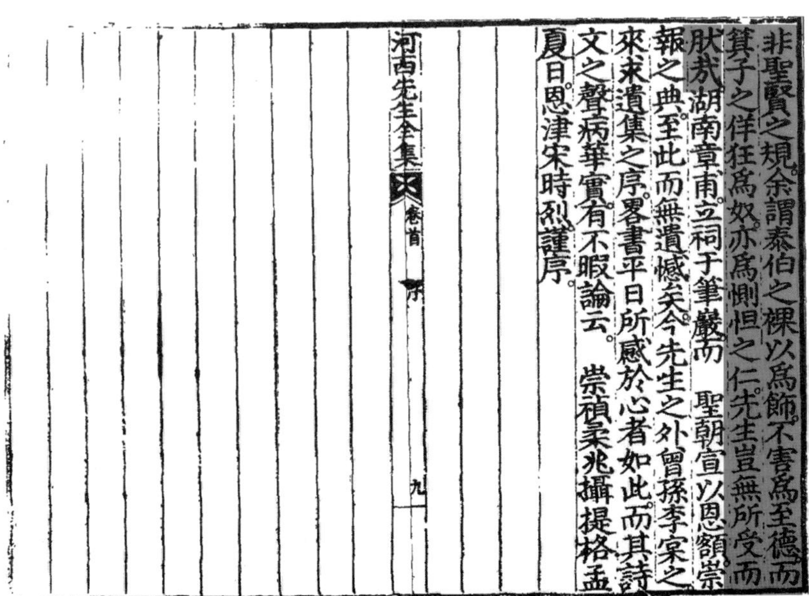

非聖賢之規。余謂泰伯之裸以爲飾。不害爲至德。而箕子之佯狂爲奴。亦爲惻怛之仁。先生豈無所受而然哉。湖南章甫。立祠于筆巖。而　聖朝宣以恩額。崇報之典。至此而無遺憾矣。今先生之外曾孫李寀之來求遺集之序。略書平日所感於心者如此。而其詩文之聲病華實。有不暇論云。　崇禎柔兆攝提格孟夏日。恩津宋時烈。謹序。

河西先生全集 卷首 序 九

『河西全集』 河西先生全集 卷首　2

『河西全集』

吾哀王子之忠直兮乃逢乎衰亂之世象箸之必爲
玉杯兮不可支兮天所廢予何爲徊徨於其間兮以
自致夫沒身而不虞吐謨言之伉慨兮衆果以是之
爲愚吾知子之心事兮豈慮後以全軀闕宗社之淪
喪兮又何忍乎坐視而不救箕子爲奴微子以去西
伯將興祖己所懼指白日以致憤兮荃不察而齎怒
欲更進而不得兮限之以大故心雖剖其猶未變兮
抵九死而益固精凝沍而寃結兮想至今千載其未
沫人孰不欲盡言而不諱兮舉皆重乎一身之利害
抗逆鱗而扶顚危兮其如子者有幾閱陳編而靜思
河西先生全集 卷一 辭 二十
兮仰萬古而增欷
蘇門山辭
若有人兮山之上表獨立兮寡仇駕白鶴兮驂鸞軼
氛濁而遨遊覩圓方之端倪兮睨川陸之參錯倚雲
崖而高嘯兮暢幽懷於寥廓響激烈而淸厲兮意憭
慄而慨慷行雲忽兮中斷峯巒爲之低昂壑動兮林
摧巖驚兮石裂泣山靈於嵌竇走猛獸於幽穴倏聲
收而境寂兮增氣象之蕭爽時見訪兮何人紛獨喜
此曠朗共周章而容與兮羌傲視乎風塵竟褰袂而
一謝兮邈迢迢兮淸眞昔孔門之多賢兮發天機於

『河西全集』 河西先生全集 卷1 辭

3

不亾者猶存萬古同一晨吾東舊箕封禮義已條陳
寥寥千百載儒士無其眞皇天欲興運正學惟日新
綿綿及乃祖泝源開其津縱未進而行經濟乎生民
當年踐履實幾多存諸身至今賴私淑斯文益彬彬
傳家世有賢喜與追淸塵橋門此送君欲盡意未伸
贈盧內禁 在詩山
內禁非俗人寬和長者度結髮事弓馬才豪堪獨步
數奇未封侯蹉跎遂遲暮斂身鄉曲中紅塵謝馳騖
壯心未全忘夢魂飛塞路我來龍藏社値此氷雪冱
聯翩六七輩交論竹與素適遇避家患從容陪杖屨
河西先生全集 卷二 詩 十八
仍聞父歲同不敢問年數捧袂惜分携而今增敬慕
次尹肩吾 希䁱 贈別韻
相逢五六人正値暮春者倦興酒先沽離懷筆更把
君吟忘我歸我語起君臥早晩有佳期低徊松樹下
送黃上舍 世文 還鄕
吾聞涓江西實惟箕子都山川饒奇勝秀麗如畫圖
于今千萬年井畫餘規模繁華屬太平桑柘連平蕪
參差夾楡柳十里蔭通衢往往起朱樓俯壓千頃湖
欲一往見之脫此形骸拘麒麟頹嵌空錦繡登縈紆
問古丁公鶴騰身王子鳧西城一片地盡入詩囊輸

『河西全集』 河西先生全集 卷2 五言古詩

4

『河西全集』

長懷苦不果。十載紅塵逐。王庭選多士。羣彥來于于。
惟吾及夫子。負屈蕃齊竽。淹留泮宮裏。日夕講唐虞。
經秋入寒冬。意氣相不孤。人生喜乖隔。豈得長歡娛。
拂袖出門去。無緣縶白駒。一語付江山。江山許我無。
追尋會有日。煩爾遥相須。

閔長卿 龜瑞 求題畫屛

黃河水萬里。一派接天潢。年年八月日。古槎橫蒼茫。
有客往乘之。超然脫塵韁。散髮寒飀飀。風飄雲錦裳。
右乘槎

吾聞李謫仙。夙世淸都人。婆娑桂影傍。逸氣橫秋旻。

河西先生全集 卷二 詩 十九

自從誤黃庭。嘯傲臨風塵。擧杯弄明月。千載見天眞。
右問月

商衲屬危微。飄然渭濱翁。一竿坐漁磯。雲煙涵晩風。
直鉤非爲魚。豈愛官爵隆。西伯謾出獵。牧野輸湯功。
右釣渭

唐堯無議爲。萬古垂衣裳。許由獨何人。洗耳淸潁傍。
巢父卷鳴犢。歎未韜其光。二子標孤高。風節流無疆。
右洗耳

西湖山水勝。正値梅花時。鶴知主人意。婆娑弄雪肌。
養汝歲月深。雲際遥相期。輕飛返茅舍。撫之以忘飢。

『河西全集』 河西先生全集 卷2 五言古詩　5

泠泠承月露。浩浩漾雲天。剩得園池勝。栖遲意豁然。

送士遂關西之行

四郎遊海地。二子采薇墟。路歷王公郭。邦連箕子居。
秋深沙渚遠。城古樹陰疎。萬里君行晩。霜風動別裾。

伯遂求題江亭

野濶靑低嶂。江空碧漾天。浮金烏始翥。流玉兎方眠。
牧笛晴虹外。漁歌彩鷁邊。主人機事少。汀草綠如煙。

寡悔求詩

問却中原境。江山似昔皆。高門臨積水。異石發孤姿。
颯爽靈仙跡。淸新碩士詩。彈琴臺上月。後日可相期。

河西先生全集 卷八 詩 六

贈太述別

別席都城酒。歸心嶺路雲。看君挺鶴骨。愧我混鷄羣。
夜久寒威緊。杯深醉面醺。逡巡莫遽起。坐待月紛紛。

送昌瑞

霰雪臨初霽。壺觴屬遠離。醉酣生別恨。吟苦得新詩。
漢水寒波漾。車關匹馬遲。明春攀桂去。斗酒可相嬉。

徐可久說與太宰唱和於朴淵事。因又求步其韻。

聞說千峯裡。攀危一逕開。龍移空碧湫。石老長新苔。
過客投餘迹。幽人付一咍。他年穿蠟屐。猿鳥莫相猜。

『河西全集』 河西先生全集 卷8 五言律詩　6

仙風進一杯。

次漢江樓韻

慣識眞源水與丘。却陪仙節遵芳洲。回眸更覺乾坤豁。入座翻悲世界浮。杜子只題方丈句。陳生徒詠洞庭樓。歸朝定問三山事。須把淸詩記此遊。

江上遙山列蟻丘。雲間飛棟𢶒鳧洲。眞看實主東南美。始信乾坤日夜浮。聊倚詩成供小酌。不教蒼茇近高樓。眼前光景傷心麗。辜負絃歌佐勝遊。

企齋集八　二

次謁聖韻

詩禮亡來唱百家。士將仁義戰紛華。綱維大道成條理。砥柱狂瀾作障遮。儒敎有依尊廟貌。女靈猶幸擇松麻。觀瞻此日同親炙。更信周王不忘遐。

檀君祠

香火事報祀古祠藤盖宇。時應並帝堯。德可同文祖。

箕子廟

離明入地中。洪範落泉臺。不有當時德。今誰

三二〇

『企齋集』 卷8 東槎錄　　1

薦祠來。

箕子祠

神依古祠深。靈風常滿右。八條世世欽。九歌村村酒。

東明王祠

東方是靑州。禹貢失記壤。雖無往我命。今土亦世享。

次石將軍歌

千年對立閱侯館。射眸酸風吹不斷。撫渠遠思爭戰時。東海波獰地三判。民生糜爛極昏

企齋集八　三

墊。欲濟無津又無畔。我今猷說古。爾應能記前山頭幾見霧雨霾。身上今逢日月懸。不似秦俑作者無子孫。豈假楚巫招爾魂。桓桓儼峙見物依。眼前閱世何紛紛。曾將臣狀坐無策遠愧防風恥長狄。隳謀壓勝在獸運走肉行屍空假息。頑然雙石足記功。無數登壇顏亦赤不學石犀壓江水。不效金人鑄鋒鏑。應嫌據鞍試矍鑠。尚憐泣鏡空嘆惜。天地爲家席太平。萬古屹立知無敵。勇如項籍終包羞。忠如岳飛亦懼憂。悠悠成敗劇浮雲。不語長

企齋集　卷八

『企齋集』 卷8 東槎錄　　2

『企齋集』

宅妖僧廢梁主功虧佞佛齋
誰識皇仁圃一春百年東土靜風塵名都士
女昭休命變作昇平擊壤人

次箕子祠韻

藤蘿爲蓋古祠深薦實椒漿祀豈淫周武爾
時能受法魯儒當日是知心八條有教空遺
愛千載無人更賞音惆悵未施皇極用彌鐏
那復往來斟

碧蹄館次唐使韻

東風曾報撲春歸林館今來柳絮飛勝賞已
拚天下最知音寧道眼中稀幾回北斗瞻高

企齋集八　八

標能使東人識袞衣縹緲未禁風馭返鶴樓
遺跡似煙霏

次大平館六十韻

岧嶢華館入雲穹境界遙連閬苑通時有天
人須帝誥憶曾仙節降詞宗月星當日張查
遠槎相于今傑句重心慕文華翔彩鳳膽驚
詩力拉黃熊長留勝跡三韓最遂有飛名四
海雄能使遠人勤北拱竟無遺稿助東封光
陰倏忽過如鳥天地超騰望若龍擬和陽春

三二三

『企齋集』卷8 東槎錄　3

企齋集　卷八

旅館無眠眼有花老形常苦病搖牙難成謝
子生春草不耐黃公到曉蛙西塞光陰愁裏
換故山消息客中賒題詩不敢成酬唱誰識
孤臣鬢益華

次華使風月樓韻

宜風宜月自清涼古砌苔紋雨洗荒絮罷樹
頭猶着雪荷浮池面已含香從前景物應無
限此日題詩便有光欲和陽春知不今客情
添得鬢滄浪

次華使平壤登眺韻

企齋集八　廿九

箕封眞壯古已非偏小壤世德未作對廟樂
空遺響兮明畫井地乃入騷人賞江山儘多
味嘗者知取掌誰將佳處會領此未嘗往悠
々今古間物理元不爽乾坤自控摶日月若
爭攘興亡一鳥過往事屬漁舫麟馬跡已訛
朝天道亦枉唯餘牡丹峯誰遣雲樓敞下有
綾羅島風煙杳泱莽唐公萬里眼胸次雲夢
廣收拾古錦囊文光高萬丈惟華暨張仙瑞
彩繼重晃編成登眺什物色打一網還留不
盡興惹起千載想椒斟禮古祠九疇如再訪

『企齋集』卷8 東槎錄　4

王程亦有期逝水春溶漾星查歸意動仙風
摧画榜湖山一戰覇孰敢爭王長誰歟善画
者寫此以相傚還將竇張音一唱心慨慷如
承百朋錫豈啻千金餉交投托永好願言終
高朗吾言豈善諛君子本不黨

次飲酪韻

嗜味誰能察所由君王猶賞爛羊頭不堪
爾隨兒鹿何恐瞳焉望母牛仁者豈徒充口
腹饑夫唯解利咽喉願生蔗境甜於蜜張子
蓴羹滑似油

企齋集八 二十

次錦湖聞許節度 琛 乘世韻

浮雲事業遠虞姚善戰功成將自驕雄略已
歸周望呂清名不數漢宗蕭青春未覺霜毛
變平世何嫌髀肉消誰報海營星已落幾時
笳鼓待還朝

次別成韻

耳聞持虎節目送拜龍廷自許清爲律人知
德可銘時方期汝玉天不欲民寧只是寸堪
惜無從涕自零

次雲興館韻

三二九

『企齋集』卷8 東槎錄 5

企齋集 卷十二

鳥仙語時聞下翠樓好事向來還有陣白頭
誰悉負茲遊

次謁箕子廟韻

明夷爲易範爲書誰指三仁更及予命自靡
常嗟已矣道堪桐授敢藏諸今來古廟存瞻
想絕勝陳編謾卷舒東土只今猶祀事儒仙
千載爲躋蹐

次謁箕子墓韻

天命吾無柰殷宗喪本支未應思授聖非故
欲居夷自靖知能獻先王恐不貽應難堪集

企齋集十二 七

菓誰復問遺時古墓今荒矣何人更取斯石
麟苔剝落山鳥響參差獨有深仁在東人永
繹思

平壤勝蹟十六詠次韻

德巖

神人昔驅此幾時到海東未作跨蓬島猶存
殺水功

酒巖

物爲氣所寓理即無不有誰知此巖中尚貯
玄古酒

『企齋集』卷12 皇華集 6

白銀灘

泉豈解貪寶。灘應色取銀。自名若求實。碧海更無津。

錦繡山

春山似楚壁。隨風飄錦繡。欲鑑敗由奢。故教月如畫。

乙密臺

仙遊遠乙密。仙界作蓬萊。擬把蓬萊地。還看乙密來。

企齋集十二　八

牡丹峯

如看花十丈。遠勝青千朶。下有綾羅島。還宜着綵舸。

浮碧樓

樓爲岳陽樓。水是洞庭水。但無杜子舟。浮此乾坤裏。

練光亭

開軒目眩轉。練色明長川。不知我在亭。翻疑身上仙。

井田遺制

秦氏廢井封。民墮膏火中。誰知海隅地。還有

三六四

『企齋集』卷12 皇華集

7

古遺風。

朝天石

人去石不轉。至今留艮背。朝天亦超忽。千載悲墜佩。

風月樓

風淸境界淨。月明河漢淺。自無楚王夢。朝雲蔵翠巘。

麒麟窟

江上生祥地。今成寂寞濱。常憐鳳不至。那復嘆傷麟。

企齋集十二　九

綾羅島

鮫人勤織事。半夜潛出水。欲晒曉正晴。滿島成羅綺。

快哉亭

江山雙擅勝。天地一高亭。誰留萬里眼。共我此時淸。

大同江

滔滔大同水。遠色連海碧。方丈定何在。雲帆欲乘汐。

挹灝樓

企齋集　卷十二

『企齋集』卷12 皇華集

8

『企齋集』

微子

商末淪時祭已亡。忍將宗器見周王。亦知天屢終難復。地下何慙乃祖湯。

箕子

欲獻先王靖自持。鳴琴誰識我心悲。歌成故國漸ゝ麥。明盡東方種ゝ夷。

比干

知與無知盡已心。愛君那解愛吾身。剖腸白日明誠切。宜並箕微共得仁。

許由

許由之行知是。而不在逸民之列。疑是莊周之寓言。

喧耳風飄亦亂真。欲傳天下是何人。箕山有冢吾疑史。聖論何曾失逸民。

沮溺

海內山河戰伐塵。耦耕非故亂人倫。世間一被虛名誤。應悔平生值問津。

四皓

皓首商顏四老人。放歌長占紫芝春。山中亦厭秦家亂。一起何嫌作漢賓。秦以不早定太子亡

兩生

風塵草ゝ立規模。陸賈詩書說得無。禮樂百

『企齋集』別集 卷1 詩 9

『容齋集』 출처: 한국고전번역원

足掃。所貴繼以安。疇咨唯汝諧。任重輟天官。公才備文
武。度量河海寬。勝美收萬全。百發不虛彈。此行豈不偉。
利器遇盤錯。執袂一盃酒。我獨胡不歡。臨事每先懼。可
笑書生孱。

贈別成蕃仲奉 命赴朝廷。獻賊倭俘級之什。

東方始箕子。禮義素自持。我朝事至誠。大明照無私。筐
篚道相望。未敢違歲時。世荷皇眷隆。屢降褒寵辭。但共
職分耳。此亦非所期。島夷觸天刑。逃死東海湄。我 王
體天怒。號令急星馳。邊臣競效力。俘馘無一遺。嗟彼上
國民。遭此兇醜欺。訖生定何所。得無寒與飢。 命搜盡

容齋集卷之三 四十六

羣島。塞海雲帆披。物色南海中。俱得免拈髭。百僚共稱
歎。 宸心爲悅怡。曰豈小邦力。自是皇威施。數奏不可
縷。明愼唯爾宜。吾子蘊才華。衆論固已推。簡選自 淵
衷。思遇誰等夷。貂裘出內府。又以表裡隨。非獨榮子身。
謂爾行莫遲。拜辭指日下。西路何逶迤。秋風要以緊。涼
葉欲辭枝。親交惜遠別。相視涕漣洏。我言男子志。要爲
天下奇。左提賊首函。右執俘口縲。進獻明光宮。趨退不
趑趄。若有問其始。只道非我知。

驄馬契會圖

日照烏臺高。霜嚴驄馬會。論交氣槩中。得意形骸外。鐵

『容齋集』 卷3 五言詩

1

江山到處洗骸皆。與世浮沉空自苦。乘流消盡竟何言。
一身丘壑平生志。慙愧歸期負故園。

過棘城

客路長亭又短亭。棘城斜日半沉冥。山河百戰無人傑。
風雨千年泣地靈。壯控滦滇來萬里。雄開羣翠作重扃。
即今 聖代干戈靜。野草連雲取意青。

次次翁

當年此地啓元戎。霸國山河一戰空。往事只今看歷歷。
空悲萬里隴西公。

黃州

容齋集卷之四 三

今日風流非去年。笙歌啾沸慰朝天。不堪勸酒油頭臭。
盡日華堂擁鼻眠。

得仲說簡

去家未十日。水重山隱隱。猶懷甚然喜。得屈故人問。平
生酒色戒。庶幾金玉訓。亦可廢詩作。百物困收招。

次仲說韻

大同江上從華舡。列炬成林山欲燃。賤子三生聲色累。
憑君佳句且三湔。

次祈順大同江韻

大同西畔古重城。下有澄江一抹橫。箕子人民猶禮樂。

『容齋集』 卷4 朝天錄

2

『容齋集』

使相及書狀以下詣闕肅拜僕以病未赴
思歸不耐獨沾巾日瘦天涯病卧身好是一宵新月白
古今長照別離人
思歸
思歸日日瘦稜稜不耐天涯老暑烝彊把羈懷搔白皃
畏將愁鬢照青菱遠遊歲月時中聖短夢功名半曲肱
安得親朋凭竹几夜窓酸苦話吾曾
憶淳夫
少少忘形詩酒場可堪千里各參商一宵相對月星皎
短夢不知山水長塞外光陰怜寂寞客中鬢髮欲蒼浪
容齋集卷之四 十四
何時更作同床話鶴洞秋風萬木霜
無聊之餘略叙道路之勤以備後日之覽非所以
為詩也
北極帝王都大明朝萬方東韓箕子後禮樂民阜康王
帛奉職貢道路遙相望庚申十三載麥秋梅已黃我隨
簡書催行李何堂堂仲夏沂鴨水直次遼陽彊牛羊滿
田野氓俗勤農桑悉令狐兎區化作鋤耰場鶴去終不
歸歲月飄風狂鞍山策余駕畏日忽西馳明馳海州衛
文宿牛家莊觸熱過沙嶺白汗甚淋漓高平抵盤山極
日平茫茫天圍四野外莽不見陵岡廣寧雄且大士馬

『容齋集』 卷4 朝天錄 3

無底佳景恐盡披晴波映錦袍微颸送朱舫咫尺練光
亭入城路非枉攝衣試一上結構實宏敞烟樹遠微茫
大野連蒼莽萬像供几席迭助心眼廣峩峩牧丹峯斗
拔幾千丈危樓跨半空丹青照炳晃天下未可知海東
無與兩登臨若羽化倏爾逃世網弱水隔一塵方丈發
高想群仙豈在遠從此可相訪落日天色異水光共蕩
漾下階步石磴回首失金榜流澌忽解釋已覺寒潮長
形狀互千萬文字難摹倣歸來未盡興浩歌聲慨慷詎
能語韓子此樂非一餉清夜卧清虛名館霜月更明朗呼
酒獨成醉不飲非我熙
容齋集卷之八 二十
拜箕子墓二首
諒君存祀兩難仕誰識三仁只一心設教有條田有助
東民受賜到于今
洪範彝倫已自任佯狂當日若為心東方元是不臣地
忠義遺風留至今
次副使登練光亭韻
亭子臨無地江流萬丈濤行槎容少駐極眼喜偏明白
鳥吟邊度青山脚底平忽忽未舉酒落日有餘情
登浮碧樓
浮碧千年境登臨落日時朧天猶舉網雪水未流澌海

『容齋集』 卷8 次皇華詩 4

『容齋集』

近潮田早。峯高月出遲。一杯逃徑罷。留興作相思。
次韻正使平壤勝蹟二十首
頭角獨嶄然。全身被文繡。何曾禦冬寒。只可行春晝。
右錦繡山
旣爲百花王。宜作群峯鎭。縱有狂風吹。奇葩終不盡。
右牧丹峯
大江繞城流。其色最澄碧。過客安得知。只有白鷗識。
右大同江
江流不復西。終古避頑石。所以此邦人。莫居爲酬德。
右德岩
容齋集卷之八　二十一
酒非石中生。和氣之所成。爲報殷高宗。亦何事於糵。
右酒岩
錦繡旣有山。綾羅可無島。終當爲赤子。縫作大文褓。
右綾羅島
名銀取其色。此地豈有銀。今日玉人過。更宜名玉津。
右白銀灘
石窟乃天廐。於茲曾豢麟。麟去但遺迹。況是當世人。
右麒麟窟
明王不可見。定爲朝天去。空餘一片石。尚記朝天處。
右朝天石

『容齋集』卷8 次皇華詩　5

井田久無籍。誰復講其制。分明城南基。尚有不可廢。
右井田
臺上亦何有。瑤草生且密。不宜俗子居。堪作天仙室。
右乙密臺
江水亦何似。淨練有輝光。裁之作縞帶。送公還帝鄉。
右練光亭
茫茫大野遠。滾滾長江來。胸中得一快。卒歲聊優哉。
右快哉亭
主峯登此樓。扁額以風月。風月自雙淸。淸文作三絶。
右風月樓
今夕是何夕。高人在高臺。此人不易致。千載儻一來。
容齋集卷之八　二十二
右浮碧樓
象箸不可諫。況又瑤英臺。三韓有樂土。保此吾道來。
右箕子墓
中國盛文敎。東漸是餘波。翼翼宣聖廟。何不作人多。
右文廟
生與陶唐並。東邦爲始祖。保祐我蒸民。萬世享茲土。
右檀君祠
春秋修祀事。豈無羊與豕。永世思無懷。洪疇明至理。
右箕子祠
麟馬不復返。歲月亦已久。儻有魂來歸。再拜奠椒酒。
右東明王祠

『容齋集』卷8 次皇華詩　6

『容齋集』

次韻副使平壤勝蹟十九首

巖有砥柱功。人免魚頭厄。我有未能忘。汝豈爲巳德。

右德巖

泮水亦東流。知是皇澤漸。煥然宮室美。彷彿見衣襜。

右文廟

未信死爲神。但聞生並堯。廟貌儼如昨。歲時猶奠醮。

右檀君祠

先聖遵禮義。遺民尚俎豆。享祀終不替。所以永忠舊。

右箕子祠

麟馬朝帝所。遺迹尚分明。青山舊祠宇。永世鎭鎬京。

右東明王祠 西京一名鎬京。

灘光白似銀。以之强名灘。明灘有銀否。名實不足看。

右白銀灘

衣錦與生俱。良貴不可加。天公故戲劇。尚之以雲霞。

右錦繡山

人人若愛花。共歎春光老。若悟峯是花。春光老亦好。

右牧丹峯

地亦有酒泉。巖豈不獨神。一日一千石。共醉天下人。

右酒巖

亭亭乙密臺。高揖仙人掌。只今明月夜。仙人或還往。

容齋集卷之八 二十三

『容齋集』 卷8 次皇華詩 7

相公爲 國家究大禮。遂盛事。僚佐亦盡一時之選。相與啓處之久。情意之至。其可使之無傳也乎。於是乎徵衎文以志。若夫儀物之稱。禮文之宜。有史氏在。衎不敢贅焉。德水李荇謹書。

進續東文選箋

德莫與競。蕩蕩焉無能名。文不在玆。郁郁乎可以述。惟德作其根本。而文發爲精英。相須乃成。固難可闕。此所以文選之續撰。又在乎 聖運之重熙。竊惟一氣盡而有天經地緯之分。結繩罷而爲河圖洛書之始。敍事之體。寔造端乎典謨。叶韻之流。乃發源於賡載。雖其詠各成一曲。要諸歸不出二塗。詩旣亡於王風。書亦訖於秦誓。左氏之傳。尚未免於浮誇。柏梁之篇。祗自啓其麗靡。厥後述者非一。何遷數之能終。彼魏晉固不足觀。在唐宋亦有可尚。然稟氣之有塞。竟具體之未聞。杜陵之詩。深得比興之宗。無韻者殆不可讀。涑水之學。獨究聖賢之旨。對偶則猶謂未能。至於其他。難以悉擧。豈但述作之不易。且患取舍之未精。故歷代各有撰次之編。於後來不無詳畧之議。粵我朝鮮爲國。古稱文獻之區。箕子受封。肇邦聲教。漸於東土。新羅遣士入學。禮樂侔諸中華。其間命世之才。最稱致遠爲冠。旣有奮臂而倡者。寔

容齋集卷之九 二十四

『容齋集』 卷9 散文 8

『容齋集』

無褰裳以從之餘風遂於高麗斯文以之大振汗牛充
棟非止一家繡口錦腸各盡其長況 聖世監于二代
蜀東井聚奎五星煥乎其有文章炳然皆可紀錄恭惟
成宗大王濬哲之德昭回之文表章乎羣經黼黻乎洪
業餘力所及念玆不忘顧我東韓作者之能且多信無
讓於上國柰彼諸儒擇焉之駁而雜或未覩夫大方士
林無所折衷國家可謂久典命詞臣以撰定俾勒成爲
全書取舍參諸衆賢法度森然具在由新羅迄于 聖
代之一統上下幾數千年自詩文以及雜著之多門前
後總若干首寔爲文明之大幸宜乎前昔之未遑今我

容齋集卷之九　二十五

主上殿下緝熙日新繼述時敏値六經之掃地有一德
以應天運英開講筵三接之禮彌篤東觀購遺籍十行
之札大頒凡於羽翼乎經綸無有闕漏乎絲髮爰念近
日製作之益盛實原 列聖教養之有加第緣歲月之
流遷容有遺失須以耳目所覩記重加輯修臣等性本
魯愚學又淺薄上承隆委內顧增惶未能窺管中之一
斑安得辨象外之千里徵諸人披諸簡積以日月而寄
求注於目酌於心庶乎權度之一得載稽 成廟撰集
之後暨玆 聖朝編摩之時其年才過三十有奇所採
已是千百不啻可以見 王國之多士益足驗君子之

『容齋集』卷9 散文

9

更加　三思速免臣職則　國體無虧禮貌庶備
華使所見必無遺欠上下物情亦以爲快伏候　睿
斷特允微懇公私便益不勝幸甚謹　啓
回此辭免許遞本職玉堂上箚曰宿德老
成之人不可以素患寒病輕遞況今　華使
將臨館接之際尤不可無此人云故　上從
其箚卽　命仍任公又累上箚固辭不允
仍遭　明宗大王之喪受顧命之托迎
主上於私第以安　宗社公之不遑殆天
佑耶時新君未受　命詔使壓境禮兼吉
凶事多難處舉國憂危公參酌得中論說極
辨多得其宜其時　天使乃許國魏時亮也
以隆慶　皇帝登極頒詔出來到嘉山聞
國訃大有疑懼色曰今國君無嗣而薨逝
國內之無事不可必矣吾輩還爲越江待國
事有屬而來頒　詔命似當副使則曰國必
亂矣吾輩與其棄　君命於草莽不若死頓

東皐遺稿卷之三　十七

有自處之意曰問伴使曰相臣當國者何
如人也以文章爲之者耶以德望爲之者耶
以文章德望俱備一國素所倚重爲答則
兩使喜曰然則吾輩之行無患耶然猶有趑
趄之色及入國都見舉措雍容國事整
頓吉凶并行一無違禮之擧兩使相顧嘆服
顯有嘉悅之色曰人國之有賢相豈不重歟
後許太史毎遇我國人必問李相國安否
蓋服之也太史之來此也待公禮貌極其尊
敬必稱李相國而相與從容談論至於國
家禮制風俗無不詳問請公錄示公卽座操
筆錄遺太史益加敬服所錄上自禮君下及
我國禮制風俗極其詳備今行于世公知
太史誠待無問曰言及國朝宗系自前被
誣事詳辨無蘊太史大爲釋然傾聽曰相
豈爲虛語如非相國今日之言我輩在中國
朝者寧得曲折之詳如此乎事乃若是則實
洗冤痛待我還朝卽行奏聞則俺當力
辨于朝使還依其言卽行宗系辨誣
奏公謂曰吾與太史有答問之言曰親製三

『東皐遺稿』 東皐先生遺稿 卷3 啓辭

1

問會試則初場講四書五經能通者許赴中場試賦
表記中二篇終場策問通考取之殿試則策時務以
第高下若遇大慶及　王親幸學宮則有別擧　王
時時親行釋奠或不時幸學與師儒講論或橫經問
難或行大射禮或親策儒生○凡中科者殿庭唱榜
御前賜酒賜花與蓋優人呈戲鼓吹前導三日遊街
以榮之若幸學試取卽日唱榜者并賜鞍馬袍笏尤
以爲榮○聖節及正至　王率世子百官行望闕禮
遣使上表時　王率世子百官行焚香四拜禮　王
親捧表跪授使者仍下庭鞠躬具黃屋儀仗以出柢

東皐遺稿卷之五　二十

送郊外我國赴京使臣或賫奉勅書回還之時結彩
棚迎郊一如華使來臨之時凡進獻禮物　王必親
自檢視○宗親年滿十五入宗學受業每日抽籤曾
讀以爲課勸○禮曹每月考講四學諸生所讀書○
京外儒生逐日所讀及其師職姓名簿錄藏於禮曹
每科擧後所訓儒生中及第三人或生員進士十人
以上者加階○祭服朝服公服一依華制○每四時
入節日及季夏土旺日鑽木爲火○遺失小兒漢城
府本邑保授願育人官給衣料
朝鮮爲壤檀君肇國箕子受封皆都平壤漢置四郡

『東皐遺稿』 東皐先生遺稿 卷5 雜著

2

『東皐遺稿』

二府。自是三韓瓜分。馬韓統五十四國。辰卞韓各統
十二國。厥後新羅高句麗百濟三國鼎峙。新羅之地。
東南至海。西至智異山。北至漢水。高句麗東至海。南
至漢。西北踰遼河。百濟西南至海。東至智異山。北至
漢。新羅滅高句麗百濟。及其衰也。弓裔據鐵原。稱後
高句麗。甄萱據完山。稱後百濟。高麗始祖統合三韓。
西北以鴨綠爲限。東北以先春嶺爲界。至我 康獻
大王。建都漢陽。定爲八道。中曰京畿。西南曰忠清。其
西抵大海。皆古馬韓之域。高句麗百濟分據其地。東
南曰慶尚。其東南抵大海。本辰韓之地。南曰全羅。其

東皐遺稿卷之五　二十七

南抵大海。本卞韓之地。後爲百濟所有。西曰黃海。其
西抵大海。古朝鮮馬韓舊地。後爲高麗所有。唐高宗
滅高句麗。不能守其地。新羅遂幷之。及季世爲弓裔
所據。高麗始祖盡有其地。東曰江原。其東抵大海。本
濊貊之地。後爲高句麗所有。西北曰平安。西抵鴨綠
江。北接靺鞨。本朝鮮故地。後爲高句麗所有。新羅文
武王與唐將李勣攻滅之。東北曰咸鏡。東抵豆滿江。
北接靺鞨。本高句麗之地。八道中忠清慶尚全羅三
道。地廣物衆。州郡雄巨。最爲富庶。俗尚詩書禮讓。其
中慶尚道。號爲嶺南。風俗之美。道學之士。比諸道倍

『東皐遺稿』 東皐先生遺稿 卷5 雜著

3

奉來可也。陽元一依 先生言。遂奄衛而出。由 光化門之東交而入。臨于 大行前。越七日丙辰。 卽位于勤政門。於是中外帖然。 宗社晏如。無異於國本之預定者。其後退溪先生言于 上曰。李其當國家危疑之際。不動聲色。而措國勢於泰山之安。誠柱石之臣。所當倚重。無出於此人。蓋以此也。語在退溪年譜及東閣雜記。○初迎駕之時。倖冀全集從駕。妄希策功。如乙巳之爲者。爭先錄名。至成臣怏怏。朝士亦或有不赴哭班而先往其處者。求旨亦以其名錄持來于政院。先生厲聲曰。事自內定。臣下何與於其間。而敢發此言乎。促焚之。莫敢後有言者。人以此益服先生之秉心無私。而自後數十年間。貪功樂利之習亦絕矣。○先是沈通源以戚畹致相位。貪縱無忌。先生心常鄙之。雖在同列。罕與之言。及 宣廟卽位。通源屢言於公生日今 上之承統。我輩豈可謂無功。顯有貪天功之色。先生正色不答。通源遂沮。尋又放歸田里。略見東閣雜記。自此通源益含怨。而其黨援多不悅於先生。及先生沒。至於反說構誣。不遺餘力。人謂積憾之發云。

七月。隆慶新皇帝

東皐先生年譜　十

登極頒詔。詔使翰林院檢討許國。兵科左給事中魏時亮入我境。至碧蹄館。聞 國訃。大有疑懼色曰。國君無嗣。國內之無事未可必。吾輩還爲渡江。待 國事有屬而來。須 詔命可矣。副使則曰。國必亂矣。與其棄 命於草莽。不若死。頗有自處之意。仍問伴使曰。相臣當國者何如人也。以文章耶。以德望耶。答曰。文章德望俱備。一國素所倚重者也。兩使喜曰。然則無患矣。乃遣其舍人等。賫題本進于 大朝。及入 國都。行使事外。以白紬圓領別行吊禮。先生酌禮吉凶。力辨得中。擧措雍容。國事整頓。兩使相顧而歎曰。人國之有賢相。豈不重歟。待先生禮貌極其尊敬。必稱李相國而從容談論。及還。百官班送於西郊。兩使至先生前。特下轎揖之而去。其後每遇我國人。必問李相國安否。連稱好宰相好宰相云。略見柳西厓文集。太史卽許使也。在館時欲知東國禮制風俗。請先生錄示。先生卽其生操筆錄遺。太史益加歎服。所錄上自檀君。下及 本朝。國都沿革。山川境界。禮制風俗。極其詳備。今行于世。

請行 宗系辨誣之奏。先是。國朝宗系被

『東皐遺稿』 東皐先生遺稿年譜 年譜

4

『東皐遺稿』

史每遇我國人。必問李相國安否。蓋服之也。太史之
來此也。待公禮貌。極其尊敬。必稱李相國。而相與從
容談論。至於 國家禮制風俗。無不詳問。請公錄示。
公卽座操筆錄遺。太史益加嘆服。所錄上自檀君。下
及我
國。國都沿革山川境界禮制風俗。極其詳備。
今行于世。○公知太史誠待無間。仍言及 國朝宗
系自前被誣事。詳辨無蘊。太史大爲釋然傾聽曰。相
國豈爲虛語。如非相國今日之言。我輩在 中朝者。
寧得曲折之詳如此乎。事乃若是則實涉冤痛。待我
還 朝。卽行奏 聞。則俺當力辨于 朝。使還。依其

東皐遺稿附錄　十七

言。卽行 宗系辨誣 奏。公謂曰。吾與太史有答問
之言。因親製三度呈文及所對說話。如楊燕奇等事。
亦皆條列以付 奏行。而禮部之問。皆出於條列中
說話。一行莫不驚服。果因太史之宣言力辨。得蒙昭
誣。遂降大明會典更印時許改之 詔。蓋公之取信
於太史也。其後會典之更印也。申奏前 詔。乃得
宗系之正。此事之陳 奏請辨誣二百年之久。而莫
之見取信矣。適因許使之來。得此昭改。人言公之力
也。以此言之。則改 宗系一事。公當功首。而亦爲人沮只論原從。若無大功於當初得請之時。則公殁
二十餘年之後。始頒會典。雖原從之微。去世旣久之
人。有何可錄之功而錄之乎。公論之不行於此可見。

『東皐遺稿』 東皐先生遺稿附錄 行狀　5

『嘯皐集』

騷仙遺跡世逾千勝地名符豈有緣已得高軒從二客
何須明月泛秋船吹簫逸興今非昔洗盞風流尙可傳
把筆誰能賡二賦使華淸絶兩三聯

次訥庵客愁韻

中懷黯黯類凝蠅過眼溪山失愛憎落日簫簫吹凍耳
幽牕寂寂翳寒燈酡顔欲醒偏相苦缺月回圓更見凌
何等客愁愁殺我寫來頭緖滿吳綾

中和

路入關西首屢回縈蹁平衍又崔巍心馳出日穿雲去
身向生陽跋馬來近嶠對松欣有雪前簷得月恨無梅
故人今夜齊安宿返路歡襟誰與開

嘯皐文集卷一　十四

平壤

長風初發醞雛鈺喜刮新眸入舊邦十里荒烟箕子國
一天晴雪大同江參差翬翼縈林梢隱映蝦鬚納畝牕
點撿物華須老手玉堂學士筆如杠

次湖陰元日韻

題詩元日龍灣館寄矣春曹筆有神此日共君千里席
何時辨我一丘身望鄕岾屺迷南國慰客盃盤謝主人
卅載舊凝安用賁年來世事不勝新

次訥庵元日感舊韻

駐塞辭朝遠傳詩感深頻簫韶會夜乙魚水記年辛往
事追聯武涉懷喜接茵自憐來附尾共此眼中春

『嘯皐集』 嘯皐先生文集 卷1 續集 詩　1

天下之生已久一亂一治史氏之記俱存有典有則旣
往得失方來勸懲然事跡未摠於統要伊是非不幾於
散渙世旣遐邈事又因循心行隱微賢愚或枉於眞贋
記註繁亂首末難究於觀瞻肆必待公論而斷之始得
有統會之歸矣有國之務此莫先焉振古若玆今可闕
也竊惟我東方檀君降樹箕子分圭人物鴻荒幷唐堯
甲辰之紀歲敎條陳列敷大禹疇範之彝倫辰韓馬韓
弁韓之呉分朱氏朴氏溫氏之繩起土宇昄昄小者方
數百里之基介恀緜緜久則有一千年之永始神武其
興也勃終昏迷就亡斯頻天固爲民而立君命亦有德
之是宅休祥金尺起自種黍之田操搏鴨雞禎符古鏡

嘯皐文集卷四　三十

之讖積百年昇平之運啓後嗣侈大之心至於斯亡允
罔固亂是惡醉强酒之惑猶爲叢敺雀之愚治亂相承
同中華興替之歷數善惡有異起來世耳目之監觀僭
亂篡竊之寔繁順否薰蕕之相軋皆足以感發奮勵尤
當使彔揚明彰歷代各有史官例皆記繁而志寡措筆
非出一手容有過實而重稱苟未擧一時删修無以定
千古邪正漢唐大統尙容魏周之干桓宣有年猶在慶
瑞之列取舍顚倒好惡糾紛殆難以取信方來矧惟曰
有條不紊畵工生巧旣備書史而記言斧柯可監盍亦
提綱而挈領尙克惟其人之是命得以若稽古而不遵
別嫌明微厚典庸禮命德討罪萬變而惟中微顯闡幽

『嘯皐集』 嘯皐先生文集 卷4 續集 箋　2

『虛白亭集』　　출처: 『허백정집』, 부산대학교 점필재연구소 편, 2014, (초기사림파문집 역주총서)

不就故今之世鮮聞有循吏者今於權氏子得焉吾嘗
職管儒林知吾子富於文辭又忝天官卿得吾子爲僚
佐與之相料理久於是又知吾子之器可大受而不可
少受也今自校書校理出而監于提川初聞之竊駭焉
問之則乃其意也於是乃知吾子之好惡異於人而不
規規於歧路枉捷有所趍避也一日過余辭焉以余嘗
莅雞林因問莅民之方余曰吾無可以贈子術焉顧子
之胷中自有聖賢書是其方也用是方以臨民斯民卽
三代所以直道而行者民三代之民而身不作漢循吏
吾不信也嘗聞漢公卿多以循吏補今又安知枉捷者
之果孰先後乎子去而勉焉

虛白亭集二　五十

皇華集序

皇帝龍飛五年春建太子以定國本大誥于天下以我
東方爲聲敎首漸之地又能世篤忠貞式禮莫愆選於
朝擧兵部郞中艾公行人司行人高公充其使來頒
詔勅蓋因以布恩澤也我 殿下欽 天子之命慶前
星之輝又重使華之令望也與一國臣民瞻望佇企雖
其延勞館待之禮自有儀式未敢逾越情則有加凢所
至止冀得從容燕息以紓行役之勤而兩使曰吾使事
急不可少稽乃倍道而馳旣入境七日而抵國都一宿
便回車飄飄乎如仙鶴隨風而下倏翻飛而雲霄旣相
與悵望而不可及則曰吾邦雖陋然仲尼之所欲居箕

『虛白亭集』 虛白亭文集 卷2 序 1

子之所受封亦 皇朝之所眷注故前乎此皇華大夫
之來遊者皆不鄙夷之賜以顔色請之而留勸之而飮
登樓有賦棲壁有詩自以爲不知身之在他鄕也何先
生之不留不處匪遊匪遨倏而來忽而逝若泥塗之將
浼己也何前後之皆賢而所履之殊也余曰不然君
子之道何必同也何嘗異也始雖不同而終未嘗不同
昔伯夷淸柳下惠和伊尹任三子者之道雖不同而合
而之於孔子則不害其爲一大成前後奉使于我者雖
其氣象不同皆 天子所與同寅協恭致大平者也是
則固未嘗不同也況皇皇者華乃 天子遣使臣之詩
若今兩使行李之不遑正所謂每懷靡及者也庸何傷

虛白亭集二

衆曰然未幾遠接使盧公弼回自境上抽兩使詩若
文以進 殿下嘉歎之曰兩使之勤簡高潔譬如靑天
白日雖愚者皆知其淸明矣若其才之蘊於內者則孰
能窺其涯涘哉不有此作吾亦幾乎失其內矣兩使吾
雖不得一日留之尙幸此藁之留豈非爲賜之大者乎
乃使鋟諸梓以永其傳仍 命臣序之臣竊惟自明良
賡載之歌作而詩之道始行於世至周大備焉非特天
子之國至於列國皆有風謠孔子論使才亦歸之於詩
當時王人之使於四方者與列國大夫相與賦詩以通
其志于以應天地之和而驗文軌之同吁盛矣哉今其
使還也吾知 天子必勞之以四牡之詩而公必賡之

『虛白亭集』 虛白亭文集 卷2 序 2

可觀有人曰我則異於是能靴能韈又能鞍與韉吾一
身即衆工人也試其品例凡鞾韈鞍韉何所云者曾不
能髣髴焉何者彼專而此泛故也然臧氏子年富而氣
粹志大而遠但力為之雖百其藝亦何所不臻其極哉
仲淹氏勗哉知天之賦於物獨厚於君故吾所云如上
耳

題孫判府事所藏 御書軸
上之二十四年弘治壬子十二月崇政大夫判中樞府
事兼 世子賓客臣孫舜孝以老病乞骸骨 上不允
命都承旨臣曹偉製批荅遣藝文檢閱臣鄭光國就其
第予之又遣內竪金處善 賜法酒一卣并內廚珍羞

虛白亭集四 六十九

副以 御書一札以慰諭之其文如上昔曾子語聖道
曰忠恕而已矣箕子之敘三德正直居其一今吾 君
與吾相都俞吁咈之間而其所以進戒慰荅之者不過
如斯當時治道蓋可知也一日公語余云吾今日所蒙
吾子孫不可不知況天章昭回宜永世寶之吾欲粧而
軸之傳于後子其措一辭噫余與公嘗聯席待罪于承
明可謂知公亦可謂與際風雲乃拜手書于下方

題八士文會圖
君子取麗澤之象朋友講習古也行古道於今之世者
列于下方諸君子是已諸君子少相善有直諒多聞之
益既許國有相規胥勸之道窺其進退氣象要皆不室

『虛白亭集』 虛白亭文集 卷3 雜著

3

止天地無情子亦衰兩眼昏花如隔霧渾頭白髮正
垂絲猶逢君子道長日依舊揮毫起作詩
地中雷奮動羣蟄天向此時萌一元萬物復生茲始
祖諸陽漸進是兒孫 君王無事坐深殿商旅不行
藏遠村白首殘年容退縮如何簪紱尚貪恩
流年不耐風霜苦今日又回天地春玄酒大音娛
兩殿需雲湛露燕羣臣蒼顏盡作紅顏客愛日飜成
化日輪欲袖黃柑歸遺室却嫌座上有饞人
次李國耳昌臣惠韻
半世悠悠鬢已蒼虛名無用是詞章老來苦復有他

虛白先生續集卷之一 二十四

望多見區區不自量
揄揚過實正何堪 宸眷紆來只自慙報效亦知筋
力少夢魂長在嶺雲南
送朴相公安性由禮判出按關西
使相風儀似乃翁延城勳業冠諸公三年 陵寢悲
號裏一路山川喜氣中長有赤心懸 北闕豈無淸
夢到南宮公歸他日寧無所天上三台一座空
憶昔經過浿水頭風流人物羽人丘檀君仙去遺基
掃箕子條存舊井留人擁笙歌歸別館天敎風月屬
飛樓至今長記永明寺江晚山光水氣浮

『虛白亭集』 虛白亭續集 卷1 詩

4

『拭疣集』 출처: 영동문화원

之雙淸也公有二子長曰某廣能致用揚歷中外
岸然功名自許季曰某英英武幹補于黑衣爲王
侍坐以特百夫則是昆弟之雙淸也盖公一家淸
德周流洞徹無間則其於綱常倫理之懿豈不增
重矣乎而其與潔身高蹈枯槁山谷嘲弄晨夕追
餘飇仰末光自以爲得風月之樂者固不可同年
而語矣顧余學識荒落固不足發揚盛美當今作
者如雲補霞裾剪秋水以是也公不丏於彼而求
於余豈以姻戚之故相知之深歟抑階吾 文以
求當代之盛作也是不讓云蒼龍丙寅春三月有
日記

拭疣集卷之二

東人詩話序
海東方自殷太師詩麥秀以來歷三國高麗氏至于作者
不啻數百家其評品攷破關評說話書可知也今達城徐先生
生於東国太平之年家傳陽村詩礼之訓獨步詩垣名動中朝
乃於弘化之餘手撰東人詩話二篇其記聞之博識見之高有
所謂在堂上而卞曲直詩道之集大成者也僕一日與姜晉山
先生于[illegible]文院見所謂詩話者二人主復不已相謂曰斯文之寶
當與萬世共之不可以秘[illegible]於文房而已也

『拭疣集』 卷2 序

1

樂明法度著垂徽猷建長策烱火萬里民物蕃息
致治之盛超軼古昔銷鋒鏑以爲鋤耰擾犷頑以
興太平南北一徽東西一揆重譯梯航執贄于京
莫不稽顙受我章程朱厓朔漠殊方絶域亦莫不
置吏分竹敷心腹倒手足昆虫之微草木之細蒙
雨露而得棲宿寒暑調其四時日月明於昏旭雖
然自古聖天子之臨大寳也不事虛文惟德之行
民或執熱濯以淸冷世或陰曀示以明睛是以一
視同仁之化罔有內外當厚往而薄來必濟之而
扶癃理道由是而煥赫四海以之而隆平不必窮
兵黷武如漢武帝嗤騰於大宛之城不必破斧缺
斨如周公東征於濛雨之零且吾聞上下同功君
臣相成易曰雲從龍風從虎水流濕火就燥聖人
作而萬物覩氣機之感初不得以隔形此自然而
然非有待於智能也是故上有明天子下必有賢
諸侯歲事来辟以朝于王錫之秬鬯示我寵靈睠
玆有國號曰朝鮮渤海浿南長白北橫延袤千里
表裏山河國富兵強先萬國鳴俗尚禮義聰明視
聽君有君德士有士行等威隆殺以明上下咸英
韶濩以和其聲衿袍之固湯池金城瀋滕之達行
不矜擧其人心之淳風化之美宣聖之所欲居箕
子之所留停重惟 國祖當高麗之季主昏臣暴
織德貫盈寇盗搶攘于戈蝟起百戰摧陷高屋之
瓴生民賴以奠枕國勢從而不傾於是應天命順

『拭疣集』 卷4 賦

2

『拭疣集』

人情化家爲國四境淸寧登崇俊良退斥頑冥族
忠伐諫封于㦸丁調五氣攝三精盖撫民必欲吾
仁格天必以吾之誠也穪藩內附請命帝庭天子
乃喜且嘉而驚世承寵眷以保生民今 王嗣覆
攄忠奮赤時節土物王府之呈惟天眷命惟德是
徵錫賚便蕃絡繹連搄鳴呼噫嘻其遭太平慶會
之熈運也歟星使聿來 王郊于迓兵衛森列晝
戟彫楯皇恩覃霑霈蕩汪濊隕越稽首天威至近
小心畏天至仁綏遠帝德廣運如天地之恢恢
誠純至如日星之皎皎從此而泰階平玉燭調[illegible]
于罔麟于郊以成泰和雍熈之盛功疋猶鷗毛之
赴燎也子虛子曰子信識皇明大朝之盛而知東
國王德之賢矣然天道不言而品物享者五行之
吏宣其氣矣王者不言而萬國寧者專對之臣宣
其道矣今夫翰林陳公太常高子文章之黄鄧義
之高江漢之濯秋陽之皜摛藻掞英馳奇騁巧詞
林之幹文苑之老匪規矩則莫由必禮法之是蹈
是猶鳳凰芝草生於大庭景星慶雲麗於晴昊是
宜爲千里麃鳴九重赴召者也當文明之世以二
子之賢奉綸綍於海邦將使命之獨專杖皇華節
傳天子言震動山岳旋斡坤乾以數皇上至仁大
澤於普天者不其宜乎當使還前席之時逹 王
心之誠敬侯度罔愆俾東邦永荷皇靈以及曾孫
繼繼繩繩以至千萬世而永傳矣烏有子曰諾遂

『拭疣集』 卷4 賦 3

尼之居陋懷弧矢之壯志蹇朝表而夕行寧心怵
而身避負弩驅前榮於信邁持彼語刺欺其非智
眷我㴱邦山川秀麗求之天下鮮有其比名蹤典
跡不可勝計昔熈文養老以興西周之化鳴于高
岡乃詠卷阿之詩屈原賦於離騷名曰楚詞然則
鳳凰之物生於聖明之時否㥼莫致惟德是宜實
在天而不在人可以公而不可私昔武王之革殷
也箕子義不臣周庭九疇洪範之是詼二代文獻
之可徵於是車則以夫象輅樂則隨之韶奏封于
朝鮮以察東作之侯皇極之敷以叙八條之政以
隆鳳於斯而一下人乃聽其雝雝遂立鄒於其地
其名不泯樵夫牧童往往毰毸羽毛之或逢盖是
鳥也飲啄於鴨綠之波揵集於鷄林之樹其來也
以王德之治其去也以國政之亂不但傳於耈老
抑亦著於黄卷何幸鳳閣公子來遊日邊之遠駐
幨帷於其下想遺音而慨嘆撰雄篇而發揚誠光
蹤之莫當不惟有以表一時之異實可以顯千載
之祥盖將使小邦賤士咸仰帝德之昌莫不膏澤
踊躍要荒渾身蕩蕩盈耳洋洋會極歸極以近耿
光雖然昔皇王之至治四表光而上下格百穀順
成庶微時若人行忠信家有狘豸當是之時鸞鳳
鳴樹兮視以丘隅之雀神龍遊沼兮等於潛魚之
濯既不貴龜之十朋亦不貴麟之有角是盖本之
以中和學之以博約萬國蠢騁如百川宗于大海

『拭疣集』 卷4 賦 4

簡易集 卷六

雲在南天

次韻使相和記夢之作

人臣止於忠人子孝於止忠孝諒一致執彼
而執此做官或為親許國敢有已所以二先
生此行辭怙恃何曾不屬毛豈始不離裏誠
難百歲前常全養與仕時序正春青道途臨
塞紫夢寐緣思慮文章見憂喜由来孝子心
汲汲愛日晷應須未遲暮竣事還故里如吾
一罪人平生忍屈指幼壯丁兩艱此禍天實
使不復庭前趨而誰門內倚嚴程兩露濡倍
覺哀思起况玆近寒食丘墳闕省視垂涕歌
此詩未是宣驕士

簡易集六 十九

東林古城次韻

遊子多古意立馬荒城曲不記何代城叢荊
銜馬腹誰知據險日轔轔車擊轂東韓昔分
裂爭以力相服驅民矢石間原野厭其肉屯
守亦無常城成幾人矣至今太平久檀箕風
可復民不知脩城耕樵遍林麓風人思自遠
當治亂速持以歟 明主君歸臺閣矗

過江道中次韻二首

『簡易集』 簡易文集 卷6 丁丑行錄

1

重贈汪生亦留之而已二首疊前韻

冀方曾相驩之兒千里關心一合離有舌此
来非說客無衣誰賦為興師似聞策士年前
去端見書生分內為餘怒未平應逐我即今
何恨晤言遲

壞儒志業是妻兒棲寺知君故自離耽向書
中長對聖免從性外別求師古人可作欲誰
與玆事吾衰能復為曾識盛年今及壯振名
當世未嫌遲

次韻賦箕子墓韓巡撫韓詰曾於鄭松江
之過書其所為以示松江亦和之云二
首

海外由来更有州天教斯道亦東流龜疇向
也惟傳禹鰈域終然不識周已駕雲龍歸自
靖空蹲石獸為誰愁詎無精爽憐兵火屢過
頻年萬子秋

得詩吾已識荊州高論應將激末流非惜奴
前不死紂即疑範後忍看周田猶有井推公
志道得毋東替帝愁父我并人無間矣惟憑
丘墓禮春秋

簡易集六 七十二

四一六

『簡易集』 簡易文集 卷6 癸巳行錄

2

『簡易集』

簡易集 卷九

副率李鎭女女三長適訓鍊主簿李嵂次適
申涵季幼諸孫二十人履之副率娶公州牧
使金尙寯女新之海嵩尉尙貞惠翁主爲伯
子出就之娶司果李元春女爲仲子出其餘
幼公之天與宏量才猷絶人固已斑斑見於
事功之間以學言則嘗聞大意於聽松成先
生守琛亦頗質疑於李履素齋仲虎非苟問
科慕名之爲而於書若嗜欲然不以既仕而
廢晩又喜朱子綱目手一卷或至夜分通卒
業者累遍盖將以措諸事業故其作爲隱然

簡易集 九　十五

皆稽古之力以家行言則事大夫人篤至常
得其懽悅與昆弟極友愛弟亦既貴而亂後
無居舍即以家貲買與之平朝必櫛額冠帶
終日儼然人未見其惰容諸子有過不加貧
責惟使知其失而改之其於課業亦不甚規
規切切而優游開發雋異相望畢登大科一
家習見不知其榮幸公在延安著延安志於
平安著平壤志箕子志又嘗合文文山鄭圃
隱事行爲一書名曰成仁錄裒集我朝名賢
行狀碑誌爲一帙以便考閱著亂後忠臣孝

『簡易集』 簡易文集 卷9 稀年錄　3

稱揚之猶懼不及是尤公平生之長也銘曰
惇于家辨于官來往有自于後觀

洪範學記

道形於洛書而不以畀禹則道自天廢而天
固不能也道在於洪範而闡範者箕子也箕
子不能廢道而傳諸武王亦不得已也故史
記武王訪問箕子而直曰以天道明箕子所
有道者天道而非亶箕子之道也箕子當紂
之時避地朝鮮而武王因以封之則所謂道
者當亦已東矣且朝鮮之有箕子猶周之有

簡易集九　二十九

文武也魯論曰文武之道未墜於地在人賢
者識其大者不肖者識其小者莫不皆有文
武之道焉苟朝鮮之人而不知箕子之道則
恥也然箕子之治朝鮮也所設八條之約爲
稍可以用夏變夷而已要於九疇之叙彝倫
典訓則不啻其不遑何哉盡文王之演易箕
子之陳範均之闡明天道而皆于殷周之際
是天意在於啓佑有周而以時考之正伯夷
所云神農虞夏之後風氣既開人文益朗如
易如範何不可行之有其在朝鮮則雖曰擅

簡易集 卷九

『簡易集』 簡易文集 卷9 稀年錄　4

君與堯並立。在於其先。而世尚鴻荒。非唯書契不聞。并與結繩之政而未之與更也。於是箕子不得遽示天道。而用其籲民之易。即大小有宜也。然今觀箕子遺墟。宛有井田區畫。而事不偕周人。制亦不盡同者。則箕子當日徑心一王之法。下手八政之首。其概可据而知也。況其民俗。男女不淫辟。飮食用俎豆。而見稱小中華禮義邦。皆箕子之爲也。就使箕子盡範敎於我東。則其果不已東周也耶。特仁賢爲邦。未或百年而世耳。故嘗妄謂洪範

簡易集九　三十

者。箕子遺恨之書也。嗟我東人。知尊箕子。莫如推本其道。欲師箕子。莫如講明其學。維是洪範之謂也。洪範一書。義理奧微。規模廣大。非博士治而學生相與守。不可庶幾其究天道而弘世道也。此學之所爲置也。而具其式于後云。

俞華伯新卜宅址小記

俞君華伯。於余世執也。隣黨也。兵火之後。人失舊止。或免或不免焉。今君於去故里數百十步。新卜稍寬塏地。度可爲若干揀宇者而

五一三

『簡易集』 簡易文集 卷9 稀年錄　5

『漢陰文稿』

漢陰文稿 卷四

漢陰先生文稿卷之四
疏箚
因 求言陳弊箚 甲辰
伏以臣頃在變喪聞白虹貫日之變乃作於三元
之辰瞻聆駭慘繼而伏聞自 上特命在朝正二
品以上各書 啓所懷其 遇變省懼延訪群策
以圖消弛者 意甚盛也顧臣無狀當此艱危叨
冒匪據目見虞機萬端災異層出不能發一謀獻
一策以裨 聖上側身應天之實若循舉故事斥

漢陰先生文稿卷四 一

免曠職以答 天戒則臣固為其首矣仰陳所懷
將焉用哉兼又聖候未寧久廢 御朝犬馬之情
大為憂戀未遑毛舉細事煩瀆 聰聽今始畧攄
愚悃以備 聖明裁擇焉竊伏惟念人之一身氣
之所保者神與精而百病皆屬於心理之固有者
仁與義而七情皆蕩于心心一太極也血氣與仁
義一陰陽也四時萬物俱備於我參為三才與天
地並立大小雖殊一氣無間況首出庶物 體元建
極 言動與休咎相應則 攝養之道誠不可不

『漢陰文稿』 漢陰先生文稿 卷4 疏箚

1

漢陰文稿 卷四

志競勸而砺事由我之所欲為矣抑世道日頹
國事日非者皆是士大夫之罪而偏私為害政之
本公則一雖怨大和私則萬殊骨肉乖戾自朝紳
携貳之後百病皆由此而發焉所急官爵不顧義
理所爭同異不恤是非排擊相勝勇如賁育捨便
察職惴惴病悶以至於近日而名器之辱極矣既
無法守以利濟私利之所在徇身不恥自保者以
攀附為得計避事者以引告為常道遂使 至尊
獨憂 廟社 乾剛高運眇視朝列乃以國事諉

漢陰先生文稿卷四 七

之無奈何之地臣每念及此不覺流涕進賢退邪
士之常談但權度少差則辨別或偏君子小人既
無標識何以能辨任直以行者言多不甘伺意要
寵者自計極密不察其心但觀其迹則用舍不倒
置者鮮矣夫子曰視其所以觀其所由察其所安
人焉廋哉深察其意之所從心之所存而參驗于
行事則忠邪雖雜然吾前而情偽豈終掩哉 仲虺
告湯曰王懋昭大德建中于民言中者民性之本
聖人以一身為民之極使望而趨之皆歸於中也箕

『漢陰文稿』 漢陰先生文稿 卷4 疏箚

2

子告武王曰凡厥庶民無有淫朋人無有比德唯
皇作極又曰無偏無黨王道蕩蕩無黨無偏王道
平平無反無側王道正直會其有極歸其有極言
庶民與有位之人無邪黨私比者惟君爲之極而
使有所取正耳偏陂好惡者己私之生於心也偏
黨反側者己私之見於事也上之人立極布令則
下之人不敢徇其己私棄其傾邪狹小之念達乎
廣大公平之域豈不休哉然則其痛革積弊丕變
時習亦有道矣稽之於易物不可以終否故受以

漢陰先生文稿卷四 八

同人同人者乃天下大同之道也不以私暱而取
于遠外則大公至明爲能通天下之志物情之離
合事理之同異深燭明辨處得其方何險之不可
濟哉前此臣每謂必破朝臣偏黨之病然後百事
可爲者區區誠出愚妄而其意則功矣伏願 聖
明以中極之標準 立乎上以同人之明健 御
乎下 陶甄一世 延攬衆材隨器任用各盡才
智 勿銜於虛僞 勿間於毁譽則官多竭節而
賢能輩出士礪淸論而偏黨永祛自 朝廷以至

三三〇

『漢陰文稿』漢陰先生文稿 卷4 疏箚

3

漢陰文稿 卷九

萬餘石粮米括出海邊各邑米粟繼粮亦便乞老
爺酌量裁處干係行兵事宜當爲此理合具稟
呈禦倭監軍文
朝鮮國陪臣領議政姓某等謹叩首百拜上書于
欽差西路禦倭監軍道臺下職等蒙寡君差委
奔走於戎馬調度之間其他則未暇省焉晩聞寡
君被丁黃晝叅奏不視事者有日擧國遑遑罔措
職等在遠外不得守王宮而呼籲又不得泣訴於
制府科憲各衙門徒自摧膓腐心瞻望於悒而猶

漢陰先生文稿卷九 四十一

未見本稿未知其所叅辭說何謂及今始看謄報
可怪可愕有鑿空而做出者有因迹而搆揑者有
人心天理之所不可忍道而忍加詬衊不已者職
等目不能正看耳不能正聽且驚且憫且憤且痛
久而不自定也欽惟 聖天子明見萬里之外上
自諸老爺下至各營將卒親覩小邦事情彼疏中
之語不須辨論第君臣之義根於秉彛如天經地
緯亘萬古而不可易者若或以不韙加之於此則
庶人猶不忍晏然自處如平日况於一國之君乎

『漢陰文稿』漢陰先生文稿 卷9 呈文

4

今茲寡君被誣之事。一日未雪。則一日不敢以常
禮自處。二日未雪。則二日不敢以常禮自處。此情
理之必然。臨變激惱。自不得不已。吁。亦戚矣。小邦
自箕子受封以來。遺化未泯。仁柔貞信。見稱古史。
逮我　太祖高皇帝誕撫萬邦。而國祖康獻王始
受封於洪武壬申之歲。迄今二百餘年。至誠事大。
恪修侯度。得蒙　列聖待之如一家。東漸之澤。浹
民肌骨。若寡君拱北之誠。如金之百鍊而益剛。如
水之萬折而必東。天地鬼神所共鑑知。曩在辛卯

漢陰先生文稿卷九　四十二

年。賊酋秀吉。有射天之志。貽書哄聳。語極悖逆。寡
君即遣陪臣金應南具奏以聞。　朝廷賜勅加奬。
翌年夏四月。賊之先鋒陷釜山。節制使鄭撥死之。
苐二日。陷東萊。府使宋象賢死之。賊分路西上。小
邦軍兵。一敗於密陽。再敗於尙州。而都城已瓦解
矣。小邦昇平之餘。猝遇滔天之賊。勢不支吾。無以
截殺。屢要借道。或脅或誘。寡君以爲力屈於藩蔽
則寧赴訴於父母而死矣。遂與諸臣之執鞿靮者。
決意而西。欲守浿江。賊勢盛逼。退駐鴨江。請爲內

四二六

『漢陰文稿』 漢陰先生文稿 卷9 呈文

5

休道騷壇李杜亡。知公文獻與爭長。高名今古瞻山
斗。美瑞賢愚識鳳凰。開逕逢蒿追蔣詡。滿舡書畫比
元章。詩中物色分留少。更把何詞揭此堂。
賴公風雅未全亡。文襲先秦韻更長。逸足踢途千里
驥。奇毛驚世九苞凰。聲名 上國騰牋奏。寵渥中天
煥寶章。歲晚工程歸簡易。百年無惑讀書堂。第三聯蓋言朝天辨誣時事。

箕城感古

少年豪氣壓梨園。處處樓臺歌吹喧。萬古山川箕子
國。一城花柳莫愁村。綾羅錦繡傷心色。風月芙蓉滿
目痕。往事登臨成感慨。斜陽獨立普通門。

芝峯集卷之十一 九

春曉

遙夜山城聽子規。五更羈枕夢醒遲。推窓正見空庭
月。掛在梨花最上枝。

即事

佳麗名都景最饒。滿城晴日綺羅嬌。遊人白馬長安
市。美女青樓浿水橋。花外轉笙鶯巧舌。風前學舞柳
輕腰。一春無賴繁華地。病後書窓坐寂寥。長安平壤別名。

西遊

西遊意氣昔何雄。鞍馬山川脚底窮。江館梨花三月

『芝峯集』 卷11 半槎錄 1

紫宮。拖為文星將 聖澤。前旌瑞氣喜成虹。

次車輦蟠松

路上童童一古松。低垂不礙擁前峯。霜枝屈曲鸞栖
老。鐵幹撐牙蟻穴封。大壑月臨秋影合。空檣烟鎖暝
陰濃。天仙撫翫勤題品。筆底風雷起蟄龍。

次孝女碑二首

女子能留萬古名。況渠家世不簪纓。莫言斷指非純
孝。須取區區盡至情。
偏嗇惟知愛敬親。割膚醫病効何神。躍魚泣竹人難擬
孝。畢竟猶為男子身。

芝峯集卷之十四 十

次箕子廟二首

海外分封示不賓。八條餘化未全湮。故都禾黍空成
穗。遺廟松杉老作鱗。義炳君臣天地大。心傳疇範日
星新。千年俎豆應無替。山有春薇澗有蘋。
亡國如何不我先。佯狂被髮計差賢。要將外服為殷
土。却喜東韓是別天。香火尚新兵火後。閟宮依舊故
宮邊。歌殘麥秀聲猶在。往往悲風響夜泉。

次泛大同江六首 本二首今添四首

紫泥封詔濕官黃。御座爐烟滿袖將。應是玉皇香案
史。偶來蓬島管風光。

『芝峯集』 卷14 『皇華集』 次韻 2

『芝峯集』

閒庭乍見雪花飛。爽氣潛來玉女扉。晴逼嶺梅花欲
吐。冷侵樽酒力猶微。樓中絳節初登眺。海上青山興、
發揮。為是璧間留美句。寒天草木倍光輝。

次箕子墓
仁賢遺澤未全收。心事當年在九疇。大命難扶六百
業。偏封尚保一千秋。分明廢井東西壠。慘憺佳城遠
近楸。玉節飄然來展拜。喜看雄藻賁荒陬。

次練光亭
織女機頭一匹練。何年掛向清江開。風來時作縠紋
皺。水淨却疑銀漢回。天上神仙駕鸞鶴。醉中豪興超

芝峯集卷之十四　五

瀛萊。安期留舃即此地。不妨弭節重遲徊。

次渡大同江
華夏封疆隔一水。域外咸仰　明天子。星虹瑞慶紀
千秋。玉帛梯航走萬里。煌煌使節自遼陽。眼窮東極
何溟茫。筆端揮灑溟海竭。珠玉璀璨聲鏗鏘。仙舟晚
向鏡中過。郤疑千仞鳳凰偶。來人世間翶翔。遠人快
爭覩。氣宇何軒昂。何軒昂動海國。扶桑旭日光並燦。
須將傑句記行役。此地從今留勝迹。

次生陽館
瑞紀流虹日。陽生古館時。萬邦同大慶。偏壤亦殊私。

『芝峯集』卷14『皇華集』次韻　3

長風如可借。一棹往應便。宇宙虛無裏。烏蟾出沒前。
秦皇求藥日。姜女望夫年。方士船何處。瀛洲路幾千。
凡蹤頻涉遠。遊袂幸遭牽。道侶知相待。褰遲奈莫緣。
登臨輸我輩。題詠愧諸賢。好事還多障。浮生秖自憐。
霞開鯨浪帖。日射蜃樓鮮。未縱重來眼。空吟二妙篇。
望洋心久失。觀海目無全。願托金華子。招邀謝自然。

謹接來章。令人有千古之感。敢再攀和。
憶昔秦皇帝。雄吞宇內偏。長城猶紫塞。遺火已黃泉。
氣使諸侯膝。威加六合鞭。勢從攻守異。跡自古今懸。
幽薊風沙裏。遼壹日月邊。燕昭曾立國。漢武亦求仙。

芝峯集卷之十六　十五

郭隗金臺峻。麻姑弱水連。智愚真迥絕。芳臭永流傳。
圯顧關防壯。東臨地勢便。皇靈萬里外。偉烈百王前。
忝再觀周日。逢今御李年。鳳城天尺五。鵬路海三千。
禮樂新瞻盛。山川舊興牽。旅懷仍吊古。詩句或隨緣。
感念亡齊客。嗚呼義士賢。管寧蹤已渺。姜女節堪憐。
箕子初封壤。遼陽近接鮮。井田餘敎化。洪範古文篇。
聖德知無外。藩邦喜再全。御恩思滅虜。一欲勸燕然。

次梧村韻。兼述懷申謝。
海內青蓮客。生從鰈域偏。衰顏常道路。雅志本林泉。
圯學魚千里。西征馬一鞭。幕賓新契好。江夏舊名懸。

『芝峯集』卷16 續朝天錄　4

『月沙集』 출처: 한국고전번역원

以存耶。其在我 朝則月沙李文
忠公諱廷龜字聖徵。其殆庶幾乎。
公自在小官。已掌絲綸。以至
仁祖改玉之後。國家多事。權經
交互。而公處之容易。渾浩流轉。
頃刻萬變。蓋彬彬乎昌矣。而其
義理則必主於典謨雅頌。參之以
月沙集序 十六
左國。公穀。故苟考信於六藝之
文者。雖刻薄如申韓。縱橫如儀
秦。莫不心服而口唯焉。最是萬
曆戊戌辨誣奏文。辭嚴義明。
名正理得。 天朝諸大人開納
敷奏。 神宗皇帝洞照冤枉。
快賜伸雪。 聖謨神翰。炳如日星。

『月沙集』 序 1

徵公此文則數千里箕子之邦。
將未免於夷虜禽獸之歸
矣。最功定次。誰與競哉。雖然。
爲是者。有本有源。觀於宋御
史幕中大學講話。可見公之學
問。而其學一主於洛閩而靡他也。
故御 史雖主象山陽明。而於公之
月沙集序 十七
論說。不敢剖擊。至於補亡之章。
朱子實用廣頗趙卒。而御史亦
且肯從公說。不敢疑貳。而其終不
回頭者。惟經一章改親爲新。而
已。然則公之學之正而不撓奪於異
端者如何也。嗚呼。公之 帝庭奏
文一出。而華夷逆順。皆得其正。此

『月沙集』 序 2

『月沙集』

留別李翰林月沙二首　惠泉王君榮
三韓千載衍箕疇軍旅猶然俎豆求禮樂人情非異
代干戈風浪却同舟傳經愧我聲名薄重道多君意
氣投夢曉函關解相識青牛應不負東遊
最愛箕封樂偶賢徘徊逆旅坐譚玄天人感應心機
活道器流傳行業堅謾說忘言絶妙奧須知得意有
真詮黃花滿眼相思淚別後休教魚鴈遭
俚語留別月沙先生大雅　楚赤壁山人鄭珍
殊方相見卽相親握手論心意自真亂後衣冠偏寂
寞愁來雲物捴傷神含盃月照鄉關渺說劒風生瀛
海濱幸遇延平探理窟邦堪遽別走風塵

月沙集卷之十一　十四

次李實之韻二首
懸燈悄悄聽鳴蛩病眼無眠夜苦長歸夢幾圓關外月
鬧愁先着鬢邊霜二年兵甲乾坤破萬里江湖鴻鴈忙
世味秪今思爛熟餘生吾已傍滄浪
往事回頭辛卯年金鑾同直對床眠宮壺夜醉花甎月
彤管朝趍寶篆烟北塞風霜消息苦南鄉雲樹夢魂牽
榮華憔悴那堪說地覆天飜捴杳然
到戊辰臺口占寄李叔推 叔推時在价川
一夜官齋話長亭又獨回清秋癸巳歲落日戊辰臺兵

『月沙集』 卷1 三槎酬唱錄　3

東槎學士總名流一尊離恨燈殘後千里歸程地盡頭
三日黃岡真勝集明朝回望是幷州
次東嶽李子敏冬至日韻
年光忽忽鬢邊飛爲客逢辰倍憶歸汀樹依依含淑景
官梅脉脉媚新暉寒城此日孤臣遠故國經旬信使稀
莫把窮愁添一線且將詩句發天機
次軸上韻贈片雲師二首 師乃同里人也
空門邂逅里中人顏面依然隔世身疊疊燈前十年事
談山纔了又談塵
名敎中爲得罪人水雲鄉作不羈身如今故里君休想

月沙集卷之九　三

遼鶴茫茫已劫塵
次都司迎慰使芝峯李潤卿韻 在箕城
聲名十載荷追隨官序長嫌省署遲自幸仙槎聯玉節
還慚駑質倚氷姿青燈古館論文夜錦瑟芳筵對酒時
千里奇逢天與便勝遊重約鴨江湄
次芝峯韻贈子敏
城郭周遭面水開衣冠前代想英才殷師畫地遺風在
帝子朝天幾日回雲影微茫麟馬窟潮聲寂寞鳳凰臺
昔人形勝留題處佳句千年待子來
次李子敏忌辰之作 子敏先君與僕先考同年生同榜進士而又同日棄世是

『月沙集』 卷9 東槎錄 上　4

『月沙集』

作非吟弄月露藻繪爲工之比觀於四愁詩可
知矣敬服敬服不佞衰遲多病久抛筆硯不但
才退已耳雖勉爾塗抹全無意致兼以事務忩
冗今始應命雷門布鼓適爲笑資敬步高韻錄
上如左
巢窩雖殘尊乾坤自聖朝王師征不戰義旅集如招組
甲東溟隘星辰北極遙皇華經過地士氣頓能驕
右登陸
晩泊依汀草孤吟復驛亭沙平官路白山擁海門靑花
露衣從濕松風睡喚醒男兒四方志王事敢遑寧
月沙集卷之十二 六
右車輦館
駐節長林下落日半山紫炎途一疎散霽色明春沚名
區愜仙賞何必求玄圃聖代有外虞乘槎勞漢使下邦
旣褊小亂離斯瘼矣犬羊轉充斥綢繆詎敢弛戮力定
三箭歸來復一矢
右納淸亭
東土鴻荒未闢文天敎箕聖繼檀君依然白馬朝周路
唯見松陰鎖古墳
寶玉煙消帝業終爲誰被髮下天東春來麥秀孤城下
一曲悲歌故國風

『月沙集』 卷12 儐接錄 中

5

右箕子墳
彩鷁揚春渚輕波漾日華參差孤寺樹濃淡别村花雪
落堆盤膾風喧引路笳却愁秋候至星漢杳仙槎
右大同江
星星香撥夕陽船裂帛聲高掩雜絃曲罷四筵咸寂默
孤雲回首洞庭天
右舟中聽琵琶
山斗曾瞻仰瓊琚又拜嘉淸標輝玉雪綺語帶烟霞兵
氣回春節邊聲急暮笳江郎才已退羞殺大方家
右黃州
月沙集卷之十二 七
勝地如相待千秋復我公樓臺臨絶壑絲管下層空岸
幘三更月披襟萬里風蘇仙還寂寞二客未能同
右太虛樓
流水桃花絶世塵武陵樵客昔迷津天仙舊跡尋無所
巖畔殘碑有受辛
削立雲間活畫屛問誰神筆點空靑泉聲日夜鳴環珮
長使行人滿意聽
右葱秀山
初日觚稜霽景鮮宮花浥露軟於綿天仙畫下隨雲氣
法宴春開擁管絃行見東溟鯨浪息不愁西塞羽書傳

『月沙集』 卷12 儐接錄 中

6

『月沙集』

右花麓風松
扶桑初日暈紅霞雪後江天霽色多隔水數峯寒更聳
玉樓銀闕眩生花
右羅峯晴雪
送宋士誨赴連山
吾病百事懶久不親鉛槧牙籤滿架書欲披心先厭親
知徵我文應之如受痁宋侯少攻詩詞華老猶艶交遊
盡詞伯爲翰以聚歛吟哦自娛嬉斷斷無他念騎驢供
薄宦旅食僑寒店得句勝得官獨耻事干謁時來問窮
巷諷誦開昏蟄君旣張戈矛我亦堅壁壍出其囊中文
月沙集卷之十八 三
所得亦云贍我雖久荒蕪得君賴擩染爲君強題詩頗
覺增光焰君乃吐款要不復尋瑕玷願言終賜之別懷
厭不歛聊書以送行我言無乃僭
送李伯胤赴平壤庶尹
箕城古名都領領繁華境以有箕範遺其人禮敎秉西
北本關防士馬又精勁念昔被賊初玆城爲蔽屛一路
賴安全于今國猶幸地大且民夥自昔煩簿領少尹實
主理撫按須才穎君侯金玉姿英雅實天挺溟鵬雲路
遠仙鶴霜毛整盛之白玉堂鶮鶮其文炳偲偲立靑蕭
發論皆忠鯁天官秉銓筆秀氣橫臺省中歲竟坎坷失

『月沙集』 卷18 倦應錄 下

7

彼 天朝之所尚又如此合無備奏 天朝將把造之
參以充貢獻允爲兩便等因具啓據此臣竊照小邦介
在山谷之間號稱產參之地自來歲有恒貢從前不解
把造之法唯擇生參以備筐篚之獻而生參不能耐久
性味易變貢路遙遠多經潦暑雖十襲包護未免透濕
今則旣解其法把造行用 天朝藥用用此而不用彼
竊念享 上之物原爲實用苟不適用不宜封進伏望
聖慈勑下該部小邦歲貢人參許令以把參代獻則庶
小邦不失壤奠之禮而 天朝亦有實用之益緣係進
獻事理爲此謹具奏聞
月沙集卷之二十二 三十四
請世子冕服奏庚戌
朝鮮國王臣姓諱謹奏爲乞賜世嫡冕服事據禮曹狀
啓節該王世子蒙 天朝欽降冊典已正名位而該用
冕服未有頒賜臣等竊查景泰元年莊憲王奏請世子
冕服 皇帝卽命賜之以七章冕服厥後本國遵據規
制相傳世守今旣淪失於兵火之中冕服式樣無從諳
委而玆者未蒙 頒賜必以景泰欽賜之制爲可以遵
倣自製也 天朝若悉此等曲折則必不靳一副冠服
以慰羣情仍念先王誥命冕服因亂蕩失萬曆二十九
年先王差賀節陪臣趙挺據實具奏 皇朝卽許補賜

『月沙集』 卷22 奏

8

『月沙集』

順付趙挺之回合無備將前因奏請 天朝將王世子
冕服照例補賜允爲便益等因具啓據此臣竊念小邦
襲封啓師謹遵聲教雖在要荒之陬素稱禮義之邦衣
冠之制竊慕中華逮遇 聖朝視同內服錫命之典世
荷隆眷臣既濫膺 寵命纘承先緒臣之弱息亦蒙洪
造亟賜冊典數年之間 恩錫稠沓臣常感激刻骨銘
心敢有何望復煩 天聽乎第念天命五服所以定名
而章別既有其名則當有其服今臣世子某既得荐荷
鴻恩光膺顯冊正名定位爲國儲貳而所有章服未蒙
頒賜竊計 天朝必以爲景泰元年已有欽賜之制小

月沙集卷之二十二　二十五

邦自可遵奉行用也唯是小邦不幸酷被兵燹國中儀
物淪失殆盡七章規制無從請奏既未嘗新賜又未識
舊制雖欲模倣圖式自爲創造而終是苟且不成真樣
區區之念非但爲賤子榮耀於一時却恐 皇朝七章
之制至今日廢絶而無傳也仍竊伏念先臣昭敬王
誥命冕服遭亂喪失因賀節陪臣據實具奏獲蒙 聖
明快許補賜順付陪臣之回恩例在邇昭可考也伏願
聖明參商小邦情事此照前後典例勑下該部亟許補
賜俾微臣父子衣被寵光而舉國臣民畢覩盛典不勝
幸甚緣係乞賜世嫡冕服事理爲此謹具奏聞

『月沙集』卷22 奏　9

萬曆庚申十一月初九日平壤正陽門外士人趙洽掘
地得一鏡後面凸刻圓文二十字有東王公等語巡察
使朴公叔夜得而奇之小叙識其事藏爲寶器都下喧
傳說箕城得箕子鏡余雖病卧僻巷來言者甚多亟欲
一見而無其便德平奇相國好古博物馳書求見朴觀
察以撥騎齎送余仍得以寓目其鏡文環書連首尾求
知何字爲首而朴觀察諸人皆讀爲東王公西周會年
益壽民宜孫子吾陽陰真自有道云見者以東王公爲
箕子而西周會年爲孟津會年距于今二千八百八十
餘年云余遂諦觀焉西周之周字乃国字也国是國之

月沙集卷之三十三　五

古字而特土蝕缺其中畫也余以會年之會字爲曾字
曾乃增字之意真自之真字爲竟字竟乃鏡字也古人
喜通用而不拘偏傍蓋以諸人所定觀之則文義不成
又未知自何字始讀且其書乃隸字隸是李斯所製隸
書始行於漢初其非西周會年之書則明矣東史云東
明王始都成川其孫東川王移都平壤此在漢元帝末
年間隸書之用古字如国字曾字竟字皆漢書所載之
古字則此鏡文之爲漢時書明矣所謂東明王東川王
皆天孫也平壤之所稱東王坊即其舊宮址而鏡之掘
處在宮址二百步則此是東明王時鏡無疑矣圓文雖

『月沙集』卷33 雜著　10

『月沙集』

無首尾吾字上似有點標今當以吾字爲首而讀之曰
吾陽陰鏡自有道東王公西国曾年益壽民宜孫子云
云則文義稍通歲年似稱所謂東王公東明王也西国
指沸流成川也有道用周書有道曾孫之語增年益壽
祝君也民宜孫子祝民也大槩此鏡雖非箕子物其爲
東明王時鏡則明矣今幾二千年古矣古矣東王騎麟
馬上天而其時古器尚留人間豈非神異也神鼎之躍
古紉之劚自古而然物之遭逢亦有時歟遂書顚末並
記嘗見以俟後之博雅
擬唐江西觀察判官李泌謝除賊後召見表 丙戌課試

月沙集卷之三十三 六

天其去疾方頌解拇之休吾且召君忽荷晉接之寵實
快輿論奚獨臣榮伏念老矣無能拙於有用進退無所
據初非辦世之才往來不憚煩徒積盗名之誚兵塵中
蹤跡可笑出處間事業無聞項緣入腹之讒遂致剝膚
之咎蛾眉逢入宮之妬貝錦之盗言孔甘浮雲蔽大明
之輝脅權之亂謀斯極漢廷獨有汲黯自分禁闥之難
容大臣多短賈生蔭與絳灌而同列玆膺衆佐於雄鎭
俾得曲全於餘生天語丁寧指示可生之道恩綸渙發
親奉汝往之音白首殘魔去國之孤蹤千里青油談笑

『月沙集』 卷33 雜著 11

望宸之危悃八年乾剛之快決勿疑聖明何異乎巧令
邪媚之肝膽已露兆庶咸服乎放流清朝方慶於道長
泰運再見於茅茹何圖九天之殊遇尚記一介之微勞
徵東之於荆州非因宰相之薦召季布於河郡不待一
人之譽敢云裹白之生還只信聖明之在上自驚淪落
之孤蹤更覩日月之重輝襯龍光於白衣依舊孔明之
魚水開前席於丹陛恍驚長樂之宮鐘寵渥獨隆庸愚
何面遣使者四輩曾聞文祖之招賢下軺車一封足繼
漢殿之引士將何報國但有捐軀伏遇身闡洪圖手遏
亂略體聖謨於舜帝廷中之姦孽魂消法顯俊於周王

月沙集卷之三十三 七

海内之英雄道泰遂令無似之殘喘亦霑不世之優恩
敢不忠當勿欺死而後已誓不負所學惟懷嫉惡之剛
腸恨無以答君益篤向日之丹悃
擬宋鄜坊判官錢卽請申戒邊臣先爲不可勝之
計以觀其釁表
聖人增德而惧戒既盡惕號之道王師先計而後戰盍
講遵養之猷肆陳撤桑之謨庸濟採蕘之聽竊念兵家
之制勝要在不戰而屈人遠斥候開屯田西羌終款於
漢塞謹烽火習騎射北虜莫近於趙邊玆皆成算之萬
全所以収績於一代欽惟手遏亂略身纘洪圖神武用

『月沙集』 卷33 雜著 12

『旅軒集』 출처: 한국고전번역원

旅軒先生文集卷之一
詞
謁圃隱先生畫像詞
宇宙間不可久者形氣人過百年兮孰存其身而其
不可泯者德義經千百代兮敎化在人仰其不可泯
者而思其不可久兮髣髴眞容兮曷因何幸後先生二
百有餘載獲拜儀形於今日噫噫非道德節義之其
一人於吾東者令人觀遺像而感激欣幸乃至此極
天之生先生於叔季之時蓋亦有意夫前乎檀箕以
下未曾宣擧之文敎其生也而振起後乎東方萬萬
世不可易之綱常其歿也而扶植是其所抱負之道
德所成就之事業有以光日月而奠山河固非葩藻
末藝而謂之儒勳勞一世而謂之忠者所可得擬其
萬一至今吾人之立天地參三而圓頭方足者得父
子於有家能君臣於有邦者其誰之賜乎此莫非賴
有先生一身於前千古之後後萬祀之前也哉顧我
遺敎餘化中末學穎一接形貌而不可得者乃今斯
得焉敬焚香而展謁儼精爽之宛然就其所可像有
以認夫所未像因其所得覿有以會夫所莫覿遡遐
想於當日擬九原之有作得於稟受本自粹美者其

『旅軒集』 旅軒先生文集 卷1 詞 1

旅軒先生文集卷之三
疏
進言疏己巳九月
伏以臣在本歲之夏重被　恩召自以耄敗癃澌之
甚莫得趨　命其於陳病之際敢達沐浴椒井之意
則　聖批有沐浴後上來之　敎矣臣不量竆衰果
往試浴而氣力虛乏腠理枯涸不見微效徒加損敗
馱身歸穴無計振作顧惟所承之　命銘在心上擬
復收攝稍可運動須及未寒之前撥昏扶羸致身
闕下一謝　積恩小伸宿願又是自計也而調經再
朔餘息無期勢竆至此莫可柰何則委伏沈鬱而已
設令臣致得身於　闕下肢體痺蹇難涉　階墀形
貌陋醜不可側列聾聵旣固莫聞　天語齒牙脫落
言不成音精神旣去語多顚錯矣將此塊土朽査安
得有人事於　天威之下哉臣百思千計報效無路
身旣莫進情不自抑敢憑耄言圖露微悃伏願　殿
下試垂察焉我國家雖僻在海東其風土之美山川
之秀本非荒裔他服之比而中被箕子疇祐之化俗
有禮讓敦正之習故稱之曰小中華或謂之東魯者
素矣中國未嘗夷視而輕待之隣域不敢不慕尚而

『旅軒集』 旅軒先生文集 卷3 疏 2

納款焉又自入我 朝以來列聖世承積德闡化
守藩盡職所以取重於 皇朝受恪於戎倭者无非
前代之所及矣不幸壬辰之變擧國蕩殘而島夷始
有猾我之心丁卯丙酉之敗斂手莫敵而奴酋又有
悔我之心旣經兩敗自立無勢策歸羈縻惟權宜苟
且之是事而 皇朝亦稍有不滿不重之意雖加優
容不形譴責竊審其禮遇之施則頗不如前此豈非
本國之恥也哉當此時勢爲我國君臣上下曷容恬
然自如不知所以深憂遠慮危懼振奮之道哉若於
此隙不自爲樹立之大計永固之長策惟曰西賊已

旅軒先生文集卷三 二

退伏矣南氛已息靖矣中朝時無譴責矣幸其內外
之無驚姑息之小安而遂皆解心縱意有若太平之
世玩愒時日無所刻勵則不但不料之患或萌於無
形安知奴虜無厭之欲倭寇不測之謀猶致磨牙鼓
吻於南北以俟機哉況我國之得爲國於偏荒綱常
倫紀之得不紊禮樂文明之有可觀者無非中國父
母之而子視之賜也前後出兵垂救於急亂至今使
之舊邦之維新則其爲恩眷之隆渥果可得以際涯
之哉今若視我委靡之勢便有輕之外之之意而減
殺 垂恩之典不若前昔之子視則我國之不幸爲

『旅軒集』 旅軒先生文集 卷3 疏 3

『谿谷集』 출처: 한국고전번역원

谿谷集序

東海之風表爲大國所從來遠矣。殷太師始開文治。歷世千有餘祀。然而儒林文苑。不少槪見何哉。羅氏以來。壯學之士漸興。惟孤雲名世。勝國之際。益以弘博。惟牧隱晩出。世莫有能抗之者。繇此觀之。文之爲技亦難矣

序 一

哉。逮我盛朝。文運之隆。視古爲盛。文章之士。指不勝屈。而其間蔚爲大家。追軌古昔者。亦頗鮮觀。

宣陵之世。畢齋獨步。

穆廟之時。簡易高蹈。若玄軒之負望儒林。月沙之擅藪文苑。迭主館閣。於

谿谷集 序

『谿谷集』 谿谷先生集序 序

1

森其羅列兮。飛鶴下兮翩翩。入璚闕而上紫閣兮。王子見余而載怡。飮余以飛泉之液兮。羞余以玉圃之芝。爲余奏王蕭兮。聲要眇以飛揚。群仙集以擊節兮。鳳鳥舞其蹌蹌。湛愉樂兮未極。倏騰駕兮復路。歎妙聲兮不可聆。顧下土兮徒延佇。

續天問 并序

昔者屈原旣放。彷徨山澤。作爲天問之篇。蓋託於問天以自紓其憂思感古之懷。其事恠。其理滛。而其文特奇甚。其志又可悲也。故先儒亦不以其滛恠而斥之。余嘗讀之。喜其文而賞其志。

谿谷集卷之一 三

未嘗不慨然以歎。端居覽物。迺益有所感發。遂效其體作一篇。凡造化之玄奧。物理之叢襍。斯文之興喪。道術之邪正。幽明禍福之故。世道人心之變。參錯繆盭。可惑而可憂者。皆擧以爲問。句而韻之。而荒誕神恠與屈子之所已問者。一無及焉。総四十章。而爲韻者九十有二。以其效天問而作。題曰續天問云。

問冥冥元化。孰尸其功。宇宙之變。焉始焉終。誰信誰詘。而四時成。誰闔誰闢。而晝夜行。太虛之大。無外無際。夫曰無外。而何所窮止。有外則局。無

谿谷集 卷一

『谿谷集』 谿谷先生集序 序

2

谿谷集　卷一

蹻寵樂。何仇於仁。顔冉夭亡。　儒明義理。老尚玄
默。西方之教。泯然空寂。何大道之一。而羣言相角。
孰眞孰僞。誰順誰逆。　法象無二。術數多歧。倚蓋
烏卯。何說得之。　僊夫養形。衕鍊精氣。胡藐尒之
軀。而敢竊天秘。物化有終。胡獨不死。　浮屠明鬼。
言闡而誕。業報環回。冥境孔彰。果有之哉。無亦荒
唐。　何天道之正直。而有時而錯謬。未必禍。善未
必福。　武侯盡瘁。興漢于蜀。胡右彼僭猾。而星精
遽隕。　宋氏之顚飛也。奮猷胡假。壬以逞。忠勇為
劉。　三代之英。繼踵比肩。孔孟之後。千五百載而

谿谷集卷之一　五

寥焉。何聖賢之生。疎數相懸。　朱宗博約。陸慕簡
易。何同師孔孟。而旨歸殊致。源同流異。孰眞洙泗。
茫茫大運。何尾何首。元會之說。曷本曷究。十二
之分。今焉僅午。何方中之候。而遽尒晦暮。　陟降
左右。厥有明言。而聖賢之沒。果有不亡者存。　檀
而肇辟。箕而肇教。何神聖之墟。而遺風眇眇。　卓
卓圖牧。値麗之痡。何羣賢蔚興。而國以不扶。　好
惡之倫。今何繆錯。煦拊鷙逆。撍擊貞直。　芝蘭何
瘁。蕭艾何遂。鸞鳳何逝。鴟梟何厲。　人心之蔽。曷
其能廓。天理之常。曷其能復。　志士傷時。憂心慬

『谿谷集』 谿谷先生集 卷1 詞賦　3

谿谷集　卷一

覿俗子之見珍。遂諦之曰元陽勝邪。蒼精之紉。朝
夕服之。未嘗離身。

吊箕子賦。次姜編修韻 幷序

屈宋之後世無騷。班張之後世無賦。　明興。李
何諸子。迺始彬彬振古。而閎衍巨麗之體。猶未
大備。至盧次楩王元美出而後。騷賦頓復舊觀。
不佞嘗讀而豔之。竊意中華之大。必有繼而作
者。顧海外僻遠。未之聞也。玆者伏蒙正使大人
出示吊箕子賦一篇。無論詞旨醇篤。足以闡仁
聖之微意。其奇文奧語。錯落臚列。雖王盧復作。

谿谷集卷之一　二十一

殆欲瞠乎下風。吁亦壯矣。不佞數啓寡聞。才具
凡近。不足以追攀步驟。顧唱酬之禮。不敢闕焉。
謹依韻和呈。以請斤教。撫掌之笑。有不敢避。其
辭曰。

藐台蔑落于寰中兮。悵介特而無侶。緬往喆之逸
軌兮。思矯翼而偕擧。歷九州而想其人兮。羞余肴
兮醱余醑。慨絶響之久湮兮。誰我倡予而和女。經
浿陽之舊墟兮。竊慕元聖之遺緖。陟降之不可知
兮。粲帝居兮共天語。宇宙旣均式于大法兮。矧玆
夫子之攸處。溯流風之眇邈兮。中欝曲而齟齬。昔

『谿谷集』 谿谷先生集 卷1 詞賦　4

夫子信修而服義兮秉烈祖之淵心集芳潔以紉
佩兮操道術而為之琛欲薦羞于宗祊兮顧獨遭
世之昏淫皇天之不純命兮獨夫不改其梟音背
周道之孔夷兮遵九折之崎嶔芟蘭蕙以蘊崇兮
植蕭棘之林林天乙之克享天兮帝眷命之日深
繼賢聖之六七兮而商祚式至于今鑑非遠而在
夏兮胡今人之莫之艾妹也之為妖為蠱兮曾不
寤玆之凶害輪摧而輿仆兮覆轍出乎是途既無
戒於顚越兮又冥行而疾驅脯為林而酒為池兮
千人飲而萬人呼咨親懿與格人兮舉痗心而殷

谿谷集卷之一　二十二

忓謨言之孔訏兮君反以為恠誣彼少師之法語
兮夫豈罔念乎嬰誅哀邦命之綴綴兮譬頹晷之
迫桑榆豈余躬之足卹兮君廢遄乎自虞王子之
出迪兮讒余詔之中孚相顚木之有櫱兮無寧愈
勝乎萎枯喟余心之眷眷兮將舍此而焉徂天既
集命于西鄰兮日觀兵以東闢夫孰遠薰而即蕕
兮況吐飴而茹荼膏肓之不可為兮又何賴於俞
盧余寧蒙難而降志兮甘自淪於卑污獨泯默以
沉痛兮背膺胖若疈辜衆蚩蚩而朋淫兮疇復察
余之危苦屬明神以聽直兮指皇天與后土諒天

二四

『谿谷集』谿谷先生集 卷1 詞賦　5

谿谷集　卷一

廢之不可支兮聊以自獻于吾祖仁人胥以流亡
兮余有志其誰輔函糞土而不辭兮孰清瀲其否
臧固臣罪之當戮兮寧止乎臣下之不匡歎西師
之逾河兮哀殷命之不長彼膚敏之濟濟兮爭祼
將于新王顧余忱之不可化兮恒耿著乎衷腸食
薇之太隘兮所不忍乎牽羊唯九疇之大範兮道
無間於禹湯牖斯民於萬代兮匪余獨詔于周邦
聊申申以敷告兮蹇身抑而道揚並彖繇以表裡
兮予蓋言之已詳閟彝倫而密若兮天其以予為
不祥西伯既已沒兮世無人其我知薦揚之非我

谿谷集卷之一　二十三

伍兮王馬又非余所期瞻四海以蹙蹙兮獨鬱邑
而安之眷東表之有土兮非職方之攸尸余既有
成言於王子兮詎今日而狐疑詰人之遂志兮夫
豈一槩乎趍捨知不可以我縶兮孰此行之可已
遐哉東海之洋洋兮戒余轄以即路夷之陋尚可
居兮信吾德之貞固布八條之優優兮漸摩以哲
王之軌度氓欣欣於振德兮載色笑而匪怒混殊
俗以塊處兮嗟余行之踽踽商丘邈其離絕兮千
與梅兮鬼為伍悵殷墟之麥秀兮獨忍淚而增傷
諒天命之有廢興兮又何恨狡童之披猖東民之

『谿谷集』谿谷先生集 卷1 詞賦　6

『谿谷集』

函聖化兮。易介鱗以衣裳。飫忠信而服禮義兮。遵
正路而徜徉。啓我蒙而導我迷兮。又能已我之瘨
狂。滌羶而辟螻兮。爰熏襲乎芬芳。去檜巢與穴窟
兮。俾我寧處乎堂房。君師而父母兮。澤遠而道光。
距今玆幾千祀兮。儼祠廟之孔陽。瞻墓門之松栢
兮。豈蕘牧之或戕。綿血食於海外兮。足以延續乎
殷商。唉人世之迫隘兮。竟同歸於枯髏。本非榮於
尊顯兮。又奚辱於牢痼。夫惟致命而善道兮。羗志
士之攸求。湯文之明德兮。尚不免乎幽囚。士有志
而直遂兮。淦有轍而共由。求仁得仁而何怨兮。樂

谿谷集卷之一 二十四

天知命而不憂。讀明夷而諷軼詩兮。渙余涕之橫
流。天旣奪鑑於頑嚚兮。彼康耒又何尤。有輸林之
主人兮。紛獨慕此姱修。鳴韺韶之要眇兮。息謠哇
之嘲啁。泝詞源而訟沂兮。窮藝圃以騖蹂。躪 帝
命而使東藩兮。懋王節之矗矗。訪遺風於故都兮。
感天道之培覆。姬何爲而薦祐兮。子何爲而降戮。
顧仁聖之秉義兮。矢靡詘於臣僕。生旣不憚於𨅙
犴兮。沒亦匪願乎汗竹。甘埋聲而戢跡兮。長自屛
於荒服。道不窮於喪亡兮。志愈貞於危蹙。擒昌辭
而吊古兮。撫千載猶隔宿。夫子之神儼若在兮。洋

二五

『谿谷集』谿谷先生集 卷1 詞賦　7

洋乎上下與四方。左微干而右曇台兮。聊相於兮
不永傷。安得乘雲而御風兮。出八荒兮窮眇茫。肅
羣聖之精靈兮。訪三統之興亡。樂浪之山兮峙巖
巖。樂浪之水兮流洸洸。莽蒼兮丘井之墟。嵽嵲兮
衣冠之藏。士不婧於絃誦兮。氓樂業於耕桑。聖人
之化與天通兮。諒彌久而彌章。湯武兮同一聖。殷
周兮同一王。烝民兮同一性。四海兮同一鄕。三代
之所以直道兮。知與能兮皆良。緜敵邦之處僻兮。
豈民德之或涼。願君子之莫我違兮。毋遽趣乎歸
裝。仰聖範而極研兮。延俊髦以佃翔。抒雲夢之巨

谿谷集卷之一 二十五

麗兮。騰茂實於詞場。鋪張華夏之文明兮。永衣被
於偏荒。挹鴻藻而三復兮。覿光色之泂蒼。擬蕙華
而並羨兮。長榮蕤於都房。亂曰。握瑜兮懷瑾。天方
蹶兮謂何。靡君兮不可昭。雖願忠兮可邪。隳余飾
兮辱余身。心斷斷兮無他。離離兮禾黍。鬱鬱兮邦
畿。達故國兮適殊方。魂有招兮無歸。亳社兮旣亡。
宗周滅兮噫依。耿此心兮獨不死。千秋萬歲兮無
是非。

鴟得腐鼠嚇鵷鶵賦

鷙鳥之屬。厥有鳶鴟。攫拏而食。盤天而嬉。謝雕鶚

『谿谷集』谿谷先生集 卷1 詞賦　8

練光夕望

極目滄江晩。登臨客子情。過雲全浦暗。殘照遠村明。野艇横官渡。棲鵶傍古城。危樓東北望。何處是神京。

次五山箕子墓

箕聖西來日。君臨析木墟。殷猶存樸樂。周已混車書。舊國千年後。荒墳四尺餘。忠臣與孝子。遺化此何如。

次使相贈定州牧使尹白沙韻

玉署違顔歲。銅章滯一官。蚌胎還孟郡。凫舄到秦山。節序淸明近。邊城氣候寒。他鄕幸同席。把酒話平安。

次使相又用前韻

名利吾無分。塵埃厭走官。有時回白首。終夕望青山。自笑諸郎拙。誰憐范叔寒。半生營口腹。漂梗敢求安。

霽湖集卷之五 七

次使相復用前韻 華館夜坐

吾行到連輦。從亡贅微官。斗柄垂荒塞。松濤起遠山。宵殘燈暗。香盡獸爐寒。幾日還家得。家貧也自安。

次使相二月初吉發林畔館韻

關山天一畔。春晩更顚風。荻筍抽纔綠。花腮殺未紅。身名衆人下。宦意暮年空。暫許驅馳遠。深蒙德義豊。

登九龍臺。示五山。

絶塞風沙亂。孤城日色陰。山疑六鰲戴。江到九龍深。入世自興廢。乾坤無古今。相逢萬里客。把酒一登臨。

任鳴皐作悼亡詩。慰余。用其韻。

暫別還相合。臨分語更明。重來須待日。何事太傷情。海外還人世。仙曹舊姓名。遠山如可到。芳約在他生。

『霽湖集』 卷5 五言律詩 1

漫漫洞

矗矗連峯望不開。路通岩阻轉悠哉。雜花爭發林舒錦。醜石將崩水轉雷。世故紛紛隨日起。鄕愁黯黯逐人來。完城此去無多遠。雲際遙瞻萬頃臺。

滿月臺懷古 此下王謝恩使別章。皆東樓作。

喬木栖鵶帶夕曛。樊城閭落是遺民。荒臺半毀來麋鹿。故趾猶存缺鳳麟。蒲世賢愚同就盡。六朝治亂問無因。蒼茫二百年前事。野草閑花又一春。

玉溜泉次權學官 尙遠 韻

造物辛勤斲得成。奇蹤留與客経行。懸流點滴珠璣碎。幽賞玲瓏珮玦聲。餘沫襲人微醉醒。輕寒到席夕陰生。長途物役重來貴。淸境依然驗已明。

霽湖集卷之八 二十八

百祥樓。賦得吳體一首。仰呈迎慰使鶴谷令爺求教。

危樓獨上思依然。平楚暮色煙非煙。淸川一帶注海口。妙香衆嶽迷天邊。山河滕槩自千古。蟣蝨浮生唯百年。徙倚曲欄吟嘯久。長洲孤月向人圓。

箕子墓

避地全生兩得宜。艱貞猶復任君師。但令有教寧無化。況乃斯民亦秉彝。古堞寒鴉烟冪冪。荒山石獸草離離。那堪御屬悲歌日。政是郊原麥秀時。

次使相韻。贈權學官。

淸詩讀罷便欣然。多子文章在妙年。試與討論霏玉屑。要蒙按贈當金錢。吟窓共對關山月。鄕路遙懷郢樹煙。君抱驥才須一展。我如蠶老已三眠。

『霽湖集』 卷8 七言律詩 2

『白洲集』

一宿又離筵。

附次韻

鯨海千重浪。鳥檣萬里船。孤征慰藐爾。嘉客喜逢旃。玉轉瑤琴軫。花生錦蠋烟。風流隨處在。莫恨是離筵。 清陰

練光席上贈夢賚。

絶塞將 王命。高樓對酒缸。千年箕子國。七月大同江。潦倒身仍病。飛騰氣未降。山川滿眼濶。還倚筆如杠。

白洲集卷之五 廿五

將發車輦口號贈安使君令丈。

昔赴征南幕。同吟行路難。中年千里別。此地一宵歡。急雨松聲亂。孤燈草色寒。深杯出深眷。留飮莫留殘。

贈灣判

學士今戎服。行人且盍簪。旅情身已倦。王事槩先侵。絶塞三更柝。孤城八月砧。春來青瑣闥。重荷 聖恩深。

別崔子迪 惠吉 之松禾

直士言多敢。明時退亦榮。官無簿牒鬧。地接海山清。節序重陽逼。郊原萬寶成。優遊眞得計。離

白洲集 卷五

『白洲集』卷5 五言律

1

議汰一路守令尸職者。簡公爲朔寧郡守。有能聲。入爲軍資判官。出守醴泉郡。棘棘守法。豪猾斂手。歷翊衛安山郡守漢城庶尹。復出爲益山郡守。廢朝政亂。列邑皆墨吏。公獨簡潔。雖連姻宮戚。無私獻遺。時武備廢弛。公能節用簡造戎器。民安其化而官事克擧。方伯以最聞。褒陞通政。瓜滿報還。公已老矣。銓官用十考皆上。屢擬要地。終不利。命也。退遂于南陽先塋下。絶意仕宦。丁丑考終。壽七十三。公娶都事韓琬女。左議政鄭公惟吉外孫也。識通古今。閑禮儀。設宗孝

白洲集卷之十七 二十六

祀。訓子女有則。一門矜式焉。先公十年卒。生四男二女。嗚呼。不侫於十年前忝守南陽邑中耆舊。惟公爲第一。不侫亦嘗屢拜床下。詩酒交驩。依然如昨日事。而公之墓草三宿。余髮亦且種種。感念今昔。能不悲哉。公之婿應教崔公撮公行蹟。公之孫棐日踵門。求一言之表。顧情義有不忍辭者。遂流涕而志之。

先考左議政 贈謚文忠公墓表

公姓李。諱廷龜。字聖徵。世稱月沙先生。高祖諱石亨。延城府院君。謚文康。曾祖諱渾。掌令。 贈

四七五

『白洲集』卷17 墓誌銘

2

天幹右洲攡鞸石峯韓濩爲製述官幕僚之盛
爲國朝最有東槎錄在集中乙巳以京畿監司
特兼纂集堂上修水原竹州山城復設崇義監
語在集中丁未復長度支戊申光海初爲吏兵
判復兼文衡爲熊天使化館伴契許特深戊午
廢 母后論起公塞門不出兩司論不已壬戌
起廢爲梁監軍之垣接伴使禮數絶等語在集
中癸亥 反正公據經執禮廢妃喪進議葬祭
皆以禮語在集中以輔國工曹判書兼判禮書
判義禁知春秋 經筵後以左贊成貳師特兼

白洲集卷之十七 二十八

兵判後務禮書 特命仍貳成皆異數也丙寅
爲姜王 詔使館伴 詔使待以殊禮有能聞
聲華之語戊辰陞右相壬申以摠護使在 山
陵病猝劇辭不允俄陞左議政兼 世子傅章
二十上始釋位凡國家擧措論議有得失雖在
病告必上章救正皆嘉納又劄進文康公所撰
大學衍義輯略申勸戒 優批賜毛褥語在集
中乙亥四月二十九日卒于正寢 上進素膳
輟市朝三日賜謚文忠 王世子親臨弔自初
喪至返虞朔望皆賜祭具始葬龍仁先塋已卯

四七六

『白洲集』卷17 墓誌銘

3

四月移葬加平朝宗縣巳向原公歷六部尙書
一爲吏部開廓公道再爲兵部多建設三爲户
部裕國用紓民力九長禮部再主文盟講定前
後吉凶變禮及會山祭式先賢祀典箕子立後
褒節義伸冤枉屢撰太廟樂章文廟崇仁殿
國陵碑文謚冊玉冊敎文表箋咨奏揭帖大小
辞命啓劄俱載應製錄南宮錄四赴燕京六擯
華使中朝人皆尊慕必稱先生至今我國使臣
與漂海人到中國文人士子皆誦公辨誣奏及朝天
諸作問公起居 賜祭文有曰詞傳天下名滿

白洲集卷之十七 二十九

海內者此也有朝天錄擯接錄在集中文集摠
七十四篇行于世其未及刋者亦若干卷公平
生行誼立朝事業文章德望之盛俱載新豐張
公維所撰謚狀及淸陰金公尙憲所撰神道碑
且有國乘野史非不肖所敢贅焉夫人安東權
氏 宣廟朝名臣禮曹判書諱克智之女有至
行至德宗黨化之事公五十年餘先意格恭常
執子婦之禮身安布蔬尤以儉約自飭生於嘉
靖己巳三月以丁丑二月卒于喬桐寓舍巳卯
與公合葬生三男二女男長即不肖明漢吏曹判

白洲集 卷十七

『白洲集』卷17 墓誌銘

4

『白洲集』

只恃神理之本仁。更以菲薄之薦。謝前愆之速
而祈後繼之洽也。惟神鑑恕尚饗

哀李察訪楚材辭

嗟嗟用卿兮名家子。鳳有五彩兮駒千里。結髮
受書兮通經史。頃刻揮毫兮空百紙。與我同庚
兮兄弟情。升堂侍酒兮肝膽傾。中間離合兮喪
亂更。余按東節兮來原營。君爲督郵兮境上迎。
旅舘驩娛兮窮昏明。出入相隨兮不蹔離。一日
不見兮如渴飢。朝言嬉嬉兮夕怡怡。忽以病報
兮訃隨之。嗟嗟用卿兮薄命人。有志未就兮才

未伸。薄宦他鄉兮多苦辛。下挈十口兮上慈親。
一朝棄去兮屬之誰。遑遑中道兮聞者悲。嗟嗟
用卿兮不可忘。春日載陽兮野草芳。山花自開
兮澗水長。興誰行樂兮同盃觴。嗟嗟用卿兮無
見期。風雨凄凄兮雞喔咿。靈車曉發兮去何之。
我哭君兮君不知。

重修崧陽書院上梁文

伏以崧京故國。花苑遺基。舊俗猶存。闕里之金
石無改。斯文不墜。考亭之院宇重新。玆爲士子
之藏修。實係儒林之興勸。惟我圃隱先生。萬代

忠臣之首。三韓理學之宗。文章炳如日星。隻字
片語。言行質諸天地。五倫三綱。遠接洙泗之淵
源。直繼程朱之統緖。天閽北奏。皇帝歎獨賢之
勞。海窟東臨。蠻夷識難犯之節。羅濟之域千里。
首闡文明。擅箕之後幾年。復生豪傑。捧虞淵欲
沉之日。回砥柱既倒之瀾。聞江南花發之詩。使
人出涕。想庭前草交之趣。曠世興思。政賴人存
而道存。可憐身殞而國殞。興亡鼎革之際。天命
人心。禍福死生之間。民彛物則。慘憺扶蘇山上。
壯氣結爲雲烟。依俙善竹橋邊。靈魄來於夜雨。

平生故宅。不入荊棘之墟。突兀遺祠。永享薰蒿
之奠。眞儒有作。寔賴啓牖之休。賢士所關。亦資
依歸之樂。只緣年代之寖遠。未免梁榱之漸頹。
過客燒香。共惜凝塵之席。行人下馬。空瞻蝕苔
之碑。幸逢賢侯之初臨。聿繼先相之遺化。存心
於振作之擧。致意於修葺之方。以自家心裏之
經營。不待於外。謂我國域中之書院。莫重於斯。
乘多士鼓舞之心。借諸僚拮据之力。無勞斧彼
鋸彼。已見奐焉輪焉。初不係於役民。豈云時詘。
苟有補於作士。當以身先。擧甓冊搵。成之不日。

『月汀集』 출처: 한국고전번역원

月汀先生集卷之二
七言絶句
題王按察扇頭詩
科甲相承擅大名。更看輝映棣華榮。福星正喜臨東
土。旰轍何緣駐去旌。
妖氛諸路一時銷。使節飄然返紫霄。欲識下邦偏感
恵。歸程記取野人謠。
一路棠梨幾樹花。關河歸夢渺天涯。功成正被君王
眷。又負鄉山達標霞。
離亭斜日暮雲生。手綰垂楊送去旌。從此驛亭千萬
里。戀恩分袂若爲情。
月汀集卷之二 十一
驪陽君閔令公伯春。以奏請副使如京。詩以贈
行。
一邦懸望冊元良。計日芝函達建章。銜命未應愁旅
泊。積誠贏得格圓蒼。
山鎭醫閭限塞垣。井傳箕子廟曾存。傷心廣火焚燒
盡。遺跡憑君更細論。
幾曲灤河碧水環。荒涼遺廟蓼花灣。停車應復薦蘋
藻。二子高風宇宙間。
國子監西崇教廟。淒涼巷市淡煙垂。傷心當日就義

『月汀集』 月汀先生集 卷2 七言絶句

1

七言古詩
送趙正郎 緯韓 以行臺如京
嗟君獨好長溪叟。眼前不在知己後。長溪贈君有篇
什。十襲寶玩猶瓊玖。永念長溪仍及我。曾於暇日求
敝帚。千里灘行更有請。奈此衰落言無取。君今壯遊
副風願。獻見天朝遂結綬。山川色飛逼繡衣。萊蔚煌
煌摘在手。秋風馬蹄不動塵。天門路指重關口。遼城
鶴去柱空在。駐蹕人歸山獨首。三叉河上鴈少飛。紫
塞寂寞無楊柳。廣寧城北箕子井。想見行宮此中有。
耶律遺基已荒廢。木葉山低若培塿。前屯草沒忠壯
月汀集卷之三 二十八
墓。涅背報國心不負。山海雄關限夷夏。魏公精靈今
在否。射虎遺蹤右北平。飛將長忌住太守。灤河岸上
瞻古廟。孤竹清風人不朽。薊門烟樹幾千重。橋傳祿
兒流餘醜。通州舸艦蔽潞河。觀雲賞詩亦偶。朝陽
門外換征衣。五鳳樓前鵷鷺首。太平烟月金臺畔。閼
眼分明文物藪。吊古猶餘信國恨。排闥肯醉燕市酒。
行行上國觀覽富。忽覺胸中雲夢九。文章曾學太史
公。浮遊似向沅湘走。歸來見識長幾倍。況有新詩更
清瀏。刮目應驚經歲別。愧我筆硯凝塵久。緘辭遠寄
君莫誚。平日賞君呼少友。

『月汀集』 月汀先生集 卷3 七言古詩

2

『月汀集』

之維持世道而納民軌物者。端不外乎此矣。 莊憲
王特更闡而廣之耳。其闡閭下里之觀感而興者可
想已。厥後至 康靖王朝。加以諺解而頒布。 恭僖
王朝增續而嗣纂。繼體之所惓惓每在於此。前聖後
聖之所作爲。固同一揆而無所間然矣。抑箕子封於
東方而夫子欲居之者。殆以仁賢之化猶有存者而
可進於夏也。然則箕子。乃我東之夫子也。此書自三
國至於我國。以彰徹之行。得燊之數。董董若此。眞得
古人所云嚴而核之意矣。萬曆壬辰兵亂後如干年。
至癸丑冬。自弘文館承命裒集而不設局。其所撰定

月汀集卷之五 二

者。就亂後忠孝烈女旌表人等作三卷而進。又於甲
寅秋。殿下更發德音。仰體列聖之宏撫。特設續編撰
集廳。晉原府院君臣柳根以下實承編次之命。摠之
閱五朔而功訖。忠臣一卷。孝子八卷。烈女八卷。釐爲
十七卷而投進。兵塵幾歲。賊鋒不退。匹夫匹婦之横
被所脅而倉卒捐生。自盡其身者比平時何啻倍蓰。
則聞見之譏。自不免於過多。亦其勢然耳。抑古者忠
孝各擅其美。而史臣以蘭桂異質而齊芳讚之莫敢
有所軒輊。至於此錄中致死於所天者。盖亦諒其行
之不昧於此心也。其行有合於此。則方可得錄。否則

『月汀集』月汀先生集 卷5 序

3

廟正在醫無閭洞壑之南。巖石上有呂仙之跡。即今
所傳西湖之醒神翁。要非眞仙之飛游者。而其壽已
至百五六十歲而尚存。我國寧有此等人乎。世傳高
句麗時唐文皇征東。旣克遼陽。而安市城主以孤軍
抗文皇親征之師。延壽惠眞來救其城。乃獲十五萬
衆而請降。城主不少動。相持六十餘日。文皇竟以遼
左早寒。解圍班師。賜縑百疋。以勵事君。中朝韙此。至
今猶謂高麗長於守城。何今日之不然也。且也安市
城主獨全孤城。名聞天下。而麗史顧逸其名。文獻無
徵。一至於此。中朝小說乃謂梁萬春其人。因此得甘

月汀集卷之五 十二

姓名。豈非千古之一快乎。聞諸中朝人。則安市城正
在海盖二州之界。一如高麗之壘石爲城。如龍灣城
云。其言可憑也。廣寧城北有箕子井。又有箕子廟。廟
中箕子立像而冠冔。宛曾爲虜火所燬者非久。而不
復建。今只有遺址云。箕子旣都平壤。而想行宮又在
廣寧。故旣有井。又有廟。裴矩之言曰。高麗本孤竹國。
不應全無所據。必其封箕子時。自永平跨遼西東至
平壤。盡以封箕子也歟。山海關魏國公所設。公於駈
逐胡元之後。襲元勳之班。而受長城之寄。非以嚴夷
夏之防。其任特重故耶。魏公廟在城中。余嘗久留而

『月汀集』月汀先生集 卷5 序

4

齒而無論官之崇庳矣至我朝必年至而官二品方
得預則豈不尤難哉至於軼典之可睹記者則英廟
朝宣德壬子年閒議政柳寬等講此會成廟朝成化
癸巳申隆寵典賜伎樂內醞珍羞以樂之曾爲議政
則雖未七十亦預焉此是社中舊例然也古云入不
可以無年信乎其不可無年矣無年則何以有此會
也歲萬曆庚戌十月本司以宴日聞賜法醞珍品及
伎樂中使與知申事金公時獻承命偕至亂後此會
僅再觀而中使知申之來宣內外醞則異數也左右
兩相以故事來預因與會中諸老感戴湛恩竟夕盡

月汀集卷之五　十六

驩夜分乃罷翌日諸老詣闕上箋稱謝允此盛宴張
大其事俾一時人拭目改觀而垂耀後來者須有名
筆上相李公山海負一世詩聲固社中人未及相待
乃前一年下世同樞崔公岦嫺於文辭今尚無恙年
則至矣格於從品不得預會矣此兩人深恐此會屛
障中賦詠寥寥如也尚賴左右兩相曾以文事迭執
牛耳而代長主盟高文大筆亟賜張皇以形容盛事
使屛障生輝則又幸之大者而社中諸老之至願也

送朴子龍出按關西序

夫關西非古所謂樂浪之墟哉太師受封歷世綿邈

『月汀集』月汀先生集 卷5 序　5

八條之教雖失其傳而井田之跡可按覩也平時有
所謂箕子杖者監司坐衙時以其杖一雙前導遂爲
故事而相傳故余於奉使日得以窺攬焉以籐爲質
舊物宛然令人遐想千古乃軼於壬辰倭難可旣已
朱氏時乙支文德獨持衡勢而抗有隋百萬之師國
得以無隕麗朝鄭知常詩才絶高宛有唐調至今輝
映編帙此二子者固皆其地産也嗣是以後人才之
出視古頓衰或有言之妙淸之亂以主師殲賊者嗛
知常詩名軋己旣誣而僇之又劃其所謂文筆峯者
使文才衰歇言涉傳疑無足徵矣人才之不如前昔

月汀集卷之五　十七

則固爾而乃其民少椎多質秖畏官吏而奉行其令
恐後鮮强梗而難乎治者視他道最易治且如倭賊
之蹂躪諸道也北關則叛民縛致王子諸宰以媚賊
嶺南海西則多投降於賊而服役者地與海西只有
坦途駒峴之隔而中和一境之民乃血戰與賊相持
催鋒刃死亡者不記其數而終無一人附賊者一郡
旣被嘉奬陞号爲府忠義之聲冠於他方玆非道内
地耶且列邑謠俗毋敢慢人其遇行旅甚有客主禮
無論士夫之挈家而歸者卽齊民之避亂者亦無不
傾橐而濟其窘此則余與子龍氏黽驚往來時親得

『月汀集』月汀先生集 卷5 序　6

溟日域當西徼箕都作外屛關門雄鎖鑰絕巘暢
王靈。
萬里箕邦使三秋滯日域旌丘時物變滄海歲華
遷客夢懸 宸極龍光射斗躔男兒心似鐵去國
節彌堅。

秋夕前一日上副官來訪于天瑞寺上官
玄蘇先賦一絕次韻。
好是金風玉露秋詩仙韻釋共清遊去年東館君
能記此日應知遠客愁 玄蘇詩中及去年東平館秋夕之會故末句及之。

次竹溪酬上官韻
星槎正値桂花秋勝日開筵辦勝遊歌管遏雲山
欲暮尊前不作故園愁。
卽席走筆書懷示仙巢義智。
有客萬里役中秋滯海中四顧摠殊音何處開吾
衷三昧仙巢翁法眼超空空仡仡平將軍一劍扶
桑東相從忽數載信義敦始終賢勞豈有恨一笑
對秋風珍重數杯酒日暮情不窮明月又有期此
會莫怱怱。
唐人南京太學生稽玉泉戊寅歲往福建

鶴峯先生文集卷二 二十八

『鶴峯集』 鶴峯先生文集 卷2 詩 1

此無非本與事俱擧者也玆二聖四王者莫不遇
非常之災而皆轉災爲祥者曷嘗外人事而他求
哉伊洛之渴夏亡之徵也而桀不知懼三川之震
周亡之兆也而幽王不知戒天血地拆天之譴告
至矣而齊王非徒不懼又從而殺諫臣金飛霧塞
天之警懼至矣而漢帝非徒不戒又從而倒太阿
此非慢天而促亡者乎凡若此類難以枚擧何待
歷數然後知之劉向洪範之傳雖曰天狗箕疇五
事之徵太公四事之應其可誣乎說者或付之於
幽遠又諉之以天數甚者至以爲天變不足畏玆
豈非欺天罔上一言喪邦者乎臣等竊觀 殿下
臨御以來勵精圖治宵旰憂勤無游田盤樂之失
有典學緝熙之功英明冠古聖智出天摠攬權綱
威福在己庶事庶務靡不綜核而整理宜乎人事
修於下天心應于上和氣致祥四時充美而數十
年來水旱連仍飢饉荐臻天妖物怪層見疊出可
駭可愕之變式月斯生天之見怒於 殿下者極
矣上震 淵衷不遑寧息罪己求言之 敎避殿
撤縣之擧無歲無之然而天心未回神怒彌厲變
異之作愈出愈甚以今年言之三元之月地震京

鶴峯先生文集卷三 五

『鶴峯集』 鶴峯先生文集 卷3 箚 2

於一國甚大。此非處事之善者乎。今行許多所失。都在怖死二字上。故卑汙屈辱之事。隨日輒生。不可殫數。眞所謂差之毫釐。謬以千里者也。反覆爭辨。而終莫之回。余不得已請於回禮時。不書副使。且不分食於從者。上使書狀乃泛書通信使。而不列余名。其所分酒食。余不受。令倭人等啖之。噫。上使書狀。實專對之才也。講明義理之日有素。豈胡亂處事者乎。今此辭受之節。必有義也。姑記淺見。以俟智(草本。知。)者云。

朝鮮國沿革考異 (倭僧宗陳問大明一統志所載我國沿革風俗。先生遂條錄示。)

鶴峯先生文集卷六 十一

周爲箕子所封之國

箕子。殷同姓之親也。紂爲無道。箕子佯狂爲奴。及武王伐紂革命。箕子陳洪範於武王。而不爲之臣。武王封于我國。待以賓禮。示不臣也。都平壤。(今之西京也。在國都西北千餘里。)立八條之敎。以敎民。民化其德。遂爲禮義之邦。又欲行井田法。至今阡陌尙存。其子孫相傳千有餘歲。其陵墓在今平壤府城北。 國家置守戶。以禁樵牧。立廟享祀。號箕子殿。置齋郞以奉香火。春秋降香幣。令觀察使致

『鶴峯集』 鶴峯先生文集 卷6 雜著 3

祭。(箕子之前。有檀君朝鮮。檀君與堯並立。歷年千餘歲。後入太白山爲神。○朝鮮。鮮明也。地在東方。日先明。故謂之朝鮮。)

秦屬遼東外徼

秦始皇幷呑六國。而不能臣服。我國志所謂屬遼東外徼者。非也。

漢初燕人衛滿據其地

箕子之後衰微。傳至箕準。燕人衛滿避秦亂逃來。乘箕王之弱。聚衆據國。箕王浮海而南。至金馬郡居焉。時國內遂分而爲三。曰馬韓。(卽今全羅道)曰卞韓。(卽今忠淸道)曰辰韓。(卽今慶尙道)三韓之號始此。志所謂衛滿據其地云者。乃平壤舊都之地。

鶴峯先生文集卷六 十二

三韓則不能幷據也。

武帝定朝鮮。爲眞番臨屯樂浪玄菟四郡。昭帝竝爲樂浪玄菟二郡。

漢之所定者。乃衛滿所據之地。非朝鮮之全地也。

漢末爲公孫度所據。傳至孫淵。魏滅之。晉末陷入高麗。

公孫度所據者。卽高句麗遼東之地。非據高句麗全地也。盖衛滿之後。三國鼎峙。曰高句麗。都平壤。

『鶴峯集』 鶴峯先生文集 卷6 雜著 4

『鶴峯集』

卽衛滿所據之地曰百濟都扶餘卽卞韓之地曰
新羅都慶州卽辰韓之地地方皆數千餘里晉永
嘉末遼東之地爲高句麗所取而志不言某地陷
入記之不詳也且高字下落句字高句麗則高氏
國號高麗則王氏國號也
唐征高麗拔平壤置安東都護府其國東徙鴨
綠水東南千餘里
三國時高句麗不服于唐太宗率天下兵親征之
攻遼東城拔之進攻安市城不克乃班師高宗卽
位遣左僕射李勣伐之始拔平壤城置安東都護
鶴峯先生文集卷六 十三
府高句麗遂亡志所謂子孫東徙者非也且唐之
所拔者高句麗一國也其後唐不能有其土皆屬
新羅
五代唐時王建代高氏闢土益廣幷古新羅百
濟而爲一遷松嶽以平壤爲西京
王建前朝高麗始祖也新羅末弓裔稱後高句麗
據鐵原在今江原道甄萱稱後百濟據全州在今
全羅道麗祖皆討平之新羅王亦納土稱臣遂幷
有三國之地其後又征西北蠻夷闢地數千里女
眞靺鞨之地皆入版圖志所謂闢地益廣者此也

『鶴峯集』鶴峯先生文集 卷6 雜著 5

不得闌入都中亦不得留在人家神堂則或在閭
閻或在叢林中士大夫有識者則一無崇信之人
惟村巷無知之人頗信奉之且有疾則以迎醫檢
方合藥爲事無有拘陰陽不服藥咀呪厭勝之事
志又曰至親有病不相視殮云云此又悖理豈有
爲人子而不見親病不視殮襲之理若果如此則
曾禽獸之不若也五刑之屬三千而罪莫大於不
孝國法豈容如此之人乎
千里不同風百里不同俗風俗之各異不足怪
也但我國自箕子以來禮義成俗與中夏無異
鶴峯先生文集卷六 二十三
其中所不同者乃委巷間小小土俗也 皇明
收拾道聽之說錄在志中其語多鄙俚無稽外
國之人足跡耳目未嘗及於我國則必以此志
爲可信豈料其僞也哉以此觀之貴國風俗所
錄想亦多不實也孟子曰盡信書不如無書此
志之謂也不亦可嘆也哉吾師適問及故略擧
國中禮俗之一二各註其下以辨其誣是就志
中所及而明之非謂國俗可言者只此而已惟
師亮之且貴國風俗如有不實則亦錄示破疑
幸幸甚甚

『鶴峯集』鶴峯先生文集 卷6 雜著 6

桐溪集 跋

先王設爲常伯常任準人質
貴擬衣不以諭人非以私一
人之尊所以共天職也故
曰天工人其代之禮事君
有方把而世德以勸至死
桐溪集 跋 一
義不合則去之者忠臣不
去而致死焉比干制心箕子
囚奴是也君子守道不以道
而直不以亢而戚行仁則
仁一也公任於本朝以直道

『桐溪集』 桐溪先生文集序 1

論曰天之生聖賢爲傳道也聖賢之生斯世受天命
也爲傳道也故其人之死生天必使之受天命也故
其身之行止不自由焉非其身之不自由也乃其道
之不自由也斯道也天之所付於我而我之所受於
天者也天不得私之而付於我我不得私之而傳諸
人也故使其人不死於其始而傳道於後聖者天也
使其人封爵於其終而行道於一方者亦天也聖賢
豈有一毫私意於其間哉昔者武王旣克商封箕子
于朝鮮遂其不臣之心也箕子受之而就其國聽乎
天也夫箕子殷之貴戚也武王周之天子而朝鮮亦
桐溪集 卷二 四十二
武王之土也以殷之臣而受周之封無乃臣於不可
臣者耶噫此豈衆人之所能知者哉彼箕子之身果
何身也耶天之生箕子者亦何意也耶自著而待人
以明者天之理也受天所付而耳目斯民者聖賢之
責也治水功成洛書呈瑞而法而陳之者前有大禹
推衍其理增益其篇而發而明之者後有箕子則天
之生箕子於殷者即生大禹於夏之意也前徒倒戈
周命維新八百商祚一朝淪喪則以義同休戚之臣
子而忍戴不可共之周天乎敢諫而死有如比干存
祀而去有如微子則箕子一體同道之人豈不知死

一九三

『桐溪集』 桐溪先生文集 卷2 論 2

『桐溪集』

桐溪集 卷二

之為安去之為義而獨甘心於受周之封乎是知天
不欲其徒死不欲其徒去而託斯道於斯人之身矣
然則箕子其可自身其身而生死之哉是以天欲其
傳道於武王則屈罔為臣僕之心而陳洪範九疇之
道天欲其行道於東土則存不事異姓之忠而受武
王朝鮮之封封之也非武王封之也天封之也受之
也非箕子受之也天受之也封之以天受之以天則
其封之也非封箕子也封其道也而其受之也非受
武王之封也受其道之封也噫既以三德八政之道
傳之於武王則武王亦聖人也傳之得人而道有所

桐溪集 卷二 四十三

依故其意以為我雖不在中國而中國猶有我也於
是復以八條九疇之教行之於東國使莫非天民之
朝鮮得聞大道之要而道之在天下者無所往而不
明庸詎知非天之意乎惟其天意也故箕子不得已
而受其封又安知其臣之也實所以不臣也受之也
實所以不受也設使當時無武王之聖而無傳道之
人則天豈使箕子受封於朝鮮哉將必受封於中國
而不以為嫌也然則其受封而不以為屈者以其屈
於道而不屈於周也嗚呼箕子豈區區焉以不受周
王之封明其不臣周之心而棄其天之所以與我者

『桐溪集』 桐溪先生文集 卷2 論 3

桐溪集 卷二

之為安去之為義而獨甘心於受周之封乎是知天
不欲其徒死不欲其徒去而託斯道於斯人之身矣
然則箕子其可自身其身而生死之哉是以天欲其
傳道於武王則屈罔為臣僕之心而陳洪範九疇之
道天欲其行道於東土則存不事異姓之忠而受武
王朝鮮之封封之也非武王封之也天封之也受之
也非箕子受之也天受之也封之以天受之以天則
其封之也非封箕子也封其道也而其受之也非受
武王之封也受其道之封也噫既以三德八政之道
傳之於武王則武王亦聖人也傳之得人而道有所

桐溪集 卷二 四十三

依故其意以為我雖不在中國而中國猶有我也於
是復以八條九疇之教行之於東國使莫非天民之
朝鮮得聞大道之要而道之在天下者無所往而不
明庸詎知非天之意乎惟其天意也故箕子不得已
而受其封又安知其臣之也實所以不臣也受之也
實所以不受也設使當時無武王之聖而無傳道之
人則天豈使箕子受封於朝鮮哉將必受封於中國
而不以為嫌也然則其受封而不以為屈者以其屈
於道而不屈於周也嗚呼箕子豈區區焉以不受周
王之封明其不臣周之心而棄其天之所以與我者

『桐溪集』 桐溪先生文集 卷2 論 4

『桐溪集』

乎當其紂惡貫盈宗社將傾而箕子之不死不去而
甘心於爲奴者夫豈惡其死哉以其身之有重於傳
道而不能自由也然則其可自由於武王有天下之
後而守其小節也哉其所以不即死於陳洪範之後
而受封於朝鮮者莫非天之使然也其可違天而不
受其封乎或曰伯夷亦不臣周者也不食周粟餓死
首陽而箕子則受周之封以終天年則其道之不同
明矣子何獨謂之天乎旣謂之天則伯夷獨非天乎
曰皆天也欲其扶節義於萬世則餓首陽欲其明大
道於天下則封朝鮮伯夷之死箕子之封何莫非天
桐溪集 卷二 四十四
也觀其稱而汝於告武王之辭紀商号於十三祀之
意則不臣周之心未嘗亡於封朝鮮之日矣尚可謂
伯夷之不臣周而箕子之獨爲臣乎不然易何以曰
箕子明夷利貞乎

道覆載萬物論

論曰天何恃乎道而已矣地何恃乎道而已矣自未
有天地之先而道具焉道之體也旣有天地之後而
道行焉道之用也是以上而覆焉者天而所以覆之
者道也下而載焉者地而所以載之者亦道也天而
無是道則失其所恃而不得行乾之健吾未見其所

一九四

『桐溪集』桐溪先生文集 卷2 論

5

桐溪先生文集卷之四

碑銘

文獻公一蠹鄭先生神道碑銘 并序

雖我東方自殷太師設教蔚然有變夷之風而寥寥
數千載眞儒者罕作在麗季惟鄭文忠公一人而已
入我朝聞而知之者有若五先生焉先生其一也先
生諱汝昌字伯勗其先貫河東後徙居咸陽郡 有諱
之義判宗簿寺事諱復周判典農寺事諱六乙 贈
漢城府左尹寔先生曾若祖若考三世也母崔氏牧
使孝孫之女以景泰元年庚午生先生生有異質左
桐溪集 卷四 一
尹通判義州時先生在髫齔華使張寧一見知其爲
非常兒作說以名之後左尹爲咸吉道虞候拒叛將
李施愛死之先生絶而復甦入積屍中求遺體歸葬
時年十七矣服除 上嘉左尹衛國功命官其嗣先
生以父死子榮爲不忍辭不受奉養母夫人滫瀡備
至母夫人所爲無甚害於義不敢違母夫人亦知子
之志不欲傷故母無過擧子無曲順之失癸卯中進
士試母夫人欲見決科之榮乃遊太學每夜深必兀
然端坐於是泮中知其有思道之功益尊敬之及南
歸母夫人方在癘染中人勸令在外候問先生不聽

桐溪集 卷四

『桐溪集』桐溪先生文集 卷4 碑銘

6

於圍城負罪引慝不敢須臾忘千百載先生而已
嗟乎嗟乎古之聖人賢人其心一也其所遇之時
治亂不一而其事業不同當平世兼善一世德及
萬物功業昭于時當亂世或遁世獨行或殺身徇
義以傳於後其道行於時傳後世一也試論聖人
賢人在虞夏之盛德禹抑洪水益烈山澤而焚之
稷播五穀而不以爲功當殷之亡箕子被髮爲狂
比干剖心伯夷餓死而無怨其事業不同而其心
一也君子刻意勵行而或不及學者孜孜日講而
得之者蓋鮮矣竊觀先生之道非其義不合非其

道不就見義不惑犯大難而不懼守節取義視殺
身如嗜欲潔身逃隱擧世非之而無怨慍嗟乎嗟
乎其與古之聖人賢人者考之行事炳然較著殆
與日月爭光者矣學者稱之曰桐溪先生而從祭
於龍門文獻廟公有子曰昌詩昌訓昌謨又有側
室子曰昌謹昌詩前工曹正郎生岐壽昌訓生岐
憲昌謨生岐胤其餘子孫皆幼陽川許穆謹狀
贈資憲大夫吏曹判書兼知　經筵義禁府春
秋館成均館事弘文館大提學藝文館大提
學　世子左賓客行嘉義大夫吏曹參判兼

三七九

『桐溪集』 桐溪先生文集 附錄 卷1 行狀 7

『敬亭集』

敬亭集 卷三

一榻清風午睡餘。柴扉寂寞掩郊居。渠流遶舍眠
鵝鴨。道怏堆床化蠹魚。百歲風燈身是幻。千歧得
喪夢都虛。要津邪識無相問。不怕山公誤薦書。

悶旱 己未夏秋大旱

旱魃年前見未曾。老農無語淚垂膺。南中失業仍
師旅。西界持男易斗升。漢志推行雖近闊。箕疇配
事豈無徵。欲排閶闔陳愚悃。罪己如湯便勃興。

聞京師失火。延爇數千餘家。詩以吊災。己未夏五月

鳳城闤闠若魚鱗。慘甚融風一炬焚。除道未聞中
禁令。登臺疇復辨書雲。畢方豈足徵訛火。回祿烏
知相聖君。我願廟堂勤燮理。要寬民力罷浮文。
禮曹啓辭。有畢方回祿語。故及之。

敬亭集卷之三 二十七

自三月至五月望前不雨。十七而後連雨未
洽。二十六大雨始下。川澤漲溢。農夫交慶賦
以志喜。

處處畦秧渴雨多。非無靄靆洒枯禾。龍即似吝蘩
端滴。神女寧辭灌口過。快瀉天瓢飜素漢。孤膽碣
石出洪河。敢言志喜歸功德。擬和岐陽[illegible]姓歌。

溪堂口號

『敬亭集』敬亭先生集 卷3 詩 1

敬亭集 卷七

是執圭吽。明燭觀書夜。趁朝待漏晨。事無難處易。
機在履中伸。短景催殘臘。新陽逼小春。整襟調鶴
膝。拂袖撫龍唇。但撿窓囊富。那嫌越橐貧。黥師望
楚餉。開將殞窮新。兵結楨遺久。計寧戰守旬。中
朝存大體。一臂挽東隣。苦盡甘方至。憂銷賀始臻。
雅賡皇矣武。耕雜渭之濱。破涕時回笑。迎懽更展
顰。鹿臺須散粟。瓊庫不需銀。興實治同道。亂非降
自旻。儒風扶正脈。妖說息波旬。金殿皇風穆。雲樓
御氣氤。敢望登閶闔。只冀捧芝綸。開闢乾坤正。挽
回氣象新。盃心傾綠醑。衣上拂緇塵。歸路飜疑夢。

敬亭集卷之七 二十七

登舟定是眞。生涯雖潦倒。詩句却精神。文物三韓
盛。箕疇萬古陳。遭逢千載會。歌詠九重宸。佛家謂邪說波旬。誅東省白蓮之變。故及之。黥師七營直逼水西。楚餉不至。將有潰還之憂。又擁關察將王盈抹鋒城寧薪於仙靈寺。爲西虜所敗。故併及之。

奉次趙花川關元寺逢雨韻 以遠客生長夜雨聲孤寺秋爲韻

望東海水。看取淺深愁爲韻。

孤帆落寺門。古郭欲煙晩。枕上夜來聲。蕭疎隱近
遠。祇林在近郭。不用登山屐。半夜話無生。懸燈共禪
客。

『敬亭集』敬亭先生集 卷7 詩○燕槎唱酬集 中 2

『敬亭集』

敬亭集 卷九

巷不嫌貧否花開滿酒初熟莫問南隣與北隣
挽李興海宜活 丁卯冬
是槩大賢後詩書更立身榮華添列宿息澤在遺
民行世唯虛已開懷即向人兵戈猶未定歌哭揔
傷神
昔別是何處青門憶送君存亡不重見幽顯自玆
分五馬人間世孤猿壠上雲他時一灑淚回首暮
江濆
聞 天啓皇帝升遐
早纔謳圖擬大艱先朝遺老拭淚淺微雲點綴人
敬亭集卷之九 十五
皆仰鉅海横流勢莫還坵望烏號千歲隔東漸聲
教七年間小臣曾賀天申節夢裡分明識 聖顔
送李茂伯令公赴瀋陽 崇禎戊辰在洛
要伴銀臺直那知遠外遷可憐俱遠客此別異中
年養病親醫藥澄源廢撫鞭白頭猶待漏瞻望若
登仙
送洪景望令公充進香使浮海朝京 三十四韻 崇禎元年戊辰三月十一日
粤我朝鮮國中華禮義稱箕疇元有錫文史許並舞
德化被皇恩暢倫扶祖烈升昭[illegible]常翼[illegible]典尊越益

『敬亭集』敬亭先生集 卷9 詩

3

競競日正三韓向天從萬國崩星槎通海瀆香火
薦園陵將重將君命咸推幹世能幾微寧面見詩
禮况家承著脚風濤帖回眸瀲嵂騰蓬頭行片月
霧裡點孤燈島嶼丹青逼樓臺蜃氣凝遠遊殘守
宙壯志撫鯤鵬齊魯曾殊迹岱宗特華恒河山分
脉縷鄒魯錯畦塍廓落賓襟豁恢奇氣槩增靈源
窮析木佳氣拂觚稜黼座極問設鑪烟仗外昇明
庭參陛降祝幣發緘縢克副多儀享無遺糾禮繩
天朝恩莫弁屬國理宜矜逆虜方滋虐兇圖未易
懲姑令施表餌不是媚金繒擁伐威方豎輔車勢
敬亭集卷之九 十七
足憑
新皇文武聖群弼智謀宏穀奏應加意脩
辭顧服膺四夷占海晏千載際何澄拜舜榮難敵
觀周喜豈勝疾徐聽風訊將息在眠興見處君何
以知津我亦曾春流榮吏頰蓮萼洗鄒滕回櫓輕
於葉行裝淡若僧公私俱自在憂樂轉相仍戀
懷膠漆冥冥遠弋矰歸時如有問應卧故山冰白蓮
於賦徐時儒作挽於鄒滕間詩平之太史馬 頻九河之一二也上句喜河道之無滯下句 賀東路之無虞也
挽李相禮景賢掌令景義母夫人
從遊令子多賢秀早識慈闈德可刑紡績常勤文

三三八

『敬亭集』敬亭先生集 卷9 詩

4

『敬亭集』

舞地。寂寞風雲對床眠。壬寅。余以書狀官赴京。舍弟以香山史庫看審事。追別余于西州。

箕子廟

萬古明夷蠢大訓。九疇洪範叙彝倫。東國君臨中國聖。至今文物動華人。

嬋娟洞 在妓之北卯

相公豪放杜樊川。重色輕身未必賢。君寵父讐俱不報。枉從萬里覔嬋娟。寧作嬋娟洞裡魂。此相守慶之擲妓詩也。西州相傳藉口故云。

朴監司與余同庚。數餽米酒。

敬亭集卷之十一　十六

憂患人間日苦煎。蕭疎霜鬢愧齊年。窮途不敢辭周急。立志羞非列子賢。

別舍弟

千里來投十日留。留何草草去悠悠。人間此別情誰似。野樹荊門柳柳州。

過中和練軍亭

先人為政亂離初。練卒亭開郡北隅。攬撓年深堵斷板。掛侯猶記古松株。

登洞仙嶺。直指春京。四望開豁。悵然賦之。

千霄嶺路峻。頂斷豁成門。春樹飄天遠。開雲接塞

三六三

『敬亭集』敬亭先生集 卷11 詩 續集

5

生纍彼中府君到灣之日檢括私槖發其犯者科以
重律有舌官之昵鄭膺命壽者知其罪投入膺館不
肯出府君竟拿治之一行盡慴鄭膺曰此大恨而府
君不少撓庚辰春復命翌日與副价下理杖配平丘
驛盖辭 朝時 上命畱兩大君往返輸遞而事未
浔諧只許 世子來覲 上疑使臣不遵 教旨有
所擅請特加嚴譴及 世子入京即命放宥差備局
郎叙拜校理辛巳春轉獻納旋移 世子侍講院文
學將入瀋 朝廷以搆慫鄭膺慮其肆毒有 命勿
遣遞付司果摠戎使李公時白辟爲從事兼春秋館

東江集卷十七　四

記事官冬斥補居山道察訪時秉枝者握銓柄售其
修郄計也李公以新掌戎務請留不許府君猝見遠
貶擯棄荒裔而畧無幾微色赴任之後闢池上小齋
左右圖史咿唔不輟時命駕獨造於海邊巖谷之間
嘯詠竟日而返脩然有出塵之想壬午冬李烓在膺
中以扶植 中朝告府君兄弟及數三名宰事將不
測盖府君爲書狀時與上价崔相國鳴吉過祭箕子
廟大有感慨忌諱語烓以此爲辭府君在任所聞之
即入京已而被膺使押去窘辱百端夷然不爲變賴
世子呈文見釋先是府君與烓同入試院瞯其悤狀

九五

『東江遺集』 卷17 附錄 1

1

東江遺集　卷十八

邊巖谿間嘯詠以自樂壬午賊臣烓在膺中捏公兄
弟及數三名宰謂志扶 中朝於是並拘幽瀋館事
將不測公夷然不爲動賴 世子救解浔釋先是公
與烓同入試闈瞯其姦慝狀乃不與言出語人曰是
夫也將無所不至烓聞而啣之公之奉 命赴瀋過
祭箕子廟多感慨語烓遂以告膺欲陷之死人服公
先見焉復入玉堂薦拜議政府舍人累遷副應教司
諫兼侍講院弼善復拜舍人 昭顯世子喪與春坊
諸僚上章請行期服以都廳董塋所役竣事加通政
出宰光州單心振擧補闕伍釐通糴節緖浮冗以助

東江集卷十八　三

民儲修學舍課諸生邑人追思之立石頌德及瓜拜
同副承旨遞拜刑曹參議轉禮兵戶三曹間復入政
院序遷右承旨 仁祖上賓書進謚冊文加階由左
承旨陞都承旨自是迄己亥歷拜禮兵刑列曹參判
及京兆堂上多者三四拜喉司首席亦三入而摠府
金吾之兼帶屢焉庚寅以副使赴燕還兼同知春秋
參修 仁祖實錄其爲右尹也有主家奴犯禁匿不
出公發卒捕致居間者以公連姻宮禁引形跡動以
危言公奮然曰爲法官治犯禁者豈論形跡耶竟論
以法出守松都留莞民困於此使徵求彫弊甚衆弊

『東江遺集』 卷18 附錄 2

2

『寒岡集』 출처: 한국고전번역원

言天德王道在愼獨。而立志與有爲爲貴。上
稱善。旣之縣。修祀典。行鄕射鄕飮酒養老之禮。
一年。監司報政最。以持平召之。辭去。五年。大召
儒學校正小學四書口訣。先生召至京師。明年。
爲咸安郡守。問舊俗。修廢政。表善行。治敎大行。
二年。歸。四年。有倭寇連陷三京。上西狩。國大
亂。時先生爲通川。起義兵伐賊。傳檄郡縣。上
兄河陵君避亂山中。爲亂民所廹死。而亂者匿
之。不知屍處。先生因問囚得之。收殯以聞。上
爲之於悒嘆息而言曰。無以報德。特拜江陵府
寒岡先生文集序 二
使。一年。歸。以承旨召。公入侍經筵。上問易程
傳本義何先。對曰。易之道。明乎消長盈虛之理。
不失時中者也。徒以卜筮前知而已者。末也。程
傳先也。明年。出爲關東觀察使。方兵革未定。受
命築鴿原城。以爲關東保障。置元帥甲祠壇。至
江陵。祭國殤。下令諸郡縣。皆掩骼埋胔。寧越審
魯陵。原州祭隱者元天錫墓。上旣還都。賊屯
海上。聲言再擧。諸王子妃嬪皆在成川。成川古
卒本扶餘。山溪阻阨。賊路遠故也。時先生爲成
川。上戒諸王子曰。警戒謹飭。毋得過於賢太

『寒岡集』 寒岡先生文集 序 1

題河洛圖書屛下
伏羲氏繼天而河出圖焉。夏后氏治水而洛出書焉。
八卦九疇。所以相爲表裏。爲萬世道統之宗祖。而文
王演之爲後天。箕子陳之爲洪範。前後聖人。奉若大
心。開闡人文。錯綜變化。體用相涵。吁其至矣。然彼時
寧有文字發揮。亦豈有今日之隸書哉。蓋默運神機。
自然妙契。而有以寫出焉爾。余在幼時。竊見先輩或
上于屛障。而率用今書。俱載圖說。亦併錄周子太極
之圖。區區之愚。僭有意焉。妄欲別作一屛。首揭河洛
兩圖。次列易範之所以則而成焉者。先後天之所以
寒岡先生文集卷之九 二
爲方位次序者。與夫易象範數之圖。而用朱子挑出
方圖象太極之意。分排八帖。卦名圖號。略用篆法。先
賢論話。皆不附入。所以體古初也。太極圖之作。本不
由圖書。則亦不須班焉。猶不敢自信。就有道而正焉。
今五十有餘年矣。窮居不遑。又經亂離疾病將死。恐
負初心。遂用重摸。更加勘定。庶幾未死之前。對越潛
心焉。而又非老病精力之所逮。則亦豈不懍然而爲
可憂者乎。萬曆戊午夏四月丁巳。鄭逑題。
重寫未裝。遽入回祿。補綴燼餘。殊失精謹。覽者詳
之。

『寒岡集』 寒岡先生文集 卷9 雜著 2

『寒岡集』

書柳子厚箕子廟碑陰後

柳子厚以爲紂惡未稔而自斃武庚念亂而圖存斯言信矣不惟人事之或然湯澤未艾則天意亦安知又不然乎然以箕子之心而謂之隱忍不去則誤矣當時箕子之心豈有毫髮餘念乎所以被髮所以囚奴皆不過憫君德之洫恐憂宗社之將絶諫旣不得去又不可心神皇皇不知所處而然耳至誠惻怛切迫籲呼唯在於王庶幾改之而已寧或有等待自斃之心乎然則比干何不隱忍不死微子何不隱忍不去彼旣死旣去而箕子獨有是心則何以爲箕子而

寒岡先生文集卷之九　七

孔子何以同謂之三仁乎此非人臣思慮所到處非所以書之以訓示後來臣子也唯韓退之識得箕子心事其曰臣罪當誅天王聖明藹然有人臣敬君自貶之意斯其爲箕子之心歟

書王荊公讀孟嘗君傳後

荊公論孟嘗君以爲得一士則可以南面制秦又曰鷄鳴狗吠之出其門士之所以不至蓋非鷄鳴狗吠之出其門而士不至以士之不至故所至者惟鷄鳴狗吠耳以孟嘗君之所以待士者而士有至之者乎且雖有士孟嘗君安得而知之羈縻而尚不知之况

『寒岡集』寒岡先生文集 卷9 雜著　3

正心喪三年自是玩心性命之學窮探六籍泝沿濂洛蹈實地而避虛名人無知者及其學益老而德逾高俯仰今古嘯詠乾坤明天運之變化察世道之推移浩然嘉遯翛然自樂雖優游城市中巖壑之士所不可及也早孤貧僦屋而居躬爨而養母裕如也母有宿病推究醫術手句劑藥供奉不怠講學于家未嘗強以語之就問則答之雖髫穉之學必親自句釋以敎之先生德器純粹人無賢不肖望之知尊敬焉然不事表襮淸夷莊重不甚取異樂道人之善而惡未嘗出諸口實於己而及

寒岡先生文集卷之十五　二十

人人亦樂從妻子不免飢寒處之怡然淨掃端坐唯以訓誨後生爲務培植人材功實多焉天文卜筮音律書畫亦各極其妙是則游藝之一事東方自箕子後雖粗識文字於聖人心法若朦瞽然麗季牧隱圃隱出入中朝聞濂洛之學於彈殘之餘來倡于東然得其門者蓋寡殆後二百餘年師道寥寥知學者鮮而學之者又莫知其從來獨先生之學得之於金先生爲有淵源然先正遇害之年先生纔弱冠則大經大法雖有所傳其精微要妙未及得聞槩可見矣而先生從事於博文約禮之

『寒岡集』寒岡先生文集 卷15 年譜　4

『白軒集』 출처: 백헌선생기념사업회

白軒集 卷四

憂深白髮年遙想角殘烽度後夢魂長繞舊漁船
寄觀海謫所
關外經年客平生一寸心文章應有助尊酒與誰斟
落日香山色秋雲鐵甕陰遙憐望鄉處腸斷塞鴻音
贈曺子實 文秀 寧海之行
曾向蓬萊閱幾春嶠南今趂鴈初賓人烟尚帶昇平
舊禱袴應隨政化新碧海捲來堆玉鱠青山對處岸
烏巾詩成須憶漳濱客驛使歸時寄贈頻
梨川李相公 弘冑 挽
上相生兼上將資清風雅量 聖君知青油尚憶輕
裘日黃閣眞同短褐時一老如何天又奪百憂終使

白軒先生集卷四 十五

病難醫秋衣濕盡平生淚不忍重吟殄瘁詩
別徐秀夫之大同
伊昔繁華地如今萬事非樓臺長寂寂江柳自依依
紫塞何年靜青宮幾日歸千秋箕子墓弔古一沾
衣
南國虛傷別 曾爲全羅都事不果赴 西關此去留清風徐孺榻
明月庾公樓驛樹迷鄉夢邊笳動客愁可憐游子望
遙隔白雲秋
和遲川崔相公 鳴吉 西行途中次汾西都尉 公朴

『白軒集』 白軒先生集 卷4○詩稿 弊帚錄 1

和只應田叟共追隨新秋物色愁邊改舊國音書別
後遲欲識明年東返日請看霜鴈向南時
練光亭
練光亭上欲斜暉獨倚危欄有所思萬古興亡孤鳥
外一江風物九秋時樓臺不復繁華事客子空題感
慨詩悵望秦京何處是烟波暝色自生悲
題南主簿 斗樞 扇
秋風九月練光亭眼爲逢君也鬂青安得大同江作
酒夕陽臨別醉無醒
謁箕子墓有感

白軒先生集卷五 一八

不敢私疇範東來啓我民佯狂終見義先聖並稱仁
周自三千士殷猶半萬人西行想白馬弔古倍傷神
登樓 九日也
偶有登樓作非關落帽辰政逢多難日還作獨醒人
白水猶依舊黃花也自新何心酬令節鶴駕在兵
塵
寄觀海
西風獨倚百祥樓鐵甕秋雲滿目愁咫尺相思不相
見烟波懶棹夕陽舟
又

四三四

『白軒集』 白軒先生集 卷5○詩稿 西出錄 上 2

『白軒集』

白軒集　卷八

未記。且錄余昔年見晦菴先生十月懷先墓之作。有感述懷之拙律。余亦於項日夢先君與郭同知諸洞丈會酌。意者同一時也。兩家子弟悲慕之懷同也。而見於夢寐者。又何相同之若是也。仙舟且用前韻而寄之。意甚勤矣。辭甚悲矣。未嘗以酬酢文字入京。而不可無報。敢以五言和之。

燕集皆鄉黨。音容宛昔時。孤懷同此夢。千里即相依。
節序空增感。歡娛杳莫追。來詩不忍讀。一讀一沾衣。

雪後月下

塞門風利劍干將。白雪連宵壓女墻。愁似長城秦萬里。酒如寬法漢三章。青燈有信隨孤客。明月無私照大荒。笑向蝸廬欹一枕。百年元自任行藏。

白軒先生集卷八　十二

雪

銀界茫茫萬里天。三更雪月臥眉巔。山名箕子朝周馬。人憶王公訪戴船。老去初醒浮世夢。謫來猶作半空仙。須知著處　君恩足。白玉峰巒繞枕邊。

雪峰

特立長天畔。遙臨客枕邊。渾如曾連貌。聳似浩然肩。瑶樹棲羣鶴。霓裳集列仙。看來是老友。吾亦白頭顛。

偶吟

『白軒集』白軒先生集 卷8○詩稿 西塞錄　3

寶玦白面郎。意氣生虹霓。紫騮驕蹀躞。望雲行且嘶。
相逢白馬客。笑向紅粉樓。樓前綠楊柳。繫馬同淹留。
杯傾琥珀光。簾掛珊瑚鉤。美人拂紅袖。玉手彈箜篌。
纖歌且緩舞。不知西日傾。芳華倏忽過。逝水嗚咽鳴。
行樂須及時。金吾何曾怕。却折杏花枝。催酒醉更把。

節日

節日常憐汝。夫妻具酒樽。爲鰥汝曾苦。失子我何言。
草到新春綠。花從故樹繁。生存無樂事。垂淚對芳園。

春日悲吟

春光應似唐虞日。人性寧非稷契天。只是救衰時世變。慨然千載淚如泉。

白軒先生集卷十三　二十

過朴尙之門前有感

不見茅亭見短墻。秪今依舊有垂楊。經過每抱山陽感。却恨門臨大道傍。

雪峯上人手軸求詩。便有尋山之意。援冗書贈。

不解治垣屋。柴扉半欲欹。愁深送春後。僧到落花時。
喚起幽尋興。吟成久廢詩。雲山却回首。何日是前期。

贈家姪正英關西巡察之行

家姪曾以行大司諫言事獲大譴。三年而後得蒙　恩敍。備局首薦之爲平安觀察使。將有行色。重任

『白軒集』白軒先生集 卷13○詩稿 追拾錄 上　4

『白軒集』

也遠別也。老人憂與悵俱焉。乃以關西紀勝述戒。
贈言十一首爲贐。
練光亭下練光明。曾宿亭中睡未成。憑檻不知三伏
熱。夜深氷雪撓邊生。 右練光亭
昔聽纖歌浮碧樓。青山欲動白雲留。芳洲十里依依
柳。落日中流泛泛舟。 右浮碧樓
半萬東歸理井田。八條遺教至今傳。觀風試布仁賢
化。草偃西方別有天。 右崇仁殿
仰瞻遺像儼然容。宣化寧雖屋可封。努力須遵父師
意。一誠應使萬民從。 右仁賢書院
白軒先生集卷十三 二十七
關西夫子昔聞之。千載關西復有誰。司業平生吾所
敬。世無能解撤皐比。 右鮮于祠廟
玉節紅旗擁傳時。私懷敢說別離悲。若令千里民生
樂。報答 君恩亦在玆。
觀風察俗爲先務。武技文才兩勸宜。臣子百年忠孝
志。此行毋負老人期。
鐵甕藥山天設險。更聞玆毋地形奇。利兵堅甲無他
術。須向蒼生細察眉。 右遂戒
狂藥且休親綠蟻。肩斤從古戒青娥。吾將四勿箴相
贈。白首工夫不在他。

『白軒集』 白軒先生集 卷13○詩稿 追拾錄 上 5

白軒集 卷三十

弟亦嘗有具慶之樂。在 仁祖朝。與諸公奉雙親者。
約設壽酌。適旱甚。有避殿之 教。竟未一設而相繼
遭憂。俱抱孤露之痛。子弟之生存者亦無多。所遭之
運。前後無異。而何其幸不幸之相遼也。得奉二親。尤
是大慶。造物者有忌而沮之耶。如吾不肖。誠薄而然
耶。聞此盛禮。不覺涕淚之淫淫也。不忍拒其懇。遂收
涕而爲之序。
送家姪正英觀察關西序
先儒氏之言曰。教化有國之急務。庸君忽焉。俗吏慢
之。吾嘗三復而慨然于中曰。人有秉彝。本乎天性。人
白軒先生集卷三十 三十一
孰無性。性孰不善。秪緣教弛而鮮克復其性。俗漸趣
於汚下者。無足怪也。余曾忝相啓達于 上。下令禮
曹。略放鄕約風曉內外。教之以孝親敬長之道。初學
之童蒙。必擇師長而先敎小學。各洞各鄕。選置里正。
申明戒飭。衆所共知。素有孝悌之行者。從公論薦之。
如有不孝不悌。少陵長。下陵上之惡俗。隨其輕重而
治之之意。前後移會。不翅丁寧。而監司守令能奉行
者絶少。自 上未嘗不申教。而大抵慢之者皆是。及
吾去位。此事遂成廢弛。可勝痛哉。平壤卽箕子之舊
封。父師仁賢之遺風。猶可尋究而修明之。謁其墓禮

『白軒集』 白軒先生集 卷30○文稿 序 6

『白軒集』

峙者名曰遼東寔爲郡鎭今知郡具侯以書來曰此
郡地僻而俗椎非無可教之孺子而日就貿貿者以
其無所導率也爰與鄕人謀所以興教卽遼東山下
文廟舊址建學舍扁之以遼山書院蓋因山名名之
而慕管寧之高義別作宇以祀之書院之稱亦竊倣
乎白鹿洞也願爲之言以振德之余耄矣未克卽副
尋遺學究請益切余烏得終辭竊嘗稽古婺源大夫
周師淸爲縣學周程三先生之祠請記於朱子辭之
曰三先生之道則高矣美矣然此婺源者非其鄕也
非其寓也非其所嘗遊宦之邦也且國之祀典未有

白軒先生集卷三十一　三十三

秩焉而祀之於禮何依於義何所當乎遂不敢及其
又與邑之處士等書以申懇乃愀然曰明府之教諸
君之言不敢復辭之夫管氏之於濂溪河南道學非
可班也而亦可爲後學之師今此遼山非鄕非寓非
遊宦之國又非國典之秩者同也祀宇之立何獨異
焉且管幼安雖未得聖賢而師之而當函夏之澒洞
懷寶遯世穿裔操不屢徵不起絕跡遐擧黙於遼海
其有得於孔夫子乘桴之意者乎究其平素篤志勤
學膝至穿榻手不近金高尙貞操可謂卓立而拔萃
也遂州使君以斯文之賢大夫出守西邑顧瞻箕子

『白軒集』白軒先生集 卷31○文稿 記　7

白馬之舊道爲之興悲恒焉愾然想處士之風懷紗
帽之淨取地名之同者而寓高山之瞻仰于以俎豆
之鼓士氣而興教化長民爲師之道得矣幸一同亦
大矣使君之志如此則爲其邑之章甫者獨無奮發
之心乎然其所以教之之道無他因其身心之所固
有而導之父子有親君臣有義夫婦有別長幼有序
朋友有信是也從古聖王賢師之教良不外乎此載
在方冊可考而知使之循序而進日開月益慕循道
而自勉追劘席之專精孔孟曾思濂洛關閩之學伊
吾不輟時習浹洽間復舍瑟風詠攄舊摛藻則在鄕

白軒先生集卷三十一　三十四

爲孝悌忠信之賢士觀國爲仁義致澤之君子此在
乎修身心之固有而師聖賢之垂訓矣敢以是報使
君之勤屬諗多士之鼓篋者焉抑復爲使君告之書
院之作旣倣白鹿則朱子所著白鹿之規揭諸壁上
俾居院之諸生朝夕觀覽可也玆以老拙之筆寫之
別楮以奉使君以爲何如使君名鍌素以文學名云

白軒先生集卷之三十一

『白軒集』白軒先生集 卷31○文稿 記　8

農巖集卷之二十九
祭文
文忠公鄭夢周影堂賜祭文
天挺人豪粤在麗季英偉特達出倫拔萃首倡絶學
深造遠詣論說橫竪默與道契濬發淵源芟闢榛穢
鼓舞攸賴俗變魋髻士藏庠序禮正喪祭絃誦洋洋
詩書六藝儒教丕闡罔曰夷裔逖溯箕聖直接統系
施及本朝蔚有承繼斯文盛業振古鮮儷炳然義烈
在公猶細其所扶樹功亦百世遺澤在人曷可數計
肆惟列聖褒寵靡替匪直酬報亦以勸勵睠玆遺
農巖集 卷二十九 祭文 一
像歷數百歲棟宇壞漏懼將黕昧矧是家廟實妨瞻
禮爰命有司立屋移揭位置始尊幀軸無敝衿紳咸
聳有來濟濟湅水衣帶濂翁光霽觀者凜然若親奉
袂予庸注想薄致肴醴英爽未泯庶幾來格
前監司趙世煥致祭文
世道之渝人競務外媚飾睃厲終鮮操槩卿惟儻蕩
脫略絺繢孝友敦睦惟是不懈憤然可狎中實忼慨
臧否之晳執守之介遇其所立勇者亦廢持此以往
何有屈閡矧闡甲科聲益蔚藹颺于臺閣謇謇風裁
詆刺高位衆所噤喙出試外庸郡符屢佩其治甚良

農巖集 卷二十九

『農巖集』卷29 祭文

1

龜筮相違者其吉固不如龜筮俱從者矣若四從
之內雖龜筮相違其從者旣多恐不爲不吉而經
旣無文先儒亦無明論者未知果何如也
汝則從龜從筮逆卿士逆庶民逆作內吉作外凶朱
子謂筮短龜長又尊者之謀與之配合故內事則
可外事則凶竊考古註唐孔氏辨筮短龜長乃是
有爲而言者其實非有短長且卿士庶民謀有一
從亦是二從凶吉亦同故不復設文竊恐此語亦
有理蓋上文旣不以君民尊卑爲差則此不必獨
主尊者爲重也蓋經文於三從旣歷設君與卿士
農巖集 卷三十一 雜識 九
庶民各爲一從以見其吉之等故此不復備舉也
若筮短龜長則本出晉卜人對獻公舍卜從筮之
言未必其爲定論然以禮記大事卜小事筮者觀
之亦似有輕重之差第未知此經只言龜從不言
筮從者必以其短於龜也
無偏無陂以下是歌詠之體豈古者以是播告下民
以興起其善心者而箕子述之也詳下文皇極之
敷言傳以爲上文敷衍之言者正指此一段而言
蓋箕子旣述古之遺言而贊其妙也
而康而色曰予攸好德集傳解之曰見於外而有安

農巖集 卷三十一

『農巖集』卷31 雜識

2

農巖集　卷三十一

比並之說也且醫家以耳屬腎腎卽水水卽精是
聽屬乎精非屬乎氣而今勉齋既不廢此說而其
所自爲說則又却以聽屬乎氣其說自相矛盾何
也若從比並之說則耳屬金聽屬氣兩屬字皆當作配字
樂記釋箕子之囚使之行商容而復其位行字當句
商容上恐本有式字或他字而脫落也今註不察
乃以使之行商容而復其位爲句似誤使之行者時箕子方
被拘繫故解釋之任其所往蓋亦不臣之也
樂極則憂禮粗則偏樂者所以舒暢志意故人恒樂
其褋大禮者所以檢束身心故人恒苦其細密是

農巖集　卷三十一　雜識　十一

以於樂則戒其極於禮則戒其粗此亦進反之義
也
孟子仁之實章小註雙峯饒氏說事親從兄是爲仁
之本後面智禮樂是道生云云今詳此章之意以
事親從兄爲仁義智禮樂五者之實實猶華實之
實凡物必有實而後有華且如事親從兄是仁義
之實而仁而至於仁民愛物義而至於長長貴貴
尊賢卽其枝葉條達也智之知斯二者不去禮之
節文斯二者樂之樂斯二者是智禮樂之實而以
至仁民愛物長長貴貴尊賢所以知之節之樂之

『農巖集』卷31 雜識

3

동북아역사 자료총서 55

한국고대사 자료집
고조선·부여 편 Ⅳ–문집(상)

초판 1쇄 인쇄 2021년 12월 21일
초판 1쇄 발행 2021년 12월 31일

엮은이 동북아역사재단 한국고중세사연구소
옮긴이 박선미, 나영훈, 이남옥, 이명제, 오현수, 최진욱, 김효동
펴낸이 이영호
펴낸곳 동북아역사재단

등 록 제312-2004-050호(2004년 10월 18일)
주 소 서울시 서대문구 통일로 81 NH농협생명빌딩
전 화 02-2012-6065
팩 스 02-2012-6189
홈페이지 www.nahf.or.kr
제작·인쇄 청아출판사

ISBN 978-89-6187-715-2 94910
978-89-6187-516-5 (세트)